Kommentar

zur

Rechtsanwaltsordnung

vom 1. Juli 1878.

Von

Dr. Adolf Friedländer,
Landgerichtsrat in Limburg a/L.

und

Dr. Max Friedländer,
Rechtsanwalt in München.

München 1908.
J. Schweitzer Verlag (Arthur Sellier).

Vorwort.

Beinahe 30 Jahre sind seit Publikation der deutschen Rechtsanwaltsordnung verflossen, ohne daß bis heute eine eingehende Kommentierung dieses Gesetzes erfolgt wäre. Dies ist um so auffallender, als es sich um das Grundgesetz eines großen Standes handelt, dessen Mitgliedern man Mangel an wissenschaftlichem Interesse und Scheu vor literarischer Betätigung gewiß nicht vorwerfen kann. Auch läßt sich kaum im Ernste behaupten, daß die Rechtsanwaltsordnung für den Praktiker unwichtig oder für den Theoretiker nicht interessant sei. Eine Ursache jener merkwürdigen Erscheinung liegt vielleicht darin, daß es sich um ein Gesetz handelt, in welchem die verschiedensten Rechtsmaterien zusammengetragen sind, und welches teilweise nur Ergänzungen anderer Gesetze oder kleine Ausschnitte aus großen Rechtsgebieten enthält. Dieser Umstand erschwert in der Tat die Kommentierung der Rechtsanwaltsordnung außerordentlich.

Wenn wir daher versucht haben, durch gegenwärtige Arbeit die vorhandene Lücke auszufüllen, so waren wir uns der hiebei zu überwindenden Schwierigkeiten wohl bewußt. Es erschien vor allem notwendig, die Zusammenhänge zwischen den Enklaven des Gesetzes und denjenigen Gebieten herzustellen, welchen dieselben eigentlich zugehören. Zu diesem Zwecke mußten ausführliche Exkurse, insbesondere auf zivilrechtliches Gebiet, unternommen werden. Vor allem war es unerläßlich, die bisher in der Literatur arg vernachlässigte Lehre vom Anwaltsvertrage systematisch darzustellen. Die rechtliche Stellung des Pflichtanwalts, die Lehre von der Anwaltssozietät mußten einer zusammenhängenden Betrachtung unterzogen werden. Besondere Aufmerksamkeit haben wir ferner den Geschäftsordnungen der Anwaltskammern und ihrer Vorstände zugewandt, wobei Neulings verdienstliche, aber leider wenig bekannte Vorarbeit eine gute Grundlage bildete. Bei der Eigenart des Stoffes ließ es sich nicht umgehen, einzelne Fragen auch de lege ferenda kurz zu streifen; wir haben uns hierin möglichste Beschränkung auferlegt.

Der Kommentar gibt im wesentlichen eine Darstellung reichsrechtlicher Vorschriften. Doch sind die wichtigsten zur RAO. erlassenen Ausführungsbestimmungen der Bundesstaaten im Text teils verwertet teils angeführt. Von einem Abdruck dieser Ausführungsbestimmungen ebenso wie der vorerwähnten Geschäftsordnungen wurde wegen ihres großen Umfanges abgesehen.

Da wir in dem vorliegenden Buche eine ganze Reihe von Materien zu behandeln hatten, welche bisher eine systematische Durcharbeitung nicht erfahren haben, so können wir gewiß nicht erwarten, allen Anforderungen gerecht geworden zu sein. Um so dankbarer werden wir jeden Hinweis auf Mängel und Lücken des Werkes entgegennehmen.

Die Allgemeine Einleitung, die Abschnitte I und II sowie die §§ 98—101 sind von Dr. Max Friedländer, die übrigen Bestimmungen von Dr. Adolf Friedländer bearbeitet bzw. erläutert.

München-Limburg a/L., im August 1907.

Die Verfasser.

Inhaltsverzeichnis.

Abkürzungen.

Die Bedeutung der Abkürzungen ergibt sich größtenteils aus den „Vorschlägen des Deutschen Juristentags für die Art der Anführung von Rechtsquellen ꝛc." Berlin 1905.

Sonstige Abkürzungen:

AKJahrB.	=	Übersicht über die Jahresberichte der Vorstände der Anwaltskammern (erscheint jeweils als Beilage der JW.).
AKV.	=	Anwaltskammervorstand.
BayAV.	=	Zeitschrift des Anwaltsvereins für Bayern.
BayZ.	=	Zeitschrift für Rechtspflege in Bayern.
Berger	=	Berger, Die Rechtsanwaltsordnung.
Dernburg	=	Dernburg, Das bürgerliche Recht des Deutschen Reichs ꝛc. 3. Aufl.
EG.	=	Ehrengericht.
EGKONov.	=	Einführungsgesetz zu dem Gesetze betreffend Änderungen der Konkursordnung vom 17. 5. 98.
EGZPNov.	=	Einführungsgesetz zu dem Gesetz betreffend Änderungen der ZPO. vom 17. 5. 98.
HansOLG.	=	Entscheidungen des Hanseatischen Oberlandesgerichts in Strafsachen aus den Jahren 1879—1897.
Hergenhahn	=	Die Rechtsprechung ꝛc. über Prozeßbevollmächtigte und Rechtsanwälte, zusammengestellt von Th. Hergenhahn.
LJV.	=	Landesjustizverwaltung.
Meyer	=	Die Rechtsanwaltsordnung ꝛc., erläutert von Dr. F. Meyer. 2. Aufl.
Meyer [1]	=	1. Auflage desselben Werks.
OldZ.	=	Zeitschrift für Verwaltung und Rechtspflege im Großherzogtum Oldenburg.
PrÄrztEGG.	=	Preußisches Gesetz, betreffend die ärztlichen Ehrengerichte vom 25. 11. 99 (GS. 565).
Reuling	=	Reuling, Die Geschäftsordnungen der deutschen Anwaltskammern und ihrer Vorstände. JW. 1881 Beilage zu Nr. 7.
Siegel	=	Die gesamten Materialien zu der Rechtsanwaltsordnung ꝛc. herausgegeben von Siegel.
Siegeth	=	Siegeth, Rechtsanwaltsordnung (enthält im Anhange die Protokolle der Reichstagskommission).
Staudinger	=	Staudinger, Kommentar zum Bürgerlichen Gesetzbuche. 2. Aufl. (unter Zusatz des Bearbeiters des betreffenden Teils).
Sydow-Jacobsohn	=	Rechtsanwaltsordnung. Ausgabe von R. Sydow. 5. Aufl. bearbeitet von Max Jacobsohn.
Sydow-Mosler	=	4. Auflage desselben Werkes, bearbeitet von Dr. E. Mosler.
Turnau	=	dessen Kommentierung der RAO. in Turnau, Die Justizverfassung in Preußen ꝛc.

Im dritten Abschnitte bezeichnen die bloßen Namen der Oberlandesgerichtssitze die Geschäftsordnungen der Anwaltskammern bzw. ihrer Vorstände. Soweit eine besondere Geschäftsordnung für Anwaltskammer und Anwaltskammervorstand besteht, ist erstere mit a, letztere mit b bezeichnet.

Einzelne Abschnitte und Paragraphen enthalten besondere Literaturverzeichnisse, die zum Verständnisse der Zitate mitzuberücksichtigen sind.

Nachträge und Berichtigungen.

Die Zeilen sind vom Beginn der betreffenden Anmerkung bzw. Seite an berechnet.

Zur Allg. Einleitung Anm. 9* vgl. Weißler in DJZ. 12 260.

Bei § 3 Anm. 11 Zeile 1 lies „Bewerber" statt „Erwerber".

Zu § 25 Anm. 47 vgl. OLG. 15 82 (OLG. Breslau 26. 3. 07).

Bei § 27 Anm. 7 Zeile 3 lies: Dazu gehört die Annahme der Zustellung von Anwalt zu Anwalt.

Zu § 28 Anm. 5 vgl. Heilfron in Recht 07 1042.

Zu § 28 Anm. 12 ff. vgl. die interessante Schrift von Jellinek in MSchrKrimPsych. 3 656 ff. Jellinek nimmt an, daß der Schweigepflicht des RA. stets ein eigener privatrechtlicher Schweigevertrag zugrunde liege; die diesbezügliche Vertragsofferte müsse der RA. annehmen. Diese Theorie ist geistvoll, aber kaum zutreffend. Oder sollte der gegen den Willen des Angeklagten zum Verteidiger bestellte RA. bezüglich der Geheimnisse, welche ihm durch den Akteninhalt zugänglich wurden, dem Angeklagten nicht zur Verschwiegenheit verpflichtet sein? Mit der Vertragstheorie ist hier nichts anzufangen. Man muß vielmehr eine unmittelbar durch das Gesetz für gewisse Treuverhältnisse geschaffene Schweigepflicht annehmen. Diese Treuverhältnisse können wieder, aber sie müssen nicht auf Anwaltsverträgen beruhen.

Zu § 28 Anm. 28: Nach KG. 25. 7. 07 in Recht 07 1266 Nr. 3154 kann der Generalbevollmächtigte der Partei als solcher die Entbindung von der Schweigepflicht nicht vornehmen. Wir halten dies nicht für zutreffend.

Zum Exkurs vor § 30 Anm. 13 Zeile 11: A. M.: KG. 19. 6. 07 in OLG. 15 180 ff. mit sehr anfechtbarer Begründung.

Zum Exkurs vor § 30 Anm. 37 vgl. auch JW. 06 332 Nr. 7 (RGZS. III. 16. 3. 06).

Beim Exkurs vor § 30 Anm. 50 Zeile 5 ist beizusetzen: „es sei denn, daß die betreffende Sachlage sich auch ohne Substitution ergeben hätte."

Zum Exkurs vor § 30 Anm. 151 vgl. das Referat von Bloch auf dem 18. Deutschen Anwaltstage (JW. 07 647 ff.) und Fuchs in DJZ. 12 938 ff.

Zu § 32 Anm. 4 vgl. Wertheimer in DJZ. 12 417 ff.

Zu § 40 Anm. 10* vgl. jetzt OLG. 15 104 (OLG. München 5. 4. 06).

Zum Exkurse zu § 40 vgl. Schierlinger in SeuffBl. 72 851 ff. (über die prozessualen Vertretungsbefugnisse der Sozien).

Auf Seite 177 Zeile 5 lies: „Anm. 49" statt „Anm. 48".

Bei § 58 Anm. 4 Zeile 12 lies: „AKV. Posen am 1. 3. 84 gefaßte Beschluß verstoßen hiegegen . . ."

Allgemeine Einleitung.

I. Die Entstehung der Rechtsanwaltsordnung. 1. Vor dem 1. Oktober 1879 herrschte in den verschiedenen Teilen Deutschlands bezüglich der Verhältnisse der Anwälte die größte Rechtsungleichheit. In einzelnen Gebieten unterschied man noch Advokaten (welchen im wesentlichen die außergerichtliche Beratung der Parteien und die Verbeistandung vor Gericht oblag) und Prokuratoren (Anwälte), welche das Privileg der gerichtlichen Vertretung hatten. Doch war in den meisten Ländern schon damals die Advokatur mit der Prokuratur — meist unter dem Namen „Advokatur“, auch „Rechtsanwaltschaft“ oder „Anwaltschaft“ — vereinigt. Anm. 1.

In manchen Gebieten herrschte bereits das Prinzip der freien Advokatur, d. h. der Zutritt zu derselben stand jedem dazu Befähigten frei; in anderen Ländern dagegen wurden die Advokaten nach freiem Ermessen der Staatsregierung als Beamte angestellt. Anm. 2.

Dazwischen gab es eine Reihe von anderen Systemen, insbesondere das System des numerus clausus, wonach die Zahl der Anwälte obrigkeitlich festgelegt wurde und innerhalb dieser Zahl dann meist ein Recht auf Zulassung bestand. Anm. 3.

Auch bezüglich des Grundsatzes der Lokalisation (Bindung der Wirksamkeit an bestimmte Gerichte) und bezüglich der Standesorganisationen galten die verschiedensten Normen. Anm. 4.

Ein näheres Eingehen auf die früheren Rechtszustände und auf die Entstehung der modernen Rechtsanwaltschaft überhaupt läge außerhalb der Aufgabe dieses Kommentars. Wir verweisen hiezu auf die in Anlage C der Motive zum Entwurf der RAO. gegebene Darstellung (S. 110) und auf das vortreffliche Werk von Weißler, Die Geschichte der Rechtsanwaltschaft 1905.

2. In den Entwürfen der Reichsjustizgesetze wurde nicht nur das Bestehen einer Rechtsanwaltschaft im ganzen Deutschen Reiche, sondern auch eine bestimmte Lokalisation derselben als vorhanden vorausgesetzt. Der Entwurf der ZPO. ging davon aus, daß die Anwälte bei bestimmten Gerichten zugelassen seien und gewährte mit der Statuierung des Anwaltszwanges allen Rechtsanwälten Deutschlands gleichartige, weitgehende Rechte. Es erschien daher eigentlich selbstverständlich, daß gleichzeitig mit den Reichsjustizgesetzen auch eine die Verhältnisse der Anwaltschaft einheitlich regelnde Rechtsanwaltsordnung in Kraft treten müsse. Die Motive zur ZPO. weisen denn auch ausdrücklich auf dieses zu schaffende Reichsgesetz hin. Anm. 5.

Allein der erwähnte Gedanke wurde im Bundesrate nicht festgehalten. Noch am 24. November 1874 erklärte der preußische Bundesratsbevollmächtigte im Reichstag, daß die Regelung der Anwaltschaft eine Überschreitung der Zuständigkeitsgrenzen der Reichsgesetzgebung darstellen würde. Man wollte die Materie den Landesgesetzgebungen überlassen, denen es freistände, sich im einzelnen untereinander zu verständigen.

In den Kreisen der Anwälte machte sich jedoch — entsprechend der seit Jahrzehnten herrschenden Stimmung — eine lebhafte Agitation für die Schaffung einer einheitlichen deutschen Anwaltsordnung geltend; der am 25. und 26. Sep- Anm. 6

tember 1874 in Würzburg abgehaltene Deutsche Anwaltstag sprach sich aufs entschiedenste in diesem Sinne aus, und die Justizkommission des Reichstags, welcher ebenfalls hervorragende Anwälte angehörten, beschloß bei Beratung des GVG., einheitliche Bestimmungen und zwar die grundlegenden Vorschriften über die Verhältnisse der Anwälte in dieses Gesetz bzw. das Einführungsgesetz zu demselben aufzunehmen (als Titel IXa GVG. und §§ 18—21 EGGVG.). Die Schaffung eines Reichsgesetzes über die Anwaltskammern sollte dann noch vorbehalten bleiben. Die drei Anträge der Abgeordneten Dr. Bähr, Thilo und Dr. Lasker bildeten die Grundlage der Beratungen in der Kommission und später im Plenum des Reichstages.

Die großen Prinzipien der späteren RAO. — Gleichstellung mit dem Richteramte hinsichtlich des Befähigungsnachweises, ausnahmslose Vereinigung der Prokuratur mit der Advokatur, Freigebung und Lokalisierung der Anwaltschaft — finden wir im wesentlichen bereits in den ursprünglichen Entwürfen, und sie sind damals schon in der Kommission wie im Plenum ohne großen Kampf akzeptiert worden.

Anm. 7. Der Bundesrat lehnte jedoch die Bestimmungen, welche der Reichstag dem GVG. und dem Einführungsgesetze hiezu bezüglich der Rechtsanwaltschaft beigefügt hatte, als unannehmbar ab, und als bei der dritten Lesung im Reichstage die Regierung erklärte, daß der Entwurf einer deutschen RAO. alsbald zur Ausarbeitung und Vorlage gelangen werde, ließ auch der Reichstag seine früheren Beschlüsse fallen (19. und 20. Dezember 1876).

Anm. 8. Am 6. Februar 1878 wurde dem Reichstag der versprochene Entwurf, welcher auf der Grundlage der früheren Beschlüsse und unter Verwertung zahlreicher Gutachten aus dem Anwaltsstande ausgearbeitet worden war, nebst eingehender Begründung vorgelegt. Schon am 12. Februar 1878 fand die erste Beratung statt, welche mit Überweisnng des Entwurfs an eine Kommission von 21 Mitgliedern endete. Dieselbe legte am 13. April 1878 ihren Bericht mit den von ihr beschlossenen Abänderungen des Entwurfs dem Plenum vor; es folgte eine zweite und dritte Beratung des Gesetzes und am 23. Mai 1878 wurde die RAO. in ihrer jetzigen Gestalt vom Reichstag, bald darauf auch vom Bundesrate angenommen. Dieselbe ward unterm 1. Juli 1878 in Nr. 23 des RGBl. vom gleichen Jahre als Gesetz verkündet.

Anm. 9. **II. Die Bedeutung der Rechtsanwaltsordnung** besteht hauptsächlich in der Schaffung eines freien deutschen Anwaltsstandes.*) Darin liegt zweierlei:

1. Wir verdanken der RAO. die Entstehung eines einheitlichen deutschen Anwaltsstandes überhaupt. Gleichartigkeit der Rechte und vor allem Gleichheit der Pflichten sind die Vorbedingungen für die Entstehung des Standesbewußtseins und damit für die Existenz des Standes selbst. Die speziellen Standesrechte der Anwälte sind im wesentlichen durch unsere ganze Gerichtsverfassung und das Prozeßrecht gegeben; hier enthält die RAO. nur Ergänzungen der übrigen Reichsjustizgesetzgebung. Dagegen regelt sie ex professo und nach einheitlichen Grundsätzen die Standespflichten der Anwälte und die öffentlichrechtlichen Garantien für die Erfüllung derselben. Diese Garantien werden geschaffen durch die Organisation der Berufsgenossen in Anwaltskammern und durch die Disziplinargesetzgebung, welche wiederum ihre Hauptbedeutung durch Schaffung eines Reichsehrengerichtshofes und damit einer einheitlichen Rechtsprechung über die Standespflichten gewinnt.

*) Die Vereinigung der Advokatur mit der Prokuratur war, wie oben erwähnt, in den meisten Gebieten Deutschlands bereits vollzogen. Vgl. über die Trennung von Advokatur und Prokuratur de lege ferenda: Klöppel in JW. **01** 289 ff., 350 ff. und die dort zitierte Literatur.

Die Berufsorganisationen der Anwälte sollen aber auch dazu dienen, die Rechte der Anwaltschaft, die speziellen Standesinteressen derselben zu wahren (§§ 48, 50 RAO.) — eine Aufgabe, die freilich in der Praxis leider vielfach in den Hintergrund getreten ist.

2. Die RAO. hat ferner für ganz Deutschland die Freigebung der Anwaltschaft geschaffen und damit die letztere zu einem freien Berufe gemacht. Nur die Zulassung beim Reichsgerichte ist nicht freigegeben. Anm. 10.

Es kann keinem Zweifel unterliegen, daß Unabhängigkeit im Denken und Handeln die allererste Voraussetzung für eine richtige und gute Ausübung des Anwaltsberufes bildet. Denn der Kampf ums Recht, welchen der Anwalt tagaus tagein führen muß, erfordert eine Persönlichkeit, welche bei Erfüllung ihrer Pflichten vor keiner anderen Autorität als vor dem Rechte selbst Halt macht, welche nur dem Gesetze Gehorsam schuldig ist und durch keinerlei Rücksichten gehindert wird, auch gegen die Staatsgewalt, gegen die Behörden zu kämpfen. Deshalb darf der Rechtsanwalt nicht Angestellter des Staates sein. Es darf aber aus dem gleichen Grunde auch die Auswahl der zur Anwaltschaft Berufenen nicht von staatlichen oder sonstigen öffentlichen Organen abhängen.

Allein auch die bloße zahlenmäßige Begrenzung, welche im übrigen nicht auf willkürlicher Auswahl unter den Bewerbern, sondern auf festgesetzten Normen, — z. B. obligatorischer Zulassung nach der Reihenfolge der Anmeldungen bis zur Erreichung der Maximalzahl — beruht, ist zu verwerfen. Denn gerade der Anwaltsstand braucht stets jungen, tüchtigen Nachwuchs, und die hervorragenden Kräfte, deren Heranziehung für die Erhaltung der Rechtsordnung eine Notwendigkeit ist, sind nicht so zahlreich, daß man ihre Entfaltung und Betätigung durch mehr oder minder willkürliche, schematische Maßnahmen hemmen dürfte. Anm. 11.

Man hat bei Bekämpfung der freien Advokatur oft betont, daß der Anwaltsberuf seiner Natur nach außerordentlich große Gefahren und Versuchungen mit sich bringe, welchen nur Auserwählte widerstehen könnten. Dies ist bis zu einem gewissen Grade richtig. Allein wo liegt die Gewähr dafür, daß eine willkürlich ausgewählte oder ziffermäßig begrenzte Anwaltschaft gerade die moralisch Widerstandsfähigsten enthalten würde? Unter den Notaren, welche der Staat auswählt, und deren Beruf dem der Anwälte nahe verwandt ist, kommen — ebenso wie bei diesen — Verfehlungen vor.

Auch wirtschaftliche Gründe können eine Beseitigung der Freigabe nicht rechtfertigen. Die Tüchtigen ringen sich auch bei großer Konkurrenz durch, und der freie Wettbewerb schafft von selbst die naturgemäße und richtige Auswahl. Jede Einschränkung würde mit der Zeit zu einer Privilegierung der Schwachen und Mittelmäßigen oder — je nach dem System der Beschränkung — auch der Unterwürfigen und Abhängigen führen. Ueberdies bringt jede Festsetzung einer Maximalzahl die Gefahr der Überlastung einzelner und damit eine Gefährdung der Rechtspflege mit sich. Sofern der wirtschaftliche Konkurrenzkampf, der natürlich schon als solcher für den Anwalt regelmäßig standeswidrig ist, mit unlauteren Mitteln geführt wird, so ist es Sache der Disziplin, Abhilfe zu schaffen. So liegt es im wesentlichen in der Macht der Anwälte selbst, ihren Stand rein zu erhalten und von schlechten Elementen zu säubern. Anm. 12.

Vgl. zum Vorstehenden: Gneist, „Freie Advokatur" 1867; die Verhandlungen des 4. und 7. Juristentages; Wilmowski in BuschsZ. **20** 199; Pemsel in JW. **94** (Beilage); Weinrich in ArchÖffR. **12** 405; die Rede des Abg. Windthorst in der RTSitzung vom 12. Febr. 1878 (Siegel 382) u. a. m.

III. Der Inhalt der Rechtsanwaltsordnung ist größtenteils öffentlichrechtlicher Natur. Allein auch in dieser Beziehung enthält sie keineswegs eine erschöpfende Regelung der Materie, soweit dieselbe überhaupt reichsrechtlich normiert Anm. 13.

ist. Vielmehr bilden die Prozeßordnungen und andere Gesetze notwendige Ergänzungen der RAO., und diese füllt wiederum Lücken aus, welche jene offen gelassen haben.

Der zivilrechtliche Inhalt der RAO. ist äußerst dürftig. Hier bestehen die hauptsächlichsten Rechtsquellen im BGB. und der RAGebO.

Anm. 14. Die Einteilung des Gesetzes, welches 116 Paragraphen umfaßt, ist einfach und übersichtlich. Es zerfällt in 6 Abschnitte mit den Überschriften:

1. Zulassung zur Rechtsanwaltschaft (§§ 1—25);
2. Rechte und Pflichten der Rechtsanwälte (§§ 26—40);
3. Anwaltskammern (§§ 41—61);
4. Ehrengerichtliches Verfahren (§§ 62—97);
5. Rechtsanwaltschaft bei dem Reichsgerichte (§§ 98—102);
6. Schluß- und Übergangsbestimmungen (§§ 103—116).

Anm. 15. Eine formelle Änderung ist der RAO. trotz ihres bald 30jährigen Bestehens bis heute nicht zuteil geworden. Eine Ergänzung der Übergangsbestimmung in § 114 erfolgte durch Art. X EGZPNov. Im übrigen hat man weder bei der Änderung der ZPO. Anlaß genommen, auch nur die nicht mehr passenden Verweisungen der RAO. auf jenes Gesetz formell zu ändern, noch hat man sich bei Abfassung des BGB. mehr als vorübergehend*) daran erinnert, daß es mit Rücksicht auf § 662 BGB. nicht mehr angehe, von dem Auftragsverhältnisse zwischen Anwalt und Klienten zu sprechen.

Daß aber materiell die ganze reichsrechtliche Materie des „Rechtes der Anwaltschaft“ nicht stehen geblieben ist, sondern infolge der mannigfachen Rechtsänderungen sich fortentwickelt hat, ist selbstverständlich.

Anm. 16. **IV. Die staatsrechtliche Stellung des Rechtsanwalts.** 1. Daß der Rechtsanwalt nach geltendem Rechte kein Beamter ist, bedarf keines Beweises. Denn er steht in keinem öffentlichrechtlichen Dienstverhältnisse. Wenn daher — in Reichs- oder Landesgesetzen — von öffentlichen Dienern oder öffentlichem Dienst die Rede ist, so sind die Rechtsanwälte im Zweifel nicht mitverstanden. Vgl. z. B. Seydel, Bayer. Staatsrecht[2] **2** 83 Note 65.

Anm. 17. 2. Wohl aber bekleidet der Rechtsanwalt ein öffentliches Amt**). Dies ist nicht nur — für das Strafrecht — ausdrücklich bestimmt (StGB. § 31 Abs. 2), sondern es ergibt sich auch allgemein aus dem staatsrechtlichen Begriff des öffentlichen Amtes. Ebenso: Laband, Deutsches Staatsrecht[4] **3** 426; auch RGZ. **19** 403 (ZS. I 19. 3. 87); weitere Literatur bei Laband a. a. O. Vgl. auch zu § 132 StGB: Zimmermann GS. **30** 274.

Die Anwaltschaft ist ein notwendiger Faktor der Gerichtsverfassung; ihre Existenz wird von den Justizgesetzen als selbstverständlich vorausgesetzt; man denke an den Anwaltszwang, die notwendige Verteidigung im Strafprozeß, die Institution des Armenrechts. Die Rechtsprechung nach Maßgabe unserer Gesetze ist undenkbar ohne die Anwaltschaft, und der Staat bedarf derselben daher zur Erfüllung einer seiner wichtigsten Aufgaben. Der Anwalt übt mithin eine zur Erreichung des Staatszweckes unmittelbar erforderliche Funktion aus.

Die Ausübung dieser Funktion ist auch öffentlichrechtlich geregelt. Ihre Voraussetzungen sind gesetzlich festgelegt und werden staatlich geprüft. Die Berufstätigkeit selbst steht unter gesetzmäßig organisierter und teilweise staatlicher Kontrolle (Ehrengerichtshof).

---

*) In der Kommission für die zweite Lesung wurde eine Neuredaktion angeregt. Doch geriet dies später in Vergessenheit. Vgl. Prot. BGB. 2. Lesung Bd. 2 S. 379.

) Darüber, daß der Inhaber eines öffentlichen Amtes nicht Beamter zu sein braucht, vgl. Laband, Staatsrecht[4] **1 402.

3. Es darf nun nicht übersehen werden, daß die Berufstätigkeit des Rechtsanwalts sich nicht in denjenigen Funktionen erschöpft, welche mit der staatlichen Rechtspflege zusammenhängen und in dieselbe eingreifen; die beratende und helfende Tätigkeit des Anwalts, welche sich privatim zwischen ihm und seiner Partei oder jedenfalls abseits von der Wirksamkeit der Gerichte, Verwaltungsbehörden 2c. abspielt, bildet ebenfalls eine wichtige Seite des Berufes; in praxi gilt diese Tätigkeit sogar vielen als die Hauptsache, als der bessere Teil der Berufsarbeit. Anm. 18.

Allein die öffentlichrechtliche Stellung des Anwalts bleibt auch bei Ausübung dieser — sagen wir kurz: außergerichtlichen — Funktionen dieselbe. Wir müssen zunächst davon ausgehen, daß der Rechtsanwalt auch nach unserem Recht, entsprechend der historischen Entwicklung, in erster Linie „Gerichtsanwalt"*) ist. Es gibt begrifflich keinen Anwalt, der nicht bei einem Gerichte zugelassen wäre; mithin stehen auch jedem Anwalt nicht nur die mit der Zulassung verbundenen prozessualen Rechte zu, sondern es liegen ihm in gleicher Weise gegenüber dem Gerichte Pflichten ob, denen er sich nicht entziehen kann (z. B. die Pflicht zur Übernahme von Offizialsachen). Die Zugehörigkeit zu einem Gerichte ist auch für den Wohnsitz entscheidend, welchen der Anwalt zu nehmen hat. Selbst eine längere Abwesenheit des Rechtsanwalts ist den Gerichten, denen seine Tätigkeit gilt, nicht gleichgültig (§ 29 RAO.). Auch die allgemeine Organisation des Anwaltsstandes und die Disziplinarordnung schließen sich an die Gerichtszugehörigkeit der Rechtsanwälte an.

Es kann also keinem Zweifel unterliegen, daß nach der Idee des Gesetzes der Schwerpunkt und das Charakteristikum der anwaltschaftlichen Tätigkeit in seinen Beziehungen zu den staatlichen Gerichten, in der Ausübung derjenigen amtlichen Funktionen liegt, welche in der Gerichtsverfassung und der Prozeßgesetzgebung vorgesehen sind.

Die Stellung, welche der Anwalt in dieser Hinsicht einnimmt, gibt seiner allgemeinen Position, auch dem Publikum gegenüber, das eigentliche Gepräge. Vornehmlich um dieser besonderen Amtsstellung willen wendet sich die Klientel an den Rechtsanwalt, nicht nur in denjenigen Fällen, in welchen ein Prozeß schwebt oder zu erwarten ist, sondern auch da, wo es sich gar nicht um die Möglichkeit eines Rechtsstreites handelt.

Wie der Anwalt im Prozeß ein Organ der Rechtspflege, ein Faktor im Dienste des Rechts ist, so soll er auch in seiner außergerichtlichen Tätigkeit mehr als ein bloßer Parteivertreter, mehr als ein Diener des Klienten sein: er ist auch hier ein Wahrer des Rechts, und es liegen ihm Pflichten nicht nur dem eigenen Auftraggeber, sondern auch Dritten, dem Publikum gegenüber ob. Seine Stellung charakterisiert sich hier wie dort als **öffentliches Amt**.

4. Aus dem Gesagten ergibt sich u. E. mit Notwendigkeit, daß **die Ausübung der Rechtsanwaltschaft kein Gewerbebetrieb ist**. Denn die Begriffe „Amt" und „Gewerbe" schließen einander aus. (Vgl. JW. **84** 39). Man hat freilich auch versucht, in dem Berufe des Anwalts eine Vereinigung von amtlicher Stellung und Gewerbebetrieb zu finden, indem man sich für die Subsumierung unter den Begriff des Gewerbes auf den § 6 GewO. berief (vgl. Laband a. a. O. **3** 428; 197 N. 5). Allein dieser Versuch leidet ebenso, wie die Ansicht derer, welche die Advokatur schlechthin als Gewerbe auffassen (vgl. Anm. 22), an dem Mangel einer Klärung des Begriffes der gewerblichen Tätigkeit. Anm. 19.

a) Die GewO. gibt bekanntlich keine Definition des Gewerbes. Auch die indirekte Schlußfolgerung aus § 6 GewO., wonach jedenfalls die dort bezeichneten Anm. 20.

*) Vgl. Weißler, Geschichte der Rechtsanwaltschaft 421, 610.

Berufsarten an sich als Gewerbe im Sinne der GewO. zu erachten seien, weil sonst die Unanwendbarkeit der Vorschriften des Gesetzes auf diese Berufsarten nicht eigens normiert zu sein brauchte, ist verfehlt. Die Motive zur GewO. lehnen selbst diese Schlußfolgerung ab (vgl. Landmann GewO.[5] § 6 Anm. 2); sie ist aber auch deshalb unhaltbar, weil jene von der GewO. nicht umfaßten Berufsarten größtenteils landesgesetzlich und natürlich ganz verschieden geregelt sind oder waren, sodaß es nicht wohl angeht, ihnen ohne Rücksicht auf die verschiedenartige Beschaffenheit der Landesgesetze einen einheitlichen Charakter zu imputieren. Man bedenke doch, daß gerade hinsichtlich der rechtlichen Stellung der Advokaten bei Schaffung der GewO. vom 21. 6. 69 noch die größten Verschiedenheiten in Deutschland herrschten. In Preußen z. B. zählten sie unzweifelhaft zu den Beamten. Es wird wohl niemand behaupten, daß die GewO. durch die negative Bestimmung des § 6 diese Beamten zu Gewerbetreibenden habe machen wollen!

Die Liste der in § 6 aufgezählten Berufsarten ist in den späteren Novellen ergänzt und geändert worden; dafür aber, daß der Zweck der Bestimmung ein anderer geworden wäre, fehlt es an jedem Anhalt. Die Worte „advokatorische und Notariatspraxis" sind übrigens auch nach Schaffung der RAO. unverändert geblieben. Die Erwähnung der Notare, welche noch heute wohl in allen Bundesstaaten unstreitig Staatsbeamte sind, beweist wiederum, daß die Labandsche Schlußfolgerung nicht zutreffend ist.

Anderseits wäre es natürlich ebenso verfehlt, aus § 6 GewO. zu schließen, daß die Advokatur **kein** Gewerbe sei. So: RGZ. **39** 137 (ZS. VI 30. 9. 97).

Anm. 21. b. Da auch abgesehen von der GewO. eine gesetzliche Grundlage für die Begriffsbestimmung des Gewerbes fehlt, so muß dieselbe auf Grund des allgemeinen Sprachgebrauchs gefunden werden. Hier ist nun zunächst klar, daß wir heute nicht jede Erwerbstätigkeit als Gewerbe bezeichnen. Niemand wird von dem Gewerbe eines Beamten, eines Künstlers, eines Dienstboten oder eines Bauern sprechen, obwohl bei allen der Erwerb den Haupt- oder Nebenzweck der Berufsausübung bildet.

Der allgemeine Sprachgebrauch scheidet bei der Begriffsbestimmung des Gewerbes von den erlaubten Erwerbsarten aus:

α) die Land- und Forstwirtschaft,
β) die öffentlichen Ämter,
γ) die sogenannten höheren Berufsarten (Künstler, Schriftsteller, Gelehrte, Geistliche, Lehrer, Ärzte rc.),
δ) das Gesinde.

Jede andere, auf fortgesetzten eigenen Erwerb gerichtete erlaubte Berufstätigkeit wird als Gewerbe bezeichnet.

Anm. 22. Die Ausscheidung der vier erwähnten Berufsgruppen beruht auf zwei verschiedenen Prinzipien: bei der Landwirtschaft und dem Gesinde auf historisch-volkswirtschaftlicher Grundlage (Scheidung zwischen Agrar- und Industriebevölkerung bei α, Vorwiegen der patriarchalischen Reminiszenzen bei δ); bei den Ämtern und höheren Berufsarten darauf, *daß der Hauptzweck der Tätigkeit prinzipiell weniger in der Erzielung finanzieller Erfolge als in der Erfüllung des Berufs oder der idealen Tätigkeit selbst liegt bzw. liegen soll.*

Hienach ist der Anwaltsberuf nicht als Gewerbe zu betrachten. Gl. M.: Preuß. OVG. 6. 1. 83 bei Hergenhahn **1** 1; RGZ. **39** 137 (ZS. VI 30. 9. 97); JW. **84** 39; **89** 220 ff.; RhArch. **102** 135 (OLG. Cöln 5. 7. 05); RGSt. **34** 271 (StS. II 31. 5. 01); JW. **07** 475 (ZS. III 11. 6. 07); Berger 21;

Meyer § 28 Anm. 1. A. M.: Ring in BuschsZ. **7** 132; Meyer in HirthsAnn. **82** 773. Vgl. auch BayObLGSt. **4** 372 (4. 6. 04).

Der Rechtsanwalt hat auch kein „Erwerbsgeschäft" im Sinne des § 6 UnlWG. und keinen „Geschäftsbetrieb" im Sinne des § 9 daselbst; seine Leistungen sind keine „gewerblichen" (§ 4 UnlWG.). Ebenso: Finger UnlWG.[2] (1907) § 9 Anm. 32; Binding Lehrb. des Strafr. bes. Teil **1** 508 und die meisten anderen. A. M.: Pinner UnlWG. 12.

5. Die praktische Bedeutung der gewonnenen Resultate äußert sich besonders auf steuerrechtlichem Gebiete. Mit Recht hat z. B. das Reichsgericht in der Entscheidung Bd. 39 S. 137 (ZS. VI 30. 9. 97) ausgesprochen, daß im Sinne des § 3 des Gesetzes wegen Beseitigung der Doppelbesteuerung vom 13. Mai 1870 die Anwaltschaft kein Gewerbe sei. Leider hat das Reichsgericht später einen anderen Standpunkt eingenommen (RGZ. **55** 167 [ZS. VII 3. 7. 03]; ebenso OLG. Hamburg 6. 3. 03 in HansGZ. Beibl. **03** 190), während in neuester Zeit der höchste Gerichtshof sich bezüglich der Begriffsbestimmung des Gewerbes wieder unserem Standpunkt nähert; so bezüglich der Ärzte: JW. **06** 744 N. 14 (ZS. VI 4. 10. 06); JW. **07** 491 N. 34 (ZS. VII 17. 5. 07); sehr bestimmt auch hinsichtlich der Anwälte: JW. **07** 475 (ZS. III 11. 6. 07). Anm. 23.

Bezüglich des preußischen Kommunalabgabengesetzes hat in unserem Sinne das preuß. OVG. in dem oben zitierten Erkenntnis vom 6. Januar 1883 (Hergenhahn **1** 1) entschieden. Ebenso: JW. **84** 39. Anm. 24.

6. Dem Amtscharakter der Rechtsanwaltschaft entspricht es, daß die Benennung für denjenigen, der dieses öffentliche Amt ausübt, als Titel im Sinne unserer Gesetzgebung, speziell des StGB. (§ 360 Z. 8) gilt. So die herrschende Judikatur. Vgl. z. B. BayObLGSt. 23. 10. 02 in SeuffBl. **68** 284; RGSt. **34** 271 (StS. II 31. 5. 01); OLG. Colmar 28. 3. 93 in ElsLothZ. **18** 451. Anm. 25.

Rechtsanwaltsordnung

vom 1. Juli 1878.

Wir Wilhelm, von Gottes Gnaden Deutscher Kaiser, König von Preußen rc. verordnen im Namen des Reichs, nach erfolgter Zustimmung des Bundesraths und des Reichstags, was folgt:

Erster Abschnitt.

Zulassung zur Rechtsanwaltschaft.

Vorbemerkung.

(Erläuterung einiger Grundbegriffe).

Anm. 1. 1. Der erste Abschnitt der RAO. enthält im wesentlichen die Voraussetzungen für Erwerb und Verlust des Amtes und spezieller Amtsbefugnisse des Rechtsanwalts sowie die Grundsätze über seine Stellvertretung.

Anm. 2. Die „Zulassung zur Rechtsanwaltschaft“ umfaßt also mehr als die Zulassung zum Amte eines Rechtsanwalts überhaupt; auch die Zulassung eines bereits im Amte befindlichen Anwalts zu neuen Funktionen (sog. „weitere Zulassung“) fällt darunter.

Anm. 3. 2. Wenn es auch eine Zulassung zur Rechtsanwaltschaft ohne Zuweisung zu einem bestimmten Gerichte oder mehreren bestimmten Gerichten nicht gibt, so wäre es doch unrichtig anzunehmen, daß es eine „Rechtsanwaltschaft überhaupt“ nicht gebe, sondern nur eine Rechtsanwaltschaft beim Landgerichte A, eine solche beim Oberlandesgerichte B rc. Das Wesen des Amtes ist vielmehr in ganz Deutschland das gleiche; das Gesetz normiert schlechthin eine „Fähigkeit zur Rechtsanwaltschaft“ (vgl. § 4), die „Ausschließung von der Rechtsanwaltschaft“ (§ 63) rc. Nur die Reichsgerichtsanwälte nehmen in gewisser Beziehung eine Sonderstellung ein.

Anm. 4. 3. Das Gesetz unterscheidet die *erste Zulassung* einerseits und die *weitere Zulassung* anderseits. Erstere liegt vor, wenn jemand, der nicht Anwalt ist, zur Rechtsanwaltschaft zugelassen wird, wobei es für den Begriff gleichgültig erscheint, ob der Betreffende *früher* schon einmal Anwalt war oder nicht.

Anm. 5. Die *weitere Zulassung* liegt vor,

a) wenn ein RA. bei einem anderen Gerichte seine Zulassung — unter Aufgabe der bisherigen — nimmt (*Zulassungswechsel*),

b) in den Fällen der *Simultanzulassung*.

Anm. 6. 4. Das Gesetz normiert ein *Recht auf Zulassung*. Dies ist regulär nur ein Recht auf Zulassung bei *einem* Gerichte; es begreift insoweit die Fälle der ersten Zulassung und des Zulassungswechsels in sich. Ausnahmsweise besteht auch ein Recht des Anwalts auf Simultanzulassung.

5. Das Recht auf Zulassung wird eingeschränkt durch die Versagungsgründe. Das Gesetz unterscheidet solche Versagungsgründe, die nur für die erste Zulassung und solche, die nur für die weitere Zulassung, endlich solche, die für beide Fälle gelten. Ferner gibt es absolute — d. h. für jedes Gericht geltende — und relative — d. h. nur für ein spezielles Gericht geltende Versagungsgründe. Endlich unterscheidet man obligatorische und fakultative Versagungsgründe. Anm. 7.

6. Gleich der Zulassung bezieht sich die Zurücknahme derselben bald auf die Rechtsanwaltschaft überhaupt, bald nur auf die Zulassung bei einem bestimmten Gerichte. Letzteres ist nur bei Simultanzulassung möglich. Die Zurücknahme ist bald obligatorisch bald fakultativ. Anm. 8.

7. Über die Zulassung wie über die Zurücknahme entscheidet die Landesjustizverwaltung, beim Reichsgericht das Präsidium, nach Anhörung des Vorstandes der Anwaltskammer, bei der Zurücknahme auch nach Anhörung des RA. Eine Anfechtung dieser Entscheidung ist reichsrechtlich nur bei Nichtzulassung aus bestimmten, obligatorischen Versagungsgründen geregelt. Hier kann der Bewerber Nachprüfung des Versagungsgrundes im ehrengerichtlichen Zulassungsverfahren verlangen. Anm. 9

8. Die Zulassung ist nur eine Voraussetzung für die Erlangung des Amtes. Die letztere erfolgt erst durch Eintragung in die Liste der Rechtsanwälte. Entsprechendes gilt für die weitere Zulassung. In beiden Fällen kommt als weitere Voraussetzung für die Eintragung noch die Begründung des gesetzlich vorgeschriebenen Wohnsitzes, bei der ersten Zulassung auch die Eidesleistung in Betracht. Anm. 10

§ 1.

Zur Rechtsanwaltschaft kann nur zugelassen werden, wer die Fähigkeit zum Richteramt erlangt hat.

I. Inhalt und allgemeine Bedeutung der Bestimmung. 1. Die ersten beiden Paragraphen der RAO. handeln von der Fähigkeit zur Rechtsanwaltschaft. Damit ist die Befähigung, d. h. die Erfüllung derjenigen Voraussetzungen gemeint, welche der Staat bezüglich der Vorbildung eines Rechtsanwalts aufstellt. Von der Fähigkeit zur Rechtsanwaltschaft ist wohl zu unterscheiden die Fähigkeit zur Ausübung der Rechtsanwaltschaft (§ 24 RAO.). Anm. 1.

2. Der RAO. liegt das Prinzip zugrunde, daß die Befähigung für die Zulassung zur Rechtsanwaltschaft die gleiche sein soll, wie sie für das Richteramt erfordert wird. Es dürfen keine höheren, aber auch keine geringeren Anforderungen gestellt werden (Motive 24). Anm. 2.

Der Antrag Thilo drückte diesen Grundsatz prägnant und einheitlich mit den Worten aus: „Die Befähigung zur Rechtsanwaltschaft ist die gleiche wie die Befähigung zum Richteramte" (§ 1 dieses Antrages, Siegel 12). Das Gesetz dagegen bringt — gerade wie der Regierungsentwurf (Siegel 194) — im § 1 nur zum Ausdruck, daß keine geringeren Anforderungen bezüglich der Befähigung zur Rechtsanwaltschaft gestellt werden dürfen als hinsichtlich der Befähigung zum Richteramte. Daß auch die Stellung höherer Anforderungen nicht zulässig ist, ergibt sich erst aus § 2 RAO. Anm. 3.

II. Die Fähigkeit zum Richteramte. 1. Für die Zeit nach dem 1. Oktober 1879 normiert das GVG. die Voraussetzungen der Fähigkeit zum Richteramte, und zwar folgendermaßen: Anm. 4.

a) Nach § 2 GVG. wird die Fähigkeit zum Richteramte einmal durch die Ablegung zweier Prüfungen erlangt. Der ersten Prüfung muß ein dreijähriges Studium der Rechtswissenschaft auf einer Universität vorausgehen, wovon mindestens drei Semester diesem Studium auf einer in Deutschland gelegenen Universität gewidmet sein müssen. Zwischen der ersten und zweiten Prüfung muß ein Vorbereitungsdienst von drei Jahren liegen, welcher bei den Gerichten und bei den Rechtsanwälten abzuleisten ist. Landesrechtlich kann bestimmt werden:

α) daß der Vorbereitungsdienst zum Teil auch bei der Staatsanwaltschaft;

β) daß derselbe — jedoch höchstens auf ein Jahr — bei den Verwaltungsbehörden stattfinden dürfe oder müsse;

γ) daß das Universitätsstudium oder der Vorbereitungsdienst oder beides länger zu dauern habe;

δ) daß für die Zeit bis 1. Oktober 1883 der Vorbereitungsdienst nicht mehr als zwei Jahre zu betragen brauche (EGGVG. § 22 Abs. 2).

Anm. 5. b) Nach § 4 GVG. ist ferner zum Richteramte befähigt jeder ordentliche, öffentliche Lehrer des Rechts an einer deutschen, d. h. in Deutschland gelegenen Universität.

Anm. 6. 2. Die am 1. Oktober 1879 in Kraft gewesenen landesrechtlichen Vorschriften blieben für diejenigen, welche vor diesem Tage die erste Prüfung in dem betreffenden Bundesstaate bestanden hatten, in Geltung, sodaß § 2 GVG. auf diese Personen keine Anwendung fand (§ 22 Abs. 1 EGGVG.).

Anm. 7. 3. Soweit schon vor dem 1. Oktober 1879 nach Landesrecht die Fähigkeit zum Richteramte gegeben war, wurde dieselbe auch für die Zukunft vom GVG. anerkannt; dies folgt nur für einzelne Fälle — nämlich für diejenigen, in welchen die Befähigung zum Richteramte in demselben Bundesstaate erworben wurde, in dem die erste Prüfung absolviert worden ist — aus § 22 EGGVG., im übrigen aber daraus, daß das GVG. seinen Bestimmungen keine rückwirkende Kraft beilegt.

Anm. 8. 4. Die Voraussetzungen, welche das GVG. für die Erlangung der Fähigkeit zum Richteramte aufstellt, sind teils Minimalerfordernisse, welche landesrechtlich erweitert werden dürfen, teils sind es Maximalerfordernisse, welche die Möglichkeit, landesrechtlich höhere Anforderungen zu stellen, ausschließen.

Anm. 9. Ersteres trifft zu auf die gesamte Ausbildung, welche der zweiten Prüfung vorausgeht. Hier können die Landesgesetzgebungen, soweit § 3 GVG. nicht entgegensteht, die Vorschriften des § 2 Abs. 3 und 4 GVG. verschärfen, auch soweit Abs. 4 dies nicht ausdrücklich gestattet; derselbe greift nur das Nächstliegende heraus, ohne sonstige Verschärfungen ausschließen zu wollen. Vgl. Struckmann-Koch, ZPO. und GVG.[7] § 2 Anm. 7.

Anm. 10. Unbedingt als Maximalerfordernisse aber sind die Bestimmungen des § 2 Abs. 1 und des § 4 GVG. zu erachten. Dies folgt nicht nur aus der Fassung dieser Gesetzesstellen im Gegensatze zu den vorerwähnten, sondern geht auch deutlich aus § 5 GVG. hervor. Kein Landesgesetz kann bestimmen, daß ein ordentlicher Universitätsprofessor, um die Fähigkeit zum Richteramte zu erlangen, zuvor 6 Monate bei einem Amtsgerichte arbeiten oder daß ein Assessor erst zwei Jahre Hilfsrichter sein müsse, ehe er zum Richteramte befähigt werde.

Anm. 11. 5. Die Fähigkeit zum Richteramte gibt nun selbstverständlich dem Befähigten kein Recht auf Erlangung des Amtes. Der Staat braucht dem Einzelnen, welchen er vielleicht für „unbefähigt" im alltäglichen Sinne hält, keine Rechenschaft darüber zu geben, warum er ihn nicht anstellt. Nicht aber darf ein Bundesstaat eine allgemeine Verfügung — sei es Gesetz, sei es Verordnung — dahin erlassen, daß nur diejenigen ein Richteramt erhalten können, welche sich nach dem zweiten Staatsexamen einer weiteren Vorbildung unterziehen. Denn eine solche Verfügung negiert in Wahrheit die Befähigung zum Richteramte bei denjenigen, welche sie nach Reichsrecht erworben haben. Ein Gesetz, welches allgemein ausspricht: „Ihr seid zwar alle kraft eurer Ausbildung fähig, Richter zu werden; ihr könnt das Amt aber nie erlangen, wenn ihr nicht noch eine weitere Ausbildung genießt", ein solches Gesetz enthält eine contradictio in adiecto.

In Bayern ist durch die Allerhöchste Verordnung vom 4. Jan. 1901 das Justizministerium ermächtigt worden, „allgemein für die Bewerbung und Anstellung in einem bestimmten Dienstzweige des höheren Justizstaatsdienstes eine besondere Art und Dauer der Fortsetzung der Praxis der Staatsdienstadspiranten nach bestandenem Examen vorzuschreiben". Demgemäß hat das Justizministerium in der Bekanntmachung vom 7. Jan. 1901 unter anderem in § 20 bestimmt, daß geprüfte Rechtspraktikanten, welche sich um Anstellung als Richter bewerben wollen, mindestens 6 Monate bei einem bayerischen Amtsgerichte Praxis zu nehmen haben *). Anm. 12.

Die Vorschrift wird streng durchgeführt, und niemand kann in Bayern Richter werden, der nicht die sechsmonatliche Nachpraxis absolviert hat.

Es unterliegt nach dem Gesagten keinem Zweifel, daß die bezeichnete Vorschrift nach § 2 GVG. der Rechtsgültigkeit entbehrt.

Dies ist aber in viel höherem Maße als für die Staatsdienstadspiranten selbst im Hinblick auf § 1 RAO. für die Rechtsanwaltschaft von Bedeutung. Hierüber vgl. unten Anm. 14.

III. Die Befähigung zur Rechtsanwaltschaft. 1. Dieselbe setzt, wie wir oben gesehen haben, die Fähigkeit zum Richteramte voraus. Anm. 13.

Daraus folgt einerseits, daß die in Anm. 4—7 besprochenen Voraussetzungen auch bei denjenigen vorliegen müssen, welche die Zulassung zur Rechtsanwaltschaft erstreben; anderseits folgt daraus, daß landesgesetzlich keine höheren Anforderungen an die Fähigkeit zum Richteramt gestellt werden dürfen als an die Befähigung zur Rechtsanwaltschaft. Auch soweit das GVG. lediglich Minimalerfordernisse aufstellt, darf die Landesgesetzgebung nur in der Weise höhere Anforderungen stellen, daß dieselben für beide Berufe gleiche Geltung haben.

Jede Verletzung dieser Grundsätze in dem Sinne, daß die Befähigung zum Richteramte von weiteren Voraussetzungen als den im GVG. normierten abhängig gemacht wird, muß nun um deswillen für die Stellung der Anwaltschaft von größter Bedeutung sein, weil das Gesetz den zur Rechtsanwaltschaft befähigten Personen ein Recht auf Zulassung gibt. Die Versagung der Zulassung muß nach § 16 RAO. die Gründe derselben angeben. Anm. 14.

Würde nun die Landesjustizverwaltung z. B. in Bayern — dessen Rechtszustände wir oben (Anm. 12) kurz geschildert haben — anerkennen, daß durch die obligatorische sechsmonatliche Nachpraxis dem Erfordernisse des Bestehens der zweiten Staatsprüfung ein weiteres, wichtiges Erfordernis für die Befähigung zum Richteramt hinzugefügt wurde, so müßte sie konsequenterweise auch für die Zulassung zur Rechtsanwaltschaft die Nachpraxis verlangen und bei Nichtabsolvierung derselben die Fähigkeit zur Anwaltschaft verneinen. Dies ist bis jetzt noch nicht vorgekommen und wird wohl auch nicht vorkommen, da der betreffende Bewerber sicherlich sein Recht auf Zulassung energisch geltend machen und Rechenschaft darüber verlangen würde, wie es möglich sei, die reichsrechtlichen Normen durch Landesrecht zu ändern.

Stellt sich aber die LJV. — und das ist der faktische Zustand — nicht auf diesen Standpunkt, so proklamiert sie eben eine Ungleichheit zwischen der Befähigung zum Richteramt und der Befähigung zur Anwaltschaft, eine Ungleich-

---

*) In den Bemerkungen, welche das Justizministerium hiezu gibt, wird ferner mit unverkennbarer Deutlichkeit ausgesprochen, daß fortan nur solche Bewerber Aussicht auf Anstellung als Richter haben, welche das Staatsexamen mindestens mit Note II bestanden haben.

heit, deren endgültige Beseitigung als eines der großen Grundprinzipien bei Schaffung der RAO. galt.

Daß diese Ungleichheit eine schwere Schädigung und Degradierung des Anwaltsstandes bedeutet, versteht sich von selbst. (Vgl. Rosenthal in JW. **05** 102; Jacobsohn in DJZ. **05** 772; Neumann in JW. **04** 460).

Anm. 15. 2. Ausnahmen von dem Grundsatze des § 1 RAO. sind in den Übergangsbestimmungen der §§ 107, 108, 110 RAO. statuiert. Die beiden ersteren — von denen § 108 sogar heute noch Bedeutung haben kann (vgl. Anm. 6 und 8 zu diesem Paragraphen) — geben Sondervorschriften für diejenigen Personen, welche bereits vor dem 1. Oktober 1879 Anwälte waren, und für diejenigen, welche zwar die Fähigkeit zur Rechtsanwaltschaft, nicht aber die Fähigkeit zum Richteramte erlangt hatten. Vgl. im einzelnen die erwähnten Paragraphen, ferner § 109, welcher die Landesgesetze ermächtigt, ihrerseits wieder Ausnahmen von den Ausnahmen zu statuieren.

Eine weitere, aber nur scheinbare Ausnahme gilt für die Rechtsanwälte in den Bezirken der Konsulargerichtsbarkeit und in den Schutzgebieten. Hierüber siehe unten Exkurs zu § 1.

Anm. 16. 3. Das Fehlen der Befähigung zur Rechtsanwaltschaft würde dem trotzdem Zugelassenen nicht die Qualifikation zur Eintragung in die Liste der Rechtsanwälte verleihen. Wenn letztere aber dennoch erfolgt, so gilt der Eingetragene gleichwohl als Anwalt. Vgl. § 20 Anm. 15.

Anm. 17. 4. Die einmal erlangte Fähigkeit zur Rechtsanwaltschaft kann nicht wieder verloren werden.

Auch ein Verzicht auf dieselbe ist rechtsunwirksam. Vgl. EGH. **2** 5 ff. (29. 1. 86); Berger § 1 Anm. 5. Dies gilt auch in den Bundesstaaten, in welchen — wie in Bayern — eine Wiederholung der zweiten Staatsprüfung trotz erfolgreicher Absolvierung derselben zulässig und — zwecks Erlangung einer besseren Prüfungsnote — üblich ist. Besteht der Kandidat das Examen bei der Wiederholung nicht, so bleibt er befähigt zur Rechtsanwaltschaft (und zum Richteramt), auch wenn er vorher erklärt haben sollte, daß er auf die Rechte aus der früheren Prüfung verzichte*).

Exkurs zu § 1.

Die Rechtsanwälte in den Bezirken der Konsulargerichtsbarkeit und in den Schutzgebieten.

Anm. 1. 1. Die RAO. als Ganzes ist für das Gebiet der Konsulargerichtsbarkeit und in den Schutzgebieten nicht eingeführt worden. Dies hängt damit zusammen, daß es in dem Verfahren vor den Konsuln, Konsulargerichten rc. keinen Anwaltsprozeß gibt (§ 41 KonsGG.) und daß aus praktischen Gründen die Voraussetzungen für die Zulassung zur Anwaltschaft, wie sie die RAO. aufstellt, in jenen Gebieten so wenig eingeführt werden können, wie etwa die Organisation der Anwaltskammern.

Anm. 2. Dennoch finden auf die in § 2 KonsGG. bezeichneten Personen einzelne Bestimmungen der RAO. auch in den Konsulargerichtsbezirken Anwendung, nämlich die zivilrechtlichen und zivil- oder strafprozessualen Bestimmungen derselben (§ 19 KonsGG.), soweit sie nicht „Einrichtungen und Verhältnisse voraussetzen, an denen es für die betreffenden Gebiete fehlt“ (§ 20 KonsGG.).

*) § 126 bayer. JMBek. 6. 7. 99 (JMBl. 194) bestimmt: „Hat sich ein Kandidat der zweiten Prüfung mit Erfolg unterzogen, ist er jedoch durch die erhaltene Note nicht befriedigt, so kann er bei Verzicht auf das frühere Prüfungsergebnis jederzeit zur Wiederholung der Prüfung zugelassen werden.“ Diese Bestimmung ist insoweit ungültig, als sie einen Verzicht auf die Rechte aus dem einmal bestandenen Examen zuläßt. Eine Wiederholung der Prüfung zwecks Verbesserung der Note kann dagegen unbedenklich zugelassen werden.

Hinsichtlich der Schutzgebiete vgl. §§ 2, 3, 4 SchGG. 25. 7. 00.

2. Das Reichsgesetz über die Konsulargerichtsbarkeit vom 7. April 1900 bestimmt in § 17: Anm. 3.

„Die Personen, die zur Ausübung der Rechtsanwaltschaft zuzulassen „sind, werden von dem Konsul bestimmt. Die Zulassung ist widerruflich.

„Gegen eine Verfügung des Konsuls, durch die der Antrag einer „Person auf Zulassung zur Ausübung der Rechtsanwaltschaft abgelehnt „oder die Zulassung zurückgenommen wird, findet Beschwerde an den „Reichskanzler statt.

„Das Verzeichnis der zur Ausübung der Rechtsanwaltschaft zugelassenen „Personen ist in der für konsularische Bekanntmachungen ortsüblichen „Weise, jedenfalls durch Anheftung an die Gerichtstafel bekannt zu machen."

Nach § 6 Abs. 2 KonsGG. kann der Reichskanzler neben dem Konsul sowie an dessen Stelle einem anderen Beamten die Ausübung der Gerichtsbarkeit — mithin auch die Befugnisse aus § 17 des Gesetzes — übertragen.

Die Vorschrift des § 17 (nicht aber die des § 6) gilt gemäß § 2 SchGG. auch in den Schutzgebieten mit der Maßgabe, daß hier an die Stelle des Konsuls der vom Reichskanzler ermächtigte Richterkommissär tritt. Der Reichskanzler hat am 27. Okt. 1900 zu dem Konsulargerichtsbarkeitsgesetz eine erläuternde Dienstanweisung erlassen (RGBl. 577).

3. Das Gesetz vermeidet das Wort „Rechtsanwälte" und spricht nur von den „zur Ausübung der Rechtsanwaltschaft zugelassenen Personen"; auch an anderer Stelle (§ 42 KonsGG.) kehrt dieser Ausdruck wieder, und nur im § 76 dieses Gesetzes ist von einem Ortsgebrauch hinsichtlich der „Gebühren der Rechtsanwälte" die Rede. Hier ist aber das Wort augenscheinlich im Sinne eines allgemeinen, internationalen Begriffes gebraucht, denn nur in diesem Sinne kann wohl in den betreffenden Ländern von einem Ortsgebrauch hinsichtlich der Rechtsanwaltsgebühren die Rede sein. Anm. 4.

Die Ausdrucksweise des Gesetzes scheint im übrigen keine unabsichtliche zu sein. Ein deutscher Anwalts**stand** existiert eben in jenen Gebieten nicht; es gibt nur Personen, welchen die Ausübung der anwaltschaftlichen Funktionen, die nun einmal für die Rechtspflege nicht entbehrlich sind, widerruflich übertragen wird. Die Ausübung der Anwaltschaft braucht nicht einmal ihren Beruf zu bilden. Sie kann teils durch rechtsgelehrte Personen, welche de facto dieselbe Stellung einnehmen wie unsere heimischen Anwälte, teils durch Laien erfolgen, welche mit dem Anwaltsstande nichts gemein haben. Anm. 5.

Nichtsdestoweniger **sind** die zur Ausübung der Anwaltschaft zugelassenen Personen für die betreffenden Gerichte **Rechtsanwälte** im Sinne der Prozeßordnungen ꝛc., und sie sind berechtigt, diesen Titel zu führen (was sie tatsächlich auch zu tun pflegen).

4. Für die Befähigung zur Rechtsanwaltschaft in den Kolonien und Konsulargerichtsbezirken sind keine gesetzlichen Erfordernisse aufgestellt. Es können also, wie schon erwähnt, auch Laien zugelassen werden. Selbstverständlich wird aber stets danach getrachtet werden, nur Personen mit juristischer Vorbildung heranzuziehen (vgl. Abs. 2 der Dienstanweisung zu § 17 KonsGG.). Anm. 6.

5. Die Zulassung hängt zunächst von dem Belieben des Konsuls bzw. des nach § 6 Abs. 2 KonsGG. ernannten Beamten oder des Richterkommissärs ab. Derselbe braucht niemanden zuzulassen, da es ein Recht auf Zulassung nicht gibt. A. M. Goes in HirthsAnn. **97** 538. Anm. 7.

Gibt es aber auch keine Pflicht, die Zulassung zu verweigern, d. h. gibt es keine Gründe, welche den Bewerber de jure als absolut untauglich für die Anwaltschaft erscheinen lassen?

Uns. E. gilt hier folgendes:

Anm. 8. a) Da in den Schutzgebieten mit der Beschränkung des § 4 SchGG. und bezüglich der Reichsangehörigen und Schutzgenossen (vorbehaltlich der Ausnahmen nach § 49 KonsGG.) auch in den Konsulargerichtsbezirken das deutsche StGB. Gesetzeskraft hat (§ 19 KonsGG.), so kommen in dem bezeichneten Umfange auch die §§ 31—36 StGB. zur Anwendung. Die Ehrenstrafe des Verlustes der öffentlichen Ämter und der Fähigkeit, solche in Zukunft zu bekleiden, bezieht sich nach § 31 Abs. 2 StGB. auch auf die Advokatur und die Anwaltschaft.

Schon aus der Entstehungszeit des StGB. wie aus dem Wortlaut der Bestimmung („Advokatur") ergibt sich, daß wir den im § 31 Abs. 2 gebrauchten Ausdruck „Anwaltschaft" nicht im engsten Sinne, im Sinne der erst später geschaffenen RAO., zu verstehen brauchen, sondern daß wir ihn — sicherlich dem Geiste des Gesetzes entsprechend — dahin auslegen dürfen, daß er die Anwaltschaft in den Konsulargerichtsbezirken und Schutzgebieten mit umfaßt.

Wer also z. B. in Deutschland oder in den Kolonien mit Ehrverlust bestraft ist, darf, solange derselbe dauert, nicht zur Ausübung der Rechtsanwaltschaft zugelassen werden und verliert, wenn er zuvor zugelassen war, diese Befugnis — allerdings immer nur unter der Voraussetzung, daß in concreto das deutsche Strafgesetz auf ihn anzuwenden ist (§§ 2, 19, 49 KonsGG., §§ 3, 4 SchGG., § 2 KaisV. 9. 11. 00 — RGBl. 1005.)

Anm. 9. b) Daß **Geschäftsunfähige** nicht zugelassen werden können, versteht sich von selbst. Die Frage wird, mit Rücksicht auf die freie Widerruflichkeit, nicht praktisch werden.

Anm. 10. c) Die **Zulassung von Frauen** halten wir nicht für unzulässig. Selbst für die Beamteneigenschaft wird reichsrechtlich **nicht** männliches Geschlecht erfordert (vgl. Laband, Deutsches Staatsrecht[4] **1** 423 Anm. 2); ein allgemeines Prinzip steht auch hinsichtlich der Organe der Rechtspflege nicht entgegen (so die jetzt herrschende Meinung hinsichtlich der Zulassung von Frauen als Verteidiger: vgl. Löwe, StPO.[12] § 138 Anm. 7, Köhler in GS. **53** 203. A. M. Vorwerk KonsGG. § 17 Anm. 4).

Anm. 11. d) **Wer in Deutschland ehrengerichtlich aus der Rechtsanwaltschaft ausgeschlossen ist**, kann trotzdem in den Kolonien und bei der Konsulargerichtsbarkeit zugelassen werden.

Anm. 12. e) Die Zulassung kann Ausländern, auch den Eingeborenen in den Kolonien ebenso bewilligt werden, wie Deutschen (vgl. Abs. 2 der Dienstanweisung zu § 17). Auch die Eigenschaft eines Schutzgenossen (§ 2 Ziff. 2 KonsGG.) braucht der Rechtsanwalt nicht zu besitzen.

Anm. 13. 6. **Eine Pflicht zur Übernahme der Anwaltsfunktionen besteht für niemanden.**

Die **Zulassung** setzt offenbar, wie das Wort schon andeutet, einen Antrag voraus, welcher an den zu ihrer Erteilung zuständigen Beamten zu richten ist.

Die Verfügung über Zulassung oder Ablehnung wird schon mit Rücksicht auf die Zulässigkeit der Beschwerde mit Gründen zu versehen sein. Gleiches gilt, wenn die Zulassung zurückgenommen wird.

Die Beschwerde hat keine aufschiebende Wirkung.

Anm. 14. 7. Die Aufnahme in das durch § 17 Abs. 3 KonsGG. vorgeschriebene Verzeichnis hat keinerlei konstitutive Bedeutung (im Gegensatz zu § 20 Abs. 3 RAO.). Mit dem Erlaß des Zulassungsbescheides tritt die Zulassung in Kraft, mit dem Erlaß des Zurücknahmebeschlusses findet sie ihr Ende.

Die Dienstanweisung zu § 17 (Abs. 1) bestimmt, daß auch alle Veränderungen in den Verzeichnissen der Rechtsanwälte zu vermerken und bekannt zu machen seien. Dem Reichskanzler ist von den Eintragungen und Löschungen Anzeige zu erstatten.

8. Die Zulassung erfolgt nur für das dem betreffenden Beamten unterstehende Gebiet, im Zweifel aber für das Verfahren vor dem Konsul **und** dem Konsulargerichte bzw. vor dem Richterkommissär **und** dem Gerichte des Schutzgebietes. Eine beschränktere Zulassung ist statthaft, nicht minder eine Zulassung bei mehreren Konsulargerichten durch mehrere Konsuln 2c. Anm. 15.

9. **Die prozessualen Rechte und Pflichten** der Rechtsanwälte sind dieselben wie in Deutschland, soweit nicht die Gerichtsverfassung und das Verfahren ein Anderes ergeben. Anm. 16.

Diese speziellen anwaltschaftlichen Rechte und Pflichten erstrecken sich selbstverständlich nur auf dasjenige Gericht, für welches die Zulassung erfolgt.

Die Rechtsanwälte bei den Konsulargerichten gelten auch nicht etwa gegenüber inländischen deutschen Gerichten als Rechtsanwälte im Sinne der RAO. Sie haben also z. B. kein Recht darauf, in der Berufungsinstanz vor dem Reichsgericht als Verteidiger zugelassen zu werden (a. M. Vorwerk KonsGG. § 69 Anm. 2).

Eine eigenartige Erweiterung der anwaltschaftlichen Tätigkeit enthält § 42 KonsGG. (in den Schutzgebieten anwendbar nach § 3 SchGG.). Danach können in Ehenichtigkeitsprozessen, Entmündigungssachen und im Aufgebotsverfahren zum Zwecke der Todeserklärung die Verrichtungen der Staatsanwaltschaft von dem Konsul bzw. Richterkommissär einem — bei dem betreffenden Gerichte zugelassenen, aber nicht notwendig gerichtseingesessenen — Rechtsanwalt übertragen werden (vgl. Vorwerk KonsGG. § 42 Anm. 2). Uns. E. ergibt sich hieraus eine Pflicht des Rechtsanwalts zur Übernahme dieser Funktion. Dies folgt aus der öffentlichen Stellung des Anwalts. Muß schon bei uns der Rechtsanwalt die ihm vom Gerichte kraft gesetzlicher Ermächtigung übertragenen Geschäfte ausführen (Verteidigungen, Prozesse im Armenrechte übernehmen), so kann gewiß in jenen Gebieten, in welchen der Anwalt vom Gerichtsherrn abhängig ist, nichts anderes gelten (a. M. Vorwerk § 42 Anm. 2). Wichtige Gründe können natürlich die Ablehnung der Funktion rechtfertigen. Daß die „achtbaren Gerichtseingesessenen" oder die sonst im Bezirke befindlichen Deutschen und Schutzgenossen ebenfalls zu den Funktionen des Staatsanwalts herangezogen werden können, ohne indessen — wie sich per arg. e contrario aus § 12 Abs. 2 KonsGG. ergibt — zur Annahme verpflichtet zu sein, beweist natürlich für die gleiche Freiheit der in amtlicher Stellung befindlichen Anwälte gar nichts. Anm. 17.

Aus den gleichen Gründen, aus welchen sich die eben erwähnte Verpflichtung ergibt, folgt auch die analoge Anwendung der §§ 34—37 und 39 Abs. 1 und 2 RAO. Daß von dem zweiten Abschnitt der RAO. die §§ 26, 27, 33 und 38 nicht anwendbar sind, ergibt sich teils aus der Beseitigung des Anwaltsprozesses, teils daraus, daß die Befugnisse des Kolonialanwalts lokal begrenzt sind. Die öffentlichrechtlichen Bestimmungen der §§ 29 und 40 RAO. sind in den Schutzgebieten und Konsulargerichtsbezirken nicht in Geltung. Anm. 18.

Die Standespflichten, wie sie die §§ 28 und 31 RAO. normieren, sind so selbstverständlich und begriffsmäßig notwendig, daß sie auch ohne formelle Geltung der bezeichneten Gesetzesstellen beachtet werden müssen. Für die Art, wie der Anwalt seinen Beruf ausüben soll, werden im großen und ganzen unsere heimischen Begriffe maßgebend sein. Auch seine staatsrechtliche Stellung ist nicht anders zu qualifizieren, als die unserer deutschen Rechtsanwaltschaft. Anm. 19.

Selbstverständlich wird mit Rücksicht auf die Verschiedenheit der Verhältnisse nicht selten die Handlungsweise eines Anwalts durchaus anders zu beurteilen sein, als dies in Deutschland der Fall wäre; schon die Berücksichtigung der Ortsgebräuche im Gebührenwesen (§ 76 KonsGG.) und die weitgehende Vereinbarkeit der Rechtsanwaltschaft mit anderen Berufen eröffnet dieser Möglichkeit ein weites Feld.

Anm. 20. Eine Disziplinargerichtsbarkeit existiert in den Schutzgebieten und Konsulargerichtsbezirken nicht. Sie ist entbehrlich infolge der Widerruflichkeit der Zulassung.

Anm. 21. 10. Das zivilrechtliche Verhältnis zwischen Anwalt und Partei richtet sich in den Konsulargerichtsbezirken, wenn die Beteiligten zu den in § 2 KonsGG. erwähnten Personen gehören, in den Schutzgebieten nach Maßgabe der §§ 3 und 4 SchGG. und des § 2 KaisV. 9. Nov. 1900 durchweg nach Reichsrecht.

Hier gelten also in zivilrechtlicher Hinsicht die Bestimmungen der §§ 30 und 32 RAO. und im übrigen vor allem die Vorschriften des BGB. Vgl. im einzelnen den Exkurs vor § 30.

Hinsichtlich der Gebühren kommt für die Konsulargerichtsbezirke in erster Linie der Ortsgebrauch, in Ermangelung eines solchen die RAGebO. und die preußische Gebührengesetzgebung (§ 19 N. 1 KonsGG.) in Betracht. In den Schutzgebieten ist diese Bestimmung (§ 76 KonsGG.) nicht in Geltung. Hier müssen also die RAGebO. und die preußische Gebührengesetzgebung — als Zivilrechtsnormen — angewendet werden, soweit nicht § 4 SchGG. entgegensteht.

Anm. 22. 11. Die auf Grund der RAO. in Deutschland zugelassenen Rechtsanwälte genießen die Privilegien der Anwaltschaft bei den Konsular- und Schutzgebietsgerichten nicht. Vgl. § 26 Anm. 5. Sie haben also bei Rechtshandlungen, welche sie diesen Gerichten gegenüber vornehmen, lediglich die Befugnisse, welche auch anderen Bevollmächtigten zustehen.

§ 2.

Wer die Fähigkeit zum Richteramt in einem Bundesstaat erlangt hat, kann in jedem Bundesstaate zur Rechtsanwaltschaft zugelassen werden.

Anm. 1. **I. Allgemeiner Inhalt.** Der Paragraph besagt scheinbar etwas Selbstverständliches. Denn in § 5 GVG. ist allgemein bestimmt, daß die in einem Bundesstaate erlangte Fähigkeit zum Richteramte für das ganze Reich als Befähigung zu diesem Amte gelte. Allein die Bestimmung des § 2 RAO. hat doch neben § 5 GVG. eine selbständige Bedeutung. Sie besagt nämlich:

a) daß überhaupt bezüglich der Befähigung zur Rechtsanwaltschaft reichsgesetzlich keine höheren Anforderungen gestellt werden, als für die Fähigkeit zum Richteramte (vgl. § 1 Anm. 3);

b) daß denen, welche die Fähigkeit zum Richteramte in einem anderen Bundesstaate erlangt haben, die Zulassung zur Rechtsanwaltschaft nicht durch landesgesetzliche Bestimmung allgemein versagt oder erschwert werden darf.

Anm. 2. **II. Spezielles.** 1. Die Zulassung in einem Bundesstaate, in welchem der Bewerber die Fähigkeit zum Richteramte nicht erlangt hat, d. h. für welchen er nicht die Richterprüfung abgelegt hat (vgl. § 4 Anm. 1 und 6), ist fakultativ und kann — mit einer Ausnahme (Anm. 5) — unter beliebiger Begründung nach freiem Ermessen der LJV. versagt werden. Dieses Ermessen darf aber nicht durch Landesgesetz im Sinne einer Beschränkung der Zulassung allgemein eingeengt werden. Ebenso mit Bezug auf § 5 GVG.: Wilmowski-Levy, ZPO. und GVG.[7] Anm. zu § 5 GVG.

Anm. 3. 2. § 2 gilt nicht nur für die erste Zulassung; auch eine weitere Zulassung in anderen Bundesstaaten ist lediglich fakultativ (vgl. Motive 30). Mithin hat auch derjenige, welcher in einem fremden Bundesstaate als Rechtsanwalt zugelassen wurde, niemals ein Recht auf eine weitere Zulassung in diesem Bundesstaate, mag es sich um einen Zulassungswechsel oder um Simultanzulassung handeln (anders der Entwurf in § 9, Siegel 195). Der Gesetzgeber hat dieses eigenartige Resultat schwerlich gewollt.

3. Wird die Zulassung versagt, so muß der Grund der Versagung von der LJV. angegeben werden (§ 16). Anm. 4.

4. Wegen mangelnden Bedürfnisses darf die Zulassung auch in einem fremden Bundesstaate nicht versagt werden (§ 13). Dies hat nur prinzipielle, nicht praktische Bedeutung, da sich die LJV. darauf beschränken kann, die Ablehnung damit zu motivieren, daß eine Zulassung nicht angemessen erscheine (§ 16 Anm. 2). Anm. 5.

5. „Die Befähigung zum Richteramte in einem Bundesstaate erlangen" bedeutet zunächst: die zum Richteramte für den betreffenden Bundesstaat befähigende Prüfung bestehen (vgl. hierüber § 4 Anm. 3). Die ordentlichen Professoren des Rechts an einer deutschen Universität sind als solche in allen Bundesstaaten zum Richteramte und damit auch zur Rechtsanwaltschaft befähigt. Für sie gilt ebenfalls das oben Anm. 2 Gesagte. Anm. 6.

6. Als Bundesstaat im Sinne dieses Paragraphen gilt auch Elsaß-Lothringen. Anm. 7.

7. Eine allgemeine Freizügigkeit der Anwaltschaft für das ganze Deutsche Reich besteht also keineswegs; ja man kann sagen, daß praktisch ein Austausch zwischen den größeren Bundesstaaten nach Absolvierung der zweiten Prüfung kaum stattfindet. Anm. 8.

Erst nach Schaffung einheitlicher Prüfungsvorschriften für das ganze Deutsche Reich, welche uns seit fast 30 Jahren verheißen werden, kann hier ein Wandel eintreten. Vgl. de lege ferenda: Fuld in Recht **01** 93; Frantz in DJZ. **6** 380.

§ 3.

Ueber den Antrag auf Zulassung entscheidet die Landesjustizverwaltung.

Vor der Entscheidung ist der Vorstand der Anwaltskammer gutachtlich zu hören.

I. Inhalt des Paragraphen. Absatz 1 bestimmt, welche Behörde über die Zulassung der Anwälte mit Ausnahme der Reichsgerichtsanwälte zu entscheiden hat. Absatz 2 enthält eine notwendige formelle Voraussetzung der Entscheidung über den Zulassungsantrag und zwar die einzige, welche für alle Fälle gilt. Anm. 1.

II. (Absatz 1): 1. Die Zulassung zur Rechtsanwaltschaft, von welcher schon in den ersten beiden Paragraphen gesprochen wird, und welche hier näher erörtert werden muß, ist nichts anderes, als die Zulassung zu einem bestimmten Gerichte. Es gibt keine Zulassung zur Anwaltschaft an sich ohne gleichzeitige Bezeichnung des Gerichts, auf welches sich die Zulassung bezieht. Wohl aber kann man die erste Zulassung zur Anwaltschaft (bei einem bestimmten Gerichte) und die Zulassung eines Rechtsanwalts bei einem anderen Gerichte (weitere Zulassung) unterscheiden. Vgl. Vorbem. zu Abschn. I Anm. 4, 5. Auf beide Fälle ohne Unterschied bezieht sich § 3. Anm. 2.

2. Die Zulassung ist die wesentlichste, aber nicht die letzte Voraussetzung für die Ausübung der Anwaltschaft bei einem bestimmten Gerichte bzw. der Anwaltschaft überhaupt. Die Befugnis hiezu beginnt erst mit der Eintragung in die Liste der Rechtsanwälte (§ 20 Abs. 3). Dieser Eintragung muß ferner die Begründung des im § 18 vorgeschriebenen Wohnsitzes und bei der ersten Zulassung die Eidesleistung vorausgehen. Anm. 3.

Die Zulassung ist mithin derjenige staatliche Verwaltungsakt, welcher verfügt, daß der Bewerber nach Begründung des in § 18 RAO. vorgeschriebenen Wohnsitzes — und bei der ersten Zulassung nach erfolgter Eidesleistung — in die bei dem betreffenden Gerichte zu führende Liste eingetragen werde.

Anm. 4. 3. Die Zulassung ist eine notwendige Voraussetzung der Eintragung in die Liste, in dem Sinne, daß letztere nur erfolgen darf, wenn erstere vorliegt. Sollte aber — etwa durch ein Versehen — eine Person eingetragen werden, welche zuvor nicht zugelassen wurde, so würde dieselbe dennoch die Rechte und Pflichten eines Rechtsanwalts haben. Näheres bei § 20 Anm. 15.

Anm. 5. 4. Die Zulassung kann nur auf Antrag erfolgen. Der Antrag muß von dem Bewerber selbst ausgehen, kann aber in seinem Namen von einem Bevollmächtigten gestellt werden. Er muß auch das Gericht bezeichnen, bei welchem die Zulassung begehrt wird.

Über die Formalien des Antrags und seine weitere Behandlung können die einzelnen Bundesstaaten Bestimmung treffen. Dies ist auch vielfach geschehen*).

Anm. 6. Sollte eine Zulassung ohne Antrag — oder, was praktisch denkbar ist, auf Antrag einer dritten, nicht legitimierten Person oder auch bei einem im Antrage nicht bezeichneten Gerichte — erfolgen, so würde die trotzdem geschehene Eintragung nicht wirkungslos sein. Vgl. auch hier: § 20 Anm. 15.

Anm. 7. 5. Die Landesjustizverwaltung hat über den Antrag auf Zulassung zu entscheiden, d. h. sie hat den Bescheid nach außen hin zu erlassen. Daß unter „Landesjustizverwaltung" nur die oberste Justizverwaltungsbehörde zu verstehen ist, kann keinem Zweifel unterliegen. Der Antrag Thilo, in welchem sich die Bestimmung zuerst fand, enthielt direkt den zuletzt erwähnten Ausdruck (§ 2, Siegel 12). Schon die Beschlüsse der Redaktionskommission (Siegel 73) enthielten im § c das Wort „Landesjustizverwaltung", ohne daß aus den vorausgehenden Verhandlungen irgendwie ersichtlich wäre, daß man mit dem veränderten Wort sachlich etwas anderes ausdrücken wollte. Vielmehr wurde am 8. Jan. 1876 in der Justizkommission direkt die Frage gestellt: „Soll der Ausspruch über die Zulassung überhaupt durch die oberste Justizverwaltungsbehörde erfolgen?" Die Frage wurde von der Kommission bejaht (Siegel 39).

Anm. 8. Die Verantwortung für die Entscheidung muß also immer von der obersten Justizverwaltungsbehörde getragen werden. Dagegen kann diese die Entscheidung selbst einer anderen Behörde der Justizverwaltung delegieren (Motive 25, Meyer § 3 Anm. 2). Dies ist z. B. durch die großherzogl. sächsische Verordnung vom 3. 10. 79 (RegBl. 519) § 3 geschehen, indem die Entscheidungen über Zulassung beim OLG. Jena dem Präsidium dieses Gerichts übertragen wurden.

Über die Zulassung der Reichsgerichtsanwälte entscheidet nach § 99 das Präsidium des Reichsgerichts.

---

*) Preußen: JMVf. 28. 6. 79 (JMBl. 151) Nr. II 1—3, 6, 7, V; JMVf. 16. 2. 80 (JMBl. 34) Nr. 1—3 [preuß. AG. im Bezirke Jena betr.]; JMVf. 3. 10. 92 (JMBl. 304); JMVf. 3. 5. 06 (JMBl. 138) [OLG. Düsseldorf betr.]. Bayern: JMBek. 7. 7. 79 (GVBl. 685) §§ 1—3. Württemberg: JMVf. 13. 2. 80 (RegBl. 1876) Nr. 1—3. Sachsen: V. 31. 7. 79 (GVBl. 302) § 1. Sachsen-Weimar: MinV. 3. 10. 79 (RegBl. 519) §§ 1—5, 7—9 [auch OLG. Jena betr.]. Sachsen-Meiningen: V. 6. 1. 80 (Samml. 257) §§ 1, 2, 4. 5. Anhalt: V. 13. 8. 79 (GS. 683) § 1. Sachsen-Altenburg: V. 17. 11. 79 (GS. 255) §§ 1—4, 6—8. Schwarzburg-Rudolstadt: V. 1. 7. 78 (GS. 13) §§ 1, 2, 4, 5, 7. Coburg-Gotha: V. 2. 2. 80 (Coburg GS. 7; Gotha GS. 5) §§ 1, 2, 4, 5, 7. Hamburg: Ges. 14. 7. 79 (GS. 181) § 1. Lübeck: Bek. 16. 7. 79 (Samml. 152) § 1. Lippe (Detmold) MinVf. 18. 9. 79 (GS. 751) Nr. 2.

6. Zuständig zur Entscheidung ist diejenige LJV., welcher das Gericht der Zulassung untersteht. Bei Kondominatgerichten muß eine Verständigung unter den einzelnen Regierungen stattfinden. Dies ist z. B. für die Landgerichte Meiningen und Rudolstadt sowie die Kammer für Handelssachen in Coburg ausdrücklich bestimmt. Vgl. Sachsen-Meiningen V. 6. 1. 80 (Samml. 257) § 2; Coburg-Gotha V. 2. 2. 80 (Coburg GS. 7, Gotha GS. 5) § 2; Schwarzburg-Rudolstadt V. 1. 7. 78 (GS. 13) § 2; Sachsen-Weimar MinV. 3. 10. 79 (RegBl. 519) § 2. Die Entscheidung ergeht in diesen Fällen durch das betreffende Landesministerium von Meiningen, Sachsen-Coburg-Gotha und Schwarzburg-Rudolstadt, jedoch zugleich im Namen der anderen beteiligten Ministerien*). Anm. 9.

7. Über die Form der in § 3 behandelten Entscheidung ist im Gesetze nichts bestimmt. Daß sie schriftlich erfolgen muß, ist selbstverständlich. Wird die Zulassung versagt, so muß der Bescheid den Grund der Versagung angeben (§ 16 Abs. 1). Anm. 10.

Der Bescheid ist dem Erwerber mitzuteilen. § 16 Abs. 3 spricht hinsichtlich der ablehnenden Entscheidung von „Zustellung", § 21 Ziff. 1 hinsichtlich des die Zustellung aussprechenden Bescheides von „Mitteilung". In beiden Fällen ist an eine Zustellung nach den Formen der Prozeßordnung nicht gedacht. Jedoch kann eine solche notwendig werden, wenn z. B. der Aufenthalt des Antragstellers unbekannt ist. Hier hat ev. öffentliche Zustellung gemäß § 132 Abs. 2 BGB. zu erfolgen. Anm. 11.

Übrigens ist die Wirksamkeit der Zulassung von der Bekanntmachung an den Antragsteller nicht abhängig. Es genügt, daß der Zulassungsbeschluß in die äußere Erscheinung getreten ist; damit wird er — abgesehen von den Fällen der Zurücknahme — unwiderruflich. Die LJV. kann daher den Beschluß direkt an das Gericht zwecks Eintragung in die Liste leiten. Anm. 12.

8. Die Zulassung kann ihrem Wesen nach prinzipiell nur unbedingt erteilt werden. Unentschieden: EGH. **11** 76 (14. 1. 03). Abweichend: AKJahrB. **92** 4. Doch erfolgt beim Zulassungswechsel die weitere Zulassung vielfach nur unter der Voraussetzung, daß die bisherige Zulassung aufgegeben wird. Dies ist ein praktisches Bedürfnis, weil sonst der Anwalt meist genötigt wäre, zunächst ganz aus der Anwaltschaft auszuscheiden. Anm. 13.

III. (Absatz 2): 1. Der Vorstand der Anwaltskammer des oder der Gerichte, bei welchen die Zulassung erfolgen soll, muß vor der Entscheidung der LJV. gutachtlich gehört werden. Dies gilt entsprechend auch für die Zulassung beim Reichsgerichte. Vgl. § 99 Anm. 4. Anm. 14.

Unterbleibt die Einholung des Gutachtens, so tritt dennoch keine Nichtigkeit der Zulassung ein.

2. Der Anwaltskammervorstand ist zur gutachtlichen Äußerung auf Erfordern der LJV. verpflichtet (§ 49 Ziff. 4). Anm. 15.

3. Für die Übergangszeit (wichtig für den Fall der Bildung eines neuen Oberlandesgerichts) vgl. § 111 und preuß. MinVf. 3. 5. 06 (JMBl. 138). Anm. 16.

§ 4.

Wer zur Rechtsanwaltschaft befähigt ist, muß zu derselben bei den Gerichten des Bundesstaats, in welchem er die zum Richteramte befähigende Prüfung bestanden hat, auf seinen Antrag zugelassen werden.

---

*) Anders der Staatsvertrag zwischen Schaumburg-Lippe und Oldenburg vom 28. 10. 78 (Art. 7) bezüglich des OLG. Oldenburg. Vgl. Schaumburg-Lippe: Bek. 28. 6. 79 (GS. 211).

Das Recht auf Zulassung bei einem mehreren Bundesstaaten gemeinschaftlichen Gerichte wird dadurch begründet, daß der Antragsteller in einem dieser Bundesstaaten die zum Richteramte befähigende Prüfung bestanden hat.

Der Antrag eines nach den vorstehenden Vorschriften berechtigten Antragstellers darf nur aus den in diesem Gesetze bezeichneten Gründen abgelehnt werden.

Anm. 1. **I. Inhalt des Paragraphen.** Der vorstehende Paragraph enthält das wichtigste Grundprinzip unseres Gesetzes: die Freigabe der Rechtsanwaltschaft.

Wer die Fähigkeit zum Richteramte in einem Bundesstaate durch Ablegung der Richterprüfung erlangt hat, besitzt ein Recht auf Zulassung zur Anwaltschaft bei den Gerichten, welche diesem Bundesstaate angehören, oder an denen dieser Bundesstaat beteiligt ist. Nur in bestimmten, gesetzlich geregelten Fällen kann bzw. muß aus Gründen, welche in der Person des Bewerbers liegen, die Zulassung versagt werden.

Anm. 2. **II. Die einzelnen Voraussetzungen des Rechts auf Zulassung.** 1. Die Voraussetzung des Rechts auf Zulassung ist, daß der Bewerber in demjenigen Bundesstaate, bei dessen Gerichten er zugelassen werden will, die zum Richteramte befähigende Prüfung bestanden hat.

Anm. 3. a) In dem Bundesstaate muß die Prüfung bestanden sein. Das ist natürlich nicht so gemeint, daß die Prüfung — örtlich — in demjenigen Bundesstaate, bei dessen Gerichten die Zulassung erfolgen soll, stattfinden müsse. Es kommt nur darauf an, ob die Prüfung nach den bestehenden Normen, Staatsverträgen ꝛc. als Staatsprüfung für den betreffenden Bundesstaat gilt. (Motive 41; Meyer § 4 Anm. 2).

Die vor dem 1. Oktober 1879 abgelegten Richterprüfungen sind nach dem damals geltenden Recht zu beurteilen.

Anm. 4. b) Als Bundesstaat gilt auch hier das Reichsland Elsaß-Lothringen.

Anm. 5. c) Den Gerichten eines Bundesstaates stehen die mehreren Bundesstaaten „gemeinschaftlichen Gerichte" gleich. Es sind dies:

α) die sogenannten Kondominatgerichte, d. h. diejenigen Gerichte, welche der gemeinsamen Verwaltung mehrerer Staaten unterstehen (z. B. das OLG. Jena, das LG. Meiningen, die Kammer für Handelssachen in Coburg ꝛc.);

β) diejenigen Gerichte, welche zwar lediglich der Verwaltung eines Bundesstaates unterstehen, deren Entscheidungen aber auf Grund Staatsvertrages in bestimmten Fällen für einen anderen Bundesstaat ergehen (Meyer § 4 Anm. 3).

Wer also in einem so beteiligten Staate die Fähigkeit zum Richteramte erlangt hat, muß auch bei dem „gemeinschaftlichen Gerichte" zugelassen werden, keineswegs aber bei sonstigen Gerichten des Staates, zu welchem das gemeinschaftliche Gericht gehört, sofern der Bewerber nicht in letzterem die Richterprüfung bestanden hat.

Anm. 6. 2. § 4 spricht nur von der „zum Richteramt befähigenden Prüfung". Allein die Fähigkeit zum Richteramte ist nicht unbedingt an diese Prüfung geknüpft, sie kommt nach § 4 GVG. auch allen ordentlichen öffentlichen Rechtslehrern an einer deutschen Universität zu. Man scheint dies bei Schaffung des Gesetzes übersehen zu haben. Die seltsame Folge ist, daß ein Recht auf Zulassung den Professoren als solchen in Deutschland überhaupt nicht zusteht. (Vgl. HansAKV. in AKJahrB. 89 4). Ja selbst ein bereits zur Anwaltschaft zugelassener Universitätsprofessor hat in dem Bundesstaate, in welchem er den Anwaltsberuf ausübt, kein Recht auf weitere Zulassung!

III. Der Inhalt des Rechtes auf Zulassung. 1. Sind die vorbezeichneten Voraussetzungen erfüllt, so muß die betreffende Person bei den Gerichten des Bundesstaates zugelassen werden, sofern nicht einer der im Gesetz vorgesehenen Versagungsgründe vorliegt (§ 4 Abs. 1 und 3). Anm. 7.

Ein Rechtsmittel gegen die Versagung der Zulassung ist reichsgesetzlich nur in den Fällen des § 5 Nr. 4, 5 und 6 durch die Möglichkeit, ehrengerichtliche Entscheidung zu verlangen, gegeben. Landesrechtlich kommt die Zulassung von Rechtsmitteln in denjenigen Fällen vor, in welchen die oberste Justizverwaltungsbehörde ihre Befugnisse aus § 3 RAO. an eine andere Behörde delegiert hat. So ist gegen die abweisende Präsidialentscheidung des OLG. Jena — außer in den Fällen des § 5 Nr. 4—6 — die Beschwerde an die Gesamtheit der zur Errichtung des OLG. vereinigten Regierungen zulässig. Vgl. Sachsen-Weimar V. 3. 10. 79 (RegBl. 519).

Gegen die ablehnende Entscheidung der obersten Justizverwaltungsbehörde — mag dieselbe in erster oder in zweiter Instanz ergangen sein — wird, abgesehen von den Fällen des § 5 Nr. 4—6, ein Rechtsbehelf landesrechtlich wohl nur auf dem Umwege einer Ministeranklage gegeben sein. So ist in Bayern ein Minister, welcher durch Handlungen oder Unterlassungen die Gesetze verletzt, den Ständen verantwortlich; vgl. Art. IX bayer. Ges. 30. 3. 50. Anm. 8.

2. Bei den Gerichten des betreffenden Bundesstaates muß die Zulassung erfolgen: das heißt für den Regelfall nichts anderes, als daß die Zulassung bei einem Gerichte des Bundesstaates und zwar bei demjenigen Gericht erfolgen muß, welches der Bewerber bezeichnet. Hiebei ist gleichgültig, ob es sich um die erste Zulassung handelt oder ob der Antragsteller bereits Anwalt ist und seine Zulassung bei einem anderen Gerichte nehmen will. Ein Recht auf gleichzeitige Zulassung bei mehreren Gerichten besteht nur in den gesetzlich normierten Sonderfällen. (§§ 9, 10, 107 RAO.). Anm. 9.

3. Nur auf seinen Antrag muß der Betreffende zugelassen werden. Vgl. oben § 3 Anm. 5. Anm. 10.

IV. Eine eigentliche Ausnahme von dem Grundsatz des § 4 besteht nicht. Denn das RG., bei welchem die Zulassung gemäß § 99 von dem Ermessen des Präsidiums abhängt, ist weder ein „Gericht eines Bundesstaates" noch auch ein „gemeinschaftliches Gericht" im Sinne des Gesetzes. Anm. 11.

V. Abgesehen von dem Falle des § 4 besteht ein Recht auf Zulassung nach den Übergangsbestimmungen der §§ 107 und 108. Anm. 12.

§ 5.

Die Zulassung muß versagt werden:

1. wenn der Antragsteller in Folge strafgerichtlichen Urtheils die Fähigkeit zur Bekleidung öffentlicher Aemter dauernd verloren hat oder zur Zeit nicht besitzt;
2. wenn der Antragsteller in Folge ehrengerichtlichen Urtheils von der Rechtsanwaltschaft ausgeschlossen ist;
3. wenn der Antragsteller in Folge gerichtlicher Anordnung in der Verfügung über sein Vermögen beschränkt ist;
4. wenn der Antragsteller ein Amt bekleidet oder eine Beschäftigung betreibt, welche nach den Gesetzen oder nach dem Gutachten des Vor-

standes der Anwaltskammer mit dem Beruf oder der Würde der Rechtsanwaltschaft nicht vereinbar sind;

5. wenn der Antragsteller nach dem Gutachten des Vorstandes der Anwaltskammer sich eines Verhaltens schuldig gemacht hat, welches die Ausschließung von der Rechtsanwaltschaft bedingen würde;
6. wenn der Antragsteller nach dem Gutachten des Vorstandes der Anwaltskammer in Folge eines körperlichen Gebrechens oder wegen eingetretener Schwäche seiner körperlichen oder geistigen Kräfte zur Erfüllung der Pflichten eines Rechtsanwalts dauernd unfähig ist.

Anm. 1. **I. Inhalt des Paragraphen:** § 5 enthält die obligatorischen Versagungsgründe, d. h. diejenigen Gründe, bei deren Vorliegen dem an sich zur Rechtsanwaltschaft Befähigten die Zulassung versagt werden muß. Es gibt also außer den in § 5 aufgezählten Gründen noch einen weiteren, welcher selbstverständlich die Zulassung ausschließt, d. i. der Mangel der Befähigung zur Rechtsanwaltschaft.

Anm. 2. **II. Umfang der Geltung des Paragraphen.** § 5 bezieht sich nur auf die Fälle der ersten Zulassung zur Rechtsanwaltschaft, nicht auch auf die Fälle der weiteren Zulassung. Dies ergibt sich aus der Stellung des § 5 im System; denn dieser steht in engstem Zusammenhange mit § 6, welcher — wie § 15 beweist — sich nur auf die erste Zulassung beziehen kann. Es wäre auch nicht wohl denkbar, daß gemäß § 16 wegen der Zulassung bei einem anderen Gerichte ein ehrengerichtliches Zulassungsverfahren aus einem der Gründe des § 5 stattfinden sollte, während der Anwalt ruhig weiter im Amte bliebe. Man denke z. B. an § 5 Ziff. 6. Gl. M. mit ausführlicher Begründung: Riedinger JW. **05** 9 ff. Ferner Meyer § 15 Anm. 1. Unentschieden: EGH. **1** 69 (30. 11. 83), **11** 44 (24. 11. 02).

Die obligatorischen Versagungsgründe des § 5 sind absolute Versagungsgründe; sie gelten auch für die Zulassung beim Reichsgerichte.

Anm. 3. **III. Die ersten drei Versagungsgründe im einzelnen:**

A. (Ziffer 1). Der erste Versagungsgrund liegt vor, wenn der Antragsteller infolge krimineller Verurteilung zurzeit die Fähigkeit zur Bekleidung öffentlicher Ämter nicht besitzt.

Anm. 4. a) Eine strafgerichtliche Verurteilung des Antragstellers muß vorliegen.

Wenn auch die Bestimmung zunächst an eine Verurteilung nach dem deutschen StGB. denkt, so ist dies doch nicht unbedingte Voraussetzung für die Anwendung des § 5 Ziff. 1 (Motive 39). Erfolgte eine Verurteilung auf Grund der früheren Strafgesetze, so bleibt natürlich zu prüfen, ob die Unfähigkeit zur Bekleidung öffentlicher Ämter im Sinne dieser Normen die Unfähigkeit zur Ausübung der Anwaltschaft mit umfaßt. Sollte nach dem früheren Gesetz etwa auf Unfähigkeit zur Bekleidung bestimmter Ämter, zu denen die Anwaltschaft gehört, erkannt werden können und erkannt worden sein, so liegt ein Fall des § 5 Ziff. 1 ebenfalls vor.

Anm. 5. Dagegen muß die strafgerichtliche Verurteilung durch ein deutsches Gericht erfolgt sein. Ausländische Ehrenstrafen können als solche im Inlande nicht wirken; doch bietet § 37 StGB. unter Umständen die Möglichkeit, im Anschluß an eine ausländische Verurteilung in Deutschland die Aberkennung der Fähigkeit zur Bekleidung öffentlicher Ämter auszusprechen.

Die Verurteilung wirkt nach § 36 StGB. erst mit der Rechtskraft.

b) Die strafgerichtliche Verurteilung muß zur Folge haben, daß der Antragsteller zur Zeit die Fähigkeit zur Bekleidung öffentlicher Ämter nicht besitzt. Anm. 6.

Dies kann nach dem StGB. auf doppelte Weise der Fall sein, nämlich einmal dadurch, daß der Antragsteller die Fähigkeit dauernd verloren hat, und ferner dadurch, daß er sie auf Zeit verloren hat und zur Zeit der Entscheidung über die Zulassung nicht besitzt. Ersteres tritt als Folge der Verurteilung zu Zuchthausstrafe und als Wirkung dauernden Ehrverlustes ein (§§ 31, 32, 34 StGB.), während der zeitige Verlust der Fähigkeit zur Bekleidung öffentlicher Ämter als selbständige Nebenstrafe auf die Dauer von 1—5 Jahren ausgesprochen werden kann und im übrigen als Wirkung der zeitigen Aberkennung der bürgerlichen Ehrenrechte überhaupt eintritt.

Maßgebend für die Beurteilung ist selbstverständlich die Zeit der definitiven Entscheidung, nicht die Zeit der Antragstellung. Meldet sich also jemand zur Zulassung beim OLG. Jena und wird ihm dieselbe vom Präsidium versagt, weil zurzeit ein Fall des § 5 Ziff. 1 vorliege, so muß bzw. kann (§ 6 Ziff. 2) auf Beschwerde anders erkannt werden, wenn inzwischen die Zeit des Ehrverlustes abgelaufen ist.

Wird die Ehrenstrafe im Gnadenwege beseitigt (vgl. Frank StGB.[3 u. 4] § 31 Anm. I; Binding Handbuch **1** 876), so entfällt auch die Möglichkeit einer Anwendung des § 5 Ziff. 1. Doch wird hier meist § 5 Ziff. 5 anzuwenden sein.

c) Selbstverständlich ist das Strafurteil für die Landesjustizverwaltung bindend, und dieselbe hat nicht nachzuprüfen, ob es sachlich richtig sei. EGH. **1** 70 (28. 4. 81), **1** 72 (3. 2. 81). Ist das Urteil nicht formell rechtskräftig oder absolut nichtig, so ist es nicht zu berücksichtigen (vgl. Voß GoltdArch. **54** 243 ff.). Anm. 7.

B. (Ziffer 2). Der zweite Versagungsgrund liegt vor, wenn der Antragsteller ehrengerichtlich von der Anwaltschaft ausgeschlossen ist. Anm. 8.

a) Auch hier stehen die nach früheren Partikularrechten ergangenen Disziplinarurteile den Urteilen nach der RAO. gleich (Motive 39). Jedoch müssen dieselben auf dauernde Ausschließung, nicht lediglich auf Suspension lauten.

b) Ausländische Urteile kommen auch hier als solche nicht in Betracht, wohl aber möglicherweise die ihnen zugrunde liegenden Tatsachen gemäß Ziffer 5. Anm. 9.

c) Das ehrengerichtliche Urteil wirkt mit der Rechtskraft (§ 96). Über die Frage, ob es eine Begnadigung von der ehrengerichtlichen Strafe der Ausschließung gibt, vgl. § 62 Anm. 16 ff. Anm. 10.

C. (Ziffer 3). Der dritte Versagungsgrund liegt vor, wenn der Antragsteller infolge gerichtlicher Anordnung in der Verfügung über sein Vermögen beschränkt ist. Bezüglich des maßgebenden Zeitpunktes gilt hier das oben Anm. 6 Gesagte. Anm. 11.

1. Der Antragsteller muß also zunächst in der Verfügung über sein Vermögen beschränkt sein. Das Vermögen als Gesamtheit muß der Verfügungsbeschränkung unterliegen, nicht bloß einzelne Vermögensstücke. Auch die bloße Möglichkeit, das ganze Vermögen zu beschlagnahmen — z. B. bei Vorliegen eines unbeschränkten Arrestes — genügt nicht; ebensowenig genügt die tatsächliche Pfändung aller einzelnen Vermögensstücke. Dagegen meint das Gesetz unter Vermögen nur das inländische Vermögen. Inwieweit für die Verfügungsbeschränkung ausländische Normen in Betracht kommen, wird unten Anm. 16 und 17 erörtert werden. Anm. 12.

Die zweite Voraussetzung der Bestimmung in Ziff. 3 ist, daß die Beschränkung infolge gerichtlicher Anordnung erfolgt sein muß. Damit scheiden also diejenigen Fälle aus, in welchen die Verfügungsbeschränkung kraft Anm. 13.

Gesetzes eintritt, z. B. infolge Geisteskrankheit oder Minderjährigkeit. Letzteres kann bei Ausländern praktisch werden (Art. 7 EGBGB.).

Anm. 14. 2. Die einzelnen Anwendungsfälle.

a) Die Verfügungsbeschränkungen, welche § 5 Ziff. 3 im Auge hat, zerfallen in solche, welche die Geschäftsfähigkeit überhaupt aufheben oder beschränken, und in solche, bei denen dies nicht der Fall ist.

Anm. 15. b) Die ersteren liegen vor bei Entmündigung (wegen Geisteskrankheit, Geistesschwäche, Verschwendung oder Trunksucht: BGB. §§ 6, 104 Ziff. 3, 114; ZPO. §§ 661, 683 Abs. 2) und bei Stellung unter vorläufige Vormundschaft (BGB. §§ 1906, 114); die letzteren bei Konkurseröffnung und in den Fällen der Vermögensbeschlagnahme nach §§ 93, 140 StGB., §§ 326, 332 ff., 480 StPO.

Anm. 16. c) Soweit eine Beschränkung oder Aufhebung der Geschäftsfähigkeit in Frage steht, entscheidet, abgesehen von den Fällen der Rückverweisung nach Art. 27 EGBGB., für deutsche Staatsangehörige nur deutsches Recht, für Ausländer aber nur ausländisches Recht, jedoch mit der Maßgabe, daß dieselben auch in Deutschland entmündigt bzw. unter vorläufige Vormundschaft gestellt werden können, sofern sie in Deutschland ihren Wohnsitz oder in Ermangelung eines solchen ihren Aufenthalt haben (Art. 7 und 8 EGBGB.; vgl. Staudinger-Wagner EGBGB. Art. 8 Anm. II C, Anm. III A und B).

Wenn also ein Österreicher in Österreich entmündigt wurde, so kann er in Deutschland nicht zur Anwaltschaft zugelassen werden; wohl aber (sofern nicht § 5 Ziff. 6 vorliegt), wenn ein Deutscher in Österreich und ebenso, wenn ein Franzose in Österreich entmündigt wurde. Vgl. auch Staudinger-Wagner Art. 27 Anm. II B 2.

Anm. 17. Hinsichtlich des Konkurses erhebt sich die allgemeine Frage, inwieweit der Auslandskonkurs im Inland wirke. Nach den überzeugenden Ausführungen von Kleinfelder in der Zeitschrift für internationales Privat- und öffentliches Recht **13** 549 ff. wird man nicht mehr bezweifeln können, daß nach deutschem Rechte, insbesondere mit Rücksicht auf § 237 KO., die ausländische Konkurseröffnung als Akt der fremdländischen, territorialen Staatsgewalt keine Wirkung auf das in Deutschland befindliche Vermögen und die Verfügungsfähigkeit des Gemeinschuldners über dasselbe haben kann — es sei denn, daß das ausländische Recht mit der Konkurseröffnung eine Beschränkung der Geschäftsfähigkeit eintreten ließe und der Gemeinschuldner dem betreffenden Staate angehörte. Vgl. auch Jaeger, KO.[2] Anm. zu § 237 und die dort zitierte Literatur.

Mithin bildet — mit der zuletzt erwähnten Ausnahme — eine Konkurseröffnung im Auslande keinen Versagungsgrund nach § 5 Ziff. 3. Dies gilt jedoch nicht für Konkurseröffnungsbeschlüsse, welche auf Grund der deutschen Konsular- oder Schutzgebietsgerichtsbarkeit ergehen (vgl. Kleinfeller a. a. O. 560), und soweit etwa ältere Staatsverträge der Einzelstaaten anderweitige Bestimmungen enthalten (Jaeger a. a. O.). Das Reich hat solche Staatsverträge nicht geschlossen.

Anm. 18. **IV. Allgemeines zu den letzten drei Versagungsgründen des § 5.** Die in den Ziffern 4—6 des § 5 behandelten Fälle enthalten — mit Ausnahme der ersten Alternative in Ziff. 4 — die Besonderheit, daß die Landesjustizverwaltung an das Gutachten des Anwaltskammervorstandes hinsichtlich des betreffenden Versagungsgrundes gebunden ist.

Nach § 3 Abs. 2 muß das Gutachten des Vorstandes in allen Fällen von der LJV. vor der Entscheidung über die Zulassung erholt werden. Aus § 5 Ziff. 4—6 ergibt sich, daß bei Erstattung dieses Gutachtens stets die daselbst enthaltenen Gesichtspunkte geprüft werden müssen.

Die LJV. darf bei ihrer Entscheidung weder von dem Gutachten, soweit es die betreffenden Punkte betrifft, abweichen noch selbst über diese Fragen, soweit sie in dem Gutachten nicht beantwortet sind, ein Urteil fällen.

Wird auf Grund des Gutachtens aus einem der vorerwähnten Gründe die Zulassung versagt, so kann der Antragsteller Entscheidung im ehrengerichtlichen Verfahren über den Grund der Versagung verlangen. (§ 16, vgl. die Anmerkungen hiezu).

V. Die drei letzten Versagungsgründe im einzelnen. Anm. 19.

A. (Ziffer 4): Es sind bei dem vierten Versagungsgrund zwei Fälle zu unterscheiden:

1. Der Antragsteller bekleidet ein Amt oder betreibt eine Beschäftigung, welche nach den Gesetzen mit dem Beruf oder der Würde der Rechtsanwaltschaft unvereinbar sind. Hier kommt es also nicht auf das Gutachten des Vorstandes, sondern auf die gesetzlichen Bestimmungen an, welche die LJV. selbstständig zu prüfen hat; ein ehrengerichtliches Verfahren nach § 16 findet in diesem Falle nicht statt.

Eine gesetzliche Inkompatibilität liegt nicht nur dann vor, wenn ein Gesetz die Verbindung bestimmter anderer Funktionen mit der Anwaltschaft allgemein verbietet, sondern auch dann, wenn das Gesetz diese Verbindung von einer behördlichen Genehmigung oder sonstigen Bedingung abhängig macht und diese Bedingung oder Genehmigung nicht vorliegt. Dieser Fall ist z. B. gegeben, wenn § 16 des Reichsbeamtengesetzes vom 31. 3. 73 (neue Fassung vom 18. 5. 07) in Frage kommt. Hienach darf kein Reichsbeamter*) ohne die — jederzeit widerrufliche — Genehmigung der obersten Reichsbehörde ein Nebenamt oder ein Gewerbe betreiben. Unter den ersteren Begriff fällt auch die Rechtsanwaltschaft (vgl. Allgemeine Einleitung Anm. 17 ff.), und die Zulassung müßte also einem Reichsbeamten versagt werden, wenn die Genehmigung der obersten Reichsbehörde nicht vorläge. Anm. 20.

Die weitaus größte Zahl der Ämter sind nicht Reichs- sondern Staatsämter oder Gemeindeämter. Die Bestimmungen über die Inkompatibilität sind daher — abgesehen vom Reichsbeamtengesetz — in den Landesgesetzen zu suchen. Dieselben können sowohl dahin lauten, daß der Inhaber eines bestimmten Amtes nicht bzw. nur bedingt andere Beschäftigungen, zu denen die Anwaltschaft gehört, oder speziell die Anwaltschaft nicht betreiben dürfe. Anm. 21.

Der erstere Fall ist der häufigste (vgl. Seydel, bayer. Staatsrecht 2 226 ff.), der zweite liegt z. B. in jenen Bundesstaaten vor, in welchen den Notaren die Ausübung der Anwaltschaft verboten ist (vgl. bayer. NotG. Art. 12). Dagegen ist es nicht zulässig, daß ein Landesgesetz vom Gesichtspunkte der anwaltschaftlichen Standespflicht aus bestimmt, daß einem Rechtsanwalt gewisse Nebenbeschäftigungen versagt oder nur bedingt gestattet seien. Denn die Standespflichten der Anwälte regelt die RAO. erschöpfend. Vgl. § 103 Anm. 10. Hieher gehört z. B. § 11 Abs. 1 der braunschweigischen Advokatenordnung vom 19. März 1850, wonach die Advokaten und Anwälte Nebengeschäfte . . . nur nach erfordertem Gutachten der Advokatenkammer und Genehmigung des Ministeriums übernehmen und betreiben dürfen. Es ist also nicht etwa so, daß in Braunschweig einem Bewerber, wenn er irgendein Nebengeschäft betreibt, trotz gegenteiligen Gutachtens des Anwaltskammervorstandes, die Zulassung — unter

---

*) Mit Ausnahme der Wahlkonsuln (§ 16 RBG.), der nur auf 5 Jahre ernannten technischen Mitglieder des Patentamtes (§ 13 letzter Satz PatG.), der nicht ständigen Mitglieder des Reichsversicherungsamtes (UVAbG. 30. 6. 00 § 19 Abs. 3), der Mitglieder des Versicherungsbeirats beim Aufsichtsamt für Privatversicherung (§ 72 Abs. 3 Satz 2 PrivVUntG. 12. 5. 01) sowie der einstweilen in den Ruhestand versetzten Beamten (§ 16 RBG.).

Berufung auf das Spezialgesetz — nach freiem Ermessen des Justizministeriums versagt werden könnte. Wenn das möglich wäre, so könnte auf dem Umwege der Landesgesetzgebung in das Prinzip der freien Advokatur in einer vom Gesetze sicher nicht gewollten Weise eingegriffen werden, ohne daß gleichzeitig den Bewerbern der Schutz des ehrengerichtlichen Zulassungsverfahrens (§ 16) zur Seite stände. Die erwähnte Bestimmung gilt vielmehr durch die RAO. als aufgehoben.

Anm. 22. Zu bemerken ist noch, daß selbstverständlich nur deutsche Gesetze für die Versagung nach Ziff. 4 in Betracht kommen können.

Anm. 23. Kommt der Fall der Bekleidung eines Amtes in Frage, so genügt es zur Versagung der Zulassung nicht, wenn der Antragsteller Beamter ist, sondern er muß auch tatsächlich ein Amt versehen. Dies trifft z. B. nicht zu bei den zeitlich quieszierten bayerischen Staatsdienern (EGH. **12** 99 — 11. 3. 05), auch nicht bei den einstweilen in Ruhestand versetzten Reichsbeamten (§ 16 RBG.).

Anm. 24. 2. Der praktisch weitaus wichtigere Fall liegt vor, wenn zwar nicht nach den Gesetzen, wohl aber nach dem Gutachten des Kammervorstandes das Amt oder die Beschäftigung des Antragstellers mit dem Beruf oder der Würde der Rechtsanwaltschaft unvereinbar ist. In diesem Falle gelten die allgemeinen, oben Anm. 18 gegebenen Ausführungen.

Über die Grundsätze, welche der Kammervorstand bei seinem Gutachten zu berücksichtigen hat, ist nun folgendes zu sagen:

Anm. 25. a) Nach dem Wortlaut des Gesetzes sollte man meinen, daß nur das Wesen des Anwaltsberufes im allgemeinen in Betracht zu ziehen sei, nicht aber die Art der Berufsausübung und die Persönlichkeit des Bewerbers im einzelnen. Allein diese Auslegung würde dem praktischen Bedürfnisse nicht gerecht und ist auch in den Motiven ausdrücklich reprobiert (S. 41). Freilich wäre es hienach richtiger gewesen, von dem Berufe des Rechtsanwalts statt der Rechtsanwaltschaft zu sprechen.

Nach dem Willen des Gesetzes ist also die individuelle Lage des Falles und die Persönlichkeit des Antragstellers zu berücksichtigen. Dasselbe Amt kann den einen Bewerber — seiner individuellen Arbeitskraft entsprechend — vollständig in Anspruch nehmen, sodaß eine Vernachlässigung des Anwaltsberufes die notwendige Folge wäre, während es dem anderen ein Leichtes ist, daneben noch in gewissenhafter Weise als Anwalt zu fungieren. Auch die individuellen Bedingungen der Berufsausübung sind zu berücksichtigen. Mit Recht hat daher der EGH. (**10** 197 — 28. 3. 00) einem Gemeindebeamten die Zulassung versagt, weil in den Anstellungsbedingungen der Stadt bestimmt war, daß die Gebühren, welche der Anwalt in den Prozessen der Stadt vereinnahme, in die Gemeindekasse fließen, während er selbst in den für die Stadt geführten Prozessen keine Gebühren bekommen sollte.

Anm. 26. b) Bei Prüfung der Inkompatibilitätsfrage muß man sich vor allem das Wesen des Anwaltsberufes vergegenwärtigen. Vgl. die allgemeine Einleitung sub IV.

α) Der Anwalt bekleidet ein Amt und hat öffentlichrechtliche Pflichten zu erfüllen; eine anderweitige Beschäftigung darf daher nie zu einer Vernachlässigung dieser Pflichten führen. Anderseits kann der Anwalt, soweit er nicht Pflichtanwalt ist, den Umfang seiner Berufstätigkeit frei bestimmen (vgl. § 30 Anm. 2 ff.). Daraus folgt aber indirekt, daß er nicht gezwungen ist, den Anwaltsberuf als Hauptsache und jede andere Tätigkeit als Nebensache zu betrachten; vielmehr kann der Anwaltsberuf für ihn auch Nebenberuf sein. Vgl. EGH. **9** 209 (10. 5. 99). Aus der freien Selbstbestimmung hinsichtlich des Umfangs der Berufstätigkeit folgt aber weiter, daß die **Möglichkeit** einer Kollision der Pflichten bei Ausübung der Anwaltschaft und einer anderen Funktion noch keineswegs die Unvereinbarkeit der verschiedenen Berufe bedingt. Es ist eben Sache des Anwalts, im einzelnen Falle durch Mandatsablehnung solche Kollisionen zu vermeiden. So: EGH. **11** 76 (14. 1. 03) in einem Falle, in welchem dem Antragsteller, einem höheren Gemeindebeamten, zugemutet worden war, allgemein auf Ausübung der Anwaltschaft in den Sachen zu verzichten, in welchen ein Gemeindebürger 2c. aktiv oder passiv beteiligt wäre.

Endlich folgt aus der freien Selbstbestimmung, daß der Anwalt auch einem einzigen Institute seine ganze Tätigkeit — abgesehen von seinen Funktionen als Pflichtanwalt — widmen darf, daß also auch die Zulassung nicht versagt werden kann, weil in dieser Weise die Berufsausübung erfolgen und mit einer — an sich nicht unvereinbaren — Stellung verbunden werden soll. EGH. **1** 60 ff. (23. 12. 80), **9** 209 (10. 5. 99). Anm. 27.

β) Man bezeichnet den Anwaltsberuf als einen **freien** Beruf im Gegensatz zum Beamtentum. Allein daraus folgt nicht, daß es unter der Würde des Anwalts wäre, neben dem Anwaltsberufe ein Amt zu bekleiden, welches eine gewisse Unterordnung unter Vorgesetzte und Disziplinarbehörden bedingt. Vielmehr folgt gerade aus § 5 Ziff. 4, wonach die Bekleidung eines Amtes allgemein die Zulassung zur Anwaltschaft nicht hindert, unverkennbar das Gegenteil. Mit Recht hat daher der EGH. **7** 71 (23. 5. 94) das Amt eines rechtskundigen Bürgermeisters in Bayern für vereinbar mit der Rechtsanwaltschaft erklärt und erläuternd hinzugefügt, daß der Betreffende bezüglich seiner anwaltschaftlichen Berufstätigkeit natürlich nicht der vorgesetzten Behörde seines Bürgermeisteramtes unterstehe. Auch die Abhängigkeit von den Organen einer Aktiengesellschaft oder eines anderen wirtschaftlichen Institutes steht der Zulassung zur Anwaltschaft nicht entgegen (EGH. **9** 209), sofern sich nicht im einzelnen Falle die Abhängigkeitsbedingungen als unwürdig erweisen. Anm. 28.

γ) Der Beruf des Anwalts ist ein **höherer, wissenschaftlicher** Beruf. Damit ist aber keineswegs gesagt, daß der Anwalt sich nur mit Rechtsfragen zu befassen habe; rein praktische, wirtschaftliche Fragen bilden ebenso wie jene den Inhalt seiner Berufsausübung. Ein und dieselbe Tätigkeit kann im Berufe eines Kaufmanns oder sonstigen Gewerbetreibenden und im Berufe eines Rechtsanwalts vorkommen. Dies lehrt die tägliche Erfahrung. Der Anwalt als Vermögensverwalter verkauft Grundstücke gleich dem Güterhändler, er schließt Mietverträge gleich dem Hausbesitzer und verpachtet Güter gleich dem Landwirt. Alle diese Tätigkeiten aber gehören durchaus zu seinem Anwaltsberufe, denn **er** hat die in Betracht kommenden Verhältnisse sowohl nach ihrer wirtschaftlichen als auch nach ihrer rechtlichen Seite zu beurteilen, und im Vertrauen darauf, daß er hiezu imstande sei, wird ihm die betreffende Funktion übertragen. Eine Tätigkeit, bei welcher die Beurteilung von Rechtsverhältnissen überhaupt in Frage kommt, ist daher nicht schon deshalb eines Anwalts unwürdig, weil sie regulär ein praktisches, wirtschaftliches Verständnis in höherem Grade als eigentliche Rechtskenntnisse erfordert. Anm. 29.

Freilich muß es sich stets um eine **höhere** Tätigkeit handeln, mindestens in dem Sinne, daß der Umfang des Unternehmens, der vornehme, leitende Charakter der Stellung, etwaige Bedenken hinsichtlich des Gegenstandes des Geschäftsbetriebes zu beseitigen geeignet sind. Hienach ist in der Regel die Stellung als **Vorstand einer Aktien- oder Erwerbsgesellschaft mit der Anwaltschaft vereinbar**: EGH. **1** 60 ff., Anm. 30.

9 209, **10** 199. Bei dem Prokuristen kommt es auf Umfang und Art des Geschäftes und auf die speziellen Anstellungsverhältnisse an. EGH. **1** 67 ff. (30. 11. 83).

Anm. 31. δ) Wohl vereinbar mit der Würde und der Stellung des Anwalts ist der Beruf eines Patentanwalts. Dies ergibt sich klar aus § 17 mit § 1 PatAnwG. 21. 5. 00. Gl. M.: Alexander-Katz „Rechtsanwaltschaft und Patentanwaltschaft"; ferner derselbe in DJZ. **7** 170 gegen Lesse in DJZ. **7** 108.

Anm. 32. ε) Unvereinbar mit dem Anwaltsberuf ist z. B. das Gewerbe eines Schankwirts (EGH. **1** 237 — 23. 12. 80), eines Unterhändlers (nicht widersprechend: EGH. **5** 133 — 2. 5. 91), eines Handwerkers, eines Buchhalters oder Schreibers*), und regelmäßig der Betrieb eines offenen Ladengeschäftes (AKV. Kiel in AKJahrB. **93** 9). Es ist aber z. B. denkbar, daß der Antragsteller Leiter eines großen industriellen Unternehmens ist, mit welchem zugleich mehrere Verkaufsgeschäfte verbunden sind; in solchen Fällen kann es vorkommen, daß die Stellung mit der des Anwalts nicht als unvereinbar erachtet wird.

Anm. 33. c) Das Gesetz spricht von dem „Betreiben einer Beschäftigung", welche mit der Würde der Anwaltschaft nicht vereinbar ist. Was ist darunter zu verstehen? Trifft die Bestimmung nur den Fall, daß der Antragsteller selbst in dem betreffenden Geschäfte tätig wird, oder auch den Fall, daß lediglich auf seinen Namen und für seine Rechnung ein Gewerbe betrieben, ein Ladengeschäft geführt wird rc.? Der Wortlaut des Gesetzes spricht für die erste, der Zweck desselben aber zweifellos für die zweite Alternative, und so entscheiden wir uns für die letztere. (Ebenso: AKV. Kiel in AKJahrB. **93** 9; vgl. auch AKV. Dresden in AKJahrB. **00** 8). Mit der Würde des Anwaltsstandes wäre es unvereinbar, wenn auf den Namen des Rechtsanwalts eine Schankwirtschaft betrieben würde, mag dieselbe auch tatsächlich von seiner Ehefrau geleitet und ausgeübt werden. Übrigens wird ein gewißes Maß von „Beschäftigung" mit dem Betriebe dem Inhaber nie ganz erspart bleiben.

Umgekehrt schützt es den Antragsteller selbstverständlich vor der Anwendung des § 5 Ziff. 4 nicht, wenn derselbe eine andere Person vorschiebt, um für seine Rechnung ein mit dem Anwaltsberuf unvereinbares Gewerbe zu betreiben. EGH. **1** 237 (23. 12. 80).

Anm. 34. Die Beschäftigung muß eine dauernde, braucht aber nicht notwendig auf Erwerb gerichtet zu sein (obgleich letzteres der Regelfall sein wird). Wer zu seinem Vergnügen oder aus Freude an künstlerischer Betätigung ohne Entgelt allabendlich auf einer Variétébühne auftritt, ist nach Ziff. 4 nicht zur Anwaltschaft zuzulassen. Wer dasselbe gelegentlich tut, fällt nicht unter diese Bestimmung (möglicherweise aber unter Ziff. 5, wo lediglich ein bestimmtes „Verhalten" erfordert ist).

Anm. 35. d) Ob es sich um ein in- oder ausländisches Amt handelt und ob die Beschäftigung im In- oder Auslande betrieben wird, ist prinzipiell gleichgültig.

Anm. 36. B. (Ziffer 5): Der fünfte Versagungsgrund setzt voraus, daß sich der Antragsteller — nach dem Gutachten des Anwaltskammervorstandes — eines Verhaltens schuldig gemacht hat, welches die Ausschließung von der Rechtsanwaltschaft bedingen würde.

Anm. 37. 1. Das Gesetz geht hier von der Fiktion eines Disziplinarverfahrens aus, welches stattfinden müßte, wenn der Antragsteller zur Zeit des tadelnswerten Verhaltens Anwalt gewesen wäre. Ob er zu der fraglichen Zeit wirklich Anwalt

*) Dieser Fall ist in praxi vorgekommen. Vgl. auch EGH. **11** 108 (3. 3. 02).

war oder nicht, ist gleichgültig. EGH. **1** 73 (3. 2. 81), **12** 92 (4. 11. 05). Ja es ist nicht einmal nötig, daß die betreffende Handlung so geartet war, daß sie im Anwaltsberufe überhaupt vorkommen könnte. Es genügt, wenn die Persönlichkeit des Antragstellers durch das Vergehen derartig charakterisiert wird, daß er dem Anwaltsstande nicht angehören kann. Vgl. EGH. **3** 76 (8. 7. 87), **4** 304 (5. 12. 88). Wenn z. B. ein Richter wegen Rechtsbeugung oder Bestechung verfolgt wurde, ins Ausland flüchtete und nach vollendeter Verjährung zurückkehrte, so läge zweifellos ein Versagungsgrund nach § 5 Ziff. 5 vor.

Anderseits ist nicht jedes Verhalten, welches die Ausschließung eines Anwalts aus dem Anwaltsstande bedingen würde, als Versagungsgrund zu erachten. Wenn nämlich das Verhalten lediglich in der Ausübung einer Beschäftigung bestand, welche an sich nicht entehrend ist, aber dennoch wegen ihrer Unvereinbarkeit mit dem Anwaltsberuf und *nur* deswegen die Ausschließung aus demselben bedingen würde (man denke an eine Mäklertätigkeit), so kann unmöglich aus diesem Grunde — wenn die Tätigkeit nicht fortgesetzt werden soll — die Zulassung versagt werden. Denn § 5 Ziff. 5 setzt ebenso wie § 64 *Verfehlungen* voraus (arg.: „wer sich eines Verhaltens *schuldig gemacht* hat"), und eine Verfehlung liegt nicht vor, wenn jemand als Nichtanwalt ein einwandfreies, aber mit der Anwaltschaft unvereinbares Gewerbe betrieben hat. Anm. 38.

2. In welchen Fällen die Ausschließung von der Rechtsanwaltschaft — die schwerste in der RAO. vorgesehene Disziplinarstrafe (§ 63 Ziff. 4) — Platz greift, läßt sich allgemein nur schwer bestimmen. Der EGH. sagt (12 35 — 1. 6. 04), die Ausschließung finde statt, „wenn entweder *objektiv* die Verfehlung eine derartige ist, daß ganz abgesehen von der sonstigen Integrität des betreffenden Anwalts ein weiteres Verbleiben im Anwaltsstande unmöglich erscheint oder wenn bei einer objektiv minder schweren Verfehlung das Vorleben des Anwalts und sein Charakter nicht mehr die nötige Garantie bietet, um ihn in dem Anwaltsberufe ferner belassen zu können". Anm. 39.

Für unsern Fall müssen wir mit Rücksicht auf das oben Anm. 37 und 38 Gesagte noch die weitere Möglichkeit hinzufügen, daß eine *nicht von einem Anwalt begangene* Verfehlung den Charakter des Betreffenden in einem solchen Lichte erscheinen läßt, daß er unmöglich dem Anwaltsstande angehören darf.

Nicht bloß der Einzelfall, sondern auch das Gesamtverhalten des Antragstellers ist bei Prüfung der Frage nach § 5 Ziff. 5 zu beachten. EGH. **1** 79 (28./29. 4. 81), **1** 98 (25. 11. 84).

3. Der EGH. hat ausgesprochen, daß der einmal entstandene Versagungsgrund unter keinen Umständen durch spätere Besserung beseitigt werden könne. EGH. **1** 96 (25. 11. 84), **5** 194 (2. 12. 91). Vgl. dagegen AKV. Breslau in AKJahrB. **86** 3. Anm. 40.

Wir können diesem Satze nicht beipflichten. *Die Frage nämlich, ob Ausschließung wegen jenes früheren Verhaltens zu erfolgen hätte, ist nach der Sachlage im Zeitpunkte der Zulassungsentscheidung bzw. des Gutachtens zu beantworten*, wie schon der Wortlaut ergibt („gemacht *hat*" und „bedingen *würde*", nicht: „bedingt *hätte*"). Nun unterscheidet der EGH. selbst, wie wir oben gesehen haben, diejenigen Fälle, in welchen objektiv eine so schwere Verfehlung vorliegt, daß ohne Rücksicht auf sonstige Umstände die Ausschließung geboten wäre, von denjenigen Fällen, in welchen nur das Gesamtverhalten im Zusammenhalt mit der Verfehlung die Ausschließung bedingt. Es ist aber nicht einzusehen, warum in den letzteren Fällen, selbst wenn das Vorleben im Zusammenhalt mit der Verfehlung die Ausschließung begründet hätte, eine nachhaltige, vielleicht durch Jahre erprobte Besserung nicht ebenfalls zu dem

Gesamtverhalten sollte hinzugerechnet werden dürfen. Recht und Billigkeit gebieten vielmehr unbedingt, dies zu tun.

Eine Verjährung im Sinne des Strafrechts gibt es freilich nicht. EGH. **4** 112 ff. (6. 7. 88).

Anm. 41. 4. Es bedarf keiner Begründung, daß die vorgängige Aburteilung einer Handlung im Straf- oder Disziplinarverfahren eine Berücksichtigung derselben gemäß § 5 Ziff. 5 nicht ausschließt. Berger § 5 Anm. 6; Meyer § 5 Anm. 8; EGH. **1** 73 (3. 2. 81), **2** 33 (23. 2. 85), **10** 201 (27. 6. 00). Wegen der bindenden Kraft des Straf- und Disziplinarurteils vgl. § 65 Anm. 27, 29, 30.

Anderseits hindert weder eine Begnadigung noch eine Rehabilitierung des kriminell oder disziplinär Verurteilten die Versagung der Zulassung. Vgl. HansAKV. in AKJahrB. **07** 2 ff.

Eine Besonderheit ergibt sich aus § 6 Ziff. 3 RAO.: wurde ein Rechtsanwalt ehrengerichtlich verurteilt, jedoch nicht zur Ausschließung, so kann der diesem Urteil zugrunde liegende Tatbestand nicht für sich allein später als Ablehnungsgrund nach § 5 Ziff. 5 verwertet werden. Denn nach § 6 Ziff. 3 bildet die frühere Bestrafung höchstens einen fakultativen Versagungsgrund, nicht aber einen obligatorischen. Einer strengeren Beurteilung des Tatbestandes steht aber, wenn nicht neue Momente hinzukommen, das frühere rechtskräftige Urteil entgegen. Ebenso: EGH. **10** 203 (27. 6. 00).

Anm. 42. 5. Es ist gleichgültig, ob die Handlung, wegen welcher die Zulassung versagt werden soll, im Inlande oder im Auslande begangen wurde. Doch wird im letzteren Falle möglicherweise eine andere moralische Beurteilung einzutreten haben, da jedes Verhalten — wenigstens bis zu einem gewissen Grade — nach den konkreten Umständen, nach den Lebensanschauungen und Gewohnheiten der betreffenden Bevölkerung beurteilt werden muß. (Vgl. EGH. **12** 40 — 1. 12. 05).

Anm. 43. C. (Ziffer 6): Der letzte Versagungsgrund liegt vor, wenn nach dem Gutachten des AKV. der Antragsteller zur Erfüllung der anwaltschaftlichen Pflichten dauernd unfähig ist, und zwar entweder wegen eines körperlichen Gebrechens oder wegen körperlicher oder geistiger Schwäche.

Anm. 44. 1. Körperliche Schwäche und körperliches Gebrechen sind nicht identisch. Wer taubstumm ist, wird unfähig zur Ausübung des Anwaltsberufes sein, ohne daß er an Körperschwäche zu leiden braucht. Das körperliche Gebrechen bezeichnet einzelne Defekte, wie Taubheit, Blindheit 2c. (vgl. BGB. § 1910), die körperliche Schwäche den allgemeinen Verfall der körperlichen Leistungsfähigkeit.

Anm. 45. Geistige Schwäche im Sinne der Ziff. 6 umfaßt jede intellektuelle und psychische Abnormität, also vor allem Geisteskrankheit und Geistesschwäche, aber auch hochgradige nervöse Reizbarkeit 2c. Vgl. EGH. **9** 35 (26. 4. 99).

Anm. 46. 2. Unfähigkeit zur Erfüllung der Anwaltspflichten muß vorliegen.

Dies ist der Fall, wenn eine normale Berufsausübung durch den Bewerber ausgeschlossen erscheint. Bei der Entscheidung dieser Frage muß ein Durchschnittsmaßstab angelegt werden. Dabei ist zu berücksichtigen, daß der Rechtsanwalt — im Gegensatz zum Richterbeamten — den Umfang seiner Tätigkeit bis zu einem gewissen Grade selbst zu bestimmen hat; es kann also jemand infolge körperlicher oder geistiger Schwäche zum Richteramte untauglich sein — weil der Inhaber desselben auch eine Überlastung mit Arbeit sich gefallen lassen muß — während er den nach jeder Richtung freieren Anwaltsberuf wohl noch auszuüben vermag. So: EGH. **2** 33 (8. 9. 85), **12** 105 (25. 11. 05).

Dagegen ist es nicht angängig, den zu einzelnen Arten der normalen Berufstätigkeit noch fähigen, zu anderen aber geistig unfähigen Bewerber mit der Begründung zuzulassen, daß derselbe sich auf diejenigen Arten der Berufsausübung, denen er gewachsen sei, beschränken könne. Dies würde eine große Gefahr für das Rechtsschutz suchende Publikum, in dessen Interesse die Gesetzesbestimmung hauptsächlich erlassen wurde (Motive 41), bedeuten. Gerade der Unfähige geht ja häufig an den Schwierigkeiten einer Sache blind vorüber und darf nicht zum Richter darüber gemacht werden, ob er einer Tätigkeit ihrer Qualität nach gewachsen sei oder nicht. Dazu kommt, daß der Rechtsanwalt fähig sein muß, jedes Offizialmandat zu führen. Auch der Charakter des Ortes, an welchem der Bewerber seine Zulassung nehmen will, kann für die Beurteilung der Fähigkeit zur Erfüllung der Anwaltspflichten nicht maßgebend sein; denn da die Bestimmung des § 5 auf den Zulassungswechsel keine Anwendung findet, so würde eine derartige Unterscheidung nur zu einer höchst einfachen Gesetzesumgehung führen: der Bewerber brauchte lediglich zunächst die Zulassung bei einem kleinen Amtsgerichte zu nehmen, bei welchem die Praxis als qualitativ einfach angesehen wird, um dann nach kurzer Zeit unbehindert in die Großstadt zu einem Landgerichte desselben Bundesstaates übersiedeln zu können. Das Gesetz kann es dulden, daß Anwälte zugelassen werden, welche quantitativ — d. h. der Zahl der Sachen nach — das Normale nicht mehr zu leisten vermögen; nicht aber, daß die Zulassung solcher Personen erfolgt, welche unfähig sind, qualitativ auf allen Gebieten der anwaltschaftlichen Tätigkeit das Durchschnittsmaß zu erreichen, oder welche überhaupt einzelne Tätigkeiten, die normalerweise zur Erfüllung des Anwaltsberufes gehören, nicht auszuüben vermögen. Letzteres ist z. B. der Fall, wenn ein Anwalt wegen völliger Taubheit zwar Klagen, Schriftsätze ꝛc. fertigen, nicht aber bei Gericht auftreten und Informationen aufnehmen kann.

3. Die Unfähigkeit muß eine dauernde sein. Dies ist der Fall, wenn der körperliche oder geistige Zustand nach menschlicher Berechnung nicht lediglich vorübergehender Natur ist. Anm. 47.

VI. Wird in den Fällen des § 5 trotz Vorliegens eines obligatorischen Versagungsgrundes die Zulassung dennoch erteilt, so gilt folgendes: Zunächst unterliegt es keinem Zweifel, daß die Zulassung, wenn die sonstigen Voraussetzungen gegeben sind, trotz der Verletzung des § 5 wirksam ist. Dies ergibt sich indirekt aus § 21 Abs. 1 Ziff. 3 und Abs. 2 RAO. Danach ist in den Fällen des § 5 Ziff. 1 und 2 die Zulassung zurückzunehmen, wenn die Versagungsgründe nicht beachtet wurden, wobei jedoch im Falle der Ziffer 1 von der Zurücknahme abgesehen werden kann, wenn der Versagungsgrund nicht mehr vorliegt. Vgl. auch Finger in Vergl. Darstellung des deutschen und ausländischen Strafrechts Bes. Teil 8 353. Anm. 48.

Bei Nichtbeachtung der Vorschrift in Ziff. 5 kann eine Remedur im Wege des ehrengerichtlichen Verfahrens gemäß § 64 erfolgen. Zu Ziff. 3 vgl. § 22. Im übrigen finden die oben § 4 Anm. 8 gegebenen Ausführungen entsprechende Anwendung.

§ 6.

Die Zulassung kann versagt werden:

1. wenn der Antragsteller, nachdem er die Fähigkeit zur Rechtsanwaltschaft erlangt hatte, während eines Zeitraumes von drei Jahren weder als Rechtsanwalt zugelassen ist, noch ein Reichs-, Staats- oder Gemeindeamt bekleidet hat, noch im Justizdienst oder als Lehrer des Rechts an einer deutschen Universität thätig gewesen ist;
2. wenn der Antragsteller in Folge strafgerichtlichen Urtheils die Fähigkeit zur Bekleidung öffentlicher Aemter auf Zeit verloren hatte;

3. wenn gegen den Antragsteller, welcher früher Rechtsanwalt gewesen ist, innerhalb der letzten zwei Jahre im ehrengerichtlichen Verfahren auf Verweis oder auf Geldstrafe von mehr als einhundertfünfzig Mark erkannt worden ist.

Anm. 1. **I. Allgemeiner Inhalt des Paragraphen.** Der vorliegende Paragraph enthält eine Gruppe der fakultativen Versagungsgründe, also derjenigen Fälle, in welchen die Zulassung von dem freien Ermessen der Landesjustizverwaltung abhängt. Es handelt sich um lauter absolute Versagungsgründe, d. h. solche, welche für jedes Gericht gelten (vgl. Vorbem. zu Abschn. I Anm. 7).

Anm. 2. **II. Umfang der Geltung des Paragraphen.** Auch hier handelt es sich wie bei § 5 nur um die erste Zulassung zur Rechtsanwaltschaft, nicht um die Fälle der weiteren Zulassung; für diese treffen die §§ 9—12, 15, 104 Bestimmung. Für die Zulassung beim Reichsgericht ist § 6 ohne Bedeutung, da hier an sich freies Ermessen entscheidet (§ 99 Satz 2); gleiches gilt für die Zulassung in einem fremden Bundesstaate.

Anm. 3. **III. Die einzelnen Versagungsgründe.**

A. (Ziffer 1): 1. In dem Entwurf zur RAO. war bestimmt, daß die Zulassung des zur Rechtsanwaltschaft Befähigten erfolgen müsse, sofern er diese Zulassung binnen einem Jahre nach bestandener Prüfung beantrage. Dieses Recht sollte ferner mit Anstellung im Staatsdienste erlöschen. (§. 5 des Entw., Siegel 194).

Die Reichstagskommission hat diese Bestimmung, welche zugleich einen tiefen Eingriff in die Freigebung der Rechtsanwaltschaft und eine ungerechtfertigte Hemmung des Übergangs vom Richteramt zum Anwaltsberufe bedeutete, verworfen und an ihre Stelle die Vorschrift gesetzt, aus welcher dann mit geringfügiger Änderung die Ziff. 1 des § 6 entstanden ist (KommB. 6, 7).

Die von der Kommission geschaffene Bestimmung hat innerlich keine Ähnlichkeit mehr mit der oben erwähnten Stelle des Entwurfes. Der Grundgedanke der neuen Vorschrift ist der, daß ein Recht auf Zulassung dann nicht mehr zu gewähren sei, wenn der Antragsteller während eines längeren Zeitraums keine Tätigkeit ausgeübt hat, die in irgendeinem Zusammenhange mit der Rechtswissenschaft steht.

Anm. 4. 2. Während eines Zeitraums von drei Jahren muß der Antragsteller den in § 6 Ziff. 1 bezeichneten Berufszweigen fern geblieben sein.

Daß der Zeitraum von drei Jahren ein zusammenhängender sein muß, unterliegt keinem Zweifel. Vgl. Meyer § 6 Anm. 4; Berger § 6 Anm. 2.

Daß er nach Erlangung der Fähigkeit zur Rechtsanwaltschaft liegen muß, ist ausdrücklich bestimmt. (Vgl. hiezu die Anmerkungen zu § 1).

Anm. 5. Dagegen ist es fraglich, ob die drei Jahre unmittelbar vor der Stellung des Zulassungsantrags bzw. vor der Zulassungsentscheidung liegen müssen, oder ob es genügt, wenn die dreijährige Pause irgendwann in früherer Zeit — nach Erlangung der Fähigkeit zur Rechtsanwaltschaft – eingetreten ist.

Obwohl der Berichterstatter Dr. Wolffson erklärt hat, die Kommission sei von der Auffassung ausgegangen, daß es sich um die „letzten drei Jahre handle" (Siegel 480), und obwohl sich unmittelbar an diese Erklärung die Abstimmung im Plenum anschloß, ist es doch unmöglich, dem Gesetze, wie es vorliegt, diese Auslegung zu geben. Irgendein Hinweis darauf, daß der dreijährige Zeitraum einem bestimmten Ereignis unmittelbar vorausgehen müsse, findet sich im Gesetze nicht; man müßte daher auch rein willkürlich entscheiden, ob dieses Ereignis der Antrag oder die Zulassungsentscheidung sein sollte.

Praktisch würde der Ausspruch des Dr. Wolffson dazu führen, daß jemand, der noch so lange Zeit nach bestandenem Examen außer allem Konnex mit Rechtswissenschaft und Praxis gestanden hat, lediglich als Assessor in den Justizdienst zurückzutreten brauchte, um auf diesem Umwege sofort wieder das Recht auf Zulassung zur Anwaltschaft zu erlangen (vgl. Meyer § 6 Anm. 4).

Damit würde also gerade der oben erwähnte Zweck des Gesetzes vereitelt. Es ist auch anzunehmen, daß Dr. Wolffson eigentlich gar nicht das hervorheben wollte, was er gesagt hat. Die Frage des Abg. Windthorst nämlich, zu deren Beantwortung er das Wort ergriff, ging lediglich dahin, ob mit dem dreijährigen Zeitraum nur die Zeit unmittelbar nach Erlangung der Fähigkeit zur Anwaltschaft gemeint sei — also die ersten drei Jahre —, oder ob auch eine spätere Zeit in Betracht käme. Um nun die Frage nach den ersten drei Jahren zu verneinen, nannte der Berichterstatter etwas übereifrig die letzten drei Jahre, wahrscheinlich ohne daran zu denken, daß auch dazwischen liegende Zeiten in Betracht kommen könnten.

Wir kommen also zu dem Resultate, daß der Versagungsgrund des § 6 Ziff. 1 vorliegt, wenn der Antragsteller nach erlangter Fähigkeit zur Rechtsanwaltschaft irgendwann während eines zusammenhängenden Zeitraums von drei Jahren keine der im Gesetz bezeichneten Beschäftigungen ausgeübt hat. Gl. M.: Meyer § 6 Anm. 4; Berger § 6 Anm. 2. A. M.: Turnau § 6 Anm. 1.

Daß auch dieses Resultat zu großen Härten führen kann, ist leider nicht zu leugnen. Dies ist namentlich dann der Fall, wenn der Antragsteller nach Ablauf des dreijährigen Zeitraums wieder als Anwalt zugelassen war. Legt er dann die Anwaltschaft nieder und beantragt nach einem Jahr neuerdings die Zulassung, so kann ihm dieselbe versagt werden, mag er auch zwanzig Jahre lang Anwalt gewesen, also gewiß nicht außer Konnex mit Wissenschaft und Praxis gekommen sein. Das ist offenbar unbillig und ein eklatanter Mangel des Gesetzes. Anm. 6.

3. Die Beschäftigungen ꝛc., deren Ausübung den in § 6 Ziff. 1 normierten Rechtsverlust hindert, sind: Anm. 7.

a) Die Rechtsanwaltschaft. Wenn auch das Gesetz hier nur von „Zulassung" spricht, so muß doch nach dem Sinn der Bestimmung gemeint sein, daß der Betreffende wirklich Anwalt war, d. h. daß seine Eintragung in die Liste bereits erfolgt war. Übrigens bietet auch der Wortlaut hiefür einen Anhaltspunkt; denn das Gesetz spricht nicht, wie sonst, von Zulassung „zur Rechtsanwaltschaft", sondern davon, daß der Betreffende „als Rechtsanwalt" zugelassen war. Wenn also die Zurücknahme der Zulassung erfolgte, ehe die Eintragung in die Liste geschah, so gilt die Frist nicht als unterbrochen.

Gleichgültig ist, ob die frühere Zulassung in demselben Bundesstaate erfolgte, in welchem die neue Zulassung begehrt wird, oder in einem anderen.

b) Die Bekleidung eines Reichs-, Staats- oder Gemeindeamtes. Wesentlich ist hier wie im Falle des § 5 Ziff. 4, daß der Betreffende nicht nur Beamter ist, sondern auch das Amt versieht. Vgl. oben § 5 Anm. 23.

c) Tätigkeit im Justizdienst. Dies braucht nicht der höhere Justizdienst zu sein; auch die Stellung eines Gerichtsschreibers gehört hieher (letzteres ist praktisch wichtig für Bayern). Anm. 8.

Als im Justizdienst tätig sind ferner die bei Behörden oder Rechtsanwälten juristisch beschäftigten, aber kein Amt bekleidenden „geprüften Rechtspraktikanten", Assessoren ꝛc., solange sie nicht aus dem Justizdienst ausdrücklich ausgeschieden bzw. aus der Offizialliste gestrichen sind, zu erachten (KommB. 7).

d) Tätigkeit als Lehrer des Rechts an einer deutschen Universität. Hier ist im Gegensatz zu § 4 GVG. nicht erfordert, daß der An- Anm. 9.

tragsteller als „ordentlicher öffentlicher Lehrer" tätig war. Mithin kommen auch außerordentliche Professoren, Honorarprofessoren und Privatdozenten in Betracht. Im übrigen vgl. § 1 Anm. 5.

Anm. 10. B. (Ziffer 2): Wenn der Antragsteller die Fähigkeit zur Bekleidung öffentlicher Ämter infolge Strafurteils zurzeit nicht besitzt, so muß ihm die Zulassung nach § 5 Ziff. 1 versagt werden. Die Versagung kann erfolgen, wenn er zwar die Fähigkeit zurzeit wieder besitzt, wenn sie ihm aber früher einmal auf Zeit aberkannt war. Vgl. hiezu § 5 Anm. 4—7.

Übrigens wird in diesen Fällen meist für den AKV. Anlaß bestehen*), das Vorliegen der Voraussetzungen des § 5 Ziff. 5 anzunehmen, worauf dann die Zulassung versagt werden muß. Verneint der Vorstand die Frage, so kann trotzdem die LJV. gemäß § 6 Ziff. 2 die Zulassung versagen.

Anm. 11. C. (Ziffer 3): 1. Die Bestimmung in Ziff. 3 ist eine Ergänzung der Vorschrift des § 15 Ziff. 1, wonach die Zulassung eines Rechtsanwalts bei einem anderen Gerichte versagt werden kann, wenn der Anwalt innerhalb der letzten 2 Jahre gewisse schwerere Disziplinarstrafen erlitten hat.

Da diese Bestimmung leicht dadurch umgangen werden könnte, daß der Anwalt seine Zulassung aufgäbe und sofort um Wiederzulassung bei dem anderen Gerichte einkäme, so erwies sich die Schaffung des in § 6 Ziff. 3 enthaltenen Versagungsgrundes als notwendig. (Vgl. Meyer § 6 Anm. 8).

Anm 12. 2. Erste Voraussetzung ist, daß der Antragsteller früher Rechtsanwalt war. Es genügt also nicht, daß er zugelassen war, er muß auch in die Liste eingetragen gewesen sein. Früher ist auch eine ehrengerichtliche Bestrafung gar nicht möglich.

Anm. 13. 3. Innerhalb der letzten zwei Jahre muß eine der im Gesetze bezeichneten Disziplinarstrafen ausgesprochen worden sein.

Fraglich könnte es sein, ob die zwei Jahre von der Antragstellung bzw. Entscheidung oder von dem Tage des Ausscheidens aus der Anwaltschaft zurückzurechnen seien. Ersteres entspricht allein dem oben in Anm. 11 bezeichneten Zweck des Gesetzes, während im anderen Falle die Bestimmung eine unbegreifliche Härte und eine viel zu schwere Straffolge des Disziplinarurteils (ev. auf Jahrzehnte hinaus!) enthalten würde.

Die zwei Jahre sind von der Entscheidung über die Zulassung zurückzurechnen. Liegt die Rechtskraft des ehrengerichtlichen Erkenntnisses innerhalb dieser zweijährigen Frist, so ist der Versagungsgrund gegeben. Die zweijährige Frist beginnt mit demjenigen Tage, welcher durch seine Benennung und Zahl dem der Zulassungsentscheidung vorausgehenden Tage entspricht (vgl. § 188 Abs. 2 BGB.; Dernburg **1** 361 Anm. 6). Wird also über die Zulassung am 20. Februar 1907 entschieden, so kommt die Zeit vom 19. Februar 1905 in Betracht.

Anm. 14. 4. Im ehrengerichtlichen Verfahren muß auf Strafe erkannt sein. Die Strafe kann auch auf Grund früheren Rechts verhängt worden sein. Dies ergibt sich direkt aus § 116 RAO.

Rechtskräftiges Erkenntnis ist selbstverständliche Voraussetzung (vgl. Meyer § 15 Anm. 2).

Anm. 15. 5. Das Urteil muß mindestens auf Verweis oder auf Geldstrafe von mehr als 150 Mark gelautet haben. Einzelheiten vgl. bei § 43 Anm. 11.

Wegen der heute praktisch bedeutungslosen Übergangsbestimmung des § 116 vgl. Anm. 1 und 2 zu diesem Paragraphen.

---

*) Meyer sagt hier (§ 6 Anm. 7): „Ein solcher Fall kann aber auch nach § 5 Ziff. 5 behandelt werden. Geschieht dies, d. h. fordert die LJV. — statt ohne weiteres von dem ihr in dieser N. 2 beigelegten Recht auf Zulassung oder Versagung derselben Gebrauch zu machen — ein Gutachten des AKV. ein . . ." Meyer übersieht hier offenbar, daß die LJV. immer ein Gutachten des AKV. einholen muß und daß dies nicht in ihrem Belieben steht (§ 3 Abs. 2 RAO.).

§ 7.

Ist gegen den nach § 4 berechtigten Antragsteller wegen einer strafbaren Handlung, welche die Unfähigkeit zur Bekleidung öffentlicher Aemter zur Folge haben kann, die öffentliche Klage erhoben, so ist die Entscheidung über die Zulassung bis zur Beendigung der Untersuchung auszusetzen.

I. Inhalt und Zweck der Vorschrift. Der Paragraph normiert einen Fall, in welchem die Aussetzung der Zulassungsentscheidung erfolgen muß. Der gesetzgeberische Zweck der Vorschrift ist klar. Wenn mit einiger Wahrscheinlichkeit anzunehmen ist, daß der Antragsteller wegen einer von ihm begangenen Straftat alsbald wieder die Fähigkeit zur Bekleidung öffentlicher Ämter verlieren werde, so liegt es im Interesse der Öffentlichkeit und des Anwaltsstandes, den Betreffenden erst gar nicht zuzulassen, sondern den Ausgang des Strafverfahrens abzuwarten. Anm. 1.

Der Entwurf wollte die Aussetzung der Entscheidung in das Ermessen der LJV. stellen (Siegel 195). Die Kommission hat jedoch aus der fakultativen Bestimmung eine obligatorische gemacht (KommB. 8).

II. Einzelnes: 1. Nur ein nach § 4 berechtigter Antragsteller kommt in Betracht. Anm. 2.

Nun normiert zwar § 4 das Recht auf Zulassung; allein inwieweit dieses Recht besteht, läßt sich nur bestimmen im Zusammenhalt mit denjenigen Paragraphen, welche die Ausnahmen von dem Recht auf Zulassung enthalten (§ 4 Abs. 3). Für die Feststellung, ob der Antragsteller nach § 4 berechtigt ist, muß daher vor allem auch geprüft werden, ob keine der Ausnahmevorschriften einschlägt.

Liegt also z. B. einer der obligatorischen Versagungsgründe nach § 5 Ziff. 2—6 vor, so braucht die Aussetzung der Entscheidung nach § 7 nicht zu erfolgen. Sie ist zulässig, aber nicht geboten. In einem Falle des § 5 Ziff. 2 wäre sie z. B. ohne Sinn und Zweck.

Liegen fakultative Versagungsgründe vor, so ist die Aussetzung jedenfalls dann nicht geboten, wenn die LJV. aus einem dieser Gründe die Zulassung versagen will; im entgegengesetzten Fall erscheint jedoch bei sinngemäßer Anwendung des § 7 die Aussetzung geboten. Vgl. § 99 Anm. 9.

2. Auch § 7 bezieht sich nur auf die Fälle der ersten Zulassung. Ist die Person, welche in Anklagezustand versetzt wird, doch noch im Amte, so hat die Öffentlichkeit kein Interesse daran, daß die Zulassung bei einem anderen Gerichte unbedingt verhindert werde. Anm. 3.

3. Es muß eine strafbare Handlung in Frage stehen, welche die Unfähigkeit zur Bekleidung öffentlicher Ämter zur Folge haben kann. Anm. 4.

Dies ist bei allen Delikten der Fall, auf welche Todesstrafe oder Zuchthaus steht, ferner bei allen strafbaren Handlungen, bei welchen das Gesetz die Aberkennung der bürgerlichen Ehrenrechte oder der Fähigkeit zur Bekleidung öffentlicher Ämter ausdrücklich zuläßt (§§ 31, 32, 34, 35, 128, 129 StGB. ꝛc.).

4. Die öffentliche Klage muß wegen eines der bezeichneten Delikte gegen den Antragsteller erhoben sein. In den hier in Betracht kommenden Fällen ist die Anklageerhebung nur in den Formen des § 168 StPO. (Antrag auf gerichtliche Voruntersuchung oder Einreichung einer Anklageschrift) und gemäß § 265 StPO. in der Hauptverhandlung möglich. Anm. 5.

Hier ist nun zu beachten, daß die rechtliche Qualifikation der Tat, welche die Staatsanwaltschaft ihrer Anklage zugrunde legt, für das Gericht nicht maßgebend ist, daß also die Anklagebehörde ein Delikt annehmen kann, wegen dessen Anm. 6.

die Aberkennung der bürgerlichen Ehrenrechte zulässig ist (z. B. § 224 StGB.), während das Gericht einen Paragraphen anwenden will, bei welchem auf die Nebenstrafe nicht erkannt werden kann (z. B. § 223a StGB.), und umgekehrt.

In diesen Fällen muß man einerseits annehmen, daß die Qualifikation, welche die Anklagebehörde der Tat gibt, unbedingt maßgebend ist, wenn sie zur Aussetzung nach § 7 führt, mag auch der Eröffnungsbeschluß auf anderem Standpunkte stehen (das Urteil kann ja wieder zu der Rechtsanschauung der Anklageschrift zurückkehren); anderseits muß trotz milderer Qualifikation in der Anklageschrift die Aussetzung erfolgen, wenn der Eröffnungsbeschluß oder das Urteil ein Delikt als gegeben annimmt, wegen dessen der Verlust der Fähigkeit zur Bekleidung öffentlicher Ämter eintreten kann. Dies gilt beim Urteil bis zur Rechtskraft selbst dann, wenn es nur auf Gefängnis lautet und die Nebenstrafe nicht ausspricht, sofern die Staatsanwaltschaft ein Rechtsmittel einlegt, denn das Urteil kann in höherer Instanz eine Abänderung oder Aufhebung erfahren.

Daß die vorstehend gegebene Auslegung richtig ist, und daß nicht auf die in der Anklage gegebene rechtliche Qualifikation allein Rücksicht genommen werden darf, ergibt sich aus der ganzen Struktur unseres Strafprozesses. Auch die Entstehungsgeschichte des § 7 RAO. spricht dafür. Im Entwurfe (§ 6) hieß es nämlich nicht wie jetzt: „ist die öffentliche Klage erhoben", sondern: „ist eine gerichtliche Untersuchung anhängig". Diese Fassung wurde von der Kommission in die jetzige geändert, wobei die Änderung als eine rein redaktionelle bezeichnet wurde (vgl. KommProt. bei Siegeth Anhang 94).

Anm. 7. 5. Die Aussetzung hat bis zur Beendigung der Untersuchung zu erfolgen. Dieselbe liegt vor bei Rechtskraft des Urteils oder der Entscheidung auf Nichteröffnung des Hauptverfahrens bzw. Außerverfolgungsetzung (§ 202 StPO.).

Anm. 8. 6. Die Aussetzung der Entscheidung über die Zulassung **kann** selbstverständlich auch in anderen Fällen erfolgen, und zwar sowohl bei der ersten als auch bei der weiteren Zulassung. EGH. **11** 44 (24. 11. 02) betrifft einen Fall, in welchem **der AKV.** die Erstattung seines Gutachtens nach § 5 Ziff. 5 bis zur Entscheidung über die Zurücknahme der ersten Zulassung ausgesetzt hatte. Vgl. auch § 111 Anm. 3.

§ 8.

Die Zulassung erfolgt bei einem bestimmten Gerichte.

Kammern für Handelssachen, welche ihren Sitz an einem anderen Orte, als an dem des Landgerichts haben, sind im Sinne dieses Gesetzes als besondere Gerichte anzusehen.

Anm. 1. **I. (Absatz 1):** 1. Allgemeiner Inhalt und Entstehungsgeschichte. Der erste Absatz des § 8 enthält das Grundprinzip der Lokalisierung*) der Anwaltschaft. Es gibt keine Zulassung zur Rechtsanwaltschaft ohne Zulassung bei einem bestimmten Gerichte. Hierin kennzeichnet sich vor allem der Zusammenhang der heutigen Anwaltschaft mit der früheren Prokuratur. Der Anwaltszwang, wie er unseren Zivilprozeß beherrscht, setzt an sich schon das Prinzip der Lokalisierung voraus (§ 78 ZPO.), freilich an sich nur bezüglich der Kollegialgerichte. Allein man hat sich doch entschlossen, im Interesse der an den Amtsgerichtssitzen oder in deren Nähe wohnhaften Bevölkerung auch die Zulassung bei den Amtsgerichten einzuführen, und zwar ohne obligatorische Simultanzulassung.

---

*) Gegen die Beibehaltung dieses Prinzips de lege ferenda: **Boehm in JW. 07** 121 ff.

Der Streit über diesen Gegenstand füllt einen erheblichen Teil der Kommissions- und Reichstagsverhandlungen aus. Noch in zweiter Lesung hat das Plenum des Reichstags die Institution der Amtsgerichtsanwälte gestrichen; in der dritten Beratung kam jedoch — da die Regierungen den Beschluß der zweiten Lesung für unannehmbar erklärten — die jetzige Fassung des Gesetzes zur Annahme.

2. Grundsätzlich erfolgt die Zulassung nur bei einem Gerichte. Doch enthalten die §§ 9—12, 104, 107, 114 Ausnahmen von diesem Prinzip, indem sie die Zulassung bei mehreren Gerichten in speziellen Fällen gestatten. Weitere willkürliche Ausnahmen zu machen ist der LJV. nicht gestattet. Es ist daher absolut unzulässig, einen Rechtsanwalt bei mehreren Amtsgerichten zuzulassen, wie dies nach JW. 82 177 ff. im Oberlandesgerichtsbezirk Jena geschehen ist. Dennoch scheint man wegen der Zulässigkeit damals gar keine Bedenken gehabt zu haben. Vgl. dagegen AKJahrB. **86** 3; Reskript des preuß. JM. v. 2. 7. 88 bei Müller preuß. Justizverwaltung[5] **1** 156. Anm. 2.

Die Zulassung bei einem Gericht bedeutet Zulassung bei dem ganzen Gericht, nicht bei einzelnen Abteilungen oder Kammern desselben. Eine solche beschränkte Zulassung ist unstatthaft. Jedoch besteht auch hier eine Ausnahme, nämlich im Falle des § 8 Abs. 2.

II. (Absatz 2): Der zweite Absatz des vorliegenden Paragraphen handelt von der Zulassung bei den sogenannten detachierten Kammern für Handelssachen. Anm. 3.

Nach § 100 GVG. können bei den Landgerichten für deren Bezirke oder für örtlich abgegrenzte Teile derselben Kammern für Handelssachen gebildet werden. Im letzteren Falle kann die Kammer ihren Sitz am Orte des Landgerichtssitzes oder auch an einem anderen Orte innerhalb des Bezirkes haben. Diese zuletzt genannten bezeichnet man als detachierte Kammern für Handelssachen. Sie gelten im Sinne der RAO. als besondere Gerichte, sodaß ein bei ihnen zugelassener Anwalt nicht als beim Stammlandgerichte zugelassen gilt und umgekehrt. Für die detachierten Kammern für Handelssachen ist daher auch eine besondere Liste gemäß § 20 zu führen. Vgl. Coburg-Gotha V. 2. 2. 80 (Coburg GS. 7; Gotha GS. 5) § 9.

§ 9.

Der bei einem Amtsgerichte zugelassene Rechtsanwalt kann auf seinen Antrag zugleich bei dem Landgerichte, in dessen Bezirke das Amtsgericht seinen Sitz hat, sowie bei den im Bezirke des Landgerichts befindlichen Kammern für Handelssachen zugelassen werden. Die Zulassung muß erfolgen, wenn sie nach dem übereinstimmenden Gutachten des Oberlandesgerichts und des Vorstandes der Anwaltskammer dem Interesse der Rechtspflege förderlich ist.

I. Allgemeiner Inhalt. § 9 regelt die Simultanzulassung der Amtsgerichtsanwälte bei den Landgerichten. Anm. 1.

Die Bestimmung, wonach diese Simultanzulassung nach dem Ermessen der LJV. erfolgen könne, war schon im Entwurf enthalten (§ 7 Abs. 5), kam dann infolge der Streichung des Instituts der Amtsgerichtsanwälte durch die Kommission in Wegfall und wurde erst bei der dritten Lesung im Plenum des Reichstags in der jetzigen Form wieder aufgenommen.

II. Spezieller Inhalt. 1. Die Simultanzulassung des Amtsgerichtsanwalts kann nur bei dem übergeordneten Landgerichte und den im Bezirke desselben Anm. 2.

befindlichen detachierten Kammern für Handelssachen im Sinne des § 8 Abs. 2 erfolgen.

Anm. 3. 2. Das Gesetz sagt, die Zulassung könne bei dem Landgerichte *sowie* bei den detachierten Kammern für Handelssachen erfolgen.

Die Simultanzulassung kann sich also *gleichzeitig* auf das Stammlandgericht und auf die sämtlichen im Bezirke desselben gelegenen auswärtigen Kammern für Handelssachen erstrecken, sie kann aber auch auf einzelne dieser Gerichte beschränkt werden.

Anm. 4. 3. Die Simultanzulassung der Amtsgerichtsanwälte *kann* erfolgen d. h. sie hängt, abgesehen von dem noch zu erörternden Falle des § 9 Satz 2, von dem Ermessen der LJV. ab.

Die Motive enthalten die Bemerkung, daß die LJV. nach freiem Ermessen die Zulassung *dauernd oder nur widerruflich* erteilen könne. Die Kommentare behandeln diesen Satz der Motive als geltendes Recht (Meyer § 9 Anm. 5; Sydow-Jacobsohn § 9 Anm. 1; Berger § 9 Anm. 5). *Seine Richtigkeit muß aber auf das entschiedenste bestritten werden.* Schon daraus, daß das Gesetz in einem einzelnen — übrigens praktisch wenig bedeutsamen — Falle, nämlich in § 12, sonst aber nirgends die Möglichkeit einer widerruflichen Zulassung des Rechtsanwalts erwähnt, ergibt sich die Unrichtigkeit jenes Satzes. Wollte man ferner um deswillen die widerrufliche Zulassung im Falle des § 9 als möglich annehmen, weil die Zulassung überhaupt in diesem Falle fakultativ sei und in der Befugnis, *gar nicht* zuzulassen, auch die Befugnis, *widerruflich* zuzulassen, enthalten sein müsse, so würde dieselbe Konsequenz auch für die Fälle der §§ 14 und 15 und nicht minder für die Fälle des § 6 zu ziehen sein. Die Folge wäre, daß wir einen Stand von widerruflich zugelassenen Anwälten und einen Stand von unwiderruflich zugelassenen Anwälten hätten. Das würde den Grundprinzipien des Gesetzes widersprechen und die Unabhängigkeit des Anwaltsstandes aufs schwerste gefährden. Es wäre auch völlig willkürlich, hier einen Unterschied zwischen der Zulassung eines Rechtsanwalts bei einem anderen Gerichte und der Zulassung zur Rechtsanwaltschaft überhaupt zu machen.

Anm. 5. 4. *Eine Ausnahme von dem freien Ermessen der LJV. besteht dann, wenn nach dem übereinstimmenden Gutachten des OLG. und des Vorstandes der AK. die Simultanzulassung dem Interesse der Rechtspflege förderlich ist.*

Anm. 6. a) Die gutachtliche Äußerung des Anwaltskammervorstandes muß nach § 3 Abs. 2 stets erholt werden. Sie wird sich also in einem Falle des § 9 regelmäßig auf die nach Satz 2 zu entscheidende Frage mit zu erstrecken haben.

Anm. 7. b) Durch wen das Gutachten des OLG. einzuholen sei, ist im Gesetze nicht gesagt. Es kann dies seitens der LJV. geschehen; das OLG. kann aber auch auf direkten Anruf seitens des Antragstellers und selbst von Amts wegen sein Gutachten erstatten. Letzteres wird namentlich in der Weise vorkommen, daß das OLG. sich ein für allemal oder für eine größere Anzahl von Fällen oder für eine bestimmte Zeit im Sinne der Simultanzulassung gutachtlich äußert (vgl. die Rede des Dr. Lasker im Reichstage, Siegel 488/9). In verschiedenen Bundesstaaten ist bestimmt, daß der Oberlandesgerichtspräsident in Fällen des § 9 stets auch das Gutachten des OLG. zu erholen und gleichzeitig mit dem Zulassungsantrage und dem Gutachten des AKV. dem Justizministerium in Vorlage zu bringen habe.*)

*) *Preußen*: JMVf. 28. 6. 79 (JMBl. 151) Nr. II, 4; JMVf. 16. 2. 80 (JMBl. 34) Nr. 6. *Bayern*: JMBek. 7. 7. 79 (G. u. VBl. 685) § 4. *Württemberg*: JMVf. 13. 2. 80 (RegBl. 76) Nr. 4. *Sachsen-Weimar*: MinV. 3. 10. 79 (RegBl. 519) § 5 Abs. 3. *Sachsen-Altenburg*: V. 17. 11. 79 (GS. 255) § 4 Abs. 3. *Schwarzburg-*

c) In welcher Weise das Gutachten des OLG. zustande kommen müsse, ist reichsgesetzlich nicht bestimmt. § 10 verlangt ausdrücklich einen Plenarbeschluß, während die §§ 9 und 12 nur von „Gutachten des OLG." sprechen. Daß der Gesetzgeber hier einen sachlichen Unterschied machen wollte, ist aus den Materialien in keiner Weise zu entnehmen (vgl. z. B. die Ausführungen des Abgeordneten Frankenburger im Plenum, Siegel 511, 512, auch 629). Es wird hienach in den Fällen des § 9 der LJV. obliegen, nähere Bestimmung darüber zu treffen, ob das OLG. im Plenum oder nur durch einen Senat das Gutachten abzugeben habe. Mangels einer solchen Bestimmung muß man jedoch annehmen, daß das ganze OLG., also das Plenum unter Vorsitz des Präsidenten (§§ 121, 61 GVG.), sich gutachtlich zu äußern bzw. einen oder mehrere Gutachter zu delegieren habe. Anm. 8.

d) Die Gutachten des OLG. und des AKV. müssen dahin übereinstimmen, daß die Simultanzulassung dem Interesse der Rechtspflege förderlich sei.*) Anm. 9.

Hiebei wird einmal das Bedürfnis und Interesse des Recht suchenden Publikums maßgebend sein.

In vielen Fällen hat die Bevölkerung des Amtsgerichtssitzes und seiner Umgebung ein dringendes Interesse daran, von dem Anwalt ihres Vertrauens, mit dem sie in persönlichem Verkehr steht und stets ohne Schwierigkeit mündlich konferieren kann, auch beim Landgericht — speziell in der Berufungsinstanz — persönlich vertreten zu sein. Dies gilt besonders dann, wenn der Landgerichtssitz weit entfernt und hiedurch der persönliche Verkehr der Partei mit dem Landgerichtsanwalt erschwert ist. Die schriftliche Informationserteilung ist ja gerade bei ländlicher Bevölkerung meist ausgeschlossen. Selbstverständlich besteht ein Bedürfnis des Publikums nach Zulassung von Amtsgerichtsanwälten beim Landgerichte auch dann, wenn bei letzterem eine genügende Anzahl von ortseingesessenen Rechtsanwälten nicht vorhanden ist; hier kommen neben den Amtsgerichtsanwälten ev. die Anwälte eines benachbarten Kollegialgerichtes in Betracht (§ 12).

Ist auf der einen Seite das unmittelbare Bedürfnis des Recht suchenden Publikums für die Entscheidung der von dem OLG. und dem AKV. zu begutachtenden Frage maßgebend, so ist anderseits zu prüfen, ob nicht die Simultanzulassung in concreto eine Hemmung oder Schädigung der staatlichen Rechtspflege bewirkt z. B. durch häufige Abwesenheit der Amtsgerichtsanwälte vom Amtsgerichtssitze, durch Lösung des engen Konnexes zwischen dem Kollegialgericht und den bei ihm zugelassenen, auswärts wohnenden Anwälten rc. Es darf also nicht nur das Bedürfnis derjenigen Personen in Betracht gezogen werden, welche möglicherweise der Tätigkeit des Amtsgerichtsanwalts bedürfen; vielmehr muß daneben auch das Interesse der Allgemeinheit, das Interesse des Staates an dem geordneten Verlauf der Rechtspflege maßgebend sein. Anm. 10.

Auch die mittelbare Förderung der Rechtspflege durch die Stärkung und Hebung eines ihrer wichtigsten Organe, der Anwaltschaft, kommt bei der nach § 9 erforderlichen Prüfung in Betracht. Vgl. Löwenstein JW. **94** 355 ff. Es läßt sich nämlich nicht verkennen, daß der Landgerichtsanwalt durch die Mannigfaltigkeit der ihm unterbreiteten Rechtsmaterien, durch die gründlichere Sachbehandlung, welche die in praxi jetzt fast allenthalben bestehende Schriftlichkeit des Verfahrens mit sich bringt, durch das anregende Zusammenwirken mit höheren Gerichten und zahlreichen Kollegen Anm. 11.

Rudolstadt: MinV. 27. 1. 80 (GS. 13) § 5. Coburg-Gotha: V. 2. 2. 80 (Coburg GS. 7, Gotha GS. 5) § 5 Abs. 3. Sachsen-Meiningen: V. 6. 1. 80 (Samml. 257) § 5 Abs. 3.

*) Die Gutachten können die Frage auch teilweise, z. B. nur für das Stammlandgericht bejahen.

mit der Zeit einen erheblich weiteren Blick und eine bessere wissenschaftliche und praktische Schulung bekommen muß, als der Anwalt, der fast ausschließlich bei kleinen Gerichten Bagatellprozesse zu führen hat, oft oder sogar größtenteils gegen Laien und Prozeßagenten. Gerade diese vielfach bestehende tatsächliche Gleichstellung mit den Prozeßagenten muß dem Ansehen der Amtsgerichtsanwälte auf die Dauer schweren Schaden bringen, zumal da dieselben auf der anderen Seite das hauptsächlichste Vorrecht des Standes, das Monopol der direkten Parteivertretung im Anwaltsprozesse nicht besitzen, so daß sie wirklich Anwälte minderen Rechts sind.

Gewiß liegen die Verhältnisse keineswegs bei allen Amtsgerichten ebenso. Allein in vielen Fällen wird es das Interesse der Rechtspflege direkt erfordern, daß die Amtsgerichtsanwälte dem eigentlichen Kern unseres Zivilprozesses, dem Anwaltsprozesse, nicht dauernd fernbleiben, sondern zur Mitwirkung bei demselben herangezogen werden.

Im einzelnen Falle wird man selbstverständlich die verschiedenen Gesichtspunkte, welche für die Prüfung der nach § 9 zu entscheidenden Frage maßgebend sind, gegeneinander abzuwägen und je nach der Sachlage den einen oder den anderen der erwähnten Gesichtspunkte in den Vordergrund zu stellen haben.

Anm. 12. 5. Die Muß-Vorschrift des § 9 Satz 2 erleidet dieselben Ausnahmen, welchen auch sonst das Recht auf weitere Zulassung unterworfen ist. Auch beim Vorliegen des übereinstimmenden Gutachtens kann also die Simultanzulassung versagt werden, wenn einer der Fälle der §§ 15, 16 vorliegt. (Gl. M.: Meyer § 9 Anm. 6; Berger § 9 Anm. 2).

Anm. 13. 6. Über die Residenzpflicht des beim Landgerichte zugelassenen Amtsgerichtsanwalts vgl. § 18 Abs. 4, über die Erstattungsfähigkeit von Reisekosten vgl. § 18 Abs. 5.

Anm. 14. 7. § 9 setzt voraus, daß der Anwalt zunächst beim Amtsgerichte zugelassen, d. h. auch in die Liste eingetragen sei und dann erst die Simultanzulassung beim Landgerichte nehme. Entsprechend lauten auch die übrigen Bestimmungen über Simultanzulassung (§§ 10—12). Es ist daher nicht angängig, die erste Zulassung gleichzeitig bei mehreren Gerichten zu erteilen. Dies ergibt sich auch aus § 17, welcher lediglich ein Gericht der ersten Zulassung kennt und dies für die Eidesabnahme für zuständig erklärt.

Die Praxis setzt sich vielfach über dieses Bedenken hinweg, und es erfolgen z. B. in Sachsen die Zulassungen gleichzeitig beim Amtsgericht, Landgericht und bei den auswärtigen Kammern für Handelssachen. Unrichtig auch preuß. JMVf. 16. 2. 80 (JMBl. 34) Nr. 2, 6.

Anm. 15. 8. Wenn die in Anm. 9—11 gegebene Auslegung des Begriffes „dem Interesse der Rechtspflege förderlich“ von der Praxis akzeptiert würde, so müßte schon jetzt die Simultanzulassung der Amtsgerichtsanwälte die Regel, eine Versagung derselben aber verschwindende Ausnahme sein. Damit würden die seit längerer Zeit im Gange befindlichen Bestrebungen auf Einführung der unterschiedslosen Simultanzulassung der Amtsgerichtsanwälte*) praktisch zum größten Teil gegenstandslos werden. In Wirklichkeit erfolgt die gleichzeitige Zulassung der Amtsgerichtsanwälte beim Landgericht in ganz Preußen und Bayern nur ausnahmsweise, während dieselbe allerdings im übrigen Deutschland durchaus die Regel bildet.

Über die Vertretung der Amtsgerichtsanwälte im AKV. vgl. § 42 Anm. 13 und 17.

---

*) Vgl. hiezu Balzer in JW. **05** 380 ff.; Schulze ebenda 382; Ziese ebenda 385; Bamberger in JW. **03** 377 ff.; Stölzle ebenda 428; Rose in JW. **04** 49 ff.; Lütkemann ebenda 225. Ferner Verh. des XVII. Deutschen Anwaltstages (JW **05** 601 ff.). Derselbe hat sich für die Einführung der ausnahmslosen Simultanzulassung der Amtsgerichtsanwälte ausgesprochen.

§ 10.

Der bei einem Kollegialgerichte zugelassene Rechtsanwalt ist auf seinen Antrag zugleich bei einem anderen, an dem Orte seines Wohnsitzes befindlichen Kollegialgerichte zuzulassen, wenn das Oberlandesgericht durch Plenarbeschluß die Zulassung dem Interesse der Rechtspflege für förderlich erklärt.

Erklärt das Oberlandesgericht die Zulassung einer bestimmten Anzahl von Rechtsanwälten für förderlich und beantragt innerhalb einer bekannt zu machenden vierwöchigen Frist eine größere Anzahl von Rechtsanwälten ihre Zulassung, so entscheidet unter den Antragstellern die Landesjustizverwaltung.

I. Allgemeiner Inhalt. Der vorstehende Paragraph handelt von der Simultanzulassung der Kollegialgerichtsanwälte bei anderen, an dem Orte ihres Wohnsitzes befindlichen Kollegialgerichten. Anm. 1.

Der Fall ist hauptsächlich für die Oberlandesgerichtssitze von Bedeutung, aber auch für Städte mit mehreren Landgerichten wie Berlin, München. Das Reichsgericht fällt selbstverständlich nicht unter die hier erwähnten „Kollegialgerichte". Die beim obersten Landesgerichte zugelassenen Anwälte sind zwar unter den Voraussetzungen des § 10 bei anderen Kollegialgerichten in München zuzulassen, dagegen gilt für die Simultanzulassung beim obersten Landesgerichte selbst die Spezialbestimmung des § 104.

II. Die Bestimmung des Abs. 1. 1. Das andere Kollegialgericht, bei welchem die Simultanzulassung erfolgen soll, muß sich an dem Wohnorte des Rechtsanwalts befinden. Dieser Ort braucht nicht unbedingt mit dem Sitze des Gerichts, bei welchem der Rechtsanwalt zugelassen ist, identisch zu sein (§ 18 Abs. 2). Anderseits folgt aus der Vorschrift, daß für den Amtsgerichtsanwalt mit Simultanzulassung beim Landgericht eine weitere Simultanzulassung nach § 10 in der Regel nicht in Frage kommen kann, weil er seinen Wohnsitz am Orte des Amtsgerichts haben muß (§ 18 Abs. 4). Ebenso: OLG. Hamburg in DJZ. 2 368. Anm. 2.

Über den Begriff des Wohnsitzes vgl. § 18 Anm. 3.

Wohnt der Amtsgerichtsanwalt am Landgerichtssitze, was speziell im Falle eines doppelten Wohnsitzes (vgl. § 18 Anm. 5) praktisch denkbar ist, so kann die Simultanzulassung nach § 10 mit der nach § 9 zusammentreffen.

2. Die Simultanzulassung nach § 10 ist obligatorisch, wenn das OLG. durch Plenarbeschluß die Zulassung dem Interesse der Rechtspflege für förderlich erklärt. Anm. 3.

Über das Zustandekommen des oberlandesgerichtlichen Beschlusses*) — der hier nur durch das Plenum erfolgen kann —, ferner über den Begriff „dem Interesse der Rechtspflege förderlich" sowie über die Ausnahmen von dem Recht auf Zulassung vgl. § 9 Anm. 6—12.

Das Gutachten des Anwaltskammervorstandes ist auch hier — gemäß § 3 Abs. 2 — zu erholen; es ist jedoch nicht bindend. Anm. 4.

Meyer sagt (§ 10 Anm. 8): „Die Zulassung zur Simultanpraxis erfolgt nach Maßgabe der Erklärung des OLG. widerruflich oder nicht". Dies ist unzutreffend. Die Zulassung hat gar nicht oder unwiderruflich zu erfolgen. Vgl. § 9 Anm. 4. Anm. 5.

III. Die Bestimmung des Abs. 2. Die Bestimmung des Abs. 2 hat den Fall im Auge, daß das Plenum des OLG. allgemein — also in der Regel von Amts wegen — einen Beschluß darüber faßt, daß die Simultanzulassung einer be- Anm. 6.

---

*) Über das Verfahren vgl. Preußen JMBf. 28. 6. 79 Nr. II, 5. Bayern JMBek. 7. 7. 79 § 5. Württemberg JMBf. 13. 2. 80 Nr. 5.

stimmten Anzahl von Rechtsanwälten bei bestimmten Kollegialgerichten der Rechtspflege förderlich wäre.

Alsdann ist der Beschluß unter Setzung einer vierwöchigen Frist in der auch sonst üblichen Weise durch die LJV. bekannt zu machen. Meldet sich innerhalb dieser Frist keine größere Anzahl als die festgesetzte, so müssen die Antragsteller zugelassen werden. Meldet sich eine größere Anzahl, so wählt die LJV. unter den Antragstellern die Zuzulassenden aus. Wer sich nach Ablauf der Frist meldet, ist nicht zuzulassen. Doch kann die LJV. die Frist verlängern, wenn sich die festgesetzte Zahl beim Ablauf der ursprünglichen Frist nicht gemeldet hat.

§ 11.

Ist der Rechtsanwalt bei einem Landgerichte zugelassen, welches zum Bezirk eines mehreren Bundesstaaten gemeinschaftlichen Oberlandesgerichts gehört, so kann er zugleich bei dem letzteren zugelassen werden, auch wenn dasselbe an einem anderen Orte seinen Sitz hat.

Anm. 1. **I. Inhalt und Zweck der Bestimmung.** Der vorliegende Paragraph regelt die Simultanzulassung eines Landgerichtsanwalts bei einem mehreren Bundesstaaten gemeinschaftlichen Oberlandesgericht, welches nicht an demselben Orte wie das Landgericht seinen Sitz hat.

Die Bestimmung war hauptsächlich für diejenigen Fälle gedacht, in welchen mehrere Bundesstaaten mit verschiedenem Partikularrecht in Betracht kamen. Hier kann die Partei ein erhebliches Interesse daran haben, auch in zweiter Instanz durch den mit dem betreffenden Landesrechte vertrauten Rechtsanwalt vertreten zu werden. Diese ratio legis ist jetzt wohl kaum mehr von praktischer Bedeutung.

Anm. 2. **II. Spezieller Inhalt.** 1. Über den Begriff eines mehreren Bundesstaaten gemeinschaftlichen Gerichtes vgl. § 4 Anm. 5.

Anm. 3. 2. Die Zulassung ist, wenn Land- und Oberlandesgericht an verschiedenen Orten liegen, stets Ermessenssache der LJV. bzw. der vereinigten Landesjustizverwaltungen. Vgl. § 3 Anm. 9. Liegt das Oberlandesgericht an demselben Orte wie das Landgericht und wie der Wohnsitz des landgerichtlichen Anwalts, so ist die Zulassung obligatorisch, wenn die Voraussetzungen des § 10 vorliegen.

Anm. 4. 3. Die Zulassung kann nicht widerruflich erteilt werden. Vgl. § 9 Anm. 4.

Anm. 5. 4. Der Rechtsanwalt, der die Simultanzulassung nach § 11 erhält, muß am Orte des Landgerichts seinen Wohnsitz nehmen (§ 18 Abs. 4).

Anm. 6. 5. Eine Übergangsbestimmung, welche jedoch infolge der Ergänzung durch Art. X EGZPNov. auch heute noch praktische Bedeutung hat, enthält § 114 RAO.

§ 12.

Auf Antrag eines Landgerichts können bei demselben Rechtsanwälte, welche bei einem benachbarten Landgerichte zugelassen sind, widerruflich zugelassen werden, wenn nach dem Gutachten des Oberlandesgerichts die Zulassung zur ordnungsmäßigen Erledigung der Anwaltsprozesse erforderlich ist.

Anm. 1. **I. Allgemeiner Inhalt und Zweck der Bestimmung.** § 12 behandelt die Simultanzulassung eines Landgerichtsanwalts bei einem benachbarten Landgerichte. Er enthält zugleich den einzigen Fall, in welchem das Gesetz eine Zulassung auf Ruf und Widerruf kennt.

Der Zweck der Bestimmung ist, Mißstände zu verhüten, welche bei kleinen Landgerichten dadurch entstehen können, daß keine genügende Zahl von Anwälten vorhanden ist.

II. Spezieller Inhalt. 1. Das Gesetz spricht nur von zwei benachbarten Landgerichten, ohne den Fall zu erwähnen, daß ein beim Landgerichte zugelassener Anwalt die Zulassung bei einer auswärtigen Kammer für Handelssachen desselben oder eines anderen Landgerichts beantragt oder umgekehrt. Die Kommentare nehmen daher tatsächlich an, daß eine solche Simultanzulassung unstatthaft sei. (Vgl. Meyer § 12 Anm. 7; Turnau § 8 Anm. 2; Berger § 12 Anm. 2). Allein mit Unrecht. Anm. 2.

Nach den Beschlüssen der Kommission erstreckte sich die Zulassung bei einem Landgericht zugleich auf die im Bezirke desselben gelegenen auswärtigen Kammern für Handelssachen (§ 7, Siegel 458). Nach § 7 a war die widerrufliche Zulassung der Landgerichtsanwälte bei einem benachbarten Landgericht gestattet. Ebenso lauteten die Beschlüsse nach der zweiten Beratung des Plenums (§ 7 Abs. 2 und § 7 c, welch letzterer wörtlich dem heutigen § 12 entsprach, Siegel 599). Da sonach die Zulassung bei den Landgerichten sich von selbst auf die Kammern für Handelssachen mit erstrecken sollte, wäre eine Erwähnung derselben in § 7 c unnötig gewesen.

Bei der dritten Beratung im Plenum wurde der eben erwähnte § 7 Abs. 2 in sein Gegenteil, den jetzigen § 8 Abs. 2 verwandelt (Siegel 629). Die folgenden §§ 7 a—c wurden dann kursorisch und ohne Widerspruch (nunmehr als §§ b—d) angenommen, wobei niemand zu merken schien, daß das Wort „Landgericht" im § 7 c (nunmehr 7 d) infolge der Abänderung des § 7 Abs. 2 einen auf die Kammern für Handelssachen bezüglichen Zusatz wohl hätte vertragen können. Sicher ist soviel, daß man an eine Ausschließung der auswärtigen Kammern für Handelssachen von dem Prinzip des jetzigen § 12 nicht entfernt gedacht hat.

Daß die auswärtigen Kammern für Handelssachen an sich keine eigenen Landgerichte sind, ist unbestreitbar (vgl. A. Friedländer GS. **64** 384 ff.). Allein sie werden nach § 8 Abs. 2 als besondere Gerichte im Sinne der RAO. angesehen, und da sie Teile des Landgerichts sind, so können sie in ihrer Eigenschaft als selbständige Gerichte nur den Landgerichten gleichgestellt werden. Man wird daher ganz gewiß den § 12 unbedenklich anwenden, wenn es sich um die Zulassung von Anwälten der zum Landgericht B gehörigen auswärtigen Kammer für Handelssachen beim benachbarten Landgericht A handelt. Hier stellt das Landgericht A den Antrag, welcher in § 12 vorgesehen ist; daß die benachbarte Kammer für Handelssachen eines anderen Gerichtes selbst ein „benachbartes Landgericht" im Sinne der RAO. ist, wird wohl jedermann zugeben. Nimmt man dies aber an, so besteht auch kein Anlaß, die auswärtige Kammer für Handelssachen des eigenen Landgerichtsbezirks anders zu beurteilen.

Freilich ist zu bedenken, daß trotz der Bestimmung des § 8 Abs. 2 die Kammern für Handelssachen eine selbständige Gerichtsorganisation nicht haben und hinsichtlich der Leitung doch nur Bestandteile des Stammlandgerichts sind. Deshalb kann auch der Antrag nach § 12 stets nur von den Organen des ganzen Landgerichts ausgehen und zwar auch dann, wenn die Zulassung eines Stammlandgerichtsanwalts bei der Kammer für Handelssachen in Frage steht. Anm. 3.

2. Voraussetzung der in § 12 normierten Simultanzulassung ist in erster Linie ein Antrag des Landgerichts, bei dem oder bei dessen auswärtigen Kammern für Handelssachen die Zulassung erfolgen soll. Über das Zustandekommen dieses Antrags gilt dasselbe wie hinsichtlich des oberlandesgerichtlichen Gutachtens nach § 9 (Anm. 8 daselbst). Der Antrag wird durch den Landgerichtspräsidenten an die LJV. zu übermitteln sein. Anm. 4.

Das Gutachten des AKV. ist auch hier zu erholen.

Anm. 5. 3. Weitere Voraussetzung ist ein Gutachten des OLG., wonach die Simultanzulassung zur ordnungsmäßigen Erledigung der Anwaltsprozesse erforderlich ist. Zuständig ist dasjenige OLG., in dessen Bezirk das Landgericht liegt, bei welchem die widerrufliche Zulassung erfolgen soll. Vgl. auch hier § 9 Anm. 7 und 8.

Anm. 6. 4. Auch beim Vorliegen dieser Voraussetzungen ist die Zulassung stets eine fakultative.

Anm. 7. 5. Nur die Anwälte, welche bei einem benachbarten Landgericht zugelassen sind, kommen nach § 12 in Betracht. Als benachbarte Landgerichte werden nur solche zu erachten sein, deren Bezirke unmittelbar aneinander grenzen. Dagegen ist es nicht notwendig, daß die beiden Landgerichte im Bezirk desselben OLG. oder in demselben Bundesstaate liegen.

Anm. 8. 6. Nur zwei benachbarte Gerichte können für den § 12 in Betracht kommen.

Anm. 9. 7. Die Zulassung kann nicht nur, sondern sie muß stets widerruflich erfolgen. Der Widerruf geschieht durch Mitteilung der LJV. Dieser Widerruf ist nicht identisch mit der Zurücknahme im Sinne der §§ 21 ff. Es bedarf daher weder einer Anhörung des Rechtsanwalts und des AKV. noch einer Begründung des Widerrufs.

Anm. 10. 8. Auf eine seltsame Divergenz zwischen § 12 und § 9 hat schon Meyer (§ 12 Anm. 7) aufmerksam gemacht: Der Amtsgerichtsanwalt kann beim Landgericht und zugleich bei allen Kammern für Handelssachen unwiderruflich, der Landgerichtsanwalt nur bei einem anderen Landgericht oder einer Kammer für Handelssachen, und zwar nur widerruflich — nach Meyers Ansicht aber bei der Kammer für Handelssachen überhaupt nicht — zugelassen werden.

Daher müssen auch die an großen Plätzen residierenden Anwälte, wenn sie außer beim Landgericht ihres Wohnsitzes bei einer auswärtigen Kammer für Handelssachen zugelassen sein wollen, vor allem ihre Zulassung beim Amtsgerichte, ev. unter Aufgabe ihrer bisherigen Zulassung beim Landgerichte, nehmen.

§ 13.

Die Zulassung bei dem im Antrage bezeichneten Gerichte darf wegen mangelnden Bedürfnisses zur Vermehrung der Zahl der bei demselben zugelassenen Rechtsanwälte nicht versagt werden.

Diese Bestimmung hat im wesentlichen prinzipielle Bedeutung; sie will die Abschaffung des numerus clausus scharf zum Ausdruck bringen. Das mangelnde Bedürfnis nach Rechtsanwälten darf selbst in den Fällen nicht als Ablehnungsgrund angegeben werden, in welchen die Zulassung vom freien Ermessen der LJV. abhängig ist. Die Verallgemeinerung dieses Prinzips ist aber gerade für die Fälle der Simultanzulassung nicht selten eine Prinzipwidrigkeit; denn hier hängt ja die Zulassung, mag sie nun dem Ermessen der LJV. oder dem Ermessen anderer Behörden anheimgegeben sein, im wesentlichen von den Bedürfnissen der Rechtspflege, also nicht zum geringsten Teile auch von dem Bedürfnis nach Vermehrung der Zahl der Anwälte ab. Vgl. insbesondere § 12.

Einer speziellen Erläuterung bedarf die Vorschrift nicht.

§ 14.

Die Zulassung bei dem im Antrage bezeichneten Gerichte kann versagt werden, wenn bei demselben ein Richter angestellt ist, mit welchem der Antragsteller in gerader Linie verwandt oder verschwägert oder in der

Seitenlinie im zweiten Grade verwandt oder verschwägert ist, auch wenn die Ehe, durch welche die Schwägerschaft begründet wird, nicht mehr besteht.

I. **Allgemeiner Inhalt und Zweck der Bestimmung.** § 14 enthält einen relativen Versagungsgrund (s. Vorbem. zum 1. Abschn. Anm. 7). Der gesetzgeberische Grund der Bestimmung ist klar; man wollte Unzuträglichkeiten verhindern, welche aus verwandtschaftlichen Beziehungen zwischen Richtern und Anwälten eines Gerichts entstehen könnten. Dies wird in praxi natürlich nur bei Gerichten an kleineren Orten von Bedeutung sein, ferner bei Amtsgerichten in höherem Grade als bei Kollegialgerichten. Die LJV. muß im einzelnen Falle die konkreten Verhältnisse prüfen. Anm. 1.

II. **Einzelnes.** 1. Der Beamte, mit welchem der Antragsteller verwandt oder verschwägert ist, muß ein angestellter Richter sein. Anm. 2.

Es genügt also nicht, daß derselbe richterliche Geschäfte wahrnimmt (§ 10 GVG.), wie die Assessoren in Preußen.

Wohl aber fallen unter die Bestimmung die Handelsrichter (§§ 112, 116 GVG.).

2. Der Richter muß bei dem im Antrag bezeichneten Gerichte angestellt sein. Daher kommen Hilfsrichter, welche bei einem anderen Gerichte fest angestellt sind, nicht in Betracht (§§ 69, 122 GVG.). Anm. 3.

Ob der angestellte Richter zurzeit bei dem betreffenden Gerichte Dienst tut oder etwa ins Ministerium kommittiert wurde, ist gleichgültig.

3. Der Antragsteller muß mit dem Richter entweder in gerader Linie oder nicht weiter als im zweiten Grade der Seitenlinie verwandt oder verschwägert sein. Das Wort „im" statt „bis zum" zweiten Grade ist ein offensichtlicher Redaktionsfehler; vgl. Motive 45, wo auf den richtig gefaßten § 41 Ziff. 3 ZPO. verwiesen wird. Anm. 4.

Die Begriffe der Verwandtschaft und Schwägerschaft bestimmen sich jetzt nach dem BGB. Dies ist zwar nirgends, auch nicht in Art. 33 EGBGB., ausdrücklich bestimmt, allein es ist selbstverständlich, daß zivilrechtliche Begriffe im Zweifel dem Zivilgesetzbuche zu entnehmen sind. Es gelten daher vor allem die §§ 1589, 1590 BGB. Ferner kommen die Bestimmungen der §§ 1591 ff., 1699 ff., 1719 ff., 1723 ff., 1741 ff. BGB. in Betracht.

4. Der Versagungsgrund des § 14 ist ein fakultativer. Anm. 5.

§ 15.

Die Zulassung eines Rechtsanwalts bei einem anderen Gerichte kann versagt werden:

1. **wenn gegen den Antragsteller innerhalb der letzten zwei Jahre im ehrengerichtlichen Verfahren auf Verweis oder auf Geldstrafe von mehr als einhundertfünfzig Mark erkannt ist;**
2. **wenn gegen den Antragsteller die Klage im ehrengerichtlichen Verfahren erhoben ist.**

I. **Allgemeiner Inhalt.** § 15 enthält die Versagungsgründe, welche nur für die Fälle der weiteren Zulassung, sei es Zulassungswechsel, sei es Simultanzulassung, gelten. Sie sind fakultativ. Anm. 1.

II. **Spezieller Inhalt.** 1. Maßgebend für die Frage, ob der Antragsteller Anwalt ist, ob also ein Fall der weiteren Zulassung vorliegt, ist der Zeitpunkt der Entscheidung, nicht der der Antragstellung. EGH. **11** 44 ff. (24. 11. 02). Anm. 2.

Anm. 3. 2. (Ziffer 1): Der erste in § 15 angeführte Versagungsgrund entspricht dem § 6 Ziff. 3, weshalb auf die Anmerkungen hiezu Bezug genommen wird.

Anm. 4. 3. (Ziffer 2): Die Erhebung der Klage im ehrengerichtlichen Verfahren erfolgt (gemäß § 66 RAO. mit § 168 StPO.) durch Einreichung einer Anklageschrift oder Antrag auf Voruntersuchung.

§ 16.

Der Bescheid, welcher einem Antragsteller die beantragte Zulassung versagt, muß den Grund der Versagung angeben.

Wird die Zulassung nach dem Gutachten des Vorstandes der Anwaltskammer aus einem der im § 5 Nr. 4, 5, 6 bezeichneten Gründe versagt, so ist auf Verlangen des Antragstellers über den Grund der Versagung im ehrengerichtlichen Verfahren zu entscheiden.

Das Verlangen muß bei der Landesjustizverwaltung innerhalb der Frist von einer Woche seit der Zustellung des Bescheides angebracht werden.

Die Landesjustizverwaltung hat den rechtzeitig gestellten Antrag dem Vorstande der Anwaltskammer zu übersenden.

Anm. 1. I. **Allgemeiner Inhalt**. Der erste Absatz des § 16 statuiert den Begründungszwang für jeden die Zulassung versagenden Bescheid.

Die drei folgenden Absätze enthalten die Vorschriften über das einzige, reichsgesetzlich geregelte Rechtsmittel gegen die Versagung der Zulassung. Dieses Rechtsmittel besteht in der Herbeiführung eines ehrengerichtlichen Verfahrens. Wir nennen dasselbe im Gegensatze zu dem ehrengerichtlichen Strafverfahren das ehrengerichtliche Zulassungsverfahren. § 16 normiert nur die Zulässigkeit dieses Verfahrens und den Zweck desselben. Der prozessuale Gang des Verfahrens richtet sich nach den Bestimmungen des vierten Abschnittes. Vgl. § 93.

Anm. 2. II. **Der Begründungszwang**. (Absatz 1). Jeder Bescheid der LJV., welcher die beantragte Zulassung versagt, muß den Versagungsgrund angeben. Dies bezieht sich keineswegs bloß auf die Fälle, in welchen ein Recht auf Zulassung an sich besteht; auch wenn einem preußischen Assessor die Zulassung in Bayern versagt wird und keine andere Begründung als die, daß seine Zulassung nicht angemessen erscheine, gegeben werden kann, muß der Vorschrift des Gesetzes genügt werden.

Anm. 3. III. **Das ehrengerichtliche Zulassungsverfahren.**

A. Die Zulässigkeit desselben: 1. Die erste Voraussetzung des ehrengerichtlichen Zulassungsverfahrens ist, daß die LJV. aus einem der Gründe des § 5 Ziff. 4—6 RAO., jedoch nicht wegen gesetzlicher Inkompatibilität im Falle des § 5 Ziff. 4, die Zulassung versagt. Daß einer dieser Gründe maßgebend war, muß aus der Entscheidung erkennbar hervorgehen.

Mithin kommt das Verfahren nur für die Fälle der ersten, nicht für die Fälle der weiteren Zulassung in Betracht.

Anm. 4. 2. Die Zulassungsversagung darf ferner nur aus den in der vorigen Ziffer bezeichneten Gründen oder einem derselben erfolgen. Versagt z. B. die LJV. die Zulassung sowohl nach § 5 Ziff. 6 als auch nach § 6 Ziff. 3, so ist das ehrengerichtliche Zulassungsverfahren unzulässig; dasselbe würde ja, wenn es stattfinden dürfte, rein theoretische Bedeutung haben, da auch bei Verneinung des obligatorischen Versagungsgrundes der fakultative Platz greifen würde. (Gl. M.: EGH. **10** 106 — 15. 4. 01). Durch nachträgliche Zurücknahme des anderen Versagungsgrundes wird jedoch das ehrengerichtliche Verfahren ex nunc zulässig.

Handelt es sich um die Zulassung beim Reichsgerichte oder bei den Gerichten eines Bundesstaates, in welchem der Bewerber nicht die Richterprüfung bestanden hat, so ist das ehrengerichtliche Zulassungsverfahren unzulässig, wenn das Präsidium bzw. die LJV. nicht nur einen Versagungsgrund nach § 5 Ziff. 4—6, sondern auch einen weiteren Grund angibt, welcher für die Versagung nach freiem Ermessen bestimmend ist. Erfolgt die Erwähnung eines solchen Grundes nicht, so ist das Verfahren zulässig.

3. Dagegen hängt die Zulässigkeit des ehrengerichtlichen Verfahrens nicht da- Anm. 5.
von ab, daß die Entscheidung der LJV. wirklich im Einklang steht mit dem Gutachten des Kammervorstandes. Es genügt die Bezugnahme auf ein solches, mag auch das Resultat gerade das entgegengesetzte sein. Vgl. EGH. **1** 87 (29. 12. 84) und die Kommissionsprotokolle bei Siegeth Anhang 102, wonach die Worte „nach dem Gutachten des Vorstandes der Anwaltskammer" nur beigefügt wurden, um klarzustellen, daß das ehrengerichtliche Zulassungsverfahren in den gesetzlichen Fällen (§ 5 Nr. 1—3 rc.) und insbesondere bei gesetzlicher Inkompatibilität nach § 5 Ziff. 4 nicht stattfinde.

4. Es ist keine Voraussetzung für die Zulässigkeit des ehrengerichtlichen Ver- Anm. 6.
fahrens, daß die Entscheidung der LJV. sich auf das richtige, d. h. auf dasjenige Gutachten stützt, welches von Rechts wegen der Entscheidung zugrunde gelegt werden müßte. EGH. **1** 83 ff. (29. 12. 84).

5. Nur auf Verlangen des Antragstellers ist das ehrengerichtliche Anm. 7.
Zulassungsverfahren einzuleiten. Es gibt also weder ein Verfahren von Amts wegen noch ist eine dritte Person zur Einlegung des Rechtsmittels legitimiert.

a) Das Verlangen muß bei der LJV., welche die Zulassung versagt hat, angebracht werden*).

b) Dies muß innerhalb einer Woche seit Zustellung des Versagungsbescheides geschehen. Die Frist endigt mit dem Tage, welcher durch seine Benennung dem Zustellungstage entspricht (§§ 187, 188 BGB.), ev. — wenn dieser Tag ein Sonntag oder allgemeiner Feiertag ist — am nächstfolgenden Werktag (§ 193 BGB.).

c) Das Verlangen muß natürlich schriftlich erfolgen, bedarf aber sonst keiner Form. Es muß jedoch inhaltlich aus demselben erkennbar sein, daß ehrengerichtliches Zulassungsverfahren begehrt werde. Der EGH. hat in der Entscheidung vom 29. 12. 84 (**1** 83 ff.) auch eine nachträgliche Interpretation des Antrags aus den späteren Erklärungen des Gesuchstellers zugelassen.

d) Der Antrag muß sich, wenn in dem Versagungsbescheid mehrere Gründe aus § 5 Ziff. 4—6 angeführt sind, auf alle diese Gründe, nicht nur auf einzelne derselben beziehen. Vgl. oben Anm. 4.

6. Die LJV. muß zunächst über die Rechtzeitigkeit des Antrags auf ehren- Anm. 8.
gerichtliches Verfahren entscheiden (§ 16 Abs. 4). Verneint sie dieselbe, so weist sie das Verlangen des Antragstellers ab. Hiegegen gibt es reichsrechtlich kein Rechtsmittel. Doch kann das Verlangen auf ehrengerichtliches Verfahren innerhalb der einwöchigen Frist wiederholt werden; ist die Frist abgelaufen, so kann

---

*) Vgl. über die zuständige Stelle: Preußen: JMVf. 16. 2. 80 (JMBl. 34) Nr. 4 (preuß. Amtsgerichte im Bezirke Jena betr.). Sachsen-Weimar: MinV. 3. 10. 79 (RegBl. 519) § 10. Sachsen-Altenburg: V. 17. 11. 79 (GS. 255) § 9. Schwarzburg-Rudolstadt: MinV. 27. 1. 80 (GS. 13) § 8. Coburg-Gotha: V. 2. 2. 80 (Coburg GS. 7, Gotha GS. 5) § 8. Sachsen-Meiningen: V. 6. 1. 80 (Samml. 257) § 8.

ein neuer Zulassungsantrag gestellt werden, da die Versagung durch die LJV. keinerlei Rechtskraftwirkung hat.

Wird die Zulässigkeitsfrage bejaht, so übersendet die LJV. den Antrag an den Vorstand der Anwaltskammer. Dieser verfährt dann nach § 93.

Anm. 9. B. Der Zweck des ehrengerichtlichen Zulassungsverfahrens. 1. Das Ehrengericht prüft zunächst selbständig und unabhängig von der LJV. die Zulässigkeit des Verfahrens nach den unter A aufgestellten Grundsätzen. (Vgl. EGH. **1** 83 — 29. 12. 84). Auch die Wahrung der Frist des § 16 Abs. 3 unterliegt neuerlicher Prüfung. Vgl. im einzelnen § 93 Anm. 13.

Anm. 10. 2. In sachlicher Beziehung hat das Ehrengericht darüber zu entscheiden, ob der von der LJV. angegebene Versagungsgrund zutreffend ist oder nicht. Dementsprechend hat auch der Tenor der Entscheidung zu lauten. Vgl. EGH. **1** 85 ff. (29. 12. 84); **9** 106 (6. 7. 98); **12** 25 (21. 10. 05); **12** 27 (1. 6. 04)*).

Anm. 11. a) Da die Zulässigkeit des ehrengerichtlichen Verfahrens davon abhängt, daß die LJV. in ihrem Bescheide auf ein Gutachten des AKV. mindestens Bezug nimmt, so muß die Entscheidung des Ehrengerichts stets auf einer materiellen Prüfung dieses Gutachtens beruhen. Dies trifft selbst dann zu, wenn es vorkommen sollte, daß die LJV. von dem Resultate des Gutachtens, auf welches sie selbst Bezug nimmt — vielleicht auf Grund mißverständlicher Auffassung — abweicht. Über die gesetzliche Unzulässigkeit dieser Abweichung hat das Ehrengericht nicht zu befinden, so wenig wie es darüber entscheiden darf, ob die LJV. überhaupt das maßgebende Gutachten ihrer Versagung zugrunde gelegt hat. Wenn also eine solche Abweichung vorkommen sollte, so müßte das Ehrengericht die Grundlagen des Gutachtens prüfen, und wenn es (mit dem Gutachten) den Versagungsgrund verneint, die Gründe der LJV. für unberechtigt erklären; im anderen Falle aber — trotz der vorliegenden Gesetzwidrigkeit — aussprechen, daß der Versagungsgrund gerechtfertigt sei.

Anm. 12. b) Was versteht das Gesetz unter einer Entscheidung über den Grund der Versagung?

Die Frage, welche sich das Ehrengericht vorzulegen hat, ist die, ob die dem Gutachten zugrunde liegenden und auch dem Versagungsbescheid zugrunde gelegten Tatsachen den von der LJV. angegebenen Versagungsgrund rechtfertigen oder nicht.

α) Auf die Tatsachen und die Subsumtion derselben durch die LJV. kommt es an, nicht auf die rechtliche Qualifikation, welche das Gutachten des Vorstandes jenen Tatsachen gegeben hat: Wenn also eine bestimmte Beschäftigung des Antragstellers von dem Vorstande als unvereinbar mit der Würde des Anwaltsberufes bezeichnet wurde, die LJV. aber auf Grund desselben Tatbestandes unter Anführung des § 5 Ziff. 5 die Zulassung versagt hat, so kann das Ehrengericht — obwohl hier ein Verstoß gegen das Gesetz vorliegt — nur darüber befinden, ob das Verhalten des Antragstellers unter § 5 Ziff. 5, nicht aber darüber, ob es auch unter Ziff. 4 fällt. Gab das Gutachten des Vorstandes mehrere Versagungsgründe — also etwa § 5 Ziff. 4 und 5 — nebeneinander als vorliegend an, während die LJV. nur einen derselben anführt, so ist auch nur über den letzteren und die demselben zugrunde gelegten Tatsachen zu entscheiden.

---

*) Der EGH. hat übrigens in Fällen, in welchen das Ehrengericht fälschlich den in dem Gutachten des AKV. angegebenen Grund für berechtigt erklärt hatte, diesen Mangel als einen rein formellen erklärt und lediglich den Tenor rektifiziert, weil die Entscheidung der LJV. genau mit dem Gutachten konform ging. Vgl. EGH. **12** 25 (21. 10. 05); auch **9** 106 (6. 7. 98).

β) Nur die dem Gutachten zugrunde liegenden Tatsachen sollen der Nachprüfung unterliegen. Anm. 13.

Dies ist jedoch nur in dem Sinne zu verstehen, daß im ehrengerichtlichen Verfahren keine neuen Tatbestände zur Begründung der Versagung eingeführt werden dürfen. Der Gesamtkomplex der relevanten Tatumstände muß derselbe sein; dagegen ist es keineswegs unzulässig, im einzelnen Ergänzungen des unter einen einheitlichen Gesichtspunkt fallenden Tatsachenmaterials vorzunehmen, charakterisierende Begleitumstände hineinzuziehen 2c.

Beispiel: Der AKV. hat in seinem Gutachten ausgeführt, daß wegen fortgesetzten leichtsinnigen Schuldenmachens der Versagungsgrund des § 5 Ziff. 5 vorliege. Die LJV. hat deshalb die Zulassung versagt. Im ehrengerichtlichen Verfahren werden die betreffenden Gläubiger als Zeugen vernommen. Dabei ergibt sich, daß einzelne Fälle wegen Unzulänglichkeit des Beweises auszuscheiden haben, während andere, vielleicht infolge der unwürdigen Art, in welcher die Schulden kontrahiert wurden, bedeutend gravierender erscheinen, so daß das Gesamtbild der bereits in dem Gutachten berücksichtigten Tatumstände auch in seiner jetzigen Erscheinung zur Versagung nach § 5 Ziff. 5 führt. Stellt sich aber z. B. bei der Beweisaufnahme heraus, daß der Antragsteller das geliehene Geld verspielt und im Spiele betrogen hat, so müssen diese Tatsachen in ihrer selbständigen Bedeutung bei der Entscheidung des Ehrengerichts vollständig ausscheiden. Anm. 14.

Der hier vertretenen Meinung neigt neuerdings auch der EGH. zu. Vgl. insbesondere **10** 14 (18. 2. 01); **12** 27 (1. 6. 04). Viel zu weit geht dagegen Berolzheimer in JW. **03** 232 ff., welcher die Berücksichtigung aller Tatsachen, die dem Vorstand bei Abgabe des Gutachtens unbekannt waren, zulassen will. Dies würde dazu führen, daß das Ehrengericht, welches vielleicht die Gründe des Kammervorstandes nicht billigt, selbst neue Versagungsgründe einführen könnte, welche weder der AKV. noch die LJV. als solche ansehen würden. Dies widerspräche dem Prinzipe unseres Gesetzes und dem ganzen Aufbau des Zulassungsverfahrens. Anm. 15.

γ) Gleichgültig ist es auch, ob die Tatsachen, welche dem Gutachten des AKV. zugrunde liegen, in diesem Gutachten mit der für die richtige Entscheidung erforderlichen Genauigkeit angegeben sind. Wenn z. B. das Gutachten nur angibt, der Antragsteller betreibe ein Handelsgewerbe, deshalb liege der Versagungsgrund des § 5 Ziff. 4 vor, so ist das Ehrengericht nicht gehindert, festzustellen, welcher Art dieses Handelsgewerbe ist, und dann je nach dem Resultat dieser Feststellung seine Entscheidung zu treffen. Diesen Standpunkt deutet auch EGH. **9** 107 (6. 7. 98) als den richtigen an. Anm. 16.

δ) Wesentlich ist dagegen, daß die Tatbestände, auf welchen das Gutachten beruht, auch der Entscheidung der LJV. zugrunde gelegt sind. Dies ist natürlich im Zweifel der Fall. Sollte jedoch die LJV. einzelne, im Gutachten erwähnte Tatbestände ausdrücklich aus seiner Begründung ausscheiden, so könnte gemäß § 16 Abs. 2 auch das Ehrengericht hierüber nicht befinden. Anm. 17.

3. Hält das Ehrengericht einen der von der LJV. angegebenen Versagungsgründe für gerechtfertigt, so kann es auch über die anderen, mitangefochtenen Gründe entscheiden; eine Verpflichtung dies zu tun besteht jedoch nicht. EGH. **12** 97 (7. 12. 04). Wird freilich die Entscheidung des Ehrengerichts von der Berufungsinstanz für sachlich unzutreffend erachtet, so muß die Sache an das Ehrengericht zurückverwiesen und nunmehr von diesem auch über den anderen Grund entschieden werden. Vgl. hiezu § 93 Anm. 29. Anm. 18.

Anm. 19. 4. Ist im ehrengerichtlichen Verfahren rechtskräftig ein Versagungsgrund für ungerechtfertigt erklärt, so kann aus diesem Grunde keine Versagung mehr erfolgen, wohl aber aus anderen Gründen. EGH. **8** 101 (12. 5. 97). Auch neue, in den bereits gewürdigten Tatsachenkomplex hineinspielende Tatsachen können dazu führen, auf Grund eines neuen Gutachtens des Anwaltskammervorstandes wiederum die Versagung auszusprechen.

Anm. 20. 5. Ist im ehrengerichtlichen Verfahren rechtskräftig ein Versagungsgrund für gerechtfertigt erklärt, so ist die erfolgte Versagung unanfechtbar.

Zweifelhaft ist jedoch, inwieweit diese ehrengerichtliche Entscheidung für spätere Zeiten Rechtskraftswirkungen äußert, insbesondere, ob die ehrengerichtlich anerkannten Versagungsgründe für alle Zeiten unabänderlich feststehen.

Hier gilt nun folgendes: Die ehrengerichtliche Entscheidung stellt für den Zeitpunkt des Beschlusses der LJV. fest, daß zurzeit bestimmte Versagungsgründe vorliegen, daß zurzeit der Antragsteller ein mit der Anwaltschaft unvereinbares Gewerbe betreibe, daß er zurzeit körperlich unfähig sei, oder daß er sich eines Verhaltens schuldig gemacht habe, welches zurzeit die Ausschließung aus der Rechtsanwaltschaft bedingen würde. (Vgl. § 5 Anm. 40). Ändern sich die Tatumstände, betreibt der Antragsteller das betreffende Gewerbe nicht mehr oder in grundverschiedener Weise, wird sein körperliches Gebrechen behoben oder legt er dauernd ein so tadelloses Verhalten an den Tag, daß die Ausschließung wegen der lange zurückliegenden Verfehlung nicht mehr veranlaßt erschiene, so ist die frühere Entscheidung nicht mehr maßgebend.

Der EGH. steht bezüglich des § 5 Ziff. 4 und 6 auf dem hier vertretenen Standpunkte, während er ein nach § 5 Ziff. 5 ergangenes ehrengerichtliches Urteil als ewigwährendes, absolutes Hindernis für eine Zulassung zur Rechtsanwaltschaft ansieht. (Vgl. EGH. **1** 83 ff.). Dies läßt sich nur daraus erklären, daß der EGH. bei Anwendung der Bestimmung des § 5 Ziff. 5 nur darauf Gewicht legt, ob im Zeitpunkte der Verfehlung die Ausschließung wegen derselben geboten wäre, während er auf den Zeitpunkt des Bescheids der LJV. keine Rücksicht nimmt. Und doch erkennt der EGH. gleichzeitig (S. 95) an, daß für die ehrengerichtliche Bestrafung das Verhalten zwischen Tat und Aburteilung von Bedeutung sein könne (also auch im Falle des § 64); es ist unbegreiflich, warum bei Anwendung des § 5 Ziff. 5, welcher doch die Möglichkeit einer Disziplinarstrafe supponiert, andere Grundsätze gelten sollten. Unbegreiflich ist ferner, wie die erwähnte Entscheidung des EGH. (S. 95) die maßgebende Frage, ob es auf die Zeit der Tat oder die des Urteils bzw. des Versagungsbescheides ankomme, dahingestellt sein lassen kann.

Anm. 21. Anderseits darf es nicht für zulässig erachtet werden, daß das Verhalten des Antragstellers lediglich auf Grund des der früheren Entscheidung zugrunde liegenden Tatsachenmaterials neuerlich gewürdigt werde. Daher nicht zutreffend: Hanseatischer AKV. in AKJahrV. **07** 3.

Anm. 22. C. Über die Frage, inwieweit strafgerichtlichen Urteilen und Disziplinarentscheidungen bindende Kraft für das ehrengerichtliche Verfahren zukommt, vgl. § 65 Anm. 27, 29, 30; ferner § 5 Anm. 41; § 93 Anm. 8.

§ 17.

Nach der ersten Zulassung hat der Rechtsanwalt in einer öffentlichen Sitzung des Gerichts, bei welchem er zugelassen ist, folgenden Eid zu leisten:

„Ich schwöre bei Gott dem Allmächtigen und Allwissenden, die Pflichten eines Rechtsanwalts gewissenhaft zu erfüllen, so wahr mir Gott helfe.“

1. **Inhalt**: Der vorliegende Paragraph handelt von der Beeidigung der Rechtsanwälte. Anm. 1.

2. Die Beeidigung erfolgt nur nach der **ersten Zulassung**. Über diesen Begriff vgl. Vorbem. zum 1. Abschn. Anm. 4. Wer aus der Rechtsanwaltschaft ausscheidet und dann neuerlich zugelassen wird, muß auch wieder beeidigt werden. Anm. 2.

3. Die Worte „der Rechtsanwalt" sind irreführend; denn „Rechtsanwalt" wird man erst durch die der Eidesleistung **nachfolgende** Eintragung in die Liste (§ 20). Anm. 3.

4. **In öffentlicher Sitzung** muß die Beeidigung erfolgen. War die Öffentlichkeit ausgeschlossen, so ist die Eintragung in die Liste zu versagen. Vgl. § 20 Anm. 12. Anm. 4.

5. Bei **dem Gericht** der Zulassung hat die Eidesleistung zu erfolgen. Hieraus ergibt sich, daß die erste Zulassung nie Simultanzulassung sein kann, da sonst die Eidesleistung bei mehreren Gerichten erfolgen müßte. Anm. 5.

Bei welcher Abteilung des Gerichtes die Beeidigung erfolgt, ist gleichgültig. Dies kann in einer Schöffengerichtssitzung, bei einer Zivil- oder Strafkammer (auch bei einer detachierten Strafkammer), vor einem Zivil- oder Strafsenat, nicht aber bei einer detachierten Kammer für Handelssachen geschehen. Erfolgt die erste Zulassung bei einer detachierten Kammer für Handelssachen, so kann **nur** bei dieser, nicht bei einer Abteilung des Stammlandgerichtes die Beeidigung vor sich gehen. Anm. 6.

§ 18.

Der Rechtsanwalt muß an dem Orte des Gerichts, bei welchem er zugelassen ist, seinen Wohnsitz nehmen.

Inwieweit benachbarte Orte im Sinne dieser Vorschrift als ein Ort anzusehen sind, bestimmt die Landesjustizverwaltung.

Dieselbe kann einem bei einem Amtsgerichte zugelassenen Rechtsanwalte gestatten, an einem anderen Orte innerhalb des Amtsgerichtsbezirks seinen Wohnsitz zu nehmen.

Ist der Rechtsanwalt bei mehreren Gerichten zugelassen, so muß er im Falle des § 9 am Orte des Amtsgerichts, im Falle des § 11 am Orte des Landgerichts seinen Wohnsitz nehmen.

Die Mehrkosten, welche bei der Vertretung einer Partei vor einem Kollegialgerichte durch einen bei demselben zugelassenen Rechtsanwalt dadurch entstehen, daß der letztere seinen Wohnsitz nicht am Orte des Gerichts hat, ist die Gegenpartei zu erstatten nicht verpflichtet.

I. Allgemeiner Inhalt des Paragraphen und Stellung desselben im System. Anm. 1.
Die ersten 4 Absätze des § 18 handeln von der **Residenzpflicht des Rechtsanwalts**. Man könnte danach meinen, daß der Paragraph nach der Systematik des Gesetzes eigentlich in den zweiten Abschnitt, welcher von den Rechten und Pflichten der Rechtsanwälte handelt, gehöre. Dies ist jedoch nicht zutreffend; denn das Vorhandensein des vorgeschriebenen Wohnsitzes ist eine **Voraussetzung** für den Erwerb des Amtes (§ 20) und für die Beibehaltung desselben bzw. einzelner Amtsbefugnisse (§ 21); mithin gehört die Bestimmung auch systematisch in den ersten Abschnitt des Gesetzes.

Die Residenzpflicht steht im engsten Zusammenhang mit dem Prinzip der Lokalisierung, wie es in unserem Gesetz Ausdruck gefunden hat. Grundsätzlich ist der Anwalt nur bei **einem** Gerichte zugelassen und muß am Sitze dieses Gerichtes sein Domizil nehmen. Hätte man der Lokalisierung nicht in dieser

Weise die Residenzpflicht hinzugefügt, so würde es wohl in praxi das Institut der Amtsgerichtsanwälte nicht geben.

Die Bestimmung des § 18 Abs. 5 hängt zwar mit dem Wohnsitz des Rechtsanwalts zusammen; allein sie behandelt eine reine Kostenfrage und sollte ihren Platz in der Prozeßordnung haben.

Anm. 2. **II. Der Inhalt der Residenzpflicht.**

A. Wann beginnt die Residenzpflicht? Erst nach erfolgter Zulassung muß ein bestimmter Wohnsitz begründet werden. Unterbleibt die Begründung des Domizils, so erfolgt keine Eintragung in die Liste; sind seit Mitteilung des Zulassungsbescheides 3 Monate vergangen, so wird die Zulassung zurückgenommen (§ 21 Ziff. 1).

Anm. 3. B. Seinen Wohnsitz muß der Rechtsanwalt am Orte des Gerichtes nehmen.

1. Der Begriff des Wohnsitzes ist jetzt aus § 7 BGB. zu entnehmen. Die Definition, welche diese Gesetzesbestimmung gibt, stimmt übrigens mit derjenigen überein, welche vor Geltung des BGB. von dem EGH. aufgestellt wurde.

„Wer sich an einem Orte ständig niederläßt, begründet an diesem Orte seinen Wohnsitz."

Erforderlich ist ständige, nicht bloß vorübergehende Niederlassung, und zwar nicht nur in geschäftlicher, sondern auch in persönlicher Beziehung. Der Rechtsanwalt muß also an dem betreffenden Orte eine Wohnung haben, die ihm auch tatsächlich zu dauerndem Aufenthalte dient. Es genügt keineswegs der Besitz eines Geschäftslokals. Vgl. EGH. **1** 242 ff. (5. 7. 82), **3** 103 ff. (17. 5. 87), 112 ff. (4. 10. 87), **5** 9 ff. (4. 11. 90).

Anm. 4. 2. Der Rechtsanwalt muß rechtlich imstande sein, einen Wohnsitz zu begründen. Es dürfen also weder die Vorschrift des § 8 BGB. noch gesetzliche oder behördliche Niederlassungsverbote bzw. Ausweisungen entgegenstehen. Vgl. RGZ. **34** 399 (ZS. VI 19. 11. 94); Staudinger-Loewenfeld § 7 Anm. 8.

Anm. 5. 3. Darf der Rechtsanwalt einen mehrfachen Wohnsitz haben? Die Frage ist zu bejahen. Der mehrfache Wohnsitz, welchen § 7 Abs. 2 BGB. zuläßt, besteht dann, wenn an verschiedenen Orten alle Erfordernisse der Wohnsitzbegründung gegeben sind. Der Fall wird beim Anwalt nicht häufig sein, kann aber vorkommen. Es hat z. B. jemand eine Wohnung in der Stadt und eine Villa in einer benachbarten Gemeinde, so daß wirklich beide Behausungen seinen ständigen Aufenthalt bilden; er verbringt seine Zeit bald hier bald dort. Dies ist nicht unzulässig; denn er hat seinen Wohnsitz auch am Orte des Gerichts, und dies muß genügen.

So hatte auch der EGH. bereits lange vor Geltung des BGB. entschieden (**1** 242 — 5. 7. 82). Anscheinend abweichend: RG. 8. 2. 87 in SeuffBl. Erg.-Bd. **6** 305, ferner Turnau § 11 Anm. 3.

Anm. 6. C. Am Orte des Gerichts der Zulassung muß der Rechtsanwalt seinen Wohnsitz nehmen.

Der Ort des Gerichts ist die ganze politische Gemeinde, in welcher das Gericht seinen Sitz hat. Dieselbe braucht natürlich nicht zum Bezirke des Gerichts zu gehören (man denke an die Verhältnisse in großen Städten [wie München], in welchen z. B. ein Landgericht nur die auswärtigen Bezirke umfaßt).

Von dem Prinzip, daß der Anwalt am Orte des Gerichtssitzes wohnen muß, gibt es zwei Ausnahmen:

Anm. 7. 1. Nach § 18 Abs. 2 kann die LJV. bestimmen, daß Nachbarorte, welche an sich nicht zur politischen Gemeinde des Gerichtssitzes gehören, für die Residenzpflicht als Bestandteile des Gerichtsortes anzusehen seien.*)

---

*) Vgl. für die Reichsgerichtsanwälte: Bek. des Reichskanzlers 5. 5. 79 (RZBl. 340); für Bayern JMBek. 11. 9. 79 (GVBl. 1168); für Sachsen JMV. 18. 10. 97

2. Den nur bei einem Amtsgerichte zugelassenen Rechtsanwälten kann die LJV. gestatten, an einem andern Orte innerhalb des Amtsgerichtsbezirkes ihren Wohnsitz zu nehmen (§ 18 Abs. 3). Vgl. preuß. JMVf. 3. 10. 92 (JMBl. 304). Diese Erlaubnis kann auch nach Begründung des Wohnsitzes erfolgen. Anm. 8.

B. Die Residenzpflicht bei Simultanzulassung. 1. Der Amtsgerichtsanwalt, welcher zugleich beim Landgericht oder bei einer Kammer für Handelssachen zugelassen ist, muß am Orte des Amtsgerichtes seinen Wohnsitz nehmen. Anm. 9.

Die Erlaubnis, an einem andern Orte innerhalb des Amtsgerichtsbezirkes zu wohnen, kann ihm nicht erteilt werden. Abs. 4 enthält eine zwingende Spezialvorschrift und neben Abs. 3 eine selbständige Ausnahme von Abs. 1. So auch: Gutachten des OLG. Hamburg vom 2. 1. 90 in SeuffA. **45** 459. Wenn also ein Anwalt, welcher kraft ministerieller Erlaubnis außerhalb des Amtsgerichtssitzes wohnt, die Simultanzulassung beim Landgericht erhält, seinen bisherigen Wohnsitz aber nicht aufgibt, so ist die Zulassung beim Landgericht nach 3 Monaten zurückzunehmen.

2. Im Falle des § 10 liegen die verschiedenen Gerichte, bei welchen die Simultanzulassung erfolgt, an demselben Orte; die Residenzpflicht wird also durch letztere nicht berührt. Anm. 10.

3. Gleiches gilt im Falle des § 104. Anm. 11.

4. Der Landgerichtsanwalt, welcher nach § 11 beim Oberlandesgericht zugelassen wird, muß weiter am Landgerichtssitze residieren (§ 18 Abs. 4). Anm. 12.

5. Gleiches muß man in dem für Hessen bedeutsamen Falle des § 114 annehmen; denn nach dieser Bestimmung erfolgt ja die Zulassung beim Oberlandesgerichte nur für einzelne Prozesse, womit ganz gewiß keine Verschiebung der Residenzpflicht verbunden sein kann. Anm. 13.

6. Im Falle des § 12 muß der Rechtsanwalt bei demjenigen Landgerichte, bei welchem er unwiderruflich zugelassen ist, auch seinen Wohnsitz behalten (gl. M.: Berger § 18 Anm. 4). Liegt zugleich ein Fall des § 9 vor, so bleibt es bei dem Wohnsitze am Orte des Amtsgerichts. A. M.: Turnau § 12 Anm. 3. Anm. 14.

7. Die Bestimmung des § 18 Abs. 2 gilt nicht für Simultanzulassungen nach §§ 9 und 11 RAO. Dies folgt nicht nur aus ihrem Wortlaut („dieser Vorschrift" d. h. der Vorschrift des Abs. 1), sondern auch aus der Entstehungsgeschichte. Nach den Beschlüssen der Reichstagskommission und des Plenums (2. Lesung) stand die dem jetzigen Abs. 2 entsprechende Bestimmung des Abs. 3 nach den Ausnahmen von Abs. 1 und enthielt daher den Pluralis „Vorschriften". In dritter Lesung wurde beschlossen, die Bestimmung zum Abs. 2 zu machen und „Vorschriften" in „Vorschrift" umzuändern (Siegel 413, 524, 631). Es ist also unmöglich, das Wort „Vorschrift" etwa in dem Sinne auszulegen, daß es den ganzen § 18 umfaßt. In den übrigen Fällen der Simultanzulassung soll letztere offensichtlich die Residenzpflicht nicht beeinflussen, weshalb hier § 18 Abs. 2 Anwendung findet. Erfreulich ist diese ganze Regelung nicht. Anm. 15.

8. Mehrfacher Wohnsitz ist auch bei Simultanzulassungen möglich. Es genügt, wenn ein Wohnsitz den gesetzlichen Erfordernissen entspricht. Anm. 16.

E. (Anhang): Das Geschäftslokal des Anwalts. 1. Die RAO. bestimmt nichts über das Geschäftslokal des Anwalts. Dennoch ist es praktisch selbstverständlich und wird auch in § 183 Abs. 2 ZPO. vorausgesetzt, daß er ein solches haben muß. Es kann aber mit der Wohnung identisch sein — RGZ. **10** 359 (ZS. II 23. 5. 83) — und jeder besonderen Einrichtung entbehren; nur muß dem Publikum irgendwie erkennbar sein, wo der Betreffende in geschäftlichen Angelegenheiten zu treffen ist. Anm. 17.

(JMBl. 71); 11. 2. 99 (JMBl. 11); 7. 4. 99 (JMBl. 24); 9. 3. 00 (JMBl. 20); 25. 5. 00 (JMBl. 50); 15. 7. 01 (JMBl. 55); 10. 2. 02 (JMBl. 7); 30. 9. 04 (JMBl. 75); 8. 7. 05 (JMBl. 44); 5. 10. 05 (JMBl. 139).

Anm. 18. 2. Das Geschäftslokal muß sich stets an demjenigen Orte befinden, an welchem der Rechtsanwalt nach § 18 seinen Wohnsitz zu nehmen hat. Dies erfordert der Zweck der Residenzpflicht. So auch: RGZS. III 8. 2. 87 in SeuffA. **43** 354, wo zugleich ausgeführt ist, daß ein Geschäftslokal als solches im Sinne von § 168 Abs. 2 (jetzt § 183 Abs. 2) ZPO. nur dann anzusehen sei, wenn es sich am Wohnsitze des Rechtsanwalts befindet.

Anm. 19. Bei Anwendbarkeit des § 18 Abs. 2 gilt natürlich für die Wahl des Geschäftslokales der ganze vergrößerte Bezirk als ein Ort.

Anm. 20. Dem Amtsgerichtsanwalt, welcher nach § 18 Abs. 3 außerhalb des Amtsgerichtssitzes wohnt, steht es nicht frei, ob er sein Geschäftslokal an seinem Wohnorte oder am Orte des Gerichtssitzes haben will. Auch für ihn gilt die Vorschrift, daß das Geschäftslokal sich am Wohnorte des Rechtsanwalts befinden muß. Mit Recht hat dies das Reichsgericht in der zitierten Entscheidung (SeuffA. **43** 354) aus der Bestimmung des § 19 RAO. gefolgert.

Anm. 21. 3. Die Begründung mehrerer Geschäftslokale an verschiedenen Plätzen ist nicht unstatthaft. EGH. **3** 103 (17. 5. 87); **3** 112 (4. 10. 87); **10** 5 (7. 11. 00). Dies wird insbesondere dann zu gelten haben, wenn der Anwalt bei mehreren Gerichten zugelassen ist und bei denjenigen, an deren Sitz er nicht wohnt, Zweigbureaus unterhält.

Jedoch findet diese rechtliche Möglichkeit ihre natürliche Grenze dadurch, daß der Rechtsanwalt Zweigbureaus nur insoweit unterhalten darf, als er auch ohne Vernachlässigung seiner Berufspflichten imstande ist, sie selbst zu leiten und Praxis in ihnen auszuüben. Er darf nicht die Leitung rechtsunkundigen Bureauvorstehern ꝛc. überlassen. EGH. **4** 200 (10. 7. 89). Auch darf die erwähnte Möglichkeit keineswegs zu einem umfangreichen Filialbetriebe, welcher der Würde des Anwaltsberufes widersprechen würde — etwa mit rechtskundigen Filialvorstehern — führen. Daher ist es auch anwaltschaftlich absolut unzulässig, an einem Orte oder in einem Amtsgerichtsbezirke mehrere Geschäftslokale zu haben.

Anm. 22. **III. Die Bestimmung des Abs. 5.** 1. Die Vorschrift hat rein zivilprozessuale Bedeutung und bezieht sich nur auf das Verfahren vor Kollegialgerichten. Der gesetzgeberische Gedanke ist klar: die Ausnahmen von dem Prinzip der strengen Lokalisierung, welche zugleich eine Durchbrechung des strengen Grundsatzes der Residenzpflicht bedeuten, sollen nicht dazu führen, daß der Prozeßgegner im Kostenpunkte benachteiligt werde. Die Mehrkosten, welche dadurch entstehen, daß der Prozeßbevollmächtigte nicht am Orte des Kollegialgerichts, bei welchem er zugelassen ist, seinen Wohnsitz hat, sollen daher unter keinen Umständen erstattungsfähig sein. Mit dieser Bestimmung, welche von der Reichstagskommission hinzugefügt wurde, hat man jedoch über das Ziel hinausgeschossen.

Anm. 23. Denn es gibt Fälle, in welchen die Partei genötigt ist, einen auswärtigen Anwalt zu bevollmächtigen, und in diesen Fällen ist es doch gewiß unbillig, ihr die Reisekosten trotz ihres Obsiegens im Prozesse aufzubürden. Man denke insbesondere an die Fälle, in welchen ein auswärtiger Anwalt (z. B. ein Amtsgerichtsanwalt mit Simultanzulassung) der Partei als Pflichtanwalt beigegeben wird, sei es im Armenrechte, sei es gemäß § 33 RAO. Ferner kommt die Bestimmung des § 12 in Betracht, welche ja gerade voraussetzt, daß bei dem Landgerichte, bei welchem die widerrufliche Simultanzulassung erfolgt, ein Mangel an Anwälten herrscht, so daß auch hier die Notwendigkeit der Zuziehung eines auswärtigen Anwalts durchaus nicht selten sein wird.

Nichtsdestoweniger unterliegt es keinem Zweifel, daß man durch die Bestimmung des § 18 Abs. 5 ausnahmslos die Erstattungsfähigkeit der Mehrkosten des auswärtigen Prozeßbevollmächtigten beim Kollegialgerichte negieren wollte. Dies ergibt sich nicht nur aus der Entstehungsgeschichte (in der Reichstagskommission wurde der Zusatz, welchen der Antrag Pfafferott noch enthielt, und welcher lautete: „wenn am Sitze des Gerichts Rechtsanwälte zu finden sind", abgelehnt, vgl. Siegeth Anh. 14, 32), sondern auch aus der analogen Vorschrift des § 37 RAO., welche ausdrücklich besagt, daß Reisekosten des auswärts wohnenden Armenanwalts — also eines Pflichtanwalts — nicht erstattungsfähig seien. Gl. M.: Meyer § 18 Anm. 6; Struckmann in BuschsZ. **10** 350. A. M.: Rödenbeck in BuschsZ. **9** 242 ff.

2. Voraussetzung der Bestimmung ist, daß der Rechtsanwalt *seinen Wohnsitz* nicht am Orte des Kollegialgerichts hat. *Trifft dies auch zu, wenn ein Fall des § 18 Abs. 2 vorliegt?* Die Frage ist zu verneinen. Sie wird kaum praktisch werden, weil nach der herrschenden Auffassung des § 80 RAGebO. für Reisen zwischen Nachbarorten, die nach § 18 Abs. 2 als *ein* Ort anzusehen sind, Reiseentschädigungen nicht liquidiert werden können. Vgl. Walter-Joachim RAGebO.[4] § 80 Anm. 4. Anm. 24.

3. Die Bestimmung des Abs. 5 bezieht sich ferner nur auf die Fälle, in welchen der auswärts wohnende Rechtsanwalt als *Prozeßbevollmächtigter* bzw. in eigener Sache nach § 78 Abs. 3 ZPO. handelt. Andernfalls hätte es keinen Sinn, die Bestimmung auf die bei dem Kollegialgerichte *zugelassenen* Anwälte zu beschränken. Anm. 25.

4. Nur die *Mehrkosten*, welche dadurch entstehen, daß der Anwalt nicht am Gerichtssitze wohnt, sind von der Erstattung ausgeschlossen. Um diese Mehrkosten zu ermitteln, muß man einerseits die *Gesamtkosten* feststellen, welche entstanden wären, wenn ein am Sitze des Gerichts wohnhafter Rechtsanwalt Prozeßbevollmächtigter gewesen wäre, anderseits die *Gesamtkosten*, welche bei Bevollmächtigung des auswärtigen Anwalts erwachsen sind. Anm. 26.

Wenn also der Amtsgerichtsanwalt als landgerichtlicher Prozeßbevollmächtigter gleichzeitig den bei seinem Amtsgerichte stattfindenden Beweistermin wahrgenommen hat, so sind die hierauf erwachsenen Kosten geringere, als wenn der beim Landgericht wohnhafte Prozeßbevollmächtigte selbst den Beweistermin wahrgenommen oder zur Wahrnehmung einen Amtsgerichtsanwalt substituiert hätte. Diese Ersparnis ist aber an den Reisekosten des prozeßbevollmächtigten Amtsgerichtsanwalts in Abzug zu bringen: nur die Differenz bildet die „Mehrkosten" im Sinne des § 18 Abs. 5. Ebenso: RGZ. **14** 377 (ZS. II 22. 9. 85). A. M.: OLG. Jena 26. 9. 92 und 28. 11. 92 in ThürBl. **40** 25.

5. *Wie verhält sich die Bestimmung des § 18 Abs. 5 RAO. zu § 91 Abs. 2 ZPO.?* Dort ist bestimmt, daß Reisekosten eines auswärtigen Rechtsanwalts nur insoweit zu erstatten seien, als die Zuziehung nach dem Ermessen des Gerichts zur zweckentsprechenden Rechtsverfolgung oder Rechtsverteidigung notwendig war. Anm. 27.

Nach dem eben Gesagten enthält die Bestimmung des § 18 Abs. 5 eine Abänderung der ZPO. Diese Abänderung war staatsrechtlich möglich, weil die RAO. als später publiziertes Gesetz gegenüber der ZPO. lex posterior ist, wenn auch beide Gesetze gleichzeitig in Kraft getreten sind. Vgl. Laband Staatsrecht[4] **2** 64 ff.

Was von § 18 Abs. 5 gilt, trifft in gleicher Weise auf § 37 RAO. zu. Gl. M.: Struckmann in BuschsZ. **10** 350 ff. A. M.: Rödenbeck ebenda **9** 242 ff.

Hienach gilt die erwähnte Vorschrift in § 91 Abs. 2 ZPO. nur für den Fall, daß beim Amtsgericht als Prozeßgericht ein auswärts wohnender Rechtsanwalt, welcher nicht Armenanwalt ist, als Prozeßbevollmächtigter fungiert. So: RGZ. **13** 313 (ZS. II 9. 1. 85). Die Fälle, in welchen beim Prozeßgericht — sei es Amts-, sei es Kollegialgericht — ein auswärtiger Rechtsanwalt als *Substitut* auftritt, gehören nicht hierher, weil dann die Kosten mehrerer nebeneinander wirkender Rechtsanwälte in Frage stehen, deren Ersatz, soweit sie die Kosten eines Anwalts übersteigen, nach § 91 Abs. 2 Satz 2 absolut ausgeschlossen ist. Gl. M.: Gaupp-Stein ZPO.[8 u. 9] § 91 Anm. IX, 2. Anm. 28.

Anm. 29. Die Fälle, in welchen es sich um Reisen des Prozeßbevollmächtigten vom Prozeßgericht zu einem auswärtigen Termin oder überhaupt um Wahrnehmung von Terminen außerhalb des Sitzes des Prozeßgerichts handelt, fallen ebenfalls nicht unter die hier behandelte Vorschrift. RGZ. **13** 313 (JS. II 9. 1. 85); Gaupp-Stein ZPO.[8 u. 9] § 91 Anm. IX, 1. Da jedoch auch in diesen Fällen § 91 Abs. 1 ZPO. bezüglich der Notwendigkeit der einzelnen Prozeßhandlungen des Anwalts Anwendung findet, und hienach ebenso zu prüfen ist, ob die Reisekosten zur zweckentsprechenden Rechtsverfolgung notwendig waren, so ist das praktische Resultat das gleiche, wie wenn § 91 Abs. 2 anwendbar wäre. Ebenso: RGZ. **13** 313. Vgl. auch Walter-Joachim RAGebO.[4] § 78 Anm. 26.

Anm. 30. 6. Die Bestimmung des § 18 Abs. 5 ist auf das Privatklageverfahren nicht analog anzuwenden, auch nicht in zweiter Instanz.

§ 19.

Ist der Rechtsanwalt an dem Ort eines Gerichts bei welchem er zugelassen ist, nicht wohnhaft, so muß er bei diesem Gericht einen an dem Orte desselben wohnhaften ständigen Zustellungsbevollmächtigten bestellen.

An den Zustellungsbevollmächtigten kann auch die Zustellung von Anwalt zu Anwalt wie an den Rechtsanwalt selbst erfolgen.

Ist eine Zustellung an den Zustellungsbevollmächtigten am Orte des Gerichts nicht ausführbar, so kann sie an den Rechtsanwalt durch Aufgabe zur Post erfolgen.

Anm. 1. I. **Allgemeiner Inhalt.** § 19 handelt von der Verpflichtung der auswärtigen Anwälte, bei jedem Gerichte ihrer Zulassung, an dessen Sitz sie nicht wohnen, einen ständigen Zustellungsbevollmächtigten zu bestellen.

Der Begriff des Zustellungsbevollmächtigten wird in § 174 ZPO. dahin bestimmt, daß es sich um eine Person handeln müsse, die zum Empfange der für einen anderen bestimmten Schriftstücke von diesem bevollmächtigt sei. Das Institut des ständigen Zustellungsbevollmächtigten kommt jedoch nur in der RAO. vor. Auch kennt die ZPO. nur einen Zustellungsbevollmächtigten der Partei, während der ständige Zustellungsbevollmächtigte nach § 19 RAO. ein Vollmachtsträger des Anwalts, also ein Substitut ist.

Die Bestimmung des § 19 findet nach Inhalt und Entstehungsgeschichte nur auf den Zivilprozeß, nicht aber auf den Strafprozeß Anwendung, welcher übrigens nur in einem Falle (§ 119 StPO.) einen Zustellungsbevollmächtigten kennt. Ebenso: OLG. Karlsruhe 13. 2. 05 in BadRpr. **05** 170.

Anm. 2. II. **Einzelnes.**

A. (Absatz 1). 1. Die Bestellung des ständigen Zustellungsbevollmächtigten kommt nur für die Fälle der Simultanzulassung und für den Fall des § 18 Abs. 3 in Betracht, nicht aber für den Fall des § 18 Abs. 2, weil hier der Anwalt am Orte des Gerichtes wohnt.

Anm. 3. 2. Bei jedem Gerichte, an dessen Ort der Anwalt nicht wohnt, muß ein Zustellungsbevollmächtigter bestellt werden, und zwar auch dann, wenn der Rechtsanwalt an dem betreffenden Ort ein Geschäftslokal hat. Vgl. auch KommB. 22.

Anm. 4. 3. Die Bestellung muß erfolgen. Die Unterlassung hat Zurücknahme gemäß § 21 Abs. 3 zur Folge.

Die Bestellung muß jedoch insolange für entbehrlich erachtet werden, als der Rechtsanwalt einen am Orte des Gerichts wohnenden Generalsubstituten bestellt hat. (Ebenso: Struckmann-Koch ZPO.[7] § 174 Anm. 1 Abs. 3 für den analogen Fall des 173 ZPO.).

4. Der Zustellungsbevollmächtigte ist Vertreter des prozeßbevollmächtigten Anwalts zwecks Entgegennahme von Zustellungen; keineswegs aber von allen Zustellungen, sondern nur von denjenigen, welche an den Anwalt als Prozeßbevollmächtigten bei dem Gerichte, an dessen Sitz der Zustellungsbevollmächtigte wohnt und bei welchem der Anwalt zugelassen ist, erfolgt. Gl. M.: LG. Ellwangen 5. 11. 84 in BuschsZ. **9** 127 ff. Wenn also der beim Landgerichte in A zugelassene Amtsgerichtsanwalt am Landgerichtssitze einen Zustellungsbevollmächtigten aufstellt, so können an diesen nicht Zustellungen in einem beim Amtsgerichte zu B anhängigen Prozesse, den der Amtsgerichtsanwalt führt, erfolgen. Gleiches gilt aber von Zustellungen in einem beim Amtsgerichte zu A anhängigen Rechtsstreit. Im Landgerichtsprozesse dagegen können z. B. auch Berufungsschriften (zum Oberlandesgerichte) und Offenbarungseidesladungen (auf Grund des landgerichtlichen Urteils) an den Zustellungsbevollmächtigten zugestellt werden. Anm. 5.

Daß der Zustellungsbevollmächtigte als solcher nicht seinerseits Zustellungen bewirken, sondern nur solche entgegennehmen kann, versteht sich von selbst; wohl aber kann er, wie jede andere Person, im speziellen Auftrage des Anwalts oder der Partei, Zustellungsaufträge erteilen. VerZS. 3. 1. 87 in RGZ. **17** 392.

5. Der Zustellungsbevollmächtigte muß am Orte des Gerichtes wohnen, d. h. er muß dort seinen Wohnsitz nehmen. Hiefür gilt genau dasselbe, was oben (§ 18 Anm. 3—6) über den Wohnsitz des Rechtsanwalts selbst ausgeführt wurde. Anm. 6.

6. Der Zustellungsbevollmächtigte muß ständig bestellt sein, d. h. nicht bloß für einzelne Fälle. Wohl aber ist es zulässig, ihn auf bestimmte Zeit zu bestellen, sofern nur nach Ablauf der Zeit die Bestellung erneuert oder ein anderer Zustellungsbevollmächtigter aufgestellt wird. Anm. 7.

7. Die Bestellung darf auch keine einseitige, sondern muß von dem Zustellungsbevollmächtigten angenommen sein. Anm. 8.

Ferner muß die Bestellung dem Gerichte, auf welches sie sich bezieht, angezeigt sein, da sie ohne Kundgebung nach außen keinen Zweck hätte*).

Die Annahme braucht nicht besonders angezeigt zu sein; sie wird vermutet.

Eine spezielle Benennung des ständigen Zustellungsbevollmächtigten in jedem einzelnen Prozesse gemäß § 175 ZPO. ist weder notwendig noch üblich. Offenbar a. M.: Struckmann-Koch ZPO.⁷ § 175 Anm. 1, auch Sydow-Jacobsohn § 19 Anm. 2, Turnau § 19 Anm. 4.

8. Die Fähigkeit, Zustellungsbevollmächtigter im Sinne des § 174 ZPO. zu sein, besitzt jede Person, welche fähig ist zur Empfangnahme des Schriftstückes. Prozeßfähigkeit ist nicht erforderlich (vgl. Struckmann-Koch ZPO. § 174 Anm. 1 und die dort Zitierten). Der ständige Zustellungsbevollmächtigte nach § 19 RAO. aber muß schon mit Rücksicht auf die Bestimmung in Abs. 2 voll geschäftsfähig sein. Denn die Entgegennahme der Zustellung von Anwalt zu Anwalt ist ein prozessualer Akt von einschneidender Bedeutung, welcher nur gültig ist, wenn er dem freien Willen der betreffenden Person entspricht. Vgl. Blum RGAnn. **6** 477 (RGZS. I 27. 9. 82). Anm. 9.

Eine juristische Person kann als Zustellungsbevollmächtigter schon deshalb nicht aufgestellt werden, weil sie keinen „Wohnsitz" hat.

9. Eine Substitutionsbefugnis wird man dem ständigen Zustellungsbevollmächtigten nicht zuerkennen können. (Vgl. § 664 BGB.). Ebenso: Struckmann-Koch ZPO.⁷ § 175 Anm. 1. Anm. 10.

*) Einzelne Bundesstaaten haben über die Form der Mitteilung und über die Führung eines besonderen Registers der Zustellungsbevollmächtigten Vorschriften erlassen. Vgl. Sachsen: V. 31. 7. 79 (GVBl. 302) §§ 3, 4; Sachsen-Weimar: MinV. 3. 10. 79 (RegBl. 519) § 17; Sachsen-Altenburg: V. 17. 11. 79 (GS. 255) § 16; Sachsen-Meiningen: V. 6. 1. 80 (Samml. 257) § 15; Schwarzburg-Rudolstadt: MinV. 27. 1. 80 (GS. 13) § 15; Coburg-Gotha: V. 2. 2. 80 (CoburgGS. 7, GothaGS. 5) § 15.

Anm. 11. B. (Absatz 2). Die Zustellung von Anwalt zu Anwalt (§ 198 ZPO.) kann hier ausnahmsweise, statt an den Prozeßbevollmächtigten selbst, an dessen Zustellungsbevollmächtigten erfolgen, und zwar selbst dann, wenn dieser nicht Rechtsanwalt ist (RGZS. III 22. 6. 83 in Blum RGAnn. 8 361). Es gelten sämtliche Bestimmungen des § 198 ZPO. Das Verlangen nach Ausstellung einer Zustellungsbescheinigung kann sowohl der auswärtige Anwalt selbst als auch der Zustellungsbevollmächtigte qua Vertreter desselben stellen.

Anm. 12. C. (Absatz 3). Die Zustellung an den Zustellungsbevollmächtigten kann im einzelnen Falle am Orte des Gerichts nicht ausführbar sein; z. B. wenn derselbe unbekannten Aufenthalts wird, seinen Wohnsitz aufgibt, aber auch dann, wenn der Rechtsanwalt es unterlassen hat, einen Zustellungsbevollmächtigten zu bestellen bzw. vorschriftsmäßig zu benennen. In diesen Fällen kann die Zustellung an den prozeßbevollmächtigten Rechtsanwalt durch Aufgabe zur Post erfolgen. Dies geschieht in der Weise, daß der Gerichtsvollzieher das zu übergebende Schriftstück unter der Adresse des Anwalts nach seinem Wohnorte zur Post gibt. Die Zustellung gilt dann mit der Aufgabe zur Post als bewirkt. (Vgl. ZPO. §§ 175, 192).

Die Befugnis zur Zustellung durch Aufgabe zur Post hört auf, sobald der Rechtsanwalt selbst seinen Wohnsitz am Orte des Gerichtsitzes nimmt oder dortselbst einen Generalsubstituten bestellt, ferner sobald das betreffende Hindernis der gewöhnlichen Zustellung behoben wurde. Doch kommt hiebei in den beiden ersterwähnten Fällen in Betracht, ob die betreffende Tatsache kundgemacht wurde bzw. der Gegenpartei auch ohnedies bekannt war.

§ 20.

Bei jedem Gericht ist eine Liste der bei demselben zugelassenen Rechtsanwälte zu führen. In der Liste ist der Wohnsitz der Rechtsanwälte anzugeben.

Hat der Rechtsanwalt den Eid geleistet und seinen Wohnsitz in Gemäßheit des § 18 genommen, so ist er in die Liste einzutragen. Veränderungen des Wohnsitzes hat derselbe unverzüglich anzuzeigen.

Mit der Eintragung beginnt die Befugniß zur Ausübung der Rechtsanwaltschaft.

Die Eintragungen sind von dem Gericht auf Kosten des Rechtsanwalts durch den Deutschen Reichsanzeiger bekannt zu machen.

Anm. 1. **I. Allgemeiner Inhalt.** Der vorliegende Paragraph enthält die Vorschriften über die zu führenden Rechtsanwaltslisten und deren Bekanntmachung sowie über die Voraussetzungen und Wirkungen der Eintragungen.

Anm. 2. **II. Spezieller Inhalt.** 1. Bei jedem Gerichte ist eine Liste der bei demselben zugelassenen Rechtsanwälte zu führen. Bei den auswärtigen Kammern für Handelssachen müssen gemäß § 8 Abs. 2 besondere Listen geführt werden.

Anm. 3. 2. Der Inhalt der Liste. Die Liste hat die Namen der bei dem betreffenden Gerichte zugelassenen Rechtsanwälte und den Wohnsitz derselben zu enthalten. Besteht ein mehrfacher Wohnsitz, so ist auch dieser einzutragen. Aus der Bestimmung des Abs. 3 ergibt sich für die Praxis auch die Notwendigkeit, das Datum der Eintragung zu vermerken (vgl. das der Bay. Bek. vom 7. 7. 79 beigegebene Formular), wenn dieser Zusatz auch kein Erfordernis für die Gültigkeit der Eintragung ist, was übrigens auch bezüglich des Wohnsitzvermerkes zutrifft.

Anm. 4. Jede Veränderung des Wohnsitzes — der Rechtsanwalt verlegt z. B. im Falle des § 18 Abs. 3 sein Domizil an den Sitz des Amtsgerichts — ist zu vermerken;

der Anwalt ist zu diesem Zwecke zur unverzüglichen Anzeige des Domizilwechsels verpflichtet. Vgl. Sachsen: V. 31. 7. 79 §§ 6, 7; Sachsen-Weimar: MinV. 3. 10. 79 §§ 12, 13; Sachsen-Altenburg: V. 17. 11. 79 §§ 11, 12; Schwarzburg-Rudolstadt: MinV. 27. 1. 80 §§ 11, 12; Coburg-Gotha: V. 2. 2. 80 §§ 10, 11.

Dagegen braucht die Wohnung des Anwalts, d. h. seine Adresse innerhalb des Wohnorts, in der Liste nicht angegeben zu werden; es besteht daher auch bei bloßem Wohnungswechsel kein Anlaß zu einer Mitteilung an das Gericht. Anm. 5.

In welcher Weise im einzelnen die Listen zu führen sind und durch welche Beamte des Gerichts dies zu geschehen hat, ist reichsrechtlich nicht bestimmt. Die Aufstellung der diesbezüglichen Normen ist den Landesjustizverwaltungen überlassen. Vgl. Bayern: Bek. 7. 7. 79 §§ 12 ff.; Sachsen: V. 31. 7. 79 §§ 2, 11; Sachsen-Weimar: MinV. 3. 10. 79 §§ 11, 15; Sachsen-Meiningen: V. 6. 1. 80 §§ 9, 13; Schwarzburg-Rudolstadt: MinV. 27. 1. 80 §§ 9, 13; Sachsen-Altenburg: V. 17. 11. 79 §§ 10, 14; Coburg-Gotha: V. 2. 2. 80 §§ 9, 13; Braunschweig: JMBek. 5. 5. 79 (GVBl. 273) Nr. 1. Anm. 6.

3. Die Voraussetzungen der Eintragung des Rechtsanwalts. Anm. 7.
Die Eintragung in die Liste hat folgende Voraussetzungen:

a) Die LJV. muß die Zulassung bei dem betreffenden Gerichte erteilt haben. Es ist nicht unbedingt erforderlich, daß die Zulassung dem Antragsteller bereits mitgeteilt ist; es kann insbesondere bei weiterer Zulassung vorkommen, daß die Mitteilung erst nach der Eintragung in die Liste erfolgt. Vgl. § 3 Anm. 12.

b) Der Antragsteller muß den in § 18 vorgeschriebenen Wohnsitz genommen haben. Das Gericht hat, wenn hierüber ein Zweifel besteht, von Amts wegen Ermittlungen anzustellen. Ueber den Nachweis des Wohnsitzes vgl. sächsische Verordnung 31. 7. 79 (GVBl. 302) § 5. Sollte der Antragsteller zwar an dem vorgeschriebenen Orte seinen Wohnsitz genommen, denselben aber vor Eintragung in die Liste wieder aufgegeben haben, so ist die Eintragung zu versagen. Anm. 8.

c) Handelt es sich um die erste Zulassung, so muß auch die Eidesleistung nach § 17 erfolgt sein. (Vgl. § 17 Anm. 4—6). Anm. 9.

d) Geht ein Anwalt zu einem andern Gerichte über (Fall des Zulassungswechsels, nicht der Simultanzulassung), so steht die weitere Zulassung unter der stillschweigenden (oder ausdrücklichen) Voraussetzung, daß die bisherige Zulassung aufgegeben werde. Die Eintragung in die Liste hat daher nur zu erfolgen, wenn zuvor die bisherige Eintragung gelöscht wurde. Anm. 10.

e) Die Eintragung in die Liste erfolgt von Amts wegen, ohne daß es eines hierauf gerichteten Antrages bedarf. Praktisch gestaltet sich die Sache regelmäßig so, daß die LJV. die Zulassung dem Gerichte mitteilt und dieses dann die weiteren Maßnahmen trifft. Doch kann die Mitteilung auch von seiten des Antragstellers oder eines Dritten erfolgen. Anm. 11.

Sollte der Antragsteller noch vor der Eintragung auf letztere gegenüber dem Gerichte verzichten, so hat die Eintragung zu unterbleiben, da niemand gezwungen werden kann, in den Anwaltsstand einzutreten bzw. zu den Anwälten eines bestimmten Gerichts zu gehören, und es keinen Sinn hätte, die Eintragung vorzunehmen und sofort wieder zu löschen.

f) Das Gericht hat von Amts wegen zu prüfen, ob die Voraussetzungen der Eintragung vorliegen. Diese Prüfung hat sich lediglich auf die unter a—d erwähnten Punkte zu erstrecken, nicht aber darauf, ob die Zulassung seitens der LJV. mit Recht oder Unrecht erfolgt ist. Anm. 12.

4. Wirkungen und Wirksamkeit der Eintragungen. Anm. 13.

a) Eine rechtliche Bedeutung kommt nur der Eintragung des Rechtsanwalts überhaupt zu, während die Angaben über den Wohnsitz zwar vorgeschrieben sind, für die Rechte und Pflichten des Anwalts aber nicht in Betracht kommen. Wegen des Datums vgl. Anm. 3.

Mit der Eintragung des Namens in die Liste wird aber der Antragsteller erst Angehöriger des Anwaltstandes bzw. Rechtsanwalt bei dem betreffenden Gerichte.

Das Gesetz erwähnt in § 20 Abs. 3 nur die Befugnisse zur Ausübung der Rechtsanwaltschaft; allein es handelt sich nicht nur um die Rechte, sondern ebensowohl um die Pflichten des Rechtsanwalts und insbesondere um die Unterwerfung unter die Disziplinargewalt der betreffenden Anwaltskammer, deren Mitglied der Rechtsanwalt durch die Einschreibung in die Liste wird. Eine ehrengerichtliche Verfolgung ist, wenn es sich um die erste Zulassung handelt, erst von dem Augenblicke der Eintragung an möglich; dabei können allerdings Verfehlungen, welche zwischen Zulassung und Eintragung liegen, stets; Handlungen, welche vor der Zulassung liegen, nur dann geahndet werden, wenn sie die Ausschließung aus der Rechtsanwaltschaft begründen. (§ 64).

Anm. 14. Die anwaltschaftlichen Rechte und Pflichten, welche durch die Eintragung erworben werden, beziehen sich nicht nur auf die in den Bereich der Prozeßordnungen und der Konkursordnung fallenden Funktionen, sondern auf jede wie immer geartete Berufstätigkeit des Anwalts. (Motive 46, 47).

Anm. 15. b) Die Eintragung hat nach dem Gesagten konstitutive Bedeutung. Sie ist der Akt, durch welchen die Zugehörigkeit des Antragstellers zum Anwaltsstande bzw. zu dem Gerichte der Zulassung geschaffen wird, auch wenn eine der gesetzlichen Voraussetzungen für die Eintragung (Zulassung, Begründung des gesetzlichen Wohnsitzes und Eidesleistung) fehlt. Notwendig ist jedoch, daß die Eintragung von seiten des Gerichts, nicht von seiten eines Unbefugten erfolgt.

Fehlte bei der Eintragung eine der oben erwähnten gesetzlichen Voraussetzungen, so ist die Eintragung von Amts wegen zu löschen, sofern nicht inzwischen der Mangel geheilt wurde. Die Löschung beendigt in diesem Falle ex nunc die Anwaltsqualität.

Die vorstehenden Sätze ergeben sich hauptsächlich daraus, daß der Zweck des § 20 gerade der ist, einen für jedermann leicht erkennbaren Zeitpunkt für den Beginn der Amtsbefugnisse des Rechtsanwalts zu schaffen. (Motive 46). Dieser gesetzgeberische Zweck würde vereitelt werden, wenn trotz der Eintragung in die Liste die Anwaltsqualität der zugelassenen Person z. B. mit der Begründung bestritten werden könnte, daß sie ihren Wohnsitz nicht vor der Eintragung oder überhaupt nicht an dem gesetzlich bestimmten Orte genommen habe.

Anm. 16. c) Daß offenbare Unrichtigkeiten bei dem Eintrag in die Liste keine Bedeutung haben und von Amts wegen zu berichtigen sind, versteht sich von selbst. Dies gilt z. B. dann, wenn der Name des Rechtsanwalts falsch geschrieben oder ein unrichtiger Vorname angegeben wurde; sofern nur über die Identität kein Zweifel ist, treten die Wirkungen mit der Eintragung sofort in vollem Umfange ein.

Anm. 17. 5. Die Bekanntmachung der Eintragungen. Alle Eintragungen in die Rechtsanwaltsliste sind von dem Gerichte durch den Deutschen Reichsanzeiger bekannt zu machen. Die Bekanntmachung hat, soweit sie die ursprüngliche Eintragung oder die Veränderung des Wohnsitzes oder eine Berichtigung betrifft, auf Kosten des Rechtsanwalts zu erfolgen; nicht dagegen, wenn es sich um die Löschung einer überhaupt zu Unrecht erfolgten Eintragung des Anwalts handelt; hier gilt vielmehr die Analogie des § 24. (Vgl. § 24 Anm. 6).

Die Unterlassung der Bekanntmachung hat keinerlei rechtliche Folgen; die Eintragung wirkt auch ohne dieselbe.

6. Gegen eine unberechtigte Versagung der Eintragung und gegen eine Löschung derselben kann nur im Justizverwaltungswege Abhilfe gesucht werden. Anm. 18.

7. Die Landesrechte schreiben zum Teil weitere Mitteilungen an bestimmte Behörden über die Eintragungen und Löschungen vor. Vgl. Preußen: JMVf. 28. 6. 79 Nr. III 2; Bayern: Bek. 7. 7. 79 § 15; Württemberg: MinV. 13. 2. 80 Nr. 7; Sachsen: JMV. 16. 8. 81 (JMBl. 52) Nr. 3; Sachsen-Weimar: MinV. 3. 10. 79 § 16; Sachsen-Meiningen: V. 6. 1. 80 § 14; Sachsen-Altenburg: V. 17. 11. 79 § 15; Anhalt: V. 13. 8. 79 § 3; Schwarzburg-Rudolstadt: MinVf. 27. 1. 80 § 14; Coburg-Gotha: V. 2. 2. 80 § 14; Lippe-(Detmold): MinVf. 24. 2. 80 (GS. 47); Elsaß-Lothringen: Vf. 7. 3. 84 (Samml. von Gef. rc. betr. die JV. rc. 9 55). Anm. 19.

§ 21.

Die Zulassung muß zurückgenommen werden:

1. **wenn der Rechtsanwalt seinen Wohnsitz (§ 18) binnen drei Monaten seit Mittheilung des die Zulassung aussprechenden Bescheides nicht genommen hat;**
2. **wenn der Rechtsanwalt den Wohnsitz (§ 18) aufgiebt;**
3. **wenn nach der Zulassung sich ergiebt, daß sie in Gemäßheit des § 5 Nr. 1, 2 hätte versagt werden müssen.**

Die Zurücknahme kann im Falle des § 5 Nr. 1 unterbleiben, wenn der daselbst bezeichnete Versagungsgrund nicht mehr vorliegt.

Die Zulassung bei einem Gericht, an dessen Orte der Rechtsanwalt nicht wohnhaft ist, muß zurückgenommen werden, wenn der Rechtsanwalt einen Monat lang versäumt hat, einen dort wohnhaften Zustellungsbevollmächtigten zu bestellen.

I. Inhalt des Paragraphen. Der vorliegende Paragraph handelt von der Zurücknahme der Zulassung und enthält die obligatorischen Rücknahmegründe. Anm. 1.

II. Allgemeines. Die Zurücknahme der Zulassung setzt nicht voraus, daß der Zugelassene bereits Anwalt bei dem betreffenden Gerichte oder überhaupt bereits Rechtsanwalt sei. Der Fall des § 21 Ziff. 1 wird mit Rücksicht auf § 20 Abs. 2 praktisch kaum anders als vor Eintragung in die Liste vorkommen. Anm. 2.

Die Zurücknahme kann die Zulassung nur bei einem Gerichte oder die Zulassung bei allen Gerichten, d. h. die Zulassung zur Rechtsanwaltschaft überhaupt betreffen.

Der Fall des Widerrufs der Zulassung nach § 12 ist kein Fall der Zurücknahme im Sinne des Gesetzes.

III. Die einzelnen Fälle. 1. Die Zurücknahme muß erfolgen, wenn seit Mitteilung des Zulassungsbescheides drei Monate vergangen sind, ohne daß der Antragsteller den im § 18 vorgeschriebenen Wohnsitz genommen hat. Die Frist endigt also mit dem Tage des dritten Monats, der seiner Benennung nach dem Tage der Mitteilung des Beschlusses entspricht (§ 188 Abs. 2 BGB.). Nimmt der Zugelassene nach Ablauf der drei Monate, aber vor erfolgter Zurücknahme, den vorgeschriebenen Wohnsitz, so hat die Zurücknahme zu unterbleiben. Vgl. AKJahrB. 87 4. Anm. 3.

2. Die Zurücknahme muß ferner erfolgen, wenn der Rechtsanwalt den vorgeschriebenen Wohnsitz aufgibt. Dies ist der Fall, Anm. 4.

wenn die Niederlassung mit dem Willen aufgehoben wird, sie aufzugeben. (§ 7 Abs. 3 BGB.). Auch hier muß man annehmen, daß die Wiederbegründung des Wohnsitzes vor erfolgter Zurücknahme die letztere ausschließt. Doch ist in einem solchen Falle ehrengerichtliche Verfolgung möglich.

Anm. 5. 3. Die Zurücknahme muß ferner erfolgen, wenn sich nach der ersten Zulassung ergibt, daß dieselbe nach § 5 Ziff. 1 oder 2 hätte versagt werden müssen. Wenn jedoch der Antragsteller die Fähigkeit zur Bekleidung öffentlicher Ämter zwar zur Zeit der Zulassung nicht besaß, nach derselben aber (wegen Zeitablaufs) wieder erlangt hat, so liegt nur ein fakultativer Rücknahmegrund vor.

Anm. 6. Aus § 21 Ziff. 3 ergibt sich zugleich der schon mehrfach hervorgehobene Grundsatz, daß die Zulassung, welche unter Übergehung eines Versagungsgrundes nach § 5 erfolgte, nicht ipso jure nichtig ist.

Wenn die Versagungsgründe des § 5 Ziff. 3—6 bei der Zulassung vorlagen, so bildet dies keinen Grund zur Zurücknahme. Ein Bedürfnis hiezu ist auch kaum vorhanden. Für den Fall der Ziff. 5 gewährt § 64 die Möglichkeit des ehrengerichtlichen Einschreitens: im übrigen gilt es nur zu verhüten, daß nach der Zulassung einer der Fälle der Ziff. 3, 4 oder 6 eintritt und zu Unzuträglichkeiten führt. Diese Verhütung geschieht hinsichtlich der Ziff. 4 und 6 ev. durch ehrengerichtliche Verfolgung, während für den Fall der Ziff. 3 der § 22 des Gesetzes eine Spezialbestimmung enthält. Die letztere kann auch zur Anwendung gebracht werden, wenn im Falle der Ziff. 6 zunächst eine Entmündigung herbeigeführt wird.

Anm. 7. 4. Es gibt einen weiteren Fall, in welchem die Zurücknahme der Zulassung erfolgen muß, obwohl das Gesetz denselben nicht erwähnt. Dieser Fall liegt vor, wenn sich herausstellt, daß der Anwalt zur Zeit der Zulassung die Fähigkeit zur Rechtsanwaltschaft (§ 1) nicht besaß und auch jetzt nicht besitzt. Es geht nicht an, in einem solchen Falle die Beendigung eines nach § 64 eingeleiteten ehrengerichtlichen Verfahrens abzuwarten und insolange die Anwaltsqualität des Betreffenden bestehen zu lassen.

Anm. 8. 5. Die Zurücknahme der Zulassung bei einem bestimmten Gerichte muß endlich erfolgen, wenn der auswärtige Rechtsanwalt einen Monat lang versäumt hat, gemäß § 19 einen ständigen Zustellungsbevollmächtigten zu bestellen. Dieser Fall liegt nicht nur dann vor, wenn der Anwalt den Zustellungsbevollmächtigten überhaupt nicht bestellt hat, sondern auch dann, wenn letzterer aufgehört hat, Zustellungsbevollmächtigter zu sein oder den gesetzlichen Erfordernissen des § 19 zu entsprechen, und seit dem Aufhören dieser Eigenschaften ein Monat verstrichen ist. Wird nach Ablauf des Monats, jedoch vor der Zurücknahme, dem Erfordernis wieder genügt, so hat die Zurücknahme zu unterbleiben. Über eine Ausnahme von § 19 vgl. daselbst Anm. 4.

§ 22.

Die Zulassung kann zurückgenommen werden, wenn der Rechtsanwalt infolge gerichtlicher Anordnung in der Verfügung über sein Vermögen beschränkt ist.

Anm. 1. **I. Inhalt des Paragraphen.** Der vorliegende Paragraph enthält einen fakultativen Rücknahmegrund; nicht den einzigen, wie sich aus § 21 Abs. 1 Ziff. 3 mit Abs. 2 ergibt.

II. Die Zurücknahme kann erfolgen, wenn zu der Zeit, zu welcher sie verfügt wird, der Rechtsanwalt infolge gerichtlicher Anordnung in der Verfügung über sein Vermögen beschränkt ist. Zur Erläuterung ist hier lediglich auf § 5 Anm. 11—17 zu verweisen. Anm. 2.

§ 23.

Die Zurücknahme der Zulassung erfolgt durch die Landesjustizverwaltung nach Anhörung des Rechtsanwalts und des Vorstandes der Anwaltskammer.

Ein die Zulassung zurücknehmender Bescheid muß den Grund der Zurücknahme angeben.

I. **Inhalt des Paragraphen.** § 23 regelt die Kompetenz für die Zurücknahme der Zulassung, ferner das Verfahren bei der Zurücknahme und die Form derselben. Anm. 1.

II. **Zuständigkeit.** Die Zurücknahme erfolgt stets durch die Landesjustizverwaltung, bei dem Reichsgericht durch das Präsidium. (§ 99). Bezüglich der Delegationsbefugnis der LJV. gelten die Ausführungen zu § 3 Anm. 8. Anm. 2.

III. **Verfahren.** Vor der Zurücknahme ist der Rechtsanwalt und der Vorstand der Anwaltskammer, deren Mitglied er ist (vgl. § 41 Anm. 2 ff.), zu hören, d. h. es ist ihnen Gelegenheit zur Äußerung zu geben. Falls die diesbezügliche Aufforderung an den Rechtsanwalt nicht durch gewöhnliche Mitteilung oder Zustellung durch den Gerichtsvollzieher erfolgen kann, so bleibt nichts anderes übrig, als die öffentliche Zustellung gemäß § 132 Abs. 2 BGB. einzuleiten. Ebenso wurde in einem in der FrankfRundsch. **05** 101 mitgeteilten Falle vom preußischen Justizministerium verfahren. Anm. 3.

Das Gutachten des AKV. hat keinerlei bindende Kraft. Ein ehrengerichtliches Verfahren analog § 16 gibt es in diesem Falle nicht. EGH. **11** 44 (24. 11. 02). Anm. 4.

Sollte die Anhörung des Rechtsanwalts oder des AKV. dem Gesetze zuwider unterbleiben, so würde dies die Gültigkeit der Zurücknahme nicht beeinflußen. Anm. 5.

IV. Über die **Form der Zurücknahme** bestimmt das Gesetz lediglich, daß der Beschluß mit Gründen versehen sein müsse. *Fehlt es an diesem Erfordernisse, so liegt eine gültige Zurücknahme nicht vor, und das Gericht hat die Löschung in der Liste zu verweigern.* Anm. 6.

Daß der Bescheid schriftlich erteilt werden muß, ist selbstverständlich.

In die äußere Erscheinung wird der Rücknahmebeschluß ebenso wie der Zulassungsbescheid regelmäßig durch Mitteilung an den Rechtsanwalt treten. Es wird aber gerade bei der Zurücknahme Fälle geben, in welchen eine Mitteilung untunlich ist, z. B. wenn der Rechtsanwalt unbekannten Aufenthalts ist und die Zurücknahme nach § 21 Ziff. 2 erfolgen soll. Für diese Fälle ist zu bemerken, daß jede Kundgebung des Zurücknahmebeschlusses für die Wirksamkeit desselben genügt. Wenn also die LJV. den Bescheid direkt dem Gerichte mitteilt, so ist letzteres berechtigt und verpflichtet, die Löschung vorzunehmen. Natürlich ist die LJV. auch befugt, den Weg der öffentlichen Zustellung nach § 132 Abs. 2 BGB. zu beschreiten. Anm. 7.

V. Wegen landesrechtlicher Vorschriften über die Pflicht des Gerichtes, etwaige Zurücknahmegründe der LJV. anzuzeigen, vgl. *Preußen*: JMVf. 28. 6. 79 Nr. IV, 16. 2. 80 (JMBl. 34) Nr. 5; *Bayern*: Bek. 7. 7. 79 § 16; *Sachsen*: V. 31. 7. 79 § 8; JMV. 16. 8. 81 (JMBl. 52) Nr. 4; *Württemberg*: V. 13. 2. 80 Nr. 6; *Anhalt*: V. 13. 8. 79 § 4; *Sachsen-Altenburg*: V. 17. 11. 79 § 5; *Sachsen-Weimar*: MinV. 3. 10. 79 § 6; *Sachsen-Meiningen*: Anm. 8.

V. 6. 1. 80 § 6; Schwarzburg-Rudolstadt: MinV. 27. 1. 80 § 6; Coburg-Gotha: V. 2. 2. 80 § 6; Lippe (Detmold): MinVf. 18. 8. 79 (GS. 751) Nr. 3; Elsaß-Lothringen: JMVf. 7. 3. 84 (Samml. v. Ges. 2c. betr. die JV. **9** 55).

§ 24.

Stirbt der Rechtsanwalt oder giebt er die Zulassung auf oder wird die Zulassung zurückgenommen oder verliert der Rechtsanwalt in Folge Urtheils die Fähigkeit zur Ausübung der Rechtsanwaltschaft, so ist die Eintragung in der Liste zu löschen.

Die Löschung ist von dem Gerichte durch den Deutschen Reichsanzeiger bekannt zu machen.

Anm. 1. I. **Inhalt des Paragraphen.** Der vorliegende Paragraph handelt von der Löschung*) der Rechtsanwälte in der nach § 20 zu führenden Liste. Er zählt die hauptsächlichsten Löschungsgründe, aber nicht alle, auf.

Anm. 2. II. **Die einzelnen Gründe, aus welchen die Löschung zu erfolgen hat, sind folgende:**

a) Der Tod des Rechtsanwalts.

Dem wirklichen Ableben muß die Todeserklärung gleich geachtet werden, was z. B. in den Fällen der §§ 15, 16 BGB. praktisch werden kann, weil hier Aufgabe des Wohnsitzes nicht vorzuliegen braucht.

b) Der Verzicht auf die Zulassung. Hier kann der Verzicht auf die Zulassung bei dem betreffenden Gerichte zugleich den Verzicht auf die Rechtsanwaltschaft überhaupt bedeuten. Der Verzicht ist dem Gerichte gegenüber zu erklären.

c) Die Zurücknahme der Zulassung.

d) Der Verlust der „Fähigkeit zur Ausübung der Rechtsanwaltschaft" durch Urteil, sei es durch strafrichterliches Urteil, welches den Verlust der öffentlichen Ämter zur Folge hat (§§ 31, 33—35 StGB. 2c.), sei es durch ehrengerichtliches Urteil, welches auf Ausschließung von der Rechtsanwaltschaft lautet.

e) Der Verlust der bekleideten öffentlichen Ämter durch Strafurteil (StGB. §§ 81, 83, 94, 95 2c.)

f) Der Widerruf der Zulassung im Falle des § 12 RAO.

g) Endlich gehören hieher die Fälle, in welchen die Eintragung in die Liste zu Unrecht erfolgte (§ 20 Anm. 15).

Das Vorliegen der Löschungsgründe ist von dem Gerichte selbständig zu prüfen, vgl. z. B. § 23 Anm. 6.

Anm. 3. III. **Die Wirkungen der Löschung.** Die Löschung hat regelmäßig nur die Bedeutung einer Beurkundung; nur in zwei Fällen hat sie selbst rechtsbeendigende Wirkung, nämlich:

1. wenn jemand zu Unrecht vom Gerichte in die Liste eingetragen wurde (§ 20 Anm. 15);

2. wenn der Rechtsanwalt die Zulassung aufgibt, d. h. auf dieselbe verzichtet. Mit Recht hat das Reichsgericht (RGZ. **19** 401 — ZS. I 19. 3. 87; SeuffA. **43** 90 — ZS. I 20. 4. 87) ausgeführt, daß der dem Gerichte gegenüber ausgesprochene Verzicht insolange widerruflich sei, als eine Eintragung in die Liste nicht erfolgt ist. Die endgültige Wirksamkeit des Verzichts tritt daher erst mit der Löschung in der Liste ein. A. M.: Scheele in HammAK. **1** 3.

---

*) Über die Form der Löschung vgl. Bayern: Bek. 7. 7. 79 § 12; Sachsen: V. 31. 7. 79 § 9; Sachsen-Weimar: MinV. 3. 10. 79 § 14; Sachsen-Altenburg: V. 17. 11. 79 § 13; Sachsen-Meiningen: V. 6. 1. 80 § 12; Schwarzburg-Rudolstadt: MinV. 27. 1. 80 § 12; Coburg-Gotha: V. 2. 2. 80 § 12.

Stirbt der Rechtsanwalt, so scheidet er selbstverständlich mit dem Tode aus dem Anwaltsstande aus. Bei der Todeserklärung entscheidet der nach § 18 BGB. maßgebende Zeitpunkt. Taucht der für tot Erklärte nach der Löschung wieder auf, so ist die Löschung ungeschehen zu machen, d. h. der frühere Eintrag — ohne erneute Zulassung und ohne Prüfung sonstiger Voraussetzungen der Eintragung — wiederherzustellen, es sei denn, daß zuvor ein anderer Löschungsgrund (z. B. Tod, Zurücknahme 2c.) eingetreten wäre. Vgl. Dernburg **1** 147. Anm. 4.

Die Zurücknahme und der Widerruf wirken mit der Kundgebung; der Verlust der Fähigkeit zur Ausübung der Rechtsanwaltschaft mit der Rechtskraft des straf- oder ehrengerichtlichen Urteils (§ 36 StGB., § 96 RAO.). Gleiches gilt bei Verlust der bekleideten Ämter durch Strafurteil (oben Anm. 2 sub e). Wird die betreffende Verurteilung im Wiederaufnahmeverfahren endgültig beseitigt, so ist der frühere Eintrag in der Liste wiederherzustellen (vgl. z. B. EGH. **12** 83 — 17. 5. 05). Anm. 5.

IV. **Bekanntmachung der Löschung.** Die Löschung ist von dem Gerichte durch den Deutschen Reichsanzeiger bekannt zu machen. Anm. 6.

Hier fehlt es an der im § 20 Abs. 4 getroffenen Bestimmung, daß die Bekanntmachung auf Kosten des Anwalts zu erfolgen habe; die Aufnahme einer diesbezüglichen Vorschrift wurde in der Reichstagskommission mit der Begründung abgelehnt, daß zwar die Eintragung, nicht aber die Löschung im Interesse des Anwalts, letztere vielmehr nur im öffentlichen Interesse bekannt zu machen sei (KommB. 25).

Die Bekanntmachung der Löschung hat daher auf Staatskosten zu erfolgen, da eine Bestimmung, wonach diese Kosten der Anwaltskammer zur Last fallen, nicht besteht. So auch: Elsaß-Lothr.: JMB. 28. 12. 81 (Samml. v. Ges. 2c. betr. die JB. in Els.-Lothr. 6 322). Anm. 7.

Die Bekanntmachung der Löschung hat ebenso wie die Bekanntmachung der Eintragung keinerlei rechtliche Bedeutung (vgl. § 20 Anm. 17). Anm. 8.

§ 25.

Die Stellvertretung eines an der Ausübung seines Berufs zeitweise verhinderten Rechtsanwalts kann nur einem Rechtsanwalt oder einem Rechtskundigen, welcher mindestens zwei Jahre im Vorbereitungsdienste beschäftigt worden ist, übertragen werden.

Insofern die Stellvertretung nicht von einem bei demselben Gerichte zugelassenen Rechtsanwalt übernommen wird, darf die Bestellung des Stellvertreters nur durch Anordnung der Landesjustizverwaltung erfolgen.

Auf die in Absatz 1 bezeichneten Stellvertreter, auch wenn dieselben nicht Rechtsanwälte sind, finden die Vorschriften des § 143 Abs. 1, 2 der Civilprozeßordnung*) nicht Anwendung. Das Gleiche gilt für die im Justizdienste befindlichen Rechtskundigen, welche mindestens zwei Jahre im Vorbereitungsdienste beschäftigt worden sind, wenn sie einen Rechtsanwalt, ohne als dessen Stellvertreter bestellt zu sein, in Fällen vertreten, in denen eine Vertretung durch einen Rechtsanwalt nicht geboten ist, oder wenn sie unter Beistand des Rechtsanwalts die Ausführung der Parteirechte übernehmen.

*) Jetzt: § 157 Abs. 1 und 2 ZPO. Die Bestimmung lautet:
Das Gericht kann Parteien, Bevollmächtigten und Beiständen, denen die Fähigkeit zum geeigneten Vortrag mangelt, den weiteren Vortrag untersagen.
Das Gericht kann Bevollmächtigte und Beistände, welche das mündliche Verhandeln vor Gericht geschäftsmäßig betreiben, zurückweisen.

Anm. 1. **I. Allgemeiner Inhalt des Paragraphen.** § 25 handelt von der Stellvertretung des Rechtsanwalts. Er erschöpft die Materie keineswegs; wichtige Ergänzungen finden sich z. B. in den §§ 26, 27, 29 RAO.

Unser Paragraph enthält lediglich Bestimmungen über die Fähigkeit, Generalsubstitut zu werden, über Veranlassung und Zuständigkeit zur Bestellung der Generalsubstituten sowie über ein prozessuales Privileg für die letzteren und für eine besondere Art von Spezialvertretern.

Anm. 2. **II. Wesen und Arten der Stellvertretung.** Es ist klar, daß der Rechtsanwalt nicht in allen Fällen seine sämtlichen Berufsgeschäfte selbst verrichten kann. Bei jeder umfangreicheren Berufstätigkeit trifft dies schon für die Regelfälle zu: es kommt täglich vor, daß mehrere Termine auf die gleiche Stunde anberaumt sind; notwendige Reisen hindern den Rechtsanwalt, zugleich die heimischen Berufsgeschäfte wahrzunehmen ꝛc. In solchen Fällen handelt es sich um die Verhinderung bezüglich einzelner Berufsgeschäfte. Allein auch an der Wahrnehmung aller seiner Funktionen wird jeder Anwalt einmal vorübergehend verhindert sein. Längere Krankheiten und Erholungsurlaub bilden hiefür die alltäglichen Beispiele.

Für die letzteren Fälle, d. h. für die Fälle der generellen Verhinderung, tritt der Generalsubstitut des Rechtsanwalts ein, während in den ersterwähnten Fällen die einzelnen Berufsgeschäfte, an deren Ausführung der Rechtsanwalt verhindert ist, Spezialvertretern zu übertragen sind.

Zu beachten ist, daß die Stellvertretung, von welcher in diesem Paragraphen die Rede ist, sich nur auf solche Fälle bezieht, in welchen der Rechtsanwalt eigene Berufsgeschäfte — alle oder einzelne — nicht selbst wahrnehmen kann oder will. Es sind stets seine Geschäfte, die der Stellvertreter führt. Der Rechtsanwalt kann aber möglicherweise auch Vollmacht erteilen zur Vornahme anderer Geschäfte, die er gar nicht als die seinigen betrachtet, sondern welche er direkt für seinen Auftraggeber dem Unterbevollmächtigten überträgt (er gibt z. B. einem auswärtigen Anwalt Vollmacht zur Vertretung bei der Beweisaufnahme). Dies sind die Fälle der uneigentlichen Substitution, welche von der hier zu besprechenden Stellvertretung begrifflich wohl zu unterscheiden ist, mag sie auch im Prozesse ganz ebenso in die Erscheinung treten, wie die hier in Betracht kommende Spezialvertretung (von uns eigentliche Substitution genannt). Über wesentliche, zivilrechtliche Unterschiede zwischen den beiden Fällen vgl. den Exkurs vor § 30 Anm. 45.

Anm. 3. **III. Der Generalsubstitut des Rechtsanwalts.**

A. Die Voraussetzung für die Bestellung eines Generalsubstituten besteht darin, daß der Rechtsanwalt zeitweise an der Ausübung seines Berufes verhindert ist.

1. Er muß an der Berufsausübung überhaupt, nicht lediglich an der Wahrnehmung einzelner Geschäfte verhindert sein. Ebenso: Berger § 25 Anm. 1; BuschsZ. **18** 300; preuß. MinVf. 19. 4. 80 (JMBl. 88), 19. 4. 88 (JMBl. 102); sächs. JMV. 12. 4. 90 (JMBl. 11); Sydow-Jacobsohn § 25 Anm. 1.

Anm. 4. 2. Das Erfordernis des Verhindertseins hat nicht etwa die Bedeutung, daß eine Notwendigkeit, dem Berufe fern zu bleiben, für den Rechtsanwalt vorliegen müsse. Jede Ursache, welche ihn tatsächlich von den Berufsgeschäften fernhält, gilt als Verhinderung, mag sie auch ausschließlich von seinem Willen abhängen. Vergnügungsreisen gehören ebenso hieher wie Krankheitsfälle.

Anm. 5. 3. Zeitweise muß der Rechtsanwalt an der Berufsausübung verhindert sein. Damit ist einerseits zum Ausdruck gebracht, daß bei einer ganz kurzen Verhinderung die Bestellung eines Generalsubstituten nicht veranlaßt ist, andererseits, daß es sich nicht um eine konstante, gar nicht mehr zu behebende Verhinderung handeln darf.

Da § 29 RAO. bestimmt, daß die Verpflichtung zur Bestellung eines Generalvertreters im Falle der Entfernung des Rechtsanwaltes von seinem Wohnsitze nur dann eintritt, wenn die Abwesenheit länger als eine Woche dauert, so wird man allgemein annehmen müssen, daß Verhinderungen, welche nur eine Woche oder geringere Zeit währen, keinen Anlaß zur Bestellung eines Generalsubstituten bieten. Doch ist die Bestellung auch in den letzterwähnten Fällen nicht unzulässig. Vgl. preuß. MinVf. 19. 4. 80 (JMBl. 88) letzter Satz.

Nach oben gibt es zeitlich an sich keine bestimmte Grenze. Doch darf, wie schon erwähnt, die Verhinderung nicht eine immerwährende sein. Stellvertreter auf Lebenszeit kann der Anwalt nicht bestellen.

Auch eine zeitlich begrenzte, vom Willen des Anwalts abhängige „Verhinderung" kann selbstverständlich — trotz Bestellung eines Vertreters — zu disziplinärer Bestrafung führen, wenn sie das zulässige Maß überschreitet und einer Berufsvernachlässigung gleichkommt.

B. Wer kann Generalsubstitut eines Rechtsanwalts sein? 1. Die Generalvertretung kann gültig nur übertragen werden: Anm. 6.

a) einem Rechtsanwalt (vgl. § 20). Ausgenommen sind die Rechtsanwälte am Reichsgerichte, soweit es sich nicht um die Vertretung eines Reichsgerichtsanwalts handelt. Wenn auch die Bestimmung des § 100 Abs. 1 nicht unbedingt entgegenstände, so schließt doch die Vorschrift des § 100 Abs. 2, wonach die Reichsgerichtsanwälte bei anderen Gerichten nicht auftreten dürfen, auch die Möglichkeit einer generellen Stellvertretung aus.

b) „einem Rechtskundigen, welcher mindestens zwei Jahre im Vorbereitungsdienste beschäftigt worden ist". Anm. 7.

α) Es muß sich um eine Person handeln, welche das erste Staatsexamen bestanden hat. (So ausdrücklich § 21 des Entwurfs, die betreffenden Worte wurden von der Reichstagskommission als überflüssig gestrichen; KB. 26).

β) Dieselbe muß nach dem Staatsexamen zwei Jahre im Vorbereitungsdienste beschäftigt worden sein; diese Vorbereitungszeit braucht weder dem Examen unmittelbar gefolgt zu sein, noch einen zusammenhängenden Zeitraum zu bilden. Anders — nach Sinn und Wortlaut: § 6 Ziff. 1.

γ) Es ist gleichgültig, in welchem Bundesstaate das Examen und in welchem der Vorbereitungsdienst absolviert wurde. Der preußische Assessor kann in Bayern zum Generalsubstituten bestellt werden.

δ) Der Rechtskundige braucht sich nicht mehr im Justizdienste oder sonst in irgendeiner bestimmten Stellung zu befinden (arg. e contrario: Abs. 3 Satz 2).

2. Auch für einen Reichsgerichtsanwalt kann ein beim Reichsgerichte nicht zugelassener Rechtsanwalt oder ein Rechtskundiger gemäß § 25 Abs. 1 als Generalsubstitut bestellt werden. (Vgl. § 101 Anm. 6). Anm. 8.

3. Nicht erforderlich ist in irgendeinem der erwähnten Fälle, daß der Generalsubstitut dort seinen Wohnsitz oder ständigen Aufenthalt hat, wo der Rechtsanwalt zu wohnen verpflichtet ist. Vgl. jedoch preuß. MinVf. 19. 4. 80 (JMBl. 88).

C. Durch wen und in welcher Weise erfolgt die Bestellung des Generalsubstituten? 1. Zuständigkeit zur Bestellung. Anm. 9.

a) Ein bei demselben Gerichte wie der Vertretene zugelassener Rechtsanwalt kann von dem Verhinderten formlos zum Generalsubstituten bestellt werden. Es versteht sich von selbst, daß diese Bestellung dem Präsidenten des Gerichts der Zulassung mitzuteilen ist; desgleichen wird die Mitteilung an das Amtsgericht, in dessen Bezirke der vertretene Rechtsanwalt wohnt, zu geschehen haben. Dies ist zwar in § 29 nur für den Fall der zeitweiligen Entfernung vorgeschrieben, muß aber zweifellos als allgemeines Prinzip gelten*); die Mitteilung an das

*) Einige Bundesstaaten haben die Führung eines Registers der Generalsubstituten angeordnet. So Sachsen: V. 31. 7. 79 § 10; Sachsen-Weimar: MinV. 3. 10. 79 § 17;

Gericht der Zulassung enthält ja überhaupt die einzig mögliche Kundgebung der Bestellung des Vertreters; die Anzeige an das Amtsgericht aber ist geboten mit Rücksicht auf § 144 StPO.

Anm. 10. Ist der verhinderte Rechtsanwalt bei mehreren Gerichten zugelassen, so kann er gemäß § 25 Abs. 2 nur einen Anwalt zum Generalsubstituten bestellen, welcher ebenfalls bei den sämtlichen Gerichten zugelassen ist. Es ist nicht angängig, mehrere Generalvertreter in der Weise zu bestellen, daß jeder nur für ein bestimmtes Gericht vertretungsberechtigt ist; dies wäre keine Generalsubstitution mehr, sondern eine Spezialvertretung. Im übrigen ist die Bestellung mehrerer Generalsubstituten nicht unzulässig. Gl. M.: AKB. Hamburg in AKJahrB. **91** 8. A. M.: preuß. MinBf. 19. 4. 80 (JMBl. 88).

Anm. 11. b) In allen anderen Fällen erfolgt die Bestellung des Generalsubstituten nur durch die Landesjustizverwaltung. (Vgl. bezüglich der Thüringischen Staaten: § 3 Anm. 9. Ferner Schwarzburg-Rudolstadt: V. 27. 1. 80 § 3; Coburg-Gotha: V. 2. 2. 80 § 3; Sachsen-Altenburg: V. 17. 11. 79 § 2; Sachsen-Weimar: MinV. 3. 10. 79 § 3).

Delegation an eine niedere Behörde ist auch hier möglich (Motive 50, Meyer § 25 Anm. 2). Solche ist erfolgt in Preußen: JMBf. 19. 4. 80 (JMBl. 88) und 19. 4. 88 (JMBl. 102); Bayern: JMBek. 1. 2. 07 (JMBl. 48); Sachsen: V. 30. 3. 90 (GS. 55).

Anm. 12. c) Über die Zuständigkeit zur Bestellung von Generalsubstituten für Reichsgerichtsanwälte vgl. § 99 Anm. 10.

Anm. 13. 2. Verfahren.

a) Während in dem Falle zu 1a die Bestellung stets ein freiwilliger Akt des verhinderten Rechtsanwalts ist, setzt dieselbe im zweiten Falle nicht notwendig einen Antrag des Anwalts voraus*).

Die Landesjustizverwaltung bzw. die für die Reichsgerichtsanwälte zuständige Behörde kann von Amts wegen — z. B. wenn der Rechtsanwalt auf einer überseeischen Reise schwer erkrankt und unfähig ist, Dispositionen zu treffen — einen Generalsubstituten bestellen. Um der LJV. diese Möglichkeit nicht zu verschließen, hat man schon im Entwurf statt des Wortes „Genehmigung" den Ausdruck „Anordnung" gewählt (Motive 50). Vgl. den praktischen Fall in AKJahrB. **98** 8.

Selbstverständlich kann die LJV. — und dies wird in dem zuletzt erwähnten Falle möglicherweise praktisch — auch einen bei dem gleichen Gerichte wie der Verhinderte zugelassenen Rechtsanwalt als Vertreter bestellen.

b) Die LJV. prüft selbständig, ob die Voraussetzungen für die Bestellung eines Generalsubstituten vorliegen.

Anm. 14. D. Die Wirkungen der Bestellung des Generalsubstituten. 1. Muß der zum Generalsubstituten Bestellte die Bestellung annehmen?

a) Soweit der Rechtsanwalt selbst gemäß § 25 Abs. 2 einen anderen Anwalt bestellt, kann von einer Verpflichtung zur Annahme keine Rede sein. § 25 Abs. 2 verlangt denn auch, daß die Vertretung „übernommen" wird. Daher ist die „Bestellung" in diesem Falle erst mit der Annahme perfekt.

Anm. 15. b) Gleiches gilt, wenn die LJV. einen Generalsubstituten bestellt, welcher nicht Rechtsanwalt ist, es sei denn, daß derselbe in einem Dienstverhältnisse zum Staate steht, welches ihm eine Verpflichtung zur Annahme auferlegt.

Anm. 16. c) Liegt der zuletzt erwähnte Ausnahmefall vor oder ist der zum Vertreter Bestellte ein Rechtsanwalt, so muß die Funktion angenommen und auch beibe-

Sachsen-Altenburg: V. 17. 11. 79 § 16; Schwarzburg-Rudolstadt: MinV. 27. 1. 80 § 15; Coburg-Gotha: V. 2. 2. 80 § 15; Sachsen-Meiningen: V. 6. 1. 80 § 15.

*) Über die Stelle, an welche gegebenenfalls der Antrag zu richten ist, vgl. Preußen: JMBf. 3. 10. 92 (JMBl. 304).

halten werden, sofern nicht wichtige Gründe zur Ablehnung vorliegen. Daß der Rechtsanwalt sich der Annahme nicht ohne weiteres entschlagen kann, folgt aus seiner öffentlichrechtlichen Stellung und aus den analogen Bestimmungen der StPO. über „Bestellung" eines Verteidigers. Doch wird man bei Beurteilung der Frage, ob ein Ablehnungsrecht gegeben sei, die Interessen und den Standpunkt des Ablehnenden möglichst weitgehend berücksichtigen müssen.

Mit Erlaß der von der LJV. getroffenen Anordnung gilt also die Bestellung des Generalsubstituten als erfolgt. Vgl. im übrigen den Exkurs zu § 39 Anm. 10.

2. Inwieweit hängt die Wirkung von dem Willen des zu Vertretenden ab? Anm. 17.

Die Generalsubstitution beruht, wie oben ausgeführt wurde, bald auf einem Vertrage, bald auf einem obrigkeitlichen Akt. Daß in ersterem Falle die Bestellung einen Willensakt des Vertretenen voraussetzt, versteht sich von selbst. Im zweiten Falle dagegen kommt es für die Wirksamkeit der Generalsubstitution auf den Willen des Vertretenen gar nicht an.

Selbstverständlich ist es auch im zweiten Falle der LJV. untersagt, gegen den Willen des Vertretenen die Generalsubstitution vorzunehmen oder eine bestimmte Person zum Generalsubstituten zu bestellen. Der Wille des verhinderten Anwalts kann zwar gegebenenfalls — z. B. in dem oben Anm. 13 erwähnten Falle — präsumiert werden, allein eben nur insolange, als nicht der gegenteilige Wille feststeht. Die Folgen, welche sich aus dem Mangel einer Vertretung ergeben, hat der Anwalt selbstverständlich zu tragen, er macht sich ev. zivilrechtlich verantwortlich und disziplinär strafbar. Aber die LJV. soll ihm nicht gegen seinen Willen einen Vertreter aufdrängen. Anm. 18.

Sollte freilich trotzdem eine Bestellung gegen den Willen des Vertretenen erfolgen, so würde die gesetzliche Vollmacht des Generalsubstituten gleichwohl bestehen — ebenso wie etwa die Befugnisse eines Abwesenheitspflegers ohne Rücksicht darauf gegeben sind, ob die Voraussetzungen der cura absentis wirklich vorliegen. Die LJV. hat also nicht immer das Recht, aber stets die Macht zur Bestellung des Generalsubstituten. Eine Pflicht des Anwalts, dem Generalsubstituten, welcher ihm nicht genehm ist, seine Akten auszuhändigen, ist selbstverständlich nicht gegeben. Anm. 19.

3. Die Legitimation des Generalsubstituten gegenüber dritten Personen, besonders gegenüber den Behörden, erfolgt — wie sich aus dem Gesagten von selbst ergibt —, wenn die Bestellung seitens der LJV. geschah, durch Vorlage der von dieser erlassenen Anordnung. Das Gericht muß ev. von Amts wegen Erhebungen pflegen (LG. Berlin 10. 4. 96 in KGJ. 7 53). Der Generalsubstitut bedarf mithin keiner Vollmacht des Anwalts. Ebenso: LG. Frankfurt a. M. 19. 12. 89 in FrankfRundsch. **90** 192. Anm. 20.

Erfolgte die Bestellung durch den Anwalt, so muß, wenn nicht ein spezieller Ausweis über die Bestellung vorliegt, ebenfalls ermittelt werden, ob die Anzeige an das Gericht (Anm. 9) erfolgt ist.

E. Die rechtliche Stellung des Generalsubstituten. 1. Die öffentlichrechtliche Stellung des Generalsubstituten kann man nicht schlechthin dadurch kennzeichnen, daß man sagt, er trete an die Stelle des Rechtsanwalts. Insbesondere trifft dies nicht zu, wenn der Vertreter nicht dem Anwaltsstande angehört; ein solcher gilt nicht etwa, weil er Generalsubstitut ist, als Rechtsanwalt. Er wird nicht Mitglied der Anwaltskammer und untersteht nicht der anwaltschaftlichen Disziplin. Auch ein zum Generalsubstituten ernannter Rechtsanwalt tritt hiedurch in keinerlei Beziehung zu derjenigen Anwaltskammer, welcher der Vertretene angehört. Anm. 21.

Die Stellung des Generalsubstituten kennzeichnet sich darin, daß er befugt ist, alle Berufsgeschäfte für den Rechtsanwalt vorzunehmen, welche dieser an sich vornehmen kann. Vgl. BadRpr. **06** 362.

Anm. 22. a) Er kann also vor allem im Anwaltsprozesse wie ein Rechtsanwalt auftreten und alle Handlungen vornehmen, welche dem Anwaltszwange unterliegen. Er kann Zustellungen aller Art (Seuffert ZPO.[9] § 81 Anm. 4a; a. M.: BayObLGZ. **15** 493 — JG. I 9. 1. 95), insbesondere auch Zustellungen von Anwalt zu Anwalt*) vornehmen und empfangen. Er kann für den verhinderten Rechtsanwalt Spezialvertreter (nicht aber Generalsubstituten) aufstellen, einen Rechtsanwalt für die höhere Instanz bevollmächtigen ꝛc.

Auch die §§ 135 und 397 Abs. 2 ZPO. finden Anwendung.

Im Strafprozesse tritt er an die Stelle des zum Verteidiger bestellten und ebenso des zum Verteidiger gewählten Rechtsanwalts (vgl. Birkmeyer, Deutsches Strafprozeßrecht 361; Löwe StPO.[12] § 139 Anm. 1 und die dort zitierte Literatur; ferner Löwe StPO.[12] § 144 Anm. 2c. A. M.: Berger § 29 Anm. 3). Soweit im Strafprozesse Anwaltszwang herrscht, gilt das gleiche wie im Zivilprozesse.

Anm. 23. b) Der Generalsubstitut genießt ferner alle prozessualen Standesprivilegien des Rechtsanwalts. Eines der wesentlichsten Vorrechte hebt § 25 Abs. 3 selbst hervor: dem Generalsubstituten kann, auch wenn er nicht Anwalt ist, niemals nach § 157 Abs. 1 und 2 ZPO. der Vortrag untersagt werden, weil ihm die Fähigkeit hiezu mangle oder weil er das mündliche Verhandeln vor Gericht geschäftsmäßig betreibe.

Der Generalsubstitut ist ferner als solcher von der Haftstrafe nach § 180 GVG. absolut befreit.

Auch den § 183 Abs. 2 ZPO. wird man auf Generalsubstituten, welche nicht Rechtsanwälte sind, anwenden müssen. Gl. M.: Scheele in HammAK. **10** 4 ff.

Anm. 24. c) Die Vertretungsbefugnis erstreckt sich aber keineswegs bloß auf Zivil- und Strafprozesse sowie auf Konkursvertretungen, sondern auf alle Berufszweige des Anwalts.

Auch die Befugnisse eines nach § 341 MStGO. zugelassenen Rechtsanwalts gehen ohne weiteres auf den Generalsubstituten über. Es ist nicht einzusehen, warum hier andere Normen gelten sollten, als bei der Verteidigung im bürgerlichen Strafprozeß. Auch hier können andere Personen als Rechtsanwälte und Universitätslehrer nur mit Genehmigung des Gerichts zu Verteidigern gewählt werden, und doch ist es längst herrschende Meinung, daß der Generalsubstitut des Rechtsanwalts, auch wenn er nicht Anwalt ist, zugelassen werden muß. Das RMG. ist bezüglich des § 341 MStGO. anderer Meinung: es nimmt an, daß die Erfordernisse des § 341 sowohl bei dem vertretenen Rechtsanwalt als auch bei dem Generalsubstituten vorliegen müssen. So RMG. **9** 87 (Sen. II 23. 8. 05). Ebenso: Roth in DJZ. **7** 247.

Anm. 25. Berufstätigkeit liegt dagegen nicht vor, soweit rein persönliche Angelegenheiten des Anwalts in Frage stehen: Zustellungen, die den Rechtsanwalt als Angeklagten in einem Strafverfahren betreffen, Zustellungen von Strafbeschlüssen nach § 180 GVG. können nicht mit Rechtswirksamkeit an den Generalsubstituten als solchen erfolgen. Ebenso: OLG. Stuttgart in WürttJ. **10** 352. Anders liegt der Fall regelmäßig, wenn der Rechtsanwalt Zivilprozesse in eigener Sache führt, weil er hier im Zweifel als sein eigener Vertreter anzusehen ist (vgl. § 78 Abs. 3 ZPO., § 7 RAGebO.). Daher zutreffend: LG. Potsdam 31. 5. 92 in KGBl. **93** 47 (wonach der Generalsubstitut für die ausgeklagte Kostenforderung des Rechtsanwalts Zwangshypotheken erwirken kann).

---

*) Ausdrückliche Erwähnung der Vertretereigenschaft in dem Empfangsbekenntnisse (Zustellungsurkunde) ist nicht notwendig: JW. **04** 145 Nr. 16 (RGZS. III 2. 2. 04).

Auch die Tätigkeit als Vormund oder Konkursverwalter, als Testamentsvollstrecker oder Pfleger fällt nicht unter die eigentliche Berufstätigkeit des Anwalts. Die Ausübung dieser Ämter steht daher nicht dem Generalsubstituten zu.

d) Der Generalsubstitut kann aber in dieser seiner Eigenschaft auch nur die Geschäfte vornehmen, welche der Vertretene vornehmen könnte, keinesfalls mehr. Er wäre also, wenn er als Generalsubstitut eines Rechtsanwalts beim Gewerbe- oder Kaufmannsgericht auftreten wollte, nicht zuzulassen, auch wenn er selbst nicht Anwalt ist; tritt er dagegen nicht in seiner Eigenschaft als Generalsubstitut des Anwalts, sondern als direkter Bevollmächtigter einer Partei auf, so muß er selbstverständlich zugelassen werden. Anm. 26.

e) Fraglich ist, ob der Generalsubstitut eines Rechtsanwalts gleichzeitig diejenigen Geschäfte wahrnehmen kann, welche letzterem als Generalsubstituten eines anderen Anwalts obliegen. Die Frage ist zu bejahen*). Gl. M.: OLG. **5** 220 (KG. 7. 1. 02). A. M.: LG. Zabern 5. 11. 88 in ElsLothZ. **14** 182. Dies ergibt sich aus dem allgemeinen Charakter des Generalsubstituten als eines Repräsentanten des Vertretenen in allen seinen Berufsgeschäften. Zu den letzteren gehören auch die Geschäfte, welche dem Vertretenen in seiner Eigenschaft als Generalsubstituten obliegen. Der Einwand, daß auf diese Weise ein Nichtanwalt im Effekt Generalsubstitut eines Rechtsanwalts werden könne, ohne zu dieser Stellung von der LJV. ausersehen zu sein, ist nicht stichhaltig. Denn da ihn die LJV. für würdig gehalten hat, Generalsubstitut des Rechtsanwalts A zu sein, also alle Geschäfte desselben, auch die schwierigsten, vorzunehmen, so ist nicht einzusehen, warum er nicht auch den Rechtsanwalt B sollte vertreten können, der seinerseits den A zu seinem Substituten bestellt hat oder sich denselben hat beiordnen lassen. B hat es ja jederzeit in der Hand, der Generalvertretung durch A ein Ende zu machen. Anm. 27.

Vom Gesichtspunkt der Standespflicht aus wird es freilich in den meisten Fällen angemessener sein, daß ein zum Generalsubstituten bestellter Rechtsanwalt, wenn er selbst verhindert ist, die Berufsgeschäfte wahrzunehmen, die Generalsubstitution niederlegt oder die Zurücknahme der Bestellung erwirkt.

Es fehlt daher auch nicht an Mitteln, um etwaige Mißbräuche hintan zu halten.

f) Damit, daß der Generalsubstitut die Rechte des Anwalts hinsichtlich der Berufsausübung erwirbt, übernimmt er auch zugleich die Pflichten desselben. Er hat — auch ohne speziellen Auftrag, aber nicht gegen den Willen des Vertretenen — die Geschäfte desselben zu übernehmen, hat bei Verrichtung derselben mit Sorgfalt zu verfahren und die Würde des Standes, dem der Vertretene angehört, zu wahren 2c. Vor allem darf er auch das Berufsgeheimnis nicht verletzen (§ 300 StGB.); anderseits steht ihm ebenso, wie dem Rechtsanwalt selbst, das Zeugnisverweigerungsrecht nach § 383 Ziff. 5 ZPO. und § 52 Ziff. 3 StPO. zu (vgl. Löwe StPO.[12] § 52 Anm. 13b). Anm. 28.

Inwieweit eine Erzwingung der Pflichterfüllung gegen den Generalsubstituten oder eine Ahndung von Pflichtwidrigkeiten möglich ist, hängt von der Stellung ab, welche der Vertreter sonst einnimmt. Als Assessor z. B. untersteht er der staatlichen Disziplin. Die zivilrechtlichen Folgen ergeben sich im wesentlichen aus dem Rechtsverhältnisse, welches zwischen dem Vertretenen und dem Substituten besteht. Hierüber siehe Anm. 34. Anm. 29.

---

*) Hievon zu unterscheiden ist die Frage, ob der Generalsubstitut seinerseits für den Vertretenen einen Generalsubstituten bestellen darf, was zu verneinen ist (oben Anm. 22). Der Unterschied liegt hauptsächlich darin, daß in diesem Falle für die Dauer der Verhinderung des ersten Rechtsanwalts, in dem in Anm. 27 besprochenen Falle aber nur für die Dauer der Verhinderung des Generalsubstituten ein weiterer Substitut eintritt.

Anm. 30. g) Aus dem Gesagten ergibt sich, daß auch der Generalsubstitut — soweit er nicht an sich schon Rechtsanwalt ist — eine öffentliche Funktion, ein öffentliches Amt ausübt (vgl. Olshausen StGB. § 300 Anm. 7). Dies ist besonders mit Rücksicht auf § 132 StGB. wichtig: ein Referendar, der sich fälschlich für einen von der LJV. bestellten Generalsubstituten des Rechtsanwalts ausgibt und als solcher im Anwaltsprozesse auftritt, ist nach § 132 StGB. zu bestrafen*). Vgl. auch Zimmermann in GS. **30** 274.

Wer die Fähigkeit zur Bekleidung öffentlicher Ämter nicht besitzt, kann daher nicht zum Generalsubstituten bestellt werden.

Anm. 31. 2. Da der Generalsubstitut den Rechtsanwalt in allen seinen Berufsgeschäften vertritt und da seine Bestellung den Zweck hat, einen generellen Ersatz für den verhinderten Anwalt zu schaffen, so versteht es sich von selbst, daß alle Handlungen des Generalsubstituten ebenso zu honorieren sind, wie die Handlungen des Vertretenen. Dies ist unbestritten. Vgl. insbesondere RGZ. **21** 349 (VerZS. 9. 4. 88) und RGZ. **31** 425 (ZS. IV 25. 9. 93), ferner Bericht eines preuß. Landgerichtspräsidenten in JW. **83** 105 ff.

Anm. 32. 3. Durch das Bestehen einer Generalsubstitution werden die Rechte des Vertretenen selbst nicht beseitigt. Er ist in der Lage, neben dem Generalsubstituten tätig zu werden; wenn dies auch meist ein Verstoß gegen die Standeswürde sein wird (EGH. **5** 79 — 3. 6. 91), so sind doch die betreffenden Rechtshandlungen keineswegs ungültig. Der vertretene Anwalt bleibt insbesondere auch Prozeßbevollmächtigter (BayObLGZ. **15** 493 — 9. 1. 95). Er bleibt Vertragskontrahent der Partei, während dieser gegenüber der Generalsubstitut nur als Vertreter erscheint. Vgl. Exkurs vor § 30 Anm. 45. An ihn können ebenso wie an den Generalsubstituten alle Zustellungen mit Wirksamkeit erfolgen ꝛc. A. M. Scheele in HammAK. **10** 4 ff. Dagegen meint BayObLGZ. **15** 493, es könne nur an den Prozeßbevollmächtigten gültig zugestellt werden. Uns. M.: Seuffert ZPO.[9] § 81 Anm. 4 a.

Anm. 33. 4. Die gesetzliche Vollmacht des Generalsubstituten. Die Vollmacht des Generalsubstituten ist innerhalb der bezeichneten Grenzen nach außen hin nicht beschränkbar. Dies ergibt sich aus dem Begriff der Generalsubstitution. Soweit die Bestellung durch den Anwalt erfolgt, würde allerdings die Kundgebung einer solchen Beschränkung in Wirklichkeit Aufhebung der Generalsubstitution und event. Einsetzung einer Spezialvertretung bedeuten.

Die Vertretungshandlungen, welche der Generalsubstitut innerhalb seiner gesetzlichen Vollmacht für den Rechtsanwalt vornimmt, muß dieser unbedingt gegen sich gelten lassen. Der Rechtsanwalt haftet daher auch kontraktlich für jedes Verschulden des Generalsubstituten. Vgl. den Exkurs vor § 30 Anm. 48. Bezüglich der außerkontraktlichen Haftung ist im einzelnen Falle zu prüfen, ob die Voraussetzungen des § 831 BGB. vorliegen.

Anm. 34. 5. Das zivilrechtliche Verhältnis zwischen dem Rechtsanwalt und seinem Generalsubstituten kann ein sehr verschiedenes sein. Es kann ein reines Auftragsverhältnis, ein Dienstvertrag oder ein gesellschaftsähnliches Verhältnis (bei der Vertretung des einen Sozius durch den anderen) vorliegen. Auch kann es an einem Vertragsverhältnisse vollständig fehlen. Dann greifen die Vorschriften über die Geschäftsführung ohne Auftrag Platz; denn die Anwendung des § 677 BGB. wird durch das Bestehen einer Amtspflicht nicht ausgeschlossen (Staudinger-Engelmann § 677 Anm. 2 c β).

---

*) Dies gilt aber nicht, wenn ein Rechtsanwalt sich für den Generalsubstituten eines anderen Rechtsanwalts ausgibt und daraufhin bei einem Kollegialgericht auftritt, bei welchem er nicht zugelassen ist. Denn das Amt der Rechtsanwaltschaft ist ein einheitliches; es gibt nicht ein besonderes Amt der Rechtsanwälte beim Landgerichte A und ein davon verschiedenes Amt der Anwaltschaft beim Landgerichte B.

F. Die Beendigung der Funktionen des Generalsubstituten tritt durch Ablauf der bei der Bestellung bestimmten Zeit und, soweit zulässig, durch die Niederlegung der Funktion von seiten des Vertreters ein, ferner durch Tod des Vertreters und des Vertretenen; letzteres schließt nicht aus, daß der Generalsubstitut zivilrechtlich verpflichtet sein kann, die Geschäfte des Verstorbenen weiter zu besorgen (§ 672 BGB.). Auch mit dem Ausscheiden des Vertretenen aus der Anwaltschaft endigt die Generalsubstitution. Dagegen hört dieselbe nicht durch Beendigung der zeitweiligen Verhinderung, welche zur Bestellung des Substituten führte, von selbst auf. (Gl. M.: RGZS. III 2. 2. 04 in JW. **04** 145 Nr. 16. A. M.: sächs. JMB. 12. 4. 90 — JMBl. 11). Anm. 35.

Hinsichtlich des Widerrufs ist zu unterscheiden:

Hat ein Rechtsanwalt einen anderen zum Generalsubstituten bestellt, so ist der Widerruf jederzeit wirksam; derselbe beendigt die Generalsubstitution. Gibt der substituierende Rechtsanwalt oder der Generalsubstitut die Zulassung bei dem Gerichte, bei welchem beide zugelassen waren, auf, so erlischt ebenfalls die Generalsubstitution.

Erfolgte die Bestellung durch die LJB., so endigt die Generalsubstitution durch Zurücknahme seitens der LJB., welche auf Antrag des Vertretenen stets zu erfolgen hat (vgl. oben Anm. 18, 19), aber auch sonst erfolgen kann.

Handelt es sich um die Bestellung des Generalsubstituten durch einen Rechtsanwalt, so sind bezüglich des Vollmachtsverhältnisses in allen Fällen die §§ 171 bis 173 BGB. zu beachten. Anm. 36.

IV. **Der Spezialvertreter des Rechtsanwalts.** 1. Wer befugterweise für den Anwalt Berufsgeschäfte, die der Art nach gewöhnlich diesem selbst obliegen, verrichtet, ohne Generalsubstitut zu sein, ist Spezialvertreter. Anm. 37.

Hieher gehören also nicht die Kanzleigehilfen als solche, da ihre eigentliche Beschäftigung — Abschreiben, Buchführung, Kassengeschäfte rc. — dem Anwalt selbst gewöhnlich nicht obliegt. Dies schließt nicht aus, daß z. B. der Bureauvorsteher im einzelnen Falle Spezialvertreter sein, in Ausnahmefällen Sachen beim Amtsgericht besorgen kann rc.

2. Die Fälle der Spezialvertretung sind zahllos. Inwieweit eine solche zulässig ist, und welche Personen fähig sind, als Spezialvertreter aufgestellt zu werden, läßt sich allgemein nicht entscheiden. Soweit im Zivilprozeß Anwaltszwang herrscht, können nur Rechtsanwälte und Generalsubstituten von Anwälten zu Spezialvertretern für die mündliche Verhandlung und für die vor dem Prozeßgerichte stattfindende Beweisaufnahme bestellt werden (§ 27 Abs. 2 RAO.). Außerhalb der Fälle des Anwaltszwanges kann dagegen im Zivilprozesse jede prozeßfähige Person gültig substituiert werden (§ 79 ZPO.). Anm. 38.

Bezüglich der Spezialvertretung im Strafprozesse vgl. §§ 138, 139, 427 StPO. und Löwe StPO.[12] § 139 Anm. 1, 2, 5, § 144 Anm. 2 c.

Inwieweit die Spezialvertretung außerhalb des Gebietes der Reichsjustizgesetze prozessual zulässig ist, hängt von der Spezialgesetzgebung, ev. vom Landesrechte, ab. So die Frage, ob der beim Militärgerichte zugelassene Anwalt einen Referendar substituieren kann (vgl. auch § 26 Anm. 17), und wie es bei Verwaltungsbehörden und bei Verwaltungsgerichten, bei welchen Rechtsanwälte zur Vertretung befugt sind, zu halten ist. Anm. 39.

Im allgemeinen wird man sagen müssen: wenn den Rechtsanwälten als solchen spezielle Rechte eingeräumt sind — z. B. das Recht des Auftretens in mündlicher Verhandlung —, so können sie mangels gesetzlicher Ermächtigung diese Rechte nicht auf Personen übertragen, denen sie sonst nicht zustehen. Soweit dagegen der Rechtsanwalt keine Sonderstellung einnimmt, wird die Spezialvertretung durch andere Personen prinzipiell zuzulassen sein. Vgl. hiezu § 26 Anm. 9 ff.

Anm. 40. 3. Als eine besondere, privilegierte Klasse von Spezialvertretern nennt § 25 Abs. 3 RAO. die im Justizdienste befindlichen Rechtskundigen, welche mindestens 2 Jahre im Vorbereitungsdienste beschäftigt worden sind.

a) Der dritte Absatz setzt — im Gegensatze zu Abs. 1 — voraus, daß der „Rechtskundige" sich noch im Justizdienste befindet. Gedacht ist zweifellos an die Referendare (Rechtspraktikanten), allein es ist im Gesetze nicht zum Ausdruck gebracht, daß nur Referendare gemeint seien. Sonst hätte es heißen müssen: „Die im Vorbereitungsdienste befindlichen Rechtskundigen". Daher fallen auch Assessoren und Sekretäre, welche eine zweijährige Referendarzeit hinter sich haben, unter die Bestimmung des § 25 Abs. 3*).

Anm. 41. b) Die im Abs. 3 bezeichneten Rechtskundigen sind, wenn sie als Spezialvertreter eines Rechtsanwalts im Zivilprozesse auftreten — was nur möglich ist, soweit kein Anwaltszwang herrscht —, von den Beschränkungen des § 157 Abs. 1 und 2 ZPO. befreit.

Anm. 42. c) Gleiches gilt, wenn dieselben Personen „unter Beistand des Rechtsanwalts die Ausführung der Parteirechte übernehmen".

Anm. 43. α) Unter „Ausführung der Parteirechte" versteht man den Vortrag des tatsächlichen und rechtlichen Materials (Plaidoyer) und die Fragestellung bei der Beweisaufnahme, nicht aber die Stellung der „Anträge".

Anm. 44. β) Die Bestimmung gilt zwar auch für den Parteiprozeß, praktische Bedeutung kommt ihr aber wesentlich für den Anwaltsprozeß zu. Denn ein Rechtsanwalt, welcher einen Referendar im Amtsgerichtsprozesse plädieren läßt, wird ihm auch Vertretungsvollmacht erteilen.

Anm. 45. γ) Unter Beistand, d. h. unter persönlicher Anwesenheit des Rechtsanwalts, muß der Rechtskundige auftreten.

Dieser Rechtsanwalt muß im Gebiete des Anwaltszwanges entweder selbst Prozeßbevollmächtigter oder Spezialvertreter desselben oder Generalsubstitut — sei es des Prozeßbevollmächtigten, sei es des Spezialvertreters — sein. Soweit kein Anwaltszwang herrscht, kann der assistierende Rechtsanwalt auch — ohne Prozeßbevollmächtigter zu sein — unmittelbar von der Partei Vertretungsvollmacht haben.

Anm. 46. δ) Sydow-Jacobsohn sagt (§ 25 Anm. 9), bei Ausführung der Parteirechte unter Beistand eines Rechtsanwalts könne auch ein Rechtskundiger, welcher noch nicht zwei Jahre im Vorbereitungsdienste beschäftigt sei, nicht gemäß § 157 ZPO. zurückgewiesen werden, weil er weder Bevollmächtigter noch Beistand der Partei sei. Diese Auslegung dürfte jedoch nicht dem Sinn des § 157 entsprechen. „Bevollmächtigt" ist ja auch der plädierende Referendar, nämlich vom Anwalt zum Plaidoyer, also gerade zu derjenigen Tätigkeit, welche in den Fällen des § 157 Anlaß zur Beanstandung gibt. Der Umstand, daß der Rechtsanwalt anwesend ist, schließt den Begriff der Bevollmächtigung nicht aus. Dazu kommt, daß der Schlußsatz des § 25 überflüssig wäre, wenn die erwähnte Auslegung des § 157 zuträfe. Uns. M.: Meyer § 25 Anm. 5.

Anm. 47. d) Ob die Tätigkeit der nach § 25 Abs. 3 Satz 2 privilegierten Personen dem Anwalt ebenso honoriert wird, wie wenn er selbst tätig wäre, ist eine vielumstrittene Frage.

Man hat versucht, die Bejahung derselben aus der Entstehungsgeschichte des Paragraphen zu begründen. Allein die Äußerungen einzelner Personen bei den Vorarbeiten zum Gesetze können hier um so weniger in Betracht kommen, als

*) Bei § 139 StPO., welcher allerdings ganz anders gefaßt ist, nimmt Löwe StPO.[12] § 139 Anm. 5 an, daß nur Referendare unter die Bestimmung fallen.

aus denselben nicht einmal hervorgeht, daß eine bestimmte Absicht, die Gebührenfrage für den Fall der Spezialvertretung zu regeln, vorlag. Zweifellos ist, daß das Gesetz lediglich das Privileg des § 157 Abs. 4 der ZPO. auf die in § 25 Abs. 3 RAO. bezeichneten Rechtskundigen ausdehnt, mit keinem Worte aber die Gebührenfrage berührt.

Maßgebend für die Entscheidung der Frage können daher nur allgemeine, zivilrechtliche Gesichtspunkte sein. Hier wäre nun uns. E. hinsichtlich der Gebühren eine Unterscheidung zwischen verschiedenen Arten von Spezialvertretern (Rechtsanwälten und Rechtskundigen im Sinne des § 25 Abs. 3 Satz 2 einerseits und sonstigen Personen anderseits) ganz willkürlich. Entweder ist der Rechtsanwalt zur Bestellung eines Spezialvertreters nicht befugt, dann gilt die Handlung des Spezialvertreters nicht als Vertragserfüllung seitens des Rechtsanwalts und ist nicht zu honorieren. Oder der Rechtsanwalt darf einen Spezialvertreter bestellen, dann gilt dessen Handlung als seine eigene und ist wie eine eigene Handlung zu honorieren. Der Rechtsanwalt allein trägt ja auch dem Klienten gegenüber die Verantwortung für die Handlung seines Spezialvertreters. Jede andere Entscheidung widerspricht uns. E. allen sonst im Privatrecht geltenden Grundsätzen.

Durchaus zu unterscheiden von der Gegenleistung für die Tätigkeit des Anwalts ist der Ersatz seiner Auslagen, namentlich der Reisekosten. Hier handelt es sich um ein Entgelt für eine spezielle Vermögensaufwendung. Auf dieses Entgelt hat der Rechtsanwalt nur dann Anspruch, wenn er die Aufwendung wirklich gemacht hat, bzw. machen muß. Die Diäten sind beispielsweise mit eine Entschädigung dafür, daß der Rechtsanwalt seine heimischen Berufsgeschäfte nicht erledigen kann, wodurch ihm mutmaßlich ein Gewinn entgeht. Schickt er einen Referendar zu dem auswärtigen Termin, so erwächst ihm die letzterwähnte Vermögenseinbuße nicht, und er kann daher auch kein Entgelt für dieselbe verlangen.

Die hier getroffene Unterscheidung zwischen Gebühren und Auslagen wird zwar in der Literatur unseres Wissens nirgends gemacht, die tägliche Gerichtspraxis aber steht vorwiegend auf diesem Standpunkte, welcher nicht nur theoretisch, sondern auch praktisch allein haltbar ist. Wenn der Rechtsanwalt durch einen Referendar oder selbst gelegentlich durch den Bureauvorsteher ein Versäumnisurteil erwirken läßt, so wird schwerlich das Instanzgericht ihm die Verhandlungsgebühr versagen.

Die Literatur folgt größtenteils dem Reichsgerichte, welches durch Plenarentscheidung ausgesprochen hat, daß Gebühren und Auslagen nach Maßgabe der RAGebO. nur für solche Handlungen des Spezialvertreters liquidiert werden können, welche von einem Rechtsanwalt als Spezialvertreter vorgenommen wurden.

Vgl. RGZ. **21** 349 (VerZS. 9. 4. 88), **14** 393 (ZS. III 18. 9. 85), **10** 379 (ZS. IV 22. 11. 83); JW. **86** 317 (RGZS. II 5. 10. 86); JW. **88** 331 (RGZS. IV 9. 7. 88); Meyer § 25 Anm. 6; Berger § 25 Anm. 3; Sydow-Jacobsohn § 25 Anm. 3.

Dagegen für Gleichstellung der im § 25 Abs. 3 Satz 2 bezeichneten Rechtskundigen mit den Rechtsanwälten, ohne sonstige Unterscheidungen: RGZ. **15** 433 (ZS. I 22. 11. 84); SeuffA. **38** 334 (OLG. Hamburg 16. 4. 83); ElsLothZ. **10** 40 (OLG. Colmar 28. 10. 84), **11** 417 (OLG. Colmar 29. 6. 86); Walter-Joachim RAGebO.[4] § 1 Anm. 9; Harnier in BuschsZ. **7** 531; SchlHolstAnz. **51** 153 (OLG. Kiel 15. 3. 87); Bericht eines preußischen Landgerichtspräsidenten in JW. **83** 105 und preuß. JMBl. **83** 102.

De lege ferenda wird die Frage erörtert von Ziese in JW. **01** 746 und Zoder in JW. **01** 879.

4. Über die Spezialvertretung von Reichsgerichtsanwälten vgl. § 101. Anm. 48.

Zweiter Abschnitt.

Rechte und Pflichten der Rechtsanwälte.

Vorbemerkung.

Der zweite Abschnitt ist der fragmentarischste des Gesetzes. Er enthält keineswegs eine erschöpfende Regelung der „Rechte und Pflichten der Rechtsanwälte", und zwar weder in öffentlichrechtlicher noch in zivilrechtlicher Beziehung. In ersterer Hinsicht kommt vor allem in Betracht, daß die Bestimmungen über die prozessualen Rechte und Pflichten der Anwälte sich nur auf ein engumgrenztes Gebiet beziehen (§ 26 RAO.); überdies sind auch hier nur Teile der betreffenden Materien geregelt worden. Die §§ 26 und 27 betreffen die prozessualen Befugnisse der Rechtsanwälte; die §§ 33—39 enthalten eine Ergänzung der anderweitig geregelten Materie von der Pflichtanwaltschaft; § 28 gibt die allgemeine Formel für die Standespflichten der Rechtsanwälte, während die §§ 29, 31 und 40 einige spezielle, öffentlichrechtliche Verpflichtungen der Anwälte statuieren.

Ganz dürftig ist der zivilrechtliche Inhalt des Abschnitts; hier kommen nur die §§ 30 und 32 in Betracht, welche übrigens auch öffentlichrechtliche Bedeutung haben.

§ 26.

Auf Grund der Zulassung bei einem Gericht ist der Rechtsanwalt befugt, in den Sachen, auf welche die Strafprozeßordnung, die Civilprozeßordnung und die Konkursordnung Anwendung finden, vor jedem Gericht innerhalb des Reichs Vertheidigungen zu führen, als Beistand aufzutreten und, insoweit eine Vertretung durch Anwälte nicht geboten ist, die Vertretung zu übernehmen.

Anm. 1. **I. Allgemeiner Inhalt.** Der vorliegende Paragraph regelt die allgemeinen prozessualen Befugnisse der Rechtsanwälte im Gebiete der Reichsjustizgesetzgebung. Keineswegs ist es die Absicht des Gesetzgebers, hiedurch den Wirkungskreis der Anwälte überhaupt zu umgrenzen. Derselbe läßt sich vielmehr durch eine allgemeine Formel gar nicht fixieren.

Die Bestimmung des § 26 bezieht sich auf alle deutschen Rechtsanwälte, mit einziger Ausnahme der Reichsgerichtsanwälte.

Anm. 2. **II. Spezieller Inhalt.** 1. Die Zulassung bei einem Gerichte begründet noch nicht die Befugnisse, welche § 26 aufzählt. Es muß die Eintragung in die Liste hinzukommen; denn diese ist allein für die Anwaltsqualität wesentlich (§ 20 Anm. 15).

Anm. 3. 2. Die im § 26 angeführten Rechte beziehen sich auf alle Sachen, auf welche die StPO., die ZPO. oder die KO. Anwendung finden.

Dies ist bezüglich der ZPO. und der StPO. bei allen bürgerlichen Rechtsstreitigkeiten bzw. Strafsachen der Fall, welche vor die ordentlichen Gerichte gehören (§ 3 EGZPO. und § 3 EGStPO.). Die KO. findet auf alle am 1. 10. 79 oder später eröffneten Konkurse Anwendung, möglicherweise sogar auf früher anhängig gewordene Konkurssachen (vgl. §§ 8 ff. EGKO.).

Vor die ordentlichen Gerichte gehören nach § 13 GVG. alle Zivil- und Strafsachen, für welche nicht entweder die Zuständigkeit von Verwaltungsbehörden oder Verwaltungsgerichten begründet ist oder reichsgesetzlich besondere Gerichte bestellt oder zugelassen sind. Vgl. hiezu die Kommentare zur ZPO., StPO. und zum GVG. Soweit die Zulassung besonderer Gerichte reichsgesetzlich erfolgt ist, kann die Gerichtsbarkeit den ordentlichen Gerichten durch die Landesgesetzgebung übertragen werden; dann finden, wenn nichts Abweichendes bestimmt ist,*) auch hier die Prozeßordnungen Anwendung (§ 3 EGGVG., § 3 Abs. 2 EGZPO., § 3 Abs. 2 EGStPO.).

Sofern die ZPO. oder die StPO. auf Sondergerichte für anwendbar erklärt sind, erstrecken sich die Befugnisse der Anwälte auch auf diese. Vgl. z. B. § 5 des preuß. Ges. betreffend die Elbzollgerichte v. 9. 3. 79 und § 7 des preuß. Ges. über Rheinschiffahrtsgerichte v. 8. 3. 79. Doch ist hier gerade für die wichtigsten Fälle, nämlich für die Gewerbe- und Kaufmannsgerichte, die Mitwirkung der Anwälte durch Sonderbestimmungen ausgeschlossen.

Die Anwendbarkeit der Reichsjustizgesetze braucht keine absolut ausnahmslose zu sein; so ist das ehrengerichtliche Verfahren nach der RAO. zweifellos ein Verfahren, auf welches die StPO. Anwendung findet (§ 66). Dagegen genügt die Anwendbarkeit nur **einzelner** Vorschriften der Prozeßgesetze auf das betreffende Verfahren oder die Möglichkeit, einzelne Grundsätze derselben im Wege der Analogie zu verwerten, nicht, um die Voraussetzungen des § 26 zu begründen (vgl. z. B. unten Anm. 13). Anm. 4.

3. Die Befugnisse aus § 26 beziehen sich auf jedes Gericht **innerhalb des Reichs**. Anm. 5.

Daraus folgt, daß sich die zu besprechenden Befugnisse der deutschen Rechtsanwälte nicht auf die Konsulargerichte und die Gerichte der Schutzgebiete beziehen (vgl. z. B. § 9 Abs. 3 SchGG.). Abweichend Köhler in GS. **53** 199. Für diese Gerichte gibt es besondere „Rechtsanwälte", welche nach § 17 KonsGG. bestellt werden und welchen de lege lata die einheimischen deutschen Rechtsanwälte nicht gleichstehen; vgl. Exkurs zu § 1 Anm. 22.

Dies ist praktisch durchaus nicht bedeutungslos; denn wenn auch im Zivilprozeß bei den Konsulargerichten rc. kein Anwaltszwang herrscht, so gibt es doch im Strafprozeß Rechtshandlungen, welche dem Anwaltszwang unterworfen sind (z. B. Akten-Einsicht für den Privatkläger, Wiederaufnahmegesuche des Privat- oder Nebenklägers — §§ 425 Abs. 4, 430 Abs. 2 StPO., vgl. auch Thiesing in JW. **04** 229); diese Handlungen können also bei den betreffenden Gerichten nicht von deutschen Rechtsanwälten vorgenommen werden, und letztere haben auch kein Recht darauf, als Verteidiger zugelassen zu werden. Daß dies kein erfreulicher Rechtszustand ist, bedarf keiner Ausführung.

4. In dem bisher erörterten Umfang ist jeder Rechtsanwalt befugt: Anm. 6.

a) **Verteidigungen zu führen.**

Der Begriff der Verteidigung ist der StPO. zu entnehmen und im weitesten Sinne zu verstehen. Gemeint ist natürlich die sogenannte **formelle** Verteidigung.

---

*) Vgl. **Preußen**: JMVf. 28. 6. 79 (JMBl. 153); **Sachsen-Weimar**: MinV. 3. 10. 79 § 19; **Sachsen-Altenburg**: V. 17. 11. 79 § 18; **Anhalt**: V. 13. 8. 79 § 5; **Schwarzburg-Rudolstadt**: MinV. 27. 1. 80 § 17; **Reuß älterer Linie** V. 27. 9. 79 (GS. 268) §§ 1, 2; **Coburg-Gotha**: V. 2. 2. 80 § 17. Vgl. ferner unten § 103 Anm. 4.

Vgl. Birkmeyer, Deutsches Strafprozeßrecht 349, 350; Köhler GS. **53** 161 ff.

Anm. 7. b) Als Beistand aufzutreten.

Der Begriff des Beistandes findet sich sowohl im Zivil- als auch im Strafprozeß. Die Verbeistandung ist die einer Person gewährte prozessuale Unterstützung, welche nur in deren Anwesenheit ausgeübt werden kann. Die ZPO. bestimmt in § 90, daß eine Partei in Fällen, in welchen kein Anwaltszwang herrscht, mit jeder prozeßfähigen Person als Beistand erscheinen könne. Auch der gesetzliche Vertreter einer Partei kann sich verbeistanden lassen. Außerdem gibt es noch die Verbeistandung eines Rechtsanwalts oder Referendars ꝛc., welcher lediglich die Ausführung der Parteirechte übernommen hat (sogenannte „Assistenz", §§ 25, 27 Abs. 2 RAO., vgl. § 25 Anm. 42 ff., § 101 Anm. 3).

In Konkurssachen kann der Rechtsanwalt, soweit es sich nicht um Prozesse handelt, unbeschränkt als Beistand fungieren (vgl. § 72 KO.).

Im Strafprozeß fällt die Tätigkeit des Beistandes mit der des Verteidigers meist zusammen. Eine Verbeistandung des Angeklagten durch eine andere Person als den Verteidiger muß nur zugelassen werden im Falle des § 149 StPO., welcher für Rechtsanwälte als solche keine Bedeutung hat. Dagegen ist es von Wichtigkeit, daß der Privatkläger im Beistande eines Rechtsanwalts und regelmäßig (vgl. Löwe StPO.[12] § 418 Anm. 3) nur eines solchen in der Hauptverhandlung erscheinen kann (§ 418 StPO.), desgleichen der Nebenkläger (§ 437 StPO.).

Der Rechtsanwalt ist endlich befugt:

Anm. 8. c) die Vertretung zu übernehmen, soweit kein Anwaltszwang herrscht.

Soweit die Bestimmung den Zivilprozeß und das Konkursverfahren betrifft, bedarf sie keiner Erläuterung.

Dagegen ergibt sich für den Strafprozeß folgendes: Daß es im Strafprozeß Fälle gibt, in welchen der „Vertreter" nicht Verteidiger ist, liegt auf der Hand. Es genügt, an die Vertretung des Privatklägers zu erinnern. Gerade in diesen Fällen aber kommt auch im Strafprozesse der Anwaltszwang vor (z. B. nach §§ 425 Abs. 4, 430 Abs. 2, 170 Abs. 2 StPO.; vgl. hiezu A. Friedländer in GS. **60** 401 ff.).

Da nun § 27 Abs. 2 RAO. sich nur auf den zivilprozessualen Anwaltszwang bezieht (arg.: „ein bei dem Prozeßgerichte zugelassener Rechtsanwalt"), so würde nach dem Wortlaut des § 26 RAO. diese Bestimmung in den Fällen des strafprozessualen Anwaltszwanges, soweit es sich nicht um eine Verteidigung handelt, versagen. Gerade in den Fällen also, in welchen die Partei eines Rechtsanwalts bedarf, würde die Befugnis desselben zur Übernahme der Vertretung bestenfalls von dem Ermessen des Gerichts abhängen.

Daß dies nicht der Sinn des Gesetzes ist, bedarf keiner Ausführung. Es liegt vielmehr hier ein offenbarer Redaktionsfehler vor; das Gesetz ist dahin auszulegen, daß im Strafprozesse jeder deutsche Rechtsanwalt — mit Ausnahme der Reichsgerichtsanwälte — zur Vertretung auch insoweit berechtigt ist, als das Gesetz eine Vertretung durch Anwälte erfordert.

Anm. 9. **III. Außerhalb des Anwendungsgebietes der Prozeßordnungen und der Konkursordnung** ist durch die RAO. den Anwälten keinerlei Befugnis zu prozessualem Handeln und zum Auftreten bei Behörden garantiert. Doch ist es selbstverständlich, daß mangels gegenteiliger Bestimmungen die Rechtsanwälte auch sonst mindestens dieselben Befugnisse haben wie andere Personen. Freilich können ihnen diese Befugnisse reichsrechtlich und, soweit die landesgesetzliche Kompetenz an sich reicht, auch landesrechtlich entzogen werden. Vgl. für Sachsen: JW. **80** 77 (RGStS. III 21. 2. 80).

Aus dem Gebiete des Reichsrechtes ist folgendes hervorzuheben:

1. In der freiwilligen Gerichtsbarkeit kann jedermann (vgl. im einzelnen: Keidel FGG.[2] § 13 Anm. 3b und Schneider FGG. § 13 Anm. 4) als Beistand und Bevollmächtigter fungieren, sofern er nicht geschäftsunfähig ist. Die Anwälte sind hier allen anderen Personen gleichgestellt (§ 13 FGG.). § 29 FGG. kennt sogar einen Fall des Anwaltszwanges. Anm. 10.

Auch nach der GBO. und dem ZVG. haben die Anwälte dieselben Rechte wie andere Bevollmächtigte und Beistände. § 80 GBO. regelt einen Fall des Anwaltszwanges. Anm. 11.

2. Vor dem Patentamt — dessen Tätigkeit ja auch im wesentlichen eine richterliche ist — sind die Rechtsanwälte zur Vertretung berechtigt, während andere Personen, die, ohne eingetragene Patentanwälte zu sein, die Vertretung berufsmäßig betreiben, ausgeschlossen werden können (§ 17 PatAnwG. v. 21. 5. 00). Daß mit dem Recht zur Vertretung auch das Recht zur Verbeistandung gegeben ist, ergibt sich daraus, daß die letztere gegenüber der Vertretung ein Minus darstellt. Anm. 12.

Über Gebühren vgl. § 91 Ziff. 2 RAGebO.

Das Berufungsverfahren in Patentsachen findet vor dem Reichsgerichte statt und ist durch Kaiserliche Verordnung vom 6. 12. 91 (RGBl. 389) geregelt. Nach § 14 dieser Verordnung sind die Reichsgerichtsanwälte befugt, im Berufungsverfahren in Patentsachen die Vertretung zu übernehmen. Den Parteien und deren Vertretern ist es ferner gestattet, mit einem technischen Beistande zu erscheinen. Diese Bestimmung ist dahin aufzufassen, daß als Vertreter im Berufungsverfahren vor dem Reichsgerichte nur die Reichsgerichtsanwälte zugelassen werden müssen; daß nicht auch andere Anwälte zugelassen werden können, ist aus der Bestimmung nicht zu entnehmen (anders die Praxis des Reichsgerichts nach Isay in JW. **07** 222). Auch die Ausführung der Parteirechte neben einem Reichsgerichtsanwalt kann (nach freiem Ermessen des Vorsitzenden bzw. des Gerichts) jedem Anwalt gestattet werden; ein Recht hierauf besteht jedoch nicht. Ebenso die Praxis. A. M.: Isay in JW. **07** 222. Letzterer meint, das Patentstreitverfahren sei im Sinne des § 26 RAO. ein Verfahren, auf welches die ZPO. Anwendung finde. Daher gelte § 27 Abs. 2 RAO. jedenfalls für die Ausführung der Parteirechte. Dies trifft nicht zu. Das Berufungsverfahren vor dem Reichsgerichte ist ein von der ZPO. abweichendes, wie der Inhalt der erwähnten Verordnung am besten beweist. Wenn auch in beiden Instanzen die analoge Anwendung einzelner Vorschriften der ZPO. — ebenso wie sonst im Verwaltungsstreitverfahren — notwendig ist (vgl. RGZ. **61** 205), so geht es doch nicht an, schlechthin im Sinne des § 26 RAO. von einem Verfahren zu sprechen, auf welches die ZPO. Anwendung findet. Dies geht auch per arg. e contr. aus § 30 Abs. 1 Satz 3 PatG. und aus dem PatAnwG., welches ja gerade die Frage der Vertretung vor dem Patentamt speziell regelt, hervor; vgl. ferner Allfeld, Kommentar zum gewerblichen Urheberrecht 197. Anm. 13.

3. Vor den Schiedsgerichten für Arbeiterversicherung und dem Reichsversicherungsamte müssen alle Rechtsanwälte als Vertreter — und daher auch als Beistände — zugelassen werden, während andere Personen, welche die Vertretung geschäftsmäßig betreiben und nicht hiezu von der Justizverwaltung konzessioniert sind, zurückgewiesen werden können. (§ 31 Abs. 2 Kais. V. 19. 10. 00 — RGBl. 983; § 10 Abs. 2 Kais. V. 22. 11. 00 — RGBl. 1017; UVersAbG. 30. 6. 00 § 3). Anm. 14.

Über Gebühren vgl. Kais. V. 22. 12. 01 (RGBl. 497).

4. Nach dem Reichsbeamtengesetze kann sich der Angeschuldigte in der mündlichen Verhandlung vor der Disziplinarkammer und dem Disziplinarhofe des Anm. 15.

Beistandes eines Rechtsanwalts als Verteidiger bedienen; durch letzteren kann er auch die Voruntersuchungsakten einsehen und sich, soferne nicht sein persönliches Erscheinen ausdrücklich angeordnet ist, in der mündlichen Verhandlung vertreten lassen. RBG. (1907) §§ 101 Abs. 2, 102, 116 Abs. 4. Die Berufung zum Disziplinarhof kann durch jeden Bevollmächtigten, also auch durch einen Rechtsanwalt, eingelegt werden. (RBG. § 111).

Über Gebühren vgl. § 91 Ziff. 3 RAGebO.

Die vorstehenden Bestimmungen finden, wenn die Sache zur Hauptverhandlung verwiesen wird, auch im Disziplinarverfahren gegen richterliche Militärjustizbeamte Anwendung. § 24 MilRDiszG. 1. 12. 98.

Über Gebühren vgl. § 36 MilRDiszG.

Ferner finden die Bestimmungen des RBG. Anwendung auf die Landesbeamten in den Schutzgebieten nach der Kais. V. v. 9. 8. 96 (RGBl. 691).

Anm. 16. 5. Bei den Gewerbe- und Kaufmannsgerichten werden Rechtsanwälte „als Prozeßbevollmächtigte und Beistände nicht zugelassen". (§ 31 GGG.; § 16 KGG.). Daß sich diese Beschränkung nicht nur auf die mündliche Verhandlung, sondern auf alle Prozeßhandlungen bezieht, ist herrschende Meinung. (Vgl. Menzinger-Prenner KGG. 79).

Im übrigen besagen die Worte „Prozeßbevollmächtigte und Beistände" weniger, als das Gesetz offenbar ausdrücken will. Denn ein Anwalt, der als Substitut eines zum Prozeßbevollmächtigten bestellten Laien in der Verhandlung erschiene, würde nach dem Willen des Gesetzes nicht zuzulassen sein. Vgl. jedoch AKJahrB. **01** 7. Übrigens müßte eine derartige offenbare Gesetzesumgehung auch als Verstoß gegen die Würde des Anwaltsstandes angesehen werden.

Anm. 17. 6. Bei den Militärgerichten ist eine Verbeistandung oder Vertretung durch andere Personen als die Verteidiger nicht vorgesehen.

Als Verteidiger werden nun gemäß § 341 MStGO. außer anderen im Gesetze genannten Personen Rechtsanwälte zugelassen, welche von der obersten Militärjustizverwaltung ernannt sind. Dies geschieht bei den Kriegsgerichten und Oberkriegsgerichten aus den im Bereiche der letzteren, beim Reichsmilitärgerichte durch den Präsidenten desselben aus den in Berlin wohnenden Rechtsanwälten nach Maßgabe des Bedürfnisses und nach Befragung der Anwaltskammer.

Ferner ist jedem Rechtsanwalt auf seinen Antrag von dem Gerichtsherrn — bei Meidung der Rechtsbeschwerde — die Übernahme der Verteidigung zu gestatten, wenn strafbare Handlungen gemäß §§ 133, 156, 159, 160, 253, 263, 266, 267—271, 273, 274 StGB. den Gegenstand der Anklage bilden, es sei denn, daß eine Gefährdung militärdienstlicher Interessen oder der Staatssicherheit zu besorgen ist (§ 341 Abs. 4 MStGO.).

Rechtsanwälte, welche gleichzeitig Offiziere des Beurlaubtenstandes sind (§ 341 Ziff. 4 MStGO.), müssen auch ohne besondere Ernennung als Verteidiger zugelassen werden. RMG. **3** 5 (19. 4. 02).

Über Gebühren vgl. § 17 EGMStGO.

Vgl. ferner § 30 der Verordnung betr. das strafgerichtliche Verfahren gegen Militärpersonen der kaiserlichen Schutztruppen vom 18. 7. 00 (RGBl. 831).

Anm. 18. 7. Bezüglich des ehrengerichtlichen Verfahrens gegen Rechtsanwälte vgl. § 66 Anm. 14 ff. und § 100 Anm. 6.

Anm. 19. 8. Im schiedsrichterlichen Verfahren nach § 1025 ff. ZPO. hängt die Zulassung der Rechtsanwälte von den Bestimmungen des Schiedsvertrages, ev. von dem Ermessen der Schiedsrichter ab (§ 1034 Abs. 2 ZPO.). Doch kann in komplizierteren Sachen der Ausschluß von Anwälten eine unzulässige Beschränkung des rechtlichen Gehörs darstellen (§ 1041 Ziff. 4 ZPO.); vgl. JW. **06** 574 Nr. 50 (RGZS. VII 29. 6. 06); ferner Heinitz in DJZ. **10** 161.

Über Gebühren vgl. § 91 Ziff. 1 RAGebO.

9. Im ehrengerichtlichen Verfahren nach dem Börsengesetz vom 22. 6. 96 kann sich der Beschuldigte in der Verhandlung des „Beistandes eines Verteidigers bedienen" (§ 14 Abs. 2 BörsG.). Nach Analogie der StPO. wird man mit Rücksicht auf den Gebrauch des Wortes „Verteidiger" annehmen müssen, daß hienach Rechtsanwälte unbedingt befähigt sind, den Beschuldigten vor dem Ehrengericht als Verteidiger zu verbeistanden. Anm. 20.

10. In der Verhandlung vor dem Seeamt und Oberseeamt (SeeUnfUntersG. §§ 22, 30) kann sich der Schiffer und Steuermann des Schiffes, dessen Unfall den Gegenstand der Untersuchung bildet, eines rechts- oder sachkundigen Beistandes bedienen. Danach sind also Rechtsanwälte stets zuzulassen. Anm. 21.

Über Gebühren vgl. § 91 Ziff. 5 RAGebO.

11. In dem Verfahren vor den Senaten des Aufsichtsamtes für Privatversicherung können Bevollmächtigte und Beistände, welche das mündliche Verhandeln vor Gericht geschäftsmäßig betreiben, von der mündlichen Verhandlung zurückgewiesen werden. Dies gilt nicht für Rechtsanwälte (§ 24 KaisV. 23. 12. 01 — RGBl. 498). Anm. 22.

12. In dem ehrengerichtlichen Verfahren gegen Patentanwälte finden bezüglich des Verfahrens beider Instanzen die Vorschriften der StPO. über die Verteidigung entsprechende Anwendung. Daher sind Rechtsanwälte als Verteidiger allgemein zugelassen. (§§ 9, 12 Abs. 2 PatAnwG. 21. 5. 00). Anm. 23.

13. Bezüglich des Verfahrens vor dem Bundesamte für Heimatswesen (UWG. 12. 3. 94) bestehen keine Bestimmungen über die Zulassung von Bevollmächtigten, Beiständen 2c. und speziell von Rechtsanwälten. Da nach dem Regulativ vom 6. 1. 73 (RZBl. 4) der Vorsitzende in der mündlichen Verhandlung die Ordnung zu handhaben hat, so wird man annehmen müssen, daß er, eventuell das Kollegium, auch über die Zulassung von Anwälten zu befinden hat. Anm. 24.

14. Letzteres ist in gleicher Weise anzunehmen bezüglich des Verfahrens vor den Innungsschiedsgerichten (GO. § 91), vor dem durch richterliche Beamte verstärkten Reichseisenbahnamt (Ges. v. 27. 6. 73 § 5 Nr. 4) und vor der Reichsrayonkommission (Ges. v. 21. 12. 71 §§ 29, 41). Anm. 25.

§ 27.

Insoweit eine Vertretung durch Anwälte geboten ist, kann nur ein bei dem Prozeßgerichte zugelassener Rechtsanwalt die Vertretung als Prozeßbevollmächtigter übernehmen.

In der mündlichen Verhandlung, einschließlich der vor dem Prozeßgericht erfolgenden Beweisaufnahme, kann jedoch jeder Rechtsanwalt die Ausführung der Parteirechte und für den Fall, daß der bei dem Prozeßgerichte zum Prozeßbevollmächtigten bestellte Rechtsanwalt ihm die Vertretung überträgt, auch diese übernehmen.

I. Allgemeiner Inhalt. Die Bestimmung normiert den Inhalt des sogenannten Anwaltszwanges im Zivilprozesse; denn nur auf den Zivilprozeß hat dieselbe Bezug. Anm. 1.

In welchen Fällen der Anwaltszwang herrscht, wird nicht in der RAO., sondern in der ZPO. (§ 78) bestimmt. Darnach muß eine Vertretung durch Anwälte erfolgen vor den Landgerichten und allen höheren Gerichten, jedoch nicht, soweit das Verfahren vor einem beauftragten oder ersuchten Richter stattfindet und soweit Prozeßhandlungen in Frage stehen, welche vor dem Gerichtsschreiber vorgenommen werden können. Für die Fälle nun, in welchen hienach die Partei eines Anwalts bedarf, bestimmt § 27, wann dies ein beim Prozeßgerichte zugelassener Rechtsanwalt sein muß und wann die Anwaltsqualität überhaupt genügt.

Anm. 2. **II. Spezielles.** 1. Als Prozeßbevollmächtigter bei einem Kollegialgerichte kann nur ein bei diesem Gerichte zugelassener Rechtsanwalt fungieren.

Wird ein anderer Anwalt zum Prozeßbevollmächtigten bestellt, so ist dies prozessual bedeutungslos; der Anwalt ist nicht Prozeßbevollmächtigter.

Doch kann die Prozeßvollmacht, welche einem anderen Anwalt erteilt wird, als Spezialvollmacht für die einzelne, dem Anwaltszwange nicht unterliegende Rechtshandlung angesehen werden; so, wenn ein auswärtiger Anwalt zu einem Termine vor dem beauftragten Richter mit „Prozeßvollmacht" der Partei erscheint.

Eine Ausnahme von dem Prinzip des § 27 Abs. 1 gilt für das Verfahren bei dem obersten Landesgericht bis zur Entscheidung über die Zuständigkeit: § 8 Abs. 1 EGZPO. Hier kann jeder deutsche Rechtsanwalt als Prozeßbevollmächtigter fungieren. Vgl. Sydow-Jacobsohn § 27 Anm. 1.

Anm 3. 2. In der mündlichen Verhandlung und bei der Beweisaufnahme vor dem Prozeßgerichte kann jedoch jeder Rechtsanwalt

a) die Ausführung der Parteirechte übernehmen.

Über diesen Begriff vgl. oben § 25 Anm. 43.

Ein Vollmachtsverhältnis muß auch hier selbstverständlich vorliegen: die Vollmacht kann aber sowohl von der Partei direkt als auch vom Prozeßbevollmächtigten oder von einem zur weiteren Substitution ermächtigten Spezialbevollmächtigten erteilt werden. Der Prozeßbevollmächtigte oder ein Substitut desselben muß persönlich anwesend sein. Bezüglich der Reichsgerichtsanwälte vgl. § 100 Abs. 2.

Anm. 4. Ferner kann jeder Anwalt

b) die Vertretung in der mündlichen Verhandlung und bei der Beweisaufnahme vor dem Prozeßgerichte übernehmen, wenn der Prozeßbevollmächtigte ihm die Vertretung überträgt. Bezüglich der für das Reichsgericht und die Reichsgerichtsanwälte geltenden Ausnahmen vgl. §§ 100 Abs. 2, 101.

Der Prozeßbevollmächtigte muß, wie erwähnt, ein beim Prozeßgerichte zugelassener Rechtsanwalt sein; wird ein anderer Anwalt zum Prozeßbevollmächtigten bestellt, so kann derselbe auch einen beim Prozeßgerichte zugelassenen Anwalt nicht gültig substituieren. Ebenso: OLG. Jena 21. 12. 82 in SeuffA. **38** 448. A. M.: OLG. Stuttgart 27. 12. 81 ebenda 459.

Die Übertragung der Vertretung kann durch persönliche Einführung in der Verhandlung oder durch schriftliches Substitutorium erfolgen. RGZ. **3** 404 (ZS. III. 14. 2. 81). A. M.: LG. Kiel 2. 12. 79 in SchlHolstAnz. **44** 61.

Anm. 5. Die Vertretungsvollmacht darf nur von dem Prozeßbevollmächtigten, nicht von der Partei direkt ausgehen. Dagegen braucht nicht der Prozeßbevollmächtigte unmittelbar zu substituieren; auch der substituierte Anwalt kann weitere Spezialvollmacht erteilen, wenn er hiezu ausdrücklich ermächtigt ist. Dem Prozeßbevollmächtigten und dem Substituten steht überall der Generalsubstitut gleich.

Anm. 6. Der Vertreter kann in der mündlichen Verhandlung und bei der Beweisaufnahme alle Rechte des Prozeßbevollmächtigten ausüben.

Anm. 7. 3. Außerhalb der mündlichen Verhandlung bzw. Beweisaufnahme vor dem Prozeßgericht kann die Spezialsubstitution zu solchen Handlungen nicht erfolgen, welche dem Anwaltszwange unterliegen. Dazu gehört die Zustellung von Anwalt zu Anwalt. Gl. M.: SächsOLG. **3** 275 (OLG. Dresden) 28. 12. 81; **2** 447 (OLG. Dresden 2. 5. 81).

Zu anderen Prozeßhandlungen aber kann Substitution erfolgen; z. B. zur Beauftragung des Gerichtsvollziehers mit der Zustellung von Schriftsätzen oder der Vollstreckung von Urteilen RGZ. **17** 392 (VerZS. 3. 1. 87).

§ 28.

Der Rechtsanwalt ist verpflichtet, seine Berufsthätigkeit gewissenhaft auszuüben und durch sein Verhalten in Ausübung des Berufs sowie außerhalb desselben sich der Achtung würdig zu zeigen, die sein Beruf erfordert.

I. Allgemeiner Inhalt. § 28 soll die Standespflichten des Rechtsanwalts Anm. 1. durch eine allgemeine Formel umschreiben. Alle speziellen Verpflichtungen, welche das Gesetz dem Rechtsanwalt — besonders in den folgenden Paragraphen — auferlegt, sind in dieser allgemeinen Formel enthalten (arg.: § 62, welcher nur auf § 28 als materiellrechtliche Norm Bezug nimmt).

Der Paragraph enthält keine zivilrechtliche Vorschrift, wenn sich auch sein Inhalt teilweise mit zivilrechtlichen Normen deckt, und wenn auch die Verletzung der öffentlichrechtlichen Norm des § 28 zivilrechtliche Folgen haben kann. Die Bestimmung ist eine typische Disziplinarvorschrift und findet sich in gleicher oder ähnlicher Form in anderen Disziplinargesetzen: vgl. § 10 RBG.; § 3 Abs. 1 PrÄrztEGG.

Die Bestimmung des § 28 betrifft auch in ihrem ersten Halbsatze keineswegs bloß die Berufsausübung der Rechtsanwälte in den Fällen der §§ 26, 27 (Tätigkeit in Sachen, auf welche die ZPO., StPO. oder KO. Anwendung finden); sie bezieht sich vielmehr auf jede Art der anwaltschaftlichen Berufstätigkeit. Ebenso: EG. der AK. Dresden 19. 2. 81 in JW. **81** 127 gegen OLG. Dresden ebenda 53. (Letzteres wollte hienach für das Verhalten des Rechtsanwalts in Verwaltungssachen sogar eine eigene landesrechtliche Disziplinargewalt zulassen!)

II. Spezieller Inhalt. § 28 verlangt von dem Rechtsanwalt gewissenhafte Anm. 2. Berufsausübung und standeswürdiges Verhalten innerhalb und außerhalb der Berufstätigkeit. Beide Vorschriften sind so allgemein gefaßt, daß ihr spezieller Inhalt überhaupt nicht zu erschöpfen ist. Es ist natürlich nicht möglich, ein Register alles dessen aufzustellen, was der Anwalt tun und was er nicht tun darf. Die Entscheidungen des EGH. enthalten zu unserem Paragraphen in Verbindung mit § 62 eine ungemein reiche und fein bearbeitete Kasuistik, deren vollständige Registrierung jedoch nicht als wissenschaftlich förderlich erachtet werden kann. Viele der Erkenntnisse geben naturgemäß nur Selbstverständliches wieder; zahlreiche andere dagegen betreffen so individuell gelagerte Fälle, daß man sich hüten muß, die Entscheidungen generell anzuwenden. Überdies enthält jeder der neueren Bände der Entscheidungen des EGH. ein Generalregister über die frühere Judikatur, so daß für den Praktiker eine Orientierung jederzeit leicht möglich ist.

Über den Inhalt des Paragraphen ist nun im einzelnen folgendes zu bemerken:

A. Die Pflicht zur gewissenhaften Berufsausübung. Der Rechts- Anm. 3. anwalt übt seinen Beruf im Dienste des Rechts, aber regelmäßig zugleich im Sonderinteresse einer einzelnen Partei aus. Aus dieser seiner Stellung ergibt sich im konkreten Falle seine Berufspflicht.

Nur wenn der Rechtsanwalt es an der erforderlichen Gewissenhaftigkeit fehlen läßt, verstößt er gegen § 28. Nicht jeder Fehler, den er bei Ausübung des Berufes begeht, ist eine Pflichtverletzung im Sinne dieses Paragraphen. Bei der Entscheidung der Frage, ob eine Außerachtlassung der Gewissenhaftigkeit vorliegt, ist unter Umständen das allgemeine Verhalten des Rechtsanwalts bei Ausübung seines Berufes zu berücksichtigen. Vgl. auch EGH. **1** 125 (25. 1. 82), **3** 124 (8. 7. 87) u. a.

Im einzelnen gilt folgendes:

1. Vertritt, verbeistandet oder berät der Rechtsanwalt eine Partei, so hat er die Interessen derselben aufs sorgfältigste zu wahren und zwar nicht nur ihre

Aufträge zu vollziehen, sondern ihr selbst nach bestem Wissen den richtigen Weg zu weisen.

Anm. 4. Obwohl Vertreter von Sonderinteressen, hat der Rechtsanwalt nicht bloß seiner Partei gegenüber die Pflicht zur gewissenhaften Berufsausübung; diese Pflicht besteht vielmehr als öffentlichrechtliche gegenüber der Allgemeinheit (als deren Repräsentanten z. B. die Behörden, Prozeßgegner, Kollegen 2c. in Betracht kommen). Die Frage, ob eine zivilrechtliche Pflichtverletzung gegenüber der Partei vorliegt, ist daher durchaus zu trennen von der Frage, ob eine Zuwiderhandlung gegen die in § 28 normierte öffentlichrechtliche Verpflichtung zur gewissenhaften Berufsausübung gegeben ist. Die vorsätzliche Verschleppung eines Prozesses kann z. B. eine dem Klienten eminent nützliche Tätigkeit, sie kann direkt von demselben gewünscht und zivilrechtlich alles eher als eine Vertragsverletzung sein, nichts destoweniger aber eine schwere Vernachlässigung der im § 28 normierten öffentlichrechtlichen Pflicht zur gewissenhaften Berufsausübung darstellen.

Jeder Verstoß gegen die Zwecke der Rechtspflege gehört hieher; nicht minder die Außerachtlassung derjenigen Rücksicht und Sorgfalt, welche dritten Personen, auch Gegnern, im Interesse gedeihlicher Abwicklung der Rechtsangelegenheiten geschuldet wird: unmotivierte Nichtbeantwortung von Anwaltsbriefen, grundlose Ablehnung von Konferenzen mit Kollegen 2c.

Anderseits begründet jeder Mangel an Gewissenhaftigkeit gegenüber dem Mandanten auch einen Verstoß gegen § 28.

Anm. 5. 2. Niemals darf der Anwalt vergessen, daß er ein Diener des Rechts ist; er darf also weder bewußt das Unrecht fördern noch die gewissenhafte Prüfung der Frage, auf wessen Seite das Recht liegt, unterlassen.

a) Er darf also vor allem in tatsächlicher Beziehung nicht bewußt die Unwahrheit sagen. Er darf aber auch an der Wahrheit nicht mit geschlossenen Augen vorübergehen, sie nicht sehen *wollen*, oder leichtfertig jede eigene Prüfung der Tatsachen unterlassen, wenn er Grund hat, an der Richtigkeit der ihm erteilten Information zu zweifeln, und das Material zur Prüfung ihm zugänglich ist. Dies gilt besonders dann, wenn es sich um ernste Angriffe gegen andere handelt, um schwere Vorwürfe, die der Rechtsanwalt in einer Klage gegen angesehene Personen erheben soll 2c. Es gilt aber nicht minder für den Verteidiger in Strafsachen: auch er soll keine *ungerechte Sache führen* (vgl. § 31 Anm. 2), besser gesagt: er soll keine Sache ungerecht führen. Das bedeutet natürlich nicht, daß er keinen Schuldigen, wissend daß er schuldig ist, verteidigen dürfe. Aber er darf ihn nicht als Unschuldigen hinstellen, wenn er *weiß*, daß er schuldig ist (vgl. hiezu auch Köhler in GS. **53** 335; Fuld in Recht **01** 2 gegen v. Liszt ebenda **01** 69). Glaubt er an seine Schuld, ohne sie zu kennen und ohne mit der zu einem Richterspruch erforderlichen Bestimmtheit davon überzeugt zu sein, so darf er als Verteidiger geltend machen, daß ein voller Beweis nicht erbracht sei, eine Verurteilung also nicht erfolgen könne. So wird auch im Zivilprozesse die Frage, inwieweit der Anwalt, welcher erhebliche *Zweifel* an der Wahrheit seiner Information hegt, die Sache führen oder weiterführen darf, unter Umständen verschieden zu beantworten sein, je nachdem es sich um die Abwehr eines Angriffs, um die Verteidigung gegen Behauptungen, die der Gegner zu beweisen hat, oder selbst um einen Angriff handelt. Hier kann nur ein feines Unterscheidungsvermögen im einzelnen Falle Richter sein.

Anm. 6. Zu bemerken ist noch, daß es in den hier erörterten Fällen für die Entscheidung der Frage, ob der Rechtsanwalt pflichtwidrig handelt oder nicht, wesentlich auf die *subjektive* Auffassung desselben ankommt, und zwar selbst dann, wenn *objektiv* das Gegenteil des von ihm Gedachten eintritt. Gesteht der Angeklagte dem Verteidiger die Schuld ein, so begeht dieser, wenn er *im festen*

Glauben an die Schuld auf „nichtschuldig" plädiert, eine Pflichtwidrigkeit, auch wenn sich herausstellt, daß das Geständnis eine Lüge war (bei den Militärgerichten kommen solche Geständnisse vor, wenn der Angeklagte die Ausstoßung aus dem Heere erwirken will). Eine analoge Anwendung der Lehre vom Putativdelikt ist hier schlechterdings unzulässig.

b) Liegt die Frage, ob Recht oder Unrecht, nicht auf tatsächlichem, sondern auf juristischem Gebiete, handelt es sich also nur um die Anwendung der Rechtssätze auf gegebene oder als gegeben angenommene Tatsachen, so gilt folgendes: Anm. 7.

Zunächst liegt natürlich auch hier dem Rechtsanwalt die sorgfältigste Prüfung ob. Diese Prüfung ist sein eigentlichstes Schaffensgebiet; das Material dazu muß er sich zugänglich machen. Er muß vor allem die oberstrichterliche Judikatur kennen bzw. sich von Fall zu Fall mit derselben vertraut machen. **JW. 99** 424 Nr. 4 (RGZS. I 27. 5. 99).

Während aber auf dem Gebiete der Tatsachen eine objektive Wahrheit stets vorhanden ist und also auch möglicherweise mit Gewißheit gefunden werden kann, ist dies auf rechtlichem Gebiete nicht immer der Fall. Vieles ist streitig, und welche Meinung die richtige sei, läßt sich oft nicht mit Sicherheit entscheiden. Dem hat auch der Anwalt Rechnung zu tragen. Wenn er eine Rechtsfrage für zweifelhaft hält, sich aber aus irgendwelchen Gründen für die (vertretbare) Ansicht a entscheidet, so kann er sich dennoch im Prozesse auf die seiner Partei günstigere, ebenfalls vertretbare Ansicht b stützen (vgl. RGZ. **42** 325 — ZS. VI 28. 11. 98). „Wahr" ist hier, was objektiv am besten begründet ist, und wer die gut motivierte Ansicht eines anderen dem Gerichte vorträgt, fördert die Rechtspflege mehr, als wenn er die schlecht begründete, von ihm selbst bevorzugte Meinung produziert. Weit strenger: Weißler, Geschichte der Rechtsanwaltschaft 612 ff.

Nur eine Ansicht, von deren Unrichtigkeit er überzeugt ist, die er also für unvertretbar hält, soll der Rechtsanwalt nicht vertreten. Denn damit entwürdigt er sich: man denke z. B. an den Fall, daß er eben erst öffentlich für eine Rechtsanschauung als die allein haltbare eingetreten ist. Eine Mandatskündigung aus diesem Grunde darf ohne schädliche Folgen für den Anwalt auch zur Unzeit erfolgen, sofern der Grund nicht schon früher hätte geltend gemacht werden können. Freilich ist es gefährlich, hievon Gebrauch zu machen. Denn gewissenhafteste Prüfung muß der Rechtsüberzeugung vorausgehen. Vgl. auch Exkurs vor § 30 Anm. 111. Wird die vom Anwalt verpönte Rechtsanschauung von der herrschenden Meinung doch gebilligt, so hat der Anwalt seine Partei darauf hinzuweisen, damit sie sich an einen anderen Ratgeber wenden kann. Vgl. im übrigen Anm. 9.

Regelmäßig ist der Rechtsanwalt berechtigt, seine eigene, sorgfältig erwogene Rechtsanschauung — auch wenn er dieselbe für bestreitbar hält — zur Geltung zu bringen; doch hat er auch hier die Pflicht, falls seine Meinung von der herrschenden abweicht, die Partei rechtzeitig hierauf hinzuweisen, damit sie ihre Rechte anderweitig wahren kann. Anm. 8.

Es gibt nun zahlreiche Fälle, in welchen der Rechtsanwalt, ohne seiner eigenen Überzeugung untreu zu werden, daneben auch andere Meinungen bei seinem Vorgehen berücksichtigen und befolgen kann. Z. B. wenn mehrere prozessuale Wege in Betracht kommen, von welchen der Rechtsanwalt den einen, die herrschende Meinung den anderen für gangbar hält. Hier muß er auch der abweichenden herrschenden Meinung gerecht werden und, sofern dies in concreto tunlich erscheint, beide Wege oder denjenigen einschlagen, welcher von beiden Standpunkten aus zum Ziele führt. Besonders in denjenigen Fällen, in welchen ein Rechtsverlust oder die Vereitelung eines Rechtserfolges auf Grund formeller Vorschriften in Frage steht, wird man verlangen müssen, daß der Rechtsanwalt der in der Praxis herrschenden Ansicht, soweit er dies nach den Umständen und der ihm zu Gebote Anm. 9.

stehenden Zeit tun kann, ev. neben seiner Ansicht, Rechnung trage, um den Rechtserfolg herbeizuführen bzw. den Rechtsverlust abzuwenden. Vgl. RGZS. VI 23. 1. 02 in SächsArch. **12** 202; auch SeuffBl. **50** 56 (BayObLG. 21. 11. 84); RGZS. I 27. 5. 99 in JW. **99** 424 Nr. 4.

Ein Rechtsmittel ist so einzulegen, daß es allen von der Praxis gestellten Anforderungen entspricht, ein Vertrag so abzufassen, daß die vom Reichsgerichte verlangten, von dem betreffenden Rechtsanwalt für überflüssig gehaltenen Formalien erfüllt sind. Damit vergibt der Anwalt seiner Rechtsanschauung nichts; er wahrt nur mit der ihm obliegenden Sorgfalt die Interessen seines Mandanten. Niemals darf der Rechtsanwalt ohne vorherige Belehrung der Partei überflüssige Zusätze machen, die er selbst für unschädlich hält, während die herrschende Judikatur durch sie einen Rechtsverlust eintreten läßt.

Das hier (Anm. 9) Gesagte gilt natürlich auch dann, wenn der Rechtsanwalt von seiner Ansicht überzeugt ist und die herrschende Meinung für unvertretbar hält. Wenn heute ein Reichsgerichtsanwalt der von ihm gezeichneten, kurz vor Ablauf der Frist eingereichten Revisionsbegründung den Vermerk hinzufügte: „Verfasser Rechtsanwalt X in Berlin", so wäre dies eine Pflichtverletzung, auch wenn der Anwalt von der Unrichtigkeit der Reichsgerichtsentscheidung — ZS. II — vom 11. 1. 07 (JW. **07** 147 Nr. 32) fest überzeugt wäre. Er braucht diese seine Meinung nicht zu verleugnen, auch wenn er den überflüssigen, die Parteirechte gefährdenden Zusatz unterläßt.

Anm. 10. c) Wenn man davon spricht, daß der Anwalt keine ungerechte Sache führen darf, so muß man sich darüber klar sein, daß Recht und Unrecht hier nicht ausschließlich im materiellen Sinne zu verstehen sind, sondern daß es auch rein prozessuale Rechte gibt, deren Schutz der Anwalt — ohne Rücksicht darauf, auf wessen Seite das materielle Recht liegt — übernehmen kann. Er ist zweifellos berechtigt, die sachlich begründete Klage wegen Unzuständigkeit des Gerichts zu bekämpfen, für den völlig überführten, geständigen und zum Tode verurteilten Mörder wegen eines Formmangels Revision einzulegen 2c. Jede prozessuale Rechtsverletzung also darf der Rechtsanwalt bekämpfen.

Aber abgesehen hievon darf er keineswegs jedes prozessuale Recht, nur um seiner selbst willen oder gar zur Erreichung eines unerlaubten materiellen Zweckes, ausüben. Es muß als prinzipiell unzulässig gelten, daß der Rechtsanwalt absolut und evident aussichtslose Rechtsmittel einlege, und zwar nicht nur dann, wenn damit etwa eine unberechtigte Hinauszögerung des Prozesses, sondern auch dann, wenn irgendein anderer, an sich nicht tadelnswerter Zweck angestrebt wird. Denn die Einlegung des Rechtsmittels hat nach dem Gesetze den Zweck, eine Aufhebung oder Änderung der angefochtenen Entscheidung herbeizuführen; jeder andere Zweck ist dem Gesetze fremd und daher rechtlich nicht zu billigen. Leider nimmt der EGH. einen anderen Standpunkt ein, indem er bedenklicherweise dem Anwalt allgemein das Recht einräumt, im Einvernehmen mit der Partei aussichtslose Rechtsmittel einzulegen. So insbesondere EGH. **2** 51 (16. 10. 85), **11** 78 (6. 10. 02).

Anm. 11. 3. Die Verpflichtung zur Treue.

Der Rechtsanwalt ist seiner Partei*) zur Treue verpflichtet. Einen wesentlichen Inhalt dieser Treuverpflichtung bildet die Bestimmung des § 31 Ziff. 2, wonach der Rechtsanwalt in derselben Rechtssache nicht entgegengesetzte Interessen vertreten darf.

---

*) Die Frage, was hier unter „Partei" zu verstehen sei, beurteilt sich bei den verschiedenen Arten der Treuverpflichtung nicht ganz gleich. Vgl. § 28 Anm. 13; § 31 Anm. 6 ff.

Aber die Pflicht des Rechtsanwalts zur Treue geht weiter als die Vorschrift des § 31 Ziff. 2. In vielen Fällen ist auch ein Handeln für und wider dieselbe Partei in verschiedenen Rechtssachen mit der Pflicht zur gewissenhaften Berufsausübung nicht vereinbar. Man kann nicht gleichzeitig für die Unschuld eines Klienten mit Wärme eintreten und auf der anderen Seite gegen dieselbe Person einen Betrugsprozeß führen, der Energie und rücksichtsloses Vorgehen erfordert. Man kann nicht denselben Menschen energisch mit feindseligen Vollstreckungen verfolgen und gleichzeitig seine Interessen mit Hingebung wahrnehmen.

Inwieweit der Rechtsanwalt in solchen Fällen durch seine Verpflichtung zur Treue gebunden ist, kann natürlich nur im einzelnen Falle entschieden werden.

4. Die Verschwiegenheitspflicht des Rechtsanwalts*). Daß der Anm. 12. Rechtsanwalt zur Verschwiegenheit verpflichtet ist, ergibt sich aus verschiedenen positiven Gesetzesbestimmungen, vor allem aus § 300 StGB. Vgl. ferner §§ 383 Abs. 1 Ziff. 5, Abs. 3, 385 Abs. 2 ZPO.; § 52 Abs. 1 Ziff. 3, Abs. 2 StPO.; § 188 Abs. 1 Ziff. 3, Abs. 2 MStGO.**).

a) Diese gesetzliche Schweigepflicht***) ist ein Ausfluß der Ver- Anm. 13.

*) Die Literatur über die Schweigepflicht des Anwalts ist sehr dürftig. Während sich zahlreiche Schriften mit dem Berufsgeheimnisse des Arztes befassen, existiert unseres Wissens eine spezielle Monographie über das anwaltschaftliche Berufsgeheimnis noch nicht. Zu vergleichen ist im allgemeinen die Literatur zu § 300 StGB. und zu den unten bezeichneten Paragraphen der Prozeßgesetze. Wir verweisen besonders auf die Zusammenstellung bei Binding Lehrbuch Bes. Teil[2] **1** 126; Meyer-Allfeld Lehrbuch[6] 520 und Finger in Vergl. Darstellung des deutschen und ausländischen Strafrechts Bes. Teil **8** 345. Im einzelnen kommen noch folgende Aufsätze und Abhandlungen in Betracht: Liebmann, Die Pflicht des Arztes zur Bewahrung anvertrauter Geheimnisse 1886; Fromme, Die rechtliche Stellung des Arztes 2c. 1902; Hippe in GoltdArch. **46** 283; Pallaske in DJZ. **11** 293 ff.; Jäger in DJZ. **11** 800 ff.; Leo in DJZ. **11** 1018 ff.; Mittermaier in ZStW. **21** 197 ff.; Kohlrausch in ZStW. **26** 240 ff.; Bendix in GoltdArch. **52** 1 ff.; Günther, Die Verschwiegenheitspflicht des Arztes 1899; Serexhe, Die Verletzung fremder Geheimnisse 1906. Vgl. auch Beling, Die Beweisverbote als Grenzen der Wahrheitserforschung im Strafprozeß 1903.

**) Diese Paragraphen lauten:

§ 300 StGB.: Rechtsanwälte . . . sowie die Gehilfen dieser Personen werden, wenn sie unbefugt Privatgeheimnisse offenbaren, die ihnen kraft ihres Amtes, Standes oder Gewerbes anvertraut sind, . . . bestraft.

Die Verfolgung tritt nur auf Antrag ein.

§ 383 Abs. 1 ZPO.: Zur Verweigerung des Zeugnisses sind berechtigt: . . . 5. Personen, welchen kraft ihres Amtes, Standes oder Gewerbes Tatsachen anvertraut sind, deren Geheimhaltung durch die Natur derselben oder durch gesetzliche Vorschrift geboten ist, in Betreff der Tatsachen, auf welche die Verpflichtung zur Verschwiegenheit sich bezieht.

Abs. 3: Die Vernehmung der Nr. 4, 5 bezeichneten Personen ist, auch wenn das Zeugnis nicht verweigert wird, auf Tatsachen nicht zu richten, in Ansehung welcher erhellt, daß ohne Verletzung der Verpflichtung zur Verschwiegenheit ein Zeugnis nicht abgelegt werden kann.

§ 385 Abs. 2 ZPO.: Die im § 383 Nr. 4, 5 bezeichneten Personen dürfen das Zeugnis nicht verweigern, wenn sie von der Verpflichtung zur Verschwiegenheit entbunden sind.

§ 52 Abs. 1 StPO.: Zur Verweigerung des Zeugnisses sind ferner berechtigt: . . . 3. Rechtsanwälte und Ärzte in Ansehung desjenigen, was ihnen bei Ausübung ihres Berufes anvertraut ist.

Abs. 2: Die unter Nr. 2, 3 bezeichneten Personen dürfen das Zeugnis nicht verweigern, wenn sie von der Verpflichtung zur Verschwiegenheit entbunden sind.

Wörtlich ebenso wie § 52 Abs. 1 Ziff. 3 und Abs. 2 StPO. lautet § 188 Abs. 1 Ziff. 3 und Abs. 2 MStGO.

***) Wir sprechen im folgenden von „gesetzlicher Schweigepflicht“ im Gegensatz zu einer anderen, nur auf spezieller Vereinbarung beruhenden Pflicht zur Verschwiegenheit (unten Anm. 16, 34). Zu beachten ist, daß § 383 Abs. 1 Ziff. 5 ZPO. nicht nur von einer Geheimhaltung spricht, welche durch das Gesetz (z. B. § 300 StGB.), sondern auch von einer solchen, welche durch die Natur der anvertrauten Tatsache geboten ist. Dies bedeutet jedoch für das Berufsgeheimnis der Rechtsanwälte — eben mit Rücksicht auf den Inhalt des § 300 StGB. — keinen sachlichen Unterschied. Der Ausdruck „gesetzliche Schweigepflicht“ umfaßt pflichtung zur Treue; sie ergäbe sich, auch ohne positive Gesetzesnorm, aus der Stellung des Anwalts als Rechtsbeistand und Vertreter der Partei.

α) Auch im gemeinen Zivilprozeß war die Schweigepflicht der Advokaten anerkannt. So lautete der Eid der Reichskammergerichtsadvokaten nach der KGO. von 1555 folgendermaßen:

„Die Advokaten des Kaiserlichen Kammergerichts sollen . . . Heimlichkeit oder Behelff, so sie von den Parteien empfahen, oder Unterrichtung der Sachen, die sie von ihnen selbst merken werden, ihren Parteien zum Schaden niemanden offenbahren.“ (Vgl. Wetzell, System des ordentlichen Zivilprozesses[3] 60 Anm. 14).

Diese Bestimmung ist deshalb von Interesse, weil daraus hervorgeht, daß der Anwalt nur seiner Partei die Treue und Verschwiegenheit schuldete: „ihren Parteien zum Schaden“ sollen sie deren Heimlichkeit ꝛc. nicht offenbaren!*)

Es ist von vornherein festzuhalten, was leider nirgends klar genug betont wird, daß auch nach geltendem Rechte der Anwalt nur seiner Partei gegenüber zur Verschwiegenheit kraft Gesetzes verbunden ist. Geheimnisse dritter Personen können als solche dem Parteianwalt gar nicht „kraft seines Amtes“ anvertraut werden. Der Begriff „Partei“ ist jedoch hier im weiteren Sinne zu nehmen. Darunter fällt zunächst der Auftraggeber (vgl. Exkurs vor § 30 Anm. 20), ferner derjenige, welcher bei dem Rechtsanwalt Rat oder Vertretung sucht, auch wenn der Auftrag nicht angenommen oder der Rat nicht erteilt wird; in den Fällen der Beiordnung oder Bestellung eines Pflichtanwalts gilt derjenige, welchem der Anwalt beigeordnet oder als Verteidiger bestellt wird, auch dann als Partei, wenn ein Vertragsverhältnis gar nicht entsteht (vgl. §§ 33 ff. RAO. und den Exkurs zu § 39). Man denke an den Fall, daß der Rechtsanwalt vorsorglich — als negotiorum gestor — die Akten einsieht, dann aber von der armen Partei gar nicht beauftragt wird; oder an den regulären Fall der Bestellung eines Verteidigers. Ein Treuverhältnis entsteht ohne Zweifel auch in diesen Fällen.

Der Dritte, welcher dem Rechtsanwalt Tatsachen mitteilt, welche für den von ihm vertretenen Kläger von Wert sind oder sein sollen, wird damit nicht Träger des Geheimnisses, hat kein Recht auf anwaltschaftliche Treue und Verschwiegenheit; das Geheimnis wird vielmehr zu einem solchen der Partei, und dieser hat es der Anwalt zu bewahren. Wer dem Rechtsanwalt zu der Sache eines anderen Information erteilt, der gibt eben von selbst sein Geheimnis in die Hände des andern; ihm, nicht dem Anwalt, schenkt er sein Vertrauen. Anderseits ist z. B. das ärztliche Berufsgeheimnis, welches der Arzt — befugt oder unbefugt — in seinem Prozesse dem Anwalt mitteilt, für diesen ein Geheimnis des Arztes, nicht des Patienten, den der Anwalt vielleicht gar nicht kennt.

Verspricht der Anwalt einer dritten Person ausdrücklich die Geheimhaltung bis zur Genehmigung durch den Dritten, so ist dies eine Vereinbarung, welche mit der gesetzlichen Schweigepflicht nichts zu tun hat, was sich z. B. sofort zeigt, wenn der Rechtsanwalt im Zivilprozeß das Zeugnis verweigert,

---

daher beide Alternativen des § 383 Abs. 1 Ziff. 5 ZPO. Auch § 52 Abs. 1 StPO. kann, trotz seiner abweichenden Fassung, bezüglich der Rechtsanwälte einen anderen Sinn als § 383 Abs. 1 Ziff. 5 ZPO. nicht wohl haben, da die Bestimmung des Abs. 2 ausdrücklich eine Verpflichtung zur Verschwiegenheit voraussetzt. Gleiches gilt für § 188 MStGO.

*) Vgl. auch die Advokatenordnungen für Baden und Sachsen, Motive 55, 56.

seine Partei ihn von der Schweigepflicht entbindet, der Dritte aber nicht; dann ist die Zeugnisweigerung eine unberechtigte. Wäre es anders, so müßte der Anwalt möglicherweise zum Schaden seiner Partei Schweigen bewahren.

Über die Frage, wer Träger des Geheimnisses ist, gehen die Meinungen sehr auseinander. Die herrschende Meinung bezeichnet den „Anvertrauenden" als Geheimnisträger. So: Liebmann 14; Köhler, Strafantrag 51; RGSt. **13** 60 (22. 10. 85); Finger a. a. O. 370; Binding, Handbuch **1** 626 (der aber einmal treffend bemerkt: „Verletzt ist allein der in seinem Vertrauen auf seinen Rechtsanwalt . . . Getäuschte, der einzige, der auf [sein] Schweigen bauen darf." Dies entspricht voll und ganz unserer Auffassung). Abweichend Frank StGB. § 300 Anm. IV; Mittermaier in ZStW. **21** 205; Günther a. a. O. 29; Serexhe 96. Weitere Literatur in den Kommentaren zu § 300 StGB., auch bei Serexhe 96.

β) Ob an die Stelle der Partei ev. deren Universalrechtsnachfolger tritt, ist bestritten. Für Bejahung der Frage sind: Oppenhoff StGB.[14] § 300 Anm. 8; Köhler, Strafantrag 51; FrankfRundsch. **26** 23. A. M.: OLG. Jena in ThürBl. **40** 236, OLG. Dresden 16. 3. 06 in OLG. **13** 161. Wir sind der Meinung, daß man hier unterscheiden muß. Tritt der Universalrechtsnachfolger in ein Vertrags- oder Quasikontraktsverhältnis zu dem Anwalt ein, so wird er auch Träger des Geheimnisses; in anderen Fällen wird man dies jedoch nicht annehmen können, weil hier der Rechtsnachfolger gar nicht in die Rolle der „Partei" eintritt. Anm. 14.

Mehrere Universalsukzessoren werden gemeinsam Träger des Geheimnisses.

Soweit es bei juristischen Personen eine Universalsukzession gibt (vgl. z. B. § 306 HGB.), wird man annehmen müssen, daß — unter der gleichen Voraussetzung wie oben — der Universalsukzessor Träger des Geheimnisses wird.

γ) Eine Sondernachfolge in das Recht auf Verschwiegenheit ist nur insoweit als zulässig zu erachten, als auch eine Sondernachfolge in das Vertragsverhältnis stattfindet. Dieser Fall kann nur kraft besonderer Vereinbarung eintreten (vgl. § 613 Satz 2 BGB.); so, wenn bei Übertragung des Mandats bestimmt wird, daß bei Veräußerung der Firma des Auftraggebers die anhängigen Rechtssachen desselben für den Erwerber fortzuführen seien. In solchen Fällen geht auch das Recht auf die anwaltschaftliche Treue und Verschwiegenheit auf den neuen Auftraggeber über.

Dagegen bedingt der Erwerb des Geheimnisses, dessen vertragsmäßige Veräußerung z. B. mit einem Fabrikgeschäft an sich zulässig ist, noch keineswegs eine Sondernachfolge in das Recht auf Verschwiegenheit gegenüber dem Anwalt. Die Treue schuldet der Rechtsanwalt hier nur seinem Auftraggeber, und das Recht auf die Treue kann nicht losgelöst von dem Auftragsverhältnisse veräußert werden.

b) Die Schweigepflicht des Rechtsanwalts erstreckt sich lediglich auf Geheimnisse — oder wie § 300 StGB. sich genauer ausdrückt: auf „Privatgeheimnisse" — der Partei. Was ist hierunter zu verstehen? Anm. 15.

α) Es muß sich zunächst um eine Tatsache handeln, welche den einzelnen Klienten als Privaten betrifft und welche nicht offenkundig ist.

Zum Wesen des Geheimnisses gehört weiter, daß die Tatsache geheim gehalten werden *soll*. Diese Bestimmung zur Geheimhaltung kann durch ausdrückliche Auflage geschehen oder auch aus den Umständen bzw. der Natur der betreffenden Tatsache sich von selbst ergeben (vgl. § 383 Abs. 1 Ziff. 5 ZPO.). Letzteres ist der Fall, *wenn und soweit die Geheimhaltung dem erkennbaren Interesse und dem mutmaßlichen*

Willen der Partei oder doch wenigstens letzterem allein entspricht. Das Reichsgericht legt in seinen Entscheidungen scheinbar nur auf das Interesse Gewicht; allein es ist nicht ersichtlich, daß es damit — wie Liebmann 17 meint — die Fälle ausschließen wollte, in welchen zwar ein rechtlich anzuerkennendes Interesse — objektiv — nicht vorliegt, wohl aber der Wille des Anvertrauenden zur Geheimhaltung*). Es ist selbstverständlich, daß der Wille des Mandanten stets beachtet werden muß, auch wenn ein Interesse nicht ersichtlich ist. Im Verhältnis zwischen dem Anwalt und seiner Partei gilt nun im Zweifel alles als Geheimnis, was die Partei oder in ihrem Interesse ein Dritter dem Rechtsanwalt als solchem beruflich mitteilt, sofern es die Partei irgendwie betrifft (also nicht wenn es sich z. B. um den Leumund eines gegnerischen Zeugen handelt). So lange nicht bestimmte Anhaltspunkte für das Gegenteil vorliegen, muß hier der Wille der Partei zur Geheimhaltung präsumiert werden. Zutreffend: RGZ. **30** 382 (ZS. IV 24. 11. 92). Vgl. ferner JW. **01** 719 Nr. 7 (RGZS. V 18. 9. 01); JW. **03** 271 (RGZS. VII 19. 5. 03).

Ob sonstige Wahrnehmungen des Anwalts, welche er an sich „kraft seines Berufes" gemacht hat (vgl. unten Anm. 19), zur Geheimhaltung bestimmt sind, ist quaestio facti. In manchen Fällen wird direkt die Vermutung dagegen sprechen. So dürfte die Tatsache, daß jemand überhaupt als Anwalt (anders z. B. beim Geschlechtsspezialisten) beruflich konsultiert wurde, für sich allein im Zweifel nicht als ein zu wahrendes Berufsgeheimnis anzusehen sein. A. M.: Krauß in MSchrKrimPsych. **1** 153.

Aus dem Gesagten ergibt sich, daß der Begriff des Geheimnisses eine Kenntnis der geheimzuhaltenden Tatsache seitens des Geheimnisträgers selbst nicht notwendig voraussetzt. Gl. M.: Finger a. a. O. 361.

Anm. 16. β) Der Begriff des Privatgeheimnisses ist ein relativer, einmal insofern, als auch die geheim gehaltene Tatsache nicht unbedingt vor allen, denen sie verheimlicht bleiben sollte, wirklich geheim bleiben muß, der Kreis der Eingeweihten also kein absolut geschlossener zu sein braucht; dann insofern, als auch die Bestimmung zur Geheimhaltung sich regelmäßig auf einzelne Personen erstrecken, auf andere nicht erstrecken wird. So ist, was zwischen den Parteien in Gegenwart des Anwalts verhandelt wurde, der Gegenpartei gegenüber kein Geheimnis. Dennoch braucht der Rechtsanwalt in einem neuen Prozeß zwischen denselben Parteien hierüber nicht als Zeuge auszusagen, weil dem Richter und der Öffentlichkeit gegenüber die Geheimhaltungspflicht besteht. Ebenso: SeuffA. **43** 359 (RGZS. V 22. 2. 88); RGZ. **50** 353 (ZS. V 27. 11. 01); JW. **93** 347 Nr. 20 (RGZS. III 16. 6. 93); OLG. **13** 158 (OLG. Karlsruhe 4. 7. 05). A. M.: OLG. Dresden 13. 2. 88 bei Hergenhahn **1** 18.

Der Kreis dieser Personen, denen gegenüber die Geheimhaltung erfolgen soll, kann ständig wechseln, z. B. dadurch, daß das Geheimnis nach der Mitteilung an den Anwalt auch einzelnen dritten Personen anvertraut wird.

Die Relativität des Begriffes geht jedoch nicht soweit, daß alles Geheimnis wäre, was irgend jemandem unbekannt ist und unbekannt bleiben soll. Auszuscheiden sind vielmehr, wie schon oben erwähnt, alle offenkundigen Tatsachen, d. h. zunächst alle Tatsachen, welche als solche (nicht bloß als Gerücht) einem unbegrenzten Kreise von Personen bekannt sind und

---

*) Das Interesse betont: RGZ. **30** 382 (ZS. IV 24. 11. 92); GruchotsBeitr. **38** 497 (RGZS. IV 2. 11. 93).

zwar einem Kreise von Personen, vor denen Geheimhaltung erfolgen soll und die ihrerseits weder ein Interesse an der Geheimhaltung noch irgendeine Verpflichtung hiezu haben. Ähnlich RGSt. **38** 62 (StS. II 16. 5. 05); Mittermaier in ZStW. **21** 207; Olshausen StGB.[7] § 300 Anm. 2.

Zu den offenkundigen Tatsachen gehören auch alle diejenigen, welche ihrer Natur nach zur öffentlichen Kenntnis bestimmt sind. Wenn daher die Partei dem Rechtsanwalt anvertraut, daß sie Gütertrennung vereinbart habe und daß diese Tatsache im Güterrechtsregister eingetragen sei, so liegt kein Berufsgeheimnis vor. Wohl aber, wenn es sich um Mitteilungen über Grundbucheinträge handelt, weil hier nur die Interessenten ein Recht auf Einsicht haben. Offenkundig sind ferner: öffentlich verkündete Urteile (ebenso: OLG. **5** 69 — KG. 12. 4. 02), Zeitungsartikel, die Geburten (Hippe in GoltdArch. **46** 297) und Todesfälle nach Eintragung ins Standesregister rc.

Wenn nun in dem erstgenannten Falle (Güterrechtsregister) die Partei dem Anwalt speziell die Pflicht zum Schweigen auferlegt, so entsteht eine spezielle Vertragspflicht zur Verschwiegenheit, welche jedoch von der gesetzlichen, nur auf Privatgeheimnisse sich erstreckenden Schweigepflicht wohl zu unterscheiden ist und z. B. ein Zeugnisverweigerungsrecht nicht begründet. Vgl. auch Finger 360, Beling 29.

Findet nach dem Gesagten die Relativität des Begriffes „Geheimnis" da ihre Grenze, wo die Offenkundigkeit anfängt, so ist anderseits zu beachten, daß auch die Offenkundigkeit kein für alle Zeiten gleichbleibender Zustand zu sein braucht. Ein öffentlich verkündetes Urteil kann in Vergessenheit geraten; teilt nun der Klient seinem Rechtsanwalt mit, daß er vor 10 Jahren wegen Betrugs verurteilt worden sei, so liegt ein Geheimnis vor, wenn die Tatsache der früheren Verurteilung nicht mehr öffentlich bekannt ist; es leuchtet ohne weiteres ein, daß eine Verbreitung dieser anvertrauten Tatsache — bei Kenntnis der Sachlage — eine unerhörte Treulosigkeit wäre.

Der Begriff des „Privatgeheimnisses" ist auch insofern ein relativer, Anm. 17.
als das Bedürfnis nach Geheimhaltung der betreffenden Tatsache heute vorhanden, morgen nicht vorhanden, aber auch heute nicht vorhanden und morgen vorhanden sein kann. Der Klient teilt dem Rechtsanwalt seine Personalien, insbesondere seine vielleicht nicht offenkundige Privatadresse mit; ein Interesse des Klienten an der Geheimhaltung oder der Wille hiezu ist nicht erkennbar, das Gegenteil vielmehr sicher. Niemand wird annehmen, daß der Rechtsanwalt nicht befugt sei, einem Freund, der ihn nach der Adresse des Klienten fragt, dieselbe zu nennen. Fahndet aber in einem späteren Zeitpunkte die Staatsanwaltschaft nach dem Klienten, so wäre jede Verbreitung des „Geheimnisses" zweifellos eine Pflichtverletzung des Rechtsanwalts. Maßgebend für die Entscheidung der Frage, ob eine Tatsache als Geheimnis zu erachten sei, ist also nicht der Zeitpunkt, in welchem die Tatsache dem Rechtsanwalt anvertraut wurde, d. h. bekannt geworden ist, sondern der Zeitpunkt, in welchem die Offenbarung in Frage kommt. Zutreffend: RGZS. IV 2. 11. 93 in GruchotsBeitr. **38** 497; abweichend: LG. Limburg 18. 4. 95 in BuschsZ. **22** 153.

γ) Wenn das von der Partei dem Rechtsanwalt anvertraute Privatgeheimnis Anm. 18.
dem letzteren außerhalb seiner Berufsausübung auch von anderer Seite — und zwar nicht als Geheimnis des Klienten — mitgeteilt oder sonst

bekannt gemacht wurde, so fragt es sich, ob damit die Eigenschaft eines Privatgeheimnisses der Partei entfällt. Die Frage ist zu bejahen, und zwar sowohl für den Fall, daß die Mitteilung vor, als auch für den Fall, daß sie nach der Anvertrauung des Geheimnisses erfolgte. Denn was der Anwalt außerhalb des Bereiches seiner Schweigepflicht erfährt, darf er an sich offenbaren, und damit wird bezüglich der gleichen Tatsachen auch die sonst bestehende Schweigepflicht von selbst gegenstandslos. Ob der Anwalt nicht trotzdem durch Offenbarung solcher Tatsachen im einzelnen Falle gegen die Standeswürde und sonstige Pflichten verstößt, ist eine andere Frage (vgl. Anm. 34).

Anm. 19. c) Kraft seines Amtes muß das Geheimnis dem Rechtsanwalt anvertraut sein.

Diese Voraussetzung liegt vor, sobald eine Tatsache durch die betreffende Berufsausübung und mit Bezug auf dieselbe dem Rechtsanwalt bekannt geworden ist. Im wesentlichen ebenso jetzt die herrschende Meinung. Vgl. OLG. Dresden 13. 2. 88 in SeuffA. **44** 107; OLG. Marienwerder 7. 12. 94 in SeuffA. **51** 357; RGZ. **35** 400 (ZS. VI 24. 5. 95); SeuffA. **43** 359 (RGZS. V 22. 2. 88); neuerdings: OLG. Darmstadt 7. 7. 05 in HessRspr. **6** 153; OLG. München 19. 4. 06 in SeuffBl. **71** 424; JW. **01** 719 Nr. 7 (RGZS. V 18. 9. 01); RGZ. **54** 1 (ZS. V 7. 2. 03); Leonhard in ZStW. **26** 431. Weitere Literatur bei Olshausen StGB.[7] § 300 Anm. 3.

Auch Handlungen, welche der Rechtsanwalt selbst vornimmt, können unter das Berufsgeheimnis fallen, nicht minder die Frage, ob er zu solchen Handlungen von der Partei ermächtigt war; zweifellos unrichtig: OLG. Stettin 18. 9. 00 in OLG. **2** 11; zu eng auch Beling 19 Anm. 1.

Es genügt nicht, daß die Tatsache nur gelegentlich der Berufsausübung dem Rechtsanwalt bekannt wurde; sie muß vielmehr durch dieselbe dem Anwalt zugänglich werden und auch auf die betreffende Berufstätigkeit Bezug haben. Teilt jemand anläßlich der Information zu einem Prozesse dem Anwalt gesprächsweise irgendein Familienereignis mit, das in gar keiner Beziehung zu dem Prozeßstoff steht, so wird hiedurch ein Berufsgeheimnis nicht anvertraut. Vgl. OLG. **6** 128 (KG. 10. 6. 02), ferner OLG. Marienwerder 28. 10. 05 in PosMSchr. **06** 15. (Tatsachen, die dem Rechtsanwalt vor Entstehung des Vertrauensverhältnisses von der Partei mitgeteilt wurden, fallen nicht unter das Berufsgeheimnis).

Anm. 20. Als Amt oder Beruf des Anwalts kommt nur seine Tätigkeit als Parteivertreter, Verteidiger, Beistand oder Berater in Betracht. Dagegen ist er beispielsweise als Konkursverwalter oder Gläubigerausschußmitglied dem Gemeinschuldner nicht zur Verschwiegenheit verpflichtet. Zutreffend: RGZS. VI 30. 1. 99 in GruchotsBeitr. **43** 509. Inwieweit die Stellung eines Konkursverwalters, Nachlaßpflegers rc. an sich ebenfalls eine Schweigepflicht bedingt, kann hier nicht erörtert werden, weil hier für die Rechtsanwälte keine besonderen Regeln gelten.

Anm. 21. d) Das Berufsgeheimnis darf der Rechtsanwalt nicht unbefugt offenbaren, d. h. er darf es — gleichviel aus welchen Motiven — niemandem, für den es nicht bestimmt ist, ohne positive Befugnis hiezu mitteilen, d. i. zugänglich machen. Nicht rechtswidrig ist hienach regelmäßig die Mitteilung an das eigene Personal, an den Sozius, Generalsubstituten oder Spezialvertreter, an einen Kollegen, von welchem man im Interesse des Klienten weiteres Material erhofft und welcher um Verschwiegenheit gebeten wird rc.

Anm. 22. α) Die positive Befugnis zur Offenbarung liegt vor:

aa) in denjenigen Fällen, in welchen das Gesetz eine öffentlichrechtliche Pflicht zur Offenbarung statuiert (z. B. § 139 StGB., § 13 SprengstG. 9. 6. 84, § 9 Ges. betr. Verrat mil. Geheimnisse).

bb) in den Fällen der Notwehr oder des Notstandes (§ 227 BGB., Anm. 23.
§§ 52—54 StGB.).

cc) wenn der Geheimnisträger den Rechtsanwalt von der Verschwiegen- Anm. 24.
heit entbindet.

dd) wenn die Verfolgung oder Verteidigung eigener Rechte durch den Anm. 25.
Anwalt die Offenbarung des Geheimnisses erfordert (gl. M.: Binding, Lehrbuch Bes. Teil [2] **1** 127; vgl. auch Mittermaier in ZStW. **21** 225; Serexhe 92); also insbesondere dann, wenn der Rechtsanwalt seinen eigenen Klienten wegen seiner Gebühren verklagt und hiebei Darlegung des Sachverhältnisses notwendig wird. Nicht minder, wenn der Rechtsanwalt sich ehrengerichtlich oder strafrechtlich verantworten muß. Binding faßt diese Fälle gut unter den Begriff des Notstandes zusammen (a. a. O. 127).

β) Keine Befugnis dagegen besteht für den Anwalt zur Offenbarung von Anm. 26.
Geheimnissen zu rein wissenschaftlichen Zwecken oder aus humanitären Gründen (Bewahrung eines anderen vor Schaden), es sei denn, daß die Voraussetzungen der Notwehr oder des Notstandes vorliegen. Viel zu weit gehen: Serexhe 93 ff., Jaeger in DJZ. **11** 800 (gegen ihn: Leo DJZ. **11** 1018). Zu eng: Bendix in GoltdArch. **51** 1 ff. Zutreffend: Binding a. a. O. 127; Mittermaier ZStW. **21** 197; Olshausen StGB.[7] § 300 Anm. 9; OLG. Dresden 16. 3. 06 in SächsArch. neue Folge **1** 205. Bedenklich: RGZ. **53** 315 (ZS. VI 19. 1. 03), wonach abzuwägen wäre, ob eine höhere sittliche Pflicht als die Pflicht zur Verschwiegenheit vorliege.

γ) Keine Befugnis zur Offenbarung des Geheimnisses wird ferner dem Anm. 27.
Anwalt dadurch gewährt, daß er über die betreffende Tatsache als Zeuge vernommen wird. Die im Strafrecht herrschende Meinung schließt daraus, daß die einschlägigen Bestimmungen der Prozeßgesetze den Rechtsanwalt zur Zeugnisverweigerung nur für berechtigt, nicht für verpflichtet erklären, das Gegenteil. Allein für die Statuierung einer Schweigepflicht war in jenen Gesetzen, welche nur die Ausnahmen von der allgemeinen Verpflichtung, Zeugnis abzulegen, aufzählen wollen, kein Raum. Anderseits ist es unverständlich, wie das Gesetz — z. B. in § 383 Abs. 1 Ziff. 5, Abs. 3, § 385 Abs. 2 ZPO. — stets von der „Verpflichtung zur Verschwiegenheit" sprechen könnte, wenn eine solche für den Zeugen gar nicht existierte. In § 383 Abs. 3 ZPO. wird sogar der — nach der herrschenden Meinung unmögliche — Fall berücksichtigt, daß „ohne Verletzung der Verpflichtung zur Verschwiegenheit ein Zeugnis nicht abgelegt werden kann". Auch die Entstehungsgeschichte der Prozeßgesetze beweist — wie neuerdings Simonson in DJZ. **9** 1014 gezeigt hat —, daß man durch die Bestimmungen über Zeugnisweigerung keineswegs in die durch § 300 StGB. statuierten Pflichten der Ärzte, Anwälte ꝛc. eingreifen wollte.

Uns. M.: Gaupp-Stein ZPO.[8 u. 9] § 383 Anm. 5; Simonson in DJZ. **9** 1014; Günther 27; Bendix GoltdArch. **52** 14; Liebmann 7; Franz, Das Deutsche Notariat 346. Das Reichsgericht hat die Frage ex professo noch nicht entschieden. RGSt. **19** 364 (StS. I 8. 7. 89) folgt nur scheinbar der herrschenden Meinung, während RGZ. **53** 317 (ZS. VI 19. 1. 03) ausdrücklich sagt, daß es die herrschende Meinung bewußterweise seiner Entscheidung nicht zugrunde gelegt habe. Die von Gaupp-Stein zitierte Entscheidung vom 9. 5. 03 in RGZ. **54** 360 enthält über unsere Frage nichts. Vgl. im übrigen die Literatur bei Olshausen StGB.[7] § 300 Anm. 9

und Finger a. a. O. 366, auch in RGZ. **53** 317 (Anmerkung). Daß die von uns vertretene Ansicht de lege ferenda zu billigen ist, scheint auch Beling 39 zuzugeben.

Wenn die Zeugnisverweigerung des Rechtsanwalts durch eine unrichtige, aber rechtskräftige gerichtliche Entscheidung für unbegründet erklärt ist, so wird die Pflicht zur Verschwiegenheit praktisch hinfällig. Es tritt dann ein Notstand ein, welcher den Rechtsanwalt zwingt, das Geheimnis zu offenbaren. Im Resultat ebenso: RGZ. **53** 317 (ZS. VI 19. 1. 03).

Anm. 28. e) **Der Träger des Geheimnisses ist auch befugt,** die Offenbarung desselben zu gestatten, **den Rechtsanwalt von der Schweigepflicht zu entbinden.**

Diese Befugnis wird für den beschränkt Geschäftsfähigen, für den Geschäftsunfähigen und für juristische Personen sowie sonstige Personeneinheiten durch den gesetzlichen Vertreter ausgeübt, z. B. für offene Handelsgesellschaften durch jeden vertretungsberechtigten Gesellschafter. Soweit jedoch der beschränkt Geschäftsfähige handlungs- bzw. prozeßfähig ist, ist er auch selbst zur Ausübung dieses Rechts befähigt. So der minderjährige Angeklagte bezüglich seines Verteidigers, der minderjährige Ehegatte hinsichtlich des Scheidungsprozesses (§ 612 ZPO.) ꝛc.

Wer nicht selbst über das Recht auf Verschwiegenheit disponieren kann, vermag natürlich auch dem Anwalt nicht zu verbieten, daß derselbe dem gesetzlichen Vertreter des Geheimnisträgers das Geheimnis kundgebe.

Anm. 29. **Wie aber steht es mit dem Berufsgeheimnis im Falle des Konkurses?** Ist der Konkursverwalter, der z. B. einen Prozeß des Gemeinschuldners aufnimmt, befugt, über das Geheimnis des letzteren aus eigenem Rechte zu verfügen und den Rechtsanwalt, welchem es anvertraut ist, von der Schweigepflicht zu entbinden?

Das Reichsgericht hat die Frage mit Bezug auf Notare neuerdings wiederholt mit der Maßgabe bejaht, daß die Tatsache, um deren Aufklärung es sich handelt, für die Konkursmasse von Bedeutung sein müsse und daß neben dem Konkursverwalter auch der Gemeinschuldner Geheimnisträger bleibe, soweit seine persönlichen Interessen auf dem Spiele ständen. So: RGZS. I 15. 10. 04 in JW. **05** 28 Nr. 38; RGZS. V 30. 5. 06 in JW. **06** 430 Nr. 17. A. M.: OLG. Darmstadt 9. 7. 02 in HessRspr. **3** 177.

Die Anschauung des Reichsgerichts dürfte kaum haltbar sein. Schon die Einschränkung, die es selbst von vornherein machen mußte, beweist, auf wie schwankendem Boden das Reichsgericht sich hier bewegt. Eine Teilung des Geheimnisses zwischen Gemeinschuldner und Konkursverwalter, wie sie hier versucht wird, ist theoretisch und praktisch undurchführbar. Man denke nur an die Konsequenz für die Lehre vom Strafantrag! Vgl. RGSt. **35** 149 (StS. IV 4. 3. 02); **33** 433 (StS. IV 26. 10. 00). Wie soll man ferner die Frage entscheiden, ob der Gemeinschuldner ein persönliches Interesse an der Geheimhaltung neben dem vermögensrechtlichen (das ja meist vorliegen wird) habe? Man weiß ja im voraus nicht, welche Privatgeheimnisse des Gemeinschuldners notwendig aufkommen müssen, sobald der Rechtsanwalt als Zeuge aussagt.

Nicht jedes Recht des Gemeinschuldners, mag es auch für die Konkursmasse von großer Bedeutung sein, geht in die Disposition des Verwalters über. Man denke an das Recht auf die Firma, über welches bekanntlich der Konkursverwalter nicht verfügen kann. Auch über die Geheimnisse des Gemeinschuldners steht jenem keine Disposition zu, außer in den seltenen Fällen, in denen der Konkursverwalter in ein Vertragsverhältnis des Gemeinschuldners zum Rechtsanwalt eintritt (vgl. Exkurs vor § 30 Anm. 144).

Eine Gefahr für die Interessen der Gläubiger ist hierin nicht zu erblicken; denn der Konkursverwalter kann seinerseits nicht nur den Gemeinschuldner zur

Auskunftserteilung zwingen (§ 100 KO.), sondern er kann auch von dem Rechtsanwalt in den die Konkursmasse betreffenden Angelegenheiten Auskunft über den Stand der Sache (§ 666 BGB.) und Herausgabe der Handakten verlangen. Die Auskunftpflicht des Gemeinschuldners führt auch unter Umständen dazu, daß er gezwungen werden kann, die Auskunft seitens des Rechtsanwalts zu ermöglichen, also das Schweigeverbot zu lösen. Niemals aber kann der Konkursverwalter — wenn er nicht selbst in das Vertragsverhältnis eingetreten ist — den Rechtsanwalt des Gemeinschuldners von der Schweigepflicht entbinden oder ihn zu einer Aussage vor Gericht, möglicherweise zum Schaden seines Klienten, zwingen.

f) Hört die Partei, welche Trägerin des Geheimnisses ist, auf zu existieren, Anm. 30.
ohne daß eine Universalsukzession in das Treuverhältnis zu dem Rechtsanwalt stattfände, so fragt es sich, ob das Geheimnis frei wird oder ob es — von nun ab unlösbar — bestehen bleibt. Letzteres ist richtig; auch dem Toten schuldet der Anwalt die Treue.

g) Die Pflicht zur Wahrung des anwaltschaftlichen Berufsgeheimnisses bleibt Anm. 31.
bestehen, auch wenn der Anwalt dem Stande nicht mehr angehört. Vgl. Binding, Lehrbuch Bes. Teil[2] **1** 126; Olshausen StGB.[7] § 300 Anm. 4; Fromme 11; Hippe GoltdArch. **46** 289; Bennecke-Beling StPR. 351; Oppenhoff StGB.[14] § 300 Anm. 5.

h) Die vorstehenden Ausführungen geben im wesentlichen die Norm wieder, Anm. 32.
welche dem § 300 StGB. zugrunde liegt. Eine Erörterung speziell strafrechtlicher Fragen — z. B. hinsichtlich des Vorsatzes und Strafantrags — liegt jedoch außerhalb unserer Aufgabe.

i) Eine Pflichtverletzung im Sinne des § 28 liegt natürlich auch hier nur Anm. 33.
dann vor, wenn ein Mangel an Gewissenhaftigkeit gegeben ist, nicht schon dann, wenn objektiv eine Verletzung des Berufsgeheimnisses anzunehmen ist. Denn es gibt Fälle, in welchen es außerordentlich schwierig ist das Richtige zu treffen, und in welchen kein Vorwurf gegen denjenigen erhoben werden kann, welchem die zu treffende Unterscheidung nicht gelungen ist.

5. Im vorstehenden war lediglich von der speziellen gesetzlichen Schweigepflicht Anm. 34.
des Rechtsanwalts die Rede, wie sie dem Rechte der Zeugnisverweigerung zugrunde liegt und die Norm des § 300 StGB. bildet. Außerdem gibt es aber auch eine hievon verschiedene, durch speziellen Vertrag übernommene Schweigepflicht (vgl. oben Anm. 16) und eine noch weitergehende reine Anstandspflicht des Anwalts, die Diskretion zu bewahren. Letzteres gilt z. B., wenn ein Anwalt seinem Kollegen mit der Bitte um Verschwiegenheit einen Fall mitteilt, um von ihm im Interesse seines Mandanten weiteres Material zu bekommen. Eine gesetzliche Schweigepflicht kommt hier nicht in Frage. Vgl. auch OLG. Frankfurt a. M. 3. 3. 90 bei Hergenhahn **1** 21.

Ebenso liegt prinzipiell das Verhältnis, wenn ein Sozius dem anderen privatim Geheimnisse seiner Partei mitteilt. Allein in der überwiegenden Mehrzahl der Fälle wird diese Mitteilung an den Sozius in seiner Eigenschaft als Mitbeauftragten, Spezialvertreter oder Generalsubstituten erfolgen, oder wenigstens in der stillschweigenden Erwartung, daß ein Vertretungsverhältnis demnächst in Frage kommen werde. In allen diesen Fällen tritt dann die gesetzliche Schweigepflicht in Kraft. Vgl. (weitergehend) OLG. Frankfurt a. M. 8. 12. 93 in SeuffA. **50** 102. Vgl. hiezu auch den Exkurs zu § 40.

6. Über sonstige spezielle Pflichten des Rechtsanwalts vgl. die §§ 29—40 RAO. Anm. 35.

B. Die Pflicht zur Wahrung der Standeswürde. 1. Der Rechts- Anm. 36.
anwalt darf selbstverständlich innerhalb und außerhalb seines Berufes nichts tun, was jedes anständigen und gebildeten Menschen unwürdig wäre. Ergibt er sich dem Trunke, erregt er durch unsittliche Handlungen Ärgernis, mißhandelt er

seine Ehefrau, so verletzt er seine Menschenwürde und damit zugleich die Würde seines Standes.

Anm. 37. 2. Aber der Rechtsanwalt hat auch eine spezielle, seinem Berufe eigentümliche Würde zu wahren. Er muß stets vor Augen haben, daß er kein Gewerbe ausübt, sondern ein Amt, einen vornehmen hohen Beruf im Dienste des Rechts. Er muß daher stets die Interessen, die ihm anvertraut sind, höher halten als seine eigenen wirtschaftlichen Interessen. Er darf seine Dienste nicht werbend anbieten wie ein Kaufmann, darf nicht — im Sinne der Geschäftswelt — einen Konkurrenzkampf führen 2c.; vgl. z. B. EGH. **1** 202 (2. 5. 84); **2** 91 (6. 11. 85); **3** 299 (28. 9. 86).

Auch bei Verfolgung seiner materiellen Interessen, die ihm natürlich nicht verwehrt ist, muß er den vornehmen Charakter seines Berufes wahren. Für ihn gilt nicht der Satz: „Was nicht verboten ist, ist erlaubt". Auch das zivilrechtlich Erlaubte ist ihm verboten, wenn es anstandswidrig ist: so die rigorose Ausübung des Retentionsrechts ohne Rücksicht auf bedeutende Interessen des Mandanten, rücksichtslose Vollstreckung wegen geringfügiger Beträge 2c.

Anm. 38. 3. Die Standeswürde ist ein einheitlicher Begriff; eine Abstufung innerhalb des Standes — etwa nach Gesellschaftsklassen (Reserveoffiziere!) — oder je nachdem es sich hier um einen Amtsgerichtsanwalt, dort um einen Oberlandesgerichtsanwalt handelt — gibt es nicht. So: Berger § 28 Anm. 2; EGH. **1** 140 (25. 5. 83); **3** 299 (28. 9. 86). Auch für die Reichsgerichtsanwälte gilt hier nichts anderes.

Anm. 39. 4. Nicht jede Ungebühr des Anwalts, jedes unpassende oder taktlose Verhalten begründet einen Verstoß gegen § 28. Es muß stets geprüft werden, ob das Verhalten den Anwalt der Achtung als unwürdig erscheinen läßt, welche sein Beruf erfordert. Auch hier kommt ev. das Gesamtverhalten des Rechtsanwalts in Betracht. Vgl. z. B. EGH. **1** 44 ff. (29. 12. 84); **6** 101 (24. 6. 93); **10** 212 (7. 11. 00) und viele andere.

Anm. 40. 5. Ob eine Pflichtverletzung des Rechtsanwalts die gewissenhafte Berufsausübung oder die Wahrung der Standeswürde betrifft, ist häufig schwer zu unterscheiden. Es besteht aber auch zu dieser Unterscheidung kaum je ein praktisches Bedürfnis.

Anm. 41. C. Kasuistik. Einige besonders wichtige Beispiele von Pflichtverletzungen sollen, soweit sie nicht bereits anderweitig genannt sind, hier und zwar im wesentlichen an Hand der Entscheidungen des EGH. aufgezählt werden. Eine irgendwie erschöpfende Registrierung ist aus den oben Anm. 2 angeführten Gründen nicht beabsichtigt.

Anm. 42. 1. Teilung von Ansprüchen, um die Zuständigkeit des Amtsgerichts statt der des Landgerichts herbeizuführen, verstößt gegen § 28, wenn eigennützige Motive zugrunde liegen; aber auch dann, wenn die Teilung im vermeintlichen Interesse der Klienten gewohnheitsmäßig geschieht. Im einzelnen Falle kann die Teilung durchaus zulässig sein, z. B. wenn es sich darum handelt, noch kurz vor den Gerichtsferien ein Urteil gegen den Beklagten zu bekommen und dies nur beim Amtsgericht — wegen der kürzeren Einlassungsfrist — möglich ist. Allein auch in solchen Fällen wird, wenn durch die Teilung wesentlich höhere Gebühren entstehen, der Klient vorher hierüber aufzuklären sein. Auch ist in voraussichtlich kontradiktorischen Sachen der Mandant darauf hinzuweisen, daß infolge der Teilung das Landgericht als letzte Instanz fungiert. Vgl. EGH. **1** 112 (16. 11. 83), **4** 178 (17. 1. 88), **6** 92 (6. 4. 92), **6** 97 (6. 4. 92), **8** 110 (15. 4. 96), **8** 115 (15. 12. 97), **9** 140 (2. 3. 98), **10** 87 (13. 6. 00), **12** 19 (11. 5. 04).

Entsprechende Grundsätze gelten bezüglich der Prorogation zum Amtsgerichte in Sachen, welche an sich vor das Landgericht gehören. Vgl. EGH. **8** 21 (10. 11. 97).

2. Verweigerung des Empfangsbekenntnisses bei der Zustellung von Anwalt zu Anwalt ist unzulässig, wenn die Zustellung formell in Ordnung ist. EGH. **1** 136 (21. 12. 81). Anm. 43.

3. Mitwirkung bei einem pactum de non licitando hat der EGH. für anwaltschaftlich unzulässig erklärt. **1** 179 (11. 6. 84), **5** 215 (16. 12. 91). Anm. 44.

4. Verbindung mit Winkelkonsulenten zwecks gemeinsamer Berufsausübung ist unzulässig. Vgl. z. B. EGH. **1** 191 (17. 5. 82), **1** 193 (1. 12. 82), **2** 96 (7. 5. 85), **3** 50 (25. 3. 87), **3** 291 (29. 11. 86), **3** 293 (28. 9. 86), **4** 7 (22. 1. 89), **5** 19 (11. 7. 90), **10** 194 (18. 4. 00). Anm. 45

Unzulässig ist ferner ein Tantième-Vertrag mit dem eigenen Bureauvorsteher. EGH. **2** 69 (18. 11. 85), **3** 87 (16. 12. 87), **4** 205 (11. 12. 89).

5. Unzulässig ist der Verkauf der Anwaltspraxis. Das Vertrauen, welches das Publikum dem Rechtsanwalt schenkt, darf nicht in Geld umgesetzt werden. EGH. **2** 5 (29. 1. 86), **2** 100 (18. 11. 85), **8** 154 (19. 5. 97); ebenso: AKJahrB. **83—85** 8. Anm. 46.

Das Reichsgericht hat vor kurzem ausgesprochen, daß ein derartiger Kaufvertrag gegen die guten Sitten verstoße und nichtig sei. JW. **07** 474 Nr. 4 (ZS. III 11. 6. 07); vgl. auch Dernburg **2** (Abt. 2) 6 Anm. 5.

6. Über rigorose Handhabung des Retentionsrechtes vgl. § 32 Anm. 35. Anm. 47.

7. Über Errichtung von Zweigbureaus vgl. § 18 Anm. 21. Anm. 48.

8. Über pacta de quota litis, welche an sich nicht unzulässig sind, vgl. Exkurs vor § 30 Anm. 15, 16 und EGH. **3** 150 (22. 11. 87), **7** 121 (27. 6. 94), **5** 140 (4. 11. 90), **5** 132 (2. 5. 91). Die letztere Entscheidung, wonach der Rechtsanwalt im konkreten Falle für berechtigt erklärt wurde, die Vermittlung eines Grundstückskaufes gegen Ausbedingung von 1 % der Kaufsumme zu übernehmen, ist sehr bedenklich. Anm. 49.

9. Die Rücksichten auf die Kollegialität bedingen für den Rechtsanwalt mancherlei Verpflichtungen. Allgemein gültige Regeln lassen sich hier kaum aufstellen. Die Kollegialität darf natürlich nicht dazu führen, daß der Rechtsanwalt die Interessen seiner Partei aufs Spiel setzt. Anm. 50.

Daher sind die Fragen, ob der Rechtsanwalt ohne Zuziehung des Gegenanwalts mit der anderen Partei, insbesondere über einen Vergleich, verhandeln darf, und ob es zulässig ist, bei Abwesenheit des Kollegen Versäumnisurteil zu erwirken, nur von Fall zu Fall zu entscheiden. Vgl. EGH. **3** 299 (28. 9. 86), **7** 80 (27. 6. 94), **9** 110 (14. 6. 99), **9** 114 (1. 2. 99), ferner Müller in Recht **04** 624. In dem ersterwähnten Falle handelt es sich übrigens nicht nur um eine Frage der Kollegialität, sondern auch darum, daß der Rechtsanwalt nicht einmal den Anschein erwecken darf, als wollte er im Interesse seines Klienten lieber mit einem anwaltschaftlich nicht beratenen Gegner verhandeln und dessen Unerfahrenheit ausnützen.

10. Nicht minder hat der Anwalt Rücksichten auf die übrigen Organe der Rechtspflege und auf sonstige Behörden zu nehmen. Eine große Reihe von Entscheidungen des EGH. betrifft Beleidigungen und Verdächtigungen von Richtern, Staatsanwälten und anderen Beamten, ungehöriges Verhalten gegen dieselben, Rücksichtslosigkeiten gegenüber dem AKV. ꝛc. Vgl. hiezu auch EGH. **10** 137 (24. 6. 01), wonach ein Rechtsanwalt wegen Rücksichtslosigkeit gegen das Gericht bestraft wurde, weil er in einer Schwurgerichtssache am Tage der Hauptverhandlung wegen Nichtleistung der vereinbarten Vorschußzahlung die Wahlverteidigung niederlegte. Anm. 51.

Anm. 52. 11. Allgemeine Vereinbarungen zwischen Amts- und Landgerichtsanwälten über ständige Zuweisung von Rechtssachen unter Teilung der Gebühren sind regelmäßig unzulässig, jedenfalls dann, wenn nicht der Gebührenteilung auch die Arbeitsteilung entspricht. Vgl. EGH. **4** 151 (17. 1. 88), **5** 131 (5. 5. 90), **7** 114 (17. 9. 94); AKV. Darmstadt in AKJahrB. **86** 9. Dies gilt jedoch nur, soweit nicht Sozietäten vorliegen. Bei diesen kann auch regelmäßige, gegenseitige Substitution zwecks Ermöglichung des Auftretens aller Sozien bei allen in Betracht kommenden Gerichten nicht für unzulässig erachtet werden. Tadelnswerte Motive liegen hier nicht vor, da ja die Einnahmen doch zur gemeinsamen Kasse fließen. Vgl. hiezu auch Exkurs zu § 40 Anm. 6; ferner AKV. Stettin, Jena, Celle in AKJahrB. **83—85** 7.

Anm. 53. 12. Die Ausübung der Praxis neben dem Generalsubstituten ist regelmäßig ein Verstoß gegen die Standeswürde; vgl. § 25 Anm. 32.

Anm. 54. 13. Darüber, ob der Rechtsanwalt als Verteidiger berechtigt sei, den Angeklagten dahin zu beraten, daß er sich auf die Anklage nicht erkläre, vgl. EGH. **6** 104 (13. 1. 92), auch JW. **92** 73.

Anm. 55. 14. In der Ausübung öffentlicher, politischer Tätigkeit ist der Rechtsanwalt nicht beschränkt. Auch die Zugehörigkeit zu irgendeiner politischen Partei, z. B. zur Sozialdemokratie, kann ihm nicht verboten werden; doch hat er auch bei Ausübung seiner politischen Tätigkeit stets die Würde des Anwalts zu wahren. Dies gilt besonders dann, wenn diese Tätigkeit gleichzeitig in den Rahmen anwaltschaftlicher Wirksamkeit fällt. Vgl. EGH. **3** 282 (11. 5. 86), **6** 229 (17. 11. 92), **6** 241 (26. 9. 92).

Anm. 56. 15. Nichtzahlung des Beitrags zur Anwaltskammer ist ein Verstoß gegen die Anwaltspflichten. EGH. **10** 164 (13. 3. 01).

Anm. 57. 16. Die in der Praxis nicht selten auftauchende Frage, ob es anwaltschaftlich unzulässig sei, die Parteien in einem nach § 420 StPO. anberaumten Sühnetermine zu vertreten oder zu verbeistanden, ist vom EGH. im Sinne der Zulässigkeit dieser Berufshandlungen entschieden worden. EGH. **11** 152 (16. 12. 03).

Anm. 58. 17. Es entspricht regelmäßig nicht der Würde des Rechtsanwalts, seine Haftung gegenüber dem Auftraggeber im voraus inhaltlich zu beschränken. Eine zeitliche Beschränkung ist, wenn sie nicht zu weit geht, mit Rücksicht auf die für die Mehrzahl der Fälle geltenden, höchst unbilligen Verjährungsbestimmungen unbedenklich (vgl. Exkurs vor § 30 Anm. 64). Nicht zulässig ist es regelmäßig, im voraus mit der Partei zu vereinbaren, daß die Handakten binnen ganz kurzer Frist, z. B. binnen 6 Monaten nach Beendigung des Auftrages, auch ohne vorherige Aufforderung vernichtet werden dürfen. Ebenso AKV. Hamburg in AKJahrB. **87** 9. Ausnahmen kann man für unbedeutende Sachen zulassen.

Anm. 59. 18. Unter keinen Umständen aber darf der Anwalt Änderungen der gesetzlichen Haftungsbestimmungen dadurch herbeiführen, daß er dieselben in die von der Partei zu unterzeichnenden Vollmachtsformulare aufnimmt, es sei denn, daß er die Partei auf den Inhalt derselben deutlich und nachdrücklich aufmerksam macht.

Dasselbe gilt von jeder sonstigen, nicht zum eigentlichen Inhalt der Vollmachtsurkunde gehörigen Bestimmung, durch welche dem Anwalt besondere Rechte eingeräumt werden sollen; z. B. Honorarvereinbarungen, Zession der Streitsumme oder des Kostenerstattungsanspruches an den Rechtsanwalt rc. Vgl. AKJahrB. **87** 8, **89** 8.

Anm. 60. 19. Zur Wahrung der Standeswürde gehört auch gegebenenfalls ihre Verteidigung gegen Angriffe. Ungenügende Wahrung der eigenen Ehre ist eine Verfehlung gegen § 28. Vgl. z. B. EGH. **1** 230 (21. 3. 84).

D. Darüber, daß nicht jede Pflichtverletzung auch eine ehrengerichtliche Be- Anm. 61.
strafung nach sich ziehen muß, vgl. § 62 Anm. 5.

§ 29.

Der Rechtsanwalt muß, wenn er sich über eine Woche hinaus von seinem Wohnsitze entfernen will, für seine Stellvertretung sorgen, auch dem Vorsitzenden des Gerichts, bei welchem er zugelassen ist, sowie dem Amtsgericht, in dessen Bezirk er seinen Wohnsitz hat, Anzeige machen und den Stellvertreter benennen.

I. Allgemeiner Inhalt. Der Paragraph enthält ein Korrelat der Lokalisierung Anm. 1.
des Anwaltsstandes und der damit zusammenhängenden Residenzpflicht. Der Rechtsanwalt soll an dem gesetzlich bestimmten Orte nicht nur wohnen, sondern sich auch regelmäßig dort aufhalten. Bei länger dauernder Entfernung muß er daher für seine generelle Vertretung Sorge tragen.

Nach dem Entwurf (§ 25) sollte der Rechtsanwalt zu längerer Entfernung der Genehmigung des Gerichtsvorsitzenden bzw. der Landesjustizverwaltung bedürfen; nur zum Eintritt in eine deutsche gesetzgebende Versammlung sollte dieser „Urlaub“ nicht notwendig sein. Mit Recht hat die RTKomm. diese Bestimmung — als dem Prinzip der freien Advokatur widersprechend — gestrichen.

II. Spezieller Inhalt. 1. Die erste Voraussetzung für die im § 29 normierte Ver- Anm. 2.
pflichtung ist die, daß der Rechtsanwalt die Absicht hat, sich über eine Woche hinaus von seinem Wohnsitze zu entfernen. Will er zunächst nur auf kürzere Zeit verreisen, so tritt die Verpflichtung zur Bestellung eines Substituten erst ein, wenn sich seine Absicht geändert hat oder wenn sein Fernsein tatsächlich die Frist überschreitet. Anderseits genügt zur Begründung der Verpflichtung nach § 29 die Absicht, sich länger als eine Woche zu entfernen; die Nichterfüllung der Verpflichtung bleibt eine Verfehlung, auch wenn der Rechtsanwalt tatsächlich vor Ablauf der Frist zurückkehrt; ebenso: EGH. **5** 82 (1. 7. 91).

2. Die Minimalfrist von einer Woche endigt an demjenigen Tage, welcher Anm. 3.
seiner Benennung nach dem Tage der Entfernung entspricht. Die Abwesenheit von dem Wohnorte muß natürlich eine ununterbrochene sein.

3. Hat der Rechtsanwalt einen mehrfachen Wohnsitz, so liegen die Voraus- Anm. 4.
setzungen des § 29 nicht vor, wenn der Anwalt sich an einem der mehreren Wohnsitze aufhält.

4. Die „Stellvertretung“, für welche der Rechtsanwalt nach § 29 sorgen muß, Anm. 5.
ist die Generalsubstitution. (§ 25).

5. Bei mehrfacher Zulassung muß die Benennung des Generalsubstituten bei Anm. 6.
den Vorsitzenden aller Gerichte der Zulassung erfolgen; bei mehrfachem Wohnsitz möglicherweise auch bei mehreren Amtsgerichten.

6. Über die allgemeinere Bedeutung des § 29 und analoge Anwendung des- Anm. 7.
selben auf andere als durch Abwesenheit veranlaßte Verhinderungen vgl. § 25 Anm. 5.

7. Die Verpflichtung, welche § 29 statuiert, ist eine öffentlichrechtliche. Die Anm. 8.
Verletzung derselben kann zur ehrengerichtlichen Bestrafung führen. EGH. **5** 82 (1. 7. 91); **7** 62 (6. 6. 94).

8. Einzelne Bundesstaaten haben eine Verpflichtung des Gerichts, Verstöße gegen Anm. 9.
§ 29 dem Justizministerium oder dem OLG.Präsidenten anzuzeigen, statuiert.

So: Sachsen: V. 31. 7. 79 § 12; Sachsen-Altenburg: V. 17. 11. 79 § 17; Sachsen-Weimar: V. 10. 7. 79 § 18; Sachsen-Meiningen: V. 6. 1. 80 § 16; Coburg-Gotha: V. 2. 2. 80 § 16; Schwarzburg-Rudolstadt: MinV. 27. 1. 80 § 16.

Anm. 10. **III.** Wenn auch die Generalsubstitution nur bei mehr als einwöchentlicher Verhinderung vorgeschrieben ist, so ist es doch selbstverständlich, daß auch bei kürzerer Abwesenheit 2c. eine Spezialvertretung geboten sein kann und meistens geboten sein wird. Ein Anwalt, welcher drei Tage verreist, kann in der Regel nicht alles stehen und liegen lassen, sondern er muß für irgendeine Vertretung Sorge tragen. Tut er dies nicht, so riskiert er zivilrechtliche Haftungen und möglicherweise auch disziplinäre Ahndung.

Exkurs vor § 30.

Das Vertragsverhältnis zwischen dem Rechtsanwalt und seinem Klienten *).

Anm. 1. **I. Einleitung** (Begrenzung des Themas). Gegenstand der nachfolgenden Betrachtung soll nur das zwischen dem Anwalt als solchem und seiner Partei bestehende, dem eigentlichen Wesen des Anwaltsberufes entsprechende Vertragsverhältnis sein.

Es scheiden daher einerseits diejenigen Fälle aus, in welchen der Anwalt nicht als Berater, Vertreter, Beistand 2c. einem Klienten gegenübersteht, also z. B. die Fälle, in welchen er als Konkursverwalter, als Testamentsvollstrecker, Nachlaßpfleger oder in eigenen privaten Rechtsangelegenheiten tätig wird. Ferner scheiden diejenigen Fälle aus, in welchen der Anwalt zwar für einen Auftraggeber tätig wird, aber auf einem Gebiete, welches außerhalb der Grenzen der dem Anwalt zukommenden Wirksamkeit liegt: so, wenn der Rechtsanwalt — sei es auch scheinbar in Ausübung seines Berufes — sich zum Mäkler herabwürdigt oder ein gewinnbringendes Depositengeschäft mit seinen Klienten betreibt (vgl. Lotmar, Arbeitsvertrag **1** 315/16).

Anm. 2. **II. Die rechtliche Natur des Vertragsverhältnisses.** 1. Die Tätigkeit, welche der Anwalt für einen Klienten entwickelt, kann von verschiedenster Art sein. Daher unterliegt auch das Vertragsverhältnis nicht in allen Fällen den gleichen Normen. Zwei große Gruppen lassen sich logisch trennen.

Als wichtigsten Teil der anwaltschaftlichen Tätigkeit kann man die Führung von Rechtssachen bezeichnen; hieher gehört die Vertretung und Verbeistandung bei Behörden und Gerichten, insbesondere die Prozeßführung; ferner die außergerichtliche Beistandleistung oder Vertretung gegenüber Dritten, regelmäßig auch die Vermögensverwaltung für andere.

Eine zweite Gruppe von anwaltschaftlichen Geschäften umfaßt dagegen die ausschließliche Raterteilung in konkreten Fällen (Konsultation), die Fertigung von Gutachten, Verträgen, Testamenten 2c., also die Leistung gewisser festumgrenzter Tätigkeitsresultate.

---

*) Die Literatur über dieses Thema ist leider gering. Eine spezielle Monographie existiert nicht. Zu vergleichen ist besonders Lotmar, Der Arbeitsvertrag; Riezler, Der Werkvertrag nach dem BGB.; Kuhlenbeck in JW. **04** 595; Hachenburg, Dienst- und Werkvertrag im BGB. (Mannheim 1898); Dankwardt in IheringsJ. **13** 367 ff.; Brunswig in GoldschmidtsZ. **56** 77 ff.; Loewenfeld in Gutachten aus dem Anwaltsstande über die erste Lesung des Entwurfes eines BGB. 858 ff.; Franz, Das deutsche Notariat nach Reichsrecht (1907.) Das Buch von Rümelin: „Dienstvertrag und Werkvertrag" enthält leider spezielle Ausführungen über den Anwaltsvertrag gar nicht (trotzdem im übrigen die wichtigsten Fälle von Arbeitsverträgen in **§ 8** erörtert werden). — Die Schriften von Priester: „Die Haftpflicht des Rechtsanwalts und Notars" und Freudenstein: „Partei und Rechtsanwalt" verfolgen keine wissenschaftlichen Zwecke.

2. Daß zwischen der Partei und ihrem Anwalt ein zivilrechtliches Vertragsverhältnis besteht, kann nach geltendem Rechte nicht bezweifelt werden (vgl. aber Loewenfeld a. a. O. 858 ff.). Die RAO. faßt dieses Vertragsverhältnis allgemein als „Mandat" auf (vgl. §§ 32, 49 Ziff. 3 und 4), eine Auffassung, welche jedoch gegenüber der Regelung des „Auftrags" im BGB. nicht mehr aufrecht erhalten werden kann. Denn der Rechtsanwalt übt seinen Beruf regelmäßig gegen Entgelt aus; ein Blick in die RAGebO. genügt, um darzutun, daß nach dem Willen des Gesetzes die Arbeit des Rechtsanwalts und die ihr entsprechende Gebührenschuld zueinander im Verhältnis von Leistung und Gegenleistung stehen sollen*); zum Wesen des Auftrages gehört aber nach § 662 BGB. die unentgeltliche Besorgung von Geschäften. Für die Mehrzahl der Fälle scheidet daher die Kategorie des Auftrags von vornherein aus. Anm. 3.

Die meisten konstruieren das Rechtsverhältnis zwischen Anwalt und Klienten schlechthin als Dienstvertrag (vgl. z. B. LG. Mainz 2. 11. 04 in HessRspr. 6 4; OLG. Dresden 10. 2. 05 in SächsArch. **15** 739; Walter-Joachim RAGebO.[4] § 1 Anm. 2; OLG. Frankfurt a. M. 21. 6. 01 in Recht **02** 149; Cosack, Lehrbuch des b. R. **1** 513; RGZS. III 5. 1. 05 in JW. **05** 138 Nr. 16; Hachenburg a. a. O. 50; Priester a. a. O. 6. Vgl. auch Franz a. a. O. 364 und die dort zitierte Literatur), andere auch als Werkvertrag. Allein mit Recht ist neuerdings darauf hingewiesen worden, daß keine dieser Kategorien das Wesen des Anwaltsvertrages erschöpft. Anm. 4.

Der Versuch des Gesetzgebers, die „Dienste jeder Art" unter ein Schema zu bringen (§ 611 BGB.), jedes Werk — sei es körperlich, sei es immateriell — nach einer einheitlichen Schablone zu behandeln (§ 631 BGB.), mußte bis zu einem gewissen Grade an der Vielgestaltigkeit der Lebenserscheinungen scheitern. Sobald sich gewisse Rechtsbeziehungen zwischen verschiedenen Personenkreisen, von denen wenigstens einer in sich geschlossen ist, häufig wiederholen, entstehen für diese Rechtsbeziehungen notwendigerweise Normen, welche sich dann — als stillschweigende leges contractus — allmählich zu einem eigenen Vertragstypus gestalten. Diese Erscheinung ist heute auf den verschiedensten Rechtsgebieten zu beobachten. Auch die allgemein geläufigen Vertragstypen — Kauf, Miete, Dienstvertrag ꝛc. — sind ursprünglich nicht anders entstanden; ihre Bedeutung liegt in ihrem ungeheuren Anwendungsgebiet. Durch die spezielle Regelung derselben wollte und konnte der Gesetzgeber natürlich die Bildung und Fortbildung anderer Typen durchaus nicht verhindern; er bot aber zugleich für solche Neubildungen die Möglichkeit, sich an einen oder mehrere der gesetzlichen Typen anzulehnen, einzelne Rechtssätze von denselben zu entleihen oder selbst alle Lücken des eigenen Aufbaues mit ihren Normen auszufüllen.

Wenn wir uns die Beziehungen, wie sie sich zwischen Anwalt und Partei im Leben gestalten, in irgendeinem regulären praktischen Falle vorstellen, so werden wir zwar stets Berührungspunkte und eine nahe Verwandtschaft mit den Kategorien des Dienst- oder Werkvertrages finden, aber bald zu unannehmbaren Konsequenzen gelangen, wenn wir alle Fragen nach den für diese Typen gegebenen Rechtssätzen zu lösen suchen.

Es wird kaum jemand die Meinung vertreten wollen, daß der Anwalt, welcher z. B. als Syndikus in einem dauernden Vertragsverhältnisse zu seiner Partei steht, gemäß § 630 BGB. ein Zeugnis über seine Leistungen und die Führung im Dienste begehren könne. Ebensowenig wird die Anschauung Anklang finden, daß der Anwalt, welcher es übernommen hat, über eine Frage in bestimmtem Sinne ein Rechtsgutachten zu verfassen, von diesem Vertrage, z. B.

*) Vgl. jedoch Loewenfeld a. a. O. 858 ff.

wegen Änderung seiner Rechtsanschauung, nicht zurücktreten dürfe, vielmehr auf Lieferung des Werkes verklagt werden könne — eine Folgerung, welche bei Anwendung der Normen des Werkvertrages unabweisbar wäre. Diesen Beispielen ließen sich zahlreiche andere hinzufügen.

Mit Recht weist ferner Staudinger-Kober, Recht der Schuldverhältnisse 381, 382 darauf hin, daß der Anwalt nicht der Leitung des „Arbeitgebers" untersteht und daß seine Unabhängigkeit mit der Stellung eines Dienstverpflichteten unvereinbar wäre (vgl. auch Loewenfeld a. a. O. 927).

Endlich kommt in Betracht, daß für das Rechtsverhältnis zwischen dem Anwalt und seiner Partei zahlreiche spezielle Gesetzesbestimmungen gelten, so die Gebührenordnungen und einzelne Bestimmungen der Rechtsanwaltsordnung, durch welche ebenfalls der Gesamtcharakter des Vertragsverhältnisses beeinflußt wird.

Der Anwaltsvertrag muß daher als pactum sui generis angesehen werden. (Ebenso: Lotmar, Der Arbeitsvertrag **1** 315 ff.; Staudinger-Kober a. a. O. 381 ff.; Kuhlenbeck in JW. **04** 595). Doch lehnt sich der Anwaltsvertrag an die gesetzlich geregelten Vertragstypen an, so daß man von einem modifizierten Dienst- oder Werkvertrag ꝛc. sprechen kann.

Anm. 5. 3. Von den Vertragstypen, an deren Normen sich der Anwaltsvertrag anlehnt, kommen, wie erwähnt, in erster Linie Dienst- und Werkvertrag in Betracht; aber auch die Kategorie des Auftrags kann maßgebend sein; zahlreiche Berufsgeschäfte des Anwalts werden unentgeltlich besorgt, aus Freundschaft, Humanität, (man denke an die Tätigkeit in Unfallversicherungssachen) ꝛc.

Auch quasikontraktliche Beziehungen zwischen Partei und Anwalt (Geschäftsführung ohne Auftrag) kommen in praxi vor (vgl. z. B. Exkurs zu § 39 Anm. 6).

Anm. 6. Was nun die beiden hauptsächlichsten Typen — Dienst- und Werkvertag — anbetrifft, so halten wir die — modifizierte — Anwendung der Normen des Dienstvertrages bei der oben in Anm. 2 erwähnten ersten Gruppe von anwaltschaftlichen Geschäften, die modifizierte Anwendung der Normen des Werkvertrages bei der zweiten Gruppe für geboten. Denn dort wird die Vergütung für die Arbeitsleistung als solche versprochen, hier für einen durch Arbeit zu erzielenden Erfolg. Dort trägt nach der Parteiintention der Auftraggeber die Gefahr, hier der Anwalt. Vgl. Planck BGB.[3] **2** 555; Rümelin 16 ff.

Riezler, Werkvertrag 85/86*) nimmt für die Regel, auch wenn es sich um Führung von Rechtssachen, speziell von Prozessen handelt, das Vorliegen eines Werkvertrages an; der „Erfolg" bestehe hier natürlich nicht in der Herbeiführung eines günstigen Resultates, sondern darin, daß in einem bestimmten Falle die Interessen des Klienten vertreten werden. Ist dies aber wirklich Arbeitserfolg und nicht vielmehr die Arbeit selbst? Wird die Frage bejaht, so können wir auch sagen, daß der Dienstbote mit uns einen Werkvertrag abschließe; der Erfolg bestehe darin, daß wir aufmerksam bedient werden. Allein das Gesetz verlangt einen durch Arbeit oder Dienstleistung herbeizuführenden Erfolg (§ 631 Abs. 2 BGB.); die Dienstleistung selbst darf also nicht den Erfolg darstellen, denn sonst liegt Dienstvertrag vor. Der Arbeitnehmer muß vielmehr, wenn ein Werkvertrag vorliegen soll, verpflichtet sein, durch seine Dienste ein von diesen zu unterscheidendes Werk, ein Resultat zu schaffen, dessen Herstellung erst die Vertragserfüllung darstellt. Wie steht es nun hier mit dem zur Prozeßführung bestellten Rechtsanwalt? Es ist richtig: der Anwalt soll in der Regel die Sache des Klienten durch die ganze Instanz führen; die Partei beabsichtigt keineswegs

---

*) Ebenso Crome, System **2** 678; Dankwardt in JheringsJ. **13** 367.

nach der ersten Verhandlung einen zweiten Anwalt zu nehmen, nach der Beweiserhebung einen dritten 2c. Allein wenn der Anwalt vor Beendigung der Instanz stirbt, so schuldet die Partei seinen Erben ohne Rücksicht auf die Herbeiführung des gewünschten „Erfolges" (Vertretung durch die Instanz) die erwachsenen Gebühren (§ 50 RAGebO.), eine Tatsache, die mit dem Wesen des Werkvertrages schlechthin unvereinbar ist.

Dagegen ist gerade für diese Fälle nicht zu übersehen, daß es Dienstverträge gibt, deren Dauer durch den Eintritt bestimmter Ereignisse oder bestimmter Erfolge ausdrücklich oder stillschweigend begrenzt ist; man denke an das Engagement einer Pflegerin bis zur Heilung des Kranken, eines Nachhilfelehrers bis zur Absolvierung der Schule 2c.

Es ist ferner zu beachten, daß auch beim Dienstvertrag durch die Arbeit meist ein Erfolg angestrebt wird; die Frage ist nur, ob die Herbeiführung dieses Erfolges geschuldet wird, ob die Gegenleistung nur für diese Herbeiführung versprochen ist oder nicht.

Ist im einzelnen Falle zweifelhaft, ob die Kategorie des Dienstvertrages oder die des Werkvertrages anzuwenden sei, so hat man sich nach einer überwiegend anerkannten Regel für die erstere zu entscheiden (vgl. Dernburg **2** (Abt. 2) 492; Riezler 43/44). Anm. 7.

Tatbestände, welche an sich auf den Typus „Werkvertrag" hindeuten, gehen nicht selten in umfassenderen, in die Kategorie des Dienstvertrages gehörigen Tatbeständen auf: so wenn von dem Prozeßbevollmächtigten ein Rat über die Fortsetzung des Zivilprozesses erteilt wird oder wenn der Anwalt, welcher die Verlassenschaftsverhandlungen führt, im Laufe derselben seinen Klienten mit Rat zu unterstützen hat. Vgl. unten Anm. 63 u. 128. Anm. 8.

Wenn der Rechtsanwalt zwar seinem Klienten erklärt, daß er von ihm keine Gebühren verlange, sich aber für den Fall des Obsiegens im Prozesse vorbehalte, die Gebühren vom Gegner beizutreiben, so liegt nicht die Kategorie „Auftrag", sondern die Kategorie „Dienstvertrag", jedoch verbunden mit einem bedingten Verzicht auf die Entlohnung, vor. Anm. 9.

Auch das Rechtsverhältnis des Armenanwalts zur Partei schließt sich an die Normen vom Dienstvertrag an. So zutreffend: RGSt. **39** 120 (StS. V 22. 6. 06). Nach Lotmar **1** 133 liegt hier überhaupt kein Arbeitsvertrag vor.

Daß der dienstvertragsähnliche Anwaltsvertrag stets eine Geschäftsbesorgung im Sinne des § 675 BGB. zum Gegenstande hat, ist — so unklar auch an sich der Begriff „Geschäftsbesorgung" sein mag — unbestritten. Daher finden die im § 675 BGB. zitierten Vorschriften über den „Auftrag" — wenn auch nicht uneingeschränkte — Anwendung. Anm. 10.

Bei den werkvertragsähnlichen Anwaltsverträgen kommt eine Geschäftsbesorgung u. E. nicht in Frage. (Vgl. Staudinger-Engelmann § 675 Anm. 3b). Praktisch ist dies wohl nur für den Fall der Konkurseröffnung von Bedeutung (§ 23 Abs. 2 KO.).

III. Die Bedeutung der Gebührenordnungen für das Vertragsverhältnis zwischen Rechtsanwalt und Partei. 1. Bezüglich eines erheblichen Teiles der anwaltschaftlichen Berufstätigkeit stellt die RAGebO. für den Anwaltsvertrag spezielle Rechtsnormen auf. Dies gilt für die Berufstätigkeit des Rechtsanwalts in einem Verfahren vor den ordentlichen Gerichten, auf welches die ZPO., StPO. oder KO. Anwendung finden, sowie für die beratende Berufstätigkeit, welche den Beginn oder die Fortsetzung eines solchen Verfahrens betrifft (§ 1 RAGebO.). Reichsrechtlich ist die RAGebO. ferner für entsprechend anwendbar erklärt bezüg- Anm. 11.

lich der im § 91 Abs. 1 dieses Gesetzes*) selbst bezeichneten Verfahrensarten, dann bezüglich der Tätigkeit bei den Militärgerichten (§ 17 EGMStGO.) und im Disziplinarverfahren gegen richterliche Militärjustizbeamte (§ 36 MilRDiszG. 1. 12. 98), endlich im Disziplinarverfahren gegen Landesbeamte der Schutzgebiete (KaisV. 9. 8. 96)**).

Für das Verfahren vor den Schiedsgerichten für Arbeiterversicherung und vor dem Reichsversicherungsamte sind spezielle Rechtsnormen gegeben durch das UVersAbG. vom 30. 6. 00 (§ 3) und die KaisV. vom 22. 12. 01.

Anm. 12. 2. Daß die in den erwähnten Gebührengesetzen enthaltenen Rechtsnormen zivilrechtlichen Inhalts sind, kann keinem Zweifel unterliegen. Dieselben befassen sich hauptsächlich mit der Höhe der für die einzelne Tätigkeit oder die einzelne Leistung („Auslagen") zu berechnenden Vergütung. Doch erschöpft sich hierin keineswegs der Inhalt der erwähnten Gesetze. Die §§ 85 u. 86 RAGebO. enthalten wichtige Normen über die Fälligkeit des Gebührenanspruchs und gewisse Voraussetzungen seiner Geltendmachung. § 93 RAGebO. modifiziert die Regel der §§ 612 Abs. 2 und 632 Abs. 2 BGB. wesentlich, indem er in erster Linie die gesetzliche „Taxe" gelten läßt, eine abweichende Vereinbarung aber nur dann, wenn der Auftraggeber das Honorar schriftlich zugesagt hat. Noch weiter geht § 20 UVersAbG. 30. 6. 00, wonach eine Vereinbarung über höhere Beträge als die in der Kaiserlichen Verordnung bzw. von der Landesregierung (für die Landesversicherungsämter) festgesetzten Gebühren nichtig ist. § 50 RAGebO. enthält ferner eine wichtige Abänderung der Regeln vom Dienstvertrage (§ 628 BGB.).

Anm. 13. 3. Auf allen Gebieten anwaltschaftlicher Berufstätigkeit, in welche die reichsrechtliche Gebührengesetzgebung nicht eingreift, gelten ausschließlich reichsrechtliche Normen über den Anwaltsvertrag (Art. 55 EGBGB.). Doch können landesgesetzlich gemäß §§ 612 Abs. 2, 632 Abs. 2 BGB. Taxen für die einzelnen Leistungen eingeführt werden, und dies ist größtenteils durch die sogenannten Landesgebührenordnungen geschehen. (Dieselben sind abgedruckt in Pfafferoth RAGebO.[4] im Anhang). Dabei ist aber zu beachten, daß die Landesgesetzgebung — abgesehen von diesen Taxen — keine zivilrechtlichen Sondernormen geben kann, auch nicht auf dem Umwege, daß sie die oben Anm. 12 erwähnten Bestimmungen der RAGebO. für „entsprechend anwendbar" erklärt. Ebenso: Walter-Joachim RAGebO.[4] § 1 Anm. 75 und GruchotsBeitr. **30** 328. Dies gilt besonders von der Formvorschrift des § 93 RAGebO., ferner von den Normen des § 86 und des § 50 dieses Gesetzes. Gegen diesen Grundsatz verstoßen die meisten Landesgebührenordnungen, z. B. das preuß. Gesetz vom 27. 9. 99 in Art. 15, die bayerische Verordnung vom 26. 3. 02 in Art. 27; in geringerem Maße die sächs. Kostenordnung vom 22. 6. 00, welche insbesondere die Formfreiheit des Honorarvertrages ausdrücklich statuiert (§ 17). Eine Reinigung der landesrechtlichen Gebührengesetze von ungültigen Bestimmungen wäre hienach dringend geboten.

Anm. 14. **IV. Die Bedeutung der RAO. für das Vertragsverhältnis zwischen Anwalt und Partei.** Die RAO. enthält eigentliche zivilrechtliche Spezialbestimmungen

---

*) § 91 Abs. 1 RAGebO. lautet: Die Vorschriften dieses Gesetzes finden entsprechende Anwendung:
1. im schiedsrichterlichen Verfahren;
2. im Verfahren wegen Nichtigkeitserklärung oder Zurücknahme eines Patentes;
3. im Disziplinarverfahren nach Maßgabe des Gesetzes betreffend die Rechtsverhältnisse des Reichsbeamten v. 31. 3. 1873 (RGBl. S. 61);
4. im ehrengerichtlichen Verfahren gegen Rechtsanwälte;
5. bei der Untersuchung von Seeunfällen.

**) Bezüglich der Konsular- und Schutzgebietsgerichte vgl. § 19 KonsGG., § 3 SchGG. und § 10 KaisV. 9. 11. 00.

über das Verhältnis zwischen Anwalt und Partei nur in den Vorschriften der §§ 30 u. 32. Die Erläuterung dieser Bestimmungen wird bei den betreffenden Paragraphen erfolgen.

Allein auch die öffentlichrechtlichen Normen der RAO. über die Pflichten der Rechtsanwälte sind nicht ohne Einfluß auf das Vertragsverhältnis zwischen Anwalt und Klienten. Es gehört nämlich zum selbstverständlichen Inhalt dieses Vertragsverhältnisses, daß der Anwalt mit der durch seine öffentlichrechtliche Stellung gebotenen Gewissenhaftigkeit und Würde seinen Beruf ausübt; soweit der Klient ein rechtliches Interesse daran hat, daß diese öffentlichrechtlichen Pflichten bei Ausführung des Vertrages erfüllt werden, erscheinen dieselben zugleich als zivilrechtliche Pflichten.

Allein es gibt auch Fälle, in welchen umgekehrt ein gegen die Würde des Anwaltsstandes verstoßendes Verhalten geradezu zum Vertragsinhalt gemacht wird oder in welchen die Art des Vertragsschlusses selbst, insbesondere die Art der Honorarvereinbarung, auf seiten des Anwalts eine Verletzung der Standespflichten bedeutet. So, wenn der Anwalt mit Ausarbeitung eines fraudatorischen Vertrages beauftragt wird, wenn er in unlauterer Weise einen Kollegen unterbietet und sich gegen ein viel zu niedriges Honorar zur Führung eines Prozesses verpflichtet; wenn er in unwürdiger Weise ein pactum de quota litis schließt (EGH. **3** 150 — 22. 11. 87; **7** 121 — 27. 6. 94) oder sich ein beträchtliches Extrahonorar auch für den Fall versprechen läßt, daß der Auftrag vor Beginn der Tätigkeit zurückgenommen werde (EGH. **9** 149 — 2. 2. 98). Anm. 15.

Diese Verträge sind nicht etwa gemäß § 134 BGB. wegen Verstoßes gegen ein gesetzliches Verbot (§ 28 RAO.) nichtig; denn zunächst handelt nur der eine Teil, nämlich der Anwalt, einem Verbot zuwider, und es kann keine Rede davon sein, daß das ganze Rechtsgeschäft gegen ein gesetzliches Verbot verstoße (vgl. RGZ. **60** 273 — VerZS. 17. 3. 05). Außerdem liegt aber auch der im § 134 BGB. vorgesehene Fall vor, daß sich „aus dem Gesetz ein Anderes ergibt". Es liegt im Wesen der Disziplinarvorschrift, daß die bloße Verletzung der Standespflicht durch eine zivilrechtlich bedeutsame Handlung im Zweifel keine zivilrechtliche Ungültigkeit der letzteren herbeiführen soll. Dies gilt speziell für das ganze Beamtenrecht. Vgl. auch EGH. **9** 151 (2. 2. 98)*).

Verstößt aber der ganze Vertrag gegen die guten Sitten oder gegen ein gesetzliches Verbot, so ist er nach §§ 138, 134 BGB. nichtig. Dieser Fall liegt z. B. vor, wenn die Partei den Anwalt beauftragt, für sie Verträge mit Dritten zu schließen, deren wucherische Natur dem Rechtsanwalt bekannt ist; oder wenn ein Anwalt absichtlich zum Schaden seiner Partei in derselben Sache vom Gegner das Mandat annimmt; nicht minder, wenn der Anwaltsvertrag nur den ausgesprochenen Zweck hat, den Prozeß über eine glatte Schuld des Beklagten zu verschleppen. Anm. 16.

Kein Verstoß gegen die guten Sitten aber liegt vor beim pactum de palmario (der Anwalt läßt sich ein besonderes Honorar für den Fall des Obsiegens versprechen), beim pactum de redimenda lite (d. h. der Anwalt kauft dem Klienten den Prozeß ab, führt ihn aber formell auf den Namen des Klienten weiter) und beim pactum de quota litis. A. M. Freudenstein a. a. O. 117, der jedoch auf das Fehlerhafte seines Standpunktes selbst hinweist, indem er die erwähnten Verträge als den guten Sitten „des Anwalts" widersprechend bezeichnet.

Über nichtige Vereinbarungen mit dem Klienten, welchem der Rechtsanwalt im Armenrechte beigeordnet ist, vgl. § 34 Anm. 8.

*) Uns. E. unzutreffend auch Lotmar, Arbeitsvertrag **1** 255, welcher Nichtigkeit des Anwaltsvertrages annimmt, wenn dem Bürgermeister, welcher zugleich Rechtsanwalt ist, durch Ortsstatut verboten ist, mit der Gemeinde einen Anwaltsvertrag abzuschließen.

Anm. 17. **V. Der dienstvertragsähnliche Anwaltsvertrag.**

A. Die Vertragskontrahenten: 1. Es gehört zum Wesen des Anwaltsvertrages, daß der Dienstverpflichtete ein Rechtsanwalt ist. Stellt sich später heraus, daß derselbe gar nicht Anwalt war, so bedarf es keiner Irrtumsanfechtung seitens des Auftraggebers, der Anwaltsvertrag als solcher ist vielmehr nach § 306 BGB. nichtig; denn es wurde Leistung von Anwaltsdiensten vereinbart, sodaß die Erfüllung durch einen Nichtanwalt unmöglich ist. Anders verhält es sich natürlich, wenn einem noch nicht als Anwalt zugelassenen Assessor für den Fall seiner Zulassung eine Rechtssache übertragen wird. Ein solcher Vertrag, welcher nach § 308 BGB. gültig ist, unterliegt — wenn nachträglich die Eintragung des Betreffenden in die Liste der Anwälte erfolgt — den Vorschriften über den Anwaltsvertrag.

Anm. 18. Dagegen ist es nicht unbedingt notwendig, daß der Rechtsanwalt, welcher die Leistung bestimmter Dienste übernimmt, auch diejenigen Eigenschaften besitzt oder demnächst erwirbt, welche ihn zur selbständigen Ausführung der Dienste rechtlich befähigen; es ist also vor allem kein unbedingtes Erfordernis, daß er bei dem Kollegialgerichte, bei welchem der Prozeß zu führen ist, zugelassen sei. Denn die tatsächliche Führung des Prozesses durch den beauftragten Rechtsanwalt ist auch dann möglich, wenn ein anderer Anwalt als Prozeßbevollmächtigter fungiert. Der Bevollmächtigte braucht mit dem Beauftragten keineswegs identisch zu sein. Anderseits kann natürlich von der Partei entscheidendes Gewicht darauf gelegt werden, daß der beauftragte Anwalt selbst als Prozeßbevollmächtigter fungiere, also auch darauf, daß er beim Prozeßgerichte zugelassen sei. Aus der jeweiligen Parteiintention ergeben sich von selbst die rechtlichen Konsequenzen.

Anm. 19. Hinsichtlich der Übertragung eines Auftrages an mehrere Auftraggeber zur gemeinschaftlichen Erledigung vgl. § 2 RAGebO. und Exkurs zu § 40 Anm. 9.

Anm. 20. 2. Der Dienstberechtigte d. h. derjenige, welchem die Leistung der Dienste versprochen wird („Auftraggeber"), braucht nicht identisch zu sein mit derjenigen Person, deren Sache von dem Anwalt geführt werden soll (speziell also: „der Partei" im prozessualen Sinne). Es kommt nicht selten vor, daß andere Interessenten, insbesondere Regreßpflichtige — Zedenten, Versicherungsgesellschaften bei Haftpflichtprozessen ꝛc. — als Auftraggeber des Rechtsanwalts erscheinen. Denkbar, obwohl praktisch weniger bedeutsam, ist auch der Fall, daß sowohl die Partei als der Dritte, und zwar jeder für sich, den Auftrag erteilen. Es muß hervorgehoben werden, daß — wie sich noch ergeben wird — die Feststellung, wer im einzelnen Falle als Auftraggeber erscheint, von großer praktischer Tragweite sein kann (vgl. z. B. Anm. 29).

Anm. 21. In denjenigen Fällen, in welchen die Partei mit dem Auftraggeber nicht identisch ist, kommt dieselbe nach außen hin meist als Vollmachtgeberin in Betracht. Das Vollmachtsverhältnis bleibt, wie noch zu erörtern sein wird, auch nicht ohne Einfluß auf den Anwaltsvertrag. Vgl. Anm. 125 ff.

Anm. 22. Ist es zweifelhaft, ob die Partei oder ein Dritter als Auftraggeber zu erachten sei, so wird, wenn Vollmachtserteilung seitens der Partei vorliegt, die Vermutung dafür sprechen, daß letztere auch den Auftrag erteilen wollte. Denn dies ist der regelmäßige Fall.

Anm. 23. Über die Ausführung von „Aufträgen mehrerer Auftraggeber durch dieselbe Tätigkeit" vgl. § 3 RAGebO. und Walter-Joachim Anm. hiezu.

Anm. 24. Von dem Auftraggeber wohl zu unterscheiden sind diejenigen Personen, welche lediglich für die Verpflichtungen des Auftraggebers, speziell für das Honorar, aufzukommen haben, also insbesondere Bürgen, Personen, welche kraft Gesetzes Mitschuldner sind, wie der Ehemann in den Fällen der §§ 1387, 1388, 1459, 1460 ꝛc. BGB., der Vater im Falle des § 1654 mit § 1388 BGB. usw.

3. In den Fällen der Bestellung eines Rechtsanwalts zum Verteidiger im Strafverfahren und der Beiordnung nach §§ 679 Abs. 3, 686 Abs. 2 ZPO. braucht ein Vertragsverhältnis zwischen dem Rechtsanwalt und seiner Partei überhaupt nicht vorzuliegen; der Anwalt hat auf Grund der Bestellung bzw. Beiordnung die Rechte der Partei zu wahren und seine Funktion auszuüben. Nun erwächst dem zum Verteidiger bestellten Rechtsanwalt gemäß § 150 StPO. für die geführte Verteidigung ein Gebührenanspruch gegen den Staat. Man hat daher angenommen, daß in diesen Fällen ein zivilrechtliches Dienstverhältnis zwischen Staat und Anwalt vorliege. (So: Walter-Joachim RAGebO. Vorbem. zum 4. Abschn. Anm. 20 und ferner § 1 Anm. 14). Allein diese Auffassung ist unrichtig. Der zum Verteidiger bestellte Anwalt schließt nicht mit dem Staate einen zivilrechtlichen Vertrag ab, sondern der Staat weist ihm durch obrigkeitlichen Akt eine Stellung an, die er kraft Gesetzes mit der Bestellung einnimmt, ohne daß es seinerseits eines Willensaktes bedarf. Es würde auch zu ganz schiefen Konsequenzen führen, wollte man die Vorschriften über den Dienstvertrag auf das Verhältnis zwischen Anwalt und Staat anwenden. Oder sollte jemand die Meinung vertreten, daß der Staat (durch welches Organ?) dem Anwalt gemäß § 665 BGB. Anweisungen über die Art seiner Berufsausübung erteilen könnte? Anm. 25.

Selbstverständlich kann zwischen der Partei und dem Anwalt auch in den eben erwähnten Fällen ein Vertrag geschlossen werden, z. B. wenn der Angeklagte mit dem bestellten Verteidiger vereinbart, daß derselbe — gegen Entgelt — einen auswärtigen Zeugenvernehmungstermin wahrnehmen solle. Dann liegt insoweit ein dienstvertragsähnlicher Anwaltsvertrag vor.

B. Der Abschluß des Vertrages. 1. Der Abschluß des Anwaltsvertrages kann regelmäßig formlos, ja selbst stillschweigend erfolgen (vgl. § 30 Anm. 3). Letzteres ist z. B. der Fall, wenn der Klient dem Anwalt das unterzeichnete Vollmachtsformular sowie die Faktura über die einzuklagende Forderung übersendet und der Rechtsanwalt dann ohne weiteres die Klage stellt. Sehr bedenklich dagegen RGZ. **52** 365 (ZS. VI 27. 10. 02), wo angenommen wird, daß der Rechtsanwalt, welcher im Auftrage eines Vertragskontrahenten dem Gegenkontrahenten desselben einen Aufschluß über Hypothekenverhältnisse gibt, mit diesem stillschweigend einen Anwaltsvertrag schließe. Hiegegen wenden sich mit Recht Staub in DJZ. **04** 49 und Laband DJZ. **03** 262. Vgl. auch Franz a. a. O. 375. Anm. 26.

2. Eine wichtige Formvorschrift für den Anwaltsvertrag enthält § 93 Abs. 2 RAGebO. Danach ist der Auftraggeber an einen Honorarvertrag (Vereinbarung einer von der gesetzlichen Taxe abweichenden Vergütung) nur insoweit gebunden, als er den Vertrag schriftlich abgeschlossen hat. Diese Bestimmung hat nur für das Geltungsgebiet der RAGebO. Bedeutung und kann auch landesgesetzlich außerhalb desselben nicht für anwendbar erklärt werden (vgl. oben Anm. 13). Anm. 27.

Die Formvorschrift des § 93 Abs. 2 betrifft jede von der Taxe abweichende, also auch die einen geringeren Betrag festsetzende Vereinbarung; dies ist freilich praktisch kaum von Bedeutung, weil ja der Anwalt auch an den mündlichen Vertrag gebunden ist. Die Formvorschrift greift ferner auch dann Platz, wenn statt der Vergütung in Geld eine solche in anderen Werten oder Gegenständen (z. B. Aktien oder Hypotheken) vereinbart wird. Anm. 28.

Nur das Honorarversprechen des Auftraggebers, nicht das anderer Personen bedarf der Schriftform (vgl. oben Anm. 24, gl. M.: Walter-Joachim RAGebO.[4] § 93 Anm. 8 und OLG. Celle 11. 10. 81 in SeuffA. **40** 218, wo die hier vertretene Ansicht aus der Entstehungsgeschichte, speziell der hannoverschen Anm. 29.

Gesetzgebung nachgewiesen wird). Die Annahmeerklärung des Rechtsanwalts kann ebenfalls formlos erfolgen.

Anm. 30. Was unter Schriftform zu verstehen ist, ergibt sich aus § 126 BGB. Vgl. Staudinger-Riezler Anm. zu § 126.

Anm. 31. Wird die Formvorschrift nicht beachtet, so entsteht keine Verpflichtung des Auftraggebers, das vereinbarte Honorar zu bezahlen. Zahlt er es dennoch, in der Meinung hiezu verpflichtet zu sein, so kann er die geleistete Zahlung zurückfordern (soweit er sie nicht als gesetzliche Gebühr ꝛc. schuldet). § 812 BGB.*) Es ist verfehlt, wenn Walter-Joachim (§ 93 Anm. 11) die Rückforderung um deswillen ausschließt, weil nicht der ganze Vertrag nichtig und daher die Zahlung nicht ohne rechtlichen Grund erfolgt sei. Wer etwas als Schuld zahlt, was er nicht schuldig ist, der zahlt ohne rechtlichen Grund; Naturalobligationen aber dürfen wir mangels positiver Gesetzesbestimmungen nicht mehr willkürlich annehmen. Auch § 814 BGB. letzter Halbsatz, mit welchem Walter-Joachim operiert, ist unanwendbar. Wo das Gesetz die Gültigkeit eines Versprechens von Einhaltung einer Form abhängig macht, kann die eben erwähnte Bestimmung keine Anwendung finden. (Vgl. Protokolle z. BGB. **2** 695; Staudinger-Engelmann § 814 Anm. 1 b γ; Schierlinger in SeuffBl. **71** 664; OLG. Dresden 23. 11. 04 in SächsArch. **15** 108). Soweit das Gesetz die Rückforderung ausschließen will, ist dies bei den betreffenden Formvorschriften stets eigens bestimmt. (Vgl. §§ 313, 518 Abs. 2, 766 Satz 2 BGB. ꝛc.)

Überdies ist zu berücksichtigen, daß als „Leistung" im Sinne des § 814 auch das vertragsmäßige Anerkenntnis des Bestehens eines Schuldverhältnisses gilt (§ 812 Abs. 2; Schierlinger in SeuffBl. **71** 665; Ubbelohde in JheringsJ. **38** 221). Wäre also die Ansicht von Walter-Joachim richtig, so würde auch das mündliche Anerkenntnis der Schuld aus dem ersten mündlichen Honorarversprechen bindend und nicht kondizierbar sein, was praktisch darauf hinausliefe, daß **zwei** mündliche Versprechen gleich **einem** schriftlichen wären.

Damit aber würde die ratio legis zweifellos völlig durchbrochen sein. Auch die Erwägung, daß es anstandswidrig sei, ein Honorar zu versprechen, sich dann die — natürlich irrevokablen — Dienste leisten zu lassen und nachher die Bezahlung zu verweigern, ist nicht beweisend. Denn dieselbe Erwägung greift auch in allen anderen Fällen Platz, in welchen auf Grund eines formbedürftigen Versprechens irrevokable Leistungen gemacht wurden. Ja man kann weiter gehen und sagen: Der anständige Mensch wird stets auch das mündlich gegebene Wort halten. Und doch hieße es — namentlich auch mit Rücksicht auf § 812 Abs. 2 BGB. — die Formvorschriften illusorisch machen, wollte man in allen diesen Fällen die Anwendung des § 814 letzter Halbsatz BGB. zulassen.

Anm. 32. Zahlt der Auftraggeber, wissend, daß trotz mündlichen Vertrages eine Verpflichtung hiezu nicht besteht, so ist die Rückforderung ausgeschlossen (§ 814 Halbs. 1 BGB.). Das gleiche gilt, wenn die Zahlung ohne vorherige Vereinbarung erfolgt, also namentlich dann, wenn der Anwalt ein bestimmtes Extrahonorar als solches vorschlägt und die Partei dasselbe sofort entrichtet.

Anm. 33. Welches sind nun die Folgen der formlosen Honorarvereinbarung für den Bestand des ganzen Anwaltsvertrages?

Das Gesetz sagt, der Auftraggeber sei an den Vertrag nicht gebunden. „Vertrag" bedeutet hier, wie § 93 Abs. 1 beweist, nicht Anwaltsvertrag, sondern nur die Honorarvereinbarung.

Der Anwalt dagegen ist an die letztere gebunden, was praktisch nur für die Fälle in Betracht kommt, in welchen eine geringere Summe als die gesetzliche Gebühr oder eine Leistung anderer Sachen vereinbart wurde.

*) Offenbar unf. M. (vor Geltung des BGB.): AKJahrB. **94** 10.

Aus der ungleichartigen Behandlung der beiden Vertragskontrahenten hinsichtlich der Gebundenheit ergibt sich klar, daß von einer Nichtigkeit des Anwaltsvertrages keine Rede sein kann (ebenso: Lotmar, Arbeitsvertrag **1** 249), auch nicht etwa aus dem Gesichtspunkt des § 139 BGB. Vielmehr besteht der Anwaltsvertrag zu Recht; jedoch kann der Rechtsanwalt, wenn der Auftraggeber die Zahlung des Honorars verweigert, lediglich die gesetzlichen Gebühren verlangen. Anm. 34.

3. Es ist möglich, daß im einzelnen Falle für den Anwaltsvertrag noch weitere Formvorschriften in Betracht kommen. So z. B., wenn das Honorar vereinbarungsgemäß durch Übertragung von Anteilen einer Ges. m. b. H. entrichtet werden soll; hier bedarf schon der Vorvertrag nach der reichsgerichtlichen Judikatur (ZS. I 11. 4. 06 in JW. **06** 401) der gerichtlichen oder notariellen Fertigung. In solchen Fällen kann auch gemäß § 139 BGB. Nichtigkeit des ganzen Anwaltsvertrages eintreten, wenn die Form nicht gewahrt wird. Anm. 35.

4. Der Abschluß des Vertrages kann auf beiden Seiten durch Stellvertreter erfolgen. Dies ist in praxi sehr häufig: Der Auftrag wird z. B. einem Referendar, einem Generalsubstituten für den Rechtsanwalt, einem Sozius für den andern übertragen. Anm. 36.

Inwieweit diese Personen allgemein als ermächtigt gelten, Mandate oder gewisse Arten von Mandaten für den Rechtsanwalt anzunehmen, entscheidet sich — abgesehen von den Generalsubstituten, deren Vertretungsmacht eine allgemeine ist — nach der Verkehrssitte, welche übrigens nicht in allen Teilen Deutschlands die gleiche ist. Bezüglich der Sozien vgl. Exkurs zu § 40 Anm. 4.

Eine allgemeine Befugnis des Bureauvorstehers, für den Rechtsanwalt Verträge abzuschließen — etwa in kleineren oder einfachen Sachen —, kann nicht angenommen werden; auch eine vermeintlich dahin gehende Verkehrssitte ist nicht anzuerkennen. Kraft seiner Stellung liegt es dem Rechtsanwalt ob, selbst die Entscheidung zu treffen, ob eine Sache anzunehmen sei oder nicht. Er kann diese Entscheidung allenfalls einem juristischen Vertreter überlassen, aber nie einem untergeordneten Organ wie dem Bureauvorsteher. Welche Sachen „einfach" und „glatt" sind, ist allgemein im voraus gar nicht festzustellen, und gegen die scheinbar glatteste Sache bestehen oft für den Eingeweihten die schwerwiegendsten Bedenken. Anm. 37.

Daß nach der Verkehrssitte, namentlich in Norddeutschland, häufig der Bureauvorsteher zur Entgegennahme von Informationen ermächtigt ist, ändert an dem Vorstehenden nichts. Denn damit wird kein Vertrag durch den Bureauvorsteher geschlossen; derselbe hat vielmehr lediglich die Information an den Rechtsanwalt zu übermitteln, und dieser entscheidet über die Annahme des Mandats. So auch: RGZ. **49** 26 (ZS. III 28. 6. 01); abweichend Priester 39; Franz 377 (dort auch weitere Literatur). Vgl. ferner RGZ. **48** 59 (ZS. VII 8. 3. 01), wo ausgesprochen ist, daß der Rechtsanwalt, welcher seinen Bureauvorsteher mit dem bei dem Anwalt Rat suchenden Publikum selbständig verhandeln läßt, auf Schadensersatz hafte, jedoch nicht aus einem Vertrage, da ein solcher mit dem Rechtsanwalt nicht zustande gekommen sei.

Diese Entscheidung wird sich auf Grund heutigen Rechtes aus dem Gesichtspunkte des Deliktes nur halten lassen, wenn man § 28 RAO. als ein Schutzgesetz ansieht. Dies erscheint jedoch, wenn man diesen Begriff auch noch so weit faßt, gewagt. Allein man wird hier uns. E., entgegen dem Reichsgerichte, doch einen Vertrag annehmen müssen. Wenn der Rechtsanwalt die Klienten, welche mit ihm kontrahieren wollen, tatsächlich von dem Bureauvorsteher beraten läßt, so liegt hierin die — wenn auch pflichtwidrige — Bestellung des Bureauvorstehers zum Spezialvertreter. Damit ergibt sich die Haftung von selbst.

Inwieweit eine allgemeine Inkassobefugnis des Bureauvorstehers anzunehmen ist, richtet sich nach der Verkehrssitte. Hinsichtlich der Anwaltskosten und auch bezüglich der Zahlung von eingeklagten oder eingeforderten Beträgen durch den Gegner muß die Inkassobefugnis allgemein angenommen werden (nach Josef in GruchotsBeitr. **44** 551 nur für Kosten); gegenteilige Anordnungen gelten dem Publikum gegenüber nur, wenn sie demselben erkennbar gemacht sind. In sonstigen Fällen wird sich eine allgemeine Regel nicht aufstellen lassen. Für das Publikum ist hier jedenfalls Vorsicht geboten. Vgl. RGZ. **14** 283 (ZS. IV 5. 11. 85), wo wiederum der Gesichtspunkt der unerlaubten Handlung (Beibehaltung eines ungetreuen Bureauvorstehers) im Vordergrunde steht.

Anm. 38. 5. Über die Verpflichtung des Rechtsanwalts, Vertragsofferten, welche er ablehnen will, unverzüglich zu beantworten, vgl. die Anmerkungen zu § 30.

Anm. 39. C. Die Vertragspflichten des Rechtsanwalts. 1. Der Rechtsanwalt ist verpflichtet, die versprochenen anwaltschaftlichen Dienste zu leisten, d. h. im Interesse der Partei alles zu tun, was man nach Lage der Sache von einem gewissenhaften Anwalt verlangen kann und alles zu unterlassen, was gegen die Anwaltspflicht und die Interessen des Auftraggebers verstoßen würde. Im einzelnen ist hier auf die Anmerkungen zu § 28 und auf Anm. 14 zu gegenwärtigem Exkurs zu verweisen.

Besonders hervorzuheben ist, daß der Rechtsanwalt regelmäßig auch die Pflicht hat, soweit die ihm übertragene Angelegenheit in Betracht kommt, die Partei durch Beratung vor Schaden zu bewahren, sie bei Mißverständnissen aufzuklären, auf bevorstehenden Fristablauf hinzuweisen 2c. Vgl. SächsArch. **15** 739 (OLG. Dresden 10. 2. 05).

Den tatsächlichen Angaben der Partei darf der Rechtsanwalt, wenn nicht im speziellen Falle Zweifel begründet sind, Glauben schenken. Er braucht daher auch in der Regel Grundbücher und öffentliche Register nicht einzusehen, wenn ihm bestimmte und scheinbar zuverlässige Angaben von der Partei gemacht werden. Ebenso: Fuhrmann in Recht **11** 48.

Die Pflicht zur Grundbucheinsicht wird selbst für Notare verneint von RGZS. III 28. 6. 07 in JW. **07** 514 Nr. 15.

In rechtlicher Beziehung darf der Rechtsanwalt seiner eigenen Überzeugung folgen; er erfüllt aber seine Vertragspflicht schon dann, wenn er in zweifelhaften Fragen trotz eigener Bedenken sich der zurzeit herrschenden Meinung anschließt. (So: RGZ. **42** 325 [ZS. VI 28. 11. 98]). Einzelheiten bei § 28 Anm. 7 ff.

Anm. 40. 2. Die Stellung des Rechtsanwalts ist ihrem Wesen nach eine selbständige. Soweit er keine speziellen Weisungen von dem Auftraggeber erhält, ist für seine freien Entschließungen ein weiter Spielraum gegeben. Namentlich solche Handlungen, durch deren Vornahme die Rechte des Auftraggebers nicht beeinträchtigt oder gefährdet werden, welche vielmehr nur zum Schutze seiner Interessen dienen sollen, kann der Rechtsanwalt in der Regel nach freiem Ermessen vornehmen, soferne er diese Handlungen für notwendig oder nützlich hält. So wird der Anwalt ihm bekannte Geschäftsaußenstände des Schuldners sofort nach Urteilserwirkung auch ohne speziellen Auftrag pfänden; er wird diese Pfändung unterlassen, wenn ihm die Außenstände als uneinbringlich bekannt sind. Er wird aber auch als Vertreter des Pfandgläubigers den Versteigerungstermin sistieren, wenn eine anscheinend nicht unbegründete Intervention geltend gemacht wird und eine kostspielige Widerspruchsklage bevorstände.

Sobald es sich aber um einschneidende Maßnahmen, namentlich um irgendwelche Aufgabe von behaupteten Rechten — Verzichte, Vergleiche, Anerkenntnisse 2c. — handelt, muß der Anwalt, sofern nicht Gefahr im Verzug ist, den Auftraggeber befragen, ehe er eine Entschließung trifft, es sei denn, daß die Entscheidung ausdrücklich seinem freien Ermessen anheim gestellt ist. Bei Gefahr im Verzuge darf und muß der Anwalt auch hier nach sorgfältiger Prüfung das nach seiner Überzeugung Notwendige tun. Beispiel: Der Auftraggeber, ein wohlhabender Mann, ist angeklagt, schwer beleidigende anonyme Briefe geschrieben zu haben. Die Schreibsachverständigen bejahen übereinstimmend die Schuldfrage, und der Angeklagte wird vom Schöffengerichte verurteilt, zu allgemeiner Überraschung aber nur zu einer hohen Geldstrafe. Offenbar bestanden unter den Richtern über die Schuldfrage Meinungsverschiedenheiten. Beide Teile legen Berufung ein. In der zweiten Instanz, kurz vor der Hauptverhandlung, produziert der Privatkläger eine Urkunde, durch welche die Schuld des Angeklagten auch nach Meinung seines Anwalts klar bewiesen wird. Trotzdem offeriert der Privatkläger einen Vergleich, wonach beide Teile ihre Berufungen zurücknehmen und die Kosten dem Angeklagten zur Last fallen sollen. Dieses Offert soll nur bis zum Termine gelten. Der Angeklagte ist auf Reisen und für seinen Anwalt unerreichbar. Es besteht aber die allergrößte Wahrscheinlichkeit, daß bei Durchführung der Sache der Angeklagte in zweiter Instanz eine schwere Freiheitsstrafe erhalten würde. Hier ist der Anwalt des Angeklagten berechtigt und verpflichtet, den Vergleich — sofern er einen noch günstigeren nicht erzielen kann — zu akzeptieren. Der Auftraggeber kann ihn auch dann nicht haftbar machen, wenn er in Wirklichkeit unschuldig war; denn der Anwalt hat seine Pflicht aufs gewissenhafteste erfüllt und die Tatumstände, welche er kannte und kennen konnte, in sorgfältigster Weise gewürdigt.

Für die Frage, inwieweit der Anwalt kraft des Anwaltsvertrages zur selbständigen Entscheidung befugt sei, ist keineswegs der Umfang der Vollmacht maßgebend. Die Vollmacht, welche lediglich die Vertretungsbefugnis nach außen regelt, wird meist in weitgehendster Weise erteilt, damit der Anwalt im Verhältnis zu Dritten möglichst unbeschränkt im Interesse der Partei handeln könne, ohne daß er für jeden einzelnen Fall einer speziellen Legitimation bedürfte. Es ist aber keineswegs der Wille der Partei, einen der Vollmacht entsprechenden unumschränkten Auftrag zu erteilen. Anderseits werden spezielle Einschränkungen der regulären Vollmacht regelmäßig auch als Einschränkungen des Auftrags zu interpretieren sein. Anm. 41.

Ob der Vollmachtgeber, wenn er in concreto mit dem Auftraggeber nicht identisch ist, als ermächtigt gilt, in Zweifelsfällen — bei Abwesenheit des Auftraggebers — dem Anwalt Anweisungen zu erteilen, ist quaestio facti. Häufig wird dies anzunehmen sein. Vgl. auch Anm. 125 ff. Anm. 42.

3. Die Selbständigkeit des anwaltschaftlichen Handelns findet ihre Grenze in der Pflicht, die ausdrücklichen Weisungen der Partei zu befolgen. (§ 665 BGB.). Anm. 43.

Nur wenn der Anwalt den Umständen nach annehmen darf, daß der Auftraggeber bei Kenntnis der wirklichen Sachlage eine Abweichung von der ausdrücklichen Weisung billigen würde, ist ihm diese Abweichung gestattet. Aber auch dann hat er zuvor dem Auftraggeber von seiner Absicht Mitteilung zu machen und dessen Entschließung abzuwarten, die dann unbedingt maßgebend für ihn ist. Glaubt er, die Ausführung derselben mit seiner Pflicht nicht vereinigen zu können, so muß er den Vertrag kündigen. Nur wenn durch den Aufschub die Interessen des Auftraggebers gefährdet würden, darf bzw. muß der Rechtsanwalt von der ausdrücklichen Weisung ohne vorherige Befragung des Klienten abweichen (§ 665 Satz 2 BGB.). Vgl. die gut gewählten Beispiele bei Cosack, Lehrb. d. Deutsch. Bürg. R.[2] **1** 513.

4. Der Rechtsanwalt hat dem Auftraggeber die erforderlichen Nachrichten, auf Verlangen Auskunft über den Stand der Sache zu geben und nach Beendigung des Auftrages Rechenschaft abzulegen. Er hat ferner alles, was er zur Ausführung des Auftrages erhält und was er aus der Geschäftsbesorgung erlangt, herauszugeben (§§ 666, 667 BGB.). Die besonderen Anwaltspflichten, welche Anm. 44.

sich im Anschluß an diese Bestimmungen ergeben, speziell was die Führung und Herausgabe der Handakten anbelangt, sind in den Anmerkungen zu § 32 erörtert.

Auch § 668 BGB. ist auf den Anwaltsvertrag anwendbar.

Anm. 45. 5. Nach § 613 BGB. hat der Dienstverpflichtete die Dienste im Zweifel in Person zu leisten.

a) Soweit diese Bestimmung dahin aufzufassen ist, daß der Dienstverpflichtete im Zweifel nicht eine andere Person an seine Stelle setzen und damit die weitere Verantwortung ablehnen kann, gilt dieselbe auch für den Anwaltsvertrag. Hievon zu unterscheiden ist einerseits der Fall, in welchem der Anwalt ihm obliegende Geschäfte unter eigener Oberleitung oder doch eigener Verantwortung durch einen Dritten ganz oder teilweise ausführen läßt (Fall des Gehilfen)*), anderseits der Fall, in welchem der Anwalt einem anderen denjenigen Teil der Dienste überträgt, dessen Leistung nach der Parteiintention gar nicht durch den Anwalt selbst, sondern eben durch einen anderen erfolgen soll. Dies ist der alltägliche, aber begrifflich nicht der eigentliche Fall der Substitution: Der Prozeßbevollmächtigte in A erteilt zur Wahrnehmung des Beweiserhebungstermines in B dem Rechtsanwalt C in B Vertretungsvollmacht; derselbe Landgerichtsanwalt beauftragt den Amtsgerichtsanwalt in B zur Vertretung des Klägers in der mündlichen Verhandlung vor dem Amtsgerichte B als Prozeßgericht. In diesen alltäglichen Fällen ist der substituierte Anwalt nicht Gehilfe des anderen; er hat vielmehr durch Vermittlung des zuerst bevollmächtigten Anwalts direkt mit der Partei einen Anwaltsvertrag geschlossen. (Wir bezeichnen diesen Fall im folgenden als Fall der uneigentlichen Substitution). Zur Vornahme dieser Substitution braucht der Prozeßbevollmächtigte die spezielle Ermächtigung der Partei nicht einzuholen.

Erteilt aber ein Anwalt wegen plötzlicher Verhinderung bei Gericht einem Kollegen Vollmacht zu seiner Vertretung in einem Verhandlungstermin, so ist dieser lediglich „Gehilfe" des Substituenten; er denkt nicht daran, einen Anwaltsvertrag mit dem Klienten seines Kollegen abschließen zu wollen, diesem gegenüber Haftungen zu übernehmen 2c. Er will die Geschäfte des Anwalts, nicht die der Partei führen; er ist auch in der Regel nur Beauftragter, nicht Dienstverpflichteter. Dies ist begrifflich der Fall der eigentlichen Substitution. Welcher der beiden Fälle nun in concreto vorliegt, ist quaestio facti und nur nach der mutmaßlichen Parteiintention zu entscheiden**).

Den eigentlichen Substituten stehen die Generalsubstituten insofern gleich, als ein Vertragsverhältnis zwischen ihnen und der Partei nicht entsteht.

Anm. 46. Durch Gehilfen (einschließlich der eigentlichen Substituten) kann nun der Anwalt im Zweifel einen großen Teil seiner Geschäfte besorgen lassen. Dabei sind natürlich die prozessualen Vorschriften bezüglich der Vollmacht, des Anwaltszwanges 2c. zu beachten. Insbesondere kommt hier in Betracht, daß für den Strafprozeß die Stellvertretung des Wahlverteidigers nur durch den Generalsubstituten zugelassen ist, während eine Spezialvertretung nur mit ausdrücklicher

---

*) „Gehilfe" ist hier im rein zivilrechtlichen Sinne zu verstehen, nicht im Sinne des täglichen Sprachgebrauches, auch nicht im Sinne von § 183 Abs. 2 ZPO. (Vgl. § 40 Anm. 8).

) Ähnlich Dernburg **2 (Abt. 2) S. 421 Anm. 8; vgl. auch OLG. **9** 294 (KG. 30. 11. 03). Die hier erwähnte notwendige Unterscheidung wird von den meisten nicht gemacht. So kommt Seuffert (ZPO.[9] § 81 Note 4a) zu dem Resultat, daß der Unterbevollmächtigte stets nur zu dem zweiten Vollmachtgeber (dem Rechtsanwalt) in einem Vertragsverhältnisse stehe und Gaupp-Stein ZPO.[8 u. 9] § 81 Anm. IIIc folgert daraus, daß der Substitut einen Gebührenanspruch nur gegen den Anwalt habe! Sollte das wirklich jemals die Intention der Beteiligten sein? Die Anwälte werden diese Frage wohl einstimmig verneinen. Uns. M.: LG. Altona 1. 7. 03 in SchlHolstAnz. **67** 249. Weitere Literatur bei Gaupp-Stein u. Dernburg a. a. O., auch Dernburg **1** 539.

Zustimmung des Angeklagten prozessual zulässig erscheint. Eine Ausnahme besteht nach der Judikatur des Reichsgerichts für Rechtsanwälte; diese können im Zweifel auch ohne ausdrückliche Genehmigung substituiert werden. So: RGSt. **9** 279 (StS. III 11. 10. 83). Ebenso: Köhler in GS. **53** 207.

Selbstverständlich muß der Rechtsanwalt dafür einstehen, daß seine Vertreter auch einen vollen Ersatz für seine Person bilden. Anm. 47.

Es ist z. B. nicht angängig, daß der Rechtsanwalt seinen Bureauvorsteher Amtsgerichtsprozesse kontradiktorisch verhandeln läßt; dagegen ist es unbedenklich, wenn derselbe in der Not gelegentlich eine Vertagung oder ein Versäumnisurteil für den Rechtsanwalt erwirkt.

b) Jedes Verschulden seiner Gehilfen sowie seiner Generalsubstituten hat der Rechtsanwalt nach § 278 BGB. ebenso wie eigenes Verschulden vertragsmäßig zu vertreten*). Dies muß auch in denjenigen Fällen gelten, in welchen die LJV. — ausnahmsweise sogar ohne Wissen und Willen des Rechtsanwalts — diesem einen Vertreter bestellt. (§ 25 Anm. 13, 17 ff.). Denn hier handelt es sich um eine Art gesetzlicher Vertretung, für welche jedenfalls die Analogie des § 278 BGB. zweifellos zutrifft. (Vgl. auch Staudinger-Kuhlenbeck § 278 Anm. I 2 b). Der Anwalt kann — zivilrechtlich — seine Haftung für den Gehilfen rc. im einzelnen Falle ausschließen; doch verstößt eine solche Vereinbarung regelmäßig in hohem Maße gegen die Standeswürde. Vgl. § 28 Anm. 58. Trifft den Gehilfen kein Verschulden, so haftet der Rechtsanwalt nur wegen schuldhafter Auswahl oder mangelnder Kontrolle. Es sind nun gerade in dieser Beziehung strenge Anforderungen an die Gewissenhaftigkeit des Rechtsanwalts zu stellen, und zwar um so strengere, je verantwortungsvoller und schwieriger die betreffende Tätigkeit ist. Es gibt Geschäfte, welche nur der von Grund aus Eingeweihte ausführen kann und deren Übertragung an andere stets eine Pflichtverletzung darstellt, sofern nicht eine zwingende Notwendigkeit hiezu vorliegt. Selbst die Zustimmung des Auftraggebers kann den Rechtsanwalt dann nicht entlasten, wenn dieser es unterlassen hat, den Klienten pflichtgemäß auf die volle Tragweite der Sache hinzuweisen. Vgl. AKB. Stuttgart in WürttJ. **5** 124. Die Ermächtigung zur Substitution gibt dem Rechtsanwalt kein Recht, willkürlich zu substituieren, sondern nur, soweit das Interesse des Klienten dies gestattet. (Dankwardt in JheringsJ. **13** 370). Anm. 48.

Von einer Haftung für die Auswahl des Generalsubstituten kann natürlich nur dann die Rede sein, wenn eine Auswahl durch den Rechtsanwalt überhaupt erfolgt ist (vgl. § 25 Anm. 9, 13, 17 ff.). Eine Überwachung des Generalsubstituten kommt naturgemäß nicht in Frage. Dagegen obliegt diesem dem Anwalt gegenüber auch die Überwachung der Spezialvertreter. Anm. 49.

Im Falle der uneigentlichen Substitution haftet der Anwalt nur für eigenes Verschulden, also für Sorgfalt in der Auswahl. Vgl. hiezu die Ausführungen in Anm. 48. Anm. 50.

Bei unbefugter Substitution haftet der Rechtsanwalt auch für Zufall (Staudinger-Kuhlenbeck § 278 Anm. I 2 b).

c) Selbstverständlich kann der Auftraggeber sich vertragsmäßig persönliche Vertretung durch den Anwalt ausbedingen. Dann ist die Bestellung eines Vertreters für die betreffende Tätigkeit vertragswidrig. Wurde aber der Anwalt ohne sein Verschulden dennoch hiezu genötigt — er erkrankt unmittelbar vor dem Termin, und das Gericht verweigert die Vertagung; unanfechtbares Versäumnisurteil steht bevor, Verständigung der Partei ist nicht mehr möglich — so kann Anm. 51.

*) Die abweichende Entscheidung des RG. in JW. **96** 744 (RGZS. IV 29. 10. 96) ist auf Grund preuß. LR. ergangen. Zutreffend: JW. **94** 534 (RGZS. I 13. 10. 94); LG. Flensburg in SchlHolstAnz. **61** 102; Josef in GruchotsBeitr. **44** 558.

von einer Vertragsverletzung keine Rede sein. Wollte hier der Anwalt sich auf „Unmöglichkeit der Leistung" berufen und nichts tun, so würde er, wenn diese Auslegung richtig wäre, gar nichts verlieren (§ 323 BGB., § 50 RAGebO.), die Partei aber schwer schädigen. In Wirklichkeit ergibt sich das obige Resultat einfach aus § 665 Satz 2 BGB.

Anm. 52. d) Mit der Frage, ob der Anwalt berechtigt ist, sich eines (eigentlichen) Substituten bzw. Gehilfen zu bedienen, d. h. ob die Geschäftsbesorgung durch einen Vertreter vertragswidrig ist oder nicht, hängt untrennbar die weitere Frage zusammen, inwieweit der Anwalt für die Tätigkeit seines Vertreters die volle Taxe als Gegenleistung verlangen kann. Hierüber vgl. § 25 Anm. 47.

Anm. 53. 6. Der Anspruch auf Leistung der anwaltschaftlichen Dienste ist im Zweifel nicht übertragbar. (§ 613 Satz 2 BGB.). Das Gegenteil kann vereinbart sein, z. B. im voraus für den Fall eines Geschäftsverkaufes. Dagegen tritt der Universalsukzessor des Auftraggebers im Zweifel in den Anwaltsvertrag ein. (Vgl. § 672 BGB.; auch § 28 Anm. 14).

Anm. 54 7. Schwierig, aber von großer Tragweite ist die Frage, welche Rechtsfolgen sich aus mangelhafter und vertragswidriger Leistung der Dienste ergeben. Man begnügt sich meist damit, hier auf die allgemeinen Normen über gegenseitige Verträge zu verweisen (Staudinger-Kober § 611 Anm. IVa). Damit ist aber speziell für die Kategorie des Dienstvertrages wenig und noch weniger für den Anwaltsvertrag gewonnen*).

Anm. 55. a) Der Anspruch auf die Gegenleistung. Wenn man sagt, die mangelhafte Dienstleistung sei als Nichtleistung der Dienste anzusehen — Cosack, Lehrb. I 515 — so ist dies in solcher Allgemeinheit sicher nicht richtig. Niemand wird glauben, daß die von dem Anwalt geführte schwierige Nachlaßauseinandersetzung als solche überhaupt nicht in Betracht komme und auch nicht zu honorieren sei, weil irgendein unbedeutender, wenn auch schuldhaft begangener Fehler untergelaufen ist, oder daß eine schlecht geführte Verhandlung, auf Grund deren die Partei den Prozeß gewonnen hat, nicht zu bezahlen sei.

Anm. 56 Vor allem kommt es darauf an, inwieweit der Mangel den Wert der Dienstleistung überhaupt beeinträchtigt. Jeder Anwaltsvertrag strebt einen gewissen Erfolg an: die Durchführung eines Prozesses in bestimmter Richtung, die Auseinandersetzung einer Erbschaft, die Erledigung eines Verteilungsverfahrens bei der Zwangsversteigerung 2c. Wird die Erreichung dieses Erfolges durch den Mangel überhaupt vereitelt, sodaß alle weiteren Teile der Dienstleistung für den Auftraggeber kein Interesse mehr haben, so muß man allerdings die mangelhafte Erfüllung des Dienstvertrages als totale Nichterfüllung betrachten. Damit entfällt der Anspruch auf die Gegenleistung (§ 320 BGB. Rümelin, Dienst- und Werkvertrag 181): wenn also der Rechtsanwalt die Berufung verspätet oder formell unrichtig eingelegt hat, so kann er weder die Prozeßgebühr noch auch die Gebühr für die nachfolgende Verhandlung verlangen, auf Grund deren das Rechtsmittel verworfen wurde.

Anm. 57 Anderseits kann der Mangel — abgesehen von dem Falle der Geringfügigkeit — auch derart sein, daß das Interesse des Auftraggebers an der Leistung trotz des Mangels bestehen bleibt; wenn z. B. der Rechtsanwalt die Klagestellung sehr lange verzögert und in pflichtwidriger Weise auch die Vorbereitung der ersten Verhandlung verschleppt, so kann man nicht sagen, der Kläger habe an der Tätigkeit seines Anwalts, speziell an der Klagestellung, überhaupt kein Interesse, eine

*) Walter-Joachim RAGebO. § 1 Anm. 6 sagt: „Auf die Tüchtigkeit der Dienste kommt es für die Frage, ob der Gebührenanspruch entsteht, überhaupt nicht an". Dies geht viel zu weit.

Dienstleistung liege nicht vor. Vielmehr ist der Anspruch auf die Prozeßgebühr hier zweifellos begründet — unbeschadet etwaiger Regreßansprüche.

Wird die Dienstleistung infolge des Mangels nur teilweise wertlos, so ist zu unterscheiden: Bildet eine nach der gesetzlichen Taxe zu berechnende Gebühr das Äquivalent lediglich für den wertlosen Teil der Dienste, so entfällt insoweit der Anspruch auf die Gegenleistung. Bildet jedoch eine solche Gebühr gleichzeitig das Äquivalent für fehlerfrei geleistete Dienste, welche nicht ohne jedes Interesse für den Auftraggeber sind, so kann von einem Verluste des Gebührenanspruchs keine Rede sein. Beispiel: Der Anwalt hat die Klage richtig gestellt, die unmittelbar drohende Verjährung unterbrochen, aber die erste Verhandlung so nachlässig geführt, daß Nichtverhandeln für die Partei vorteilhafter gewesen wäre. Hier kann der Rechtsanwalt die Prozeßgebühr, nicht aber die Verhandlungsgebühr verlangen. Ist jedoch zweimal verhandelt worden, einmal gut und einmal pflichtwidrig, so ist die volle Verhandlungsgebühr verdient, wenn nicht etwa durch die fehlerhafte Verhandlung die vorausgehende wertlos geworden ist. Anm. 58.

Eine „Minderung" nach Analogie von § 472 BGB. kann es im Gebiete der gesetzlichen Taxen wegen der praktischen Undurchführbarkeit nicht geben. Anm. 59.

Annahme und Genehmigung der mangelhaften Dienstleistung begründen selbstverständlich auch die Pflicht zur Gegenleistung. So, wenn das Gericht die verspätet eingelegte Berufung versehentlich — und zwar rechtskräftig — für zulässig und sogar für begründet erklärte, in welchem Falle übrigens auch die „Wertlosigkeit" der Dienstleistung nachträglich als behoben erscheint. Durch den endgültigen Erfolg wird in praxi regelmäßig auch die mangelhafte Leistung des Anwalts sanktioniert. Anm. 60.

Selbstverständlich kann die Anwendung der vorstehend gegebenen Leitsätze im einzelnen Falle sehr erhebliche Schwierigkeiten bereiten. Schon beim eigentlichen Dienstvertrage ist es ungemein schwierig, das Verhältnis zwischen mangelhafter Dienstleistung und Vergütung zu bestimmen; beim Anwaltsvertrage steigert sich diese Schwierigkeit durch das System der pauschaliter und schematisch für bestimmte Tätigkeitsabschnitte berechneten Gebühren, welches auch außerhalb des Gebiets der RAGebO. das Rechtsverhältnis zwischen Anwalt und Partei beherrscht. Die Leitsätze, welche wir aufzustellen versucht haben, sind im wesentlichen abgeleitet aus den allgemeinen Grundsätzen über gegenseitige Verträge — BGB. §§ 320 ff. — und aus Treu und Glauben im Verkehr. Vgl. zum preuß. AllgLR. RGSt. **14** 377 (StS. II 5. 10. 86). Anm. 61.

Mit dem letzterwähnten Gesichtspunkte allein wird man in vielen Fällen befriedigende Resultate erreichen. Vereinbaren z. B. die beiden Prozeßbevollmächtigten, welche vor der ersten Verhandlung über einen Vergleich einig sind, pro forma zu verhandeln, um noch die Verhandlungsgebühr zu verdienen und dann den bereits fertigen Vergleich zu schließen, so steht dem Anspruche auf die Verhandlungsgebühr zweifellos die exceptio doli generalis entgegen. (Vgl. Silbermann in BayZ. **1** 35).

Es versteht sich von selbst, daß Handlungen, welche nach dem Auftrage überhaupt nicht vorgenommen werden sollen, auch nicht zu honorieren sind (soferne nicht nachträgliche Genehmigung oder ein Fall des § 665 BGB. vorliegt). Verbietet der Auftraggeber dem Anwalt ausdrücklich zu verhandeln, so hat derselbe, wenn er ohne Not dennoch verhandelt, hiefür keine Gebühr zu beanspruchen. Anm. 62.

b) Die Haftung auf Schadensersatz. Daß die kulpos fehlerhafte Dienstleistung den Rechtsanwalt zum Schadensersatz verpflichtet, ist unbestritten. Dabei ist besonders zu berücksichtigen, daß regelmäßig die Aufgabe des Rechtsanwalts nicht nur in der Ausführung desjenigen besteht, was ihm speziell auf- Anm. 63.

getragen wurde, sondern daß er auch unaufgefordert innerhalb des ihm überwiesenen Tätigkeitsgebietes die Partei gewissenhaft über die zu ergreifenden und zu unterlassenden Schritte zu beraten hat. Diese Beratung ist Bestandteil der aus dem dienstvertragsähnlichen Anwaltsvertrage resultierenden Pflichten, und ihre mangelhafte Erfüllung verpflichtet ebenfalls zum Schadensersatz. Im einzelnen ist hier auf § 28 Anm. 3 ff. und Anm. 14, 39 zu diesem Exkurs zu verweisen.

Anm. 64 Ein sehr bedauerlicher Mangel unserer Gesetzgebung ist es, daß der Anspruch auf Schadensersatz wegen fehlerhafter Anwaltsdienste nicht früher als in 30 Jahren verjährt. Es kommt tatsächlich vor, daß die Erben eines Rechtsanwalts nach 20 Jahren und mehr mit Regreßprozessen bedacht werden, denen sie, wenn die Handakten vernichtet sind, vielfach hilflos gegenüberstehen. Vgl. auch den vom Obersten Landesgerichte in BayObLGZ. 7 19 neue Folge entschiedenen Fall. Hier wäre ein Spezialgesetz dringend notwendig.

Anm. 65. c) Über die Kündigung wegen vertragswidrigen Verhaltens des Rechtsanwalts vgl. unten Anm. 107.

Anm. 66. d) Leistet der Anwalt ohne sein oder seiner Vertreter Verschulden mangelhafte Dienste, so verliert er den Anspruch auf die Gegenleistung in demselben Umfang wie bei kulpos mangelhafter Dienstleistung. Dagegen haftet er nicht auf Schadensersatz.

Anm. 67. e) Die Aufwendungen (Auslagen) sind, soweit sie im Zusammenhang mit einer wertlosen und nicht zu honorierenden Dienstleistung erfolgen, nicht zu erstatten. Übrigens ergibt sich praktisch dasselbe Resultat aus der Schadensersatzpflicht des Anwalts. So, wenn es sich um die Schreibgebühren der verspätet eingelegten Berufung handelt.

Anm. 68. 8. Ein klagbarer Anspruch auf Leistung der anwaltschaftlichen Dienste läßt sich zwar theoretisch nicht ausschließen; praktisch ist er jedoch bedeutungslos, nicht nur wegen der Unvollziehbarkeit (§ 888 Abs. 2 ZPO.), sondern auch wegen der dem Rechtsanwalt jederzeit freistehenden Kündigung. Vgl. unten Anm. 110.

Anm. 69. D. Die Vertragspflichten des Auftraggebers. 1. Als den Inbegriff der Verpflichtungen des Dienstberechtigten bezeichnet § 611 BGB. die Gewährung der vereinbarten Vergütung.

Anm. 70. a) Auch für den Anwaltsvertrag gilt die Vergütung als stillschweigend vereinbart (§ 612 Abs. 1 BGB.). Die Aufwendungen (Auslagen), welche der Rechtsanwalt den Umständen nach für erforderlich halten darf, hat ihm der Auftraggeber zu ersetzen (§ 670 BGB.). Vgl. Anm. 86, 87.

Anm. 71. b) Im Gebiete der RAGebO. (vgl. oben Anm. 11) bestimmt sich die Gegenleistung für die anwaltschaftlichen Dienste regelmäßig nach der gesetzlichen Taxe. Nur soweit eine Honorarvereinbarung zulässig ist und formgerecht erfolgt, gilt dieselbe statt oder neben der Taxe. Im Verfahren vor den Schiedsgerichten für Arbeiterversicherung, vor dem Reichsversicherungsamte und den Landesversicherungsämtern gelten nur die gesetzlichen Taxen der Kais. Verordnung vom 22. 12. 01 bzw. der landesrechtlichen Normen. Abweichende Vereinbarungen sind nichtig. Auf allen anderen Gebieten der Berufstätigkeit, bei welchen ein Anwaltsvertrag in Frage kommt, gilt die — landesgesetzlich zu normierende — Taxe nur in Ermangelung einer Vereinbarung, welche stets formlos erfolgen kann.

Anm 72. c) Was bezüglich der Gebühren, des eigentlichen Entgelts für die Dienstleistung, gesagt wurde, gilt auch für die „Auslagen". Auch hier haben die Gesetze für einzelne Kategorien von Aufwendungen eine Art Taxe festgesetzt. Wo dies nicht der Fall ist, sind die wirklichen Auslagen, d. h. die Aufwendungen, welche der Rechtsanwalt „den Umständen nach für erforderlich halten durfte", und welche er im Einzelfalle gemacht hat, zu ersetzen. Hieher gehören z. B. Telephongebühren, nicht aber die allgemeinen Geschäftsunkosten. Bemerkenswert ist, daß für das Verfahren vor den Schiedsgerichten für Arbeiterversicherung rc. im großen und ganzen auch der Ersatz von Auslagen ausgeschlossen und eine abweichende Vereinbarung verboten ist (§ 2 KaisV. 22. 12. 01).

d) Bezüglich der Vereinbarung eines Extrahonorars bestimmt § 93 RAGebO. für das Geltungsgebiet dieses Gesetzes folgendes: „Sofern der Rechtsanwalt nicht einer Partei zur Wahrnehmung ihrer Rechte beigeordnet oder als Verteidiger bestellt ist, kann der Betrag der Vergütung durch Vertrag abweichend von den Vorschriften dieses Gesetzes festgesetzt werden." Nach dem Wortlaut dieser Gesetzesstelle könnte man annehmen, daß die Honorarvereinbarung zwischen dem Pflichtanwalt und der Partei zivilrechtlich schlechthin unzulässig und nichtig sei. Dies wollte jedoch der Gesetzgeber keineswegs bestimmen. Die Vorschrift hat nur den Sinn, daß der Pflichtanwalt die Übernahme oder Fortführung der Sache nicht von dem Abschluß eines Honorarvertrages abhängig machen könne. Ebenso: EGH. 8 151 (19. 5. 97). A. M. anscheinend: Seuffert ZPO.[9] § 668 Anm. 2. Es wäre nicht einzusehen, warum es beispielsweise im Falle des § 33 RAO. dem Rechtsanwalt verboten sein sollte, sich ein Extrahonorar versprechen oder bezahlen zu lassen. Anm. 73.

Auch in Armensachen kann der Rechtsanwalt mit zivilrechtlicher Gültigkeit für den Fall des § 125 ZPO. ein Honorar vereinbaren. Vgl. im übrigen § 34 Anm. 8. Anm. 74.

Über den Begriff der abweichend von den Vorschriften des Gesetzes bestimmten Vergütung vgl. oben Anm. 28. Über die Formvorschrift vgl. Anm. 30 ff. Anm. 75.

Die Festsetzung des Extrahonorars darf dem Ermessen eines der Kontrahenten (speziell des Anwalts) anheimgegeben werden (§ 315 BGB.),*) nicht aber durch Bezugnahme auf das Ermessen eines Dritten erfolgen. (§ 93 Abs. 1 Satz 2 RAGebO.). Geschieht dies dennoch, so ist die Honorarvereinbarung nichtig. Dadurch kann aber gemäß § 139 BGB. Nichtigkeit des ganzen Anwaltsvertrages herbeigeführt werden, ebenso wie im Falle einer Honorarvereinbarung für die Vertretung vor dem Reichsversicherungsamte rc. Anm. 76.

Endlich ist die Honorarvereinbarung, soferne der Rechtsanwalt durch dieselbe „die Grenze der Mäßigung überschritten" hat, der Anfechtung seitens des Auftraggebers ausgesetzt. Alsdann kann die vertragsmäßig vereinbarte Vergütung im Prozeßwege, nach eingeholtem Gutachten des AKV., bis auf die gesetzliche Taxe herabgesetzt werden. Auch dies gilt nur für das Gebiet der RAGebO. Von einer Nichtigkeit des Anwaltsvertrages kann hier keine Rede sein. Im einzelnen vgl. Walter-Joachim RAGebO.[4] § 93 Anm. 16—22. Doch ist der Meinung dieses Kommentators (§ 93 Anm. 22), daß nach erfolgter Zahlung eine Herabsetzung nicht mehr zulässig sei, aus den oben Anm. 31 angeführten Gründen nicht beizupflichten. Anm. 77.

e) Der zulässige Inhalt der Honorarvereinbarung kann natürlich ein unendlich mannigfaltiger sein. Anm. 78.

α) Das Extrahonorar kann in einer Vervielfältigung der gesetzlichen Taxen (doppelte statt einfacher Gebühren), in einem festen Gesamtbetrage an Stelle der Gebühren (so meist in Strafsachen), in einem festen Honorar neben den gesetzlichen Gebühren, in fixen Beträgen für die einzelnen Verfahrensabschnitte (100 Mk. für die Verhandlung, 100 Mk. für die Beweiserhebung) rc. bestehen. Es ergibt sich von selbst, daß die verschiedenen Arten der Honorarvereinbarung auch rechtlich unter Umständen ganz verschieden zu

*) Ebenso: Lotmar I 133. In diesem Fall greift nicht § 93 Abs. 4 RAGebO., sondern § 315 Abs. 1 u. 3 BGB. Platz. Die Formvorschrift des § 93 Abs. 1 RAGebO. gilt auch für diesen Fall.

beurteilen sind. Dies gilt vor allem für die Fälle der unvollkommenen und mangelhaften Dienstleistung. Erfolgt die Berechnung des Extrahonorars in irgendeiner Weise aus den gesetzlichen Taxen oder ist dasselbe ebenso wie diese schematisch an bestimmte Verfahrensabschnitte bzw. Typen von anwaltschaftlichen Handlungen gebunden, so wird man im Zweifel auch dieselben Regeln anzuwenden haben wie für die gesetzlichen Gebühren (vgl. oben Anm. 56 ff.).

Anm. 79. β) Bildet jedoch das Honorar — neben den gesetzlichen Gebühren oder statt derselben — die Gegenleistung für die Gesamttätigkeit des Anwalts oder für einen willkürlich begrenzten Teil derselben, so können sich erhebliche Schwierigkeiten ergeben. Daß eine Honorarvereinbarung über 2000 Mk., welche der Anwalt nach Eröffnung des Hauptverfahrens mit seinem Klienten — hauptsächlich mit Rücksicht auf die umfangreiche Verhandlung — getroffen hat, nicht zur Zahlung des Ganzen verpflichtet, wenn der Anwalt, nachdem er einen Schriftsatz gefertigt und Zeugenladungen betrieben hat, vor der Hauptverhandlung stirbt, bedarf keiner Ausführung. A. M.: Dankwardt in JheringsJ. **13** 373. Hier muß eben gemäß § 323 Abs. 1 Satz 2 BGB. nach richterlichem Ermessen eine verhältnismäßige Herabsetzung des Honorars erfolgen. § 93 Abs. 4 RAGebO. steht nicht entgegen; denn wenn auch das dort normierte richterliche Ermäßigungsrecht wegen Überforderung des Auftraggebers nur auf Grund der bei Vertragsschluß bekannt gewesenen Sachlage ausgeübt werden darf, so soll damit eine richterliche Herabsetzung aus anderen gesetzlichen Gründen keineswegs ausgeschlossen sein.

Anm. 80. Wird der Vertrag durch Kündigung aufgelöst, ehe die nach der Parteiintention durch das Extrahonorar abgegoltene Arbeit geleistet ist, so hat der Richter nach § 628 BGB. zu entscheiden.

Anm. 81. Bezüglich der fehlerhaften Dienstleistung sind im Zweifel die oben Anm. 56 ff. erörterten Grundsätze entsprechend anzuwenden. Bei nur teilweiser Wertlosigkeit der Dienstleistung, für welche das Extrahonorar versprochen wurde, kann jedoch das zu Anm. 58 Bemerkte keine Anwendung finden. Wohl aber ist hier eine Minderung möglich, wenn Treu und Glauben, unter Berücksichtigung der Parteiintention, eine solche erfordern. Zu beachten ist auch, daß das Extrahonorar häufig für eine besonders geartete, qualifizierte Leistung versprochen und daher nur geschuldet wird, wenn die Leistung auch die zugesagten Eigenschaften hat. Z. B.: der Anwalt verspricht, einen umfangreichen, den Tatbestand und alle einschlägigen Rechtsfragen erschöpfenden Schriftsatz zu fertigen und läßt sich dafür ein Extrahonorar bewilligen. Dann verfaßt er ein inhaltleeres Elaborat von einer Seite Umfang. Der Anspruch auf Extrahonorar wäre natürlich abzuweisen.

Anm. 82. f) Der Anspruch auf Zahlung der Gebühren und Auslagen kann, soweit die RAGebO. maßgebend ist, vor Erfüllung der in § 86 dieses Gesetzes*) normierten Bedingungen nicht geltend gemacht werden. Die Behauptung, daß diesen Bedingungen

---

*) § 86 RAGebO. lautet:

Die Einforderung der Gebühren und Auslagen ist nur zulässig, wenn vorher oder gleichzeitig eine von dem Rechtsanwalte unterschriebene Berechnung derselben mit Angabe des Werthes des Streitgegenstandes, sofern der Werth maßgebend, und unter Bezeichnung der zur Anwendung kommenden Bestimmungen dieses Gesetzes mitgetheilt wird.

Die Mittheilung dieser Berechnung kann auch nach erfolgter Zahlung verlangt werden, solange nicht die Handakten zurückgenommen sind oder die Verpflichtung des Rechtsanwalts zur Aufbewahrung derselben erloschen ist (Rechtsanwaltsordnung § 32).

genügt" sei, gehört zum Fundament der Klage; fehlt diese Behauptung, so kann ein Versäumnisurteil nicht erlassen werden.

Eine Rückforderung der gleichwohl geleisteten Zahlung der Gebühren und Auslagen ist jedoch nicht zulässig. (Gl. M.: Walter-Joachim RAGebO.[4] § 86 Anm. 6). Dies dürfte schon aus § 86 Abs. 2 hervorgehen, welcher dem Auftraggeber auch nach erfolgter Zahlung das Recht auf Mitteilung der Kostenberechnung gewährt, von einer Rückzahlungspflicht des Anwalts aber nichts erwähnt. Der Anspruch des Rechtsanwalts entsteht mithin auch vor der Mitteilung der Kostenberechnung; nur seiner Geltendmachung steht ein Hindernis entgegen. Vgl. auch die Überschrift des sechsten Abschnittes „Einforderung von Gebühren und Auslagen" und den entsprechenden Eingang des § 86 selbst.

Im einzelnen vgl. die Bemerkungen bei Walter-Joachim. Hinsichtlich des Extrahonorars siehe § 93 Abs. 3 RAGebO.

Die Landesgebührenordnungen können eine dem § 86 analoge Vorschrift gültig nicht erlassen. Vgl. jedoch Anm. 83.

g) Die Fälligkeit des Vergütungsanspruchs tritt „nach der Leistung der Dienste" ein (§ 614 Satz 1 BGB.). Zur Dienstleistung gehört hier auch die Rechenschaftsablage; erst nach deren Leistung kann der Vergütungsanspruch erhoben werden. (Ebenso: RGZS. III 11. 6. 07 in JW. **07** 479 Nr. 11). Wann im übrigen die Dienste nach der Parteiintention vollendet sind, kann in concreto schwer zu entscheiden sein (vgl. § 32 Anm. 40); doch ist die Frage praktisch — wegen der Vorschußpflicht des Auftraggebers — abgesehen von der Verjährung kaum von Bedeutung. Eine Bemessung der Vergütung nach Zeitabschnitten, wie sie § 614 Satz 2 BGB. vorsieht, wird außer bei dem Syndikus kaum vorkommen. Anm. 83.

Im Gebiete der RAGebO. tritt die Fälligkeit des Gebührenanspruches ein, sobald über die Verpflichtung, die Gebühren zu tragen, eine Entscheidung ergangen ist, sowie bei Beendigung der Instanz oder bei Erledigung des Auftrages (§ 85 RAGebO.). Die Inkassogebühr kann von dem Anwalt bereits bei der Ablieferung des Geldes entnommen werden (§ 87 Abs. 3 RAGebO.). Über Einzelheiten vgl. Walter-Joachim RAGebO. Anm. zu § 85. Anm. 84.

Was von den Gebühren gilt, muß ebenso von den Auslagen gelten, d. h. von den Aufwendungen, welche zum Zwecke der Ausführung des Auftrages gemacht werden (§ 670 BGB.). Der Vergütungsanspruch, welcher sowohl Gegenleistung für Dienste als auch Ersatz der Aufwendungen umfaßt, wird im Gesetze — § 614 — einheitlich behandelt (vgl. auch § 196 Ziff. 7 BGB.: „Vergütungen mit Einschluß der Auslagen"). Jedenfalls geht die Parteiintention auf einheitliche Behandlung von Gebühren und Auslagen. Ebenso: Walter-Joachim § 1 Anm. 28. A. M.: Mayer in JW. **99** 657. Anm. 85.

Aufwendungen im Sinne des § 670 BGB. sind nicht alle Auslagen, die der Rechtsanwalt für den Auftraggeber macht; es gehören z. B. nicht hieher: Bezahlung der Streitsumme für den Mandanten, Verauslagung von Zeugengebühren rc. Solche Aufwendungen, welche an sich dem Rechtsanwalt üblicherweise nicht obliegen, sind sofort zurückzuerstatten. Anm. 86.

Im Geltungsgebiete der RAGebO. sind nicht alle „Aufwendungen" erstattungsfähig. Die §§ 77, 80, 82, 83 RAGebO. enthalten Ausnahmen von § 670 BGB. Anm. 87.

Die Fälligkeit des Extrahonorars tritt an sich ebenfalls nach Leistung der Dienste ein. Ist jedoch das Extrahonorar im Anschluß an das Gebührenschema bestimmt (es werden z. B. doppelte Gebühren oder bloß bestimmte höhere Sätze für die Verhandlung, für das Beweisverfahren vereinbart), so wird man auch die Vorschriften über die Fälligkeit der Gebühren analog anzuwenden haben. Anm. 88.

Die Ansprüche des Armenanwalts werden erst fällig, wenn die Voraussetzungen des § 125 ZPO. vorliegen. Vgl. § 34 Anm. 8. Anm. 89.

Anm. 90. h) Die Verjährung des Vergütungsanspruchs der Rechtsanwälte tritt gemäß § 196 Ziff. 15 BGB. in zwei Jahren ein. Zu den Gebühren im Sinne dieser Bestimmung gehört auch das vereinbarte Honorar. (Gl. M.: Mayer in JW. **99** 657; vgl. auch bayer. Verjährungsgesetz v. 26. 3. 59 [Becksche Ausgabe] Anm. 2). Der Begriff der „Auslagen" ist hier ebenfalls nur nach § 670 BGB. und §§ 76 ff. RAGebO. zu bestimmen (vgl. oben Anm. 85, 86).

Anm. 91. Der Lauf der Verjährung beginnt mit Schluß des Jahres, in welchem der Anspruch entstanden d. h. fällig geworden ist (§§ 198, 201 BGB.; Staudinger-Riezler § 198 Anm. 5). Solange im Gebiete der RAGebO. die nach § 86 erforderliche Kostenberechnung nicht mitgeteilt wurde, ist gemäß § 202 BGB. die Verjährung gehemmt. (A. M.: Walter-Joachim RAGebO. § 86 Anm. 7).

Anm. 92. 2. Der Auftraggeber ist zur Leistung eines angemessenen Vorschusses verpflichtet.

Anm. 93. a) Unter Vorschuß versteht man die Vorauszahlung einer noch nicht entstandenen oder noch nicht fälligen Schuld. Es ist zu beachten, daß hienach auch die Vergütung für bereits geleistete Dienste durch Vorschußleistung gedeckt werden kann. Wenn der Rechtsanwalt nach der Beweiserhebung, jedoch vor Beendigung der Instanz Anlaß hat, sich für seine Kostenansprüche zu decken, so kann er „Vorschuß" nicht nur für die Schlußverhandlungsgebühr, sondern auch für die noch nicht fälligen, aber bereits verdienten Kosten — Beweis-, Verhandlungsgebühr rc. — verlangen.

Anm. 94. b) Die Vorschußpflicht gilt für das Gebiet der RAGebO. kraft ausdrücklicher Bestimmung in § 84 dieses Gesetzes.

Im übrigen statuiert § 669 BGB. nur ein Recht auf Auslagenvorschuß. Nichtsdestoweniger ist dem Rechtsanwalt auch außerhalb des Gebietes der RAGebO. ein Anspruch auf Vorschuß für die ganze Vergütung (Auslagen **und** Gebühren bzw. Extrahonorar) zuzuerkennen. Die Überzeugung von der Existenz dieses Anspruches ist so sehr ins Volksbewußtsein eingedrungen*), daß eine stillschweigende Unterwerfung der Kontrahenten unter diese dem Typus „Anwaltsvertrag" eigentümliche lex contractus angenommen werden muß. Vgl. auch Dankwardt in JheringsJ. **13** 370.

Anm. 95. c) Der Anspruch auf Vorschußleistung besteht nur gegenüber dem Auftraggeber. Er entfällt für den Armenanwalt.

Anm. 96. d) Als angemessen erscheint der Vorschuß, wenn er der mutmaßlichen Höhe der erwachsenden Gebühren und Auslagen unter Berücksichtigung von Honorarvereinbarungen entspricht.

Anm. 97. e) Das Recht auf Vorschuß kann zivilrechtlich durch Klage geltend gemacht werden. A. M.: AG. Donaueschingen in BadAnn. **48** 233 ff. Ein solches Vorgehen verstößt aber gegen die Würde des Anwaltsstandes (EGH. **7** 56 — 25. 4. 94). Dagegen kann der Anwalt mangels Vorschußleistung jederzeit das Mandat kündigen. Die Nichtleistung ist ein vertragswidriges Verhalten im Sinne des § 628 und ein wichtiger Grund im Sinne des § 671 Abs. 2 BGB. (vgl. jedoch Anm. 99). Die Leistung des Vorschusses kann auch durch Aufrechnung erfolgen; aber — wie Lotmar **1** 421 richtig bemerkt — erst, wenn der Vorschuß vom Rechtsanwalt eingefordert wurde.

Anm. 98. f) Der Verzicht auf Vorschußleistung ist zulässig und in praxi nicht selten. In der Nichteinforderung des Vorschusses liegt aber keineswegs ein stillschweigender Verzicht auf denselben. Vielmehr kann auch nach Beginn der Dienstleistung das Verlangen auf Vorschußzahlung oder auf Ergänzung des Vorschusses gestellt werden. Dabei ist das oben Anm. 93 über die rechtliche Natur des Vorschusses Gesagte zu berücksichtigen.

*) Sie ist bekanntlich geradezu sprichwörtlich geworden.

Erfolgt das nachträgliche Vorschußbegehren zur Unzeit, so kann die Nichtleistung desselben möglicherweise nicht als wichtiger Grund zur sofortigen Kündigung des Anwaltsvertrages gelten. Hat z. B. der Rechtsanwalt einen Prozeß längere Zeit ohne Kostenvorschuß geführt und verlangt er einen solchen für die Kosten der Instanz vor dem letzten Verhandlungstermine mit der Drohung, bei Nichtzahlung das Mandat niederzulegen, so verstößt dieses Verhalten wider Treu und Glauben. Anders natürlich, wenn der Klient den Anwalt über seine Vermögensverhältnisse getäuscht hat, und dieser erst kurz vor der Verhandlung über den wahren Sachverhalt aufgeklärt wird. Anm. 99.

Ist ein Verzicht auf Vorschuß vertragsmäßig vereinbart, so wird derselbe — mangels gegenteiliger Vereinbarung — hinfällig, wenn sich die Vermögensverhältnisse des Klienten nach Vertragsschluß in einer die Ansprüche des Rechtsanwalts gefährdenden Weise verschlechtern oder sonst die Umstände sich derart ändern, daß nach Treu und Glauben dem Anwalt eine Weiterführung der Sache ohne Sicherheit nicht zugemutet werden kann. Letzteres ist z. B. der Fall, wenn die Partei den Anwalt ganz falsch informiert und dieser im Vertrauen auf die Information und den danach sicher zu erwartenden Sieg über den solventen Gegner auf Vorschuß verzichtet hatte. Anm 100.

Dieses Resultat ergibt sich freilich nicht, wie Dernburg 2 Abt. 2 S. 426 meint, aus § 610 BGB. — denn der Vorschuß ist kein Darlehen (Lotmar 1 393/4) — sondern aus § 157 BGB.

g) Der Vorschuß ist, soweit er nicht verbraucht wurde, nach Beendigung des Auftrages von dem Rechtsanwalt zurückzuzahlen. Dieser Anspruch auf Rückzahlung verjährt in 2 Jahren vom Schlusse des Jahres ab, in welchem der Auftrag beendigt wurde (§§ 196 Ziff. 16, 201 BGB.). Anm. 101.

3. Es gibt noch weitere vertragsmäßige Verpflichtungen des Auftraggebers, welche zwar auf seiten des Rechtsanwalts nicht einen klagbaren Anspruch auf Erfüllung bzw. Schadensersatz wegen Nichterfüllung begründen, deren Verabsäumung jedoch andere nachteilige Folgen für den Auftraggeber haben kann (Rümelin a. a. O. 217 spricht in ähnlichem Sinne von „indirekten Verpflichtungen"). Dazu gehört die Pflicht des Auftraggebers, seinem Anwalt sorgfältige und wahrheitsgemäße Information zu geben, sich persönlich ihm gegenüber nicht ungebührlich zu benehmen rc. Anm. 102.

E. Die Beendigung des Rechtsverhältnisses. Das Vertragsverhältnis endigt Anm. 103.

1. durch Erreichung des Vertragszweckes (Vollendung der vereinbarten Dienste und Gewährung der Gegenleistung. Vgl. § 32 Anm. 40).

2. durch mutuus dissensus der Kontrahenten.

3. durch Kündigung. Dieselbe muß ausdrücklich erfolgen. Stillschweigende Kündigung, etwa durch jahrelanges Schweigen des Mandanten auf Briefe seines Anwalts, gibt es nicht. A. M.: BayAB. 22 309.

a) Die Kündigung seitens des Auftraggebers ist jederzeit zulässig (§ 627 BGB.). Eine Schadensersatzpflicht desselben kann durch die Kündigung nie begründet werden. Anm. 104.

α) Erfolgt dieselbe, ohne durch ein vertragswidriges Verhalten des Rechtsanwalts veranlaßt zu sein, so kann der letztere einen seinen bisherigen Leistungen entsprechenden Teil der Vergütung verlangen, d. h. er kann, wenn ein Extrahonorar nicht vereinbart wurde, die bis dahin verdienten Gebühren beanspruchen, ohne Rücksicht darauf, ob etwa für die betreffenden Gebühren noch eine weitere Tätigkeit erwartet werden konnte, sofern nur die geleistete Tätigkeit bereits die Gebühr begründet. Dies ergibt sich für das Gebiet der RAGebO. aus der Bestimmung des Anm. 105.

§ 50 dieses Gesetzes, folgt aber auch sonst ganz allgemein aus der Natur der in Deutschland geltenden Gebührensysteme.

Anm 106 Wurde ein Extrahonorar vereinbart, so kommt es natürlich nicht darauf an, welche Vergütung objektiv den bisher geleisteten Diensten entspricht; die Frage muß vielmehr so gestellt werden: „Wenn das Gesamthonorar als angemessene Vergütung für die vorauszusetzende Gesamttätigkeit angesehen wird, welche Vergütung entspricht dann der tatsächlich geleisteten Arbeit?" Ist das Extrahonorar im Anschluß an das Schema der gesetzlichen Gebühren bestimmt (doppelte, dreifache Gebühren ꝛc.), so werden regelmäßig die in Anm. 105 aufgestellten Grundsätze gelten. Ferner ist zu berücksichtigen, daß häufig das Extrahonorar nach der Parteiintention eine spezielle Entlohnung und einen speziellen Ansporn für bestimmte Teile der Tätigkeit bilden soll; daß dies bei der Herabsetzung der Vergütung gemäß § 628 BGB. zu berücksichtigen ist, versteht sich von selbst. Bei allen diesen Fragen bleibt natürlich für das freie richterliche Ermessen ein weiter Spielraum.

Anm. 107. β) Erfolgt die Kündigung wegen eines vertragswidrigen Verhaltens des Rechtsanwalts, so ist dieser nicht nur zum Schadensersatz verpflichtet (§ 628 Abs. 2 BGB.), sondern er verliert auch den an sich nach Anm. 105 und 106 begründeten Anspruch auf die Vergütung insoweit, als seine Leistungen infolge der Kündigung für den Auftraggeber kein Interesse haben. (§ 628 Abs. 1). Damit ist nicht gemeint, daß zu prüfen sei, ob die Leistungen des Rechtsanwalts an sich die Sache des Auftraggebers gefördert haben; es handelt sich vielmehr nur darum, ob infolge der Kündigung — speziell infolge des hiedurch bedingten Anwaltswechsels — Mehraufwendungen entstehen, welche vermieden worden wären, wenn die Sache in einer Hand geblieben wäre. Der Fall des § 628 Abs. 1 Satz 2 BGB. liegt beispielsweise vor, wenn nach Verhandlung und Beweiserhebung die Partei zur Durchführung des Prozesses sich einen anderen Anwalt nehmen muß und dann neuerlich verhandelt und Beweis erhoben wird. Hier muß die Partei dem zweiten Anwalt wiederum eine Prozeß-, eine Verhandlungs- und eine Beweisgebühr bezahlen. Insoweit entfällt also der Anspruch ihres ersten Vertreters. Dies ist dagegen nicht der Fall, wenn die Partei, ehe sie einen neuen Anwalt aufstellt, sich mit dem Gegner außergerichtlich vergleicht.

Anm. 108. γ) War der von dem Anwalt gemäß Anm. 105—107 nicht verdiente Teil der Vergütung vorschußweise bereits entrichtet, so ist derselbe zurückzuerstatten und zwar im Falle β nebst 4% Zinsen von der Bezahlung des Vorschusses ab (§§ 628 Abs. 1 Satz 3, 347 BGB.).

Anm. 109. δ) Ein Verzicht des Auftraggebers auf die Kündigung muß als unzulässig, weil dem Wesen des Anwaltsvertrages widersprechend, erachtet werden. Gl. M.: Müller in SeuffBl. **66** 26. Siehe auch EGH. **6** 204 (16. 3. 93). Vgl. jedoch unten Anm. 146 ff. Dagegen kann der Auftraggeber sich verpflichten, die vollen Gebühren auch dann zu bezahlen, wenn er das Vertragsverhältnis kündigt. Diese — anwaltschaftlich unter Umständen recht bedenkliche — Abmachung kommt der bedingten Vereinbarung eines Extrahonorars gleich und unterliegt daher auch den für eine solche geltenden Vorschriften.

Anm. 110. b) Die Kündigung seitens des Rechtsanwalts ist ebenfalls an keine Frist gebunden; sie ist jederzeit zulässig. Kündigt aber der Anwalt ohne wichtigen Grund zur Unzeit, d. h. so, daß der Auftraggeber nicht anderweitig für die Besorgung des Geschäfts Fürsorge treffen kann, so ist er schadensersatzpflichtig.

α) Ein wichtiger Grund liegt vor, wenn dem Anwalt die Fortsetzung des Vertragsverhältnisses nicht zugemutet werden kann. Es fallen regelmäßig unter diesen Begriff: Nichtzahlung des Vorschusses trotz Aufforderung, beleidigendes oder ungebührliches Benehmen des Mandanten, nachträglich gewonnene Überzeugung des Rechtsanwalts von der Unvertretbarkeit der Sache, Bekanntwerden eines Grundes, welcher die Weiterführung der Sache gemäß § 31 Ziff. 2 RAO. ausschließt rc. (Vgl. RGZ. **43** 262 — JS. VI 26. 1. 99). Doch darf man diese Sätze keineswegs unterschiedslos anwenden. Hat z. B. der Anwalt lange Zeit den Prozeß ohne Vorschuß geführt und verlangt er plötzlich vor einem Beweistermin — ohne daß etwa eine wesentliche Änderung der Umstände in Mitte liegt — einen beträchtlichen Vorschuß, so würde die Unterlassung der sofortigen Zahlung keinen wichtigen Grund zur unzeitigen Kündigung bilden. Hat der Anwalt leichtfertigerweise von Beginn des Prozesses an eine unhaltbare Rechtsanschauung vertreten, und kommt er nun — sehr zur Unzeit — zur richtigen Einsicht, so ist er nach § 28 zur sofortigen Kündigung verpflichtet (§ 28 Anm. 7); seine Schadensersatzpflicht ergibt sich aber hier daraus, daß er durch sein vorausgehendes Verhalten die Kündigung zur Unzeit verschuldet hat. Vgl. Walter-Joachim RAGebO. § 50 Anm. 8. Anm. 111.

β) Kündigt der Anwalt, ohne durch vertragswidriges Verhalten des Auftraggebers dazu veranlaßt zu sein, so steht dem Anwalt wiederum ein Anspruch auf die Vergütung insoweit nicht zu, als seine bisherigen Leistungen infolge der Kündigung für den Mandanten kein Interesse haben. Dies gilt jedoch scheinbar nicht, soweit die RAGebO. Anwendung findet. Denn nach § 50 RAGebO. kann an sich der Anwalt die bereits erwachsenen Gebühren und Auslagen in gleicher Weise verlangen, als wenn die Instanz zur Zeit der Kündigung beendigt gewesen wäre. Nur wenn ein Verschulden vorliegt, läßt das Gesetz die allgemeinen zivilrechtlichen Bestimmungen gelten. Die Ausübung des dem Anwalt zustehenden Kündigungsrechts kann aber, auch wenn sie ohne rechtfertigenden Grund erfolgt, an sich nicht als Verschulden angesehen werden, soferne nicht unzeitige Kündigung vorliegt. Daß dieses Resultat nicht richtig sein kann, liegt auf der Hand. Der Anwalt, welcher aus Laune oder Bequemlichkeit mitten in der Prozeßführung das Mandat kündigt und die Partei zwingt, sich einen neuen Rechtsbeistand zu nehmen, kann nicht Anspruch auf die vollen, bis dahin erwachsenen Gebühren haben und frei von jeder Ersatzpflicht sein. Man muß vielmehr annehmen, daß der Rechtsanwalt in einer Reihe von Fällen, insbesondere aber bei Uebernahme der Prozeßführung, nach der Parteiintention verpflichtet sein soll, seine Tätigkeit bis zu einem gewissen Stadium, im Prozesse regelmäßig bis zur Beendigung der Instanz fortzuführen. Kündigt der Anwalt vorzeitig, so ist zwar diese Kündigung nach der Parteiintention nicht unwirksam, sie beendigt das Vertragsverhältnis; aber sie ist eine schuldhafte Vertragsverletzung und verpflichtet zum Schadensersatz, soferne nicht wichtige Gründe zur Kündigung vorliegen. Daher gilt auch im Gebiete der RAGebO. für diese Fälle — sofern die oben erwähnte Parteiintention vorliegt — die Bestimmung des § 628 BGB., und es tritt außerdem in allen Fällen (was freilich praktisch kaum von Bedeutung ist) Schadensersatzpflicht ein. Gl. M.: Walter-Joachim RAGebO. § 50 Anm. 5; KG. 21. 12. 05 in KGBl. **06** 19; LG. II Berlin 12. 2. 03 in KGBl. **03** 39. Darüber, daß die Bestimmung des § 627 nicht zwingenden Rechts ist, vgl. Scholl- Anm. 112.

meyer, Einzelne Schuldverhältnisse[1] 40; Planck BGB.[3] § 627 Anm. 5; Dernburg **2** Abt. 2 S. 455. Dagegen: Müller SeuffBl. **66** 26; Staudinger-Kober § 627 Anm. VI.

Anm. 113. γ) Kündigt der Rechtsanwalt wegen vertragswidrigen Verhaltens des Auftraggebers — z. B. wegen Nichtzahlung des Vorschusses, ungebührlichen Benehmens gegen den Anwalt [nicht aber den Gegenanwalt: OLG. Frankfurt a. M. 21. 6. 01 in FrankfRundsch. **01** 196], Nichterteilung von Information (vgl. oben Anm. 102) — so ist der Auftraggeber nach § 628 Abs. 2 BGB. zum Ersatz des durch die Aufhebung des Vertragsverhältnisses entstehenden Schadens verpflichtet. Dies ist jedoch praktisch ohne wesentliche Bedeutung, weil der Anwalt die infolge der Kündigung nicht verdienten Gebühren auch nicht unter dem Gesichtspunkte des entgangenen Gewinnes fordern kann. Es entspricht der allgemeinen Rechtsüberzeugung, dem gesetzlichen Gebührensystem und dem Willen der Beteiligten ebenso wie der richtigen Auffassung von der Würde des Standes, daß der Anwalt kein Recht auf die Leistung von Diensten und also auch kein Recht darauf hat, Vergütung für Dienste zu erhalten, die er nicht geleistet hat.

Anm. 114. Denkbar ist jedoch im Falle des § 628 Abs. 2 BGB. ein Anspruch auf Ersatz des positiven Schadens: z. B. der Rechtsanwalt hat bei einem auswärtigen Gerichte zwei Verteidigungen — für A und B — übernommen. Die erstere soll 5 Tage dauern. Daran schließt sich die Sache gegen B unmittelbar an. Am zweiten Tage der Verhandlung gegen A wird der Rechtsanwalt durch grobes Verschulden seines Klienten genötigt, die Verteidigung niederzulegen. Er wird nun natürlich nicht 4 Tage lang beschäftigungslos und ohne Entgelt an dem auswärtigen Gerichtssitz verweilen, sondern nach Hause fahren, seine Praxis wahrnehmen und dann zum Falle B zurückkehren. Die hiedurch entstehenden Unkosten muß ihm A vergüten. Natürlich ist nicht anders zu entscheiden, wenn der Anwalt am Gerichtssitze bleibt, weil ihm die Reise zu lang ist. Die hiedurch erwachsenden Auslagen, für welche er jetzt keine vertragsmäßige Gegenleistung empfängt, müssen ihm erstattet werden.

Anm. 115. 4. Der Anwaltsvertrag findet ferner sein Ende durch den Konkurs des Auftraggebers (§ 23 Abs. 2 KO.). Darüber, daß dem Rechtsanwalt kein Vorrecht im Konkurse des Auftraggebers nach § 61 Ziff. 1 KO. zusteht, weil sich der Rechtsanwalt nicht „zu Diensten verdingt", vgl. Düringer in Recht **02** 602; OLG. **10** 206 (OLG. Dresden 12. 4. 04).

Anm. 116. 5. Einen weiteren Endigungsgrund bildet die Unmöglichkeit der Leistung.

a) Wird die Leistung der anwaltschaftlichen Dienste unmöglich, was insbesondere der Fall ist, wenn der Beauftragte aus dem Anwaltsstande ausscheidet, so kommt es darauf an, wer die Unmöglichkeit zu vertreten hat.

Trifft dies für keinen der beiden Kontrahenten zu, so verliert der Rechtsanwalt den Anspruch auf die — noch nicht verdiente — Gegenleistung (§ 323 BGB.). Dies gilt im Gebiete der RAGebO. kraft ausdrücklicher Vorschrift in § 50 dieses Gesetzes. Bezüglich des Extrahonorars vgl. Anm. 106.

Anm. 117. Die Bestimmung des § 324 BGB. findet bezüglich der anwaltschaftlichen Dienstleistung aus den oben Anm. 113 angeführten Gründen keine Anwendung.

Anm. 118. Ist aber die Unmöglichkeit von dem Rechtsanwalt verschuldet, so kann der Auftraggeber gemäß § 325 BGB. Schadensersatz wegen Nichterfüllung — und zwar möglicherweise auch wegen Nichterfüllung des ganzen Vertrages — verlangen oder auch die Gegenleistung verweigern. Die erstere Befugnis wird regelmäßig die weitere sein und die zweite mitumfassen. Das Recht zum Rücktritt vom Vertrage ist praktisch bedeutungslos, weil der Auftraggeber ohnedies zur jederzeitigen Kündigung berechtigt ist.

Das Ausscheiden aus dem Anwaltsstande — das praktisch wichtigste Beispiel für die Unmöglichkeit der Dienstleistung — kann bald ein Umstand sein, der von dem Anwalt, bald ein solcher, der nicht von ihm zu vertreten ist. Wird der Rechtsanwalt ehrengerichtlich aus dem Stande ausgeschlossen oder legt er, weil die ehrengerichtliche Bestrafung unvermeidlich wäre, „freiwillig" sein Amt nieder, so hat er zweifellos die Unmöglichkeit der Leistung zu vertreten. Gl. M.: JW. **98** 390 Nr. 19 (RGZS. I 21. 5. 98). Anders dagegen, wenn der Anwalt aus Gesundheitsrücksichten, aus familiären Gründen, aus Freude an anderen Beschäftigungen 2c. seinen Beruf aufgibt. Es ist in solchen Fällen nicht etwa nachzuprüfen, ob ein triftiger, zwingender Grund zum Austritt aus dem Anwaltsstande vorlag; denn es muß allein dem Ermessen des Anwalts — welcher nicht Beamter ist — anheimgegeben sein, ob er seinen Beruf beibehalten will oder nicht. (Vgl. RGZ. **33** 369 — ZS. V 5. 5. 94). Die Beweisregel des § 282 BGB. ist hier nicht von großem Belang, weil es sich meist um Rechtsfragen handelt; sie greift z. B. Platz, wenn der Gläubiger behauptet, der Rechtsanwalt sei nur deshalb aus dem Anwaltsstande ausgeschieden, weil er Ausschließung im Wege der Disziplin befürchtete. Hier muß der Rechtsanwalt das Gegenteil beweisen. Anm. 119.

Zu berücksichtigen ist ferner unter allen Umständen, daß der Rechtsanwalt nach Treu und Glauben dem Auftraggeber so rechtzeitig wie möglich von seiner Absicht, aus dem Stande auszuscheiden, Nachricht geben muß. Unterläßt er dies schuldhaft, so haftet er auf Schadensersatz, aber nicht wegen der Unmöglichkeit der Leistung, sondern wegen der positiven Vertragsverletzung, welche in der unterlassenen Benachrichtigung liegt. Anm. 120.

b) Die Unmöglichkeit anderer Vertragsleistungen als der anwaltschaftlichen Dienste kann vorkommen, ist aber praktisch kaum von Bedeutung. Anm. 121.

6. Hinsichtlich des Einflusses von Tod und Geschäftsunfähigkeit des Auftraggebers auf das Vertragsverhältnis gelten die Bestimmungen des § 672 BGB. Anm. 122.

Treten dieselben Ereignisse auf seiten des Rechtsanwalts ein, so liegt regelmäßig Unmöglichkeit weiterer Erfüllung vor. Eine Verpflichtung der Erben zur unverzüglichen Todesanzeige an den Auftraggeber muß im Falle des § 673 BGB. auch für den Anwaltsvertrag angenommen werden. Dagegen besteht eine Pflicht zur Fortsetzung der Geschäftsbesorgung nicht; erfolgt eine solche dennoch, so sind nur die Vorschriften der §§ 677 ff. BGB. über die Geschäftsführung ohne Auftrag maßgebend.

7. Die Bestimmung des § 674 BGB. findet auch auf den Anwaltsvertrag Anwendung, desgleichen § 23 Abs. 1 Satz 2 KO. Anm. 123.

8. Daß einzelne Pflichten des Rechtsanwalts auch nach Beendigung des Vertragsverhältnisses fortbestehen, ergibt sich schon aus § 32 Abs. 2 RAO. Zu diesen fortdauernden Pflichten gehört auch die, dem Auftraggeber von wichtigen prozessualen Akten, welche immer noch an den Anwalt mit gesetzlicher Wirkung erfolgen durften, z. B. von Zustellung eines Versäumnisurteils an ihn, Kenntnis zu geben.*) Ebenso: EGH. **3** 208 (16. 12. 87). Unentschieden: EGH. **1** 34 (28. 9. 83). Anm. 124.

F. (Anhang) Das Vollmachtsverhältnis. 1. Bei dem dienstvertragsähnlichen Anwaltsvertrage wird fast immer gleichzeitig ein Vollmachtsver- Anm. 125.

*) Ob der RA. zu diesem Zwecke Auslagen zu machen hat, entscheidet sich in concreto nach Treu und Glauben. Solvenz des Klienten, Wichtigkeit der gefährdeten Interessen 2c. kommen dabei in Betracht. Ermittelungen nach dem Aufenthalt des Mandanten anzustellen ist der RA. regelmäßig nicht verpflichtet.

hältnis vorliegen. Die Bevollmächtigung geschieht häufig stillschweigend durch die Auftragserteilung, und der Vollmachtgeber ist meist mit dem Auftraggeber identisch. Wenn dies der Fall ist, so werden sich in praxi bei Anwendung der Bestimmungen der §§ 167 ff. BGB. und §§ 78 ff. ZPO. (welche hier nicht näher erörtert werden können) kaum Schwierigkeiten ergeben.

Anm. 126. 2. Es kann aber, wie bereits erwähnt wurde, der Fall eintreten, daß der Auftraggeber mit dem Vollmachtgeber nicht identisch ist; z. B. wenn eine Versicherungsgesellschaft den Anwaltsvertrag schließt, während die Vollmacht natürlich von der Prozeßpartei zu erteilen ist. Wenn man auch in diesen Fällen bestrebt sein wird, einen stillschweigenden Dienstvertrag oder ein Auftragsverhältnis zwischen dem Vollmachtgeber und dem Rechtsanwalt zu konstruieren, so kann doch auch eine derartige Möglichkeit durch die konkreten Umstände ausgeschlossen sein.

Kann nun hienach ein bloßes, abstraktes Vollmachtsverhältnis zwischen Partei und Anwalt bestehen, ohne daß demselben im Sinne des § 168 BGB. ein Rechtsverhältnis zugrunde liegt, so wird sich doch meistens folgende Gestaltung ergeben: Die Partei erteilt Vollmacht, damit der mit einem anderen geschlossene Anwaltsvertrag vollzogen werden kann. Zu diesem anderen, dem Auftraggeber, steht sie regelmäßig in einem Rechtsverhältnisse, welches ihr eine direkte oder (vgl. oben Anm. 102) indirekte Verpflichtung auferlegt, nach den Weisungen des Auftraggebers bezüglich Erteilung, Erweiterung, Einschränkung und Widerrufs der Vollmacht zu handeln. Erscheint hienach der Vollmachtgeber gewissermaßen als Werkzeug des Mandanten zwecks Durchführung des Auftrags, so muß auch der Auftraggeber im Zweifel dem Anwalt gegenüber für die auf das Vollmachtsverhältnis bezüglichen Handlungen der Partei wie für die eines Gehilfen einstehen. Entzieht also die Partei dem Anwalt plötzlich die Vollmacht, so wird dieser regelmäßig berechtigt sein, wegen „vertragswidrigen Verhaltens" der Gegenpartei den Anwaltsvertrag zu kündigen.

Anm. 127. 3. Daß der Umfang der Vollmacht keineswegs identisch zu sein braucht mit dem Umfang des Auftrags, ist schon wiederholt hervorgehoben worden. In einzelnen Fällen spricht aber doch die Vermutung dafür, daß Ermächtigungen, welche in der Vollmacht enthalten sind, nach der Parteiintention auch für das innere Vertragsverhältnis maßgebend sein sollen. Dies gilt z. B. von der Substitutionsbefugnis für den Strafprozeß (vgl. Riezler 86 Anm. 12).

Anm. 128. **VI. Der werkvertragsähnliche Anwaltsvertrag.**

A. Die Haupt-Anwendungsfälle. Ein Werkvertrag liegt vor, wenn nach der Absicht der Kontrahenten die Vergütung für die Herstellung eines durch Arbeit zu erreichenden Erfolges geschuldet wird. Dieses Kriterium ist also auch für die Frage entscheidend, ob ein werkvertragsähnlicher Anwaltsvertrag vorliegt.

Als Beispiele eines solchen kommen hauptsächlich die Fälle in Betracht, in welchen Erteilung eines einzelnen, konkreten Rats, Herstellung eines Rechtsgutachtens, Abfassung eines Vertrags, Testaments ꝛc. bedungen wird. In den drei letzterwähnten Fällen wird kaum ein Zweifel obwalten, besonders dann, wenn das Ergebnis der Leistung noch näher konkretisiert ist: z. B. wenn der Anwalt sich verpflichtet, eine bestimmte Rechtsanschauung in einem Gutachten zu vertreten.

Dagegen sind speziell hinsichtlich der Ratserteilung gewichtige Bedenken gegen die Annahme eines Werkvertrages erhoben worden (vgl. besonders Brunswig in GoldschmidtsZ. **56** 77, auch Düringer-Hachenburg HGB. **2** 230; **3** 353).

Während letzterer stets Dienstvertrag annimmt, vertritt Brunswig die Meinung, daß regelmäßig Dienstvertrag, Werkvertrag aber nur dann vorliege, wenn die Vergütung nur für richtigen, d. h. erfolgreichen Rat versprochen sei. Dies kann nicht für zutreffend erachtet werden.

Vorauszuschicken ist, daß auch nach unserer Meinung diejenigen Fälle ausscheiden, in welchen die Ratserteilung nur den Bestandteil eines weitergehenden Dienstvertrages bildet (der Prozeßbevollmächtigte erteilt Rat über Fortsetzung des Prozesses 2c.). Hier gehört die Ratserteilung zum Inhalt des dienstvertragsähnlichen Anwaltsvertrages und ist auch nach dessen Regeln zu beurteilen (vgl. oben Anm. 8, ferner RGZS. I 31. 5. 05 in SeuffBl. **71** 40 und die dort zitierten Entscheidungen; zutreffend hienach auch BayObLGZ. neue Folge **7** 19 — 12. 1. 06).

Im übrigen aber sind die von Brunswig geltend gemachten Bedenken nicht durchschlagend. Das Arbeitsprodukt, welches der Klient bestellt, der Erfolg, welcher herbeizuführen ist, besteht in fachkundigem Rat, nicht aber ausschließlich in richtigem Rat. „Richtiger Rat" in dem Sinne, daß derselbe den gewünschten Erfolg herbeiführt (vgl. Brunswig 87), ist ein rechtlich unbrauchbarer Begriff, weil der Erfolg gar nicht von der objektiven Richtigkeit des Rates abhängt; der Prozeß, dessen Führung der Anwalt auf Grund größter Sachkunde und sorgfältigster Prüfung befürwortet, kann ja durchaus falsch — zu Ungunsten des Klienten — entschieden werden. Die Ratserteilung ist vertragsmäßig, wenn sie in fachkundiger Weise auf Grund des vorhandenen Tatsachenmaterials erfolgt. Jeder Verstoß gegen Recht und Logik, welcher dem Rat zugrunde liegt, begründet daher einen Mangel.

Der nach dem Vertrage vorausgesetzte Gebrauch des Werkes (§ 633 BGB.) liegt ferner nicht, wie Brunswig meint, in der Herbeiführung des gewünschten materiellen Erfolges, sondern darin, daß die Partei im Vertrauen auf den fachkundigen Rat handeln kann. Denn mehr zu erreichen, kann sie nach dem Vertrage nicht voraussetzen.

B. Über die Vertragskontrahenten und den Abschluß des Vertrages ist hier nichts Besonderes zu bemerken. Es genügt der Hinweis auf die Ausführungen in Anm. 17—38. Vgl. auch RGZS. VI 22. 9. 04 in SchlHolstAnz. **68** 308. Anm. 129.

C. Die Vertragspflichten des Rechtsanwalts. 1. Der Rechtsanwalt ist zur sorgfältigen Herstellung des versprochenen Werkes verpflichtet. Er kann sich hiebei im Zweifel der Hilfe anderer bedienen; die Kontrolle und Verantwortung aber liegen ihm allein ob. Er haftet unbedingt für das Verschulden seiner Gehilfen. Eine Überlassung der Ausführung an einen anderen Anwalt in dem Sinne, daß dieser an die Stelle des ursprünglichen Kontrahenten tritt, ist selbstverständlich ausgeschlossen. Die uneigentliche Substitution (Anm. 45) kommt hier nicht in Betracht. Anm. 130

2. Ist das Werk mangelhaft im Sinne des § 633 BGB. (das Testament ist ungültig, der Vertrag strotzt von juristischen Unmöglichkeiten, der Rat ist unhaltbar), so kommen an sich die Vorschriften der §§ 633 ff. BGB. zur Anwendung. Praktisch ist jedoch nur ein geringer Teil der erwähnten Bestimmungen von Bedeutung. Die „Beseitigung des Mangels" wird nur höchst selten in Betracht kommen. Die „Wandelung" wird in manchen Fällen regulär erfolgen können, in anderen Fällen aber (z. B. bei der Ratserteilung) im wesentlichen auf eine Verweigerung der Gegenleistung hinauslaufen. Eine „Minderung" dürfte — speziell bei Anwendung des gesetzlichen Gebührensystems — meist undurchführbar sein. (Vgl. auch Rümelin a. a. O. 203/204). Anm. 131.

Dagegen ist die Schadensersatzpflicht des Rechtsanwalts, wenn er „den Mangel zu vertreten hat", nach § 635 BGB. gegeben. Dies wäre an sich ohne Belang, da dieselbe Verpflichtung sich aus § 276 BGB. ergeben würde. Die Geltung des § 635 gewinnt aber dadurch große Bedeutung, daß hiemit zugleich die Verjährungsbestimmungen der §§ 638, 639 anwendbar werden: Die Haftung des Anwalts wegen mangelhafter Ratserteilung 2c. unterliegt also beim werkvertragsähnlichen Anwaltsvertrage der sechsmonat- Anm. 132.

lichen Verjährung, welche mit der Abnahme des Werkes d. h. mit der Annahme als Erfüllung bzw. mit der Vollendung des Werkes beginnt.*) „Abnahme" kommt praktisch z. B. bei Herstellung von Gutachten, Verträgen, Testamenten, nicht aber bei Ratserteilung in Betracht.

In jenen Fällen gilt auch die Bestimmung des § 640 Abs. 2 BGB.

Anm. 133 3. Bei nicht rechtzeitiger Herstellung des Werkes lassen sich die Vorschriften des § 636 BGB. anwenden.

Anm. 134. 4. Der Rechtsanwalt trägt die Gefahr bis zur Abnahme des Werkes: § 644 BGB., dessen Bestimmungen auch im übrigen — abgesehen von Abs. 1 Satz 3 — Anwendung finden.

Anm. 135. 5. Die Verpflichtung des Rechtsanwalts, alles herauszugeben, was er zur Herstellung des Werkes erhält, ergibt sich aus der Natur der Sache von selbst.

Auch bezüglich der Handakten müssen dieselben Regeln angewendet werden wie beim dienstvertragsähnlichen Anwaltsvertrage. Vgl. Dankwardt in JheringsJ. **13** 370.

Anm. 136. 6. Ein klagbarer Anspruch auf Herstellung des versprochenen Werkes ist theoretisch zweifellos anzunehmen. Praktisch wird ein solcher Anspruch kaum geltend gemacht werden, da man analog § 888 Abs. 2 ZPO. jedenfalls bei immateriellen Leistungen auch für den Werkvertrag Unvollziehbarkeit annehmen muß. (So zutreffend: Rümelin a. a. O. 277 ff.; Dernburg 2 Abt. 2 S. 492).

Anm. 137. D. Die Vertragspflichten des Klienten. 1. Hinsichtlich der von dem Klienten zu leistenden Vergütung und hinsichtlich der Vorschußpflicht gilt im wesentlichen das beim dienstvertragsähnlichen Anwaltsvertrage Gesagte (Anm. 69 ff.) mit Ausnahme der in Anm. 78—81 enthaltenen Sätze. Die Vergütung ist bei der Abnahme bzw. der Vollendung des Werkes, eventuell bei früherer Erledigung des Rechtsverhältnisses, zu entrichten.

Anm. 138. 2. Auch die in Anm. 102 erwähnten indirekten Verpflichtungen gelten analog für den werkvertragsähnlichen Anwaltsvertrag.

Dazu kommt als weitere indirekte Verpflichtung die Abnahmepflicht des § 640 BGB.

Eine analoge Anwendung der §§ 642, 643 BGB. auf Fälle, in welchen eine Mitwirkung des Klienten zur Herstellung des Werkes erforderlich ist — und dies ist in gewissem Sinne regelmäßig der Fall — ist nicht ausgeschlossen.

Anm. 139. E. Die Beendigung des Vertragsverhältnisses. Das Vertragsverhältnis endigt:

1. durch beiderseitige vollständige Erfüllung,
2. durch mutuus dissensus,

Anm. 140. 3. durch Kündigung.

Rümelin, welcher zuerst auf die wechselseitige Anwendbarkeit einzelner Normen vom Dienst- und Werkvertrag aufmerksam gemacht hat, läßt auch die Kündigungsbestimmungen der §§ 627, 628 BGB. für den Werkvertrag gelten (a. a. O. 299). Wir glauben allerdings nicht, daß dies allgemein zutreffend ist: für den Anwaltsvertrag aber sind die erwähnten Normen geradezu unentbehrlich. Es wäre unfaßlich, wenn der Anwalt dem Klienten, welcher ihn aufs gröbste beschimpft und verleumdet hat, den versprochenen Rat dennoch erteilen müßte, oder wenn der Klient dem Anwalt, welcher seine Verschwiegenheitspflicht verletzt hat, nur unter Belassung des vollen Extrahonorars nach § 649 BGB. kündigen könnte.

---

*) Vgl. jedoch RGZ. **62** 119 (ZS. VII 1. 12. 05), **64** 41 (ZS. VII 10. 7. 06). Beim Anwaltsvertrage handelt es sich meist um Schäden, welche unmittelbar aus einem Mangel des Werkes selbst entstehen. Daß der Schaden schon bei Abnahme oder Vollendung entstanden sein müsse, fordert RGZ. **64** 44 zu Unrecht.

Es ergibt sich also auch für den werkvertragsähnlichen Anwaltsvertrag beiderseits freistehende Kündigung, mit der Einschränkung des § 627 Abs. 2 BGB. Damit wird auch die Anwendung des § 649 BGB. entbehrlich, dessen zweiter Satz ohnedies auf den Anwaltsvertrag nicht paßt.

Wird der Vertrag gekündigt, so kann der Anwalt einen seinen bisherigen Leistungen entsprechenden Teil der Vergütung verlangen. Natürlich darf hier nicht der Wert des bereits erreichten Teilresultats bemessen werden — ein solches braucht ja noch gar nicht vorhanden zu sein. Vielmehr wird im wesentlichen die geleistete Arbeit — neben den Auslagen — zu vergüten sein. Für den speziellen Fall des § 643 trifft § 645 Abs. 1 Satz 2 BGB. ausdrücklich die hier angedeutete Regelung. Anm. 141.

Kündigt der Rechtsanwalt, ohne durch vertragswidriges Verhalten des Klienten dazu veranlaßt zu sein, oder veranlaßt er durch vertragswidriges Verhalten die Kündigung des Klienten, so steht ihm ein Anspruch auf die Vergütung insoweit nicht zu, als seine bisherigen Leistungen infolge der Kündigung für den anderen Teil kein Interesse haben*). Anm. 142.

Die bisherigen Leistungen können hier, dem Wesen des Werkvertrages entsprechend, nur Arbeitserfolge sein. Materialsammlungen, Teile einer zu fertigenden Urkunde, Entwürfe zu dem bestellten Gutachten können von Wert für den Klienten sein. Daß und in welchem Grade sie es sind, hat in diesem Falle der Anwalt zu beweisen.

4. Unmöglichkeit der Leistung beendigt ebenfalls das Vertragsverhältnis. Anm. 143
Im wesentlichen gelten hier die in den Anm. 116—120 gegebenen Ausführungen. Doch ist bei Anwendung der §§ 323, 325 BGB. zu beachten, daß von einer teilweisen Erfüllung beim Werkvertrag nur dann die Rede sein kann, wenn dieselbe für sich einen Erfolg, ein irgendwie für den Besteller brauchbares Resultat darstellt (vgl. oben Anm. 142, ferner Rümelin 84).

5. Durch die Eröffnung des Konkurses über das Vermögen des Klienten wird das Vertragsverhältnis an sich nicht beendigt. Hier gilt lediglich § 17 KO. Anm. 144.

6. Auch der Tod des Klienten bildet keinen Endigungsgrund, wohl aber der Tod des Rechtsanwalts. Das in Anm. 122 Gesagte findet hier entsprechende Anwendung; dies ergibt die Natur der Sache. Anm. 145.

VII. Besondere Fälle. (Vertrag mit dem Syndikus). 1. Es gibt eine Reihe von besonders gearteten Anwaltsverträgen, deren Charakteristikum darin liegt, daß der Rechtsanwalt für eine Mehrheit von im voraus nicht näher bestimmten Dienstleistungen gegen eine fixe Bezahlung engagiert wird. Dies kann z. B. in der Form geschehen, daß der Rechtsanwalt sich einem Klienten gegenüber verpflichtet, gegen Bezahlung einer pro Jahr fixierten Summe alle vorkommenden Rechtsangelegenheiten des Klienten — neben seiner sonstigen Berufstätigkeit — zu besorgen, wobei jedoch die von den Prozeßgegnern etwa erstatteten Kosten dem Anwalt gesondert zugute kommen; es kann die fixe Bezahlung lediglich für konsultative Tätigkeit oder überhaupt nur dafür vereinbart sein, daß der Rechtsanwalt sich verpflichtet, alle Rechtssachen des Klienten — soweit ihn nicht seine Anwaltspflicht an der Annahme hindert — zu übernehmen; der Rechtsanwalt kann auch — etwa unter den an erster Stelle genannten Bedingungen — vollständig in Diensten eines Klienten stehen und vertragsmäßig verpflichtet sein, seine ganze Arbeitskraft — natürlich unbeschadet seiner öffentlichrechtlichen Pflicht zur Annahme von Offizialmandaten — dem betreffenden Klienten zu widmen. Im letzteren Falle pflegt man den Anwalt als Syndikus zu bezeichnen. Anm. 146.

---

*) Die in Anm. 112 gegebenen Ausführungen sind für den werkvertragsähnlichen Anwaltsvertrag ohne Belang, weil § 50 RAGebO. auf denselben keine Anwendung findet.

Anm. 147. 2. In allen diesen Fällen wird man die Regeln des dienstvertragsähnlichen Anwaltsvertrages anzuwenden haben. (Ebenso die meisten, selbst Riezler Werkvertrag 85). Die Bezahlung erfolgt hier in erster Linie dafür, daß der Anwalt seine Dienste dem Klienten zur Verfügung stellt. Auch wenn es zu einer speziellen Dienstleistung gar nicht kommt, wird die Vergütung geschuldet. Wenn anderseits der Syndikus nach Ablauf eines halben Jahres stirbt, so kann regelmäßig nur die Hälfte der Vergütung gefordert werden, auch wenn sich feststellen läßt, daß im zweiten Halbjahre eine Inanspruchnahme seiner Tätigkeit gar nicht mehr erfolgt wäre.

Anm. 148. 3. In den erwähnten Fällen liegt ein dauerndes Dienstverhältnis mit festen Bezügen vor. § 627 BGB. kommt also nicht zur Anwendung, wohl aber die §§ 621, ev. 622, und §§ 626, 628 BGB.

Anm. 149. 4. Ungewöhnliche Schwierigkeiten ergeben sich hier bei der Nichtleistung oder mangelhaften Leistung einzelner Dienste, sofern dieselbe nicht zur Auflösung des Vertrages führt. Man wird hier in der Regel nur Schadensersatzansprüche, möglicherweise auch die Minderung nach freiem richterlichen Ermessen, zulassen können.

Anm. 150. 5. Es erhebt sich die Frage, ob für das Versprechen des Fixums die Formvorschrift des § 93 Abs. 2 RAGebO. zu gelten hat.

Wir sind der Meinung, daß dies nicht der Fall ist. § 93 bezieht sich offenbar nur auf die Honorarvereinbarung für bestimmte, konkrete Fälle. Dies ergibt sich aus § 93 Abs. 1; denn auch das Gesetz kennt nur eine taxmäßige Vergütung für den Einzelfall. Es ergibt sich ferner aus § 93 Abs. 3 und 4; wie sollte die Herabsetzung des Honorars erfolgen, wenn gar nicht feststeht, welcher Betrag für die einzelne Dienstleistung vereinbart wurde?

Anm. 151. **VIII.** Im vorstehenden ist der Versuch gemacht worden, die Lehre vom Anwaltsvertrage in großen Zügen zu skizzieren. Bei dem Mangel spezieller Vorarbeiten war an eine nur annähernd erschöpfende Darstellung nicht zu denken. Der Schwierigkeiten, welche sich bei der hier behandelten Materie ergeben, wird man übrigens in allgemein theoretischer Behandlung nie in vollem Umfang Herr werden; sie lassen sich nur im Einzelfalle bemeistern.

Daß die gewonnenen Resultate vielfach nicht befriedigen, ist zweifellos. Dies beweist aber nur die oft gerügte Unzulänglichkeit unserer gesetzlichen Bestimmungen über den Arbeitsvertrag. Die allgemeinen und althergebrachten Schemata „Dienst- und Werkvertrag" reichen schon lange nicht mehr aus. Eine reichsgesetzliche Regelung der einzelnen Arbeitsverträge ist ein dringendes Bedürfnis, dessen Befriedigung über kurz oder lang erfolgen muß*).

§ 30.

Der Rechtsanwalt, dessen Berufsthätigkeit in Anspruch genommen wird, ist verpflichtet, wenn er den Antrag nicht annimmt, die Ablehnung ohne Verzug zu erklären, widrigenfalls er den durch die Verzögerung erwachsenen Schaden zu ersetzen hat.

Anm. 1. **I. Allgemeiner Inhalt.** § 30 enthält eine rein zivilrechtliche Bestimmung, deren Nichtbeachtung jedoch wie jede Pflichtverletzung auch ehrengerichtliche Bestrafung nach sich ziehen kann.

Diese Bestimmung, wonach der Rechtsanwalt zur Beantwortung von Anträgen verpflichtet sein soll, ist für die öffentliche Funktion des Anwalts äußerst bezeich-

*) Die Tagesordnung des 18. Deutschen Anwaltstages (1907) enthält als Punkt 5 die Frage: „Empfiehlt sich eine gesetzliche Regelung der Rechtsverhältnisse zwischen Anwalt und Klienten?"

nend. Sie legt demselben eine Pflicht gegen jedermann auf, eine Pflicht zum positiven Handeln, ohne daß ein Vertragsverhältnis existiert.

II. Spezielles. 1. Die gemeinrechtliche Auffassung, daß der Rechtsanwalt niemandem ohne Grund seinen Beistand versagen dürfe, hat in die RAO. keinen Eingang gefunden. Sie ist schon im Entwurf und in den Motiven dazu (Siegel 198, 242) ausdrücklich abgelehnt. Anm. 2

Die Rechtsanwaltsordnung geht vielmehr davon aus, daß der Rechtsanwalt, sofern er nicht Pflichtanwalt ist, jeden Auftrag beliebig ablehnen kann und daß auch eine zivilrechtliche Verpflichtung zur Annahme nicht besteht. Selbst zur Vornahme unaufschiebbarer Handlungen für den Auftraggeber ist der Rechtsanwalt vor Annahme des Mandats zivilrechtlich nicht verpflichtet.

Durch Parteivereinbarung kann selbstverständlich etwas anderes bestimmt werden. Dies kann auch stillschweigend geschehen. Steht ein Anwalt zu einer Firma in einem dauernden Vertragsverhältnisse — z. B. so, daß die Firma ihm alle ihre Angelegenheiten zu übergeben hat —, so versteht es sich, auch wenn eine Verpflichtung zur Annahme nicht vereinbart ist, nach Treu und Glauben von selbst, daß der Anwalt Mandate der Firma, ehe er die Annahme ablehnt, zum mindesten auf die Frage der Dringlichkeit prüfen und bei Gefahr im Verzuge die notwendigen Vorkehrungen treffen muß, sofern er nicht zwingende Gründe hat, auch dies abzulehnen. Ja man wird in derartigen Fällen sogar annehmen müssen, daß Schweigen als Akzeptation des Mandates gilt (was sonst keineswegs der Fall ist). Vgl. RG. 25. 6. 94 in SeuffBl. ErgBd. **13** 56; RheinArch. **100** 89 und JW. **04** 9 Nr. 11 (RGZS. II 13. 11. 03). Das Reichsgericht hat in der zuletzt genannten Entscheidung darauf hingewiesen, daß auch die scheinbare Ablehnung eines Vertragsantrags in Wirklichkeit ein Vertragsverhältnis begründen könne, nämlich dann, wenn der Rechtsanwalt ausdrücklich oder stillschweigend ersucht wurde, das vorgelegte Material darauf zu prüfen, ob die Stellung einer Klage 2c. Aussicht auf Erfolg verspreche. Dann enthält die motivierte Ablehnung des Auftrags möglicherweise die Erteilung eines erbetenen Rates und insoferne doch eine teilweise Annahme des Offerts. Dies ist zutreffend. Anm. 3.

Die Standespflicht freilich geht weiter als die zivilrechtliche Verpflichtung. Wenn ein Rechtsanwalt z. B. von einer weit entfernt wohnenden und schwer erreichbaren Person einen Auftrag erhält, aus welchem sich ergibt, daß zur Abwendung großer Nachteile eine dringende, aber sehr einfache Handlung erforderlich ist, welche vielleicht am nächsten Tage schon nicht mehr nachgeholt werden kann, so ist es ein nobile officium des Anwalts, diese Handlung, deren Notwendigkeit er erkannt hat, vorzunehmen, auch wenn er das Mandat ablehnt. Er kann für die Unterlassung zivilrechtlich niemals belangt werden; aber er verletzt durch dieselbe seine Standespflicht als Diener der Öffentlichkeit und des Rechts. Anm. 4.

Auch die Ablehnung eines Mandats ohne jede Prüfung und ohne jeden Grund kann eine Verletzung der Standespflichten bedeuten, besonders wenn dadurch eine Interessengefährdung eintritt (Sydow-Jacobsohn § 30 Anm. 1, Berger § 30 Anm. 1, welch letzterer sich für seine Meinung nicht sehr glücklich auf EGH. 8 286 beruft). Hiebei muß man jedoch als Grund jede, auch die subjektivste Motivierung gelten lassen (Abneigung gegen den Mandanten, unrichtige Anschauung über die Aussichten des Prozesses, Überlastung mit Arbeit, Geringfügigkeit des Objekts, Spezialisierung auf bestimmte Rechtsgebiete 2c.); bloße Gleichgültigkeit aber wird den Anwalt nicht entschuldigen, wenn er z. B. von einem angesehenen Kollegen einen Prozeßakt erhält und denselben, ohne ihn anzusehen, zurückschickt, obwohl er sonst in Zivilprozessen aufzutreten pflegt. Anm. 5.

2. Der Paragraph bezieht sich nur auf den Fall, daß die **Berufstätigkeit** des Anwalts in Anspruch genommen wird. Anm. 6.

Das ist nach dem Sinne des Gesetzes nur dann der Fall, wenn der Anwalt von einer Person oder von anderen für dieselbe ersucht wird, ihr seine Berufstätigkeit zu gewähren. Nicht aber dann, wenn z. B. die Gegenpartei dem Rechtsanwalt in seiner Eigenschaft als Parteivertreter ein Vertragsoffert macht; obwohl auch hier seine „Berufstätigkeit" in Anspruch genommen wird, besteht für den Anwalt keine besondere, zivilrechtliche Erklärungspflicht.

Anm. 7. 3. Der Rechtsanwalt muß, wenn er den Antrag nicht annimmt, ohne Verzug die Ablehnung erklären.

„Ohne Verzug", d. h. ohne schuldhaftes Zögern (vgl. § 121 BGB.). Von einer Verzögerung kann natürlich erst die Rede sein, wenn der Antrag dem Rechtsanwalt zugegangen ist. Dies ist aber der Fall, wenn ihm die Möglichkeit verschafft ist, von dem Antrage Kenntnis zu nehmen, und wenn nach der Verkehrsübung zu erwarten ist, daß dies geschehe (Dernburg **1** 447). Der Anwalt kann sich auch nicht darauf berufen, daß er verhindert gewesen sei, außer wenn es sich um Verhinderungen, Reisen rc. handelt, wie sie im regulären Geschäftsgang vorkommen und üblicherweise noch keinen Anlaß zur Aufstellung eines Vertreters geben.

Selbstverständlich muß dem Rechtsanwalt auch Zeit gelassen werden, den Auftrag zu prüfen, da er sich vorher über Annahme oder Ablehnung nicht sachgemäß entscheiden kann.

Anm. 8. Zur Erklärung der Ablehnung genügt es, wenn dieselbe abgesandt wird (Dernburg **1** 454). Die Beförderung geschieht auf Gefahr des Offerenten.

Anm. 9. Auf welchem Wege hat die Erklärung zu erfolgen?

Bei gegebener Gelegenheit kann sie mündlich geschehen. Für die schriftliche Mitteilung genügt stets einfacher Brief. Doch kann nach Treu und Glauben auch ein Telegramm erforderlich sein; dies gilt nicht nur dann, wenn der Mandant es ausdrücklich verlangt und die Kosten im voraus einsendet, sondern auch dann, wenn seine unbedingte Solvenz dem Anwalt bekannt und entweder hohe Gefahr im Verzuge ist oder die telegraphische Antwort gewünscht wird. Entsprechendes gilt vom Telephon, welches natürlich in dringenden Fällen immer dann zu verwenden ist, wenn seine Benützung keine oder keine nennenswerten Kosten verursacht.

Die Kosten der Ablehnungsanzeige treffen den Offerenten.

Anm. 10. 4. Die Unterlassung oder schuldhafte Verzögerung der Anzeige begründet eine Schadensersatzpflicht gegenüber dem Offerenten, wie sie jetzt allgemein in § 663 BGB. statuiert ist. Nicht der durch die Ablehnung des Mandats, sondern der durch die Verzögerung, also durch die Unkenntnis des Mandanten von der Ablehnung entstandene Schaden ist zu ersetzen.

Anm. 11. 5. Die in § 30 statuierte Verpflichtung ist ihrer Natur nach ein Fall der außerkontraktlichen Haftung des Rechtsanwalts. Abgesehen hievon haftet der Rechtsanwalt außerhalb eines Vertragsverhältnisses nur nach Maßgabe der Bestimmungen über unerlaubte Handlungen oder sonstiger spezieller Normen (z. B. § 102 ZPO.). Hier gelten also die §§ 823 ff. BGB., insbesondere bezüglich der Haftung für andere Personen die Bestimmung des § 831 BGB.

§ 31.

Der Rechtsanwalt hat seine Berufsthätigkeit zu versagen:

1. wenn sie für eine pflichtwidrige Handlung in Anspruch genommen wird;
2. wenn sie von ihm in derselben Rechtssache bereits einer anderen Partei im entgegengesetzten Interesse gewährt ist;
3. wenn er sie in einer streitigen Angelegenheit gewähren soll, an deren Entscheidung er als Richter theilgenommen hat.

Anm. 1. **I. Allgemeiner Inhalt.** Der Paragraph zählt die Fälle auf, in welchen der

Rechtsanwalt verpflichtet ist, seine Berufstätigkeit zu versagen. Mit Rücksicht auf die allgemeine Fassung der Ziffer 1 muß man sogar annehmen, daß der Paragraph diese Fälle erschöpfend aufzählt. Partikularrechtliche Bestimmungen, welche noch in anderen Fällen, z. B. wegen naher Verwandtschaft mit dem Gegner eine Verpflichtung des Rechtsanwalts zur Versagung seiner Berufstätigkeit normierten, sind als aufgehoben zu erachten. Gl. M.: Meyer § 31 Anm. 9; vgl. Motive 57, 58.

II. Die drei einzelnen Fälle. Anm. 2.

A. (Ziffer 1). 1. Die Bestimmung in Ziffer 1 ist wohl die inhaltsloseste des ganzen Gesetzes. Sie sagt nichts weiter, als daß es die Pflicht des Anwalts sei, keine Pflichtwidrigkeit zu begehen.

Wie sich aus den Motiven zu § 27 des Entwurfs (S. 54) ergibt, wollte man mit der Bestimmung dasselbe ausdrücken, was nach gemeinem Recht und verschiedenen früheren Advokatenordnungen galt, nämlich, daß der Anwalt keine ungerechte oder aussichtslose Sache führen dürfe. Das Gesetz, wie es vorliegt (dasselbe stimmt mit § 27 des Entwurfs wörtlich überein), besagt weit mehr, als man nach den Motiven annehmen könnte.

2. Bei der Allgemeinheit, mit welcher die Bestimmung sich ausdrückt, kann man nur sagen, daß dieselbe alle Pflichtwidrigkeiten umfaßt, welche nicht in Ziff. 2 und 3 eigens angeführt sind. Anm. 3.

Im einzelnen ist hier auf die Anmerkungen zu § 28 zu verweisen.

B. (Ziffer 2). 1. Es gehört zu den selbstverständlichsten Pflichten jedes Sachwalters, daß derselbe nicht zwei Parteien im entgegengesetzten Interesse dienen darf. Die Bestimmung des § 31 Ziff. 2 umfaßt nicht alle Fälle, in welchen der Rechtsanwalt wegen kollidierender Interessen seine Tätigkeit versagen muß. Vielmehr gehören nur diejenigen Fälle hierher, in welchen eine frühere, im entgegengesetzten Interesse ausgeübte anwaltschaftliche Tätigkeit den Grund zur Versagung anwaltschaftlicher Hilfe bildet, also die Fälle der eigentlichen anwaltschaftlichen Prävarikation. Vgl. § 356 StGB. Anm. 4.

War der Rechtsanwalt dagegen früher als Notar oder als Staatsanwalt oder als privater Bevollmächtigter (vor Zulassung zur Anwaltschaft) im entgegengesetzten Interesse tätig oder als Privatperson beteiligt, so hat er seinen Beistand, wenn auch nicht nach § 31 Ziff. 2, so doch nach §§ 28, 31 Ziff. 1 zu versagen. So bezüglich der früheren Tätigkeit als Notar: RGZ. **43** 262 (ZS. VI 26. 1. 99), bezüglich einer Tätigkeit im eigenen gegenteiligen Interesse: EGH. **5** 152 (5. 2. 90). Vgl. auch § 28 Anm. 11.

Ob die anwaltschaftliche Verbeistandung oder Vertretung mit der Stellung eines Zeugen im Zivil- oder Strafprozesse vereinbar sei, ist quaestio facti. Vgl. RGSt. **24** 104 (StS. III 17. 3. 93); JW. **91** 546 Nr. 14 (RGStS. IV 20. 10. 91); JW. **93** 529 Nr. 3 (RGStS. I 2. 10. 93); Löwe StPO.[12] § 138 Anm. 5a; EGH. **5** 72 (29. 9. 90).

2. Im entgegengesetzten Interesse muß der Anwalt zuvor seine Berufstätigkeit der anderen Partei gewährt haben. Anm. 5.

a) Es genügt also nicht, daß die Parteien entgegengesetzte Interessen haben; der Rechtsanwalt muß auch das Interesse der einen Partei gegen das der anderen vertreten oder unterstützt haben. Dies ist, wenn es sich um Übernahme einer prozessualen Tätigkeit handelt, immer der Fall, wenn der Anwalt der anderen Prozeßpartei in demselben Rechtsstreit bereits gedient hat. Vgl. RGSt. **14** 380 (StS. II 5. 10. 86). Dies gilt auch dann unbedingt, wenn der Rechtsanwalt etwa für den Beklagten den Anspruch des Klägers im Termine sofort anerkannt hat oder aus irgendwelchen Gründen die Betreibung der Sache durch den Kläger möglichst unterstützen sollte (z. B. bei Ehescheidungen). Denn in der streitigen

Rechtspflege bleibt trotzdem das prozessuale Interesse der verschiedenen Parteien begrifflich ein entgegengesetztes.

Außerhalb des Prozesses aber, namentlich bei der rein beratenden Tätigkeit, kann zwar die Sachlage genau dieselbe sein wie im Prozeß (z. B. der Anwalt, welcher für den Gläubiger einen Mahnbrief geschrieben hat, berät den Schuldner über seine Einreden); es kann aber auch den beiden Parteien, welche entgegengesetzte Interessen haben, im gemeinsamen beiderseitigen Interesse Rat erteilt werden, z. B. zum Abschluß eines Vergleichs, zur Einigung auf bestimmte Vertragsbedingungen. RGSt. **14** 380 (StS. II 5. 10. 86). Ist dies geschehen, so schließt eine solche Tätigkeit die Berechtigung des Anwalts, später in derselben Sache die eine Partei gegen die andere zu vertreten, nicht aus. A. M.: AKV. Hamburg in AKJahrB. **06** 11.

Umgekehrt macht sich der Anwalt, welcher von zwei erbittert streitenden Parteien nacheinander in derselben Sache beauftragt wird, durchaus keiner Pflichtverletzung schuldig, wenn er das zweite Mandat lediglich zu dem Zwecke annimmt, um vor Ausbruch oder Weiterführung eines Prozesses im beiderseitigen Interesse Frieden zu stiften.

Hieher gehört ferner das Beispiel, welches die Motive 56 geben: der Anwalt des Beklagten verkündet dem Regreßpflichtigen im Prozesse den Streit. Beauftragt ihn nun der Litisdenunziat, für ihn dem Streite beizutreten und seine Vertretung neben der des Beklagten zu übernehmen, so kann der Rechtsanwalt dies unbedenklich tun, weil in diesem Prozesse die Interessen des Beklagten und die des Litisdenunziaten nicht divergieren. Einen späteren Auftrag aber, den letzteren im Regreßprozesse des Beklagten gegen ihn zu vertreten, müßte der Anwalt unbedingt ablehnen.

Nach dem Gesagten ist auch die Frage, ob der Vertreter des Gemeinschuldners im Zwangsvergleichstermine die Vertretung von Konkursgläubigern übernehmen dürfe, weder allgemein verneinend noch allgemein bejahend zu beantworten. Selbstverständlich darf der Rechtsanwalt nicht einen Gläubiger vertreten, um gegen den Zwangsvergleichsvorschlag zu stimmen. Handelt es sich aber darum, dem Vorschlage zuzustimmen, so kann er ruhig die Vertretung des Gläubigers übernehmen; denn dann liegen eben keine widerstreitenden Interessen mit Bezug auf das Zwangsvergleichsverfahren vor. Auf diesem Standpunkte steht auch die tägliche Praxis. Vgl. auch EGH. **6** 174 (4. 5. 92). A. M.: JW. **89** 240, wo die Vertretung eines Gläubigers durch den Anwalt des Gemeinschuldners allgemein für unzulässig erklärt wird.

Anm. 6 b) Die Gewährung der Berufstätigkeit liegt bereits in der Annahme eines Auftrags oder der Erteilung eines Rats. EGH. **6** 130 (19. 4. 93); **2** 13 (21. 12. 85). Ist früher nur Information vom Kläger aufgenommen, dann aber die Annahme des Mandats abgelehnt worden, so hindert § 31 Abs. 2 den Rechtsanwalt nicht, die Vertretung des Beklagten zu übernehmen (EGH. **1** 233 — 21. 3. 84; **2** 16 — 7. 5. 85); doch kann hier § 28, namentlich mit Rücksicht auf das auch dem Kläger gegenüber zu wahrende Berufsgeheimnis, eingreifen. Die bloße frühere Bestellung zum Verteidiger oder gesetzlichen Vertreter nach §§ 679 Abs. 3, 686 Abs. 2 ZPO. genügt nicht; es muß irgendeine Tätigkeit für die Partei hinzukommen. Weiteres über den Begriff „Gewährung der Berufstätigkeit" bei Anm. 14, 15.

Anm. 7. 3. In derselben Rechtssache muß die Berufstätigkeit der anderen Partei gewährt worden sein.

a) Daß man unter „Rechtssache" hier nicht einen Prozeß in formaler Begrenzung zu verstehen habe, wird bereits von den Motiven 56 hervorgehoben und ist unbestritten. (Vgl. z. B. EGH. **8** 164 — 13. 5. 96; Meyer § 31 Anm. 4; Berger § 31 Anm. 3; Turnau § 31 Anm. 2; Olshausen StGB.[7]

§ 356 Anm. 3 b; dort auch weitere Literatur). **Rechtssache ist vielmehr jede Angelegenheit, bei welcher mehrere Personen mit widerstreitenden Interessen beteiligt sind, sofern sie vom Rechtsstandpunkte aus behandelt wird.**

α) Es genügt also, daß die Interessen entgegengesetzte sind; ein Streit über dieselben braucht nicht vorzuliegen. Das zeigt sich z. B. im Erbschaftsauseinandersetzungsverfahren. Anm. 8.

β) Nicht jede Angelegenheit mit Interessengegensätzen ist eine **Rechtssache**; notwendig ist vielmehr, daß sie auch vom Rechtsstandpunkte aus behandelt und betrachtet wird. Dieselbe Angelegenheit kann je nach dem Gesichtspunkt, von dem aus sie betrachtet wird, eine Rechtssache sein oder nicht; man denke an eine Beleidigung unter Offizieren, welche, rein nach dem Ehrenkodex behandelt, nicht Rechtssache ist, wohl aber, wenn sie den Gegenstand einer Privatklage bildet. Anm. 9.

Für unseren § 31 Abs. 2 wird diese Unterscheidung schwerlich praktische Bedeutung haben, weil die **Berufstätigkeit** des Rechtsanwalts sich kaum auf etwas anderes als auf „Rechtssachen" erstrecken wird.

γ) Dagegen dürfte es nicht zutreffend sein, daß — wie Frank StGB.[3 u. 4] § 356 Anm. II 1 meint — „reine Verwaltungssachen" keine Rechtssachen im Sinne des § 31 Ziff. 2 seien. Auch bei diesen erfolgt regelmäßig die Betrachtung der Tatsachen vom Rechtsstandpunkte aus, und dies ist entscheidend. Wenn z. B. auf den Protest eines Nachbarn hin ein Baukonsens von der Polizei verweigert wird, so handelt es sich regelmäßig um eine reine Verwaltungssache; man wird aber gewiß nicht bezweifeln können, daß der Rechtsanwalt, welcher den widersprechenden Nachbarn im polizeilichen Instanzenzuge vertrat und vielleicht dessen Protest mit dem Hinweis auf nachbarliche Verhältnisse begründet hat, gegen § 31 Abs. 2 aufs gröbste verstößt, wenn er später den Baulustigen **gegen** den widersprechenden Nachbarn im Zivilprozesse, welcher dieselben nachbarlichen Verhältnisse zum Gegenstande hat, vertritt.

b. Die Begrenzung der einzelnen Rechtssachen gegenüber anderen selbständigen Rechtsangelegenheiten ist allgemein gar nicht möglich. Das liegt in der Natur der Sache. **Diese Begrenzung erfolgt vielmehr im einzelnen Falle durch die konkrete Tätigkeit des Rechtsanwalts, durch den Umfang seines Auftrags.** Anm. 10.

α) War ein Rechtsanwalt lediglich beauftragt, einen Termin gegen den Beklagten wahrzunehmen und Versäumnisurteil zu erwirken, und erhält später derselbe Anwalt von einem Dritten den Auftrag, gegen die Pfändung zu intervenieren, welche auf Grund des Versäumnisurteils ausgebracht wurde, so liegt Identität der Rechtssachen nicht vor. Wohl aber, wenn der Anwalt von dem Gläubiger Auftrag hatte, auch die Zwangsvollstreckung zu betreiben. Anm. 11.

β) Ist ein Rechtsanwalt beauftragt, die gesamten Hypothekenverhältnisse eines Anwesensbesitzers zu ordnen, so handelt er gegen § 31 Ziff. 2, wenn er im Auftrag eines Gläubigers eine Zwangshypothek auf dem Grundstücke eintragen läßt und dadurch die Regelung vereitelt. Es liegt Identität der Rechtssachen vor (vgl. RGSt. **23** 65 — StS. I 13. 4. 92; auch EGH. **6** 35 — 31. 5. 93). Dies ist jedoch nicht der Fall, wenn der frühere Auftrag nur dahin lautete, die erste Hypothek in eine Grundschuld umzuwandeln.

γ) Aus dem Gesagten ergibt sich auch, daß der Anwalt, welcher von einer Partei Generalvollmacht und generellen Auftrag zur Erledigung aller

Rechtsangelegenheiten hat, einen Prozeß gegen diese Partei nicht annehmen darf. Ebenso EGH. **4** 298 (8. 6. 88).

δ) Vertritt der Anwalt den Gläubiger A gegen den Schuldner B und gleichzeitig in einem Prozesse, welchen B gegen seinen Schuldner C führt, den letzteren, so handelt es sich zunächst um zwei ganz verschiedene Rechtssachen. Pfändet aber der Rechtsanwalt nun für A die angebliche Forderung des B gegen den C, so ist zwar die Pfändung selbst noch keine unzulässige Tätigkeit, da sie die Interessen des C nicht berührt; dagegen wäre jedes Eingreifen des Rechtsanwalts für A in die Sache B gegen C (etwa eine Zahlungsaufforderung an C) unstatthaft. Vgl. auch LG. Plauen 28. 2. 93 in SächsArch. **4** 477, ferner EGH. **8** 166 (13. 5. 96).

ε) An dem Anfechtungsprozesse des Konkursverwalters sind allerdings die einzelnen Konkursgläubiger nicht beteiligt; dennoch ist es unrichtig, wenn Lichenheim in JW. **05** 69 hieraus allgemein den Schluß zieht, daß der Anfechtungsprozeß keine Rechtssache der Konkursgläubiger im Sinne des § 31 Ziff. 2 sei. Auch hier kommt es darauf an, in welchem Umfange der Anwalt von dem Konkursgläubiger beauftragt war. Hatte er lediglich die Forderung zum Konkurse anzumelden, so liegt Identität der Rechtssachen nicht vor; war ihm dagegen die Konkursvertretung als solche übertragen, so ist es seine Pflicht, für tunlichste Erhaltung und Vervollständigung der Konkursmasse — z. B. durch Ausübung des Stimmrechts in der Gläubigerversammlung — besorgt zu sein. In dieser Rechtsangelegenheit vertritt er entgegengesetzte Interessen, wenn er später das Mandat von einem Anfechtungsbeklagten annimmt; denn dessen Bestreben ist es, die Masse zu verkleinern.

ζ) Vgl. auch die Motive 56, wo ausgeführt ist, daß die in früheren Anwaltsordnungen enthaltenen Worte „in derselben oder in einer damit zusammenhängenden Sache" nicht mehr bedeuteten, als mit der im Entwurf gewählten Fassung ausgedrückt werden sollte.

Anm. 12. 4. Einer anderen Partei muß die anwaltschaftliche Hilfe gewährt sein. Wie das Gesetz unter „Rechtssache" keine formell umgrenzte Angelegenheit versteht, so ist auch das Wort „Partei" nicht im formalen Sinne der Prozeßordnungen aufzufassen. EGH. **6** 132 (19. 4. 93). Eine andere Partei ist vielmehr jede an der Sache beteiligte Person mit widerstreitenden Interessen*). Sie kann Prozeßgegner sein oder nicht. Der Anwalt, welcher den Bestohlenen beim zivilrechtlichen Vorgehen gegen den Dieb und Hehler beraten hat, handelt gegen § 31 Ziff. 2, wenn er darauf die Verteidigung des Diebs oder Hehlers übernimmt und die Unschuld derselben zu beweisen sucht. EGH. **9** 122 (26. 4. 99); vgl. ferner die Beispiele oben Anm 11, auch ein weiteres bei Meyer § 31 Anm. 7.

Anm. 13. 5. Von „ihm" muß die Berufstätigkeit früher gewährt worden sein.

a) Selbstverständlich braucht die Tätigkeit nicht persönlich durch den Rechtsanwalt erfolgt zu sein. Was Generalsubstituten und Spezialvertreter, die letzteren innerhalb des Rahmens ihrer Vollmacht oder mit nachträglicher Genehmigung, für den Rechtsanwalt getan haben, gilt als Tätigkeit des Rechtsanwalts selbst.

b) Dagegen gilt die Berufstätigkeit des einen Sozius nicht ohne weiteres als die des anderen, und § 31 Ziff. 2 greift nicht einmal dann Platz, wenn ein Sozius den Kläger, der andere den Beklagten vertritt. Das gleiche gilt bezüglich des § 356 StGB. Allein vom anwaltschaftlichen Standpunkte aus wäre ein

*) Binding Lehrb. bes. Teil **2** Abt. 2 sagt (S. 580), es müsse ein Rechtssubjekt zu einem anderen bezüglich desselben Rechts oder derselben Pflicht eine widersprechende Stellung einnehmen, so daß beide sich als streitende Parteien in einem Verfahren denken lassen.

solches Verhalten nicht minder streng zu verurteilen (§§ 31 Ziff. 1, 28 RAO.). Prinzipiell hat jeder Sozius seine Tätigkeit in allen Fällen zu versagen, in welchen einer der anderen Sozien zur Versagung verpflichtet wäre.

Es entspricht nicht der Würde des Anwalts, auch nur den Schein eines Vertrauensbruchs aufkommen zu lassen, zumal aus eigennützigen Motiven. Gl. M.: AKV. Cöln in AKJahrB. **87** 8. Etwas zu eng: RGZS. VI 29. 11. 88 in BreslauAK. **89** 17. Inwieweit dies auch bei uneigentlichen Anwaltssozietäten (vgl. Exkurs zu § 40 Anm. 1) zutrifft, ist quaestio facti. Vgl. EGH. **1** 173 (6. 12. 82).

c) Wie aber, wenn der Rechtsanwalt selbst zuvor nur als Generalsubstitut oder Spezialvertreter (eigentlicher Substitut*) eines Rechtsanwalts im entgegengesetzten Interesse tätig war? Anm. 14.

In diesen Fällen besteht ein direktes Treuverhältnis zwischen Partei und Substituten nicht; das Treuverhältnis besteht vielmehr nur zwischen dem vertretenen Anwalt und der Partei. Dieser gewährt der Substitut seine Berufstätigkeit nicht; er gewährt sie dem vertretenen Anwalt. Auch der § 356 StGB., dessen Norm sich im wesentlichen mit der Bestimmung des § 31 Ziff. 2 deckt, spricht davon, daß der Anwalt nicht beiden Parteien dienen dürfe, und mit Recht bemerkt Binding hiezu, daß der kriminelle Kern des Delikts der Prävarikation „der Abfall von der Partei" sei (Lehrbuch des Strafrechts, bes. Teil **2**, Abt. 2 S. 579); vgl. auch die in den Motiven 55, 56 zitierten Advokatenordnungen für Oldenburg und Baden, wo von der Pflicht zur „Treue und Verschwiegenheit" gegen den „Auftraggeber" im gleichen Zusammenhange die Rede ist.

Es ergibt sich also, daß in den erwähnten Fällen die Vorschrift des § 31 Ziff. 2 nicht einschlägt. Ob trotzdem die Versagung der Berufstätigkeit im einzelnen Falle nach §§ 28, 31 Ziff. 1 RAO. geboten erscheint, ist quaestio facti. Mit Rücksicht auf die Schweigepflicht, welche ja nach § 300 StGB. selbst den Gehilfen des Rechtsanwalts obliegt, wird dies sehr häufig der Fall sein. Dennoch ist, speziell für die prozessuale Vertretung, die Unterscheidung, ob § 31 Ziff. 2 formell anwendbar ist oder nicht, von großer Bedeutung. Wer als Vertreter einer Prozeßpartei auch nur die unwichtigste Prozeßhandlung für dieselbe vorgenommen hat, darf die Gegenpartei in demselben Prozesse nicht mehr vertreten. Hat er aber nur als (eigentlicher) Substitut des klägerischen Prozeßbevollmächtigten z. B. eine Vertagung besorgt, so ist er nicht gehindert, später die Vertretung des Beklagten im Prozesse zu übernehmen; denn nach Lage der Sache verstößt dies keineswegs gegen die Würde des Anwaltsstandes.

d) Daß die vorstehenden Ausführungen auf die uneigentlichen Substituten, welche in einem direkten Vertrags- und Treuverhältnis zur Partei stehen (Exkurs vor § 30 Anm. 45), keine Anwendung finden, bedarf keiner besonderen Begründung. Bei diesen entscheidet sich die Frage, ob § 31 Ziff. 2 zutrifft, nach dem Umfange ihres Auftrages bzw. ihrer Tätigkeit. Anm. 15.

6. Daß eine Schädigung des früheren Klienten erfolgt oder auch nur möglich erscheint, ist keine Voraussetzung des § 31 Ziff. 2; vgl. EGH. **3** 260 (14. 10. 86). Anm. 16.

C. (Ziffer 3). Die Voraussetzungen der in der dritten Ziffer normierten Verpflichtung sind folgende: Anm. 17.

1. Als Richter muß der Rechtsanwalt früher an der Entscheidung der Angelegenheit teilgenommen haben. Ob als Mitglied der ordentlichen Gerichte oder

*) Vgl. Exkurs vor § 30 Anm. 45, ferner § 25 Anm. 2.

als Schiedsrichter, Gewerberichter, Mitglied des Kaufmannsgerichts oder des Patentamts, ob als Berufsrichter oder Schöffe, ob als Zivilrichter oder Mitglied eines Verwaltungsgerichts ist gleichgültig.

Anm. 18. 2. An der Entscheidung der Angelegenheit muß der Rechtsanwalt teilgenommen haben. Unter Entscheidung ist hier lediglich ein Urteil oder eine andere die Instanz beendigende Entscheidung zu verstehen. Dies muß man daraus folgern, daß das Gesetz nicht von einer richterlichen Tätigkeit in der Angelegenheit spricht (wie die Advokatenordnung für Baden in § 13 und die sächsische Advokatenordnung in § 12, Motive 57), auch nicht von einer in der Angelegenheit ergangenen Entscheidung, sondern von einer Entscheidung der Angelegenheit selbst. Die Absicht des Gesetzgebers scheint zwar weiter gegangen zu sein; denn nach den Motiven 57 wollte man verhüten, daß der Rechtsanwalt, welcher infolge seiner früheren richterlichen Tätigkeit mit den Anschauungen des Gerichts über die Streitsache bekannt wurde, in die Lage komme, von dieser Kenntnis zum Nachteile der Gegenpartei Gebrauch zu machen. Diesen Zweck hätte aber der Gesetzgeber nur dann erreichen können, wenn er jede richterliche Tätigkeit in der Sache, nicht bloß die Mitwirkung bei der Entscheidung, als Grund für die Unzulässigkeit der Parteivertretung aufgestellt hätte.

Anm. 19. 3. Teilgenommen an der Entscheidung hat nur derjenige Richter, welcher bei der Schaffung derselben (Urteilsfindung) mitgewirkt hat, nicht also z. B. derjenige, welcher nur bei der Verkündung als Richter fungierte. Ebenso zu § 41 Ziff. 6 ZPO.: RGZ. **26** 383 (ZS. III 25. 4. 90).

Anm. 20. 4. Um die Entscheidung einer streitigen Angelegenheit muß es sich handeln, also nicht lediglich um eine Rechtssache, sondern um einen Rechtsstreit. Hieher gehören also vor allem die Entscheidungen in der ordentlichen streitigen Gerichtsbarkeit (Zivil- und Strafprozesse, § 2 EGGVG.), in der streitigen Gerichtsbarkeit der Sondergerichte und der Schiedsgerichte (§ 1025 ff. ZPO.), in der Verwaltungsrechtspflege und im Verfahren vor den Schiedsgerichten für Arbeiterversicherung und dem Reichsversicherungsamt.

Nicht hieher gehört das Gebiet der freiwilligen Gerichtsbarkeit einschließlich des Grundbuchwesens (obwohl auch hier „Entscheidungen" ergehen — vgl. FGG. §§ 25—30), ferner das Gebiet der reinen Verwaltungssachen 2c. Das Entmündigungsverfahren gehört de lege lata zur streitigen Gerichtsbarkeit, wenn es auch begrifflich nicht hierunter fällt (vgl. im übrigen Keidel FGG.[2] § 1 Anm. 1).

Anm. 21. 5. Die Angelegenheit muß mit derjenigen, welche der Rechtsanwalt als Richter mitentschieden hat, identisch, und es darf ferner der Rechtsstreit noch nicht beendigt sein (vgl. Meyer § 31 Anm. 8).

Die Versagungspflicht tritt also nur ein, wenn der Anwalt in dem Rechtsstreit, an dessen Entscheidung er teilgenommen hatte, tätig sein soll. Dazu ist jedoch nicht nötig, daß gerade eine prozessuale Tätigkeit von ihm gefordert wird; auch eine Konsultation über Fortführung des Prozesses, über die Chancen desselben 2c. darf er nicht bewilligen.

Ist der Prozeß verglichen worden, so kann der Rechtsanwalt eine Klage auf Anfechtung des Vergleichs wegen Irrtums stellen; nicht aber darf er den früheren Prozeß unter gleichzeitiger Anfechtung des Vergleichs wiederaufnehmen und weiterführen.

Anm. 22. **III. Der Inhalt der Verpflichtung und die Folgen ihrer Verletzung.** 1. Wenn eine der in § 31 Ziff. 1—3 bezeichneten Voraussetzungen vorliegt, so hat der Rechtsanwalt seine Berufstätigkeit zu versagen; d. h. er hat die Annahme des Mandats abzulehnen oder, sobald er entdeckt, daß eine der erwähnten Voraussetzungen gegeben ist, das Mandat, bzw. beide Mandate —

EGH. **6** 174 (4. 5. 92) — sofort niederzulegen, ohne Rücksicht darauf, ob dies zur Unzeit geschieht oder nicht.

Hinsichtlich der Tätigkeit als Substitut findet das oben Anm. 14, 15 Gesagte entsprechende Anwendung. Anm. 23.

Von der Verpflichtung zur Versagung der Berufstätigkeit nach § 31 Ziff. 2 und 3 kann der Anwalt auch nicht durch Zustimmung der Beteiligten entbunden werden, denn es handelt sich um ein zwingendes Gebot, das im Interesse der Rechtsordnung und der Würde des Anwaltsstandes gegeben ist. Dies ist namentlich wichtig für die Fälle des § 31 Ziff. 2. Gl. M.: Berger § 31 Anm. 4; EGH. **9** 128 (26. 4. 99). Unentschieden: EGH. **3** 265 (14. 10. 86), **3** 139 (14. 6. 87), **3** 151 (22. 11. 87); Meyer § 31 Anm. 3. Inwieweit das gleiche bei § 31 Ziff. 1 zutrifft, ist quaestio facti. Anm. 24.

2. Die Nichtachtung des im § 31 enthaltenen Gebots zieht regelmäßig ehrengerichtliche Bestrafung nach sich. Anm. 25.

Kriminelle Strafbarkeit tritt ein, wenn die Voraussetzungen des § 356 StGB. vorliegen. Dazu gehört vor allem Vorsatz (Olshausen StGB.[7] § 356 Anm. 5). Vgl. im einzelnen die Kommentare zu § 356 StGB. Anm. 26.

Prozessual ist die pflichtwidrige Handlung nicht ungültig. Der Rechtsanwalt kann also als Vertreter nicht zurückgewiesen werden, weil er früher die Gegenpartei vertreten habe. Gl. M.: LG. Plauen 28. 2. 93 in SächsArch. **4** 477. Anm. 27.

Auch zivilrechtlich begründet die Pflichtwidrigkeit der Handlung des Anwalts keine Nichtigkeit. So die eben zitierte Entscheidung auf Grund des sächs. BGB. Das gleiche gilt aber heute auf Grund Reichsrechts. Nicht jede Handlung, welche gegen ein gesetzliches Verbot verstößt, ist nichtig; nur bei Rechtsgeschäften, welche als Ganzes gegen ein gesetzliches Verbot verstoßen, ist dies nach § 134 BGB. der Fall (so die Plenarentscheidung des Reichsgerichts vom 17. 3. 05 — RGZ. **60** 273), aber auch hier nur insoweit, als sich nicht aus dem Willen des Gesetzes etwas anderes ergibt. Gerade bei Verletzung von Amtspflichten ist aber regelmäßig als Wille des Gesetzes anzunehmen, daß eine zivilrechtliche Ungültigkeit der Handlung nicht eintreten solle. Anm. 28.

Selbstverständlich kann Nichtigkeit sowohl nach § 134 BGB. — z. B. beim Vorhandensein der Voraussetzungen des § 356 Abs. 2 StGB. — als auch dann vorliegen, wenn ein Fall des § 138 BGB. gegeben ist.

§ 32.

Der Rechtsanwalt ist nicht verpflichtet, vor Empfang seiner Auslagen und Gebühren die Handakten dem Auftraggeber herauszugeben.

Die Pflicht zur Aufbewahrung der Handakten erlischt mit Ablauf von fünf Jahren nach Beendigung des Auftrags und schon vor Beendigung dieses Zeitraums, wenn der Auftraggeber, zur Empfangnahme der Handakten aufgefordert, sie nicht binnen sechs Monaten nach erhaltener Aufforderung in Empfang genommen hat.

I. Allgemeiner Inhalt und Entstehungsgeschichte des Paragraphen. Der vorliegende Paragraph handelt von dem Retentionsrechte des Anwalts an den Handakten und von der Verpflichtung zur Aufbewahrung derselben; er greift also lediglich zwei Einzelfragen aus der Lehre von den Handakten heraus, ohne die letztere erschöpfend zu behandeln. Der Gesetzgeber hat dies absichtlich unterlassen; er wollte nicht weiter, als dies geschehen ist, in die bestehenden Partikularrechte eingreifen. In der Reichstagskommission wurde sogar beantragt, die ganze Anm. 1.

Materie der Landesgesetzgebung zu überlassen und den § 30 (jetzt § 32) zu streichen (KommB. 29); dies ist nun doch nicht geschehen, die fragmentarische Bestimmung des Entwurfs wurde vielmehr unverändert angenommen.

So galten in der Tat bis zum 1. Januar 1900 bezüglich des Anspruchs auf Herausgabe der Handakten und bezüglich des Retentionsrechts in Deutschland die verschiedensten Normen (vgl. z. B. LG. Dresden 7. 7. 90 in SächsArch. **1** 75), und nur eine Minimalvorschrift für das Retentionsrecht war in dem negativ gefaßten § 32 Abs. 1 gegeben. Verschiedene Partikularrechte (Advokatenordnung für Sachsen § 21, für Oldenburg Art. 10 § 4 und Sachsen-Coburg-Gotha Art. 13) gaben dem Anwalt weitergehende Retentionsbefugnisse (vgl. Motive 61), und hinsichtlich der Frage, auf welche Handakten die Partei ein Recht habe, herrschte größte Unklarheit.

Nunmehr sind alle hierhergehörigen zivilrechtlichen Bestimmungen der Landesgesetze durch Art. 55 EGBGB. außer Kraft gesetzt, und für die ganze Materie gilt einheitliches Reichsrecht.

Anm. 2. **II. Der Begriff der Handakten und die Verpflichtung zur Führung derselben.**

1. Die Handakten bestehen aus den zu einer Angelegenheit gehörigen, anläßlich der anwaltschaftlichen Tätigkeit in den Besitz des Rechtsanwalts gelangten Urkunden und Belegen, sofern dieselben nicht ihrer Natur nach zur Einreihung in Akten ungeeignet erscheinen.

Es gehören also nicht zu den Handakten: vereinnahmte und hinterlegte Gelder, Inhaberpapiere (sofern sie nicht wertlos sind oder nur Beweiswert haben), Schmucksachen, Modelle, Maschinen, Ölgemälde, die zur Aufnahme in Akten ungeeignet sind rc. (vgl. Korn in KGBl. **97** 77). Dagegen ist es üblich, Orderpapiere, namentlich Wechsel, auch wenn sie vom Gegner zahlungshalber für das Streitobjekt gegeben wurden, zu den Handakten zu nehmen.

Die Unterscheidung kann im einzelnen Falle schwierig sein, ist aber wegen des Retentionsrechtes wichtig. Der Rechtsanwalt kann auch, im Interesse seines Auftraggebers, die Gegenstände, die an sich zu den Handakten gehören, äußerlich von denselben ausscheiden, z. B. Wechsel gesondert im Kassenschranke verwahren; ihre Zugehörigkeit zu den Handakten verlieren sie dadurch nicht.

Nicht zu den Handakten gehören ferner Urkunden rc., welche nach Beendigung des Vertragsverhältnisses in die Hände des Rechtsanwalts gelangen (Meyer § 32 Anm. 4, der sich aber zu Unrecht auf EGH. **1** 37 beruft), sofern sich nicht der Mandant mit der Aufnahme in die Akten einverstanden erklärt, oder dieses Einverständnis nach den Umständen des Falles selbstverständlich ist. Letzteres liegt z. B. vor, wenn lange nach Erledigung einer Sache, ohne daß dem Anwalt das Mandat gekündigt worden wäre, der Gegner sich wegen einer früher getroffenen Abmachung brieflich an den Rechtsanwalt wendet.

Anm. 3. 2. Daß der Rechtsanwalt Handakten zu führen hat, ist selbstverständlich. Die ordnungsmäßige Besorgung fremder Rechtsangelegenheiten ist anders gar nicht denkbar. Vgl. Wetzell, System des ordentlichen Zivilprozesses[3] 61. Die Handakten bilden das Rüstzeug, das der Rechtsanwalt ständig parat haben muß, die Grundlage seiner Tätigkeit und die unentbehrliche Unterstützung für sein Gedächtnis, mag es sich um die Vertretung gegenüber Dritten oder um die Auskunftserteilung gegenüber der Partei handeln.

Was der Anwalt an handaktentauglichen Urkunden oder Belegen anläßlich seiner Tätigkeit von der Partei oder von dritter Seite annimmt, hat er auch in die Handakten aufzunehmen, ebenso, was er selbst zu der Sache an Schriftstücken und Belegen herstellt.

Insoweit kann man also allgemein auch den Umfang der Handakten, wie er sein soll, einigermaßen bestimmen, freilich auch nur mit der Maßgabe, daß häufig eine Urkunde, ein Beleg zu mehreren einzelnen Handakten gehört (was für die Ausübung des Retentionsrechtes von großer Wichtigkeit sein kann).

Dagegen läßt sich eine allgemeine Formel dafür, welche Belege, welche Urkunden der Rechtsanwalt zu einer Sache anzunehmen, welche Schriftstücke und Notizen er zum Handakt herzustellen und in welcher Form er letzteren zu führen hat, nicht aufstellen. Anm. 4.

Der Zweck der Aktenführung ist im wesentlichen, daß der Rechtsanwalt sich und anderen — auch der Disziplinarbehörde — jederzeit Rechenschaft über die betreffende Angelegenheit geben könne. Die beste Aktenführung ist daher diejenige, welche es auch anderen Personen — etwa bei Krankheit oder Ableben des Rechtsanwalts — ermöglicht, aus den Akten ein klares Bild über den Stand der Sache zu gewinnen. Eine Pflicht zur Erreichung dieses Ideals besteht aber nicht. Wieweit der Anwalt durch Aktenkonstatierungen jeden Vorgang fixieren oder sich auf sein Gedächtnis verlassen will, wieweit er kurze, stenographisch wiedergegebene Stichworte einer ausführlichen, kurrent geschriebenen Sachdarstellung vorzieht rc., ist seine Sache. Er trägt die Verantwortung, und nur darauf kommt es an, daß er in der Lage ist, Rechenschaft zu geben.

Daß alle von ihm hergestellten Schriftstücke, bei denen es nur einigermaßen auf den Wortlaut ankommt, im Konzept vorhanden sein müssen, ergibt sich von selbst, da eine zuverlässige Fixierung anders nicht möglich ist. Dies gilt z. B. nicht von bloßen Terminsmitteilungen rc., bei welchen ein Stichwort als Aktennotiz genügen kann.

Auch die Kunst der Individualisierung der Akten sowie das richtige Urteil darüber, zu welcher Sache die einzelne Tätigkeit, die einzelne Urkunde gehört, muß der Anwalt sich aneignen. Allgemeine Regeln lassen sich für diese praktisch wichtigen Dinge nicht aufstellen.

Wie der Rechtsanwalt Sachen, die er als getrennte behandelt, äußerlich trennen will, ist ebenfalls seine Sache. Über die Beweiskraft ordnungsmäßig geführter Handakten siehe OLG. Cassel 20. 2. 88 in BuschsZ. **13** 382.

3. Die Pflicht zur Führung von Handakten ist vor allem eine öffentlichrechtliche. Sie erstreckt sich auf jede Berufstätigkeit des Rechtsanwalts im weitesten Sinne. Auch wenn der Anwalt sich selbst vertritt, muß er Handakten führen; der Vorstand der Anwaltskammer kann sich veranlaßt sehen, sie einzufordern. Anm. 5.

Die Pflicht zur Führung von Handakten ist aber auch eine zivilrechtliche gegenüber dem Auftraggeber (vgl. Wetzell, System des ordentlichen Zivilprozesses 61. A. M.: Müller in JW. **03** 368); sie ergibt sich daraus, daß der Rechtsanwalt zur Auskunftserteilung über den Stand der Sache, zur Rechenschaftsablage, zur Aufbewahrung anvertrauter Urkunden rc. verpflichtet ist (§§ 666, 667 BGB.; Exkurs vor § 30 Anm. 135). Eine allgemeine Entbindung von dieser Verpflichtung würde dem Wesen des zwischen Anwalt und Klienten bestehenden Rechtsverhältnisses widersprechen und der Gültigkeit entbehren.

Wo ein zivilrechtliches Verhältnis nicht besteht — z. B. beim bestellten Verteidiger — gibt es natürlich auch keine zivilrechtliche Verpflichtung zur Aktenführung.

III. Das Eigentum an den Handakten und das Recht auf Herausgabe im allgemeinen. 1. Über dasjenige, was der Beauftragte dem Auftraggeber herauszugeben hat, trifft § 667 BGB. Verfügung. Die Herausgabepflicht erstreckt sich hienach auf alles, was der Mandatar „zur Ausführung des Auftrags erhält und was er aus der Geschäftsbesorgung erlangt". In Anwendung auf die Handakten des Rechtsanwalts würde sich aus dieser Vorschrift ergeben, daß der Anwalt nur herauszugeben hätte: Anm. 6.

a) die Urkunden und Belege, welche er zur Ausführung des Mandats erhalten hat,

b) die Urkunden und Belege, welche dem Rechtsanwalt als Erfolg seiner Tätigkeit zugegangen sind (Wechsel, auf deren Herausgabe, Quittungen, auf deren Ausstellung geklagt wurde, Briefe des Gegners, welche ein Anerkenntnis der geltend gemachten Forderung enthalten rc.).

Es wird denn auch die Meinung vertreten, daß in weiterem Umfange eine Herausgabepflicht de lege lata nicht bestehe, da § 667 die Materie erschöpfend regle; es existiere auch kein weitergehendes Bedürfnis, zumal da die Auskunftspflicht nach § 666 bestehe und der Auftraggeber nach §§ 810, 811 BGB. Vorlage der Handakten verlangen könne. So: Müller in JW. 03 368.

Anm. 7. Diese Meinung ist jedoch unhaltbar; sie widerspricht auch offensichtlich der allgemeinen Rechtsüberzeugung. Es ist klar, daß der Auftraggeber ein großes Interesse daran haben kann, Schriftsätze seines Anwalts, Originalkonzepte seiner Briefe, Zustellungsnachweise rc. zu besitzen; es ist ferner klar, daß die Bestimmung des § 810 BGB., soweit sie überhaupt anwendbar ist, einen sehr ungenügenden Schutz gewährt, welcher nach Ablauf der Aufbewahrungsfrist (§ 32 Abs. 2) vollständig entfällt. Bezüglich der wichtigsten in seinem Interesse errichteten Urkunden könnte mithin der Klient nach 5 Jahren die Vernichtung nicht hindern.

Dernburg (2 Abt. 2 S. 424) stellt allgemein für jedes Auftragsverhältnis, einschließlich der in § 675 BGB. erwähnten mandatsähnlichen Dienst- und Werkverträge, den Satz auf, daß der Beauftragte „alle durch die Geschäftsführung veranlaßten Aktenstücke herauszugeben habe". Es mag dahingestellt sein, ob dieser Satz für alle von Dernburg angeführten Fälle zutrifft; für das Verhältnis des Rechtsanwalts zum Klienten d. h. für den Anwaltsvertrag muß seine Geltung jedenfalls angenommen werden. Dies folgt u. E. bezüglich des dienstvertragsähnlichen Anwaltsvertrages schon aus § 666 mit § 675 BGB. Denn richtiger Ansicht nach kann der Auftraggeber nicht nur Auskunft über die Ausführung des Auftrags, sondern auch Herausgabe der Belege hiefür verlangen. Die Belege bestehen aber eben in den belangreichen Aktenstücken.

Allein es bedürfte dieser Bestimmung gar nicht, weil der Satz, daß der Anwalt verpflichtet sei, die Handakten herauszugeben, durch jahrzehntelange Übung zu einer lex contractus geworden ist. Er gehört zu den Besonderheiten, welche den Vertrag zwischen Anwalt und Klienten als einen contractus sui generis kennzeichnen (vgl. Exkurs vor § 30 Anm. 4 ff.). Wenn daher Müller a. a. O. sagt, eine Verkehrssitte könne sich nach Inkrafttreten des BGB. noch nicht gebildet haben, etwaige frühere Verkehrssitten aber könnten nicht in Betracht kommen, soweit sie mit § 667 in Widerspruch ständen, so übersieht er zum mindesten, daß das Rechtsverhältnis zwischen Anwalt und Partei keineswegs ausschließlich durch die Vorschriften über Dienstvertrag und Auftrag bestimmt wird (vgl. Exkurs vor § 30 Anm. 2 ff.).

Anm. 8. Erstreckt sich somit die Herausgabepflicht des Anwalts prinzipiell auf alle Bestandteile der Handakten, so darf doch das Verlangen auf Herausgabe natürlich nicht zur Schikane ausarten. Klagt eine Partei ohne ersichtlichen Zweck auf Ausfolgung der Konzepte von Briefen, die an sie selbst gerichtet waren und deren Reinschriften sie besitzt, so kann ihr gegebenenfalls mit Erfolg der Einwand aus § 226 BGB. entgegengesetzt werden (vgl. auch Motive 61).

Belege, welche ein Dritter dem Anwalt zur Prozeßführung anvertraut hat mit der Maßgabe, daß sie ihm zurückzugeben seien, dürfen selbstverständlich dem Auftraggeber nicht ausgefolgt werden.

Anm. 9. Der Rechtsanwalt ist nicht gehindert, zu seiner eigenen Sicherheit und zur Ermöglichung späterer Rechtfertigungen, für sich Abschriften des ganzen Handaktes oder einzelner Teile desselben zu nehmen und aufzubewahren. Dies kann ihm die Partei auf keine Weise verbieten. Das trifft selbst hinsichtlich der Vollmacht zu. Eine Gefahr liegt hierin für den Vollmachtgeber nicht, da auch eine beglaubigte Abschrift der Vollmacht nicht geeignet ist, die Vollmachtsurkunde im Falle des § 172 BGB. zu ersetzen. Vgl. Staudinger-Riezler §§ 171, 172 Anm. 5; OLG. **5** 299 (OLG. Colmar 18. 7. 02). Staudinger ist jedoch (§ 175 Anm. 2) der Meinung, daß eine beglaubigte Abschrift der Vollmacht nicht zurückbehalten werden dürfe. Ebenso Freudenstein, Partei und Rechtsanwalt 91.

2. Die Frage, ob der Anwalt oder der Klient Eigentümer der Handakten sei, läßt sich in dieser Form gar nicht beantworten. Anm. 10.

Vor allem kommt in Betracht, daß zweifellos auch dritte Personen Eigentümer von Bestandteilen der Handakten sein können. Dies ist z. B. dann der Fall, wenn ein Freund des Klienten eine ihm gehörige Urkunde zum Zwecke der Prozeßführung zur Verfügung stellt, aber auch dann, wenn die Versicherungsgesellschaft Auftraggeberin ist, die Partei aber als Vollmachtgeberin ihre Urkunden dem Rechtsanwalt aushändigt.

Im Übrigen aber gilt folgendes: Die von dem Auftraggeber dem Anwalt übergebenen Urkunden — Wechsel, Hypothekenbriefe ꝛc. — bleiben natürlich Eigentum des Mandanten; die von dem Gegner an den Anwalt herausgegebenen Urkunden werden, sofern die Herausgabe überhaupt zwecks Eigentumsübertragung erfolgt, sofort Eigentum der Partei und zwar hier regelmäßig des Vollmachtgebers (so z. B. die löschungsfähige Quittung, auf deren Erteilung geklagt worden war). Wie aber steht es mit den Schriftsätzen, Klagen, Rechtsmittelschriften ꝛc. der Gegenpartei? Dieselben sind zweifellos in letzter Linie für die Partei, d. h. hier den Auftraggeber, bestimmt, welche z. B. bei einem Anwaltswechsel in der Lage sein muß, sie dem neuen Anwalt zu übergeben. Die naturgemäße Auffassung führt auch hier zu der Annahme, daß das Eigentum direkt auf den Mandanten übergeht. Es steht aber nichts im Wege, das Entsprechende auch für die vom Anwalt selbst hergestellten Aktenprodukte und für schriftliche Mitteilungen des Gegners anzunehmen. Dem weitgehenden Recht auf Herausgabe entspricht der Umfang der Eigentumsrechte des Mandanten, soweit nicht das Eigentum dritter Personen in Betracht kommt. Wir stehen auch nicht an, dem Auftraggeber an seinen eigenen, dem Anwalt zugegangenen Briefen das Eigentumsrecht zuzugestehen.

Das Recht auf Herausgabe erstreckt sich aber auch auf Handaktenprodukte, welche Eigentum dritter Personen, z. B. des Vollmachtgebers sind, sofern sie nicht mit der ausdrücklichen Bestimmung übergeben wurden, daß die Herausgabe nur an den Dritten erfolgen dürfe. Bezüglich der Vollmacht vgl. Anm. 21.

Die Literatur steht bezüglich der Eigentumsfrage im wesentlichen auf dem hier vertretenen Standpunkte, ohne jedoch den Unterschied zwischen Auftrag- und Vollmachtgeber zu beachten. So: Kassationshof Wolfenbüttel 9. 6. 58 in SeuffA. **32** 474 (vgl. jedoch die Anmerkung zu dieser Entscheidung); OLG. Hamm 8. 4. 82 in SeuffA. **37** 347; Jaeger in HirthsAnn. **03** 150. Abweichend: Meyer in SeuffBl. **68** 8; Wolff Absonderungsrecht 30; Korn in KGBl. **97** 77.

3. Die Handakten des Rechtsanwalts sind ein „Inbegriff von Gegenständen" im Sinne des § 260 BGB. Der Auftraggeber kann daher Vorlage eines Verzeichnisses über den Bestand der Handakten verlangen und es bleibt ihm gar nichts anderes übrig, als dies zu tun, wenn er auf Herausgabe klagen und einen bestimmten Klageantrag formulieren will. Anm. 11.

Unter den Voraussetzungen des § 259 Abs. 2 BGB. kann selbst der Offenbarungseid verlangt werden; doch entfällt diese Verpflichtung in Angelegenheiten von geringer Bedeutung (§ 259 Abs. 3 BGB.).

Anm. 12. 4. Wo im übrigen ein zivilrechtliches Verhältnis nicht vorliegt (z. B. bei einem bestellten Verteidiger), besteht eine Herausgabepflicht nur bezüglich derjenigen Handaktenprodukte, welche dem Rechtsanwalt lediglich zur Benützung überlassen worden sind.

Anm. 13. **IV. Das Retentionsrecht.** 1. § 32 Abs. 1 statuiert zugunsten des Rechtsanwalts ein eigenes Retentionsrecht an den Handakten, auf deren Herausgabe der Auftraggeber an sich ein Recht hat. „Der Rechtsanwalt ist nicht verpflichtet, vor Empfang seiner Auslagen und Gebühren die Handakten dem Auftraggeber herauszugeben."

Dieses Retentionsrecht ist ein Sonderrecht des Anwalts; es geht weiter als das allgemeine Zurückbehaltungsrecht nach § 273 BGB. und kann insbesondere auch zugunsten nichtfälliger Ansprüche ausgeübt werden. Der Zweck der Bestimmung ist nicht der, dem Anwalt eine materielle, dingliche Sicherheit für seine Forderung zu gewähren; denn einen selbständig realisierbaren Vermögenswert pflegen die Handakten nicht zu besitzen. Das Retentionsrecht soll es vielmehr dem Anwalt ermöglichen, seine berechtigten Ansprüche gegen den Auftraggeber auch ohne Prozeß durchzusetzen und zahlungsunwillige Klienten auch ohne Anrufung des Gerichts zur Begleichung ihrer Schuld zu zwingen.

Anm. 14. 2. Im einzelnen gilt bezüglich der Voraussetzungen des anwaltschaftlichen Retentionsrechtes folgendes:

a) Nur zugunsten der Auslagen- und Gebührenforderung des Anwalts gilt das Retentionsrecht. Unter „Gebühren" ist ebenso wie bei § 196 Ziff. 15 BGB. auch ein vereinbartes Honorar zu verstehen (Exkurs vor § 30 Anm. 90). Anderseits gehören alle Auslagen hieher, nicht nur die in der RAGebO. speziell normierten Arten. Über den Begriff der Auslagen vgl. Exkurs vor § 30 Anm. 85.

Anm. 15. b) Nur für diejenigen Forderungen, welche aus derselben Angelegenheit wie die betreffenden Handakten erwachsen sind, besteht an den letzteren ein Retentionsrecht. Dagegen kann der Rechtsanwalt nicht für rückständige Gebühren aus der Sache a die Handakten aus der Sache b retinieren. EGH. **1** 38 (28. 9. 83); Berger § 32 Anm. 5, Meyer § 32 Anm. 4, Sydow-Jacobsohn § 32 Anm. 3.

Anm. 16. Nur an denjenigen Handakten, zu deren Herausgabe der Rechtsanwalt an sich gegenüber dem Mandanten verpflichtet ist, besteht das Retentionsrecht. Nicht dagegen an Urkunden, die ein Dritter dem Rechtsanwalt mit der Weisung übergeben hat, sie nur an ihn wieder auszufolgen. Übergibt der Auftraggeber in eigenem Namen dem Rechtsanwalt eine Urkunde, welche Eigentum eines Dritten ist, so besteht auch hieran das Retentionsrecht gegenüber dem Mandanten, während dem Verlangen des dritten Eigentümers die Einrede nicht entgegengesetzt werden kann. Was der mit dem Mandanten nicht identische Vollmachtgeber dem Rechtsanwalt übergeben hat, gilt im Zweifel als für den Mandanten übergeben; der Vollmachtgeber kann es ohne dessen Zustimmung nicht zurückfordern. Vgl. Exkurs vor § 30 Anm. 125 ff.

Anm. 17. c) Ein Anspruch auf Zahlung von Gebühren oder Auslagen muß bestehen. Derselbe braucht nicht fällig zu sein. Ist der Anspruch verjährt, so entfällt auch das Retentionsrecht, aber erst, wenn der Verjährungseinwand geltend gemacht wird. Gl. M.: Mayer in JW. **99** 657; Sydow-Jacobsohn § 32 Anm. 3.

Erlischt der Anspruch durch Erfüllung, Erlaß oder Aufrechnung, so geht auch das Retentionsrecht unter. Gleiches muß gelten im Falle der Hinterlegung nach § 378 BGB., da dieselbe der Zahlung gleichsteht; der Wortlaut des § 32 („vor Empfang seiner Gebühren") steht nicht entgegen; denn von „seinen" Gebühren kann man nur sprechen, so lange dem Anwalt ein Anspruch auf diese Gebühren zusteht. Der Fall kann übrigens bei Assoziationen und dadurch verursachter

Ungewißheit über die Person des Gläubigers vorkommen. Auch im Falle der Hinterlegung nach § 853 ZPO. erlischt das Retentionsrecht; andernfalls würde der Auftraggeber, welcher auf Verlangen eines Gläubigers zur Hinterlegung sogar verpflichtet ist, trotz Erfüllung dieser Pflicht gegenüber dem Anwalt rechtlos sein, zumal da er auf den Fortgang des Verteilungsverfahrens keinerlei Einfluß hat.

Wird die Gebührenschuld noviert, z. B. zwecks Hintanhaltung der Verjährung in ein Darlehen umgewandelt, so geht das Retentionsrecht nicht unter. Nach dem Sinne der Bestimmung des § 32 kommt es nur darauf an, daß die Forderung als Gebühren- oder Auslagenforderung entstanden ist. Anm. 18.

d) Nur gegen den Auftraggeber steht dem Anwalt das besondere Retentionsrecht nach § 32 zu; selbstverständlich auch gegen solche Personen, die ein Recht auf Herausgabe der Handakten von dem Auftraggeber — etwa als Zessionare — herleiten. Nicht aber z. B. gegen einen Bürgen, welcher ihm gehörige Urkunden dem Rechtsanwalt zur Sache übergeben hat. Über die Frage, ob das Retentionsrecht im Konkurse des Auftraggebers geltend gemacht werden kann, vgl. unten Anm. 26 ff. Anm. 19.

e) Dem Rechtsanwalt steht das Retentionsrecht zu. Dieses Recht ist jedoch kein höchstpersönliches; es ist vererblich und kann mit der Gebührenforderung und den Handakten mit zivilrechtlicher Gültigkeit übertragen werden. Auch auf den Pfändungspfandgläubiger, welcher sich die Gebührenforderung des Anwalts überweisen läßt, kann das Retentionsrecht übergehen. (§ 836 Abs. 3 ZPO.). Man wird hierüber keinen Zweifel haben, wenn man an den analog gelagerten Fall denkt, daß der Rechtsanwalt in Konkurs gerät. Stände dem Konkursverwalter das Retentionsrecht nicht zu, so würde ihm das wichtigste Hilfsmittel zur Versilberung der Masse entzogen sein. Anm. 20.

Auch durch das Aufhören der Anwaltsqualität erlischt das einmal entstandene Retentionsrecht nicht.

f) Ausgenommen von dem Retentionsrecht ist nach § 175 Satz 2 BGB. die Vollmachtsurkunde des Rechtsanwalts. Dieselbe muß nach dem Erlöschen der Vollmacht zurückgegeben werden (gl. M.: Staudinger-Riezler § 175 Anm. 3), und zwar im Zweifel an den Vollmachtgeber. Anm. 21.

Ausgenommen ist ferner auf Grund der Spezialbestimmung in § 139 InvVersG. die Quittungskarte. Vgl. Hilse in JW. **07** 40, wo jedoch der Gesichtspunkt des Retentionsrechtes gar nicht erwähnt ist.

g) Da das Retentionsrecht nach § 32 auch für nicht fällige Ansprüche besteht, so steht dasselbe dem Rechtsanwalt auch gegenüber der armen Partei zu; dieselbe ist von der Zahlung der Gebühren und Auslagen nur einstweilen befreit, zur Leistung aber verpflichtet, sobald die Voraussetzungen des § 125 ZPO. vorliegen. Gl. M.: Berger § 32 Anm. 4; Meyer § 32 Anm 4; Sydow-Jacobsohn § 32 Anm. 3; Turnau § 32 Anm. 3. A. M.: AKV. Stuttgart in WürttJ. **6** 243. Anm. 22.

3. Den Inhalt des Retentionsrechtes bezeichnet § 32 mit Deutlichkeit: Der Anwalt ist nicht verpflichtet, die Handakten dem Auftraggeber herauszugeben. Gemeint ist die Aufgabe des Besitzes. Die bloße Vorlage der Handakten kann der Rechtsanwalt nicht verweigern, wenn, was meist der Fall sein wird, die Voraussetzungen des § 810 BGB. vorliegen; die Verpflichtung bestimmt sich dann im einzelnen nach der Vorschrift der §§ 810, 811 BGB. Vgl. SeuffA. **11** 228 (OAG. Jena 13. 6. 56); **37** 347 (Plenarbeschluß des OLG. Hamm 8. 4. 82); Berger § 32 Anm. 7; Sydow-Jacobsohn § 32 Anm. 3; Meyer § 32 Anm. 4. A. M.: — jedoch vor Geltung des BGB. — Korn in KGBl. **97** 78). Anm. 23.

Das Retentionsrecht hebt seinem Wesen nach den Anspruch auf Herausgabe der Anm. 24.

Handakten nicht auf; es suspendiert den Erfolg desselben nur bis zur Gewährung der Gegenleistung. Daher hat es dem Prinzipe des § 274 BGB. entsprechend nur die Wirkung, daß der Rechtsanwalt zur Herausgabe der Handakten gegen Empfang seiner Gebühren und Auslagen zu verurteilen ist. Gl. M.: Berger § 32 Anm. 3; Sydow-Jacobsohn § 32 Anm. 3. Vgl. auch § 274 Abs. 2 BGB., § 756 ZPO.

Anm. 25. Nicht aber kann der Klient die Ausübung des anwaltschaftlichen Retentionsrechtes durch Sicherheitsleistung abwenden. Gl. M.: Berger § 32 Anm. 2; Sydow-Jacobsohn § 32 Anm. 3. A. M.: Dernburg 2 Abt. 1 S. 134 Note 13. Der Rechtsanwalt kann den Empfang der Gebühren und Auslagen verlangen, nicht bloß die Sicherstellung. Ihm soll regelmäßig die Befriedigung ohne Prozeß ermöglicht werden; dies wäre nicht der Fall, wenn er erst die Sicherheit erstreiten müßte. Es bleibt dem Auftraggeber unbenommen, unter Vorbehalt zu zahlen. Sollte aber hiemit wegen der Vermögenslage des Rechtsanwalts eine Gefahr für den Klienten verbunden sein, so kann er eine einstweilige Verfügung gegen Sicherheitsleistung erwirken.

Anm. 26. 4. Wirkt das Retentionsrecht auch gegenüber der Konkursmasse des Klienten? Diese neuerdings mehrfach erörterte Frage ist zu verneinen. Gl. M.: Wolff, Absonderungsrecht 30; Jaeger KO.² § 49 Anm. 42. A. M.: Eccius, Preuß. PrivR. 2 340; Meyer SeuffBl. **68** 6; auch SeuffA. **23** 119 (auf Grund gemeinen Rechts vor Geltung der KO.). Es unterliegt keinem Zweifel und wird allgemein anerkannt, daß gegenüber der Konkursmasse Zurückbehaltungsrechte an Bestandteilen derselben — abgesehen von den Fällen des § 49 Ziff. 3 und 4 KO. — nicht wirken. Dies folgt eben per arg. e contrario aus der letzteren Bestimmung und aus § 12 KO.

Es kann sich daher nur um die Frage handeln, ob die Handakten zur Konkursmasse gehören oder nicht. Meyer (SeuffBl. **68** 6 ff.) verneint dies allgemein: die Handakten stellen seiner Meinung nach keinen durch Zwangsvollstreckung realisierbaren Vermögenswert dar und seien daher nach § 1 KO. nicht als Massebestandteile anzusehen.

Dies trifft nun zunächst offensichtlich bezüglich derjenigen Teile der Handakten nicht zu, welche einen selbständig realisierbaren Vermögenswert haben, z. B. Wechsel. Es trifft aber auch auf die übrigen Bestandteile der Handakten nicht zu. Denn es kommt nach § 1 KO. keineswegs darauf an, daß jedes einzelne Objekt, dessen Zugehörigkeit zur Masse in Frage steht, selbständig und unabhängig von anderen im Wege der Zwangsvollstreckung verwertbar wäre. Bestände dieses Erfordernis, so würden z. B. einzelne Teile einer stilgerechten Einrichtung, welche allein unverkäuflich sind, nicht zur Masse gehören, obwohl es sich für den Konkursverwalter sehr rentieren würde, die fehlenden Stücke nachzuschaffen und dann mit den vorhandenen zu veräußern.

Die Handakten des Anwalts können als Belege für eine im Prozesse befangene Forderung der Konkursmasse sehr erheblichen Vermögenswert und in Verbindung mit der Forderung selbst auch sehr erheblichen Verkaufswert haben. Um sich dies klar zu machen, denke man z. B. an den Fall, daß ein großes Abzahlungsgeschäft in Konkurs gerät, dessen zahlreiche Kauf- und Eigentumsvorbehaltsverträge in Händen von Anwälten zum Zwecke der Ausklagung sind. Eine Beitreibung ohne diese Verträge ist undenkbar. Kann man nun wirklich im Ernste die Meinung vertreten, daß diese Aktenprodukte nicht zur Masse gehören? Der Konkursverwalter wird bestrebt sein, das Geschäft mit allen Außenständen in Bausch und Bogen zu veräußern. Wer wird es ihm abkaufen, wenn die Belege für die zahlreichen Außenstände fehlen? Wer wird behaupten, daß dieselben keinen Vermögenswert haben?

Auch die Geschäftsbücher haben — rein als körperliche Sachen betrachtet — nur Makulaturwert; die KO. bestimmt aber ausdrücklich in § 1 Abs. 3 ihre Zugehörigkeit zur Konkursmasse, und § 117 Abs. 2 KO. sieht ihre Veräußerung in Verbindung mit dem Geschäfte des Gemeinschuldners vor. Es wäre verkehrt, aus § 1 Abs. 3 KO. per arg. e contrario folgern zu wollen, daß die Handakten des Rechtsanwalts nicht zur Konkursmasse gehören (so Meyer a. a. O. 10); denn die ausdrückliche Bestimmung in § 1 Abs. 3 erklärt sich lediglich daraus, daß die Geschäftsbücher in § 871 Ziff. 11 ZPO. für unpfändbar erklärt sind, was bezüglich der Handakten nicht der Fall ist.

Die Frage, ob Handakten allein als Vermögen im Sinne des § 23 ZPO. zu gelten haben — vgl. RGZ. **24** 414 (ZS. I 19. 10. 89) — ist mit der Frage, ob dieselben Bestandteil der Konkursmasse sein können, nach dem Gesagten nicht identisch. Übrigens ist jene Frage auch in dem zitierten Urteil nicht allgemein entschieden.

Daß die Handakten auch vom Konkursverwalter aus der Konkursmasse ausgeschieden werden können, ist selbstverständlich. Dies ist im Zweifel stets dann der Fall, wenn der Anspruch, zu welchem die Handakten gehören, aus der Masse ausgeschieden wird. Denn dieselben stehen zu dem Rechte, das sie betreffen, in einem ähnlichen Verhältnisse, wie die Zubehörstücke zur Hauptsache (§ 314 BGB.). Vgl. auch § 402 BGB. Anm. 27.

Soweit die Angelegenheit, zu welcher die Handakten ausschließlich gehören, kraft Gesetzes nicht der Disposition des Konkursverwalters untersteht, gilt das gleiche auch von den Handakten. So z. B. wenn der Gemeinschuldner vor Konkurseröffnung eine Erbschaft gemacht und die Angelegenheit einem Anwalt zur Vertretung übergeben hat, aber erst nach Konkurseröffnung die Annahme der Erbschaft erklärt (§ 9 KO.). Anm. 28.

Zu bemerken ist, daß im Zweifel die Vermutung für die Zugehörigkeit eines Gegenstandes oder eines Rechtes zur Konkursmasse spricht. Vgl. Voß in Leipz. Zeitschr. **1** 270 ff.

Lehnt der Konkursverwalter die Aufnahme eines anhängigen Rechtsstreites ab, so scheidet er damit im Zweifel auch die betreffenden Handakten aus der Masse aus. Dies alles gilt jedoch nur von denjenigen Aktenprodukten, welche ausschließlich auf die betreffende Sache Bezug haben und nicht selbständige Wertobjekte darstellen. Beispiel: Gegen den Gemeinschuldner war ein Prozeß anhängig. Derselbe machte eine Wechselforderung compensando geltend. Der Konkursverwalter lehnt die Aufnahme des Passivprozesses ab, nimmt aber den in Händen des Rechtsanwalts befindlichen Wechsel — aus dem auch dritte Personen haftbar sind — zur Konkursmasse in Anspruch. Dieses Verlangen ist berechtigt. Anm. 29.

Soweit die Sache nach dem Gesagten den Gemeinschuldner und nicht den Konkursverwalter angeht, greift jenem gegenüber das Retentionsrecht Platz. Anm. 30.

Erscheint dagegen der Konkursverwalter selbst als Auftraggeber eines Rechtsanwalts, so kann ihm — wie jedem anderen Mandanten — gegenüber das Retentionsrecht geltend gemacht werden. Dies trifft aber nicht für diejenigen Ansprüche des Rechtsanwalts zu, bezüglich welcher er Konkursgläubiger ist. War also der Anwalt Prozeßbevollmächtigter des Gemeinschuldners, und hatte er bei Konkurseröffnung 100 Mk. an Gebühren und Auslagen zu fordern, so steht ihm zunächst kein Retentionsrecht zu. Wenn dann der Konkursverwalter den Rechtsstreit aufnimmt und demselben Rechtsanwalt die Weiterführung des Prozesses überträgt, so werden die von da ab entstehenden Kosten Masseschulden (§ 59 Ziff. 1 KO.), und hiefür können die Handakten retiniert werden, nicht aber für die rückständigen 100 Mk., soferne sie nicht der Konkursverwalter als Masseschuld übernommen hat. Anm. 31.

Anm. 32. Der Konkursverwalter, welcher Rechtsanwalt ist, hat bei einem Wechsel der Konkursverwaltung an den für die Masse geführten Handakten so wenig wie an sonstigen Massebestandteilen ein Zurückbehaltungsrecht. Jaeger KO.[2] § 85 Anm. 4; RGZ. **53** 190 (ZS. III 16. 12. 02).

Anm. 33. 5. Außer dem speziellen anwaltschaftlichen Retentionsrecht steht dem Rechtsanwalt gegebenenfalls auch das allgemeine Zurückbehaltungsrecht nach § 273 BGB. an den Handakten zu. Dies kann z. B. praktisch werden, wenn der Rechtsanwalt bei Ausführung des Mandats die persönliche Haftung für eine Verbindlichkeit des Auftraggebers übernommen hat; hier kann ihm zugunsten des Schuldbefreiungsanspruchs das Zurückbehaltungsrecht nach § 273 BGB. zustehen. § 32 RAO. greift nur dann Platz, wenn es sich in concreto um eine „Auslage" im Sinne des Gesetzes handelt.

Anm. 34. Neuerdings ist in der Praxis die Ansicht vertreten worden, daß der Rechtsanwalt insolange die Handakten zurückhalten dürfe, als nicht das gesamte Verhältnis zur Partei geklärt, die Forderung des Anwalts anerkannt sei und die Partei über gebührenordnungsmäßige Verrechnung quittiert habe (§§ 320, 368 BGB.). So: LG. Dessau (bestätigt vom OLG. Naumburg) in NaumburgAK. **06** 9.

Diese Anschauung kann nicht gebilligt werden. Der Rechtsanwalt hat Anspruch auf Zahlung seiner Gebühren und Auslagen, aber nicht außerdem noch einen Anspruch auf Anerkennung seiner Kostenrechnung, auf Erteilung der Decharge. Gl. M.: Turnau § 32 Anm. 3; AKB. Rostock in AKJahrB. **86** 10; AKB. Marienwerder in AKJahrB. **96** 8. Zu weit gehend: Dernburg **2** Abt. 1 S. 99. Zahlt der Klient unter Vorbehalt der Rückforderung, so kann allerdings der Anwalt ein Recht zur Erhebung einer negativen Feststellungsklage haben; allein für einen Feststellungsanspruch gibt es nach dem klaren Wortlaut des § 273 BGB. kein Zurückbehaltungsrecht (Dernburg **2** Abt. 1 S. 133).

Ganz abwegig ist die Heranziehung des § 368 BGB. Sollte wirklich der Klient in allen Fällen verpflichtet sein, Quittung über die erfolgte Abrechnung zu erteilen — was in Wirklichkeit nur auf den Fall des § 86 Abs. 2 RAGebO. zutreffen dürfte, da sonst keine „Leistung" im Sinne der Erfüllung einer Obligation, sondern nur ein Akt zur Herbeiführung einer Leistung des anderen vorliegt — so hätte doch diese Quittung nur dahin zu lauten, daß der Mandant die Abrechnung des Anwalts von diesem oder jenem Datum erhalten habe. Eine Kritik dieser Abrechnung gehört nicht zu den Vertragspflichten des Klienten.

Wenn übrigens die hier bekämpfte Ansicht richtig wäre, so könnte der Klient doch immer durch Kautionsleistung — § 273 Abs. 3 BGB. — die Retention abwenden. Dies wäre absurd, da er ja bereits vorher alles bezahlt hat.

Anm. 35. 6. Die Standespflichten des Anwalts legen demselben in der Ausübung des Zurückbehaltungsrechts erhebliche Beschränkungen auf. Rigorose Geltendmachung gegenüber armen Parteien, Ausübung des Retentionsrechts für ganz geringe Forderungen unter Gefährdung schwerwiegender Interessen können Verstöße gegen die Würde des Anwaltsstandes darstellen und zu ehrengerichtlicher Bestrafung führen. Vgl. EGH. **1** 35 (28. 9. 83), **2** 63 (23. 2. 85), **5** 108 (15. 4. 91); AKB. Stuttgart in WürttJ. **6** 243. Zu eng: Korn in KGBl. **97** 78. Vgl. auch AKB. Posen (23. 1. 94) in KGBl. **94** 99.

Anm. 36. **V. Die Pflicht zur Aufbewahrung der Handakten.** (§ 32 Abs. 2). 1. Soweit der Rechtsanwalt die Handakten nicht an den Berechtigten herausgegeben hat, ist er zunächst verpflichtet, sie aufzubewahren, d. h. in üblicher Weise mit der im Verkehr erforderlichen Sorgfalt für ihre Erhaltung zu sorgen.

Anm. 37. 2. Wie lange die Aufbewahrung zu erfolgen hat, hängt zunächst von der Parteivereinbarung ab. Der Klient kann schon vor Beendigung des Auftrages die Vernichtung der Akten oder einzelner Bestandteile derselben gestatten; freilich nur mit zivilrechtlicher Wirkung. Disziplinär kann sich der Rechtsanwalt trotz ausdrücklicher Zustimmung der Partei verantwortlich machen, wenn er vorzeitig die Akten vernichtet und sich dadurch selbst die Möglichkeit pflichtgemäßer Geschäftsführung entzieht.

3. Abgesehen von dem eben erwähnten Falle der Zustimmung des Klienten erlischt die Aufbewahrungspflicht mit Ablauf von fünf Jahren nach Beendigung des Auftrages. Die Frist berechnet sich nach § 188 Abs. 2 BGB. Wann aber ist der Auftrag als beendigt anzusehen? Anm. 38.

a) Am einfachsten beantwortet sich diese Frage in denjenigen Fällen, in welchen das Vertragsverhältnis anders als durch die bloße Erreichung des Vertragszweckes endigt. Dies ist der Fall bei Kündigung von seiten des Anwalts oder des Klienten (wobei die Frage, ob die Kündigung berechtigt war oder nicht, ob Ansprüche wegen unberechtigter Kündigung bestehen oder nicht, ganz ausscheidet), bei Zeitablauf (denkbar beim Syndikus), beim Ableben des Auftraggebers, sofern in concreto das Mandat infolge des Todes erlischt rc. Vgl. im einzelnen den Exkurs vor § 30. Anm. 39.

b) Viel schwerer ist die Zeit der Beendigung des Auftrages in den Fällen zu bestimmen, in welchen nicht eine Lösung des Vertragsverhältnisses, sondern eine Erledigung des Auftrages, eine Erfüllung der übernommenen Verpflichtung in Betracht kommt. Anm. 40.

Hier läßt sich naturgemäß eine allgemeine Formel gar nicht aufstellen. Es kommt auf den gewollten Umfang des Mandats an, und dieser ist gerade bei dem Vertrage zwischen Klienten und Anwalt oft sehr schwer zu bestimmen. In Prozessen bildet regelmäßig die Beendigung der Instanz einen Anhaltspunkt für die Beendigung des Mandats; soweit jedoch eine Zwangsvollstreckung in Frage kommt, die Beendigung dieser, d. h. die Durchführung derselben bis zur Befriedigung oder Erschöpfung der nach Lage der Sache gebotenen Maßregeln. Es ist klar, daß hier das Ermessen des Anwalts selbst in letzter Linie maßgebend sein muß für die Entscheidung der Frage, wann der Auftrag als erledigt anzusehen sei. Im einen Falle wird er es für angemessen halten, die Vollstreckungsmaßregeln einzustellen, ohne den nach Lage der Sache nutzlosen Offenbarungseid zu erzwingen; im anderen Falle wird er gerade die Manifestation für unbedingt erforderlich halten.

Hat in solchen Fällen der Rechtsanwalt in der Meinung, die ihm übertragene Aufgabe erfüllt zu haben, seine Tätigkeit eingestellt, und erteilt dann die Partei neuerlich ausdrücklichen Auftrag zur Weiterführung der Sache (z. B. Vornahme neuer Vollstreckungsmaßregeln), so wird dies als neuer Auftrag anzusehen sein, wenn nach vernünftiger Erwägung eine Weiterführung der Sache auf Grund früheren Auftrages nicht geboten war, bzw. von dem Anwalt nicht erwartet werden konnte. Sollten also Teile der Handakten vorhanden sein, welche nur den früheren Auftrag betreffen, für die Ausführung des späteren aber ohne jeden Belang sind, so kann eine Vernichtung derselben binnen 5 Jahren nach „Beendigung" des ersten Auftrages erfolgen. Doch wird man gut tun, solche Feinheiten in der Praxis möglichst zu vermeiden.

4. Die Pflicht zur Aufbewahrung der Handakten erlischt auch vor Ablauf von fünf Jahren, wenn der Auftraggeber, zur Empfangnahme der Handakten aufgefordert, dieselben nicht binnen sechs Monaten nach erhaltener Aufforderung in Empfang genommen hat. Anm. 41.

Daß die Aufbewahrungspflicht auf Grund dieser Bestimmuug nicht vor Beendigung des Auftrages erlöschen kann, ergibt sich schon aus den Worten „vor

Beendigung dieses Zeitraumes"; denn der Zeitraum, um den es sich hier handelt, beginnt (arg.: Halbsatz 1) mit der Beendigung des Auftrages und schließt mit Ablauf der fünfjährigen Frist.

Allein man wird weiter annehmen müssen, daß auch die Aufforderung erst nach Beendigung des Auftrages wirksam erfolgen kann. Es würde zu sonderbaren Ergebnissen führen, wenn der Klient indirekt gezwungen werden könnte, seinem Mandatar selbst die Hilfsmittel zur Ausführung des Mandats im Laufe derselben zu entziehen. Vgl. hiezu auch § 28 Anm. 58.

Anm. 42. Die Aufforderung zur Empfangnahme der Handakten braucht nicht notwendig ein Präjudiz zu enthalten; doch entspricht es der Anstandspflicht des Anwalts, die Partei auf die Folgen der Unterlassung hinzuweisen.

Anm. 43. Die Partei muß die Aufforderung erhalten haben. Es genügt also nicht die Absendung; die Aufforderung muß vielmehr der Partei zugegangen sein. Eventuell wird daher Zustellung nach § 132 Abs. 1 und 2 BGB. geboten sein. Auch die mündliche Aufforderung ist an sich gültig.

Anm. 44. 5. Ist die Pflicht zur Aufbewahrung der Handakten erloschen, so kann der Rechtsanwalt dieselben vernichten, sie als Makulatur veräußern 2c. Er muß aber dafür Sorge tragen, daß das Berufsgeheimnis nicht verletzt wird. Die erwähnten Rechte erstrecken sich auch auf wertvolle Urkunden, Vollstreckungstitel 2c. Mit der Pflicht des Rechtsanwalts zur Herausgabe erlischt aber auch das Recht des Auftraggebers auf Herausgabe. Selbst wenn also die Akten noch vorhanden sind, besteht keine rechtliche Verpflichtung mehr, die Akten herauszugeben oder Einsicht in dieselben zu gestatten. Gl. M.: LG. Hamburg 28. 6. 04 in HansGZ. Beiblatt **04** 215. Wohl aber besteht eventuell eine Anstandspflicht hiezu.

Anm. 45. 6. Nur gegenüber dem Auftraggeber erlischt die Aufbewahrungspflicht nach den Regeln des § 32 Abs. 2. Hat ein Dritter dem Rechtsanwalt Urkunden zur Verfügung gestellt, welche diesem herauszugeben sind, so gelten dem Dritten gegenüber ausschließlich die allgemeinen zivilrechtlichen Vorschriften.

Ist jedoch der Rechtsanwalt einer Partei als Verteidiger bestellt oder als Anwalt nach § 679 Abs. 3 oder 686 Abs. 2 ZPO. beigeordnet worden oder in eigener Sache tätig gewesen, so wird man in öffentlichrechtlicher Beziehung den § 32 Abs. 2 Halbsatz 1 RAO., jedoch nicht den Halbsatz 2, analog anzuwenden haben. An Stelle der „Beendigung des Auftrages" tritt dann die Erledigung der Sache ev. die Beendigung der Funktionen des Pflichtanwalts.

§ 33.

Außer den in der Civilprozeßordnung bezeichneten Fällen hat das Prozeßgericht, insoweit eine Vertretung durch Anwälte geboten ist, einer Partei auf Antrag einen Rechtsanwalt zur Wahrnehmung ihrer Rechte beizuordnen, wenn die Partei einen zu ihrer Vertretung geneigten Anwalt nicht findet und die Rechtsverfolgung oder Rechtsvertheidigung nicht muthwillig oder aussichtslos erscheint.

Anm. 1. **I. Inhalt und Anwendungsgebiet der Vorschrift im allgemeinen.** 1. Der vorliegende Paragraph enthält eine notwendige Ergänzung der ZPO. Wenn das Gesetz vorschreibt, daß gewisse Handlungen nur von Rechtsanwälten vorgenommen werden können, so muß es auch dafür Sorge tragen, daß jedermann, der nicht offenbar im Unrecht ist, die betreffenden Handlungen in prozessual gültiger Weise vornehmen lassen kann. Dies geschieht durch Beiordnung eines bei dem betreffenden

Gerichte zugelassenen Anwalts (Notanwalt), der, soweit nicht Ablehnungsgründe vorliegen, verpflichtet ist, die Vertretung zu übernehmen. Soweit der Partei das Armenrecht bewilligt ist, hat dieselbe im Gebiete des zivilprozessualen Anwaltszwanges ein Recht auf Beiordnung eines Anwalts (§ 115 Abs. 3 ZPO.); das gleiche Recht steht in allen Fällen dem Entmündigten zu, wenn er die Anfechtungsklage erheben will (§ 668 ZPO.), und — wie Seuffert ZPO.[9] § 668 Anm. 1 richtig bemerkt — auch dann, wenn er im Laufe des Anfechtungsprozesses eines Rechtsanwalts bedarf. Dagegen gehört die Beiordnung, welche gemäß § 679 Abs. 3 und § 686 Abs. 2 Satz 2 ZPO. erfolgen kann, nicht zu den in § 33 RAO. erwähnten Fällen; dort handelt es sich nicht darum, daß eine Partei nur wegen des Anwaltszwanges der Beiordnung eines Rechtsanwalts bedarf, sondern darum, daß der gesetzliche Vertreter einer prozeßunfähigen Partei für dieselbe nicht handeln will und daher die Bestellung eines Spezialkurators nötig erscheint, als welcher aus Zweckmäßigkeitsgründen sofort ein zur Führung des Prozesses befähigter Rechtsanwalt aufgestellt werden soll. (Vgl. RGZS. VI 24. 5. 88 in RGZ. **21** 369).

2. Obwohl es — wie wir schon früher erwähnt haben — auch im Strafprozeß einige Fälle des unbedingten Anwaltszwanges gibt (StPO. §§ 170 Abs. 2, 425 Abs. 4, 430 Abs. 2, 437 Abs. 1, 428), die in Anm. 1 erwähnte ratio legis also auch für den Strafprozeß zuträfe, ist § 33 de lege lata auf letzteren nicht anwendbar. Dies ergibt sich klar aus dem Wortlaut des Gesetzes. Deutet schon der Ausdruck „Partei" auf den Zivilprozeß hin, so kann es erst recht keinem Zweifel unterliegen, daß es ein „Prozeßgericht" im Strafverfahren nicht gibt. Die systematische Einteilung des Gesetzes bestätigt unsere Auffassung. § 33, welcher in seinem Eingang an die ZPO. ausdrücklich anknüpft und sich damit selbst als eine Ergänzung der letzteren kennzeichnet, steht im engsten Zusammenhang mit den weiteren Paragraphen bis § 38 einschließlich, während § 39 allein an die Strafprozeßordnung anknüpft. Daß § 34 auch auf das Privatklageverfahren und die Nebenklage anzuwenden ist, folgt lediglich aus §§ 419 Abs. 3, 437 StPO., wonach die zivilprozessualen Vorschriften über das Armenrecht für anwendbar erklärt sind. In den Motiven 61 heißt es: „Es beziehen sich die in den §§ 31 bis 35 (des Entwurfs = §§ 33—38 des Gesetzes) gegebenen Vorschriften auf bürgerliche Rechtsstreitigkeiten, die des § 36 (§ 39 des Ges.) dagegen auf Strafsachen". Dies ist beachtlich, weil hier der ausgesprochene Wille des Gesetzgebers durch Wortlaut und Systematik des Gesetzes bestätigt wird. Anm. 2.

Uns. M. bezüglich der Nichtanwendbarkeit des § 33 auf den Strafprozeß: OLG. Hamburg 3. 8. 87 in HansOLG. 641; desgleichen 3. 10. 90 ebenda 643; OLG. Marienwerder 14. 9. 94 in GoltdArch. **42** 427; OLG. Frankfurt a. M. Nov. 91 in GoltdArch. **39** 359; Meyer § 34 Anm. 10; OLG. Colmar 18. 1. 88 und 30. 3. 89 in ElsLothZ. **13** 178, **14** 285; OLG. Karlsruhe 13. 2. 93 in BadAnn. **59** 54; OLG. Karlsruhe 15. 2. 04 in BadRpr. **04** 64. A. M.: A. Friedländer in GS. **60** 419; OLG. Posen 25. 11. 91 in GoltdArch. **39** 359; KG. 20. 11. 93 in GoltdArch. **41** 302; Löwe StPO.[12] § 170 Anm. 8 b. Weitere Literatur bei Friedländer GS. **60** 419.

II. Spezieller Inhalt. 1. Wer hat ein Recht auf Beiordnung? Anm. 3.

Jede Partei im Zivilprozesse. Das Wort „Partei" ist im weitesten Sinne zu verstehen. Es umfaßt nicht nur die eigentlichen Prozeßparteien (Kläger, Beklagten, Nebenintervenienten zc.), sondern auch andere Personen, welche vom Prozesse betroffen werden, z. B. Gerichtsschreiber, welche nach § 102 ZPO. in die Kosten verurteilt werden und zur Beschwerdeeinlegung eines Rechtsanwalts bedürfen.

Anm. 4. 2. Wer entscheidet über die Beiordnung?

Das Prozeßgericht, d. h. das Gericht, bei welchem die betreffende Sache oder der betreffende einzelne Antrag anhängig ist oder anhängig gemacht werden soll — je nachdem die Beiordnung des Rechtsanwalts für die Führung der ganzen Sache oder nur für einzelne Handlungen begehrt wird (Struckmann-Koch ZPO.[7] § 118 Anm. 1). Wird daher die Beiordnung nur für die Beschwerdeinstanz (etwa im Kostenfestsetzungsverfahren) begehrt, so kommt es darauf an, ob die Beschwerde bei dem judex a quo oder bei dem judex ad quem eingelegt werden soll. Ist z. B. das Gericht, dessen Beschluß anzufechten ist, ein Landgericht, so ist dies allein für die Beiordnung zuständig, wenn die Beschwerde beim Landgericht angebracht werden soll; in diesem Falle muß ja auch ein Landgerichtsanwalt die Beschwerde zeichnen (RGZ. **1** 431 — VerZS. 29. 4. 80). Soll aber das Rechtsmittel als dringend beim Oberlandesgerichte eingereicht werden, so ist nur dieses für die Beiordnung eines Oberlandesgerichtsanwalts zuständig. Offenbar gl. M.: Seuffert ZPO.[9] § 118 Anm. 1. Abweichend: OLG. Stuttgart 8. 4. 04 in Recht **04** 256, wo bei sofortiger Beschwerde stets das Beschwerdegericht für zuständig erklärt wird.

Anm. 5. 3. Für welche Fälle findet eine Beiordnung nach § 33 statt?

Nur für die Fälle des Anwaltszwanges: soweit also nur einzelne Prozeßhandlungen in Frage kommen, müssen dieselben derart sein, daß nur ein Anwalt sie gültig vornehmen kann.

Soweit es sich aber um Prozeßführung handelt, muß das Verfahren im allgemeinen — nicht jede einzelne Phase desselben — unter Anwaltszwang stehen. De lege lata unrichtig: Reichard in DJZ. **10** 261, welcher § 33 überall da anwenden will, wo nach dem Ermessen des Gerichts eine Partei eines Rechtsanwalts bedarf, um zu ihrem Rechte zu kommen. Die Worte „insoweit eine Vertretung durch Anwälte geboten ist" betreffen stets den Anwaltszwang (vgl. §§ 26, 27 RAO., §§ 79, 83 ZPO. ꝛc.).

Anm. 6 4. Unter welchen Voraussetzungen erfolgt die Beiordnung?

a) Die Partei muß sich vergeblich bemüht haben, einen zu ihrer Vertretung geneigten Anwalt zu finden.

Sie muß sich also zunächst ohne Erfolg an einige der bei dem betreffenden Gerichte zugelassenen Rechtsanwälte gewendet haben (nicht an alle: OLG. Rostock 9. 7. 01 in OLG. **5** 221).

Sie braucht sich nicht an solche Anwälte zu wenden, deren Mandierung ihr in concreto nicht zugemutet werden kann (persönliche Feinde, Sozien des gegnerischen Prozeßbevollmächtigten, Anwälte, welche nicht am Sitz des Prozeßgerichts wohnen — wegen § 18 Abs. 5 — ebenso OLG. Rostock 9. 7. 01 in OLG. **5** 221), auch nicht an solche, welchen die Annahme des Mandats verboten wäre (§ 31 Ziff. 2—3 RAO.).

Anm. 7. Einen „zu ihrer Vertretung geneigten Anwalt" hat die Partei schon dann gefunden, wenn ein Anwalt das Mandat angenommen hat, mag er sich auch weigern oder außerstande sein, die aus dem Vertragsverhältnis resultierenden Pflichten zu erfüllen (Sydow-Jacobsohn § 33 Anm. 2; Berger § 33 Anm. 2; RGZS. II 15. 12. 93 in ElsLothZ. **19** 232; BolzePr. **17** 696). In letzterem Falle muß eben die Partei ev. das Mandat kündigen; geschieht dies aus einem zureichenden Grunde, so ist die Sachlage dieselbe, wie wenn sich die Partei an den betreffenden Anwalt vergebens gewendet hätte; d. h. sie muß dann zunächst auch noch bei einigen anderen Anwälten ihr Glück versuchen.

Anm. 8. Dies gilt auch, wenn der Anwalt das Mandat angenommen, aber wieder gekündigt hat — es sei denn, daß die Kündigung durch vertragswidriges Verhalten der Partei veranlaßt wurde. Letzteres ist auch der Fall, wenn die Niederlegung des Mandats wegen Nichtzahlung des Vorschusses erfolgte. (Ebenso: RGZS. VI 4. 7. 92 in JW. **92** 363 Nr. 9). Kündigt die Partei selbst ohne zureichenden Grund, so hat sie kein Recht auf erneute Beiordnung: JW. **04** 368 Nr. 35 (RGZS. V 18. 5. 04).

Hat die Partei die Beiordnung eines Rechtsanwalts — nach § 33 oder auf Grund bewilligten Armenrechts — bereits erlangt, weigert sich aber der Anwalt, sei es aus berechtigten Gründen, sei es pflichtwidrigerweise, beharrlich, die Vertretung anzunehmen, so hat die Partei ein Recht auf erneute Beiordnung eines anderen Anwalts, es sei denn, daß sie selbst die Weigerung des Anwalts durch ihr Verhalten nach erfolgter Beiordnung verschuldet hätte. Anm. 9.

Die Tatsache, daß die Partei zum Armenrechte zugelassen ist, schließt die Möglichkeit einer Beiordnung nach § 33 nicht aus. Denn da die Partei trotz Erwirkung des Armenrechts auf Beiordnung eines Armenanwalts verzichten, sich also selbst einen Anwalt wählen kann (RGZ. **35** 369 — ZS. III 22. 3. 95), so muß sie auch berechtigt sein, sich einen Anwalt zur entgeltlichen Wahrnehmung ihrer Rechte beiordnen zu lassen, wenn ein solcher ihre Vertretung nicht freiwillig übernehmen will. Es gibt Parteien, welche glauben, daß der Armenanwalt ihre Interessen nicht mit der nötigen Energie vertrete; deshalb ist die Frage nicht ohne praktische Bedeutung. Anm. 10.

b) Die Rechtsverfolgung oder Rechtsverteidigung darf nicht mutwillig oder aussichtslos erscheinen. Das Gericht hat daher wie beim Armenrechtsgesuch zu prüfen, ob der Standpunkt des Antragstellers vertretbar, sein Vorbringen beweisbar erscheint oder nicht. Unzuständigkeit des Gerichts führt zur Abweisung des Antrages, wenn nicht Prorogation in Frage kommt. (Ähnlich Seuffert ZPO.[9] § 114 Anm. 1c. A. M.: Gaupp-Stein ZPO.[8 u. 9] § 118 Anm. I). Auch in Ehesachen, Statusprozessen 2c., in welchen eine „Unterwerfung" den Fortgang des Verfahrens nicht beeinflußt, kann wegen Aussichtslosigkeit der Verteidigung die Beiordnung versagt werden. So mit Recht z. B. die preußische Praxis. A. M.: Seuffert ZPO.[9] § 114 Anm. 1c, Gaupp-Stein ZPO.[8 u. 9] § 114 Anm. II. Anm. 11.

c) Nur auf Antrag der Partei erfolgt die Beiordnung nach § 33. Anm. 12.

Für diesen Antrag, welcher an das zur Beschlußfassung kompetente Gericht zu stellen ist, schreibt das Gesetz eine bestimmte Form nicht vor. Da die Erklärung des Antrages zu Protokoll des Gerichtsschreibers nicht — wie für das Armenrechtsgesuch (§ 118 ZPO.) — vorgesehen ist, so muß man annehmen, daß der Antrag regelmäßig schriftlich zu erfolgen hat; die Protokollarerklärung ist natürlich nicht unzulässig. Doch ist der Gerichtsschreiber reichsrechtlich zur Aufnahme solcher Anträge nicht verpflichtet.

Nach § 78 ZPO. könnte man nun hieraus schließen, daß für den Antrag Anwaltszwang bestehe. Allein dies ist undenkbar. Die Partei sucht ja gerade vergeblich einen Anwalt; wie sollte also die Gültigkeit ihres Gesuches um Beiordnung eines Anwalts davon abhängig sein, daß sie einen Anwalt zur Fertigung dieses Gesuches gefunden hat? Damit wäre geradezu die eine Voraussetzung der Beiordnung durch die andere negiert. Anm. 13.

Mit dem Antrag ist das Vorhandensein der oben sub a und b bezeichneten Voraussetzungen darzulegen. Anm. 14.

5. Die Entscheidung über den Antrag auf Beiordnung ist ein Beschluß, welcher dem Antragsteller zuzustellen ist. Der Beschluß spricht nur aus, daß die Beiordnung eines Anwalts erfolge; die Auswahl des beizuordnenden Anwalts geschieht gemäß § 36 durch Verfügung des Vorsitzenden. Anm. 15.

Anm. 16. 6. **Kann der Beschluß, durch welchen die Beiordnung ausgesprochen wurde, wieder aufgehoben werden, wenn sich ergibt, daß die Voraussetzungen des § 33 nicht vorlagen oder nicht mehr vorliegen?**

Die Frage muß, obwohl eine dem § 121 ZPO. (Entziehung des Armenrechts) entsprechende Bestimmung für unseren Fall nicht existiert, bejaht werden. Der Rechtsanwalt kann nicht gezwungen werden, eine Sache weiter zu vertreten, wenn das Gericht selbst der Meinung ist, daß sie aussichtslos oder gar frivol sei. Ließe man aber eine Beseitigung des Beiordnungsbeschlusses nicht zu, so hätte der Rechtsanwalt keine Möglichkeit, sich ohne eigenes Risiko der weiteren Vertretung einer aussichtslos gewordenen Sache zu entschlagen. (Vgl. im übrigen § 36 Anm. 11 und den Exkurs zu § 39 Anm. 9).

Überträgt die Partei später einem anderen Anwalt das Mandat und nimmt derselbe die Vertretung an, so wird der Beiordnungsbeschluß nicht von selbst hinfällig; ob die Aufhebung desselben zu erfolgen hat, ist quaestio facti; hat z. B. die Partei neben dem Pflichtanwalt auch dem Sozius desselben Vollmacht und Auftrag erteilt, was nicht selten vorkommt, so ist dies keineswegs ein Aufhebungsgrund.

Anm. 17. 7. Über die Pflicht des beigeordneten Anwalts zur Annahme der Vertretung vgl. § 36 Anm. 18.

§ 34.

Einer Partei, welcher das Armenrecht bewilligt ist, kann auch, insoweit eine Vertretung durch Anwälte nicht geboten ist, zur vorläufig unentgeltlichen Wahrnehmung ihrer Rechte von dem Prozeßgericht ein Rechtsanwalt auf Antrag beigeordnet werden.

Anm. 1. **I. Allgemeiner Inhalt und Anwendungsgebiet.** 1. Der Paragraph handelt von der Beiordnung eines Armenanwalts in denjenigen Fällen, in welchen kein Anwaltszwang herrscht. Er bildet eine Ergänzung des § 115 Ziff. 3 ZPO., während § 34 selbst wieder durch den von der Zivilprozeßnovelle eingefügten § 116 ZPO. ergänzt wird.

Anm. 2. 2. Die Bestimmung des § 34 findet gemäß § 419 Abs. 3 StPO. analoge Anwendung auf das Strafverfahren, soweit die Bewilligung des Armenrechts für den Privat-, Neben- oder Widerkläger erfolgt ist (§§ 428, 437 StPO.). Im Falle des § 170 StPO. gibt es keine Armenrechtsbewilligung. Vgl. OLG. Dresden 17. 3. 04 in Sächs. Archiv f. Rechtspflege **1** 41 (1906).

Anm. 3. 3. Auch im Verfahren der freiwilligen Gerichtsbarkeit findet § 34, ebenso wie §§ 35 und 36, analoge Anwendung (§ 14 FGG.), jedoch ersterer nicht, wie Schneider FGG. § 14 Anm. 2 meint, nur „soweit Anwaltszwang in Angelegenheiten der freiwilligen Gerichtsbarkeit besteht", sondern im Gegenteil: nur soweit solcher nicht besteht. Bei Anwaltszwang (§ 29 Abs. 1 FGG.) greift die Analogie des § 115 ZPO., nicht die des § 34 RAO. Platz (§ 14 FGG. erster Halbsatz). Vgl. ferner von landesgesetzlichen Bestimmungen u. a.: Art. 1 preuß. FGG. 21. 9. 99. (GS. 249); Art. 129 bayer. AGBGB. 9. 6. 99 (GVBl. Beil. S. 33); Art. 8 AGGBO. 9. 6. 99 (GVBl. Beil. S. 126). Auch BayObLGZ. (neue Folge) **4** 1 — 3. 1. 03 — zu Art. 12 Abs. 1 des bayer. Zwangserziehungsgesetzes.

Anm. 4. **II. Spezieller Inhalt.** 1. Einer Partei, welcher das Armenrecht bewilligt ist, steht gemäß § 115 Ziff. 3 ZPO. ein Recht auf Beiordnung eines Pflichtanwalts nur insoweit zu, als eine Vertretung durch Anwälte geboten ist. Soweit dies nicht der Fall ist, *kann* das Gericht gemäß § 34 RAO. und § 116 ZPO. nach freiem Ermessen die Beiordnung eines Rechtsanwalts oder, wenn die Partei nicht im Bezirke des Prozeßgerichtes wohnt, die Beiordnung einer zu den im § 116 ZPO. bezeichneten Kategorien gehörigen Person beschließen — letzteres jedoch nur für die mündliche Verhandlung.

2. Der Fall, daß eine Vertretung durch Anwälte nicht geboten ist, liegt nicht Anm. 5.
nur im Amtsgerichtsprozesse, sondern auch in einzelnen Prozeßstadien des Anwaltsprozesses, z. B. im Verfahren vor dem ersuchten Richter, vor. Daß dies auch für § 34 von praktischer Bedeutung ist, verdient hervorgehoben zu werden. Es kann also z. B. der nach § 9 beim Landgerichte zugelassene Amtsgerichtsanwalt als Armenanwalt für die Wahrnehmung des Beweisaufnahmetermins, welcher bei dem Amtsgerichte seines Wohnorts auf Requisition des Landgerichts stattfindet, aufgestellt werden. Auf diese Weise ist auch die arme Partei wenigstens in beschränktem Maße eher als sonst in der Lage, sich bei auswärtigen Terminen kostenlos vertreten zu lassen. Eine weitere Ausdehnung dieser Möglichkeit scheitert de lege lata daran, daß nur das *Prozeßgericht* die Beiordnung eines *bei demselben zugelassenen* Anwalts beschließen kann.

3. Unter dem *Prozeßgericht* ist hier dasjenige Gericht zu verstehen, welches Anm. 6.
als erste Instanz über das Armenrechtsgesuch zu entscheiden hatte. Vgl. hiezu Seuffert ZPO.[9] § 118 Anm. 1. Soll die Beiordnung für das Zwangsvollstreckungsverfahren erfolgen, so ist das Prozeßgericht erster Instanz zuständig (§ 119 ZPO.).

4. *Ein Rechtsanwalt* kann der Partei beigeordnet werden, d. h. ein beim Anm. 7.
Prozeßgerichte zugelassener Rechtsanwalt (§ 36). Sind bei diesem Gerichte keine Anwälte zugelassen, so kann auch keine Beiordnung erfolgen. Zutreffend: OLG. Königsberg 16. 11. 89 in JW. **90** 77; LG. Magdeburg 12. 4. 80 in NaumburgAK. **80** 2; in der Praxis wird gegen diesen Satz sehr häufig verstoßen, indem Amtsgerichte Rechtsanwälte beiordnen, welche nur beim Landgericht zugelassen sind.

5. *Zur vorläufig unentgeltlichen Wahrnehmung der Parteirechte* erfolgt die Beiordnung. Anm. 8.

Der Anwalt hat also keinerlei Anspruch auf Vergütung, weder auf Bezahlung von Gebühren noch auf Ersatz von Auslagen. Auch Reisekosten darf sich der Rechtsanwalt nicht vergüten lassen (ebenso RGZS. III 8. 5. 96 in JW. **96** 320); ob er die Reise zu unternehmen hat, ist eine andere Frage. Sie wird nur bei unumgänglicher Notwendigkeit*) zu bejahen sein. Er darf keinen Vorschuß fordern und kein Honorar vereinbaren. Jede Zuwiderhandlung hiegegen ist ehrengerichtlich strafbar. Auch sind alle Vereinbarungen, welche die Befreiung der armen Partei von der Honorierung des Anwalts durchkreuzen sollen, nichtig (§ 138 BGB.; vgl. Seuffert ZPO.[9] § 115 Anm. 3 b. A. M.: EGH. **12** 59 — 13. 12. 05. Unserer Meinung jedoch die erste Instanz in diesem vom EGH. entschiedenen Falle).

Die Befreiung von den erwähnten Leistungen ist aber nur eine *vorläufige*. Sobald die Partei ohne Beeinträchtigung des für sie und ihre Familie notwendigen Unterhalts zur Leistung imstande ist, muß die Partei die einstweilen gestundeten Beträge nachzahlen. (§ 125 ZPO.). Eine Vereinbarung, daß die Nachzahlung schon vor diesem Zeitpunkte zu erfolgen habe, ist unzulässig und nichtig. Das Vorliegen eines Gerichtsbeschlusses gemäß § 126 ZPO. ist richtiger Ansicht nach keine Voraussetzung der Nachzahlungspflicht. So mit guter Begründung: Walter-Joachim RAGebO.[4] § 1 Anm. 13; auch AKV. Frankfurt a. M., Posen,

---

*) Diese Notwendigkeit liegt im Falle des § 115 Ziff. 3 ZPO. z. B. vor, wenn der Amtsgerichtsanwalt beim Landgerichte als Armenanwalt aufgestellt wurde.

Dresden, Hamm in AKJahrB. **91** 13. Anders die herrschende Meinung. Vgl. Seuffert ZPO.[9] § 125 Anm. 3b. Literatur bei Walter-Joachim a. a. O. Vgl. auch den Exkurs vor § 30 Anm. 73, 74.

Anm. 9. 6. Auch hier ist ein Antrag erforderlich. Bezüglich der Form gilt das gleiche wie bei § 33 (Anm. 12). Da es sich hier meist um Amtsgerichtsprozesse handelt, kann ohnedies von Anwaltszwang keine Rede sein. Übrigens wird der Antrag meist in Verbindung mit dem Armenrechtsgesuche gestellt werden.

Anm. 10. 7. Über die Pflicht des beigeordneten Anwalts zur Annahme der Vertretung vgl. § 36 Anm. 18.

§ 35.

Gegen die Entscheidung, durch welche die Beiordnung eines Rechtsanwalts abgelehnt wird, steht der Partei die Beschwerde nach Maßgabe der Civilprozeßordnung zu.

Anm. 1. **I. Allgemeiner Inhalt.** Der Paragraph regelt das Beschwerderecht der Partei gegen den die Beiordnung ablehnenden Beschluß des Prozeßgerichts. Hinsichtlich des Geltungsbereiches vgl. § 34 Anm. 1—3.

Anm. 2. **II. Spezieller Inhalt.** 1. Die Beschwerde ist zulässig „nach Maßgabe der ZPO.". Das bedeutet nichts anderes, als daß die Vorschriften der §§ 567 ff. ZPO. Anwendung finden. Soweit es sich um Anwendung des § 34 auf den Strafprozeß handelt, gelten auch die strafprozessualen Vorschriften über die Beschwerde.

Die Beschlüsse des Reichs- und Obersten Landesgerichts sind unanfechtbar. Wurde beim OLG. die Beiordnung eines Rechtsanwalts zwecks Einlegung der sofortigen Beschwerde gegen einen landgerichtlichen Beschluß beantragt, aber abgelehnt, so ist die Beschwerde gegen den ablehnenden Beschluß trotz § 568 Abs. 4 ZPO. (Fassung v. 5. 6. 05) nicht unzulässig.

Anm. 3. 2. Bezüglich der Form der Beschwerde gilt das gleiche wie bezüglich der Form des Antrags nach §§ 33 und 34. Vgl. Anm. 12 ff. zu § 33. Gl. M.: RGZ. **6** 392 (ZS. I 18. 2. 82).

§ 36.

Die Auswahl eines beizuordnenden Rechtsanwalts erfolgt durch den Vorsitzenden des Gerichts aus der Zahl der bei diesem zugelassenen Rechtsanwälte.

Gegen die Verfügung steht der Partei und dem Rechtsanwalte die Beschwerde nach Maßgabe der Civilprozeßordnung zu.

Anm. 1. **I. Allgemeiner Inhalt:** Der Paragraph handelt — im Gegensatz zu dem allgemeinen Beschlusse auf Beiordnung eines Rechtsanwalts überhaupt — von der Auswahl des beizuordnenden Rechtsanwalts und von dem Recht der Beschwerde gegen diese Auswahl. Er bezieht sich nicht auf die Auswahl des Verteidigers, wohl aber auf den Fall des § 115 ZPO.*). Im übrigen vgl. bezüglich des Geltungsbereiches § 34 Anm. 1—3.

Anm. 2. **II. Die Auswahl des beizuordnenden Rechtsanwalts.** 1. Zur Auswahl berechtigt ist allein der „Vorsitzende des Gerichts".

---

*) Im Entmündigungsverfahren erfolgen Beiordnungsverfügung und Auswahl durch den Vorsitzenden. Analoge Anwendung des § 36 ist zulässig.

Hierunter ist der Vorsitzende desjenigen Gerichts zu verstehen, welches zur Entscheidung über die Beiordnung berufen war. Dies ist beim Landgerichte der Vorsitzende der betreffenden Kammer, beim OLG. der Senatspräsident, beim Amtsgerichte der betreffende Amtsrichter — nicht aber der Präsident des Land- und Oberlandesgerichts oder der Amtsgerichtsvorstand. (Gl. M.: Berger § 36 Anm. 1; Struckmann-Koch ZPO.[7] § 116 Anm. 4 und die dort Zitierten. In der Praxis wird dies vielfach anders gehandhabt).

Die Richtigkeit dieser Auffassung ergibt sich daraus, daß das Gesetz unter dem Vorsitzenden des Gerichts stets den Vorsitzenden einer einzelnen Gerichtsabteilung versteht, während der Vorstand des ganzen Gerichts als solcher oder als Landgerichtspräsident rc. bezeichnet wird. (Vgl. einerseits §§ 140, 163 ZPO., andererseits § 299 Abs. 2 ZPO., §§ 58, 61 GVG).

Erfolgt die Auswahl durch das Gericht statt durch den Vorsitzenden (etwa im Beiordnungsbeschluß), so wird dieselbe nicht ungültig sein, weil anzunehmen ist, daß der Vorsitzende durch die Mitunterschrift zugestimmt hat (ebenso: RGZS. V 30. 3. 87 in GruchotsBeitr. **33** 1186).

2. Die Auswahl muß durch den Vorsitzenden erfolgen, wenn der Beiordnungsbeschluß erlassen ist. Weigert sich der Vorsitzende trotz Vorhandenseins tauglicher Anwälte (vgl. hierüber Anm. 4, 5), die Auswahl vorzunehmen, so steht der Partei die Beschwerde gemäß §§ 567, 569 ZPO. bzw. nach der StPO. zu. Anm. 3.

3. Die Auswahl erfolgt aus der Zahl der beim Prozeßgerichte zugelassenen Rechtsanwälte. Anm. 4.

Ob der Rechtsanwalt beim Prozeßgerichte unwiderruflich oder nur widerruflich zugelassen ist, ob er am Sitze desselben wohnt oder nicht, ist für die Zulässigkeit der Beiordnung gleichgültig.

Auszuscheiden von der Beiordnung sind diejenigen Rechtsanwälte, welche verpflichtet wären, die Übernahme der Vertretung abzulehnen (§ 31). Allein auch in allen jenen Fällen, in welchen zwar eine Verpflichtung zur Ablehnung nicht besteht oder zweifelhaft erscheint, in welchen jedoch aus persönlichen Gründen dem betreffenden Rechtsanwalt die Annahme des Mandats nicht zuzumuten ist, soll die Beiordnung dieses Anwalts unterbleiben. Dies trifft z. B. zu, wenn der Anwalt, ohne gerade Generalvollmacht zu besitzen, seit längerer Zeit die Gegenpartei regelmäßig vertritt, oder wenn dies auch nur bei dem Sozius des beizuordnenden Anwalts zutrifft; wenn der Rechtsanwalt bereits vor Erlassung des Beiordnungsbeschlusses der Partei gegenüber mit eingehender Begründung die Übernahme des Mandats als aussichtslos abgelehnt hatte*) oder in der Öffentlichkeit literarisch für die dem Parteistandpunkt entgegengesetzte Anschauung lebhaft eingetreten war. Ferner, wenn die Partei den Rechtsanwalt beleidigt hatte, wenn derselbe mit der Partei persönlich verfeindet oder mit dem Gegner nahe verwandt ist. Vgl. RGZS. VI 29. 11. 88 in SeuffA. **44** 214; KG. 17. 12. 88 in BuschsZ. **14** 331; ThürBl. **46** 320; OLG. Rostock 23. 10. 02 in MecklZ. **21** 242 und in OLG. **8** 162; OLG. Karlsruhe in JW. **81** 138; RGZS. V 30. 3. 87 in SchlHolstAnz. **51** 253; OLG. Kiel 15. 1. 86 in SchlHolstAnz. **50** 71. Nicht aber z. B., weil der Anwalt aus früherer Tätigkeit Gebühren von der Partei zu fordern hat: OLG. Frankfurt a. M. Nov. 91 in GoltdArch. **39** 359; RGZS. VI 5. 1. 03 in Recht **04** 504. Ist aber ein Gebührenstreit bei Gericht anhängig, in welchem Einwendungen vorgebracht werden, so ist die Beiordnung nicht angemessen. Anders, wenn es sich nur um eine glatte Beitreibung handelt: OLG. **5** 222 (OLG. Dresden 23. 12. 01). Anm. 5.

Innerhalb des Kreises der für die Beiordnung tauglichen Rechtsanwälte hat Anm. 6.

---

*) Was möglicherweise sogar eine Pflicht zur Ablehnung begründet (vgl. § 28 Anm. 7).

der Vorsitzende an sich die freie Wahl. Es ist jedoch fast allgemein üblich, eine bestimmte Reihenfolge, einen Turnus einzuhalten, damit die einzelnen Anwälte nicht ungleich belastet werden (vgl. Motive 64 und Löwenstein in JW. **90** 325). Abweichungen von der Reihenfolge pflegen, abgesehen von den in Anm. 5 erwähnten Fällen, nur aus besonderen Gründen (Geschäftsüberlastung des Einzelnen, Notwendigkeit der Beiordnung eines erfahrenen Anwalts in schwierigen Sachen rc.) zu erfolgen.

Anm. 7. 4. Die Verfügung des Vorsitzenden, welche die Auswahl des Rechtsanwalts enthält, ist sowohl der Partei als auch dem Rechtsanwalt durch Zustellung bekannt zu machen. Ist der Zivilprozeß anhängig, so muß die Zustellung auch an die übrigen Prozeßparteien erfolgen (§ 329 Abs. 3 ZPO.). Dagegen wird man im Strafprozeß annehmen müssen, daß die Auswahl des beigeordneten Anwalts den übrigen Prozeßbeteiligten nicht bekannt gemacht werden muß, weil sie von der Entscheidung nicht „betroffen" werden. (§ 35 StPO., Löwe daselbst Anm. 2).

Anm. 8. 5. Ist die Auswahl erfolgt, so kann sowohl die Partei als auch der Rechtsanwalt gegen die Verfügung Beschwerde einlegen und zwar „nach Maßgabe der ZPO." Soweit es sich um Anwendung des § 34 auf den Strafprozeß handelt, richtet sich auch das Beschwerdeverfahren nach der StPO.

Wenn sich aus Form oder Inhalt der Beschwerde nicht ergibt, daß der Rechtsanwalt sie namens der Partei einlegt, so gilt sie von ihm als in eigenem Namen erhoben; eine Präsumtion dafür, daß er nur als Parteivertreter handle, läßt sich hier nicht aufstellen. Dies ist wegen der Beschwerdekosten von Bedeutung. Vgl. BayObLGZ. (alte Folge) **10** 521 (10. 10. 84).

Anm. 9. a) Die Beschwerde darf sich nicht gegen die Beiordnung an sich, sondern nur gegen die Auswahl richten. Sie kann also nicht damit begründet werden, daß eine der Voraussetzungen der §§ 33 und 34 nicht vorläge. Selbst wenn es an dem Antrag auf Beiordnung fehlte und dieselbe dennoch erfolgte, steht weder der Partei noch dem Anwalt ein Beschwerderecht zu. Die Partei kann durch die nicht beantragte Beiordnung nicht beschwert werden, da sie nicht verpflichtet ist, dem Anwalt Vollmacht zu erteilen.

Der Anwalt aber hat um so weniger ein Interesse daran, die Beiordnung wegen fehlenden Antrags anzufechten, als ja die Partei, wenn sie ihm auf Grund der Beiordnung Vollmacht erteilt, sich nachträglich mit jener einverstanden erklärt, und die Sache daher praktisch ebenso liegt, wie wenn von vorneherein der Antrag gestellt worden wäre. Im Resultat ebenso: OLG. Stuttgart in JW. **82** 231. A. M.: RGZS. I 22. 4. 82 in JW. **82** 187.

Anm. 10. b) Die Beschwerde kann also nur*) darauf gestützt werden, daß die Auswahl des Rechtsanwalts keine angemessene sei. Es können mithin alle jene Momente geltend gemacht werden, welche oben in Anm. 5 und 6 angedeutet wurden. Auch die Überlastung des einzelnen Anwalts, die unbegründete Abweichung vom üblichen Turnus rc. können vorgebracht werden. Natürlich sind die Gründe, welche der Anwalt vorbringen kann, nicht immer dieselben, wie diejenigen, an deren Geltendmachung die Partei ein Interesse hat: die Einhaltung der Reihenfolge wird z. B. nur den Anwalt, niemals die Partei interessieren können.

Anm. 11. Die Judikatur spricht nun, dem Reichsgerichte folgend, allgemein den Satz aus, daß dem Anwalt wegen Aussichtslosigkeit der Sache kein Beschwerderecht zustehe. Vgl. RGZ. **15** 340 (ZS. III 26. 6. 85); OLG. Frankfurt a. M. 16. 12. 87 bei Hergenhahn **1** 473; OLG. Kiel 14. 2. 84 in SeuffA. **39** 337; RGZS. III 25. 3. 84 in JW. **84** 138; OLG. Hamburg 28. 5. 90 in SeuffA. **16** 87. Dies ist insofern durchaus richtig, als die Beschwerde nicht die Grundlagen des Beiordnungsbeschlusses überhaupt angreifen, die Frage also, ob objektiv die Rechtsverfolgung aussichtslos sei, nicht zum Gegenstand

*) D. h. in sachlicher Beziehung. Es kann z. B. auch Unzuständigkeit gerügt werden.

haben darf. Allein wir haben schon oben (Anm. 5) Beispiele von Fällen gegeben, in welchen der Anwalt sich aus persönlichen Gründen behindert sieht, eine Rechtsanschauung zu vertreten, weil er gegen dieselbe bereits anderweitig Stellung genommen, weil er sie der Partei mit sorgfältiger Begründung als unhaltbar bezeichnet hat rc. Warum soll der Anwalt, der das Recht zu vertreten berufen ist, gezwungen werden, einer Anschauung zu folgen, gegen die sich trotz eingehender Prüfung sein juristisches Gewissen sträubt? Und ist es nicht seiner unwürdig, wenn er eine Partei unterstützen muß, der er selbst — ohne oberflächlich gewesen zu sein — vorgestellt hat, daß sie im Unrecht sei? Muß nicht auch die Partei selbst für berechtigt erklärt werden, sich gegen die Beiordnung eines Anwalts zu verwahren, welcher ihre Sache energisch für unhaltbar erklärt und sich auf den entgegengesetzten Rechtsstandpunkt festgelegt hat? Vgl. auch oben § 28 Anm. 7 ff., wonach unter Umständen nicht nur ein Recht, sondern eine Pflicht des Anwalts zur Ablehnung besteht.

In diesen Fällen handelt es sich also keineswegs um einen Angriff auf die Grundlagen des Beiordnungsbeschlusses, sondern um die Anfechtung der Auswahl wegen der persönlichen Rechtsüberzeugung des Anwalts. Natürlich genügt es hier nicht, wenn der Anwalt ohne sorgfältige Begründung ausführt, er halte die Sache aus diesen oder jenen Gründen für aussichtslos, also dürfte er nicht beigeordnet werden; vielmehr müssen besondere Umstände der erwähnten Art vorliegen, welche die Eingehung eines Vertragsverhältnisses für den Mandanten oder den Anwalt als eine ungerechte oder unwürdige Zumutung erscheinen lassen.

Weiß der Rechtsanwalt aus anderen Sachen, daß die Partei, welcher er beigeordnet wurde, in tatsächlicher Beziehung im Unrecht sei, daß ihre Information unwahr, die Sache also aussichtslos ist, so hat er nicht nur das Recht, sondern die Pflicht, abzulehnen, bzw. Beschwerde einzulegen. Auch hier handelt es sich in Wahrheit nur um Anfechtung der Auswahl. Bei Begründung der Beschwerde muß sich der Rechtsanwalt natürlich hüten, einen Vertrauensbruch zu begehen. Anm. 12.

c) Mit den vorstehenden Ausführungen steht die Praxis des EGH. im wesentlichen im Einklange. Dieser erklärt nämlich die Weigerung des Rechtsanwalts, der Beiordnung Folge zu leisten, nicht für strafbar, wenn derselbe sich auf Grund sorgfältiger Prüfung des Falles von der Unvertretbarkeit desselben überzeugt hat. EGH. **1** 116 (29. 6. 83) mit guter Begründung aus der Entstehungsgeschichte der ZPO.; **1** 193 (6. 12. 82); **3** 119 (8. 7. 87). Ebenso: Bloem in DJZ. **3** 186 und AKV. Breslau in AKJahrB. **83—85** 8. Dagegen: Sydow-Jacobsohn § 36 Anm. 2; Rosenberg DJZ. **3** 123. Anm. 13.

d) Auch Umstände, welche erst nach Erlassung der die Auswahl treffenden Verfügung eintreten oder bekannt werden, können zur Begründung der Beschwerde angeführt werden. Anm. 14.

e) Bezüglich der Form und Zulässigkeit der Beschwerde vgl. noch § 35 Anm. 2, 3. Anm. 15.

f) Wird die Beschwerde für begründet erklärt, so hat nicht das Beschwerdegericht, sondern der Vorsitzende, welcher die Verfügung erlassen hat, einen neuen Anwalt beizuordnen. (Berger § 36 Anm. 5; OLG. Jena 18. 1. 97 in ThürBl. **44** 233). Anm. 16.

6. Treten Umstände der in Anm. 10, 11 bezeichneten Art erst nach erfolgter Auswahl hervor, so kann der Rechtsanwalt, auch wenn er das Mandat angenommen hat, und ebenso die Partei, bei dem Vorsitzenden, welcher die Auswahl getroffen hat, beantragen, den Anwalt seiner Stellung wieder zu entheben. Gegen die hierauf ergehende ablehnende Verfügung (vgl. auch oben Anm. 3) steht dem Rechtsanwalt bzw. der Partei ebenfalls die Beschwerde — wie oben — zu. Vgl. RGZS. V 30. 3. 87 in GruchotsBeitr. **33** 1186. Anm. 17.

Ein Grund zum Enthebungsantrag liegt z. B. bei kränkendem Verhalten, bei Nichtleistung der mit Recht geforderten Erhöhung des Vorschusses, ferner bei beharrlicher Verweigerung der Information vor. Im letzteren Fall a. M.: JW. 88 119 Nr. 7 (RGZS. III 31. 1. 88).

Anm. 18. **III. Die Annahmepflicht.** Der rechtsgültig (§ 36 Anm. 2, 4) beigeordnete Anwalt ist — mit der Einschränkung des § 38 — regelmäßig verpflichtet, der Beiordnung Folge zu leisten. Es gibt aber, wie wir gesehen haben, persönliche Exkulpationsgründe (Anm. 5, 10 ff.). Dennoch bedeuten dieselben nicht durchweg eine unbedingte Aufhebung der Annahmepflicht; man muß vielmehr unterscheiden einerseits zwischen den Umständen, welche die Pflicht zur Ablehnung (§ 31) und damit auch ein unbedingtes Recht auf dieselbe begründen; anderseits zwischen solchen Umständen, welche die Auswahl zwar als unbillig, aber nicht als unzulässig erscheinen lassen. Im letzteren Falle kann nur das Ermessen der nach § 36 anzurufenden richterlichen Instanzen maßgebend sein.

Während also in den Fällen des § 31 die Verpflichtung des Rechtsanwalts zur Übernahme des Auftrags von Anfang an nicht bestand und die Übernahme auch ohne gerichtliche Entscheidung abgelehnt werden kann, ist der Rechtsanwalt in den anderen Fällen zunächst zur Annahme verpflichtet, und diese Verpflichtung dauert solange fort, bis die Verfügung wieder aufgehoben wird. Die Aufhebung wirkt im Zweifel nicht ex tunc, sondern ex nunc.

Vgl. über den Inhalt der Annahmepflicht: Exkurs zu § 39 Anm. 8.

§ 37.

Die Mehrkosten, welche bei der Vertretung einer armen Partei durch den ihr beigeordneten Rechtsanwalt dadurch entstehen, daß der letztere seinen Wohnsitz nicht am Orte des Gerichts hat, ist die Gegenpartei zu erstatten nicht verpflichtet.

Anm. 1. 1. Der Paragraph enthält ebenso wie § 18 Abs. 5 eine Bestimmung über die Kostenerstattungspflicht. Soweit Erläuterungen notwendig sind, wurden dieselben bereits bei § 18 Anm. 22 ff. gegeben. Es wird daher auf diese Erläuterungen verwiesen.

Anm. 2. 2. Besonders zu erwähnen ist noch, daß § 37 mit dem „einer armen Partei beigeordneten Rechtsanwalt" nur den eigentlichen Armenanwalt, nicht den nach § 33 einer armen Partei beigeordneten Anwalt meint (vgl. § 33 Anm. 10). § 37 betrifft überhaupt nur diejenigen Fälle, in welchen es sich nicht um die Vertretung bei einem Kollegialgerichte handelt; für die letzteren gilt § 18 Abs. 5.

Mithin hat § 37 nur für die Fälle des § 34 Bedeutung, aber auch insoweit, als diese Bestimmung auf den Strafprozeß Anwendung findet.

§ 38.

Im Falle des § 33 kann der beigeordnete Rechtsanwalt die Uebernahme der Vertretung davon abhängig machen, daß ihm ein nach den Vorschriften der Gebührenordnung zu bemessender Vorschuß gezahlt wird.

Anm. 1. 1. § 38 handelt von der Vorschußpflicht der Partei im Falle einer Beiordnung nach § 33.

Während der Pflichtanwalt im allgemeinen, wenn nicht ein Grund zur Ablehnung der Vertretung überhaupt vorliegt, das Mandat bedingungslos anzunehmen hat (und zwar auch in dem Falle des § 668 ZPO.; vgl. Seuffert ZPO.[9] § 668 Anm. 2), gewährt ihm das Gesetz für den Fall des § 33 das Recht, einen Vorschuß nach Maßgabe der Gebührenordnung zu verlangen und von seiner Leistung die Annahme des Mandats abhängig zu machen.

2. Nach § 84 RAGebO. kann der Anwalt von seinem Auftraggeber „angemessenen Vorschuß" verlangen. Anm. 2.

Welcher Vorschuß als angemessen erscheint, ist quaestio facti. Es kommt darauf an, welche Kosten (Gebühren und Auslagen) voraussichtlich durch die zu entwickelnde Tätigkeit des Anwalts in der betreffenden Instanz erwachsen werden. In Prozessen wird meist die dreifache Gebühr nebst einem Aversum für Schreibgebühren zugrunde gelegt; wenn eine Beweisaufnahme voraussichtlich oder sicher nicht stattfindet (Revisionsinstanz): die doppelte Gebühr nebst dem erwähnten Aversum.

3. Der Rechtsanwalt kann auch nach Annahme des Mandats die Weiterführung von der Vorschußzahlung abhängig machen. Desgleichen kann er Erhöhung des Vorschusses fordern, wenn die ursprünglich berechneten Gebühren (z. B. infolge notwendiger Reisen) nicht ausreichen. Anm. 3.

4. Im einzelnen ist auf die Kommentare zur RAGebO., insbesondere auf Walter-Joachim (Anm. zu § 84) zu verweisen. Vgl. auch unseren Exkurs vor § 30 Anm. 92 ff. Anm. 4.

§ 39.

Für die Verpflichtung des Rechtsanwalts, in Strafsachen die Vertheidigung zu führen, sind die Bestimmungen der Strafprozeßordnung maßgebend.

In denjenigen Fällen, in welchen nach § 144 der Strafprozeßordnung die Bestellung des Vertheidigers durch den Vorsitzenden des Landgerichts oder den Amtsrichter zu erfolgen hat, stehen den am Sitze des Gerichts wohnhaften Rechtsanwälten die innerhalb des Bezirks desselben wohnhaften und bei demselben zugelassenen gleich. Auf Reisekosten und Tagegelder für die Reise nach dem Sitze des Gerichts haben dieselben keinen Anspruch.

Ein nach § 12 widerruflich zugelassener Rechtsanwalt kann in Ermangelung von Rechtsanwälten, welche im Bezirke des Gerichts wohnhaft sind, in den Fällen des § 144 der Strafprozeßordnung zum Vertheidiger bestellt werden.

I. Allgemeiner Inhalt. § 39 enthält eine Ergänzung bzw. Abänderung der strafprozessualen Bestimmungen über die Verteidigung, insbesondere über den Kreis der für die Bestellung zu Verteidigern in Betracht kommenden Rechtsanwälte. Anm. 1.

II. Die Bestimmung des Abs. 1. 1. § 39 Abs. 1 verweist bezüglich der Verpflichtung der Rechtsanwälte zur Übernahme von Verteidigungen auf die Bestimmungen der StPO. In dieser findet sich aber gar keine ausdrückliche Vorschrift hierüber, und das in den Motiven 65 enthaltene Zitat der §§ 140 ff. StPO. ist offensichtlich verfehlt. Bei Schaffung der StPO. hatte man absichtlich die Frage der Annahmepflicht nicht geregelt, weil dieselbe in die RAO. gehöre (Motive zur StPO. 84). Anm. 2.

Dennoch unterliegt es keinem Zweifel, daß die StPO. sowohl als auch die RAO. davon ausgehen, der Anwalt sei verpflichtet, die gerichtliche Bestellung zum Verteidiger anzunehmen, während die Annahme einer Wahlverteidigung seinem Ermessen anheim gegeben sein soll (vgl. Löwe StPO.[12] § 144 Anm. 2b; Köhler in GS. **53** 212; Löwenstein in JW. **90** 328).

Anm. 3. Für das Gebiet der Militärstrafgerichtsbarkeit ist die Annahmepflicht jetzt in § 341 Abs. 3 MStGO. ausdrücklich statuiert.

Anm. 4. 2. Natürlich besteht die Verpflichtung nur für die nach § 144 StPO. mit § 39 Abs. 2 und 3 RAO. bestellbaren Anwälte.

Anm. 5. 3. Von der Annahmepflicht bestehen dieselben Ausnahmen wie bei der Beiordnung gemäß §§ 33 und 34 RAO.; doch ist auf die Verschiedenartigkeit der Stellung des bestellten Verteidigers und des Parteivertreters in Zivilsachen Rücksicht zu nehmen. Der Rechtsanwalt, welcher in einer Schwurgerichtssache zum Verteidiger bestellt wurde, kann sich nicht damit entschuldigen, daß er die Sache des Angeklagten für aussichtslos halte und dies dem letzteren bereits zuvor erklärt habe. Denn der Verteidiger ist nicht gehalten, auf Freisprechung hinzuwirken, und der Angeklagte muß einen Verteidiger haben, mag seine Position noch so schlecht sein.

Anm. 6. Es kann auch beantragt werden, den Verteidiger aus Billigkeitsgründen (nach freiem Ermessen des Gerichts) seiner Funktion zu entheben; eventuell gibt es Beschwerde gegen den ablehnenden Bescheid, welche sich jedoch ausschließlich nach § 346 StPO. richtet (ebenso Motive 65; Berger § 39 Anm. 2; Meyer § 39 Anm. 2). Dies ist wichtig wegen der Unanfechtbarkeit oberlandesgerichtlicher Beschlüsse und Verfügungen im Strafprozeß (§ 346 Abs. 3 StPO.). Die Beschwerde steht sowohl dem Angeklagten als auch dem Rechtsanwalt zu.

Anm. 7. 4. Auch im Strafprozeß ist zu unterscheiden: die Bestellung eines Verteidigers überhaupt und die Auswahl der zu bestellenden Person. Erstere erfolgt durch Beschluß des Gerichts, in dringenden Fällen durch den Vorsitzenden; die Auswahl erfolgt nur durch den Vorsitzenden. Gemeint ist der Vorsitzende desjenigen Gerichts, welches in dem betreffenden Stadium mit der Sache befaßt ist, beim Landgericht also der Vorsitzende der Strafkammer — auch für die Voruntersuchung; im Ermittlungsverfahren der Amtsrichter des Bezirks, in welchem die Ermittlungen erfolgen. Näheres bei Köhler GS. **53** 173, Löwe StPO.[12] § 144 Anm. 4.

Über die Bestellung eines Verteidigers behufs Anbringung von Revisionsanträgen beschließt das Gericht, bei welchem die Revisionsanträge und deren Begründung anzubringen sind: BayObLGSt. **1** 400 (8. 6. 01).

Anm. 8. 5. Die Bestellung des Verteidigers kann auf Antrag oder von Amts wegen erfolgen (§§ 140 Abs. 3, 141 StPO.). Die Auswahl erfolgt stets von Amts wegen.

Anm. 9. 6. Der Vorsitzende oder Amtsrichter, welchem die Auswahl des Verteidigers zustand, kann dieselbe zurücknehmen. Die Auswahl wird von selbst gegenstandslos, wenn der Bestellungsbeschluß aufgehoben wird.

Anm. 10. **III. Welche Rechtsanwälte können bestellt werden?** 1. Nach § 144 Abs. 1 StPO. erfolgt die Auswahl aus der Zahl der am Sitze des betreffenden Gerichts wohnhaften Rechtsanwälte. Das Gericht, welches hier in Betracht kommt, ist dasjenige, dessen Vorsitzender oder Amtsrichter die Auswahl zu treffen hat. Reichsgerichtsanwälte können nur zu Verteidigern beim Reichsgerichte bestellt werden (§ 100 Abs. 2).

Anm. 11. 2. Nach § 39 Abs. 2 können nun, soweit die Auswahl durch den Strafkammervorsitzenden oder den Amtsrichter zu erfolgen hat, außer den am Sitze des Gerichts wohnhaften auch die nur innerhalb seines Bezirkes wohnenden, aber bei dem Gericht zugelassenen Rechtsanwälte zu Verteidigern bestellt werden. Fehlt es innerhalb des Gerichtsbezirkes an tauglichen Rechtsanwälten, so kann auch ein nach § 12 widerruflich zugelassener, also im Bezirke eines anderen Landgerichts wohnhafter Rechtsanwalt bestellt werden.

Anm. 12. a) Es ist zu beachten, daß die Ausnahme von § 144 StPO. nur Platz greift, wenn der Vorsitzende des Landgerichts, d. h. der Strafkammer, oder

der Amtsrichter die Auswahl des Verteidigers zu treffen hat, nicht aber z. B. wenn die Bestellung durch das OLG. als Revisionsgericht erfolgt. Dies wird übersehen von Meyer § 39 Anm. 1 (S. 67).

b) Soweit eine Bestellung nach § 39 Abs. 2 erfolgt, kann der Rechtsanwalt für die Reise nach dem Gerichtssitz keine Reisekosten und Diäten beanspruchen. Diese Vorschrift entspricht der des § 37 und ist ebenso unbillig wie die letztere. Sie findet keine Anwendung auf den Fall des § 39 Abs. 3. (Gl. M.: Meyer § 39 Anm. 1). Anm. 13.

Exkurs zu § 39.

Die rechtliche Stellung des Pflichtanwalts.*)

I. Eine öffentlich-rechtliche Pflicht zur Übernahme anwaltschaftlicher Funktionen im Prozesse besteht in folgenden Fällen: Anm. 1.

1. für den Armenanwalt (§ 115 Ziff. 3 ZPO., § 34 RAO.).
2. für den Anwalt im Falle des § 33 RAO. (Notanwalt).
3. für den nach § 668 ZPO. im Entmündigungsverfahren beigeordneten Anwalt.
4. für den Fall der Beiordnung nach §§ 679 Abs. 3, 686 Abs. 2 ZPO.
5. für den zum Verteidiger bestellten Rechtsanwalt.

Diese 5 Fälle sondern sich in zwei Gruppen von prinzipiell verschiedener Art. Zur ersten Gruppe gehören die Fälle 1—3, zur zweiten die Fälle 4 u. 5. Anders RGZ. **21** 369 (ZS. VI 24. 5. 88), wo auch im Falle des § 668 gesetzliche Vertretung angenommen wird. Anm. 2.

a) In den Fällen der ersten Gruppe stellt das Gericht der Partei einen Rechtsanwalt zur Verfügung, welcher verpflichtet ist, ihre Vertretung zu übernehmen, vorausgesetzt, daß die Partei sie ihm übertragen will. Hier entsteht durch die Beiordnung weder ein Vertragsverhältnis zwischen Gericht und Anwalt noch ein solches zwischen der Partei und dem letzteren. Gl. M.: OLG. Karlsruhe 4. 11. 95 in SeuffA. **51** 455. Vielmehr ist es Sache der Partei, den Rechtsanwalt zu beauftragen und ihm Vollmacht zu erteilen, wenn sie die Vertretung durch ihn wünscht. Daß diese Auffassung die richtige ist, ergibt sich am klarsten aus § 38 RAO. Wenn der Pflichtanwalt die Übernahme der Vertretung von Zahlung eines Vorschusses abhängig machen kann, so ist es unmöglich anzunehmen, daß sein Vertretungsverhältnis zur Partei schon mit der Beiordnung entstanden sei. Anm. 3.

b) In den Fällen der zweiten Gruppe handelt es sich dagegen um etwas ganz anderes: Der nach §§ 679, 686 ZPO. beigeordnete Rechtsanwalt wird nicht erst durch einen Vertrag mit der Partei deren Vertreter, er ist vielmehr ein curator ad hoc für eine prozeßunfähige Partei, deren allgemeiner gesetzlicher Vertreter den Prozeß nicht führen will. Ebenso: RGZ. **21** 369 (ZS. VI 24. 5. 88); RGZ. **35** 351 (ZS. IV 7. 3. 95). Hier wird also durch die Verfügung des Vorsitzenden nicht die Verpflichtung zur Annahme eines Vertragsantrages, sondern direkt die Pflicht zur Ausübung einer öffentlichen Funktion geschaffen. Anm. 4.

So wenig wie bei dem curator nach §§ 679, 686 ZPO. hängt bei dem nach der StPO. (oder der MStGO.) bestellten Verteidiger die Funktion desselben von einer Willensäußerung der Partei ab. Die Bestellung tritt vielmehr in beiden Fällen auch gegen den Willen des Beschuldigten und Entmündigten bezw. des gesetzlichen Vertreters in Kraft.

---

*) Vgl. hiezu (die Stellung der Armenanwälte betr.): Strauß JW. **05** 195; Goldfeld JW. **05** 273; Nissen JW. **05** 273; Ehrenwerth JW. **05** 275; Fuchs JW. **05** 333; Westrum JW. **05** 567; Breslauer, Die rechtliche Stellung des Armenanwalts im Zivilprozeß, Leipzig 1894.

Anm. 5. **II. Aus dem Gesagten folgt, daß in den Fällen der ersten Gruppe der Rechtsanwalt durch die Beiordnung allein zu keinerlei Tätigkeit für die Partei verpflichtet wird.** Er braucht weder Akten einzusehen noch dringende Maßnahmen zu ergreifen noch die Partei auf den bevorstehenden Ablauf von Fristen hinzuweisen rc. A. M.: RGZ. **41** 367 (ZS. VI 10. 3. 98); JW. **04** 386 Nr. 12 (RGZS. VI 19. 5. 04). Beide Entscheidungen sind nicht auf Grund des jetzt geltenden Rechts ergangen. Ferner Ehrenwerth a. a. O. Unf. M.: Strauß a. a. O., Goldfeld a. a. O., Nissen a. a. O., Fuchs a. a. O., Westrum a. a. O. Eine zivilrechtliche Haftung kann den Anwalt niemals treffen, wenn er eine der erwähnten Handlungen unterläßt.

Anm. 6. Wohl aber verlangt die Anstandspflicht, daß der Anwalt, wenn er einer Partei beigeordnet wird, solche Maßnahmen nicht unterläßt, welche einerseits unaufschiebbar sind, anderseits den Rechtsanwalt nicht in die Gefahr eigener Haftung bringen. Man muß hiebei bedenken, daß der Anwalt, wenn er ohne Vollmacht prozessuale Handlungen vornimmt, ein großes finanzielles Risiko eingeht; da auch der Pflichtanwalt zweifellos für den Prozeß einer Vollmacht bedarf — vgl. RGZ. **47** 413 (ZS. VI 3. 1. 01); RGSt. **39** 120 (StS. V 22. 6. 06); OLG. Jena 6. 12. 93 in ThürBl. **41** 250; Breslauer a. a. O. 8 ff. (mit guter historischer Beweisführung); a. M.: AKB. Jena in AKJahrB. **93** 15; RGZS. VI 30. 4. 00 (zitiert in RGZ. **47** 414); RGSt. **26** 100 (FStS. 25. 7. 94); dies gilt auch für § 668 ZPO.; vgl. Seuffert ZPO.[9] § 668 Anm. 2 — so findet die Bestimmung des § 89 ZPO. uneingeschränkte Anwendung.

Es geht natürlich zu weit, wenn man behauptet, der Pflichtanwalt habe vor Erteilung der Vollmacht nicht einmal ein Recht, für die Partei zu handeln. (So Goldfeld in JW. **05** 273). Die zivilrechtlichen Befugnisse des Anwalts, welcher der Vollmacht entbehrt, bestimmen sich vielmehr nach den Vorschriften über die Geschäftsführung ohne Auftrag (§§ 677 ff. BGB.).

Anm. 7. Es gibt Fälle, in welchen die Absicht der Partei, einen bestimmten Anwalt zu mandieren, und die Bitte um Beiordnung desselben, bereits im Beiordnungs- (oder Armenrechts-)Gesuch ausgesprochen werden. Wird dann die beantragte Auswahl getroffen und das Gesuch oder der betreffende auf die Person des Anwalts bezügliche Antrag dem letzteren mit der Beiordnung mitgeteilt, so kann der Rechtsanwalt sofort ausdrücklich oder stillschweigend dieses ihm vom Gerichte übermittelte Offert akzeptieren. Der Fall liegt ebenso, wenn die Partei ausdrücklich erklärt hat, daß ihr jeder Anwalt oder einer von mehreren bestimmt bezeichneten Anwälten genehm sei, und dies dem Pflichtanwalt mitgeteilt wird.

Anm. 8. **III. Die Pflicht des beigeordneten Anwalts besteht in den Fällen der ersten Gruppe darin, daß er den ihm angetragenen Auftrag anzunehmen hat.**

Bestehen Gründe, welche dem Anwalt die Pflicht zur Ablehnung auferlegen und ihm daher ein unbedingtes Recht auf Befreiung von der Pflichtanwaltschaft geben (oben § 36 Anm. 18), so kann derselbe gegen die Auswahl Beschwerde einlegen oder auch, ohne dies zu tun, — auf sein Risiko — die Annahme des Mandats ablehnen. Ebenso: OLG. Karlsruhe 1. 2. 90 in BadAnn. **56** 167. Ist jedoch vom Gerichte — eventuell im Instanzenzuge — über die vorgebrachten Ablehnungsgründe gegen den Anwalt endgültig entschieden worden, so muß man annehmen, daß ihm ein Recht der Ablehnung aus diesen Gründen nicht mehr zusteht. Seine Weigerung, das Mandat anzunehmen, ist also dann eine rechtswidrige, soweit sie sich auf diese Gründe stützt.

Besteht keine Pflicht zur Ablehnung (§ 36 Anm. 18), so kann die Befreiung nur durch Anrufung des Gerichts bzw. Einlegung der Beschwerde erreicht werden. Solange das Gericht nicht gesprochen hat, besteht hier die Verpflichtung zur Annahme und Führung des Mandats fort. Vgl. Mannhardt in SchlHolstAnz. **47** 241 ff. Über den Sonderfall des § 38 vgl. Anm. zu diesem Paragraphen.

Verletzt der Rechtsanwalt die nach dem Gesagten etwa bestehende Pflicht zur Annahme, so macht er sich regelmäßig ehrengerichtlich strafbar. Ausnahmen sind denkbar, wenn offenbar unrichtige Gerichtsentscheidungen vorliegen und der Anwalt trotz sorgfältigster Prüfung zu dem Schlusse kommt, daß er sich den Entscheidungen nicht fügen könne. So: EGH. **1** 193 (6. 12. 82); **3** 119 (8. 7. 87). Welches aber sind die zivilrechtlichen Folgen? Die Pflicht, der Beiordnung Folge zu leisten, ist eine öffentlichrechtliche, aus der amtlichen Stellung des Rechtsanwalts hervorgehende. Die Partei kann nicht durch bloßes Offert den Vertrag mit dem Rechtsanwalt zustandebringen, denn ein zivilrechtlicher Annahmezwang besteht nicht. Es gibt daher auch keine Klage der armen Partei auf Ausführung des nicht akzeptierten Auftrages. Anm. 9.

Wohl aber haftet der Pflichtanwalt der Partei auf Schadensersatz, wenn er rechtswidrig und schuldhaft den Auftrag nicht annimmt. Dies ergibt sich aus § 823 Abs. 2 BGB.; denn es handelt sich hier zweifellos um die Verletzung von Schutzgesetzen. Vgl. über diesen Begriff: Staudinger-Engelmann § 823 Anm. III A 2; RGZ. **59** 237 (ZS. VI 1. 12. 04); JW. **05** 141 Nr. 20 (RGZS. VI 9. 1. 05).

IV. In den Fällen der zweiten Gruppe (§§ 679 Abs. 3, 686 Abs. 2 ZPO. und Bestellung zum Verteidiger) beginnt die Funktion des Rechtsanwalts mit der Beiordnung bzw. Bestellung, vorausgesetzt, daß er überhaupt zum Kreise der nach dem Gesetze bestellbaren Rechtsanwälte gehört. Der Rechtsanwalt ist also mit Erlaß der Verfügung des Vorsitzenden Verteidiger bzw. gesetzlicher Vertreter. Erfolgt seitens der „Partei" oder des Rechtsanwalts eine Ablehnung, sei es daß dieselbe sich auf ein Recht oder nur auf Billigkeitsgründe stützt, so wirkt die gerichtliche Entscheidung nicht auf die Zeit der ersten Bestellung zurück, d. h. es ist so anzusehen, als ob der Rechtsanwalt bis zur Aufhebung der Bestellung Verteidiger bzw. gesetzlicher Vertreter gewesen wäre. Anm. 10.

Da der gerichtliche Bestellungsakt hier konstitutiv wirkt, so sind die gerichtlichen Verfügungen und Beschlüsse bezüglich der Ablehnungsberechtigung unbedingt maßgebend. Hinsichtlich der ehrengerichtlichen Strafbarkeit vgl. Anm. 9. Anm. 11.

Verweigert der Rechtsanwalt pflichtwidrig die Ausübung der ihm übertragenen Verteidigerfunktion, so haftet er auch hier gemäß § 823 Abs. 2 BGB. auf Schadensersatz. Über weitere Haftungen vgl. § 145 Abs. 3 StPO. Anm. 12.

Ein zivilrechtliches Vertragsverhältnis zwischen Anwalt und Partei entsteht durch die Bestellung zum Verteidiger oder Spezialkurator nicht, auch nicht die Verpflichtung zur Eingehung eines solchen. Doch *kann* ein Vertrag auch zwischen dem bestellten Verteidiger und seinem Klienten — unbeschadet der Stellung des ersteren — geschlossen werden. Der Spezialkurator aber steht zur Partei kraft Gesetzes in einem quasikontraktlichen Verhältnisse entsprechend dem Vormunde und haftet wie dieser analog § 1833 BGB. für schuldhafte Schadenszufügung. Er hat ferner gegen die Partei Anspruch auf die gesetzlichen Gebühren (Seuffert ZPO.[9] § 679 Anm. 2). Anm. 13.

V. Die Beendigung der Funktionen des Pflichtanwalts. 1. *Bei der ersten Gruppe* endigt die öffentlichrechtliche Verpflichtung des Anwalts abgesehen vom Falle seines Todes: Anm. 14.

a) mit der rechtlichen Unfähigkeit zur Weiterführung der Sache (Prozeßunfähigkeit, Ausscheiden aus der Anwaltschaft, Aufgabe der Zulassung beim Prozeßgericht rc.),

b) mit Rücknahme oder Aufhebung der die Auswahl treffenden Verfügung,

c) mit Aufhebung des Beiordnungsbeschlusses,

d) bezüglich der Armenanwälte mit Erlöschen des Armenrechts (§§ 121, 122 ZPO.),

e) mit Aufhebung des Vertragsverhältnisses seitens der Partei,

f) mit Eintreten oder Bekanntwerden eines Grundes, welcher dem Rechtsanwalt die Pflicht auferlegt, die Sache nicht weiterzuführen (vgl. § 36 Anm. 18),

g) mit dem Tode der Partei oder dem Aufhören ihrer Parteifähigkeit, da die Beiordnung nur zugunsten einer bestimmten Person erfolgt; zutreffend: Breslauer a. a. O. 29,

h) mit Beendigung der Aufgabe, zu deren Erfüllung der Rechtsanwalt der Partei beigeordnet wurde (also regelmäßig mit Beendigung der Instanz).

Anm. 15. Eine andere Frage ist es natürlich, inwieweit aus dem Vertragsverhältnisse mit der Partei auch in den eben erwähnten Fällen weitergehende zivilrechtliche Verpflichtungen bestehen und wann nach außen hin die Vollmacht erlischt. Hier gelten die allgemeinen zivil- und prozeßrechtlichen Grundsätze. Vgl. Breslauer a. a. O. 30. Nicht zutreffend bezüglich der Vollmacht: KG. 4. 3. 90 bei Hergenhahn 1 109 ff.; dagegen: Seuffert ZPO.[9] § 115 Anm. 3.

Dabei ist zu beachten, daß die Gründe sub b—d für den Pflichtanwalt stets wichtige Gründe zur Kündigung des Anwaltsvertrags bilden.

Anm. 16. 2. Bei der zweiten Gruppe endigt die öffentlichrechtliche Verpflichtung des Anwalts abgesehen vom Falle seines Todes:

a) mit der rechtlichen Unfähigkeit zur weiteren Erfüllung der Funktion (beim Spezialkurator wie oben sub 1 a; ferner beim Verteidiger mit dem Aufhören der Fähigkeit, als Verteidiger bestellt zu werden — a. M.: Köhler in GS. **53** 341),

b) mit Zurücknahme der Bestellung bzw. der Auswahl. Die Zurücknahme muß erfolgen, wenn ein Verteidiger gewählt wird und dieser die Wahl annimmt (§ 143 StPO.),

c) mit Beendigung der Aufgabe des Pflichtanwalts (vgl. im einzelnen: Köhler in GS. **53** 340).

Anm. 17. **VI. Soweit die Vorschriften der Prozeßgesetze und der RAO. über die Pflichtanwälte auf andere Gebiete Anwendung finden (z. B. nach § 14 FGG.), gelten die vorstehenden Ausführungen analog.**

Bemerkenswert ist, daß § 341 MStGO. auch einen Zwang zur Annahme von Wahlverteidigungen statuiert.

§ 40.

Der Rechtsanwalt ist verpflichtet, den im Vorbereitungsdienste bei ihm beschäftigten Rechtskundigen Anleitung und Gelegenheit zu praktischen Arbeiten zu geben.

Anm. 1. **I. Allgemeiner Inhalt.** Der Paragraph regelt die Verpflichtung des Rechtsanwalts, für die Ausbildung der bei ihm beschäftigten Referendare (Rechtspraktikanten) Sorge zu tragen.

Anm. 2. **II. Spezielles.** Der Vorbereitungsdienst ist nach § 2 Abs. 3 GVG. zum Teil bei den Rechtsanwälten zu absolvieren. Während dieser Zeit, deren Dauer landesrechtlich geregelt ist, soll der Referendar die anwaltschaftliche Berufstätigkeit gründlich kennen lernen und Gelegenheit haben, sich durch praktische Arbeiten möglichst vielseitig auszubilden.

Deshalb statuiert das Gesetz die im § 40 normierte Verpflichtung der Rechtsanwälte. Dieselbe beschränkt sich auf die Gewährung von Anleitung und Gelegenheit zu praktischen Arbeiten. Natürlich kann der Rechtsanwalt dem Referendar nur insoweit praktische Arbeiten übertragen, als sich solche für ihn selbst durch seine Berufstätigkeit ergeben. Bietet sich aus Mangel an Praxis hiezu für den Anwalt keine Gelegenheit, so kann eine Pflichtverletzung nicht vorliegen.

Der Rechtsanwalt ist nicht gehalten, dem Referendar theoretischen Unterricht zu erteilen oder etwa aus erledigten Akten eine Art „Praktikum" herzustellen; unter „praktischen Arbeiten" sind vielmehr nur solche Arbeiten zu verstehen, welche für die Praxis zu fertigen bzw. zu verrichten sind.

III. Die Pflicht zur Beschäftigung von Referendaren überhaupt. 1. Das Anm. 3.
Gesetz enthält keine Vorschrift darüber, ob bzw. unter welchen Voraussetzungen der Rechtsanwalt zur Beschäftigung von Referendaren überhaupt verpflichtet ist.

In der RTKomm. war eine diesbezügliche Bestimmung vorgeschlagen worden: die Anwaltskammern sollten die Aufgabe haben, die Grundsätze festzustellen, nach welchen der Vorstand den Anwälten die Referendare zuzuweisen habe. KommB. 32, 33. Der Antrag, eine solche Bestimmung aufzunehmen, wurde jedoch in der RTKomm. abgelehnt.

2. Nun folgt aus § 2 Abs. 3 GVG., daß der Anwaltsstand mit dazu be- Anm. 4.
rufen ist, bei der Ausbildung der jungen Juristen, welche die erste Prüfung bestanden haben, mitzuwirken. Der einzelne Rechtsanwalt muß daher notwendigerweise zur Erfüllung dieser Aufgabe beitragen, sofern er nicht triftige Gründe zur Ablehnung hat. Der Vorstand der Anwaltskammer wird nach § 49 Abs. 1 Ziff. 1 RAO. dafür Sorge zu tragen haben, daß diese Pflicht seitens der Kammermitglieder erfüllt werde. Wendet sich also ein Referendar an einen Anwalt mit der Bitte um Beschäftigung im Vorbereitungsdienste und lehnt der Anwalt ohne zureichenden Grund ab, so wird der Vorstand den Fall zu prüfen und ev. den Rechtsanwalt durch Ausspruch seiner Mißbilligung zur Pflichterfüllung anzuhalten haben. Im äußersten Falle bleibt nur ehrengerichtliche Bestrafung übrig. Die „zureichenden Gründe" lassen sich allgemein nicht aufzählen. Selbstverständlich wird man hier allen Umständen, auch rein persönlichen Verhältnissen des Anwalts, in weitgehendem Maße Rechnung tragen müssen; ein Zwang wird nur in extremen Fällen auszuüben sein.

Die Zuweisung der im Vorbereitungsdienste befindlichen Rechtskundigen an einen Rechtsanwalt ist Sache der LJV., und deshalb kann auch nur diese die Grundsätze über Auswahl der betreffenden Anwälte aufstellen (vgl. Meyer Anm. zu § 40). Eine Z u w e i s u n g durch den AKV. im Wege der Aufsicht nach § 49 Ziff. 1 RAO. ist ausgeschlossen, weil es sich dabei um Auferlegung eines positiven Tuns handeln würde. Deshalb können auch die Geschäftsordnungen hierüber nichts bestimmen, und in der Tat enthält auch keine derselben eine diesbezügliche Norm.

Landesrechtlich sind hinsichtlich der Auswahl der für den Vorbereitungsdienst Anm. 5.
in Betracht kommenden Rechtsanwälte mehrfach Bestimmungen getroffen worden. So kann der Vorbereitungsdienst in Bayern nur bei denjenigen Anwälten abgeleistet werden, welche bei einem Land- oder Oberlandesgerichte zugelassen und am Sitze dieser Gerichte wohnhaft sind. Ferner kann bei jedem Rechtsanwalt regelmäßig nur e i n Rechtspraktikant im Vorbereitungsdienste stehen. (§§ 76, 80 MinBek. 6. 7. 99, JMBl. 194).

IV. Das Rechtsverhältnis zwischen dem Anwalt und dem im Vorbereitungs- Anm. 6.
dienst bei ihm beschäftigten Rechtskundigen hängt zunächst von der getroffenen Vereinbarung ab. Meist wird eine solche vorliegen. Wird der Referendar gegen Bezahlung angestellt — wobei ein etwa bestehendes dienstliches Verbot zivilrechtlich nicht in Betracht kommt —, so liegt ein Dienstvertrag vor. Ist dies nicht der Fall, so handelt es sich um ein reines Auftragsverhältnis gemäß §§ 662 ff. BGB. oder auch um eine Reihe einzelner Aufträge.

Ob in dienstlicher Beziehung — abgesehen von der Ausbildung — der Anm. 7.

Rechtsanwalt als Vorgesetzter des Referendars erscheint, entscheidet sich nach Landesrecht (vgl. z. B. Bayerische Kgl. Verordnung vom 4. 7. 99 — GVBl. 367 § 34).

Anm. 8. Der Referendar ist Gehilfe des Rechtsanwalts im Sinne des § 183 Abs. 2 ZPO. So: RGZ. **4** 425 (ZS. III 10. 5. 81); Berger § 40 Anm. 2; Sydow-Jacobsohn § 40 Anm. 2.

Anm. 9. V. **Der Rechtsanwalt kann auch andere wissenschaftliche Hilfsarbeiter beschäftigen,** insbesondere Rechtskundige, welche die zweite Staatsprüfung bestanden haben („Konzipienten"). Vgl. z. B. bayer. MinBek. 7. 1. 01, JMBl. 54. Auch diese werden als Gehilfen im Sinne des § 183 Abs. 2 ZPO. anzusehen sein, sowie sie auch zweifellos unter denselben Begriff nach § 300 StGB. fallen.

Anm. 10. Vielfach ist es aber auch üblich, daß Rechtsanwälte selbst bei anderen Anwälten als Angestellte mit festem Gehalt fungieren. Man hat behauptet, daß ein solches Verhältnis unter allen Umständen gegen die Standesehre verstoße und ehrengerichtliche Bestrafung nach sich ziehe. So: Rosenberg in JW. **06** 679. A. M.: Ehrenwerth JW. **06** 705.

Dies ist jedoch in solcher Allgemeinheit nicht zutreffend. Die fixe Bezahlung (welche übrigens häufig auch wieder mit einem Gewinnanteil oder mit vollem Bezug des aus eigenen Mandaten erzielten Gewinnes verbunden ist) verstößt für sich allein noch nicht gegen die Würde des Anwaltsstandes. Es gibt zahlreiche Fälle, in welchen der auf ein Fixum gesetzte Anwalt wirtschaftlich, moralisch und bei Ausübung der Praxis viel unabhängiger ist, als andere formell selbständige und nur auf eigenen Verdienst angewiesene Rechtsanwälte.

Nimmt aber der Anwalt als Angestellter eines Kollegen eine subalterne Stellung ein, ist er in Wahrheit bloßer Gehilfe*), welcher z. B. die Zulassung zur Anwaltschaft im wesentlichen nur deshalb genommen hat, um nach außen hin die prozessualen Befugnisse eines Rechtsanwalts zu haben, während er in Wahrheit seine Stellung nur als Übergangsstufe für den Staatsdienst betrachtet oder dauernd ein Konzipientendasein fristen will, so muß dieses Verhältnis als unzulässig und der anwaltschaftlichen Würde nicht entsprechend bezeichnet werden. Die in einzelnen Teilen Deutschlands, besonders in Bayern, bestehende und sogar (vgl. Weißler, Geschichte der Rechtsanwaltschaft 527) historisch verfolgbare Sitte ist hier zur Unsitte geworden und kann als eine Rechtfertigung nicht angesehen werden; was eines Rechtsanwalts würdig ist, muß seit Geltung der RAO. für den ganzen deutschen Anwaltsstand nach einheitlichen Grundsätzen beurteilt werden.

Anm. 11. Zivilrechtlich sind die Vereinbarungen der Anwälte in dem eben erwähnten Falle nicht ungültig; ein Verstoß gegen die guten Sitten liegt an sich nicht vor, wenn auch beide Anwälte ihre Berufspflichten verletzen. Vgl. RGZS. VI 24. 1. 07 in JW. **07** 130 Nr. 9. Anders dürfte der Fall in EGH. **2** 107 (5. 1. 86) zu beurteilen sein.

Exkurs zu § 40.

Die Anwalts-Sozietät**).

Anm. 1. **I. Begriff und rechtliche Natur.** 1. Unter Anwaltssozietät im eigentlichen Sinne versteht man die dauernde Vereinigung mehrerer Rechts-

*) Sollte dies tatsächlich der Fall sein, so ist auch § 183 Abs. 2 ZPO. anwendbar. Ob die tatsächliche Stellung mit den Standespflichten des Rechtsanwalts vereinbar ist, kann dann natürlich nicht in Betracht kommen. Der Fall ist in einer vom OLG. München entschiedenen Sache praktisch geworden.

) Literatur: Josef in Gruchots Beitr. **44 413 ff. (im folgenden nur mit dem Namen des Verfassers zitiert).

anwälte, welche die Berufsausübung der einzelnen im Interesse und auf Rechnung aller Sozien unter Benützung gemeinsam zu treffender Einrichtungen bezweckt. Ob die Sozien an Gewinn und Verlust zu gleichen oder ungleichen Teilen partizipieren, ist ohne Belang.

Es gibt aber auch andere Berufsvereinigungen von Anwälten, welche sich teilweise äußerlich wie eigentliche Anwaltssozietäten darstellen: so, wenn ein Rechtsanwalt den andern gegen ein jährliches Fixum — eventuell auch unter Belassung der Einnahmen aus eigenen Mandaten, z. B. Offizialsachen — anstellt, oder mehrere Anwälte lediglich zur Ersparung von Kanzleiunkosten ein gemeinsames Bureau mieten und gemeinsames Personal halten, im übrigen aber eine streng getrennte Kassenführung haben. Wir sprechen in solchen Fällen, im Gegensatz zu der eigentlichen, von einer uneigentlichen Anwaltssozietät. Nach außenhin tritt, wie erwähnt, dieser Unterschied oft gar nicht oder nicht deutlich erkennbar in die Erscheinung. Wenn im folgenden von „Anwaltssozietät" schlechthin gesprochen wird, so ist stets nur die eigentliche Anwaltssozietät gemeint. Anm. 2.

2. Die Anwaltssozietät ist keine Gesellschaft im Sinne des BGB. Wenn auch die Definition des § 705 BGB. scheinbar zutrifft, so unterliegt es doch keinem Zweifel, daß eine Reihe einzelner Bestimmungen des Gesellschaftsrechtes auf das hier in Frage stehende Verhältnis nach der Intention der Beteiligten unanwendbar ist (so die §§ 718, 719, 720, 725 2c.). Anm. 3.

Gerade die Selbständigkeit der Berufsausübung des einzelnen, welche auch nicht im Namen der Sozietät sondern in eigenem Namen erfolgt, schließt die Anwendung des Gesellschaftsbegriffes aus. Wohl aber liegt ein gesellschaftsähnliches Rechtsverhältnis eigener Art vor. Die Vorschriften der §§ 705 ff. BGB. finden teilweise analoge Anwendung. Ebenso: Josef 417.

II. Die rechtliche Stellung der Sozien zu dem Klienten. Anm. 4.

A. Wer ist Gegenkontrahent des Auftraggebers? 1. Schließt der Klient nur mit einem der Sozien den Anwaltsvertrag ab, so steht er an sich mit den anderen in keinem Rechtsverhältnis. Der einzelne gilt nicht ohne weiteres als Vertreter seiner Gesellschafter. Wohl aber gilt er nach der Verkehrssitte als ermächtigt zur Übermittlung von Aufträgen und zum Abschluß von Anwaltsverträgen für die anderen Sozien.

Auch aus den Umständen kann sich die Absicht der Parteien, daß ein Vertragsverhältnis nur zwischen einem Sozius und dem Klienten entstehen soll, ergeben. Dies ist z. B. regelmäßig der Fall, wenn einer der Sozien als Pflichtanwalt aufgestellt wurde und zwar selbst dann, wenn — der bequemeren Sachbehandlung halber und zwecks jederzeitiger Legitimation nach außen — die Vollmacht allen Sozien erteilt ist. In diesen Fällen fehlt regelmäßig der Wille der übrigen Sozien, sich dem Klienten gegenüber zu verpflichten und — soweit es sich um Armensachen handelt — zweifellos der Wille der Partei, Gebührenschuldnerin der anderen Sozien zu werden. (Ebenso, jedoch unter Beschränkung auf Armensachen: Josef 425). Anm. 5.

Auch kann einer der Sozien spezieller Vertrauensanwalt einer Partei und der Wunsch derselben, nur von diesem vertreten zu werden, ein für allemal so deutlich erklärt sein, daß selbst die scheinbare Auftragserteilung an den anderen Sozius in Wahrheit nur ein mit dem Vertrauensmann durch einen Vertreter geschlossener Vertrag ist. Dagegen gilt der Vertrag nicht ohne weiteres nur mit demjenigen Anwalt als geschlossen, welcher beim Prozeßgerichte zugelassen ist, obwohl tatsächlich mit einem anderen Sozius kontrahiert wurde. (A. M.: Josef 419). Es ist — besonders in Süd- und Mitteldeutschland — allgemein üblich, daß die Sozien einander nach Bedarf jederzeit Substitutionsvollmacht erteilen, so daß jeder derselben tatsächlich bei allen Gerichten auftritt, bei welchen irgendeiner von ihnen Anm. 6.

zugelassen ist. Wer einen Prozeß beim Landgerichte geführt hat, wird ihn zur Vertretung beim Oberlandesgerichte nicht seinem Sozius abgeben, und die Partei weiß häufig gar nichts von den Zulassungsverhältnissen, noch viel weniger denkt sie daran, daß dieselben für die Verteilung der tatsächlichen Prozeßführung unter den Sozien maßgebend sein sollen. Vgl. auch Exkurs vor § 30 Anm. 18.

Anm. 7. Wird der Anwaltsvertrag nach dem Gesagten nur mit einem Rechtsanwalt abgeschlossen, so entstehen Rechte und Pflichten nur für diesen; die übrigen Sozien kommen höchstens als Gehilfen bzw. (eigentliche) Substituten des Dienstverpflichteten in Betracht. (Vgl. Exkurs vor § 30 Anm. 45). Dasselbe Verhältnis liegt regelmäßig bei uneigentlichen Anwaltssozietäten vor.

Anm. 8. 2. Die Intention der Parteien kann ferner die sein, daß einer oder der andere von den Sozien — nach deren Wahl — die anwaltschaftlichen Dienste leisten soll, daß aber nach getroffener Wahl nur der eine, welcher die Dienstleistung übernommen hat, berechtigt und verpflichtet sein soll. Dann liegt ein „subjektiv-alternatives Schuldverhältnis" vor und es finden die §§ 262, 263 BGB. entsprechende Anwendung (vgl. Staudinger-Kuhlenbeck § 421 Anm. 2 bes. b). Hier gilt, wenn die Wahl getroffen ist, das sub 1 Gesagte.

Der Fall kommt besonders bei größeren Sachen, welche in einer Hand bleiben sollen, vor.

Anm. 9. 3. Der Anwaltsvertrag kann mit allen oder mehreren Sozien in der Weise abgeschlossen sein, daß die betreffenden neben einander tätig werden nnd daher auch alle besonders honoriert werden sollen (§ 2 RAGebO.). Dieser Fall ist speziell bei Sozietäten sehr selten und praktisch ohne Bedeutung.

Anm. 10. 4. Der praktisch wichtigste Fall ist der, daß der Vertrag mit allen — oder mehreren — Sozien geschlossen wird, jedoch mit der Maßgabe, daß immer nur einer der Sozien — und zwar nach deren Wahl — die anwaltschaftlichen Dienste zu leisten braucht. Auch innerhalb der Dienstleistung können dann regelmäßig die einzelnen Sozien unter sich alternieren, soweit nicht die Interessen der Partei hiedurch gefährdet werden.

Die ebenerwähnte Parteiintention wird vermutet, wenn der Klient mit mehreren Sozien kontrahiert.

Ein Vertragsschluß mit mehreren Sozien liegt aber vor, wenn der Klient sich ausdrücklich an diese wendet (sei es mit Namensnennung, sei es durch eine Kollektivbezeichnung wie „das Anwaltsbureau Hochstraße 1" 2c.) und die angegangenen Sozien sämtlich das Mandat annehmen, was auch durch einen einzelnen als Vertreter geschehen kann — z. B. wie es in Norddeutschland üblich ist, so, daß ein Stempel mit den Worten: „Die Rechtsanwälte A und B, durch . . ." vorgedruckt wird und dann die Unterschrift: „Rechtsanwalt B" folgt. Antwortet jedoch nur ein Sozius für sich, so kommt im Zweifel auch nur mit ihm ein Vertrag zustande. Auch durch die an alle Sozien geleistete und für alle quittierte Vorschußzahlung kann der Vertrag als mit allen geschlossen gelten (vgl. EGH. **10** 152 — 13. 3. 01); desgleichen wenn das Honorarversprechen allen Sozien geleistet wird.

Anm. 11. Der ursprünglich nur mit einem Sozius geschlossene Vertrag kann stillschweigend — in dem oben angedeuteten Sinne — auf die übrigen Sozien ausgedehnt werden, wenn dieselben, mit Wissen und ohne Widerspruch des Klienten, wesentliche Teile des Auftrages — und zwar nicht nur in Vertretung des ursprünglichen Kontrahenten — zur Ausführung übernehmen. (Ähnlich: Josef 426).

Anm. 12. Dagegen ist es uns. E. sehr bedenklich, mit Josef 422—424 aus dem Inhalt der Prozeßvollmacht allein entscheidende Schlüsse auf den Umfang des Anwaltsvertrages ziehen zu wollen. Die tägliche Erfahrung lehrt, daß dies nicht angeht. Die auf alle Sozien lautende Vollmacht hat in erster Linie den Zweck, alle nach außen hin zu legitimieren, was — oft gerade für die unwichtigsten Prozeßhandlungen — sich täglich als Notwendigkeit erweist. Die Partei, auch wenn sie nur dem Anwalt ihres Vertrauens das Mandat übertragen will, nimmt gewiß keinen Anstand, trotzdem die auf alle Sozien lautende Vollmacht zu unterschreiben, und dies steht auch keineswegs im Widerspruch zu ihrer oben bezeichneten Absicht: sie ermöglicht dadurch nur ihrem Anwalt eine Vereinfachung der Geschäftsführung und der Substitution. Auch bei der uneigentlichen Sozietät lautet die Vollmacht häufig auf sämtliche Anwälte. Dennoch ist es regelmäßig nicht die Absicht der Partei, mit dem Konzipienten einen selbständigen Vertrag abzuschließen.

Immerhin wird man bei Aufführung mehrerer Anwälte in der Vollmacht zunächst anzunehmen haben, daß sie auch alle beauftragt sind. Wer sich auf das Gegenteil beruft, hat dasselbe zu beweisen.

5. Überträgt einer der Anwälte selbst „der Sozietät" die Führung einer Sache, so wird ein regulärer Anwaltsvertrag mit den übrigen Sozien anzunehmen sein. Handelt es sich um Beitreibung von Deserviten, so geschieht dieselbe im Zweifel auf gemeinschaftliche Kosten, und zwar auch dann, wenn nur einer der Sozien seine Gebührenforderung (im Interesse der gemeinschaftlichen Kasse) einklagt. In allen diesen Fällen kann der klagende Anwalt für seine Person keine Gebühren aus der Gesellschaftskasse verlangen; er müßte dieselben ja sofort wieder an die gemeinsame Kasse abführen. Barauslagen sind ihm zu erstatten. Anm. 13.

B. Soweit hienach mehrere Sozien als Vertragskontrahenten im Sinne der Ausführungen sub A 4 erscheinen, entsteht ein Rechtsverhältnis, welches ähnlich einem Gesamtschuldverhältnis zu behandeln ist. (Gl. M.: Josef 422/424). Anm. 14.

Doch macht die Eigenart der Rechtsbeziehungen verschiedene Abweichungen von den Vorschriften über die Gesamtschuldverhältnisse notwendig; insbesondere muß in viel weiterem Umfange, als es bei diesen Vorschriften der Fall ist, ein gegenseitiges Einstehen der Gesamtschuldner für einander angenommen werden.

Anwendung finden zunächst die Bestimmungen der §§ 422, 423 BGB. über die Tilgung der Obligation.

Verzichtet der Klient auf eine einzelne Dienstleistung, z. B. auf den Vollzug einer zuvor angeordneten Vollstreckung, so genügt regelmäßig die Mitteilung an einen der Sozien, um alle zu befreien (ebenso: Josef 428). Auch § 424 BGB. findet Anwendung; dies ist z. B. — wie Josef 428 zutreffend hervorhebt — von Bedeutung für die Anwendung des § 32 Abs. 2 RAO.: fordert ein Sozius die Partei zur Empfangnahme von Handakten auf, so entfällt nach Ablauf der sechsmonatlichen Frist auch für den anderen die Pflicht zur Aufbewahrung.

Die wichtigste Frage ist die der Haftung für gegenseitiges Verschulden. Dieselbe ist — trotz § 425 Abs. 2 BGB. — allgemein dahin zu beantworten, daß jeder Sozius für das kontraktliche Verschulden des anderen haftet, soweit es sich um Anwaltsverträge handelt, welche für die betreffenden Sozien als gemeinsame gelten. Die Regel des § 425 gilt nur, soweit sich nicht aus dem Schuldverhältnis ein Anderes ergibt. Hier aber ergibt sich die stillschweigende, gegenseitige Garantie der Sozien aus dem konkreten Schuldverhältnisse. Es würde dem Anwaltsstande schlecht anstehen, wenn bei gemeinsamen Verträgen mehrerer Sozien nicht einer für den anderen einstehen wollte, und jeder die Verantwortung für eine Tätigkeit ablehnen könnte, welche nur infolge der zufälligen internen Geschäftseinteilung nicht von ihm selbst ausgeübt wurde. Was aber der richtigen Auffassung von den Pflichten des Anwaltsstandes allein gemäß ist, muß im Zweifel auch als Intention der Anm. 15.

Parteien angenommen werden. Ebenso: Staudinger-Kuhlenbeck § 425 Anm. 3 γ; OLG. Hamburg in HansGZ. **06** Beil. 199. Vgl. ferner: RGZ. **22** 319 (ZS. IV 12. 11. 88) und RG. 15. 11. 89 bei BolzePr. **6** 104, zwei preußischrechtliche Entscheidungen, welche aber auch nach BGB. zutreffen. A. M.: Sydow-Jacobsohn § 28 Anm. 2; ferner Josef 429 ff., welcher zu ungemein komplizierten Resultaten gelangt.

Was vom Verschulden im allgemeinen gilt, muß natürlich auch vom Verzug und der schuldhaft herbeigeführten Unmöglichkeit der Leistung gelten.

Anm. 16. Die Kündigung des Anwaltsvertrages kann sowohl jedem der beteiligten Sozien gegenüber mit Wirksamkeit für alle erfolgen (gl. M.: Josef 428) als auch durch jeden einzelnen Sozius mit der gleichen Wirkung. Im Zweifel hat die Kündigung des einzelnen und an den einzelnen nach der Parteiintention die Bedeutung, daß sie für und gegen alle Sozien wirken soll. Vgl. im übrigen unten Anm. 21.

Anm. 17. Entsprechendes wie bei der Kündigung gilt bei allen anderen Willenserklärungen und Mitteilungen (a. M.: Josef 420). Ist also dem einen Sozius gegenüber eine Anweisung über Ausführung des Mandats oder eine Anfechtungserklärung zugegangen, so gilt sie auch dem anderen gegenüber als erfolgt.

Hinsichtlich der Verjährung kommt praktisch im wesentlichen die Frage in Betracht, ob die in Richtung gegen einen Sozius erfolgte Unterbrechung der Verjährung gegen alle wirkt. Dies kann nun an sich im voraus weder ausdrücklich noch stillschweigend vereinbart werden, weil sonst eine Erschwerung der vom Gesetze normierten Verjährung eintreten würde (§ 225 BGB.) Die gegen einen Sozius erhobene Klage auf Rückzahlung nicht verbrauchter Vorschüsse unterbricht daher niemals die nach § 196 Ziff. 16 BGB. laufende Verjährung gegen die anderen Sozien. Nur, wenn der Anwalt tatsächlich zugleich als Vertreter seiner Sozien diejenige Handlung vornimmt, welche die Verjährung unterbricht, wirkt die Unterbrechung auch gegen die anderen Sozien; so, wenn er mit ausdrücklicher oder stillschweigender Ermächtigung auf eine Zahlungsaufforderung hin für alle eine Abschlagszahlung leistet, die Schuld anerkennt ꝛc. Hier liegt eine Abweichung von der gesetzlichen Regel überhaupt nicht vor; denn die unterbrechende Handlung wurde tatsächlich von allen Sozien, nicht bloß von einem, vorgenommen.

Was bezüglich der Unterbrechung der Verjährung gesagt wurde, gilt entsprechend auch für die Hemmung derselben.

Anm. 18. Die Wirkungen des rechtskräftigen Urteils beschränken sich in prozessualer Beziehung selbstverständlich auf die Prozeßparteien. Das öffentliche Recht kann durch Parteivereinbarung nicht geändert werden. Man wird aber auch in materiellrechtlicher Beziehung hier nicht anders entscheiden können; wer alle Sozien haftbar machen will, der möge sie alle verklagen. Es kann nicht ohne weiteres als Parteiintention angenommen werden, daß die Verurteilung des einen genügen soll, um alle zu binden.

Anm. 19. C. W e n n m e h r e r e S o z i e n a l s G e g e n k o n t r a h e n t e n d e s K l i e n t e n e r s c h e i n e n, s o s i n d d i e s e l b e n a u c h b e z ü g l i c h d e r L e i s t u n g e n d e s K l i e n t e n a l s G e s a m t g l ä u b i g e r f o r d e r u n g s b e r e c h t i g t. Dies entspricht dem Gesamtschuldverhältnisse, wie es zuvor erörtert wurde. Es kann nicht die Absicht der Parteien sein, daß der Rechtsanwalt die volle Verantwortung für alle tragen, aber nur pro parte forderungsberechtigt sein soll. Die Präsumtion des § 420 BGB. muß hier als widerlegt gelten.

Anm. 20. J o s e f, der nur denjenigen für forderungsberechtigt hält, welcher die Tätigkeit geleistet hat, und, bei Mitwirkung mehrerer, jeden zu gleichem Anteil, nimmt (S. 546) an, daß nach der Verkehrssitte die nicht forderungsberechtigten Sozien nach außenhin als ermächtigt gelten, die Gebührenforderungen einzuziehen und darüber zu verfügen (jedoch unter Ausschluß der Zession und Verpfändung). Dem ist beizupflichten. Nach der hier vertretenen Anschauung kommt dies jedoch nur dann in Betracht, wenn es sich um die Verfügung seitens eines Sozius handelt, welcher nicht Mitkontrahent ist. Mitkontrahenten sind als Gesamtgläubiger nach außen in vollem Umfange zur Verfügung über die Forderung legitimiert.

Die Bestimmungen der §§ 428, 429 BGB. sind im wesentlichen anwendbar. Doch gilt auch hier das oben (Anm. 16, 17) hinsichtlich der Kündigung und anderer Willenserklärungen sowie hinsichtlich der Verjährung Gesagte. Dies folgt aus dem gesellschaftsähnlichen Verhältnis und der darauf basierenden Parteiintention. Gleiches gilt prinzipiell hinsichtlich der Haftung für gegenseitiges Verschulden; doch ist dies, wenn sich die Anwälte in der Gläubigerrolle befinden, wesentlich eine akademische Frage. Vgl. im übrigen Staudinger-Kuhlenbeck § 429 Anm II.

D. Hinsichtlich der Beendigungsgründe des Anwaltsvertrages Anm. 21.
ist zu beachten, daß, wenn mehrere Sozien als Kontrahenten erscheinen, für einzelne derselben das Vertragsverhältnis endigen kann, für andere nicht. Tritt ein Sozius aus dem Anwaltsstande aus, so liegt Unmöglichkeit der Leistung regelmäßig nicht vor. Doch kann dies der Fall sein, wenn der Ausgeschiedene allein beim Prozeßgerichte zugelassen war und ein Dritter die formelle Vertretung nicht übernimmt. Ebenso liegt der Fall, wenn ein Sozius stirbt. Kündigt einer der Anwälte lediglich für seine Person, so bleibt der Vertrag mit den übrigen Sozien bestehen; desgleichen, wenn die Partei nur dem einen der Anwälte kündigt. Doch kann in beiden Fällen eine solche Teilkündigung ein vertragswidriges Verhalten im Sinne des § 628 BGB., weil dem Vertragszweck widersprechend, darstellen. Hiebei ist vor allem von Wichtigkeit, daß mit dem Ausscheiden eines Sozius aus dem Vertragsverhältnisse pro futuro auch die Haftung desselben für das Verschulden der andern erlischt.

Solange nicht das Vertragsverhältnis mit allen Sozien beendigt ist, tritt Fällig- Anm. 22.
keit der Gebühren wegen Beendigung des Auftragsverhältnisses nicht ein (Josef 549).

III. Die rechtliche Stellung der Sozien zu anderen Personen. 1. Für solche Anm. 23.
Rechtsgeschäfte, welche unmittelbar mit dem Anwaltsvertrage zusammenhängen, wie Bürgschaften für die Gebührenforderung, Bewilligung eines Extrahonorars durch Dritte 2c. müssen die in Ziff. II gegebenen Grundsätze sinngemäße Anwendung finden.

2. Im übrigen besteht eine allgemeine, gegenseitige Vertretungsbefugnis der Anm. 24.
Sozien nach dem Gesetze nicht. Zum Abschluß gemeinschaftlicher Geschäfte müssen vielmehr an sich alle Sozien mitwirken (analog §§ 714, 709 BGB., vgl. Josef 551). Dies gilt z. B. für den Abschluß von Mietverträgen, für das Engagement von Gehilfen, für die Anschaffung von Büchern 2c. Doch wird auch in dieser Beziehung vielfach eine stillschweigende Bevollmächtigung der einzelnen Sozien zur Alleinvertretung der übrigen vorliegen.

Hervorzuheben ist noch, daß in prozessualer Beziehung von einer gesetzlichen Anm. 25.
Vertretungsbefugnis der Sozien untereinander keine Rede sein kann. (Vgl. RGZS. VI 27. 10. 02 in JW. **02** 604 Nr. 5).

IV. Die Rechtsverhältnisse der Sozien untereinander. 1. Für die Rechte Anm. 26.
und Pflichten der Sozien untereinander ist in erster Linie der Vertrag maßgebend. Nur wenn eine Vereinbarung fehlt, kommen die nachfolgenden Ausführungen in Betracht.

Die Vertragsfreiheit ist nur in wenigen Punkten eingeschränkt. Vor allem darf der Vertrag natürlich nicht gegen die guten Sitten verstoßen. Dies ist z. B. der Fall, wenn ein Sozius nur am Gewinn, nicht am Verlust teilnehmen soll. (Gl. M.: Josef 560).

Anm. 27. 2. Auf das Rechtsverhältnis der Sozien untereinander findet im wesentlichen das Gesellschaftsrecht des BGB. entsprechende Anwendung.

Die Anwälte sind einander zur Berufsausübung verpflichtet; diese aber erfolgt durch jeden selbständig, und es kann nicht etwa (analog § 711 BGB.) ein Sozius der Führung einer Sache durch den anderen widersprechen.

Anm. 28. Eine Anwendung der §§ 320 ff. BGB. — also z. B. Verweigerung der Teilnahme an dem Gewinn wegen wochenlanger Untätigkeit des anderen — ist nach der Natur der Sache ausgeschlossen. (So: Josef 555, Dernburg **2** Abt. 2 S. 612).

Anm. 29. Jeder Sozius ist ferner verpflichtet, bei tatsächlicher Verhinderung des anderen Gesellschafters dessen Vertretung zu übernehmen — vorbehaltlich des außerordentlichen Kündigungsrechtes bei längerer Dauer der Behinderung. (Ebenso: Josef 556).

Anm. 30. Ferner ist jeder Sozius verpflichtet, zu gemeinschaftlichen Ausgaben, soweit erforderlich, seinen Teil beizutragen und seine Einnahmen zur gemeinschaftlichen Kasse abzuführen oder unter die Sozien zu verteilen. Zu den erwähnten Einnahmen gehört, wenn nichts anderes bestimmt ist, jede Einnahme aus anwaltschaftlicher Tätigkeit im weiteren Sinne, mithin auch Honorare der Konkursverwalter, Gläubigerausschußmitglieder, Testamentsvollstrecker 2c. Auch die Einnahmen aus dem Notariat gehören hieher (Josef 557). Dagegen dürften nach der mutmaßlichen Parteiintention Tantièmen für Aufsichtsratsstellen im Zweifel nicht unter die gemeinsamen Einnahmen fallen. Zu den gemeinschaftlichen Einnahmen gehören auch diejenigen Beträge der gebührenordnungsmäßigen „Auslagen", welche tatsächlich nicht aufgewendet wurden, also z. B. bei Reisen die Differenz zwischen den Reisegebühren und den wirklichen Fahrtkosten. (A. M.: Josef 552, welcher annimmt, daß diese Differenz dem Sozius, der die Reise macht, allein zugute komme!). Zu den gemeinschaftlichen Ausgaben gehören regelmäßig auch Schadensersatzleistungen, welche einem der Sozien oder einzelnen derselben gegenüber Dritten obliegen, sowie die Kosten derartiger Regreßprozesse. Denn nicht nur der Gewinn, sondern auch der Verlust ist zu repartieren. Vgl. jedoch unten Anm. 37. Anscheinend gl. M.: OLG. Hamburg in HansGZ. **06** 199.

Anm. 31. Das Mobiliar und die Bibliothek, welche auf gemeinschaftliche Kosten angeschafft werden, sind Miteigentum der Sozien; dasselbe gilt von den vereinnahmten und noch nicht verteilten Geldbeträgen. Eigentliches Gesellschaftsvermögen gibt es nicht. (Gl. M.: Josef 563).

Anm. 32. Verbrauchbare Sachen, wie Schreibvorräte, welche einer der Sozien beiträgt, werden im Zweifel Miteigentum (§ 706; Josef 550). Stellt einer der Sozien seine Möbel oder seine Bücher zur Verfügung, so bleiben dieselben im Zweifel sein Eigentum und sind ihm nach Beendigung der Sozietät ohne Ersatz für Abnützung, zufälligen Verlust oder Verschlechterung zurückzugeben (§§ 732, 733 Abs. 2 Satz 3 BGB.).

Anm. 33. Auch die §§ 709 ff. über die Geschäftsführung und § 716 sind anwendbar. Zu den Geschäften, deren Führung den Sozien gemeinschaftlich obliegt, gehört nicht die Berufstätigkeit, wohl aber der Abschluß von Mietverträgen für die gemeinsame Kanzlei, die Anlage der gemeinsamen Gelder 2c.

Anm. 34. Im Zweifel sind alle Sozien am Gewinn und Verlust gleichheitlich beteiligt. Die Gewinnverteilung erfolgt kraft Gesetzes erst am Schlusse des „Geschäftsjahres" (§ 721 Abs. 2 BGB.). Doch ist hier meist die Übung eine andere. Seine Auslagen kann der einzelne aus der gemeinsamen Kasse sofort ersetzt verlangen.

Anm. 35. Tritt ein Anwalt als Sozius bei einem anderen neu ein, so nimmt jeder im Zweifel an dem vollen Ertrage aller noch nicht erledigten anwaltschaftlichen Geschäfte des anderen teil. (So Josef 559). Soweit es sich jedoch um bereits fällige Kostenforderungen handelt, gebühren dieselben dem Anwalte, welcher die Sache bisher geführt hat, allein.

Hinsichtlich der Übertragung der gegenseitigen Ansprüche der Sozien gilt § 717. (Gl. M. Josef 553). Anm. 36.

Jeder Sozius hat dem anderen gegenüber bei Erfüllung seiner Verpflichtungen nur für diligentia quam suis einzustehen (§§ 708, 277 BGB.). Dies ist von Wichtigkeit für die Frage des Regresses bei Haftungsfällen. Hat ein Rechtsanwalt fremde Gelder ebenso fehlerhaft wie seine eigenen — jedoch nicht grob fahrlässig — angelegt und wird sein Sozius hiewegen mit Erfolg haftbar gemacht, so kann letzterer zwar nach § 426 Abs. 1 Satz 1 BGB. Ersatz der Hälfte des Geleisteten, nicht aber wegen Verschuldens Ersatz des Ganzen verlangen. (Vgl. hiezu Dernburg 2 Abs. 2 S. 428 sub IV). Anm. 37.

V. Die Beendigung der Anwaltssozietät. Anm. 38.

A. Endigungsgründe: Als solche kommen in Betracht:

1. Mutuus dissensus.

2. Der Tod eines Gesellschafters, wenn nur zwei Sozien vorhanden sind. Andernfalls besteht die Sozietät unter den Überlebenden fort (gl. M.: Josef 567/8).

3. Entsprechendes gilt, wenn ein Sozius aus der Anwaltschaft ausscheidet oder geschäftsunfähig wird.

4. Gegebenenfalls kann der ganze Zweck der Sozietät schon dann unmöglich werden (§ 726 BGB.), wenn nur ein Sozius die Zulassung aufgibt oder stirbt oder geschäftsunfähig wird (z. B. wenn derjenige von drei Amtsgerichtsanwälten, welcher die Simultanzulassung beim Landgerichte hat, ausscheidet — soferne gerade die Tatsache der Simultanzulassung für die Eingehung des ganzen Sozietätsverhältnisses bestimmend war). Anm. 39.

5. Die Sozietät endigt ferner durch Zeitablauf, eventuell durch Kündigung. § 723 BGB. findet Anwendung. Besonders hervorzuheben ist, daß die Kündigung aus wichtigen Gründen jederzeit erfolgen kann. Vgl. RGZ. 65 37 (ZS. I 22. 12. 06). Sind aber außer dem Kündigenden noch mehrere Sozien vorhanden, so hat die Kündigung auch ohne Bestimmung im Sozietätsvertrage nur die Wirkung, daß der Kündigende auszutreten hat (§ 736 BGB.). In derselben Weise ist § 737 BGB. anwendbar. § 725 BGB. kann, da es ein Gesellschaftsvermögen nicht gibt, für die Anwaltssozietät nicht gelten. Anm. 40.

6. Durch die Eröffnung des Konkurses über das Vermögen einzelner Sozien wird die Sozietät nicht aufgelöst. Näheres bei Josef, S. 568. Doch wird die Konkurseröffnung regelmäßig für die anderen einen wichtigen Grund zur Kündigung bilden. Anm. 41.

B. Die Auseinandersetzung unter den Sozien. Anm. 42.

1. Wird die Sozietät aufgelöst, so muß eine Auseinandersetzung zwischen den Sozien stattfinden. Soweit eine Gemeinschaft unter den Sozien besteht (an dem Mobiliar, der Bibliothek, dem vorhandenen Bargeld rc.), erfolgt mangels anderweitiger Einigung zunächst die Versilberung des nicht in Geld bestehenden Miteigentums nach § 753 BGB., also nach den Vorschriften über den Pfandverkauf. Die hiedurch erzielten und sonst vorhandenen Barbestände sind zur Deckung gemeinschaftlicher Schulden zu verwenden; der Überschuß ist zu verteilen. Hinsichtlich der nur zum Gebrauch überlassenen, einem einzelnen gehörigen Gegenstände vgl. §§ 732, 733 Abs. 2 Satz 3 BGB. und oben Anm. 32. Scheidet ein Sozius aus der fortbestehenden Sozietät aus, so ist er von den gemeinschaftlichen Schulden (Mietzins, Gehälter an Angestellte rc.) zu befreien und erhält denjenigen Betrag in bar, welchen er bekommen würde, wenn die Sozietät zur Zeit seines Ausscheidens aufgelöst worden wäre (vgl. im einzelnen § 738 BGB.).

Anm. 43. 2. Die Sozien sind einander verpflichtet, zur Beendigung der „schwebenden Geschäfte“ (Mietverträge ꝛc.) mitzuwirken.

Anm. 44. Hiezu gehören nicht die Anwaltsverträge, welche einzelne Sozien oder alle als Mitkontrahenten abgeschlossen haben. Dieselben werden an sich durch die Auflösung der Sozietät gar nicht berührt (soferne nicht etwa gleichzeitig Unmöglichkeit der Leistung oder Kündigung hinzutritt). Die Sozien sind auch gegenseitig nicht verpflichtet, diese Anwaltsverträge aufzulösen, etwa um die Gebührenforderungen zur Fälligkeit zu bringen und einzuziehen. Es besteht die Möglichkeit, daß selbst Anwaltsverträge, welche von allen Sozien als Mitkontrahenten geschlossen wurden, auch nach Lösung der Sozietät für alle aufrechterhalten bleiben.

Anm. 45. Wie steht es nun mit den Einnahmen aus solchen „schwebenden Anwaltsverträgen“? Soweit bei Lösung der Sozietät die Dienste bereits geleistet sind oder wenigstens die betreffende Instanz beendigt ist, unterliegt es keinem Zweifel, daß die Einnahmen, auch wenn sie erst später perzipiert werden, unter die Sozien zu verteilen sind. Soweit die Dienste aber noch nicht vollständig geleistet sind, wird man annehmen müssen, daß auch im Verhältnis unter den Sozien alle Gebühren demjenigen zukommen, welcher nach außen forderungsberechtigt ist. Dies entspricht dem oben Anm. 35 bezüglich der Aufnahme eines neuen Sozius Gesagten. Jedes andere Resultat führt zu unentwirrbaren Komplikationen; da aber hier eine Entscheidung überhaupt nur nach der mutmaßlichen Parteiintention gefunden werden kann, so muß man davon ausgehen, daß die Sozien nicht für den Fall der Gesellschaftslösung eine unlösbare Situation schaffen wollten.

Man kann also kurz sagen, daß diejenigen für geleistete Dienste geschuldeten Beträge, welche bei Lösung der Sozietät kraft Gesetzes fällig sind, zur Verteilung gelangen, die nicht fälligen Beträge aber den betreffenden einzelnen Sozien zufallen. Sollte der gesetzliche Fälligkeitstermin durch Parteivereinbarung hinausgeschoben sein, so ist der Betrag dennoch zu verteilen; dagegen kommen Bestimmungen, welche die Fälligkeit des Honorars für geleistete Dienste schon früher, als dies nach dem Gesetze der Fall wäre, eintreten lassen, unter Umständen der Sozietät zugute: so wenn bestimmte Beträge für einzelne Abschnitte des Verfahrens vereinbart sind und die Fälligkeit nach Beendigung jedes dieser Abschnitte eintreten soll. Tritt dann nach Prästierung einer solchen Teilleistung die Lösung der Sozietät ein, so ist das betreffende Honorar zu verteilen.

Barauslagen, welche während bestehender Sozietät dem einzelnen bei Ausführung der Anwaltsgeschäfte erwachsen, sind stets zu erstatten.

Sollte der von mehreren Anwälten geschlossene Vertrag von allen fortgesetzt werden, so bleibt insoweit die Gemeinschaft bezüglich der Einnahmen bestehen.

Anm. 46. 3. Jede stillschweigend erteilte Vertretungsmacht der Sozien untereinander hört mit der Lösung der Sozietät auf; vor allem also das Recht, Gebührenforderungen für die anderen Gesellschafter einzuziehen. Doch muß hier — wie Josef 565 richtig bemerkt — der gute Glaube Dritter, welche die Lösung der Sozietät weder kennen noch kennen müssen, berücksichtigt werden, wenn das Bestehen des Sozietätsverhältnisses dem Dritten durch besondere Mitteilung oder durch öffentliche Bekanntmachung kundgegeben worden war (analog §§ 171, 172 BGB.).

Anm. 47. 4. Hinsichtlich der Geschäftsführung (in gemeinschaftlichen Angelegenheiten) ist § 729 BGB. analog anzuwenden.

Anm. 48. 5. Die Auseinandersetzung unter den Sozien kann in einer der Billigkeit entsprechenden Weise in den meisten Fällen nur bei gütlicher Verständigung erfolgen. Hinsichtlich der Fortführung laufender, gemeinsamer Mandate ist es zweckmäßig, die Klienten darüber entscheiden zu lassen, welcher der Anwälte den

Auftrag weiterführen und demgemäß auch die Gebühren perzipieren soll. Vgl. EGH. **12** 120 (12. 4. 05). Ist dies entschieden, so lassen sich Unbilligkeiten in der Verteilung der Mandate nachträglich — eventuell nach einem vorher zu vereinbarenden Modus — unschwer ausgleichen.

VI. Das Rechtsinstitut der Anwaltssozietät kommt im praktischen Leben so häufig vor, daß man annehmen sollte, es seien auch die auf diesem Gebiete geltenden Rechtssätze einigermaßen geklärt und durch Theorie und Praxis gefestigt. Leider trifft dies nicht im entferntesten zu. Fast jeder praktische Fall ist eine Summe von Streitfragen. Eine Klärung der Rechtsverhältnisse durch kurze gesetzliche Regelung wäre unbedingt erwünscht; besonders die Fragen der Aktiv- und Passivlegitimation, der Haftung und Auseinandersetzung ließen sich durch wenige Bestimmungen regeln. Der Würde des Anwaltsstandes würde dies keinen Eintrag tun. Anm. 48.

Dritter Abschnitt.

Anwaltskammern.

Vorbemerkung.

Anm. 1. **I. Über die geschichtliche Entwicklung der Anwaltskammern** vgl. Lehmann ZStW. 22 263, auch Anlage E zu den Motiven des Entwurfs der RAO.

Anm. 2. **II. Entstehungsgeschichte des dritten Abschnitts der RAO.** Der dritte Abschnitt der RAO. zeigt wenige und wenig erhebliche Änderungen gegenüber der Reichstagsvorlage. Neu eingefügt ist § 50. Zugesetzt sind in § 47 die Worte „auf Kosten der Anwaltskammer", in § 52 Abs. 2 der letzte Satz, in § 53 der Abs. 2 und Satz 2 des Abs. 4, sowie in Abs. 1 die Worte „in den durch die Geschäftsordnung bestimmten Blättern". Ferner ist § 43 Abs. 3 Ziff. 2 insofern geändert, als dort im Entwurfe von dem förmlichen ehrengerichtlichen Verfahren die Rede war (vgl. über dieses die Anm. 2 der Vorbemerkung zu Abschn. IV), und daß statt der Worte „die öffentliche Klage erhoben ist" zu lesen war „eine gerichtliche Untersuchung anhängig ist". Endlich hat erst die RTKomm. die Notwendigkeit schriftlicher Androhung der festzusetzenden Strafe (§ 58 Abs. 2) eingeführt.

Anm. 3. **III. Gesetz und Geschäftsordnung.** 1. Nach § 48 Ziff. 1 liegt der AK. „die Feststellung der Geschäftsordnung für die Kammer und den Vorstand ob". Der Geschäftsordnung für den Vorstand geschieht im Gesetze weiter keine Erwähnung, der Geschäftsordnung für die Kammer gedenken §§ 42 Abs. 2, 52 Abs. 2 Satz 2 und 53 Abs. 1 Satz 1. Dagegen erscheinen die Geschäftsordnungen für die Kammer und für den Vorstand verschiedentlich in den Materialien und zwar in dem Sinne, daß die Bestimmungen über gewisse vom Gesetze nicht geregelte Punkte durch sie erfolgen können.

Anm. 4. 2. Es fragt sich, ob jede AK. und jeder AKV. eine Geschäftsordnung haben muß.

Anm. 5. a) Läßt man zunächst § 48 Ziff. 1 außer Betracht und zieht die drei anderen gesetzlichen Bestimmungen zum Zwecke dieser Prüfung heran, so ergibt sich folgendes:

Nach § 42 Abs. 2 kann durch die Geschäftsordnung die gesetzliche Zahl von 9 Vorstandsmitgliedern bis auf 15 erhöht werden. Mangels einer Bestimmung in der Geschäftsordnung, also auch beim Fehlen der Geschäftsordnung überhaupt, bleibt es bei der Besetzung des AKV. mit 9 Mitgliedern gemäß § 42 Abs. 1.

Anm. 6. Nach § 52 Abs. 2 Satz 2 kann die Zahl der Mitglieder, auf deren Antrag die Berufung der AK. erfolgen muß, über die durch Satz 1 a. a. O. vorgeschriebene Zahl 10 hinaus durch die Geschäftsordnung erhöht werden. Auch hier ist also das Vorliegen einer Geschäftsordnung für das Funktionieren der AK. oder für die Ausübung des Minderheitsrechts auf Berufung der AK. keine Notwendigkeit.

Anm. 7. Nach § 53 Abs. 1 Satz 1 werden die Versammlungen der Kammer mittels öffentlicher Bekanntmachung in den durch die Geschäftsordnung bestimmten Blättern oder mittels schriftlicher Einladung der Mitglieder berufen. Fehlt eine geschäftsordnungsmäßige Bestimmung infolge Fehlens einer Geschäftsordnung, so tritt die im Gesetze an zweiter Stelle erwähnte Alternative ein.

b) Die Bedeutung der unter a besprochenen gesetzlichen Bestimmungen geht also nur dahin, daß, wenn eine Abweichung von den einschlägigen Normen des Gesetzes eintreten soll, der hiefür einzuschlagende Weg der einer Bestimmung in der Geschäftsordnung ist. Daher kann auch § 48 Ziff. 1 nur die Bedeutung haben, zu regeln, wer für die Feststellung der Geschäftsordnungen zuständig, nicht ob ihr Erlaß notwendig ist. Anm. 8.

c) Wenn endlich die Materialien die Regelung gewisser Punkte zur Ergänzung des Gesetzes den Geschäftsordnungen zuweisen, so besteht ja kein gesetzlicher Zwang, diese Punkte überhaupt zu regeln. Unterbleibt die Regelung, weil eine Geschäftsordnung fehlt, so müssen eben die betreffenden Fragen nach allgemeinen Grundsätzen beantwortet werden. Anm. 9.

d) Aus all dem ergibt sich, daß eine Notwendigkeit, für AK. oder AKV. eine Geschäftsordnung festzustellen, nicht besteht. Indessen gibt es jetzt keine AK. mehr, die einer Geschäftsordnung entbehrt. Marienwerder hatte allerdings früher „von der Beschlußfassung über eine Geschäftsordnung abgesehen und sich auf einzelne, durch das nächste geschäftliche Bedürfnis veranlaßte Beschlüsse beschränkt" (Reuling 3). Jetzt besitzt auch diese AK. eine Geschäftsordnung (vom 15. Juli 1900). Anm. 10.

3. Aber mit der Verneinung der Notwendigkeit, für AK. und AKV. Geschäftsordnungen festzustellen, ist nicht etwa die Bedeutung der erlassenen Geschäftsordnungen beseitigt. Sie sind vielmehr dadurch ganz besonders wichtig, daß sie die Lücken und Fugen, die das Gesetz beim Aufbau der Anwaltskammern und ihrer Vorstände gelassen hat, zeigen und auszufüllen bestrebt sind. Die Bestimmungen der Geschäftsordnungen sind deshalb bei der Kommentierung des dritten Abschnitts mit berücksichtigt, eine Zitierung ist dagegen der besseren Übersicht halber nur hie und da erfolgt; es darf zum Ersatze auf Reulings Schrift über die Geschäftsordnungen verwiesen werden, wenn auch die dortigen Zitate in einigen Fällen infolge von Abänderungen der Geschäftsordnungen nicht mehr ganz zutreffen. Anm. 11.

4. Über die rechtliche Natur der „Geschäftsordnungen" vgl. § 42 Anm. 4 ff. Anm. 12.

§ 41.

Die innerhalb des Bezirks eines Oberlandesgerichts zugelassenen Rechtsanwälte bilden eine Anwaltskammer.

Die Kammer hat ihren Sitz am Orte des Oberlandesgerichts.

I. Inhalt. Der Paragraph regelt den Begriff, die Zusammensetzung und den Sitz der AK. Anm. 1.

II. Das Gesetz faßt die Rechtsanwälte zu Vereinigungen zusammen, die es Anwaltskammern nennt, und zwar bilden die innerhalb des Bezirks eines Oberlandesgerichts zugelassenen Rechtsanwälte eine AK. Anm. 2.

1. „Die" innerhalb dieses Bezirks zugelassenen Rechtsanwälte, d. h. alle diese Rechtsanwälte bilden die betreffende AK. Dies war nach der Reichstagsvorlage uneingeschränkt zutreffend. Nach dem Gesetze ist eine Ausnahme zu machen. Der von der RTKomm. eingefügte § 12 ermöglicht es, einen Rechtsanwalt, der bei dem Landgerichte eines Oberlandesgerichtsbezirkes endgültig zugelassen ist, gleichzeitig bei dem Landgerichte eines anderen Oberlandesgerichtsbezirks widerruflich zuzulassen. Ein solcher Rechtsanwalt müßte nach § 41 also eigentlich Mitglied zweier Anwaltskammern werden. Die hieraus für das ehrengerichtliche Verfahren entstehenden Schwierigkeiten ließen Anm. 3.

sich nach §§ 12, 14, 19 StPO. beheben. Dagegen würde die Lösung der Schwierigkeiten für die Übung der Aufsicht nach § 49 Ziff. 1 RAO. unmöglich sein. Nun setzt § 68 offenbar voraus, daß der Rechtsanwalt nur einer AK. angehört Man wird deshalb anzunehmen haben, daß in dem beregten Falle der Rechtsanwalt Mitglied nur derjenigen AK. ist, in deren Bezirk er unwiderruflich zugelassen ist. Es ist also richtig, wenn Turnau § 68 Anm. 1 meint, der Rechtsanwalt könne immer nur einer Kammer als Mitglied angehören.

Anm. 4. 2. In zwei Fällen gelten besondere Normen für die Zusammensetzung der AK.

a) Die bei einem Obersten Landesgerichte zugelassenen Rechtsanwälte sind Mitglieder der AK., in deren Bezirke das Oberste Landesgericht seinen Sitz hat (§ 105).

b) Die bei dem Reichsgerichte zugelassenen Rechtsanwälte bilden eine eigene AK. (§ 102 Abs. 1).

Anm. 5. 3. Die in den Gebieten der Konsular- und Schutzgebietsgerichtsbarkeit zur Ausübung der Rechtsanwaltschaft zugelassenen Personen sind nicht zu Anwaltskammern vereinigt.

Anm. 6. 4. Die Eigenschaft als Mitglied einer AK. wird kraft Gesetzes (Laband StaatsR.[4] **3** 435) durch die Tatsache erworben, daß man (unter Berücksichtigung des in Anm. 4 Gesagten) innerhalb des Bezirks des Oberlandesgerichts (bzw. bei dem Reichsgerichte) zugelassener Rechtsanwalt wird. Entscheidend ist der Moment des Eintrags in die Anwaltsliste. Die Mitgliedschaft erlischt mit dem Ausscheiden aus der Rechtsanwaltschaft überhaupt oder mit dem Verluste jeder Zulassung in dem betreffenden Oberlandesgerichtsbezirke, bzw. mit dem Verluste der Zulassung bei dem Reichsgerichte (vgl. Anmerkungen zu § 24). Verlust der bisherigen und Erwerb einer neuen Mitgliedschaft erfolgen gleichzeitig, wenn in den bisherigen Grenzen eines Oberlandesgerichtsbezirks eine Änderung eintritt, insbesondere also bei Errichtung eines neuen Oberlandesgerichts. Dieser Fall trat z. B. bei allen Rechtsanwälten ein, die bei Inkrafttreten des preußischen Gesetzes, betreffend die Errichtung eines Oberlandesgerichts in Düsseldorf, vom 2. 1. 05 (GS. 5) bei den Amtsgerichten und Landgerichten im Bezirke des jetzigen Oberlandesgerichts Düsseldorf zugelassen waren.

Anm. 7. **III. Die Anwaltskammer ist eine juristische Person.** 1. In der RTKomm. war ein Antrag Forckel gestellt worden, der dies im Gesetze ausdrücklich aussprechen sollte. Der Regierungsvertreter erklärte sich gegen den Antrag mit dem Bemerken, der Entwurf mache die AK. zu einem Subjekte von Vermögensrechten, etwas Weiteres sei nicht nötig und ein Eingriff in die Landesgesetzgebung. Daraufhin wurde der Antrag zurückgezogen (Siegeth Anhang 106, 107).

Die bekannte Abneigung der Reichsgesetzgebung in der Zeit vor dem Erlasse des BGB., ausdrücklich die Rechte einer juristischen Person zu verleihen, kommt in diesen Vorgängen wieder einmal zum Ausdrucke.

Anm. 8. 2. Das Gesetz läßt aber doch bei Berücksichtigung aller einschlägigen Bestimmungen keinen Zweifel darüber, daß die AK. eine juristische Person ist. Ebenso: Dernburg **1** 212; Reuling 3; Berger und Sydow-Jacobsohn Vorbem. zu Abschn. III. Dagegen erwähnt Altmann, Handbuch des deutschen Vereinsrechts 11 bei Aufzählung der reichsrechtlichen juristischen Personen des öffentlichen Rechts die Anwaltskammern nicht.

a) Die AK. kann Subjekt von Vermögensrechten sein (§§ 49 Abs. 1 Ziff. 5, 57 Abs. 2, 97 Abs. 1). Den Mitgliedern stehen Anteile am Vermögen der AK. nicht zu.

b) Die AK. kann Schuldner sein (§ 94 Abs. 3 Satz 1 und 2). Für ihre Schulden haften die Mitglieder den Gläubigern weder primär noch subsidiär.

c) Die AK. kann Prozesse führen (§ 57 Abs. 2), sie ist also parteifähig.

d) Der Bestand der AK. ist (arg. § 41 Abs. 1) von dem Wechsel ihrer Mitglieder unabhängig.

e) Die Organisation der AK. entspricht durchaus derjenigen einer juristischen Person.

3. Die AK. ist eine juristische Person des öffentlichen Rechts (Dernburg, Reuling, Berger und Sydow-Jacobsohn a. a. O.), sie ist, um Otto Mayers Terminologie (Deutsches Verwaltungsrecht **2** 371) zu folgen, mit dazu da, „öffentliche Verwaltung zu führen". Das erhellt u. a. aus zwei Punkten: Anm. 9.

a) Die Zulassung zur Rechtsanwaltschaft, über welche die LJV. oder das Reichsgerichtspräsidium zu befinden hat, muß unter Umständen (§ 5 Ziffern 4 bis 6) auf Grund des Gutachtens des AKV. versagt werden.

b) Der AKV. übt die Aufsicht und die ehrengerichtliche Strafgewalt über die Mitglieder der AK. aus.

4. Endlich kann auch nicht fraglich sein, zu welcher Kategorie der juristischen Personen des öffentlichen Rechts die AK. gehört. Ihre Existenz beginnt erst mit dem Vorhandensein von Mitgliedern, sie beginnt nicht mit dem Bestehen des Oberlandesgerichts, sondern mit dem Vorhandensein im Bezirke des Oberlandesgerichts zugelassener Rechtsanwälte. Die AK. ist also keine Stiftung und keine Anstalt, sondern eine Körperschaft (Dernburg **1** 212) und zwar eine Genossenschaft des öffentlichen Rechts (vgl. Otto Mayer a. a. O. 377—383). Laband stellt sie a. a. O. treffend den Innungen an die Seite. Anm. 10.

IV. Entstehung und Untergang der Anwaltskammer. 1. Die Entstehung einer AK. erfolgt ohne besonderen Gründungsakt, sobald die Erfordernisse erfüllt sind, von denen das Gesetz die Möglichkeit der Betätigung der AK. abhängig macht. Anm. 11.

a) Es ist schon hervorgehoben worden, daß es eine AK. ohne Mitglieder nicht gibt. Welche Mindestanzahl von Mitgliedern vorhanden sein muß, sagt § 41 nicht, sie ergibt sich aber aus den §§ 42 Abs. 1, 81. Jede AK. muß einen Vorstand von mindestens 9 Mitgliedern haben und ist ohne solchen nicht lebensfähig. Außerdem muß für die ehrengerichtliche Hauptverhandlung erster Instanz ein dem AKV. nicht angehörender Rechtsanwalt als Gerichtsschreiber verfügbar sein. Eine AK. ist also erst vorhanden, wenn in dem Oberlandesgerichtsbezirke mindestens 10 Anwälte zugelassen sind. Die AK. bei dem Reichsgerichte scheint zu ihrer Entstehung unter Berücksichtigung der §§ 90 Abs. 2 und 4, 102 Abs. 2 eine etwas größere Mitgliederzahl zu verlangen. Es müssen hier vorhanden sein: Anm. 12.

Vorstandsmitglieder	. . . .	9
als Gerichtsschreiber fungierender Rechtsanwalt		1
anwaltschaftliche Mitglieder	des EGH. .	3
anwaltschaftliche Stellvertreter	des EGH. .	2

Es ergäbe sich also eine Gesamtsumme von 15 Mitgliedern.

Allein § 102 Abs. 2 schließt die anwaltschaftlichen Mitglieder und Stellvertreter des EGH. nicht von der Stellvertretung im EG. der AK. bei dem RG. und die stellvertretenden anwaltschaftlichen Mitglieder des EGH. nicht von der Möglichkeit aus, ordentliche Mitglieder des EG. der gedachten AK. zu sein (vgl. Anm. 9 zu § 102). Die unbedingt erforderliche Mindestzahl beträgt daher auch für die AK. bei dem RG. 10.

b) Weitere Voraussetzungen als die zu a erwähnte Anzahl im Bezirke des Oberlandesgerichts (bzw. bei dem RG.) zugelassener Rechtsanwälte verlangt Anm. 13.

das Gesetz zum Entstehen der AK. nicht. Insbesondere bedarf es nicht eines Vermögensgrundstocks: die AK. hat ja nach § 48 Ziff. 2 jederzeit die Möglichkeit, auf ihre Mitglieder zurückzugreifen, um das etwa notwendige Vermögen in die Hand zu bekommen.

Anm. 14. c) Auf den Willen der im Oberlandesgerichtsbezirk (bzw. bei dem RG.) zugelassenen Rechtsanwälte, eine AK. zu bilden oder ihr fern zu bleiben, kommt es nicht an. Die AK. ist eine „Zwangsvereinigung" (Otto Mayer, VerwR. 2 393), der Zwang wird bei ihr nicht auf Grund des Gesetzes durch Verwaltungsakt, sondern direkt durch das Gesetz ausgeübt.

Anm. 15. 2. Untergang der Anwaltskammer.

a) Eine Auflösung durch Beschluß der Mitglieder ist ausgeschlossen, da ja der Wille der Mitglieder auch für die Entstehung bedeutungslos ist (vgl. Otto Mayer a. a. O. 2 442).

Anm. 16. b) Veränderungen des Bezirks des Oberlandesgerichts ziehen allerdings gleiche Veränderungen des Bezirks und deshalb auch des Mitgliederbestandes der AK. kraft Gesetzes nach sich, die AK. wird aber hiedurch hinsichtlich ihres Bestehens als juristische Person nicht berührt. Die Errichtung des OLG. Düsseldorf auf Kosten der Bezirke der Oberlandesgerichte Cöln und Hamm hat infolgedessen die Anwaltskammern Cöln und Hamm in ihrer Stellung als juristische Personen, insbesondere auch in den Rechten an ihrem bisherigen Vermögen, unangetastet gelassen (Kaufmann JW. 05 705, 706).

Anm 17. c) Gleiche Auffassung, wie zu b, ist geboten, wenn nicht die Grenzen des Oberlandesgerichtsbezirks sich ändern, sondern lediglich der Sitz des Oberlandesgerichts innerhalb der bisherigen Bezirksgrenzen verlegt wird. Auch hier teilt die AK. alsbald die Verlegung des Sitzes, aber diese bedeutet nicht die Schaffung einer neuen juristischen Person.

Anm. 18 d) Ebenso ist auch zu entscheiden, wenn Bezirksveränderung und Sitzverlegung zusammentreffen.

Anm. 19. e) Wird dagegen ein OLG. völlig aufgehoben, sei es daß sein Bezirk ganz zu einem anderen Oberlandesgerichtsbezirke geschlagen, sei es daß der Bezirk unter mehrere andere Oberlandesgerichtsbezirke aufgeteilt wird, so hört die AK., die mit dem aufgehobenen OLG. den Sitz teilte, auf zu bestehen. Der Fall kann besonders anläßlich der in Aussicht stehenden Justizreform ganz wohl vorkommen. Das Vermögen fällt bei der ersten Alternative der AK. des Oberlandesgerichtsbezirks, dem der Bezirk des aufgehobenen Oberlandesgerichts zugeschlagen wird, zu, im zweiten Fall wird es unter den mehreren beteiligten Anwaltskammern geteilt. Die Teilung erfolgt nach dem Verhältnis des jeder AK. zuwachsenden Teils der Mitglieder. Entsprechend werden die hier in Betracht kommenden Fragen für den Fall des Aufgehens einer Gemeinde in anderen Gemeinden von Otto Mayer, VerwR. 2 451, 452 gelöst.

Anm 20. f) Die AK. hört ferner auf zu bestehen, wenn ihr Mitgliederbestand unter 10 herabsinkt: eine juristische Person des öffentlichen Rechts, die nicht mehr in der Lage ist, die ihr vom Staate delegierten öffentlichrechtlichen Befugnisse auszuüben, kann nicht ferner als existent erachtet werden. In einem solchen Falle, der ja schwerlich eintreten wird, bliebe nichts übrig, als durch besonderes Reichsgesetz bis zur Wiederbildung der betreffenden AK. den in Betracht kommenden Oberlandesgerichtsbezirk im Sinne des § 41 einem anderen Oberlandesgerichtsbezirke zuzulegen. Bezüglich des Vermögens wird man hier nur annehmen können, daß dasselbe den zur Zeit der Auflösung vorhandenen Mitgliedern zu gleichen Teilen zufällt. Vgl. Otto Mayer, VerwR. 2 447.

Anm. 21. g) Über das Vermögen einer AK. kann das Konkursverfahren eröffnet werden, soweit nicht auf Grund des Art. IV EGKONov. in Verbindung mit

§ 15 Ziff. 3 EGZPO. (neue Fassung) das Landesrecht solche Konkurseröffnung ausschließt. Ist hienach ein Konkurs zulässig und eröffnet, so muß auch in diesem Falle die AK., soweit nicht die Abwickelung des Konkursverfahrens in Frage kommt, als untergegangen angesehen werden: sie kann dann nämlich nicht mehr ihren Pflichten gerecht werden. Man muß hiebei bedenken, daß es zu einem Konkurse über das Vermögen der AK., solange auf dem Wege des § 48 Ziff. 2 noch Geldmittel beschaffbar sind, und die Kammerversammlung zu solcher Bewilligung bereit ist, nicht kommen wird. Versagt aber diese Quelle, und hat mit der Konkurseröffnung die AK. das Verwaltungs- und Verfügungsrecht über ihr bisheriges Vermögen verloren, so kann eine Versammlung der Kammer nicht mehr berufen werden: denn diese Berufung, in welcher der Formen des § 53 sie auch erfolgt, macht Kosten, für die es an Deckung fehlt.

Den Vorstandsmitgliedern sind nach § 51 ihre baren Auslagen zu erstatten, und die Führung der Vorstandsgeschäfte bringt solche fortdauernd mit sich. Nicht anders steht es mit dem ehrengerichtlichen Verfahren im Hinblick auf § 94 Abs. 3. Die AK. kann also im Falle der Konkurseröffnung nicht nur der einen oder der anderen Pflicht, sondern der Gesamtheit ihrer Pflichten nicht mehr genügen: es wird ja doch niemand für sie Aufwendungen machen, auf deren Ersatz er in keiner Weise rechnen kann.

V. 1. Die AK. hat ihren Sitz und damit gemäß § 17 ZPO. auch ihren Anm. 22.
allgemeinen Gerichtsstand am Sitze des Oberlandesgerichts bzw. Reichsgerichts (Reuling 4; Berger § 41 Anm. 2; Meyer § 41 Anm. 2). Die Veränderung des Sitzes des Gerichts hat, wie schon hervorgehoben, ohne weiteres auch den Wechsel des Sitzes der AK. zur Folge. Dagegen steht der AK. selbst eine Verlegung des Sitzes nicht zu.

2. Der Sitz einer juristischen Person entspricht dem Wohnsitz der natürlichen Anm. 23.
Person. Während diese aber ganz regelmäßig auch außerhalb ihres Wohnsitzes tätig wird, ist die AK., soweit sie in den Kammerversammlungen in Tätigkeit tritt, im allgemeinen darauf verwiesen, an ihrem Sitze in Aktion zu treten. Die Ausnahmebestimmung des § 52 Abs. 2 letzter Satz läßt hieran keinen Zweifel. Wegen des AKV. vgl. § 52 Anm. 19.

§ 42.

Die Kammer hat einen Vorstand von neun Mitgliedern.

Durch die Geschäftsordnung kann die Zahl der Mitglieder bis auf fünfzehn erhöht werden.

I. **Inhalt.** Der Paragraph bestimmt als notwendiges Organ der AK. einen Anm. 1.
Vorstand und regelt dessen Mitgliederzahl.

II. Die RAO. kennt als **notwendige Organe der AK.** die Versammlung der Anm. 2.
Kammermitglieder und den Vorstand der Kammer.

III. **Spezielles.** Der *Vorstand der AK.* muß nach dem Gesetze nur *einem* Anm. 3.
Erfordernisse genügen: er muß eine bestimmte Mindestzahl von Mitgliedern aufweisen, die § 42 Abs. 1 auf 9 bemißt. Die Mindestzahl kann durch die Geschäftsordnung bis auf 15 erhöht werden (Abs. 2 a. a. O.). Diese Geschäftsordnung ist diejenige der Kammer, wie es ja nach § 43 Abs. 1 auch die Kammer ist, durch welche die Wahl des Vorstandes erfolgt.

IV. Es empfiehlt sich, an die gedachte Bestimmung des § 42 Abs. 2 die Er- Anm. 4.
örterung der Frage nach der **rechtlichen Natur der Geschäftsordnungen** anzuknüpfen. Ihre Erörterung ist nicht zu umgehen, will man darüber Klarheit gewinnen, was zulässigerweise in den Geschäftsordnungen bestimmt werden kann.

Anm. 5. Wie § 42 Abs. 2 die Zusammensetzung des einen Organs der AK. betrifft, so beschäftigen sich die übrigen, die Geschäftsordnungen heranziehenden Bestimmungen des Gesetzes außer § 48 Ziff. 1 (§§ 52 Abs. 2 Satz 2 und 53 Abs. 1 Satz 1) mit den Voraussetzungen und den Formen für die Berufung des anderen Organs der AK. Es handelt sich also in allen drei Fällen um Bestimmungen, die man sonst in der Satzung einer juristischen Person und zwar bei der juristischen Person des öffentlichen Rechts in der Verfassungssatzung zu finden gewohnt ist. Gleiches gilt aber auch von allen Punkten, die die Materialien der Geschäftsordnung zur Regelung überweisen (sonstige Erfordernisse bezüglich der Zusammensetzung des AKV., Zeitpunkt der Wahl des AKV., Verfahren bei der Wahl nach § 46 und Zeit, für welche diese Wahl erfolgt, Öffentlichkeit oder Nichtöffentlichkeit der Versammlungen, Art und Weise der Vornahme der Abstimmungen und der Wahlen). Man darf darnach die Geschäftsordnungen der RAO. — was von der Geschäftsordnung für die Kammer gilt, trifft ja ebenso auf diejenige für den AKV. zu — als die Verfassungssatzungen der AK. und ihrer Organe bezeichnen. Vgl. Reuling 36 Anm. Eigentümlich ist dabei, daß diesen Satzungen nur die Aufgabe zukommt, die in der Hauptsache bereits im Gesetz gegebene, ohne weiteres gültige Regelung der Verfassung zu ergänzen. Es entspricht daher eigentlich dem Wesen der Geschäftsordnung ganz gut, wenn die AK. Oldenburg sie in die Form von Anmerkungen oder Zusätzen*) zur RAO. gefaßt hat.

Anm. 6. Die Geschäftsordnung der RAO. kann aber auch Bestimmungen aufnehmen, die über den Rahmen der Verfassungssatzung hinausgehen. Da nämlich die Feststellung der Geschäftsordnung für die Kammer eben der Kammer obliegt, und diese die ihr sonst zugewiesenen Beschlußfassungen nicht nur im einzelnen Falle, sondern auch allgemein für gewisse Kategorien von Fällen vornehmen kann, so kann sie dies auch durch Aufnahme des Beschlusses in die Geschäftsordnung für die Kammer tun.

Anm. 7. Hieraus ergeben sich die bei der Feststellung der Geschäftsordnungen einzuhaltenden Grenzen.

a) Die Geschäftsordnung kann, von den ausdrücklichen einschlägigen Ermächtigungen der RAO. abgesehen, die gesetzlichen Bestimmungen nicht abändern (Mot. 70; Meyer und Sydw-Jacobsohn Vorbem. zum Abschnitt III).

b) Außer der Verfassung der AK. und ihrer Organe darf sie nur Materien regeln, für welche die Kammerversammlung zuständig ist, insbesondere kann sie also nicht in den gesetzlich festgelegten Geschäftskreis des AKV. eingreifen.

Anm. 8. V. Nunmehr läßt sich der Beantwortung der Frage näher treten, ob und inwieweit die Geschäftsordnung die Zusammensetzung des AKV. regeln kann.

Anm. 9. 1. Das Gesetz stellt eine Mindestzahl von 9 Mitgliedern auf. Hieran kann die Geschäftsordnung nichts ändern.

Anm. 10. 2. Das Gesetz läßt ferner eine Erhöhung der Mitgliederzahl nur bis auf 15 Mitglieder zu. Auch das ist bindend für die Geschäftsordnung.

Anm. 11. 3. Dagegen hat sie bei der Erhöhung freie Wahl zwischen allen Zahlen von 10 bis 15, und es herrscht denn auch zwischen den einzelnen Anwaltskammern eine große Verschiedenheit in dieser Beziehung.

Anm. 12. 4. Das Gesetz kennt nur „Mitglieder" des AKV., keine Stellvertreter, während bei der besonderen Erscheinungsform des AKV. als Ehrengericht ein Teil der Mitglieder des AKV. als Mitglieder des EG. und der Rest als Stellvertreter erscheint. Daraus folgt — und die Motive 67 bestätigen dies —, daß eine Wahl von Stellvertretern der Mitglieder des AKV. nicht stattfindet (Berger § 42

*) Diese sind nicht in numerierte Abschnitte oder dergl. verteilt, weshalb stets nur Oldenburg (ohne Zusatz eines Paragraphen oder Abschnitts) zitiert wird.

Anm. 2; Sydow-Jacobsohn § 42 Anm. 3). Auch darüber kann die Geschäftsordnung nicht hinaus.

5. Wenn dagegen das Gesetz weitere besondere Erfordernisse hinsichtlich der Zusammensetzung des AKV. nicht aufstellt, so ist das lediglich deshalb geschehen, weil es deren allgemeine Anordnung nicht für erforderlich erachtet hat. Ihre Aufstellung ist aber den Geschäftsordnungen nicht verwehrt (Mot. 67; Siegeth Anhang 50; KommB. 34; Meyer § 42 Anm. 2; Berger § 42 Anm. 1; Sydow-Jacobsohn § 42 Anm. 1). Die Aufstellung darf aber nicht derart erfolgen, daß in die Normen über die Wahlfähigkeit eingegriffen wird. Das wäre der Fall, wenn eine Geschäftsordnung — was bisher keine getan hat — für alle Vorstandsmitglieder ein und dasselbe besondere Erfordernis aufstellte (vgl. § 43 Anm. 13). Anm. 13.

Die besonderen Erfordernisse kommen in den Geschäftsordnungen in verschiedenen Formen vor:

a) Einige Geschäftsordnungen verteilen die Vorstandsstellen auf die verschiedenen Landgerichtsbezirke.

b) Andere fordern, daß eine bestimmte Anzahl Vorstandsmitglieder am Sitze der AK. ihren Wohnsitz haben muß.

c) Cöln § 14 und Düsseldorf § 14 verlangen, daß dem Vorstande ein bei dem OLG. und ein nur bei einem Amtsgerichte zugelassenes Mitglied angehört.

d) Endlich kommen auch Kombinationen der verschiedenen besonderen Erfordernisse vor.

In der RTKomm. war versucht worden, das zu b erwähnte Erfordernis, welches in der Bundesratsvorlage enthalten war (Siegel 199 Anm. 68, 255 Anm. 93), in das Gesetz zu bringen; der Antrag, dem regierungsseitig aus kaum zureichenden Gründen widersprochen wurde, ward indessen abgelehnt (Siegeth Anhang 50; KommB. 34). Anm. 14.

Wie zweckmäßig aber die allgemeine Aufstellung des gedachten besonderen Erfordernisses wäre, zeigt sich sofort, wenn man an die ehrengerichtliche Tätigkeit des AKV. denkt. Anm. 15.

Ebenso empfehlenswert ist das zu a gedachte Requisit: es ist in hervorragendem Maße geeignet, der Institution der beauftragten Vorstandsmitglieder (§ 49 Abs. 1 Ziff. 2 und 3, Abs. 2) möglichst weite Verwendbarkeit zu sichern. Anm. 16.

Die zu c erwähnten Bestimmungen verbürgen den Amtsgerichtsanwälten die Vertretung ihrer besonderen Interessen in dem AKV. und tragen damit zur Hebung der Stellung dieser Anwälte nicht unerheblich bei, was gewiß nur freudig zu begrüßen ist. Anm. 17.

VI. Rechtsstellung des Vorstands und seiner Mitglieder. 1. Vertreterstellung. Der Vorstand eines rechtsfähigen Vereins des Privatrechts hat nach § 26 Abs. 2 BGB. „die Stellung eines gesetzlichen Vertreters". Diese Bestimmung ist auf die juristischen Personen des öffentlichen Rechts nicht für anwendbar erklärt. Bei ihnen kommt teils die Wahrung der delegierten publizistischen Befugnisse (z. B. Disziplinarbefugnis) teils die Wahrnehmung anderer Rechte (z. B. Verwaltung des Vermögens der juristischen Person) in Frage. Im letzten Fall paßt die Analogie der gesetzlichen Vertretung ohne weiteres, im ersten Fall handelt es sich beim Gebrauch der delegierten Machtmittel durch ein Organ der juristischen Person des öffentlichen Rechts nicht minder um eine Vertretung. Die publizistischen Rechte sind dem Selbstverwaltungskörper delegiert, und er übt sie durch seine Organe aus. Anm. 18.

2. Der Vertretung liegt kein Vertragsverhältnis zugrunde. Das ist hinsichtlich der publizistischen Rechte ohne weiteres klar. Im übrigen erhellt es daraus, daß auch die Bestellung des Vorstands eines rechtsfähigen Vereins Anm. 19.

des Privatrechts nicht den Abschluß eines Vertrags darstellt (O. Mayer, VerwR. 2 397), womit natürlich durchaus vereinbar ist, daß § 27 Abs. 2 BGB. auf die Geschäftsführung des Vereinsvorstandes die für den Auftrag geltenden Vorschriften der §§ 664—670 BGB. entsprechende Anwendung finden läßt. Wie bei dem privatrechtlichen Verein die Vertretungsmacht „Mitgliedsrecht der Vereinsgenossen" ist und „auf die abgeordneten Mitglieder konzentriert" wird, so „bedeutet die Wahl des Vorstandes einer öffentlichen Genossenschaft eine Ausstattung des Gewählten mit der in den Mitgliedern ruhenden Vertretungsmacht für die juristische Person" (O. Mayer, VerwR. 2 396, 397).

Anm. 20. Die Vertretung der AK. durch den AKV. erhellt besonders deutlich aus der allerdings nur für die privatrechtliche Betätigung gültigen, nach § 89 Abs. 1 BGB. anwendbaren Bestimmung des § 31 BGB. Danach ist die AK. für den Schaden verantwortlich, den der Vorstand, ein Mitglied des Vorstandes oder ein anderer verfassungsmäßig berufener Vertreter durch eine in Ausführung der ihm zustehenden Verrichtungen begangene, zum Schadensersatze verpflichtende Handlung einem Dritten zufügt. Die Bestimmung wird nur bezüglich des in § 49 Ziff. 5 geregelten Geschäftskreises von Bedeutung sein, kann aber insoweit sowohl betreffs des AKV. als der Inhaber der Stellen des § 46 zur Anwendung kommen; nicht minder mit Bezug auf einen besonderen Vertreter, welcher durch die Geschäftsordnung oder durch besonderen Beschluß der Kammerversammlung, z. B. zur Prozeßführung gegen den Vorstand, bestellt wurde.

Anm. 21. 3. Der Vorstand wird von der Kammerversammlung gewählt, aber deswegen untersteht er nicht etwa unbeschränkt ihren Beschlüssen.

Anm. 22. a) Während die Bestellung des Vorstandes eines privatrechtlichen rechtsfähigen Vereins jederzeit widerruflich ist (§ 27 Abs. 2 BGB.), hat die Kammerversammlung nicht das Recht, die Wahl zum Vorstandsmitgliede einseitig zurückzunehmen.

Anm. 23. b) Innerhalb ihrer Zuständigkeit kann die Kammerversammlung, statt einen besonderen Ausschuß zur Vorberatung, Berichterstattung oder Entwerfung von Vorschlägen zu bilden, als solchen Ausschuß den Vorstand wählen und mit der gedachten Tätigkeit betrauen. In solchen Fällen ist der Vorsitzende ebenso, wie sonst, nach § 57 Abs. 1 verpflichtet, den geschäftlichen Verkehr der Kammer und des Vorstandes zu vermitteln, und der Vorstand wird sich der Ausführung des Kammerbeschlusses nicht entziehen können. Die eigentliche Erledigung der zur Zuständigkeit der Kammerversammlung gehörenden Angelegenheiten kann dagegen diese nicht von sich auf den Vorstand abwälzen, und ebensowenig binden den Vorstand Beschlüsse der Kammerversammlung, durch welche diese ihre eigene Zuständigkeit überschreitet oder in diejenige des Vorstandes eingreift.

Dagegen binden den AKV. alle Beschlüsse der Kammerversammlung, die sie innerhalb ihrer eigenen Kompetenz, sei es nach Maßgabe der gegenwärtigen Anm., sei es in anderer Weise, trifft.

Anm. 24. 4. Inneres Verhältnis des AKV. zur AK. Für das innere Verhältnis des Vereinsvorstands zum Verein gelten in erster Linie die Bestimmungen der Satzung, subsidiär die Vorschriften der §§ 664—670 BGB. Ihre Anwendung auf den AKV. läßt sich nicht rechtfertigen, für seine Stellung sind die Normen aus der RAO. zu entnehmen. Danach ergibt sich folgendes:

Anm. 25. a) Dem Vorstande fehlt nicht nur im Zweifel, sondern stets das Recht, die ihm obliegenden Geschäfte einem anderen zu übertragen, und Gleiches gilt für die Tätigkeit der einzelnen Vorstandsmitglieder. Es folgt das ohne weiteres daraus, daß solche Übertragung von der RAO. nur in § 49 Abs. 2 zugelassen wird, und daß sie sich bei juristischen Personen des öffentlichen Rechts keineswegs von selbst versteht.

b) Die Rechenschaftspflicht des Vorstands erhellt aus § 49 Ziffer 5, von einer Herausgabepflicht kann, da der Vorstand die Verwaltung führt, keine Rede sein. Anm. 26.

c) Dem § 670 BGB. entspricht § 51 Halbsatz 2 RAO. Anm. 27.

d) Daß der AKV. aus unerlaubten Handlungen gegenüber der AK. haftet, versteht sich von selbst. Aber auch abgesehen hievon sind Vorstand, Vorstandsmitglieder und sonstige verfassungsmäßige Vertreter der AK. dieser dann zivilrechtlich zum Schadensersatze verpflichtet, wenn sie durch schuldhafte Verletzung ihrer Pflichten der AK. Schaden bereiten. Mit Recht zieht O. Mayer, VerwR. 2 399 hier zur Analogie die Haftung des Vormunds heran: wie der Vormund nach BGB. wird auch der Vorstand für jedes Verschulden haftbar zu machen sein. Gleiches wird ja auch für den Vereinsvorstand nach BGB. angenommen. Vgl. Neumann, BGB.[4] § 27 Anm. 3a; Meurer, Die juristischen Personen nach deutschem Reichsrecht 174; Altmann, Handbuch des deutschen Vereinsrechts 119; Westmann, Rechtsstellung des . . . Vorstandes eines rechtsfähigen Vereins 23. Anm. 28.

Soweit im obigen von Haftung des AKV. gesprochen wird, ist damit die Haftung derjenigen an der Tätigkeit des Vorstandes beteiligten Vorstandsmitglieder gemeint, denen ein Verschulden zur Last fällt, es haften also namentlich nicht die überstimmten Mitglieder. Vgl. Turnau-Förster, Liegenschaftsrecht[3] 2 Anm. II B 2 Abs. 2 zu § 12 GBO. (Haftung der Mitglieder des Beschwerdegerichts in Grundbuchsachen). Anm. 29.

§ 43.

Der Vorstand wird durch die Kammer gewählt.

Wählbar sind die Mitglieder der Kammer.

Nicht wählbar sind:

1. diejenigen, welche in Folge gerichtlicher Anordnung in der Verfügung über ihr Vermögen beschränkt sind;
2. diejenigen, gegen welche im ehrengerichtlichen Verfahren oder wegen einer strafbaren Handlung, welche die Unfähigkeit zur Bekleidung öffentlicher Aemter zur Folge haben kann, die öffentliche Klage erhoben ist;
3. diejenigen, gegen welche im ehrengerichtlichen Verfahren auf Verweis oder auf Geldstrafe von mehr als einhundertfünfzig Mark erkannt ist, auf die Dauer von fünf Jahren nach der Rechtskraft des Urtheils.

Verliert ein Mitglied des Vorstandes die Wählbarkeit, so scheidet dasselbe aus dem Vorstande.

I. Inhalt. Der Paragraph befaßt sich mit der Regelung der Frage, wem die Wahl des AKV. obliegt, und wer zum Mitglied des Vorstandes gewählt werden kann. Anm. 1.

II. Der Vorstand wird durch die AK. gewählt. Anm. 2.

1. Auf andere Weise als mittels Wahl seitens der AK. kann die Bestellung des Vorstandes nicht erfolgen. Das gilt selbst dann, wenn mehrfach eine Wahl nicht zustande kommt. Anm. 3.

2. Über Art und Weise der Wahl s. § 54 Anm. 28 ff., über die Wahlperiode s. § 44 Anm. 1 ff. Anm. 4.

III. Wählbarkeit zum Mitgliede des Vorstandes. 1. Wählbar sind nur Mitglieder der Kammer. Abs. 2 sagt dies nicht ausdrücklich, er hebt hervor, daß die Mitglieder der Kammer wählbar sind, nicht, daß nur sie es sind. Daß aber Abs. 2 dies meint, geht schon daraus hervor, daß vorbehaltlich Anm. 5.

der Ablehnungsgründe des § 45 die Wahl zur Annahme verpflichtet, was eben doch nur bei Mitgliedern der AK. erklärlich ist. Die Geschäftsordnung kann Abweichendes nicht bestimmen.

Anm. 6. 2. **Wählbar sind alle Mitglieder der Kammer, bei denen nicht ein gesetzlicher Unfähigkeitsgrund gegeben ist.**

Anm. 7. a) Diese Gründe sind erschöpfend in § 43 Abs. 3 geregelt. Die Geschäftsordnung kann diese Fälle weder abändern noch ergänzen.

Anm. 8. b) Entscheidend ist, ob der Unfähigkeitsgrund zur Zeit der Wahl gegeben ist. Lag er zur Zeit der Berufung der Kammerversammlung vor, und ist er zur Zeit der Wahl behoben, so kommt er nicht weiter in Betracht. Lag er zur Zeit der Wahl vor, so wird diese durch späteren Wegfall des Unfähigkeitsgrundes nicht wirksam.

Anm. 9. c) Der Unfähigkeitsgrund des Abs. 3 Ziff. 1 kann je nach der Art der Beschränkung in der Verfügung über das Vermögen dauernder oder vorübergehender Natur sein, der Unfähigkeitsgrund der Ziff. 3 legt sich selbst nur Wirkung für 5 Jahre bei. Bezüglich der Ziff. 2 war die im Entwurf sich findende gleichartige Bestimmung klarer, als die Gesetz gewordene. Im Entwurf war der Unfähigkeitsgrund darauf abgestellt, daß gegen die Betreffenden „ein förmliches ehrengerichtliches Verfahren oder wegen einer strafbaren Handlung . . . eine gerichtliche Untersuchung **anhängig** ist" (Siegel 200). Der Unfähigkeitsgrund war also deutlich nur als vorübergehender, nämlich nur für die Dauer der Anhängigkeit des Verfahrens bzw. der Untersuchung wirkender, aufgestellt, und die Motive 68 hoben dies ausdrücklich hervor. Aus Anlaß der Beseitigung des förmlichen ehrengerichtlichen Verfahrens durch die RTKomm. und seiner Ersetzung durch das ehrengerichtliche Verfahren des Gesetzes erfolgte eine Änderung des Entwurfs. Diese Gesetz gewordene Fassungsänderung, die der KommB. 34 als lediglich redaktionelle bezeichnet, kann aber unmöglich die Bedeutung haben, daß der Unfähigkeitsgrund der Ziff. 2 zu einem dauernden gestempelt wäre. Sonst ergäbe sich die unbegreifliche Folge, daß ein Kammermitglied, gegen das eine Klage der in Ziff. 2 erwähnten Art erhoben wurde, selbst dann dauernd unfähig wäre, Vorstandsmitglied zu werden, wenn es wegen erwiesener Unschuld freigesprochen ward. Auch wäre dann unverständlich, weshalb das Gesetz noch besonders den zudem zeitlich nur beschränkt wirkenden Unfähigkeitsgrund der Ziff. 3 aufstellte: denn eine Verurteilung im ehrengerichtlichen Verfahren setzt ja stets die Erhebung der öffentlichen Klage in diesem Verfahren voraus. Der Unfähigkeitsgrund der Ziff. 2 wirkt also nur bis zur rechtskräftigen Beendigung des ehrengerichtlichen oder des Strafverfahrens.

Anm. 10. d) Wegen Erläuterung des Unfähigkeitsgrundes der Ziff. 1 ist auf die Anm. 11 ff. zu § 5 zu verweisen. Betreffs der Ziff. 2 sind, soweit ein kriminelles Strafverfahren in Frage kommt, die Erläuterungen zu § 7 zu vergleichen. Das in Ziff. 2 erwähnte ehrengerichtliche Verfahren kann nur ein ehrengerichtliches Strafverfahren sein: denn das ehrengerichtliche Zulassungsverfahren (vgl. über diese Unterscheidung Anm. 3 der Vorbem. zu Abschn. IV) findet nur auf Antrag von Personen statt, die erst Rechtsanwälte werden wollen, während zum Vorstandsmitgliede nur Kammermitglieder, also Rechtsanwälte, wählbar sind.

Anm. 11. Wird im kriminellen Strafverfahren auf Strafen erkannt, infolge deren die Unfähigkeit zur Bekleidung öffentlicher Ämter eintritt, so erlischt damit die Kammermitgliedschaft und mit ihr die Wählbarkeit zum Vorstandsmitglied. Wird auf andere Strafen erkannt, so hat dies keinen Einfluß auf die Wählbarkeit zum Vorstandsmitglied (Motive 68; Meyer § 43 Anm. 3). Das gleiche gilt, wenn im ehrengerichtlichen Strafverfahren auf Warnung oder auf Geldstrafe nicht über 150 Mk., also auf andere ehrengerichtliche Strafen erkannt wird, als die in Ziff. 3 genannten (Motive a. a. O.). Die Verurteilung zu Verweis oder die Verurteilung zu mehr als 150 Mk. Geldstrafe genügt. Dagegen liegt der Fall der Ziff. 3 nicht vor, wenn zunächst eine Verurteilung zu 100 Mk. Geldstrafe und demnächst in einem weiteren Verfahren eine solche zu 60 Mk. Geldstrafe erfolgt und zwar selbst dann nicht, wenn die beiden Verfahren hätten verbunden werden können. Der Verurteilung zur Ausschließung von der Rechtsanwaltschaft brauchte das Gesetz keine Erwähnung zu tun, denn in solchem Falle geht ja die Kammermitgliedschaft, also auch die Wählbarkeit, dauernd verloren.

IV. Die Wahl eines nicht Wählbaren ist nichtig. Das OLG. (bzw. RG.) kann gemäß § 59 Abs. 2 eingreifen, aber auch ohne solches Eingreifen vermag die Wahl Wirkungen nicht zu äußern. Anm. 12.

Wohl zu unterscheiden von einer solchen nichtigen Wahl ist eine inhaltslose oder gegenstandslose Wahl. Sie liegt dann vor, wenn die Geschäftsordnung der AK. für diejenige Vorstandsstelle, die Gegenstand des Wahlaktes ist, besondere Erfordernisse (s. § 42 Anm. 13) aufstellt, und der Gewählte diesen nicht genügt. Das ist nicht die Wahl eines nicht Wahlfähigen, sondern die Wahl zu einer anderen als der zur Wahl stehenden Stelle. Anm. 13.

Daß dies richtig ist, wird aus folgendem klar werden. Stellten die in Anm. 13 zu § 42 gedachten besonderen Erfordernisse Voraussetzungen der Wahlfähigkeit dar, so müßte nach § 43 Abs. 4 ihr nachträglicher Wegfall das Ausscheiden des davon betroffenen Mitglieds aus dem Vorstande zur Folge haben. Nun nehme man an, daß bei einer AK., deren Vorstandsmitglieder zum Teil besonderen Erfordernissen genügen müssen, ein Mitglied, dessen Wahl im Hinblick hierauf erfolgt ist, dem fraglichen Erfordernisse nicht mehr genügt. Wenn gleichzeitig ein anderes, seinerzeit in freier Wahl in den Vorstand berufenes Mitglied, das diesem Erfordernisse genügt, im Vorstande vorhanden ist, so tritt in dessen Zusammensetzung keine Änderung ein, da trotz des hervorgehobenen Ereignisses der Vorstand nach wie vor den Bestimmungen der Geschäftsordnung genügt. Dresden § 1 Abs. 3 hebt dies ausdrücklich hervor. Nicht anders ist es, wenn alle Vorstandsstellen an ein besonderes, aber nicht alle an dasselbe Erfordernis geknüpft sind. So müssen z. B. nach Hamburg § 1 von den 13 Vorstandsmitgliedern 6 dem Landgerichtsbezirke Hamburg, 4 dem Landgerichtsbezirke Bremen und 3 dem Landgerichtsbezirke Lübeck angehören. Tauschen hier ein Hamburger und ein Bremer Mitglied den Sitz ihrer Tätigkeit miteinander, so bleibt auch in solchem Falle die frühere Zusammensetzung des Vorstandes unbeeinflußt. Würde freilich eine Geschäftsordnung — bisher ist das nicht geschehen — für alle Vorstandsmitglieder die Erfüllung derselben besonderen Voraussetzungen verlangen, so würde das unter Berücksichtigung des § 43 Abs. 4 ein Eingriff in die Normen über die Wählbarkeit, also eine nichtige Bestimmung sein.

V. Der Gewählte muß, so lange er Vorstandsmitglied ist, die Eigenschaft der Wählbarkeit behalten. Verliert er sie, so scheidet er in dem Augenblicke, in dem seine Wählbarkeit aufhört, aus dem Vorstande aus. Für das Vorstandsmitglied haben also auch nur temporär wirkende Unfähigkeitsgründe den endgültigen Verlust der bisher innegehabten Vorstandsstelle zur Folge (Meyer § 43 Anm. 4). Es mag das unter Umständen hart sein: da aber das Gesetz keine Suspension der Vorstandsmitglieder und keine Stellvertreter für Vorstandsmitglieder kennt, war solche Regelung doch wohl unabweislich. Das Ausscheiden aus dem Vorstande steht der Wiederwahl nach Beseitigung des Unfähigkeitsgrundes nicht im Wege (Meyer a. a. O.); es lassen sich also etwaige Härten genügend mildern. Anm. 14.

§ 44.

Die Wahl des Vorstandes erfolgt auf vier Jahre, jedoch mit der Maßgabe, daß alle zwei Jahre die Hälfte der Mitglieder, bei ungerader Zahl zum ersten Male die größere Zahl ausscheidet. Die zum ersten Mal Ausscheidenden werden durch das Loos bestimmt.

Eine Ersatzwahl für ein vor dem Ablaufe der Wahlperiode ausscheidendes Mitglied erfolgt für den Rest derselben.

Anm. 1. I. **Inhalt.** Der Paragraph bestimmt, für welche Zeit die Wahl des Vorstandes erfolgt.

Anm. 2. II. **Entstehungsgeschichte.** Der Vorstand der AK. wird für eine bestimmte Dauer von Jahren gewählt. Die Bundesratsvorlage sah eine Wahl auf zwei Jahre vor, der Abs. 1 ihres § 40 (= 44 des Gesetzes) lautete lediglich: „Die Wahl des Vorstandes erfolgt auf zwei Jahre" (Siegel 200 Anm. 69, 257 Anm. 94). Erst die Reichstagsvorlage brachte die vierjährige Wahlperiode in der Gesetz gewordenen Fassung (Siegel 200, 257). Gleichwohl sprechen die Motive zu § 41 des Entwurfs (= 45 des Gesetzes) bei Erörterung des in Ziff. 2 daselbst geregelten Ablehnungsgrundes, dessen Wirkung vier Jahre lang währt, davon, er wirke „für die Dauer von zwei Wahlperioden" (Motive 69). Das paßt, wie Reuling 12 zweite Anm. mit Recht bemerkt, nur zur Bundesratsvorlage (s. auch Siegel 257 Anm. 95).

Anm. 3. III. **Verschiedene Arten der Wahlen.** Während in Abs. 1 von einer Wahl des Vorstandes auf vier Jahre mit der Maßgabe des Ausscheidens eines Teils der Mitglieder nach zwei Jahren die Rede ist, regelt Abs. 2 die Ersatzwahl und läßt sie für den Rest der Wahlperiode gelten. Daß damit die Ersatzwahl in Gegensatz zu anderen Wahlen gebracht wird, ist klar. Aber sind diese anderen Wahlen unter sich gleich zu behandeln oder wird innerhalb ihrer wieder unterschieden?

Anm. 4. Diese anderen Wahlen stellen nun entweder die Wahl des gesamten Vorstandes oder die Wahl desjenigen Teils der Vorstandsstellen dar, der durch das Ausscheiden der betreffenden Mitglieder nach Abs. 1 erledigt ist. Auf den ersten Blick möchte man meinen, letztgedachte Wahl unterfalle dem Abs. 2: denn die Wahlperiode des Vorstands ist ja nach Abs. 1 eine solche von vier Jahren, und das Ausscheiden nach Abs. 1 erfolgt nach zwei Jahren. Allein dann wäre doch die Ersatzwahl ein ganz regelmäßiges Vorkommnis, erforderlich zur Erhaltung der nach § 55 zu beurteilenden Beschlußfähigkeit des Vorstandes. Das Gesetz würde dann auch sicher nicht von der Ersatzwahl „für ein . . . ausscheidendes *Mitglied*", sondern von *ausscheidenden Mitgliedern* sprechen, auch die Ersatzwahl nicht als etwas Besonderes behandeln. Dazu kommt entscheidend der Umstand, daß die Motive 69 ausdrücklich die Herbeiführung einer Ersatzwahl dem pflichtmäßigen Ermessen des Vorstandes überlassen; es kann sich also bei den Ersatzwahlen regelmäßig nicht um Wahlen handeln, die notwendig sind, soll der Vorstand seine Funktionen erfüllen können. Unterfallen danach die erwähnten Wahlen nicht dem Abs. 2, so gilt auch für sie die vierjährige Wahlperiode des Abs. 1. Damit aber ergibt sich, daß, wenn man von der ersten Wahl des Vorstandes absieht, alle anderen Wahlen des Abs. 1 — Reuling 6 nennt sie treffend Erneuerungswahlen — einander wesensgleich sind: sie erfolgen für die Dauer von 4 Jahren und folgen in Abständen von 2 Jahren aufeinander. Dieses Ergebnis wird völlig unzweifelhaft, wenn man berücksichtigt, daß die im Bundesrate erfolgte Änderung der Bundesratsvorlage in die demnächst Gesetz gewordene

Fassung des § 44 Abs. 1 an § 22 der preuß. V. 30. 4. 47 und § 34 der sächs. Advokatenordnung 3. 6. 59 anknüpft. Besonders bedeutsam ist der letztgedachte § 34. Auch nach § 31 der sächs. Advokatenordnung wird auf die Dauer von 4 Jahren gewählt, nach § 34 scheidet alle 2 Jahre die Hälfte der Mitglieder aus, „und sind die Ausscheidenden jedesmal durch eine neue Wahl nach Maßgabe der Vorschriften in den §§ 31 ff. zu ersetzen". Vgl. auch Reuling 14 zweite Anm.

Mit dem Gesagten tritt der Unterschied von Erneuerungswahl und Ersatzwahl klar in die Erscheinung: Erneuerungswahl ist die Wahl im Falle des planmäßigen (in Abs. 1 geregelten) Ausscheidens von Mitgliedern, Ersatzwahl die Wahl bei Ausscheiden aus sonstigen Gründen. Als solche kommen außer Tod und Verlust der Wählbarkeit das freiwillige Ausscheiden, über das bei § 45 zu handeln ist, in Betracht. Meyer § 44 Anm. 2 erwähnt noch besonders das Ausscheiden aus der AK., das indessen nur ein besonderer Fall des Verlustes der Wählbarkeit ist.

IV. Erneuerungswahlen. 1. Über die Zeit ihrer Vornahme bestimmt das Gesetz nichts. Die Geschäftsordnung kann den Zeitpunkt normieren (Meyer, Berger, Sydow-Jacobsohn § 44 Anm. 1), und es haben von dieser Möglichkeit verschiedene Geschäftsordnungen Gebrauch gemacht. Fehlt eine solche Bestimmung, so ist die AK. so rechtzeitig zur Beschlußfassung einzuberufen, daß im Momente des Ausscheidens der in Abs. 1 vorgesehenen Mitgliederzahl die Erneuerungswahl bereits erfolgt ist. Wenn verschiedene Geschäftsordnungen diesen Schwierigkeiten dadurch zu begegnen suchen, daß sie die ausscheidenden Mitglieder ihre Tätigkeit als Vorstandsmitglieder bis zur Erneuerungswahl fortführen lassen, so können diese Bestimmungen als rechtswirksam nicht angesehen werden. § 44 Abs. 1 ordnet an, daß das Ausscheiden „alle zwei Jahre" erfolgt. Dieses Ausscheiden erfolgt mit Ablauf der zwei Jahre kraft Gesetzes, jene Geschäftsordnungsbestimmungen führen also dazu, daß Personen, die nicht mehr Vorstandsmitglieder sind, noch deren Funktionen ausüben. Das aber ist unzulässig. Anm. 5.

2. Über das Verfahren bei der Wahl im einzelnen vgl. § 54 Anm. 28 ff. Anm. 6.

3. Die Wahl erfolgt auf vier Jahre, jedoch mit der Maßgabe, daß alle zwei Jahre die Hälfte der Mitglieder, bei ungerader Zahl zum erstenmal die größere Zahl ausscheidet. Weder diese Maßgabe noch die vierjährige Wahlperiode bedarf besonderer Hervorhebung bei der Wahl. Beides gilt ohne weiteres, weil eine andere Erneuerungswahl überhaupt unstatthaft ist. Erfolgt die Wahl ausdrücklich mit anderen Modalitäten, so ist sie nichtig. Anm. 7.

4. Das Ausscheiden, das, wie schon bemerkt, ohne weiteres erfolgt, geschieht „alle zwei Jahre". Die zwei Jahre rechnen von dem Zeitpunkte ab, für den mit der Wirkung auf vier Jahre die Vorstandswahl erfolgte. Im Zweifel wird man als solchen Zeitpunkt den Beginn des Geschäftsjahres der AK. anzusehen haben. Anm. 8.

Die zum erstenmal Ausscheidenden — ihre Zahl steht ja fest — werden durch das Los bestimmt, dessen Ziehung natürlich in der Versammlung der AK. erfolgt, in der ja der ganze Wahlakt vor sich geht.

V. Ersatzwahlen. 1. Über den Begriff vgl. Anm. 4. Anm. 9.

2. Im Gegensatz zu den Erneuerungswahlen ist ihre Vornahme an sich nicht notwendig (Meyer, Berger, Sydow-Jacobsohn § 44 Anm. 2). Sie wird es aber, sobald so viele Vorstandsstellen erledigt sind, daß die Beschlußfähigkeitsziffer des § 55 Abs. 1 nicht mehr einzuhalten ist. Abgesehen hievon ist es an sich Sache des Vorstands, zu beurteilen, ob trotz einer Anzahl erledigter Stellen die Vorstandsgeschäfte auch ohne Ersatzwahl sachgemäß zu erledigen sind. Aber dieses Ermessen des Vorstandes ist nicht etwa ein gesetzlich gewährleistetes und also unantastbares, freies Ermessen. Als Regelfall nimmt ja doch das Gesetz Anm. 10.

jedenfalls an, daß alle Vorstandsstellen besetzt sind. Hieran hat die AK. auch ein erhebliches Interesse, denn in solchem Falle ist die Führung der Vorstandsgeschäfte ohne Eintritt der Gefahr einer Stockung verbürgt. Danach aber ist als sicher anzunehmen, daß die Geschäftsordnung das fragliche Ermessen des Vorstandes einschränken kann (Meyer a. a. O.; Reuling 8). Mehrere Geschäftsordnungen haben hievon sehr zweckmäßig namentlich in der Richtung Gebrauch gemacht, daß sie die Vornahme von Ersatzwahlen für notwendig erklären, sobald die Anzahl der verfügbaren Vorstandsmitglieder unter eine gewisse Mindestzahl herabsinkt.

Anm. 11. 3. Über den Hergang bei der Ersatzwahl vgl. § 54 Anm. 28 ff.

Anm. 12. VI. Über das **Zusammentreffen von Erneuerungs- und Ersatzwahl** und das in diesem Falle einzuhaltende Verfahren s. § 54 Anm. 32.

§ 45.

Die Wahl zum Mitgliede des Vorstandes darf ablehnen:

1. wer das fünfundsechzigste Lebensjahr vollendet hat;

2. wer die letzten vier Jahre Mitglied des Vorstandes gewesen ist, für die nächsten vier Jahre.

Das freiwillige Ausscheiden eines Mitgliedes bedarf der Zustimmung des Vorstandes.

Anm. 1. **I. Inhalt.** Der § beschließt die besonderen Bestimmungen über die Wahlen zum Vorstande durch die in Abs. 1 enthaltene Normierung der Gründe, aus denen eine solche Wahl abgelehnt werden darf. Abs. 2 reiht daran Bestimmungen darüber, unter welchen Voraussetzungen ein Mitglied, das die Wahl angenommen hat, aus dem Vorstande wieder ausscheiden kann.

Anm 2. **II. Die Annahme der Wahl zum Mitgliede des Vorstandes ist Pflicht jedes Mitgliedes der AK.** Das Gesetz spricht dies im Gegensatze zu den Motiven 69 nicht ausdrücklich aus. Aber gerade die Normierung der Ablehnungsgründe zeigt, daß im allgemeinen die Wahl nicht abgelehnt werden kann, die Mitglieder der AK. also zur Annahme der Wahl verpflichtet sind (Meyer § 45 Anm. 1). Die Annahmepflicht betrifft gleicherweise Erneuerungs- und Ersatzwahlen.

Anm. 3. **III. Die Pflicht zur Annahme der Wahl entfällt bei Vorliegen eines Ablehnungsgrundes.**

Anm. 4. 1. Von den beiden in Abs. 1 normierten Ablehnungsgründen entspricht der in Ziffer 1 geregelte dem Ablehnungsgrunde des § 35 Ziffer 5 GVG.

Anm. 5. 2. Reuling 20 erste Anm. hält eine — übrigens in keiner Geschäftsordnung erfolgte — Ausdehnung der Ablehnungsgründe durch die Geschäftsordnung für zulässig. Dem ist nicht zu folgen. Statuiert das Gesetz eine Pflicht zur Annahme der Wahl und macht es zwei Fälle namhaft, in denen diese Pflicht zessiert und die Wahl abgelehnt werden darf, so müßten besondere Anhaltspunkte dafür vorliegen, daß das Gesetz nur das Mindestmaß des Ablehnungsrechts feststellen wollte. Das Gegenteil erhellt aus den Motiven 69, die nach Erläuterung der beiden zugelassenen Ablehnungsgründe bemerken: „Jeder andere Grund zur Ablehnung . . . . eines durch Wahl übertragenen Amtes, wie namentlich . . ., erscheint zu willkürlicher Natur."

3. Daß eine Einschränkung des Ablehnungsrechts durch die Geschäftsordnung unzulässig ist, liegt auf der Hand (Reuling a. a. O.).

Anm. 6. 4. Die Ablehnung ist ein Recht, keine Pflicht. Der Ablehnungsberechtigte begibt sich seines Rechts durch die Annahme der Wahl. Diese Annahme kann ausdrücklich oder stillschweigend erfolgen, sie kann insbesondere in der Nichtgeltendmachung des Ablehnungsrechts nach Kenntnis von der Wahl liegen. Deshalb sind die Geschäftsordnungen durchaus in der Lage, durch besondere Bestimmungen auf *unverzügliche Geltendmachung des Ablehnungsrechts* zu dringen. Die geltenden Geschäftsordnungen unterscheiden meistens zwischen Anwesenden und Abwesenden. Anwesende haben teils sofort nach Verkündigung des Wahlergebnisses, teils sofort nach der vom Vorsitzenden an sie gerichteten Aufforderung sich über Annahme der Wahl zu erklären, sich also auch wegen Gebrauchs eines etwaigen Ablehnungsrechts zu entscheiden. Abwesende haben, nachdem ihnen die Wahl durch den Vorsitzenden bekannt gemacht ist, innerhalb einer gewissen Frist das Ablehnungsrecht bei Meidung des Verlustes geltend zu machen.

5. Das Gesetz enthält keine Bestimmung darüber, *wer über die Berechtigung einer Ablehnung zu entscheiden hat.* Anm. 7. Die Entscheidung betrifft eine Wahl, die von der Kammerversammlung ausgegangen ist, sie kann deshalb auch nur dieser zustehen. Dagegen lassen verschiedene Geschäftsordnungen über die Ablehnung den AKV. teils überhaupt, teils wenigstens dann entscheiden, wenn die Ablehnung außerhalb der Wahlversammlung erfolgt. Diese Bestimmungen sind zweifellos zweckmäßig, da durch sie der umständliche Apparat einer Kammerversammlung vermieden wird, welche nur über eine Wahlablehnung zu befinden hätte. Es fragt sich nur, ob die erwähnten Bestimmungen auch statthaft sind. Diese Frage dürfte zu verneinen sein. Gewiß kann die Kammer die ihr zufallenden Beschlußfassungen in der Form der Geschäftsordnung treffen, sie kann dies aber nicht in der Art tun, daß sie die Beschlußfassung endgültig auf ein anderes Organ überträgt.

IV. 1. *Soweit ein Ablehnungsrecht nicht besteht, ist der Gewählte zur Annahme der Wahl verpflichtet.* Anm. 8. Das Gesetz gibt indessen weder der AK. noch dem AKV. Mittel und Wege an die Hand, diese Annahme und das Tätigwerden als Vorstandsmitglied zu erzwingen (Mot. 69, 70). Natürlich kann aber die beharrliche Weigerung der Wahlannahme und der Übernahme der Funktionen eines Vorstandsmitglieds zu einer ehrengerichtlichen Bestrafung führen.

2. *Aus der Annahmepflicht folgt keineswegs, daß an ihrer Durchführung unentwegt festgehalten werden muß.* Anm. 9. Freilich ein *Recht*, die Wahl abzulehnen, besteht nur nach Maßgabe des Abs. 1. Weshalb aber soll nicht aus Billigkeitsgründen einem Gewählten im einzelnen Falle Befreiung von dieser Pflicht zugestanden werden können? Erzwungen kann sie, wie gesagt, nicht werden, eine ehrengerichtliche Bestrafung wird, zumal sie bei Vorliegen von Entschuldigungsgründen (Krankheit rc.) keinesfalls streng ausfallen dürfte, als genügender Antrieb nicht stets wirken; es könnte also leicht die Tätigkeit des Vorstandes zeitweise unmöglich gemacht werden. Zudem läßt das Gesetz in Abs. 2 das freiwillige Ausscheiden eines Mitglieds aus dem Vorstande mit Zustimmung des letzteren ohne weitere Beschränkung zu und kann deshalb schwerlich die Bewilligung eines Gesuchs, in den Vorstand nicht erst eintreten zu müssen, für unstatthaft halten. Wenn die Auslegung verschiedener Geschäftsordungen zu der Auffassung führt, daß sie Ablehnungsgesuche, die nicht auf gesetzliche Ablehnungsgründe gestützt sind, ausschließen (Reuling 20), so ist damit wohl gesagt, die betreffende AK. sei nicht gewillt, Befreiungen in solchen Fällen eintreten zu lassen; die Bestimmungen benehmen aber der AK. nicht das Recht, gleichwohl in concreto Befreiung zu bewilligen, denn ihrer Rechte kann sich die AK. auch im Wege der Geschäftsordnung nicht selbst entledigen. Verschiedene Geschäftsordnungen (vgl. Reuling a. a. O.) lassen dagegen die richtige Auffassung zu, daß sie eine Befreiung, auch abgesehen von dem Ablehnungsrechte, gestatten. Zum Befinden über solche Befreiungsgesuche kann aber entgegen den Bestimmungen

einiger Geschäftsordnungen nur die Kammerversammlung für zuständig erachtet werden und zwar aus den gleichen Gründen, wie bei Ablehnung aus Abs. 1.

Anm. 10. **V. Ausscheiden aus dem Vorstande.** 1. Ein Recht zum Ausscheiden aus dem Vorstande besitzt ein in diesen eingetretenes Mitglied nicht, insbesondere auch dann nicht, wenn ihm seinerzeit ein Ablehnungsrecht zustand oder jetzt zustehen würde (Meyer § 45 Anm. 2; Berger Anm. zu § 45).

Anm. 11. 2. Kraft Gesetzes erfolgt das Ausscheiden außer im Falle des Todes

a) nach Maßgabe des § 44 Abs. 1,

b) wegen Verlustes der Wählbarkeit.

Anm. 12. 3. Daneben gestattet das Gesetz ein „freiwilliges Ausscheiden" d. h. ein Ausscheiden ohne Gegebensein eines gesetzlichen Grundes. Solches Ausscheiden ist nur mit Zustimmung des AKV. statthaft. Die Erteilung oder Versagung dieser Zustimmung steht im Ermessen des Vorstandes. Gegen seinen Beschluß kann gemäß § 59 Abs. 2 die Entscheidung des OLG. (bzw. RG.) angerufen werden, was jedoch, da dem OLG. (bzw. RG.) die materielle Prüfung versagt ist, für das beteiligte Vorstandsmitglied wohl keine Bedeutung hat.

§ 46.

Der Vorstand wählt aus seiner Mitte einen Vorsitzenden, einen stellvertretenden Vorsitzenden, einen Schriftführer und einen stellvertretenden Schriftführer.

Anm. 1. **I. Inhalt.** Ist die Vorstandswahl erfolgt, so bedarf es, damit der Vorstand tätig werden kann, seiner Konstituierung. Hiemit beschäftigt sich § 46.

Anm. 2. **II. Die Vorstandsstellen des § 46.** 1. Über die Wahlperiode trifft das Gesetz keine Bestimmung, nur kann sie naturgemäß, da alle zwei Jahre die Hälfte der Vorstandsstellen neu besetzt wird, keine längere als eine zweijährige sein (Reuling 29). Die Geschäftsordnungen haben teils eine zweijährige, teils eine einjährige Wahlperiode angeordnet; soweit sie schweigen, muß eine zweijährige Wahlperiode als gewollt angenommen werden (Reuling 30).

Anm. 3. 2. Auch über Zeit und Ort der Wahl fehlt es an gesetzlichen Normen. Die Geschäftsordnungen enthalten verschiedene einschlägige Bestimmungen, auch über die Berufung der konstituierenden Vorstandssitzung. Soweit solche Bestimmungen fehlen, wird man anzunehmen haben, daß das älteste Vorstandsmitglied unverzüglich die konstituierende Vorstandssitzung und zwar angemessenerweise wohl an den Sitz der AK. zu berufen hat.

Anm. 4. 3. Die Wählbarkeit zu den Vorstandsstellen des § 46 ist nach dem Gesetze lediglich durch die Eigenschaft als Vorstandsmitglied bedingt. Nach der Bundesratsvorlage waren dagegen die fraglichen Stellen vom Vorstande „aus seinen am Sitze der Kammer wohnhaften Mitgliedern" zu besetzen (Siegel 200 Anm. 69). Die Geschäftsordnung des Vorstandes kann für alle oder einzelne der vier Stellen besondere Erfordernisse, wie solche schon hinsichtlich der Wahlen zum Vorstande uns begegnet sind, aufstellen. Es ist dies nur in vereinzelten Fällen geschehen, obwohl die Zweckmäßigkeit einer Bestimmung, daß der Vorsitzende und der stellvertretende Vorsitzende am Sitze der AK. domiziliert sein müssen, wohl kaum zweifelhaft sein kann.

Anm. 5. 4. Über den Hergang bei der Wahl ist im allgemeinen auf die Anmerkungen zu § 54 zu verweisen. Der Erörterung bedarf

Anm. 6. a) die Frage, wer in der konstituierenden Sitzung bis zur Wahl des Vorsitzenden den Vorsitz führt. Die Geschäftsordnungen enthalten hierüber teilweise besondere Bestimmungen, indem sie, wie die Berufung der Sitzung, so auch zunächst den Vorsitz in ihr dem im Vorstande verbliebenen bisherigen Vorsitzenden oder dem ältesten Vorstandsmitgliede übertragen. Soweit Bestimmungen fehlen, wird man das älteste Vorstandsmitglied als zum Vorsitz berufen zu erachten haben. Ist der Vorsitzende gewählt, so hat dieser für den Rest der Sitzung den Vorsitz zu übernehmen.

b) Auch für die konstituierende Sitzung ist ein Schriftführer unentbehrlich (vgl. § 56). Darüber, **wer bis zur Wahl des Schriftführers dessen Funktionen zu erfüllen hat**, enthalten gleichfalls verschiedene Geschäftsordnungen Bestimmungen. Nach ihnen ist entweder das jüngste Vorstandsmitglied für die ganze Sitzung zum Schriftführer zu berufen oder das zunächst den Vorsitz führende Mitglied hat den einstweiligen Schriftführer zu ernennen und zwar teils für die ganze Sitzung, teils nur für die Wahl des Vorsitzenden. Soweit Bestimmungen fehlen, wird man dem einstweiligen Vorsitzenden das Recht einräumen müssen, einen provisorischen Schriftführer zu ernennen (vgl. § 106 Abs. 3), dessen Funktion erst mit der Wahl des definitiven Schriftführers ihr Ende erreicht. Anm. 7.

5. **Jedes Vorstandsmitglied ist zur Übernahme einer der Stellen des § 46 verpflichtet.** Eine Ablehnung einschlägiger Wahlen kennt das Gesetz nicht. Marienwerder § 20 Abs. 3 gibt dem zum Vorsitzenden gewählten Mitgliede ein nur für den ersten Wahlgang wirksames Ablehnungsrecht. Es kann indessen nicht für statthaft erachtet werden, durch die Geschäftsordnung ein derartiges, dem Gesetze unbekanntes Ablehnungs**recht** zu schaffen. Dagegen steht nichts im Wege, daß der Vorstand ein Mitglied von der Pflicht zur Übernahme aus Billigkeitsgründen entbindet. Anm. 8.

6. **Ausscheiden aus den Stellen des § 46 bei Verbleiben im AKV. Ersatzwahlen.** Mit Zustimmung des Vorstandes kann ein Vorstandsmitglied aus der von ihm bisher bekleideten Stelle des § 46 ausscheiden, gleichwohl aber im Vorstande verbleiben (Reuling 33). In diesem Falle und ebenso bei Tod des Inhabers einer Stelle des § 46 oder bei seinem Ausscheiden aus dem Vorstande wird eine Ersatzwahl für diese Stelle erforderlich. Handelt es sich um eine Ersatzwahl nur für die erledigte Stelle des § 46, so wird sie der Vorstand alsbald in die Wege zu leiten haben. Kommt gleichzeitig eine Ersatzwahl für den Vorstand in Frage, so wird es an sich im Ermessen des Vorstands stehen, ob er alsbald oder erst nach Ergänzung des Vorstandes zur Neubesetzung der Stelle des § 46 schreiten will; die Geschäftsordnung kann aber dem Vorstande vorschreiben, diese Neubesetzung bis zur Ergänzung des Vorstandes hinauszuschieben, was denn auch Dresden § 3 Abs. 1 tut. Anm. 9.

7. Über die **Funktionen des Vorsitzenden** s. § 57 Anm. 2 ff., über diejenigen **des Schriftführers** s. § 57 Anm. 11 ff. Der stellvertretende Schriftführer wird im Gesetze sonst nicht, der stellvertretende Vorsitzende nur noch im § 67 erwähnt. Tritt der stellvertretende Vorsitzende bzw. Schriftführer für den Vorsitzenden bzw. Schriftführer ein, so hat er durchaus die Rechte und Pflichten des Vertretenen. Anm. 10.

Ob der stellvertretende Vorsitzende bzw. Schriftführer einzutreten hat, ist eine Frage, die zunächst nur zwischen ihm und dem zu Vertretenden zu erledigen ist (Reuling 33). Nur wenn hier keine Einigung erzielt wird, kann ein Eingreifen stattfinden. Mit Reuling 33, 34 ist für Lösung solchen Konflikts — die Geschäftsordnungen enthalten keine Bestimmung hierüber — der Vorstand für zuständig und zu seiner Berufung der stellvertretende Vorsitzende dann für ermächtigt zu halten, wenn es sich um einen Konflikt zwischen ihm und dem Vorsitzenden handelt. Anm. 11.

Anm. 12. 8. Sind Vorsitzender und stellvertretender Vorsitzender gleichzeitig verhindert*), so berufen einzelne Geschäftsordnungen das älteste oder das am Sitze des Oberlandesgerichts wohnhafte älteste Vorstandsmitglied zum Vorsitzenden und zwar teilweise mit dem Vorbehalte, daß der Vorstand einen anderen Vorsitzenden ernennen kann. Andere Geschäftsordnungen lassen einen zeitweiligen Vorsitzenden durch den Vorstand aus seinen Mitgliedern bestimmen. Teilweise ist auch dem Vorsitzenden und stellvertretenden Vorsitzenden das Recht eingeräumt, sich für dringende Fälle einen zeitweiligen Vertreter zu bestellen, natürlich (Reuling 34) vorbehaltlich des gedachten Rechts des Vorstandes, einen Ersatzvorsitzenden zu bestellen.

Anm. 13. Soweit derartige Bestimmungen fehlen oder nicht ausreichen, wird man mit Reuling a. a. O. die Normen über die Berufung und Abhaltung der konstituierenden Vorstandssitzung entsprechend anzuwenden und so zur Wahl eines einstweiligen stellvertretenden Vorsitzenden, die durch den Vorstand aus seinen Mitgliedern zu erfolgen hat, gelangen müssen.

Anm. 14. 9. Sind gleichzeitig Schriftführer und stellvertretender Schriftführer verhindert, so lassen einige Geschäftsordnungen einen zeitweiligen Vertreter durch den Vorstand aus seiner Mitte ernennen, andere das jüngste Vorstandsmitglied als Vertreter eintreten. Die Ernennung eines zeitweiligen stellvertretenden Schriftführers durch den Vorstand muß auch da für statthaft erachtet werden, wo eine Bestimmung der Geschäftsordnung fehlt. Für die betreffende Vorstandssitzung hat bis zur Ernennung des zeitweiligen stellvertretenden Schriftführers ein Schriftführer einzutreten, der ebenso, wie bei der konstituierenden Vorstandssitzung, vom Vorsitzenden hiezu herangezogen wird.

Anm. 15. **III.** Außer den Stellen des § 46 besetzt der AKV. auch die Stellen der drei neben dem Vorsitzenden und dem stellvertretenden Vorsitzenden zu wählenden ordentlichen Mitglieder des EG. Vgl. hierüber § 67 Anm. 15.

§ 47.

Das Ergebniß der Wahlen wird der Landesjustizverwaltung und dem Oberlandesgericht angezeigt und von dem letzteren auf Kosten der Anwaltskammer durch den Deutschen Reichsanzeiger bekannt gemacht.

Anm. 1. 1. Inhalt. Der Paragraph sorgt für Mitteilung der in den vorangegangenen Bestimmungen geregelten Wahlen an die LJV.**) und das OLG. und für die Bekanntmachung der Wahlen.

Anm. 2. 2. § 47 betrifft sowohl die Wahlen zum Vorstande als auch die Besetzung der Stellen des § 46, dagegen nicht die Wahlen der ordentlichen ehrengerichtlichen Mitglieder. Reuling 22 scheint § 47 nur auf die Wahlen zum Vorstande zu beziehen.

Anm. 3. 3. Nur das Ergebnis der Wahlen ist anzuzeigen, Abschrift der Wahlprotokolle braucht nicht eingereicht zu werden. Daß außer der LJV. auch dem OLG. — hinsichtlich der AK. bei dem RG. dem letzteren — Anzeige zu machen ist, rechtfertigt sich aus § 59 Abs. 2.

Anm. 4. 4. Neben der durch § 47 gebotenen Bekanntmachung im Reichsanzeiger schreiben Dresden § 4 und Karlsruhe § 12 eine Ver-

---

*) Bezüglich des Vorsitzes im EG. vgl § 67 Anm. 13, 14.

**) An wen die Mitteilung zu richten ist, darüber vgl. Sachsen-Weimar-Eisenach MinV. 3. 10. 79 (RegBl. 519) § 21, Sachsen-Altenburg V. 17. 11. 79 (GS. 255) § 19.

öffentlichung in bestimmten anderen Blättern vor und zwar Karlsruhe betreffs der Wahl der ordentlichen Mitglieder des EG., Dresden hinsichtlich „der Wahlen der Mitglieder und der Beamten des Vorstandes".

§ 48.

Der Kammer liegt ob:

1. die Feststellung der Geschäftsordnung für die Kammer und den Vorstand;
2. die Bewilligung der Mittel zur Bestreitung des für die gemeinschaftlichen Angelegenheiten erforderlichen Aufwandes und die Bestimmung des Beitrages der Mitglieder;
3. die Prüfung und Abnahme der seitens des Vorstandes zu legenden Rechnung.

I. Inhalt. Der Paragraph regelt den Geschäftskreis der Kammerversammlung. Anm. 1.

II. Neben den Ziffern 1—3 kommen für den Geschäftskreis der Kammerversammlung in Betracht §§ 43 Abs. 1, 50 und bezüglich der AK. bei dem RG. § 90 Abs. 3. Vgl. ferner § 45 Anm. 7, 9. Anm. 2.

III. Zu Ziffer 1 (Feststellung der Geschäftsordnung für die Kammer und den Vorstand). 1. Über die Bedeutung von § 48 Ziff. 1 vgl. Vorbem. zum Abschnitt III Anm. 3—8. Anm. 3.

2. Es kann für Kammer und Vorstand je eine getrennte Geschäftsordnung geschaffen werden. Dies ist jedoch nicht nötig und auch nur vereinzelt geschehen. Anm. 4.

3. Über die Form der Geschäftsordnung sagt die RAO. nichts. Es scheint deshalb auf den ersten Blick richtig zu sein, wenn EGH. **1** 19 (26. 10. 83) — offenbar AK. Marienwerder betreffend — und ihm folgend Meyer § 48 Anm. 1, Berger § 42 Anm. 3, Sydow-Jacobsohn § 42 Anm. 2 eine Geschäftsordnung auch ohne schriftliche Redigierung für möglich halten. Ist ja doch auch unter den rechtsfähigen Vereinen des BGB. nur bei den eingetragenen Vereinen nach § 59 BGB. für die Satzung Schriftlichkeit erforderlich. Allein für die Feststellung der Geschäftsordnung gilt, wie für sonstige Beschlüsse der AK., die Beurkundungsvorschrift des § 56. Ist sie dahin aufzufassen (vgl. § 56 Anm. 3), daß ihre Einhaltung Erfordernis der Gültigkeit der in einer Versammlung gefaßten Beschlüsse ist, so ergibt sich damit die Unrichtigkeit der herrschenden Meinung. Anm. 5.

Wie bedenklich sie ist, zeigt gerade der vom EGH. entschiedene Fall: eine AK. hatte ohne schriftliche Geschäftsordnung die Zahl der Vorstandsmitglieder von 9 auf 12 erhöht. Man nehme nun an, daß diese Anordnung trotz des Mangels der gehörigen Beurkundung gültig sein soll und daß vielleicht nach Jahrzehnten einmal geltend gemacht wird, der Beschluß sei nicht oder nicht ordnungsmäßig oder mit anderem Inhalt gefaßt worden, das jetzt tagende EG. sei also auch nicht ordnungsgemäß besetzt. Es dürfte dann die Erhebung eines recht schwierigen Zeugenbeweises erforderlich sein um festzustellen, welchen Inhalt der Beschluß hatte, und daß er seinerzeit korrekt gefaßt wurde, wenn der Beweis überhaupt noch zu führen ist. Anm 6.

Dagegen bedarf außer der Beurkundung nach § 56 die Geschäftsordnung keiner weiteren Form. Sie kann insbesondere auch in mehreren getrennten Beschlüssen, ohne daß diese einer zusammenfassenden Redaktion unterworfen werden, zutage treten. Anm. 7.

Anm. 8. 4. Für die Abänderung der Geschäftsordnung gilt das gleiche, wie für die Festsetzung derselben.

Anm. 9. 5. Der Genehmigung eines staatlichen Organs bedarf die Geschäftsordnung nicht (Mot. 70; Meyer § 48 Anm. 1). Von einer Veröffentlichung ist ihre Wirksamkeit gleichfalls unabhängig.

Anm. 10. 6. Dem Eingreifen des OLG. bzw. RG. nach § 59 Abs. 2 ist auch die Geschäftsordnung unterworfen. Ebenso Mot. und Meyer a. a. O.; Berger Vorbem. zu Abschnitt III.

Anm. 11. **IV. Zu Ziffer 2.**

A. Der Kammer liegt die Bewilligung der Mittel zur Bestreitung des für die gemeinschaftlichen Angelegenheiten erforderlichen Aufwandes ob.

Anm. 12. 1. Als gemeinschaftliche Angelegenheiten sind alle Angelegenheiten anzusehen, welche den Kammermitgliedern gemeinschaftliche Interessen betreffen, mögen diese materieller oder idealer Natur sein. Ebenso: Rieß JW. **85** Beilage zu Nr. 19 Seite 12—15, vgl. auch Weißler JW. **92** 113—115; dagegen Löwenstein JW. **84** 77—82.

Anm. 13. Es gehören hieher

a) alle gesetzlich den Anwaltskammern und ihren Organen zugewiesenen Aufgaben;

b) Veranstaltungen zur Förderung der Standesinteressen und der Berufstätigkeit, sei es durch Unterstützung der wissenschaftlichen Fortbildung der Rechtsanwälte (z. B. durch Herausgabe einer besonders die Judikatur des Oberlandesgerichtsbezirks berücksichtigenden Zeitschrift [Rieß a. a. O.]), sei es durch Mitwirkung bei der Heranbildung des anwaltlichen Hilfspersonals (Kurse für die Anwaltsgehilfen) oder auf ähnliche Weise;

c) Unterstützung hilfsbedürftiger Kammermitglieder und ihrer Hinterbliebenen, sei es daß die AK. selbst die Unterstützung in die Hand nimmt, sei es daß sie dieserhalb mit Gesellschaften oder Kassen in Beziehung tritt: denn mag auch in derartigen Fällen in concreto nur dem einzelnen ein Vorteil zugewendet werden, so werden damit doch gleichzeitig die Standesinteressen gewahrt. Ebenso: Rieß und Weißler a. a. O.; Beschluß des Dresdener Anwaltstags (7. 6. 84) JW. **85** Beilage zu Nr. 19 S. 21; JW. **05** 97—100 (OLG. Dresden 14. 12. 04); Hamm § 23 Abs. 2; Marienwerder § 26 Abs. 1 Ziff. 2 und 3; Cassel § 28;

d) Wahrnehmung von Repräsentationspflichten (Marienwerder § 26 Abs. 1 Ziff. 4).

Anm. 14. 2. Zur Bestreitung des für die gemeinschaftlichen Angelegenheiten erforderlichen Aufwandes dienen

a) das von der AK. durch entgeltliche oder unentgeltliche Geschäfte unter Lebenden oder durch Zuwendungen von Todes wegen (vgl. Rieß a. a. O.) erworbene Vermögen,

b) die Einnahmen aus Geldstrafen gemäß § 97 Abs. 1 RAO.,

c) die Beiträge der Kammermitglieder,

d) die Einnahmen aus den unter 1 b erwähnten Veranstaltungen.

Anm. 15. 3. Die AK. bestimmt, welcher Aufwand für die gemeinschaftlichen Angelegenheiten erforderlich ist. Nur insofern ist sie hiebei in ihren Entschließungen nicht frei, als es sich um Ausgaben handelt, die kraft Gesetzes der Kasse der AK. zur Last fallen oder als sie durch generelle Bewilligung gewisser Posten gebunden ist.

Anm. 16. 4. Die Bewilligung der Mittel kann für **ein** Geschäftsjahr oder für mehrere Geschäftsjahre (Reuling 5) oder auch bis auf weiteres erfolgen. Der Aufstellung eines förmlichen Haushaltsplanes bedarf es an sich nicht, und er begegnet in den geltenden Geschäftsordnungen auch nur vereinzelt.

5. Die Bewilligung der Mittel ist Sache der Kammerversammlung; die Ausführung des Bewilligungsbeschlusses wird ermöglicht Anm. 17.

B. durch die gleichfalls der Kammerversammlung obliegende Bestimmung des Beitrages der Mitglieder. Anm. 18.

1. Jedes Mitglied ist beitragspflichtig. Es steht aber nichts im Wege, daß die AK., wie dies Cassel § 27 ausdrücklich vorsieht, rückständige Mitgliederbeiträge als uneinbringlich niederschlägt, wenn ihre Einforderung das betreffende (vielleicht in seinen Vermögensverhältnissen zurückgekommene) Mitglied oder seine Hinterbliebenen besonders schwer belasten würde: denn solchenfalls liegt in der Abstandnahme von der Einforderung nur eine der Unterstützung bedürftiger Mitglieder oder ihrer Angehörigen ganz gleichwertige Maßnahme. Anm. 19.

2. Alle Mitglieder der AK. sind in gleicher Weise beitragspflichtig. Das folgt aus dem Wesen der AK. als einer Zwangsvereinigung. Bei einer Vereinigung, deren Mitglied zu werden niemand eine Pflicht hat, läßt sich eine verschiedene Bemessung des Beitrags der einzelnen Mitglieder unter Umständen rechtfertigen: denn das Mitglied braucht der Vereinigung nicht beizutreten und kann aus ihr austreten, es unterwirft sich also durch Eintritt bzw. durch Verbleiben der Macht der Gesellschafterversammlung. Der Rechtsanwalt aber wird auch wider seinen Willen Mitglied einer AK. und verbleibt es, solange er überhaupt Rechtsanwalt ist. Anm. 20.

a) Die Erhebung eines besonderen Eintrittsgeldes für neue Kammermitglieder, wie es Naumburg in § 18 Abs. 1 Satz 1 kennt, hält Reuling 24 nicht für statthaft. Dies scheint uns nicht begründet zu sein. Anm. 21.

b) Der Eintritt oder Austritt eines Rechtsanwalts im Laufe eines Geschäftsjahres berechtigt das betreffende Mitglied an sich nicht, den für das Geschäftsjahr bemessenen Beitrag nur teilweise zu entrichten. Ebenso: BreslauAK. 05 9, 10 (AG. Breslau 7. 12. 04, LG. Breslau 21. 3. 05). Einzelne Geschäftsordnungen (nicht Breslau) bestimmen dies besonders. Die Geschäftsordnungen können aber auch gegenteilige Bestimmungen treffen, wie dies Hamm § 20 Abs. 2, Cöln § 28 Satz 2, Düsseldorf § 28 Satz 2 tun. Anm. 22.

3. Die Bestimmung der Höhe des Beitrags kann allgemein durch die Geschäftsordnung vorbehaltlich erforderlich werdender Erhöhung für einzelne Geschäftsjahre, sie kann für mehrere Geschäftsjahre oder für jedes Geschäftsjahr erfolgen. Jedes dieser Systeme ist in den Geschäftsordnungen vertreten. Soweit überhaupt Bestimmungen fehlen, muß die Festsetzung des Beitrags alljährlich erfolgen (Reuling 24): natürlich vorbehaltlich des Rechts der Kammerversammlung, den Beitrag für eine bestimmte Anzahl von Jahren im voraus zu bestimmen. Ob die Bestimmung des nicht generell festgesetzten Beitrages für das verflossene oder das kommende Geschäftsjahr zu bewirken ist, hat die AK. nach freiem Belieben zu entscheiden. Anm. 23.

4. Die AK. bestimmt auch, wann der Beitrag zu zahlen, und ob er auf einmal oder in Raten zu entrichten sei. Auch insoweit greifen die Bestimmungen einiger Geschäftsordnungen ein. Fehlen solche, und besagt in dieser Beziehung auch der spezielle Beschluß der AK. nichts Näheres, so ist anzunehmen, daß alsbald der ganze Beitrag zu zahlen ist und zwar im Zweifel ohne besondere Aufforderung des AKV. Anm. 24.

5. Für die Beitreibung rückständiger Mitgliederbeiträge steht den Anwaltskammern nicht, wie den Innungen (GewO. § 89 Abs. 3), das landesrechtliche Verwaltungszwangsverfahren zur Verfügung. Sie sind vielmehr auf Klage im Zivilprozeß verwiesen. Eine Änderung des geltenden Rechts dürfte Anm. 25.

insoweit wohl angebracht sein, mag auch eine nicht durch besondere Umstände entschuldigte Säumnis bei Entrichtung des Beitrags den Rechtsanwalt schon jetzt ehrengerichtlich strafbar machen — EGH. **10** 160 (21. 12. 01), 165 (13. 3. 01); **11** 188 (14. 1. 03) —, und eben hierin ein Antrieb zur pünktlichen Bezahlung liegen.

Anm. 26. **V. Zu Ziffer 3 (Prüfung und Abnahme der seitens des Vorstandes zu legenden Rechnung).** 1. Zur Erleichterung dieser ihr zugewiesenen Aufgabe kann die Kammerversammlung in mannigfacher Weise vorgehen.

Anm. 27. a) Die AK. kann eine Vorprüfung durch ein Vorstandsmitglied vornehmen lassen, wie dies Stettin a § 30 Abs. 2 vorsieht.

Anm. 28. b) Sie kann rechtzeitig vor dem Tage der Kammerversammlung die vom Vorstande gelegte Rechnung zur Einsicht der Kammermitglieder offenlegen, was verschiedene Geschäftsordnungen vorschreiben.

Anm. 29. c) Die AK. kann ferner einen besonderen Ausschuß zur Prüfung der Rechnung einsetzen oder die Rechnung durch besondere Revisoren prüfen lassen. Diese Revisoren erscheinen in zahlreichen Geschäftsordnungen als periodisch zu wählende Korporationsbeamte. Die Zulässigkeit einer solchen nur im inneren Korporationsleben der AK. sich betätigenden Institution ist nicht zu beanstanden, ihre Zweckmäßigkeit liegt auf der Hand. Natürlich können zu Revisoren nur Kammermitglieder gewählt werden.

Anm. 30. 2. Die Prüfung und Abnahme der Rechnung liegt stets der Kammerversammlung selbst ob. Die vorbehaltlose Abnahme enthält zugleich die Entlastung des Vorstandes, wenn es auch zweckmäßig ist, diese ausdrücklich auszusprechen.

§ 49.

Der Vorstand hat

1. die Aufsicht über die Erfüllung der den Mitgliedern der Kammer obliegenden Pflichten zu üben und die ehrengerichtliche Strafgewalt zu handhaben;
2. Streitigkeiten unter den Mitgliedern der Kammer auf Antrag zu vermitteln;
3. Streitigkeiten aus dem Auftragsverhältnisse zwischen einem Mitgliede der Kammer und dem Auftraggeber auf Antrag des letzteren zu vermitteln;
4. Gutachten, welche von der Landesjustizverwaltung, sowie solche, welche in Streitigkeiten zwischen einem Mitgliede der Kammer und seinem Auftraggeber von den Gerichten erfordert werden, zu erstatten;
5. das Vermögen der Kammer zu verwalten und derselben über die Verwaltung jährlich Rechnung zu legen.

Der Vorstand kann die in Nr. 2, 3 bezeichneten Geschäfte einzelnen seiner Mitglieder übertragen.

Anm. 1. **I. Inhalt.** Der Paragraph regelt den Geschäftskreis des Vorstandes.

Anm. 2. **II. Zu Ziffer 1.** 1. Der Vorstand hat

a) die Aufsicht über die Erfüllung der den Mitgliedern der Kammer obliegenden Pflichten zu üben und

b) die ehrengerichtliche Strafgewalt zu handhaben.

Beide Funktionen fallen, wie das sie verbindende Wörtchen „und" beweist, nicht zusammen. Ebenso die herrschende Ansicht. A. M. JW. **82** 169 (OLG. Marienwerder, ohne Datum), wonach jeder Verstoß gegen § 28 nur ehrengerichtlich geahndet werden kann. Zweifelnd HansOLG. 687, 688 (19. 2. 95). Nur der zu a gedachten Tätigkeit ist hier näher zu treten, die zu b erwähnte ist im Abschnitte IV zu behandeln.

2. Das Aufsichtsrecht macht den AKV. nicht zum Vorgesetzten der Kammermitglieder (EGH. **4** 200 — 8. 5. 88 —; Berger § 49 Anm. 2; Sydow-Jacobsohn § 49 Anm. 1), aber es gibt ihm den Kammermitgliedern gegenüber eine Stellung ähnlich derjenigen, welche die Disziplinarbehörde im Verhältnis zum Beamten hat, wie denn auch der AKV. bei Ausübung seines Aufsichtsrechts von Reuling 27 und vom EGH. **10** 220 (22. 5. 00) direkt als Disziplinarbehörde bezeichnet wird. Anm. 3.

3. Die Aufsicht des AKV. geht so weit, wie der Pflichtenkreis des RA. innerhalb und außerhalb seines Berufes reicht. Es darf dieserhalb auf die Erläuterungen zu § 28 verwiesen werden. Anm. 4.

4. Erhält der AKV. Kunde davon, daß ein Kammermitglied seine Pflichten nicht erfüllt, so hat er, ohne an besondere Verfahrensvorschriften gebunden zu sein, den Sachverhalt aufzuklären. Vgl. v. Wilmowski JW. **81** 126; OLG. **8** 162 (KG. 25. 1. 04). Zu diesem Zwecke kann er das Mitglied zur Vernehmung vorladen, von ihm mündliche oder schriftliche Aufschlüsse über bestimmte Punkte verlangen und zur Erlangung solcher Aufschlüsse auch weitere Anordnungen erlassen, z. B. die Vorlage von Handakten begehren. Vgl. EGH. **8** 103 ff. (31. 3. 97). Anm. 5.

Zu all dem ist der AKV. auf Grund des § 58 befugt, und dieser Paragraph gibt ihm gleichzeitig erhebliche Zwangsmittel an die Hand, um die verlangten Auskünfte zu erhalten. Nicht minder steht es dem AKV. zu, andere Personen um Auskünfte anzugehen. Eine Pflicht zur Erteilung von Antworten besteht indessen insoweit nicht, auch hat der AKV. kein Zeugniszwangsrecht. Der AKV. hat auch weder den Amtsgerichten noch anderen Behörden gegenüber ein Recht auf Vornahme von Vernehmungen. Vgl. PrJMVf. 25. 8. 87 bei Müller JV. **1** 163; AKJahrB. **03** 12. (In dem EGH. **4** 288 erwähnten Falle scheint das AG. dem Ersuchen des AKV. um Vernehmung des betreffenden RA. durch dessen allerdings vergebliche Vorladung entsprochen zu haben). Es wird aber solcher Vernehmungen auch im allgemeinen nicht bedürfen: die Pflicht der Kammermitglieder zur Auskunftserteilung — unwahre Angaben sind (vgl. § 58 Anm. 9) ehrengerichtlich strafbar — wird regelmäßig vollkommen zur Klärung des Sachverhalts genügen. Anm. 6.

5. Ist die Sachlage genügend klargestellt, so kann das Ergebnis verschieden sein: Anm. 7.

a) Es stellt sich heraus, daß der RA. die ihm obliegenden Pflichten erfüllt hat. In diesem Falle wird der AKV. den etwaigen Anzeiger ablehnend zu bescheiden (vgl. v. Wilmowski JW. **81** 126) und in der Regel auch das Kammermitglied davon zu verständigen haben, daß zu einem Einschreiten von Aufsichts wegen kein Anlaß bestehe. Wenn dagegen von vornherein eine Anzeige sich als unbegründet erweist, pflegt eine besondere Mitteilung an den RA. nicht zu ergehen.

b) Findet der Vorstand, daß der RA. seine Pflichten nicht erfüllt hat, und ist er der Ansicht, daß diese Nichterfüllung ehrengerichtlich strafbar ist, so hat er die entstandenen Verhandlungen unter Darlegung seiner Auffassung von der Sache der Staatsanwaltschaft bei dem Oberlandesgerichte (bzw. bei dem Reichsgerichte) zu übersenden, damit diese die Klage zwecks Einleitung des ehrengerichtlichen Verfahrens erhebe. Der AKV. würde pflichtwidrig handeln, wollte er in einem solchen Falle sich auf die Maßregeln, die ihm kraft des Aufsichtsrechts zustehen Anm. 8.

(vgl. Anm. 11), beschränken — EGH. **6** 9 (11. 1. 93); Berger § 49 Anm. 3 —: es sei denn, daß § 65 Abs. 3 eingreift, bei dessen Vorliegen (vgl. § 65 Anm. 24) die Einleitung des ehrengerichtlichen Verfahrens von dem freien Ermessen des EG. abhängt.

Anm. 9. Aus dem Gesagten ergibt sich, daß die Einleitung des ehrengerichtlichen Verfahrens bis zu dessen Beendigung das Einschreiten kraft Aufsichtsrechts ausschließt — EGH. **4** 239 (6. 11. 89); HansOLG. 687, 688 (19. 2. 95); Meyer § 49 Anm. 1; Berger § 49 Anm. 3; Sydow-Jacobsohn § 49 Anm. 1 —, während solches Einschreiten einem späteren ehrengerichtlichen Verfahren nicht entgegensteht. Ebenso: EGH. **4** 65/6 (26. 6. 89); **6** 10 (11. 1. 93); **12** 10 (30. 1. 04); Berger und Sydow-Jacobsohn a. a. O.

Anm. 10. c) Ergibt die Prüfung zwar, daß das Mitglied seinen Pflichten nicht vollkommen nachgekommen ist, erscheint aber das Verhalten nicht als ehrengerichtlich strafbar, so ist der Fall eines Einschreitens kraft Aufsichtsrechts gegeben (vgl. dazu § 62 Anm. 5).

Anm. 11. 6. Dieses Eingreifen kann (vgl. auch § 40 Anm. 4) nicht dahin erfolgen, daß der AKV. dem Kammermitgliede gegen dessen Willen und Überzeugung die Vornahme bestimmter Handlungen auferlegt. Ebenso EGH. **1** 199 (6. 12. 82); Meyer und Sydow-Jacobsohn § 49 Anm. 1; Berger § 49 Anm. 2. Bedenklich JW. **94** 610 (OLG. Dresden 18. 9. 93), wo der AKV. die Macht erhält, zur Abstellung wahrgenommener Ordnungswidrigkeiten bestimmte Anweisungen an den RA. zu erteilen. Wohl aber kann der Vorstand in eine Kritik des Verhaltens des Kammermitglieds eintreten, es zur Pflichterfüllung ermahnen und die mangelnde Pflichterfüllung rügen oder mißbilligen. Ebenso Meyer und Sydow-Jacobsohn § 49 Anm. 1; Berger § 49 Anm. 3; Wreschner KGBl. **04** 1/5; May JW. **80** 177; v. Wilmowski JW. **81** 126; EGH. **6** 8 (11. 1. 93), **9** 216 (8. 11. 99); AKJahrB. **85** 6 (OLG. München 18. 4. 84 unter Aufgabe seiner früheren Ansicht), **86** 7 (AKV. Rostock), **03** 8 (OLG. Hamburg); PrJMBl. **87** 95/6 (KG. 13. 12. 86); JW. **94** 610 (OLG. Dresden 18. 9. 93); OLG. **8** 160/1 (KG. 25. 1. 04). A. M.: OLG. Marienwerder a. a. O.

Anm. 12. Gegen einen derartigen Beschluß des Vorstandes steht dem betreffenden RA. nur die Anrufung der Entscheidung des OLG. bzw. des RG. nach § 59 Abs. 2 offen (Berger, Sydow-Jacobsohn, Wreschner a. a. O.; EGH. **6** 8 — 11. 1. 93 —), ein Rechtsbehelf, der wenig wertvoll ist, da das OLG. bzw. RG. in die materielle Sachbeurteilung nicht eingreifen darf. OLG. **8** 162 (KG. 25. 1. 04) führt Fälle an, in denen ein Erfolg von der Anrufung des OLG. zu gewärtigen ist. Vgl. auch AKJahrB. **03** 8 (OLG. Hamburg): Aufhebung eines Vorstandsbeschlusses, durch den einem RA. eine „ernste Rüge" erteilt war, worin das OLG. mehr als eine Warnung, also eine ehrengerichtliche Strafe, sah (nicht unbedenklich).

Ein Recht auf Einleitung des ehrengerichtlichen Verfahrens hat das Kammermitglied nicht (Berger, Sydow-Jacobsohn, Wreschner a. a. O.; EGH. **6** 9/10 — 11. 1. 93 —, vgl. dagegen § 3 Abs. 4 PrÄrztEGG.). Es steht also nach geltendem Rechte dem Mißbilligungsbeschlusse so gut wie schutzlos gegenüber. Mit Recht hat sich deshalb der 10. Deutsche Anwaltstag (1887) dafür ausgesprochen (JW. **87** 397), dem Rechtsanwalt gegen einen solchen Beschluß eine Beschwerde zu gewähren, und es muß auch der weitere Vorschlag (a. a. O.), über die Beschwerde solle der EGH. nach vorgängiger mündlicher Verhandlung entscheiden, für durchaus sachgemäß erachtet werden.

In eigenartiger Weise hat Marienwerder § 24 versucht, die Anfechtung eines Mißbilligungsbeschlusses zu ermöglichen. Nach dem gedachten § 24 ist bei jeder mißbilligenden Eröffnung anzugeben, ob sie in einer Versammlung oder auf Grund schriftlicher Abstimmung beschlossen ist. „Im letzteren Falle muß, wenn dies von dem betroffenen Mitgliede binnen einer Woche beantragt wird, nochmalige Beschlußfassung in einer Versammlung des Vorstandes erfolgen, bei der dem Beteiligten Gelegenheit zu weiterer schriftlicher oder mündlicher Rechtfertigung zu geben ist." Diese Bestimmung verstößt in verschiedenen Beziehungen wider das Gesetz. Einmal räumt sie dem durch schriftliche Abstimmung zustande gekommenen Beschlusse eine geringere Wirkung als dem in der Versammlung des Vorstandes gefaßten ein, was dem Gesetze, insbesondere § 55 Abs. 2, in keiner Weise entspricht. Dann gibt die Bestimmung für ihren Bereich den Kammermitgliedern ein Recht auf eine bestimmte Art der Beschlußfassung des Vorstandes, obwohl doch dies lediglich innere Angelegenheit des letzteren ist. Ferner gewährt sie dem Kammermitgliede das Recht, vom Vorstande eine nochmalige Prüfung einer von diesem bereits durch Beschluß erledigten Angelegenheit zu verlangen, und verleiht ihm einen Anspruch darauf, vor Erlaß des Mißbilligungsbeschlusses gehört zu werden: beide Rechte kennt das Gesetz nicht, und es fehlt in ihm jeder Anhalt dafür, daß die Geschäftsordnung sie schaffen könnte.

7. Der Aufsichtsgewalt des AKV. unterliegen die sämtlichen Kammermitglieder, Anm. 13.
aber auch nur sie. Mit der Kammermitgliedschaft erlischt auch das Aufsichtsrecht des AKV. Maßgebend ist, ob zur Zeit des Einschreitens von Aufsichts wegen die Kammermitgliedschaft besteht. Daß sie zur Zeit bestand, als die zur Klärung des Sachverhalts erforderlichen Ermittlungen angestellt wurden, genügt nicht: gegen eine Person, die zur Zeit der Fassung des Vorstandsbeschlusses nicht mehr Kammermitglied ist, versagt die Macht des AKV. A. M. Löwenstein JW. **94** 79/80. Eine analoge Anwendung des § 68 in dem Sinne, daß durch Anstellung von Ermittlungen ꝛc., um Klarheit darüber zu gewinnen, ob von dem Aufsichtsrechte Gebrauch zu machen ist, die Zuständigkeit des betreffenden AKV. dauernd begründet werde, läßt sich nicht rechtfertigen. Die Gründe, die es geboten erscheinen lassen, ein ehrengerichtliches Verfahren auch nach Erlöschen der Eigenschaft als Anwalt fortzusetzen (vgl. darüber § 68 Anm. 10), können hier nicht in Betracht kommen. Dann aber muß zur Beantwortung der Frage das Beamtenrecht entsprechend angewendet werden; es ergibt die gedachte Lösung. O. Mayer, VerwR. **2** 247.

Wird der Rechtsanwalt demnächst Mitglied einer anderen AK., so hat deren Anm. 14.
Vorstand nicht die Möglichkeit, gegen den Rechtsanwalt wegen seines früheren Verhaltens im Aufsichtswege vorzugehen: denn die Aufsichtsgewalt beginnt erst mit der Begründung der Kammermitgliedschaft, sie kann also auch nicht Vorgänge aus einer früheren Zeit ergreifen. Analoge Verhältnisse sind übrigens im Beamtenrechte nichts Seltenes: man denke nur an den Fall, daß ein Beamter aus dem Dienst einer Gemeinde in den einer anderen Gemeinde tritt. O. Mayer a. a. O.

8. Die Aufsichtsgewalt der Ziff. 1 ist dazu da, um über die Erfüllung der Anm. 15.
den Kammermitgliedern obliegenden Pflichten zu wachen, nicht um den Mitgliedern die Prüfung, wie sie sich zu verhalten haben, abzunehmen. Die Erteilung allgemeiner Direktiven hat vielmehr der AKV. abzulehnen. AKJahrB. **87** 8, **94** 10.

III. Zu Ziff. 2 und 3 (Vermittelung von Streitigkeiten)*). 1. Beide Ziffern Anm. 16.
weisen dem AKV. eine Vermittlungstätigkeit zu und zwar Ziff. 2 betreffs der unter den Mitgliedern der Kammer aus Anlaß der Berufsausübung oder

*) Die von Sydow-Jacobsohn § 49 Anm. 4 zitierte Bestimmung des BayAGZPOKO. 23. 2. 79 (GVBl. 63) Art. 86, welche die gemäß § 49 RAO. vermittelten Vergleiche als rechtsförmliche Vergleiche im Sinne des Kapitels XVII § 1 der bayer. Gerichtsordnung gelten läßt, ist durch BayAGBGB. 9. 6. 99 Art. 166 XVI aufgehoben.

ohne solchen Anlaß (Mot. 71; Meyer § 49 Anm. 2; Berger § 49 Anm. 5; Sydow-Jacobsohn § 49 Anm. 3) entstandenen Streitigkeiten und Ziff. 3 betreffs der Streitigkeiten aus dem „Auftragsverhältnisse" zwischen einem Mitgliede der Kammer und dem „Auftraggeber".

Anm. 17. 2. Die Vermittlungstätigkeit setzt einen Antrag voraus, den im Falle der Ziff. 2 jedes der beteiligten Kammermitglieder (Mot. und Meyer a. a. O.; Reuling 27), im Falle der Ziff. 3 nur der „Auftraggeber" stellen kann. An Formvorschriften ist der Antrag nicht gebunden.

Anm. 18. 3. Im Falle der Ziff. 3 steht es dem Antragsberechtigten völlig frei, ob er den AKV. angehen oder sein Recht im Prozeßwege suchen will. In den Fällen der Ziff. 2 wird es dagegen regelmäßig für die Kammermitglieder angezeigt sein, die Vermittlungstätigkeit des AKV. in Anspruch zu nehmen. Vgl. EGH. **9** 234 (2. 3. 98), 238 (28. 9. 98); **11** 232/3 (30. 6. 02).

Anm. 19. 4. Dafür, daß der Gegner des Antragstellers die Vermittlungstätigkeit nicht dadurch unmöglich macht, daß er sich ihr entzieht, sorgt der auch hier anwendbare § 58.

Anm. 20. 5. Gelingt eine Beilegung der Streitigkeit, so steht auffälligerweise dem AKV. die Befugnis, einen vollstreckbaren Vergleich zu beurkunden, nicht zu.

Anm. 21. 6. Wegen Übertragung der Vermittlungstätigkeit an einzelne Mitglieder des AKV. vgl. Anm. 32 ff.

Anm. 22. **IV. Zu Ziffer 4 (Gutachten).** 1. Der AKV. ist verpflichtet, in gewissen Fällen Gutachten zu erstatten.

Anm. 23. a) Er hat die Gutachten zu erstatten, welche die LJV. erfordert, gleichgültig ob ihre Einholung gesetzlich vorgeschrieben ist oder ohne solche Vorschrift von der LJV. für angemessen gehalten wird (Mot. 71; Meyer § 49 Anm. 5; Reuling 27).

Anm. 24. b) Nur in beschränktem Umfange ist der AKV. zur Erstattung von Gutachten auf Verlangen der Gerichte verpflichtet. Verbunden hiezu ist er nur in bürgerlichen Rechtsstreitigkeiten, und nur, wenn diese zwischen einem Kammermitgliede und dessen „Auftraggeber" schweben. Insoweit aber gilt die Pflicht zur Abgabe eines Gutachtens allen deutschen Gerichten („den Gerichten") gegenüber (Reuling 27). Die fraglichen Rechtsstreitigkeiten müssen Ansprüche aus dem „Auftragsverhältnisse" betreffen, das Kammermitglied kann dabei als Kläger oder Beklagter in Betracht kommen. Einen besonderen einschlägigen Fall regelt § 93 Abs. 4 RAGebO.

Anm. 25. 2. Zur Erstattung von Gutachten in anderen Fällen ist der AKV. berechtigt, aber nicht verpflichtet.

Anm. 26. **V. Zu Ziffer 5 (Vermögensverwaltung).** 1. Der AKV. hat das Vermögen der Kammer zu verwalten.

Anm. 27. a) Das Gesetz läßt es an allen näheren Vorschriften über diese Verwaltung fehlen. Die Geschäftsordnungen enthalten nur vereinzelte einschlägige Bestimmungen.

Anm. 28. b) Der Vorstand hat also namentlich bezüglich der Anlage des Vermögens freie Hand; daß sie unbedingt mündelsicher erfolgen müßte, ist (vorbehaltlich besonderer durch die Kammerversammlung getroffener Anordnung, die natürlich auch in der Geschäftsordnung enthalten sein kann) nicht zu verlangen.

Anm. 29. c) Einzuhalten hat der AKV. bei der Vermögensverwaltung die von der Kammer nach § 48 Ziff. 2 gefaßten Beschlüsse, er hat insbesondere auch für den Eingang der Mitgliederbeiträge Sorge zu tragen. Vgl. EGH. **10** 165 (13. 3. 01).

Anm. 30. d) Zur Vermögensverwaltung gehört auch die nach §§ 89, 42 Abs. 2 BGB. für den Fall der Überschuldung der AK. — es sei denn, daß landesgesetzlich die

Konkurseröffnung ausgeschlossen ist — dem AKV. obliegende Pflicht, die Eröffnung des Konkurses zu beantragen bei Meidung der a. a. O. gedachten Schadenshaftung.

2. Der Vorstand hat der Kammer über die Verwaltung jährlich Rechnung zu legen. Anm. 31.

VI. Übertragung von Vorstandsgeschäften an einzelne Mitglieder und Vorprüfung. 1. Der AKV. kann die in den Ziff. 2 und 3 bezeichnete Vermittlungstätigkeit einzelnen seiner Mitglieder übertragen. Die Mitglieder sind verpflichtet, sich der übertragenen Tätigkeit zu unterziehen. Zum Vermittlungskommissar kann auch der Vorsitzende bestellt werden. Ebenso: EGH. **3** 184 (16. 12. 87); Meyer § 58 Anm. 1; Berger § 58 Anm. 3. Anm. 32.

a) Die Übertragung kann allgemein oder für den bestimmten Fall erfolgen (Motive 72; Meyer § 49 Anm. 3; Reuling 41). Die allgemeine Übertragung, von der vielfach Gebrauch gemacht worden, ist, selbst wenn die Geschäftsordnung dies nicht ausdrücklich vorsieht, jederzeit durch Beschluß des AKV. widerruflich. Sie kann aber auch für den einzelnen Fall durch Bestellung eines speziellen Vermittlungskommissars außer Anwendung gesetzt werden. Anm. 33.

Über die komplizierten in Hamburg und Darmstadt wegen der Übertragung der Vermittlungstätigkeit bestehenden Einrichtungen siehe die Ausführungen bei Reuling 41/2. Anm. 34.

b) Den Vermittlungskommissaren stehen die Befugnisse des § 58 wie dem AKV. selbst zu (§ 58 Abs. 1). Anm. 35.

2. Vorprüfung. Von der Übertragung nach § 49 Abs. 2, die nur in den Fällen der Ziff. 2 und 3 zulässig ist, ist eine Einrichtung zu unterscheiden, die sich in einzelnen Geschäftsordnungen findet. Danach können die an sich der Beschlußfassung des Vorstandes unterliegenden Anträge rc. einem oder mehreren Vorstandsmitgliedern zur Vorprüfung der Frage überwiesen werden, ob diese Anträge einer Beschlußfassung des Vorstandes zu unterbreiten oder als hiezu ungeeignet zurückzuweisen seien. Handelt es sich dabei um das Verlangen eines Vorgehens nach § 49 Ziff. 1, steht also lediglich die Anregung einer von Amts wegen zu betreibenden Tätigkeit in Frage, so muß der Anzeiger rc. sich mit der Abweisung durch die delegierten Mitglieder begnügen (Reuling 39). Freilich bleibt trotz der einschlägigen Bestimmungen der Geschäftsordnung der Vorstand jederzeit berechtigt, alle oder einzelne derartige Eingaben selbst zu prüfen (Reuling a. a. O.). Anm. 36.

Handelt es sich dagegen um die Vermittlungstätigkeit des Vorstandes, so braucht der Antragsteller sich bei einem abweisenden Bescheide der delegierten Mitglieder*) nicht zu beruhigen. Er kann eine Beschlußfassung des AKV. verlangen, auf dessen Tätigwerden er bei genügender Klarlegung der zu vermittelnden Streitigkeit ein Recht hat (Reuling a. a. O.). Anm. 37.

Auch ohne Ermächtigung durch die Geschäftsordnung kann der AKV., wie dies in Hamburg geschehen ist (AKJahrB. **89** 7), gleiche Einrichtungen einführen, deren Wirkung aber natürlich auch nicht weiter reicht, als erwähnt. Anm. 38.

VII. Mitgliederliste. Für Kammer und Vorstand ist es zur Ausübung ihrer Rechte von Bedeutung, über den Mitgliederbestand dauernd auf dem laufenden zu bleiben. Zweckmäßigerweise sehen deshalb viele Geschäftsordnungen die Führung einer Mitgliederliste durch den AKV. vor und statuieren dieserhalb eine Anmeldungspflicht für die Mitglieder. Anm. 39.

---

*) Die delegierten Mitglieder sind nicht etwa in den Fällen der Ziff. 2 und 3 als beauftragte Mitglieder im Sinne des § 49 Abs. 2 zu behandeln: denn durch die Beauftragung eines Mitglieds erkennt ja der AKV. gerade an, daß kein Hindernis besteht, dem Antrag auf Vermittlung materiell näher zu treten.

§ 50.

Der Vorstand sowie die Kammer ist berechtigt, Vorstellungen und Anträge, welche das Interesse der Rechtspflege oder der Rechtsanwaltschaft betreffen, an die Landesjustizverwaltung zu richten.

Der durch die RTKomm. eingefügte Paragraph enthält, wie Reuling 27/8 mit Recht bemerkt, nicht nur die Normierung eines Petitionsrechts, er erweitert vielmehr die in den §§ 48, 49 geregelten Aufgaben der AK. und des AKV. und macht damit den Gebrauch der zugewiesenen öffentlichrechtlichen Befugnis zu einer öffentlichrechtlichen Pflicht, wenn auch hinter dieser Pflicht ein Zwang nicht steht. Einer besonderen Erläuterung bedarf der Paragraph nicht.

§ 51.

Die Geschäfte des Vorstandes werden von den Mitgliedern unentgeltlich geführt; baare Auslagen werden ihnen erstattet.

Anm. 1. **I. Inhalt**. Die Vorstandsmitglieder versehen ihre einschlägige Tätigkeit wie die eines Ehrenamts. Deshalb versagt ihnen § 51 ein Entgelt für ihre Mühewaltung und läßt nur Erstattung der baren Auslagen zu.

Anm. 2. **II. Die Geschäfte des Vorstandes werden von den Mitgliedern unentgeltlich geführt.**

Anm. 3. 1. Es gilt dies von den Geschäften, die die Stellen des § 46, wie von denjenigen, welche die Zugehörigkeit zum Ehrengericht mit sich bringen. Es trifft aber ebenso bezüglich des sonstigen Mitwirkens im Vorstande zu.

Anm. 4. 2. Jede Art der Vergütung ist unstatthaft. Dagegen ist es natürlich durchaus zulässig, den Vorstandsmitgliedern die für Erledigung der Vorstandsgeschäfte erforderlichen Schreibmaterialien und sonstigen Bureaubedürfnisse in Natur zur Verfügung zu stellen, um es den Vorstandsmitgliedern zu ersparen, erst Auslagen für die AK. zu machen.

Anm. 5. **III. Nicht alle Auslagen aus Anlaß der Führung der Vorstandsgeschäfte werden den Vorstandsmitgliedern von der AK. erstattet. Das Gesetz schränkt vielmehr die Erstattung auf „bare Auslagen" ein.** Die Motive 72 heben dazu hervor: „Mit der in dem Vertrauen der Standesgenossen begründeten Ehrenstellung der Mitglieder des Vorstandes erscheint eine über den Ersatz der baren Auslagen hinausgehende Vergütung nicht wohl vereinbar." Daran schließt sich u. a. die Erwähnung früherer Gesetze, die teils neben den baren Auslagen auch die „Reisekosten" erstatten ließen, teils außer den Reisekosten auch noch Tagegelder bewilligten. Hienach ist ein Zweifel darüber nicht möglich, daß das Gesetz eben nur die baren Auslagen, nicht auch sonstige Auslagen erstattet wissen will.

Anm. 6. 1. Bezüglich des *Begriffs der baren Auslagen* behaupten Meyer Anm. zu § 51 und Sydow-Jacobsohn § 51 Anm. 1, das Gesetz bestimme diesen Begriff nicht und überlasse die Definition der Geschäftsordnung (Sydow-Jacobsohn) oder — was gleichbedeutend ist — der Autonomie der Kammer (Meyer). Dann wäre also die Bestimmung des Halbsatzes 2 ohne eine ergänzende Norm der Geschäftsordnung völlig inhaltsleer, und an solchen Normen fehlt es in einer Reihe von Geschäftsordnungen: die Mitglieder eines solchen AKV. hätten also keinerlei Auslagenersatz zu gewärtigen. Wenn ferner die Geschäftsordnung in der Lage wäre, den Begriff der baren Auslagen authentisch zu interpretieren, so könnte sie auf diese Weise den Halbsatz 1 des § 51 einfach in sein Gegenteil verkehren. Diese beiden unabweisbaren Folgen zeigen, daß der Ausgangspunkt von Meyer und Sydow-Jacobsohn nicht richtig sein kann.

Daß er nicht richtig ist, läßt sich auch anderweit unschwer dartun.

Der Begriff der Auslagen kehrt in den Reichsjustizgesetzen, zu denen doch auch die RAO. gehört, so häufig wieder, daß sich nicht wohl sagen läßt, er sei seinem Inhalte nach nicht feststehend. Auch die „baren Auslagen" begegnen in den Reichsjustizgesetzen sehr häufig, z. B. in § 165 Abs. 1 GVG., § 115 Ziff. 1 ZPO., §§ 85, 91 KO., und die RAO. selbst gebraucht den Ausdruck auch in § 94 Abs. 1. Bezüglich keiner anderen Gesetzesstelle findet sich in der Literatur die Behauptung, das Gesetz lasse nicht erkennen, was es unter baren Auslagen verstehe. Weshalb § 51 RAO. hier eine besondere Stellung einnehmen soll, ist nicht abzusehen. Anm. 7.

Die Begriffsbestimmung bietet aber auch keine Schwierigkeiten. Wie RGZ. **21** 351, 353 (VZS. 9. 4. 88) unter Auslagen des Rechtsanwalts im Sinne der RAGebO. „die von einem Rechtsanwalte (in und bei Ausführung des ihm erteilten Auftrages zu einer Berufstätigkeit) aus seinem Vermögen gemachten Aufwendungen" oder „die Vermögensaufopferungen des Bevollmächtigten in, bei und zur Ausführung des Auftrages" begreift, so sind unter Auslagen der Vorstandsmitglieder die von ihnen in, bei und zur Führung der Vorstandsgeschäfte aus ihrem Vermögen gemachten Aufwendungen zu verstehen. Nun können im allgemeinen die als Auslagen in Betracht kommenden Vermögensaufwendungen „ebensogut in dem Preisgeben eines Gewinnes, als in der Verlegung baren Geldes oder in der Übernahme von Verbindlichkeiten bestehen" (RGZ. **21** 353), und die Sätze des § 78 RAGebO. berücksichtigen gerade auch die erstgedachte Kategorie von Auslagen (RG. a. a. O.). Dagegen sind bare Auslagen nur diejenigen, welche in der Aufwendung von barem Gelde bestehen. Dem baren Gelde steht gleich, was im Verkehr als dem Gelde gleichwertiges Zahlungsmittel angesehen wird. Anm. 8.

2. Tritt man nunmehr den Einzelfragen näher und zieht dabei die Bestimmungen der Geschäftsordnungen heran, so stehen im Vordergrunde des Interesses Anm. 9.

a) die den Vorstandsmitgliedern bei Ausübung der ehrengerichtlichen oder der sonstigen Vorstandstätigkeit entstehenden Reisekosten.

Gesetzwidrig sind diejenigen Bestimmungen, die eine Liquidation nach der RAGebO. anordnen, nicht minder diejenigen, die zwar nicht die Sätze der RAGebO. zur Anwendung bringen, aber doch auch neben dem Fahrgeld noch Tagegelder bewilligen. Anm. 10.

Unstatthaft ist es ferner, für den Kilometer einen bestimmten Betrag in Ansatz zu bringen ohne Rücksicht darauf, ob der Fahrpreis nicht ein geringerer war, als die Summe der Kilometergelder, oder den Ersatz des Billetts einer bestimmten Wagenklasse zuzubilligen, ganz gleichgültig, in welcher Klasse tatsächlich die Reise zurückgelegt wurde. Anm. 11.

Erstattungsfähig sind vielmehr nur die wirklich aufgewandten Reisekosten. Ebenso: Kayser, Reichsjustizgesetze[5] Anm. zu § 51 RAO.; Sydow-Mosler § 51 Anm. 1. Anm. 12.

b) Bei dem Ersatze der den Vorstandsmitgliedern durch die Erledigung der Vorstandsgeschäfte erwachsenden speziellen Bureaukosten handelt es sich zweifellos um Erstattung barer Auslagen. Schwierigkeiten bereitet hier nur die Feststellung des zu erstattenden Betrags. Schätzungen sind dabei nicht zu umgehen, aber auch unbedenklich: es handelt sich nicht wie bei den unter a besprochenen Bestimmungen um Ersatz nicht barer Auslagen, sondern um Ersatz solcher barer Auslagen, die genau zu berechnen kaum möglich ist, die aber darum doch nicht aufhören, bare Auslagen zu sein. Anm. 13.

Es ist danach zulässig, für Schreibgebühren in der Geschäftsordnung, wie dies Oldenburg tut, bestimmte Sätze zu normieren, die wohl angemessenerweise über die in § 76 RAGebO. für anwendbar erklärten Sätze des § 80 GKG. nicht hinausgehen werden.

Anm. 15. Dagegen erscheint es bedenklich, den mit solchen Bureaukosten belasteten Vorstandsmitgliedern (d. h. in praxi dem Vorsitzenden und dem Schriftführer) für die Bureaukosten eine Bauschsumme zu gewähren, wie dies z. B. Naumburg § 14 tut: denn diese verfällt ohne Rücksicht auf den wirklichen Aufwand.

Anm. 16. c) Das Gesetz billigt die Erstattung der baren Auslagen zu. Selbstverständlich besteht aber auch hier ein Maß, über das nicht hinausgegangen werden darf. Die Auslagen müssen sich in sachgemäßen Grenzen halten: die Kosten einer ohne Grund in der ersten Wagenklasse zurückgelegten Reise sind nicht voll erstattungsfähig.

Anm. 17. d) Die Bestimmung von Oldenburg, wonach die Aufrechnung gegen die Mitgliederbeiträge mit Forderungen an die Kasse der AK. ausgeschlossen ist, und Ansprüche der Anwälte an diese Kasse erlöschen, wenn sie nicht vor Ende des nächsten Rechnungsjahres angemeldet sind, sind jedenfalls insoweit ohne verbindliche Kraft, als Ansprüche auf Grund des § 51 in Frage stehen. Vgl. Reuling 29.

Anm. 18. 3. Die Auslagen sind nur ersatzfähig, wenn sie in, bei und zur Ausführung der Vorstandsgeschäfte geschehen. Das ist nicht der Fall, wenn sie lediglich durch Teilnahme der Vorstandsmitglieder an den Kammerversammlungen entstehen: diese Teilnahme hat mit der Führung der Vorstandsgeschäfte nichts zu tun, sie ist lediglich Wahrnehmung der Mitgliedschaftsrechte. Das gilt auch für den Vorsitzenden und den Schriftführer des Vorstandes. Sie sind allerdings auch Vorsitzender und Schriftführer der Kammerversammlung, aber diese Personalunion macht ihre Tätigkeit in der Kammer nicht zu einem Geschäfte des Vorstandes. Naumburg § 13 und Stettin b § 14 vertreten ausdrücklich den hier eingenommenen Standpunkt. Dagegen billigt

Anm. 19. IV. Oldenburg **allen auswärts wohnenden Mitgliedern der AK. für die Reisen zu den Kammerversammlungen Ersatz der baren Auslagen an Transportkosten mit Tagegeldern und Nachtquartiergeld** zu. Allein die RAO. kennt einen Anspruch der Kammermitglieder auf Ersatz der ihnen durch Ausübung ihrer Mitgliedschaftsrechte entstandenen Kosten nicht. Daß ihn die Geschäftsordnung zu begründen vermöchte, ist bei dem Schweigen des Gesetzes nicht anzunehmen.

§ 52.

Der Vorsitzende beruft die Versammlungen der Kammer und des Vorstandes und führt in beiden den Vorsitz.

Die Berufung der Kammer muß erfolgen, wenn zehn Mitglieder derselben, die Berufung des Vorstandes, wenn zwei Mitglieder desselben unter Angabe des zu verhandelnden Gegenstandes schriftlich darauf antragen. Durch die Geschäftsordnung kann die Zahl der Mitglieder, auf deren Antrag die Berufung der Kammer erfolgen muß, erhöht werden. Die Kammer kann auf Beschluß des Vorstandes an jeden innerhalb des Oberlandesgerichtsbezirks belegenen Ort, welcher der Sitz eines Landgerichts ist, berufen werden.

Anm. 1. **I. Inhalt.** Mit § 52 beginnen die von der Abhaltung der Versammlungen der Kammer und des Vorstandes handelnden Bestimmungen. § 52 regelt die Berufung der Versammlungen, von der Form der Berufung abgesehen, und den Vorsitz in den Versammlungen. Es empfiehlt sich, hier und bei den folgenden Paragraphen die Versammlungen der Kammer und des Vorstandes in getrennten Abschnitten zu erörtern.

II. Versammlungen der Kammer. Anm. 2.

A. Berufung der Versammlungen. 1. Der Vorsitzende des AKV. beruft die Versammlungen der Kammer. Ist sowohl er als auch der stellvertretende Vorsitzende des AKV. verhindert, so muß für diesen Fall, soweit nicht die Geschäftsordnung (wie Cöln § 23, Düsseldorf § 23) die Vertretung gleichmäßig für alle Fälle regelt, derjenige zur Berufung der Kammerversammlung für zuständig erachtet werden, dem die Berufung der konstituierenden Vorstandsversammlung zukommt (vgl. darüber § 46 Anm. 3 und 6).

a) Eine andere Berufung der Kammerversammlungen als durch den Vorsitzenden des AKV. (oder den zu seiner Vertretung Berufenen) kennt das Gesetz nicht. Die Geschäftsordnung ist außerstande, an die Stelle des Vorsitzenden den Vorstand zu setzen. Anm. 3.

b) Die Berufung der Versammlungen steht dem Vorsitzenden als eigenes Recht zu, er ist dabei nicht etwa nur ausführendes Organ für einen die Berufung verlangenden Vorstandsbeschluß (Reuling 7). Auch hier ist ein Eingreifen der Geschäftsordnung unstatthaft. Anm. 4.

c) Der Vorsitzende des AKV. kann also eine Kammerversammlung einberufen, wenn auch nur er eine solche Berufung für geboten hält. Daraus folgt aber keineswegs, daß er nicht unter Umständen auch gegen seinen Willen zur Berufung schreiten muß. Vielmehr besteht eine solche Pflicht für ihn in 3 Fällen: Anm. 5.

α) wenn der AKV. oder die Kammerversammlung (s. § 53 Abs. 4 Satz 2) die Berufung beschlossen hat: denn diesen Beschluß hat nach § 57 Abs. 1 der Vorsitzende auszuführen (Mot. 73; Meyer § 52 Anm. 1; Reuling 7); Anm. 6.

β) wenn eine bestimmte Anzahl Kammermitglieder die Berufung der Kammerversammlung verlangt. Mindestens 10 Mitglieder müssen das Verlangen äußern. Die Geschäftsordnung kann das Mitwirken einer größeren Mitgliederzahl erfordern. Sie ist dabei nach oben hin nicht beschränkt und kann die Erhöhung sowohl durch Normierung einer bestimmten höheren Ziffer als durch Bindung des Rechts an eine bestimmte Quote des Mitgliederbestandes vornehmen, und die Geschäftsordnungen haben von beiden Möglichkeiten Gebrauch gemacht. Unter die erwähnte gesetzliche Mindestzahl kann nicht hinuntergegangen werden. Anm. 7.

Das Verlangen der 10 oder mehr Mitglieder auf Berufung der Kammerversammlung muß schriftlich gestellt werden und die Angabe des zu verhandelnden Gegenstandes enthalten. Der Antrag ist an den Vorsitzenden des AKV. zu richten. Anm. 8.

γ) Endlich kann die Notwendigkeit der Berufung und damit die Verpflichtung des Vorsitzenden zu der Berufung sich aus der Vorschrift des § 44 Abs. 1 Satz 1 oder aus einer Bestimmung der Geschäftsordnung ergeben. Jene Vorschrift macht alle 2 Jahre die Vornahme der Erneuerungswahlen zum Vorstande und damit die Einberufung der Kammerversammlung nötig. Daneben kann die Geschäftsordnung weitere Kammerversammlungen vorschreiben. Es ist dies u. a. durch das Gebot alljährlicher oder auch noch öfters abzuhaltender Kammerversammlungen zur Erledigung bestimmter Aufgaben — meist unter gleichzeitiger, mehr oder minder genauer Normierung der Zeit ihrer Abhaltung — geschehen. Weiter aber schlagen hier auch die Bestimmungen ein, die dahin gehen, daß, abgesehen von den jedes zweite Jahr erforderlichen Wahlversammlungen, alljährlich Versammlungen ohne bestimmte Aufgaben stattzufinden haben. Die Zulässigkeit solcher Bestimmungen der Geschäftsordnung ergibt sich daraus, daß sie lediglich allgemein gefaßte Beschlüsse auf Anordnung von Kammerversammlungen sind, und deshalb ihrer Ausführung nach § 57 Abs. 1 der Vorsitzende sich nicht entziehen kann. Anm. 9.

Anm. 10. d) Kommt der Vorsitzende in einem Falle, in dem er zur Berufung der Kammerversammlung verpflichtet ist, dieser Pflicht nicht nach, so ist eine Beschwerde nach § 59 Abs. 1 statthaft. Es kann aber weder der Vorstand noch die zu dem Verlangen der Berufung berechtigte Mitgliederanzahl an Stelle des Vorsitzenden die Versammlung berufen; auch die Erteilung einer Ermächtigung hiezu, wie sie z. B. § 37 Abs. 2 BGB. regelt, ist nicht vorgesehen. Praktisch dürfte der Fall schwerlich werden. Schlimmstenfalls müßte zur Einleitung eines ehrengerichtlichen Verfahrens gegriffen werden.

Anm. 11. 2. Die Berufung der Kammer erfolgt regelmäßig an den Sitz der Kammer. Eine Abweichung ist nur auf Grund eines Beschlusses des Vorstands, also dann nicht zulässig, wenn der Vorsitzende ausschließlich aus eigener Initiative beruft (Reuling 4). Die Abweichung ist lediglich dahin statthaft, daß die Kammer an einen innerhalb des Oberlandesgerichtsbezirks gelegenen Ort, der Sitz eines Landgerichts ist, berufen wird. Unter dem Sitze des Landgerichts ist nur der Hauptsitz zu verstehen: an Orte, an denen sich nur detachierte Strafkammern oder detachierte Kammern für Handelssachen befinden, kann die Kammerversammlung nicht berufen werden. Für die AK. bei dem RG. ist die Bestimmung des § 52 Abs. 2 Satz 3 unanwendbar (siehe auch § 9 Abs. 1 der Geschäftsordnung für diese AK.).

Anm. 12. 3. Was das Lokal zur Abhaltung der Kammerversammlung betrifft, so bestimmen Dresden § 9 und Karlsruhe § 5 ein bestimmtes seitens der LJV. bereit gestelltes Lokal als regelmäßiges Versammlungslokal. Im übrigen ist es Sache des Vorstandes, sich allgemein oder im speziellen Falle wegen Überlassung eines solchen Lokals mit der LJV. in Verbindung zu setzen (Mot. 73; Meyer § 52 Anm. 2).

Anm. 13. 4. Über die Form der Berufung siehe § 53.

Anm. 14. B. Den Vorsitz in der Kammerversammlung führt der Vorsitzende des AKV. Ist nicht nur er, sondern auch der stellvertretende Vorsitzende des AKV. verhindert, und enthält die Geschäftsordnung nicht besondere Vorschriften über seine Vertretung im Kammervorsitze (wie Marienwerder § 7, Stettin a § 3), so ist als Vertreter derjenige berufen, der für ihn in den Geschäften als Vorsitzender des AKV. einzutreten hat.

Anm. 15. C. Als Schriftführer der Kammerversammlung fungiert, wie nach § 56 nicht zweifelhaft ist, der Schriftführer des AKV. (Reuling 12). Verschiedene Geschäftsordnungen bestimmen dies noch besonders. Sind gleichzeitig der Schriftführer und der stellvertretende Schriftführer des AKV. verhindert, und trifft die Geschäftsordnung über die Vertretung betreffs der Versammlungen der Kammer und des Vorstandes nicht gesonderte Bestimmungen (wie Stettin a § 3; b §§ 3 und 4), so sind auch für die Vertretung betreffs der Versammlungen der Kammer dieselben Bestimmungen zur Anwendung zu bringen, die für die Vertretung des Schriftführers bei den Vorstandsversammlungen gelten.

Anm. 16. **III. Versammlungen des Vorstandes.**

A. Berufung der Versammlung. 1. Die Berufung erfolgt, wie bei den Kammerversammlungen, durch den Vorsitzenden des AKV. oder seinen Vertreter.

Anm. 17. Der Vorsitzende ist verpflichtet, die Versammlung zu berufen,

a) wenn zwei Vorstandsmitglieder unter Angabe des zu verhandelnden Gegenstandes schriftlich darauf antragen,

Anm. 18. b) soweit die Geschäftsordnung periodisch wiederkehrende Vorstandssitzungen vorschreibt.

Anm. 19. 2. Normalerweise wird die Vorstandsversammlung an den Ort des Kammersitzes berufen. Daß der Vorstand eine Abweichung hiervon beschließen kann und zwar nicht nur im Sinne der Wahl des Ortes eines Landgerichtssitzes, sondern zugunsten jedes Ortes des Oberlandesgerichtsbezirks, wird wohl anzunehmen sein (vgl. Jena § 8, Naumburg § 9, aber auch Celle § 9). Dagegen erscheint es bedenklich, wenn Colmar § 8 die Wahl des Ortes dem Vorsitzenden überläßt.

3. Die Beschaffung des Lokals für die Vorstandssitzungen ist Sache des Vorstands, der wohl auch insoweit sich mit der LJV. ins Benehmen setzen wird. Anm. 20.

4. Über die Form der Berufung siehe § 53. Anm. 21.

B. Den Vorsitz in der Vorstandsversammlung führt der Vorsitzende des AKV., als Schriftführer fungiert der Schriftführer des AKV. Über ihre Vertretung siehe § 46 Anm. 12—14. Anm. 22.

§ 53.

Die Versammlungen der Kammer werden mittels öffentlicher Bekanntmachung in den durch die Geschäftsordnung bestimmten Blättern oder mittels schriftlicher Einladung der Mitglieder berufen. Die Berufung des Vorstandes erfolgt mittels schriftlicher Einladung.

Die öffentliche Bekanntmachung muß spätestens am fünften Tage vor der Versammlung erfolgen.

Die schriftliche Einladung von Mitgliedern, welche nicht am Sitze der Kammer wohnen, gilt als bewirkt, wenn das Einladungsschreiben spätestens am fünften Tage vor der Versammlung eingeschrieben zur Post gegeben ist.

Bei der Berufung der Kammer muß der Gegenstand, über welchen in der Versammlung ein Beschluß gefaßt werden soll, bekannt gemacht werden. Ueber andere Gegenstände, mit Ausnahme des Antrags auf abermalige Berufung der Kammer, darf ein Beschluß nicht gefaßt werden.

I. Inhalt. Der Paragraph regelt Form und Inhalt für die Berufung der Versammlungen. Anm. 1.

II. Versammlungen der Kammer. Anm. 2.

A. Form der Berufung. 1. Die Berufung erfolgt „mittels öffentlicher Bekanntmachung in den durch die Geschäftsordnung bestimmten Blättern oder mittels schriftlicher Einladung der Mitglieder". Beide Wege stehen zur Wahl offen, und die Geschäftsordnung kann die Form der Berufung nicht auf eine von beiden Möglichkeiten mit der Wirkung einschränken, daß nur auf diese Art eine gültige Berufung erfolgen kann (Reuling 10 dritte Anm.). Wohl aber kann die Geschäftsordnung durch Nichtbestimmung von Publikationsblättern tatsächlich nur die Berufung mittels schriftlicher Einladung der Mitglieder ermöglichen. Dies ist auch der Fall, wenn die sämtlichen in der Geschäftsordnung zu Publikationsorganen gewählten Blätter eingehen: eine Substitution anderer Blätter seitens des Vorstandes, wie sie verschiedene Geschäftsordnungen vorsehen, ist nicht statthaft.

Die Geschäftsordnung ist in der Lage, als regelmäßige Berufungsform die öffentliche Bekanntmachung vorzuschreiben, was zur Folge hat, daß bei Nichteinhaltung solcher Satzung nicht die AK., sondern der gegen die Geschäftsordnung Verstoßende die entstehenden Mehrkosten tragen muß (Reuling a. a. O.). Auch ist die Geschäftsordnung nicht gehindert, neben der öffentlichen Bekanntmachung noch eine persönliche Benachrichtigung der Mitglieder in der Art vorzusehen, daß es für die Wahrung der Berufungsform nur auf die öffentliche Bekanntmachung ankommt, ein Weg, den verschiedene Geschäftsordnungen eingeschlagen haben.

Anm. 3. 2. a) Die öffentliche Bekanntmachung muß in „den durch die Geschäftsordnung bestimmten Blättern" erfolgen. Benennt die Geschäftsordnung mehrere derartige Blätter, ohne anzugeben, daß die Publikation in einem von ihnen genügt, so muß die Bekanntmachung in allen erfolgen.

Anm. 4. b) Die öffentliche Bekanntmachung muß spätestens am fünften Tage vor der Versammlung erfolgen. Der Versammlungstag wird dabei nicht mitgerechnet. Wird in mehreren Blättern bekanntgemacht, so muß bezüglich jeder einzelnen Einrückung die Publikation der gedachten Fristbestimmung entsprechen.

Anm. 5. 3. Schriftliche Einladung der Mitglieder.

a) Sie kann durch spezielle Schreiben an die Mitglieder oder durch Umlaufsschreiben erfolgen.

Anm. 6. b) Als schriftliche Einladungen im Sinne des § 53 werden auch gedruckte und mechanisch vervielfältigte Einladungen anzusehen sein (vgl. Dresden § 11 Abs. 4), da man selbst für die „schriftliche" Einlegung von Rechtsmitteln nach der StPO. nicht eine Unterschrift des Beschwerdeführers verlangt, vgl. RGSt. **17** 256/7 (StS. IV. 9. 3. 88). Es muß deshalb auch hier genügen, daß aus der Einladung hervorgeht, von wem sie herrührt.

Anm. 7. c) Die schriftliche Einladung muß an alle Mitglieder ergehen. Ist sie auch nur an eines nicht ergangen, so ist die Berufung nicht ordnungsmäßig erfolgt.

Anm. 8. d) Die Einladung ist jedenfalls dann bewirkt, wenn sie dem Mitgliede tatsächlich zugekommen ist. Sie gilt als bewirkt gegenüber Mitgliedern, welche nicht am Sitze der Kammer wohnen, wenn das Einladungsschreiben spätestens am fünften Tage vor der Versammlung eingeschrieben zur Post gegeben ist. Daß mit der Absendung der Einladung durch Einschreibebrief auch betreffs der am Sitze der Kammer wohnhaften Mitglieder den gesetzlichen Erfordernissen genügt ist, unterliegt keinem Zweifel: der Nachdruck liegt in § 53 Abs. 3 außer auf dem Einschreibenlassen der Sendung auf Wahrung der fünftägigen Frist. Deren Einhaltung bedarf es bei den Mitgliedern, die am Sitze der Kammer wohnen, nicht (Meyer § 53 Anm. 2; Reuling 4), die Geschäftsordnung kann aber die gedachte Bestimmung auch auf sie erstrecken, freilich nicht in dem Sinn, daß ihre Einhaltung Bedingung einer ordnungsmäßigen Berufung würde.

Anm. 9. B. Tagesordnung. 1. Die Feststellung der Tagesordnung ist Sache des Vorsitzenden des AKV. Doch ist er auch hiebei nicht völlig frei.

Anm. 10. a) Beschließt der Vorstand die Einberufung der Kammerversammlung, so muß der Beschluß auch den Gegenstand bezeichnen, über den die Kammerversammlung beraten und entscheiden soll. Diesen Gegenstand muß der Vorsitzende auf die Tagesordnung setzen.

Anm. 11. b) Auch die Geschäftsordnung kann, soweit sie andere Versammlungen, als die alle zwei Jahre erforderlichen Wahlversammlungen vorschreibt, bestimmen, was Gegenstand der Verhandlungen sein muß. Auch die diesbezüglichen Anordnungen binden den Vorsitzenden bei Feststellung der Tagesordnung.

Anm. 12. c) Gleiches gilt in dem Falle eines Minderheitsantrags nach § 52 Abs. 2.

Anm. 13. d) Endlich kann aber auch, wenn die Berufung einer Kammerversammlung in Aussicht steht oder bereits erfolgt ist, der Antrag gestellt werden, einen bestimmten Verhandlungsgegenstand in die Tagesordnung aufzunehmen. Hier ist folgendes zu beachten:

Anm. 14. α) Aus § 52 Abs. 2 ist arg. a maiore ad minus zu folgern, daß 10 Mitglieder oder die in der Geschäftsordnung bestimmte größere Mitgliederzahl bei schriftlicher Antragstellung die Aufnahme eines bestimmten Verhandlungsgegenstandes in die Tagesordnung verlangen können.

β) Es unterliegt aber auch keinem Bedenken, wenn die Geschäftsordnung ein solches Recht schon einer geringeren Mitgliederzahl einräumt, was verschiedentlich geschehen ist. Anm. 15.

γ) Soweit es sich in beiden Fällen um die Tagesordnung einer bereits einberufenen Versammlung handelt, muß allerdings, wenn Beschlußfassungen in Frage kommen sollen, gemäß § 53 Abs. 4 eine erneute Berufung der Versammlung erfolgen (Reuling 9). Dabei müssen wieder die Fristen der Absätze 2 und 3 eingehalten werden. Ist dies nicht mehr möglich, so kann der Antrag nur als solcher nach § 52 Abs. 2 behandelt, ihm muß also nur entsprochen werden, wenn die dort gedachten Voraussetzungen erfüllt sind. Anm. 16.

2. Die Tagesordnung muß bei der Berufung der Kammer, in welcher Form sie auch erfolgt, mitgeteilt werden. Anm. 17.

a) Beraten darf in der Versammlung auch über Gegenstände werden, die in der Tagesordnung nicht angekündigt sind. Anm. 18.

b) Dagegen darf nur über die in der Tagesordnung angekündigten Gegenstände und außerdem über den Antrag auf abermalige Berufung der Kammer Beschluß gefaßt werden. Anm. 19.

C. Ordnungswidrige Berufung. 1. Ist die Berufung ordnungswidrig erfolgt, so kann außer Konstatierung dieser Mängel etwas weiteres in der Kammerversammlung nicht geschehen. Vgl. Mot. 73; Meyer § 53 Anm. 1; Berger Anm. zu § 53. Eine Heilung der Mängel durch Erklärungen der Mitglieder ist dem Gesetze selbst in dem Falle unbekannt, daß alle Kammermitglieder erschienen sind. Anm. 20.

2. Auch über die Bestimmung des Abs. 4 Satz 2 kann sich die Kammerversammlung selbst bei vorhandener Einstimmigkeit nicht hinwegsetzen. Anm. 21.

3. Beschlüsse und Wahlen, die gegen das unter 1 und 2 Gesagte verstoßen, unterfallen dem § 59 Abs. 2, sind aber auch ohne die dort gedachte Aufhebung wirkungslos. Anm. 22.

D. Eine Reihe von Geschäftsordnungen räumt teils dem Vorstande, teils dem Vorsitzenden das Recht ein, Mitglieder der Kammer zu Berichterstattern über die einzelnen Verhandlungsgegenstände zu bestellen. Die Gültigkeit dieser Bestimmungen ist nicht zu bezweifeln. Anm. 23.

E. Zweckmäßigerweise wird vielfach von dem Tage der Kammerversammlung rechtzeitig vorher den Gerichtsvorständen Mitteilung gemacht, damit dieser Tag nach Möglichkeit von Terminen freigehalten und so allen Anwälten die Teilnahme an der Kammerversammlung ermöglicht wird. Vgl. Vf. d. OLGPr. Colmar 15. 11. 81 in Sammlung von Gesetzen 2c. betr. die JV. in ElsLoth. 6 297. Anm. 24.

III. Versammlungen des Vorstandes. Anm. 25.

A. Form der Berufung. Die Berufung des Vorstandes erfolgt mittels schriftlicher Einladung.

1. Die Geschäftsordnung kann daneben öffentliche Bekanntmachung anordnen, wesentlich bleibt aber nur die schriftliche Einladung, die durch keine andere Form der Berufung zu ersetzen ist, auch nicht durch mündliche Bekanntgabe in einer Vorstandssitzung (s. aber Colmar § 8). Anm. 26.

2. Über den Begriff der schriftlichen Einladung s. Anm. 5 ff., über Abs. 3, der auch hier anwendbar ist, s. Anm. 8. Die wenig zahlreichen Bestimmungen der Geschäftsordnungen geben zu besonderen Bemerkungen keinen Anlaß. Anm. 27.

B. Tagesordnung. 1. Ihre Feststellung ist Sache des Vorsitzenden. Er hat hiebei zu berücksichtigen Anm. 28.

a) etwaige Bestimmungen der Geschäftsordnung,

b) Minderheitsanträge nach § 52 Abs. 2.

c) Auch hier kann eine § 52 Abs 2 genügende Minderheit von Vorstandsmitgliedern verlangen, daß eine bestimmte Angelegenheit als Verhandlungsgegenstand auf die Tagesordnung gesetzt wird. Dieses Recht spielt aber hier keine besondere Rolle, weil

Anm. 29. 2. eine Mitteilung der Tagesordnung bei der Berufung nicht erforderlich ist (Mot. 73; Meyer § 53 Anm. 3; Berger Anm. zu § 53; Sydow-Jacobsohn § 53 Anm. 2). Die Mitteilung kann zwar als möglichst einzuhaltende Ordnungsvorschrift von der Geschäftsordnung aufgestellt werden. Ihre Nichteinhaltung steht aber der Beschlußfassung nicht entgegen: auch über Anträge, die erst in der Versammlung selbst gestellt werden, kann beschlossen werden.

Anm. 30. C. Ein Fall ordnungswidriger Berufung ist also nur gegeben, wenn die Berufung nicht mittels schriftlicher Einladung aller Mitglieder des Vorstandes erfolgt ist. Die Folgen sind die gleichen, wie bei nicht ordnungsgemäßer Berufung der Kammerversammlung.

Anm. 31. D. Der Vorsitzende kann für die einzelnen Verhandlungsgegenstände Berichterstatter bestimmen, wie ihm überhaupt die Verteilung der Vorstandsgeschäfte unter die Mitglieder des Vorstandes zusteht.

§ 54.

Die Beschlüsse der Kammer und des Vorstandes werden nach absoluter Stimmenmehrheit gefaßt. Das Gleiche gilt für die Wahlen.

Im Falle der Stimmengleichheit entscheidet die Stimme des Vorsitzenden, bei Wahlen das Loos.

Die bei einer Angelegenheit betheiligten Mitglieder sind von der Beschlußfassung über dieselbe ausgeschlossen.

Anm. 1. I. **Inhalt.** Der Paragraph regelt das Zustandekommen von Beschlüssen und Wahlen der Kammer und des Vorstandes.

Anm. 2. II. **Versammlungen der Kammer.** A. Das Gesetz bestimmt nicht, ob die Versammlungen öffentlich oder nicht öffentlich sind. Die Geschäftsordnungen können hierüber Bestimmungen treffen (Mot. 73; Meyer § 52 Anm. 3; Berger § 52 Anm. 1; Sydow-Jacobsohn § 53 Anm. 1). Sie schließen teils die Öffentlichkeit unbedingt aus, teils gestatten sie die Zulassung einzelner Personen, die nicht Kammermitglieder sind, teils kennen sie für Ausnahmefälle auf besonderen Beschluß des Vorstandes auch öffentliche Kammerversammlungen. Daß bei solchen die Kammer sich jederzeit für Wiederausschließung der Öffentlichkeit entscheiden kann, bestimmt Cassel § 10 ausdrücklich, es wird dies aber auch da anzunehmen sein, wo eine solche besondere Bestimmung fehlt.

Anm. 3. B. Eine Beschlußfähigkeitsziffer schreibt das Gesetz für die Kammerversammlung nicht vor (Meyer § 55 Anm. 2; Sydow-Jacobsohn § 55 Anm. 1), die Mot. 73 bemerken, eine solche Bestimmung erscheine nicht erforderlich. Nimmt man dazu die besondere über die Beschlußfähigkeit des Vorstandes getroffene Bestimmung des § 55 Abs. 1, so kann es nicht für zuläßig erachtet werden, daß durch Hamm § 5 und Naumburg § 4 für die Kammerversammlung eine Beschlußfähigkeitsziffer, die übrigens für die nötigenfalls zu berufende zweite Versammlung nicht gilt, eingeführt wird.

Anm. 4. C. Gang der Verhandlung und Beratung. 1. Der Vorsitzende hat die Versammlung zu eröffnen und zu schließen, er hat die

Verhandlungen zu leiten, insbesondere das Wort zu erteilen, auch hat er in der Verhandlung für Aufrechterhaltung der Ordnung zu sorgen. Eine Reihe von Geschäftsordnungen hebt all dies besonders hervor, es wird aber auch zu gelten haben, wenn einschlägige Bestimmungen fehlen.

a) Das Wort ist, wie einzelne Geschäftsordnungen noch besonders bestimmen, in der Reihenfolge der Meldungen zu erteilen. Davon wird aber wohl, selbst wenn Bestimmungen hierüber fehlen, der Vorsitzende dann abweichen dürfen, wenn nur Worterteilung zur Geschäftsordnung oder zum Antrage auf Schluß der Verhandlung in Frage steht. Anm. 5.

b) Der Vorsitzende ist nach zahlreichen Geschäftsordnungen befugt, den Redner auf den Gegenstand der Verhandlung hinzuweisen und ihn zur Ordnung zu rufen. Beides wird man dem Vorsitzenden auch zugestehen müssen, wenn die Geschäftsordnung dieser Befugnisse nicht gedenkt. Eine Reihe von Geschäftsordnungen ermächtigen ferner den Vorsitzenden, dem Redner das Wort zu entziehen, meist erst nach zweimaligem erfolglosem Ordnungsruf. Aber auch ohne besondere Bestimmung der Geschäftsordnung wird dem Vorsitzenden das Recht der Wortentziehung nicht zu bestreiten sein. Anm. 6.

Gegen den Ordnungsruf und die Wortentziehung durch den Vorsitzenden kann der Betroffene die alsbaldige Entscheidung der Versammlung anrufen, es sei denn, daß ihm dieses Recht durch die Geschäftsordnung entzogen ist. Anm. 7.

2. Anträge, die seitens der Versammlungsteilnehmer zu den einzelnen Beratungsgegenständen gestellt werden, bedürfen nach verschiedenen Geschäftsordnungen teils schriftlicher Form, teils der Unterstützung durch eine bestimmte Anzahl Mitglieder, teils beider Erfordernisse. Soweit Bestimmungen fehlen, wird der Vorsitzende von keinerlei derartigen Voraussetzungen die Beratung und Beschlußfassung über gestellte Anträge abhängig machen können. Anm. 8.

3. Mehrere Geschäftsordnungen verstatten den Antragsteller oder Berichterstatter am Anfang und am Schluß der Beratung ohne Anmeldung zum Wort. Es entspricht das so sehr den Gepflogenheiten bei Körperschaftsversammlungen, daß der Vorsitzende demgemäß auch ohne ausdrückliche Bestimmung wird verfahren dürfen. Anm. 9.

4. Die Versammlung kann jederzeit den Schluß der Beratung beschließen. Einige Geschäftsordnungen haben es für nötig gehalten, dies noch besonders hervorzuheben. Anm. 10.

D. Die Fragestellung ist zunächst Sache des Vorsitzenden. Auch zur Fragestellung kann das Wort verlangt werden. In diesem Falle entscheidet über die Fragestellung die Versammlung. All dies ist nur in einem Teile der Geschäftsordnungen bestimmt. Es wird auch beim Mangel solcher Bestimmungen zu gelten haben. Anm. 11.

E. Abstimmung. 1. Die Geschäftsordnungen verlangen teils eine bestimmte Form der Abstimmung, teils stellen sie die Wahl zwischen mehreren bestimmten Formen frei, teils endlich überlassen sie es ohne jede Einschränkung dem Vorsitzenden, in welcher Weise abzustimmen ist. Soweit Bestimmungen fehlen, ist es zunächst Sache des Vorsitzenden, die Form der Abstimmung zu normieren. Die Versammlung ist aber in der Lage, den Gebrauch einer anderen Abstimmungsform durch Beschluß vorzuschreiben. Anm. 12.

Nach einer großen Anzahl Geschäftsordnungen kann namentliche Abstimmung verlangt werden, wenn das Verlangen von einer in den einzelnen Geschäftsordnungen verschieden bestimmten Anzahl von Mitgliedern gestellt oder unterstützt wird. Wenn derartige Bestimmungen nicht vorhanden sind, wird der Vorsitzende, wenn er von sich aus nicht gewillt ist, dem Antrage auf namentliche Abstimmung zu entsprechen, über diesen Antrag einen Beschluß der Versammlung herbeizuführen Anm. 13.

haben. Will der Vorsitzende von sich aus dem Antrage entsprechen, so kann die Versammlung dem durch besonderen Beschluß entgegentreten.

Anm. 14. 2. Das Gesetz enthält keine Bestimmung darüber, ob das Stimmrecht in Person ausgeübt werden muß. Von den Geschäftsordnungen berühren nur Rostock § 15 und Augsburg § 2 ausdrücklich diese Frage und bejahen sie. Gleicher Standpunkt ist auch mangels einer Bestimmung der Geschäftsordnung einzunehmen. Allerdings scheint ja das Verlangen der persönlichen Ausübung des Stimmrechts dem Grundsatze, daß im Zweifel jede Handlung auch durch einen Vertreter vorgenommen werden kann, zu widersprechen. Allein die Mitglieder einer juristischen Person des öffentlichen Rechts üben durch ihre Mitwirkung in der Mitgliederversammlung als einem Organe der juristischen Person publizistische Rechte und Pflichten aus, und solche sind im allgemeinen der Wahrnehmung durch Vertreter nicht zugänglich. Läßt ja doch auch § 38 BGB. selbst bei rechtsfähigen Vereinen des Privatrechts an sich nicht die Ausübung der Mitgliedschaftsrechte durch einen Vertreter zu und gestattet eine Abweichung nur kraft statutarischer Bestimmung.

Anm. 15. 3. Die Beschlüsse werden nach absoluter Stimmenmehrheit gefaßt.

Anm. 16. a) Die bei einer Angelegenheit beteiligten Mitglieder sind von der Beschlußfassung über dieselbe ausgeschlossen.

Anm. 17. b) Im Falle der Stimmengleichheit entscheidet die Stimme des Vorsitzenden.

Anm. 18. c) Gegenüber der Bestimmung des § 54 Abs. 1 kann es nicht für zulässig erachtet werden, wenn Jena § 22 für Beschlüsse auf Abänderung der Geschäftsordnung eine größere als die absolute Stimmenmehrheit erfordert.

Anm. 19. 4. Behufs Ermittlung des Abstimmungsergebnisses schreiben viele Geschäftsordnungen

a) die Gegenprobe vor, wenn das Ergebnis der ersten Abstimmung zweifelhaft bleibt. Zu ihrer Anstellung muß der Vorsitzende auch ohne besondere Bestimmung für ermächtigt gelten.

Anm. 20. b) Erzielt auch die Gegenprobe kein sicheres Ergebnis, so verweisen die Geschäftsordnungen vielfach auf namentliche Abstimmung, deren Veranstaltung zum gedachten Zweck wohl auch da, wo eine Anordnung der Geschäftsordnung fehlt, dem Vorsitzenden nicht zu versagen sein wird.

Anm. 21. F. Wahlen. 1. Gegenstand der Wahlen. Der Kammerversammlung liegen ob

a) die Wahlen zum Vorstand.

Anm. 22. b) Die AK. bei dem RG. hat außerdem die anwaltschaftlichen Mitglieder und Stellvertreter des EGH. zu wählen.

Anm. 23. c) Jede AK. kann zum Zweck der Prüfung der Jahresrechnung Revisoren wählen, was eine Reihe von Geschäftsordnungen besonders vorsieht (vgl. § 48 Anm. 29).

Anm. 24. d) Die AK. kann ferner — Bestimmungen in den Geschäftsordnungen finden sich nur vereinzelt — einen Ausschuß oder einen bzw. mehrere Berichterstatter zur Vorbereitung eines Verhandlungsgegenstandes wählen.

Anm. 25. e) Mit Reuling 23 wird man aber auch anzunehmen haben, daß die Kammer insbesondere zur Vertretung von Vorstellungen und Anträgen, die sie gemäß § 50 hat ergehen lassen, Deputationen wählen kann.

Anm. 26. f) Wegen eines weiteren Falles von Wahlen der AK. s. § 57 Anm. 16 ff.

Anm. 27. g) Der größte Teil der Geschäftsordnungen befaßt sich näher nur mit den Wahlen zum Vorstand, ein Teil auch mit anderen Wahlen. Die letztgedachte Gruppe gibt entweder ihre Bestimmungen für alle Wahlen einheitlich — so begreift die Geschäftsordnung für die AK. bei dem RG. auch die Wahlen zum

EGH. ein — oder sie enthält für die nicht zum Vorstand erfolgenden Wahlen einige besondere Bestimmungen. Soweit Anordnungen für die zu c—f gedachten Wahlen fehlen, werden die Normen über die Wahlen zum Vorstand bei ihnen entsprechend anzuwenden sein.

Im folgenden wird nunmehr nur noch der Wahlen zum Vorstande gedacht werden.

2. Vornahme der Wahlen in **einem** Wahlakte oder in getrennten Wahlakten. Anm. 28.

a) Mehrere Geschäftsordnungen, die teils nur freie, teils nur an besondere Erfordernisse geknüpfte Wahlen kennen, teils beide Arten von Wahlen nebeneinander vorsehen, schreiben die Vornahme der Wahlen in mehreren Wahlakten vor.

b) Andere Geschäftsordnungen, die teils nur freie, teils solche und an besondere Erfordernisse geknüpfte Wahlen nebeneinander kennen, lassen Vornahme der Wahlen in einem Wahlakte oder in getrennten Wahlakten zu. Dabei ist teilweise wenigstens die Wahlart vorgeschrieben, die regelmäßig eintreten soll. Zu der Gruppe b gehören auch diejenigen Geschäftsordnungen, die keine einschlägige Bestimmung enthalten. Anm. 29.

c) Nach den übrigen Geschäftsordnungen ist die Vornahme der Wahlen nur in einem Wahlakte gestattet. Unter diesen Geschäftsordnungen befinden sich solche mit lediglich freien, mit lediglich an besondere Erfordernisse geknüpften und mit Wahlen, die teils frei, teils an besondere Erfordernisse gebunden sind. Anm. 30.

Bei denjenigen Geschäftsordnungen der Gruppe c, die nicht lediglich freie Wahlen kennen, kann das Wahlergebnis ein solches sein, daß es den besonderen Anforderungen an die Zusammensetzung des Vorstandes nicht genügt. In diesem Falle, über den die Geschäftsordnungen keine Bestimmung enthalten, bleibt nichts übrig, als den Wahlakt solange zu erneuern, bis eine den besonderen Erfordernissen entsprechende Wahl zustande kommt. Für Geschäftsordnungen, die an spezielle Erfordernisse gebundene Wahlen vorsehen, ist eben das Verbot getrennter Wahlakte recht wenig empfehlenswert. Anm. 31.

d) Treffen Ersatzwahlen und Erneuerungswahlen zusammen, so müssen beide Arten von Wahlen und zwar auch für die Gruppe c getrennt vorgenommen werden. „Denn nirgends finden sich Vorschriften darüber, welche von den in einem Wahlgange Gewählten einerseits als für die neue Wahlperiode gewählt, andererseits als lediglich zum Ersatz ausgeschiedener Vorstandsmitglieder gewählt gelten sollen" (Reuling 19). Über die Reihenfolge der Vornahme der Wahlen beim Zusammentreffen von Ersatz- und Erneuerungswahlen und über die Komplikationen, die bei Ersatzwahlen eintreten, wenn nur ein Teil der Vorstandsstellen an besondere Erfordernisse geknüpft ist, siehe Reuling a. a. O. Anm. 32.

3. Form der Wahl. Anm. 33.

a) Die Geschäftsordnungen lassen Wahl mittels Akklamation teils zu, teils schließen sie diese Wahlform aus, sie ordnen vielfach Wahl mittels Stimmzetteln an und stellen teilweise bezüglich ihrer noch besondere Erfordernisse auf (verdeckte Stimmzettel, nicht unterschriebene Stimmzettel, nicht unterschriebene und verschlossen zu übergebende Stimmzettel). Auch über die Abgabe der Stimmzettel finden sich verschiedenartige Bestimmungen.

b) Soweit Bestimmungen fehlen, gilt das in Anm. 12ff. Gesagte auch hier. Anm. 34.

4. Das Wahlergebnis wird nach einer Reihe von Geschäftsordnungen vom Vorsitzenden und Schriftführer festgestellt. Soweit Bestimmungen fehlen, wird man diese Feststellung wohl dem Vorsitzenden allein, vorbehaltlich des Eingreifens der Versammlung, zuzuweisen haben. Anm. 35.

Zahlreiche Geschäftsordnungen gedenken der Mitwirkung von Stimmzählern, die der Vorsitzende ernennt, machen auch teilweise ihre Zuziehung obligatorisch. Anm. 36.

Daß der Vorsitzende auch ohne Geschäftsordnungsnorm sich solcher Gehilfen bedienen kann, unterliegt keinem Zweifel.

Anm. 37. 5. Auch die Wahlen erfolgen nach absoluter Stimmenmehrheit. Bei Stimmengleichheit entscheidet das Los.

Anm. 38. 6. Wird die absolute Stimmenmehrheit nicht erreicht, so findet nach den meisten Geschäftsordnungen sofort, nach einigen erst, wenn auch eine weitere Wahl resultatlos bleibt, Stichwahl unter denjenigen statt, die die meisten Stimmen auf sich vereint haben, und zwar wird nach fast allen in Betracht kommenden Geschäftsordnungen die doppelte Anzahl der noch zu Wählenden auf die Wahlliste gestellt.

Anm. 39. Wer von mehr als zwei Personen, die im ersten Wahlgang gleiche Stimmenzahl erhalten haben, in die Stichwahl kommt, wird durch das Los zu entscheiden sein, wie dies auch mehrere Geschäftsordnungen noch besonders bestimmen.

Anm. 40. Fehlen Bestimmungen des in Anm. 38 erwähnten Inhalts, so wird es Sache der Kammerversammlung sein zu entscheiden, ob alsbald oder erst nach weiteren fruchtlosen Wahlen zur engeren Wahl zu schreiten ist.

Anm. 41. 7. Ergibt die engere Wahl Stimmengleichheit, so entscheidet das Los.

Anm. 42. **III. Versammlungen des Vorstandes.**

A. Die Öffentlichkeit der Versammlungen schließen eine Reihe Geschäftsordnungen aus. Teils sind auch die Kammermitglieder nicht zugelassen, teils haben sie freien Zutritt, teils kann ihnen wenigstens der Zutritt gewährt werden.

Anm. 43. B. Wegen der Beschlußfähigkeit siehe § 55.

Anm. 44. C. Der Gang der Verhandlung und Beratung ist, soweit er überhaupt in den Geschäftsordnungen geregelt ist, ebenso normiert, wie bezüglich der Kammerversammlungen.

Anm. 45. D. Auch bezüglich der Fragestellung ist Besonderes nicht zu bemerken.

Anm. 46. E. Hinsichtlich der Abstimmung kann

1. über die Unzulässigkeit der Ausübung des Stimmrechts durch einen Vertreter kein Zweifel bestehen (Reuling 38): die in § 55 Abs. 1 geforderte „Teilnahme der Mehrheit der Mitglieder" läßt sich ungezwungen anders als im Sinne der persönlichen Teilnahme nicht verstehen, zumal die Motive 74 zur Rechtfertigung dieser Bestimmung auf frühere Gesetze verweisen, welche die Anwesenheit einer bestimmten Anzahl von Mitgliedern vorschreiben.

Anm. 47. 2. Die ganz vereinzelten Bestimmungen der Geschäftsordnungen über die Abstimmung bieten kein besonderes Interesse. Es kann auch hier auf das betreffs der Kammerversammlungen Gesagte verwiesen werden.

Anm. 48. F. Wahlen. 1. Gegenstand der Wahlen. Der Vorstand besetzt durch Wahl

a) die Stellen des § 46,

b) die Stellen der drei außer dem Vorsitzenden und stellvertretenden Vorsitzenden nach § 67 als ordentliche Mitglieder in das EG. zu berufenden Personen.

Anm. 49. 2. Die Vornahme der Wahlen in getrennten Wahlakten verbietet hinsichtlich der Stellen des § 46 keine Geschäftsordnung, die meisten schreiben direkt getrennte Wahlakte vor und lassen meist die vier gedachten Stellen in der Reihenfolge besetzen, in der sie in § 46 aufgeführt sind. Dagegen lassen die Wahlen zu den Stellen der drei Ehrengerichtsmitglieder fast alle Geschäftsordnungen, die sich hierüber überhaupt verbreiten, in einem Wahlakte vornehmen. Marienwerder §§ 20 Abs. 2, 13 Abs. 2 läßt auch bei diesen Wahlen nur getrennte Wahlakte zu.

3. Im übrigen kommen die Abweichungen von den die Wahlen der Kammerversammlung betreffenden Bestimmungen nur so vereinzelt in den Geschäftsordnungen vor, daß auf Anm. 28 ff. verwiesen werden kann. Anm. 50.

§ 55.

Zur Beschlußfähigkeit des Vorstandes ist die Theilnahme der Mehrheit der Mitglieder erforderlich.

Die Beschlüsse des Vorstandes können mittels schriftlicher Abstimmung gefaßt werden, sofern nicht ein Mitglied mündliche Abstimmung verlangt.

I. Inhalt. § 55 gilt nur für den Vorstand. Er regelt die Beschlußfähigkeit des Vorstandes und schafft für den Vorstand die Möglichkeit einer Beschlußfassung durch schriftliche Abstimmung. Anm. 1.

II. Beschlußfähigkeit des Vorstandes. 1. Zur Beschlußfähigkeit des Vorstandes ist die Teilnahme der Mehrheit der Mitglieder erforderlich. Die Mehrheit der Mitglieder ist die Mehrheit derjenigen Mitgliederzahl, die nach § 42 Abs. 1 oder 2 den Kammervorstand bildet. Ob und wieviele Vorstandsstellen unbesetzt sind, ist unerheblich. Ebenso Meyer und Sydow-Jacobsohn § 55 Anm. 1; Berger Anm. zu § 55. Anm. 2.

2. Die Beschlußfähigkeit ist unbedingtes Erfordernis für alle Beschlüsse des Vorstandes, mögen sie in Versammlungen oder gemäß Abs. 2 mittels schriftlicher Abstimmung erfolgen. Beschlüsse, die der Vorstand faßt, ohne daß die Mehrheit der Mitglieder teilnimmt, sind gesetzwidrige Beschlüsse im Sinne des § 59 Abs. 2 und auch ohne die dort gedachte Aufhebung wirkungslos. Anm. 3.

3. Aus der Beschlußfähigkeitsziffer, die das Gesetz aufstellt, ergibt sich ohne weiteres, daß die Vorstandsmitglieder zur Teilnahme an den Beschlußfassungen, insbesondere zum Erscheinen in den Vorstandssitzungen, vorbehaltlich besonderer Hinderungsgründe, verpflichtet sind (vgl. Reuling 28). Freilich können die Geschäftsordnungen nicht, wie dies Oldenburg tut, auf Nichterscheinen eine Strafe setzen. Anm. 4.

III. Beschlußfassung durch schriftliche Abstimmung. 1. Beschlußfassung durch schriftliche Abstimmung d. h. Beschlußfassung ohne Abhaltung einer Vorstandssitzung ist bei allen dem AKV. obliegenden Beschlußfassungen, auch bei den Wahlen (vgl. Marienwerder § 19), zulässig. Anm. 5.

2. Sie ist unzulässig, sobald **ein** Mitglied mündliche Abstimmung, also Einberufung einer Vorstandssitzung, verlangt. Anm. 6.

3. Es ist schon hervorgehoben worden, daß die Beschlußfähigkeit des Vorstandes auch bei der Beschlußfassung mittels schriftlicher Abstimmung erforderlich ist. Es muß sich also an der schriftlichen Abstimmung die Mehrheit der Vorstandsmitglieder beteiligen (Reuling 38 Anm. *). Die Bestimmung von Breslau b § 5, welche die nicht Antwortenden so behandelt, als träten sie der Mehrheit der Stimmenden bei, verstößt gegen das Gesetz und ist deshalb unverbindlich. Anm. 7.

4. Nicht minder gilt für die schriftliche Abstimmung der § 54. Es muß also die absolute Mehrheit der abgegebenen Stimmen für den zu fassenden Beschluß sein (Reuling a. a. O.). Anm. 8.

5. Erachtet der Vorsitzende einen Gegenstand für geeignet zur Beschlußfassung mittels schriftlicher Abstimmung, so kann er solche in die Wege leiten. Er hat dann die Angelegenheit jedem Mitgliede Anm. 9.

mit der Aufforderung, schriftlich abzustimmen, zu unterbreiten (Meyer § 55 Anm. 3). Jedes Mitglied hat die Möglichkeit, durch das Verlangen nach mündlicher Abstimmung das Vorhaben schriftlicher Abstimmung zu vereiteln.

Anm. 10. 6. Die mittels schriftlicher Abstimmung gefaßten Beschlüsse und vorgenommenen Wahlen stehen in ihrer Wirkung hinter den in einer Versammlung des Vorstandes zustande gekommenen in keiner Weise zurück. Über Marienwerder § 24, der gegen diesen Grundsatz verstößt, siehe § 49 Anm. 12.

§ 56.

Ueber die in einer Versammlung gefaßten Beschlüsse und die Ergebnisse der Wahlen ist ein Protokoll aufzunehmen, welches von dem Vorsitzenden und dem Schriftführer zu unterzeichnen ist.

Anm. 1. I. **Inhalt.** Der Paragraph gibt die für die Versammlungen der Kammer und des Vorstandes geltenden Beurkundungsvorschriften.

Anm. 2. II. **Für alle Versammlungen,** sowohl für die der Kammer, als auch für die des Vorstandes, **schreibt das Gesetz die Aufnahme eines Protokolls vor** (Berger Anm. zu § 56; Sydow-Jacobsohn § 56 Anm. 1).

Anm. 3. Über die Bedeutung dieser Protokolle spricht sich das Gesetz nicht aus, die Motive 72 bemerken bezüglich des Vorsitzenden: „er beurkundet in Gemeinschaft mit dem Schriftführer das, was beschlossen ist". Diese Beurkundung stellt sich dar als Schaffung einer öffentlichen Urkunde, wie aus dem Charakter der AK. als juristischer Person des öffentlichen Rechts ohne weiteres erhellt. Nun bedeutet gewiß nicht jede Vorschrift, welche die Schaffung einer öffentlichen Urkunde über gewisse Vorgänge verlangt, daß deren Rechtswirksamkeit von der Beurkundung abhängt: es erhellt dies z. B. für das Sitzungsprotokoll der ZPO. und StPO. arg. e contr. aus § 164 ZPO. und § 274 StPO. Für § 56 RAO. ist aber doch ein anderer Standpunkt einzunehmen. Erfahrungsgemäß ist es schon nach nicht besonders langer Zeit so gut wie unmöglich, alle wesentlichen Vorgänge einer Versammlung noch nachträglich festzustellen. Der wesentlichen Vorgänge sind zudem bei den hier fraglichen Versammlungen gar nicht wenige. Beispielsweise wird es den erheblichsten Schwierigkeiten unterliegen, nach einiger Zeit ohne Zurhandnahme des Protokolls festzustellen, ob die Versammlung des Vorstandes beschlußfähig war, ob für einen bestimmten Beschluß sich eine absolute Stimmenmehrheit gefunden, welches Ergebnis eine Stichwahl gehabt hat u. dgl. m. Nimmt man dazu, daß es sich bei den Beschlüssen und Wahlen der Versammlungen um Tätigkeiten eines Selbstverwaltungskörpers handelt, an ihnen also die Öffentlichkeit erheblich interessiert ist, so wird man den Beurkundungszwang des § 56 im Sinne eines für die Gültigkeit der Beschlüsse und Wahlen wesentlichen Erfordernisses aufzufassen haben.

Anm. 4. III. **Form und Inhalt des Protokolls.** Das Protokoll muß die gefaßten Beschlüsse und die Ergebnisse der Wahlen, zugleich aber auch die Konstatierung aller derjenigen Vorgänge aus der Versammlung enthalten, die neben der Beurkundung für die Rechtswirksamkeit der Beschlüsse und Wahlen wesentlich sind. Es ist von dem Vorsitzenden und dem Schriftführer zu unterzeichnen; einer Vorlesung und Genehmigung bedarf es nicht. Für die Vorstandssitzungen schreiben Cöln § 24 und Düsseldorf § 24 vor, daß das Protokoll „nach Genehmigung durch die Mitglieder, welche der Sitzung angewohnt haben", vom Vorsitzenden und Schriftführer zu unterzeichnen ist. Die Nichteinhaltung dieser Bestimmung hat auf die Wirksamkeit der Beurkundung keinen Einfluß.

IV. **Bei schriftlichen, nach § 55 Abs. 2 erfolgten Abstimmungen bedarf es der Einhaltung besonderer Beurkundungsformen nicht.** Marienwerder § 22 schreibt vor, daß „das Ergebnis der Abstimmung mit dem Stimmverhältnis zu den Akten zu beurkunden und von dem Vorsitzenden und dem Schriftführer zu unterschreiben" ist. Für die Gültigkeit des Beschlusses kommt es indessen auf Einhaltung dieser Vorschrift nicht an. Anm. 5.

V. 1. **Die Einsichtnahme der Protokolle über die Kammerversammlungen** gestehen alle Geschäftsordnungen, die hierüber besondere Vorschriften enthalten, allen Kammermitgliedern als ein Recht zu. Man wird ein solches Recht aber auch da anzunehmen haben, wo die Geschäftsordnung seiner nicht gedenkt. Anm. 6.

2. Was die Vorstandsakten betrifft, mögen sie Versammlungsprotokolle darstellen oder sonstige Akten sein, so kann ein solches Einsichtsrecht ohne weiteres nicht anerkannt werden. Doch geben zahlreiche Geschäftsordnungen den Kammermitgliedern ein Recht auf Einsicht, es sei denn, daß das Interesse der AK. oder einzelner Mitglieder entgegensteht. Über die Gewährung der Einsicht entscheidet nach den Geschäftsordnungen meist der Vorstand, in dringlichen Fällen und bisweilen auch abgesehen hievon der Vorsitzende. Soweit Bestimmungen fehlen, wird man den Vorstand zur Entscheidung für zuständig zu halten haben. Anm. 7.

3. Die Gewährung der Einsicht der Protokolle der Kammerversammlungen und der Vorstandsakten an Nichtmitglieder ist, wenn die Geschäftsordnung sie nicht etwa verbietet, nicht unzulässig. Die Entscheidung über ein einschlägiges Gesuch dürfte dem Vorstande zuzuweisen sein. Anm. 8.

§ 57.

Der Vorsitzende hat den geschäftlichen Verkehr der Kammer und des Vorstandes zu vermitteln, die Beschlüsse derselben zur Ausführung zu bringen und die Urkunden im Namen derselben zu vollziehen.

Die Kassengeschäfte liegen dem Schriftführer ob; er ist zur Empfangnahme von Geld berechtigt und vertritt die Kammer in Prozessen.

I. Inhalt. Der Paragraph beschäftigt sich des näheren mit den dem Vorsitzenden und dem Schriftführer obliegenden Geschäften. Anm. 1.

II. Der Geschäftskreis des Vorsitzenden. Anm. 2.

A. Über das Verhältnis des Vorsitzenden und des stellvertretenden Vorsitzenden zueinander und über die Wahrnehmung der Geschäfte des Vorsitzenden, wenn sowohl dieser als auch der stellvertretende Vorsitzende verhindert sind, vgl. § 46 Anm. 11—13, § 52 Anm. 2 und 14.

B. Der Vorsitzende hat dreierlei Gruppen von Funktionen: Anm. 3.

1. erledigt er die Geschäfte des Vorsitzenden der Kammerversammlung,
2. liegen ihm die Geschäfte des Vorsitzenden des AKV. ob, und
3. hat er den geschäftlichen Verkehr der Kammer und des Vorstandes zu vermitteln.

C. Als Vorsitzender der Kammerversammlung Anm. 4.

1. beruft er diese Versammlung,
2. führt er in ihr den Vorsitz,
3. bringt er ihre Beschlüsse zur Ausführung, und
4. vollzieht er die von der Kammer auszufertigenden Urkunden in ihrem Namen.

Über 1 und 2 vgl. § 52 Anm. 2 ff. Zu 3 und 4 ist zu bemerken, daß die AK. als Selbstverwaltungskörper ein Siegel führen darf. Eines solchen gedenken die Geschäftsordnungen für die AK. bei dem RG. und für Oldenburg.

Anm. 5. D. Als Vorsitzender des AKV. beruft er dessen Versammlungen oder führt die schriftlichen Beschlußfassungen herbei, führt in den Versammlungen den Vorsitz, bringt die Beschlüsse zur Ausführung und vollzieht die von dem Vorstande auszufertigenden Urkunden in dessen Namen. Die Ausführung der Beschlüsse des Vorstandes kann, was bei den Beschlüssen der Kammer wohl nur selten vorkommen wird, auch im Abschluß von Rechtsgeschäften bestehen. Der Vorsitzende ist also in den Grenzen der Vorstandsbeschlüsse für den rechtsgeschäftlichen Verkehr Vertreter des Vorstandes. Dabei ist zu bemerken, daß der Vorstand (vgl. § 95 Anm. 3) ein Siegel führen muß. Ist sein Gebrauch auch, abgesehen von Erteilung der Ausfertigungen und Auszüge ehrengerichtlicher Urteile, nicht vorgeschrieben, so wird solcher Gebrauch doch als durchaus angemessen zu erachten sein. Über das Siegel des AKV. vgl. BayBek. 8. 11. 79 (GVBl. 1520).

Anm. 6. Mit Recht weist ferner Reuling 34 „die Entgegennahme und formelle geschäftliche Behandlung aller an den Vorstand gerichteten Eingaben" dem Vorsitzenden zu (vgl. auch ferner § 53 Anm. 31).

Anm. 7. Wenn einzelne Geschäftsordnungen den Vorsitzenden generell zum Vermittlungskommissar machen, so geht dies über § 49 Abs. 2 nicht hinaus und bedarf keiner besonderen Besprechung.

Anm. 8. Dagegen ist hervorzuheben, daß (nicht nur für dringliche Fälle) nach einzelnen Geschäftsordnungen der Vorsitzende gewisse gesetzlich dem Vorstande zugewiesene Funktionen auszuüben berechtigt ist. An der gesetzlichen Kompetenzregelung kann hiedurch nichts geändert werden, die Entschließungen des Vorsitzenden können deshalb nur vorläufige Geltung beanspruchen, bis der Vorstand ihnen beitritt und sie dadurch zu endgültigen macht oder sie beseitigt.

Anm. 9. E. Die dem Vorsitzenden zugewiesene Vermittlung des geschäftlichen Verkehrs der Kammer und des Vorstandes bedarf keiner besonderen Erläuterung.

Anm. 10. F. Über die Tätigkeit des Vorsitzenden im Ehrengerichte siehe Abschnitt IV, über den der LJV. und dem OLG. bzw. RG. vom Vorsitzenden zu erstattenden Jahresbericht vgl. § 61.

Anm. 11. **III. Der Geschäftskreis des Schriftführers.**

A. Über das Verhältnis des Schriftführers und des stellvertretenden Schriftführers zueinander vgl. § 46 Anm. 11, über die Vertretung, wenn Schriftführer und stellvertretender Schriftführer verhindert sind, vgl. § 46 Anm. 14, § 52 Anm. 15.

Anm. 12. B. Der Schriftführer

1. führt in den Versammlungen der Kammer und des Vorstandes das Protokoll. Vgl. darüber § 52 Anm. 15 und 22, § 56.

Anm. 13. 2. Ihm liegen die Kassengeschäfte ob, und das Gesetz erklärt ihn ausdrücklich zur Empfangnahme von Geld für berechtigt.

Die vereinzelten einschlägigen Bestimmungen der Geschäftsordnungen bieten kein allgemeines Interesse.

Anm. 14. 3. Der Schriftführer vertritt ferner die Kammer in Prozessen und ist, wie ein Prozeßbevollmächtigter „zu allen den Prozeß betreffenden, seinem Zwecke dienenden Handlungen, mögen sie dem Gericht oder dem Gegner gegenüber oder einseitig behufs des Prozeßbetriebes vorgenommen werden" (Gaupp-Stein, ZPO.[8 u. 9] § 81 Anm. III a), ermächtigt. Er kann im Prozeß auch rechtsgeschäftliche Erklärungen (Aufrechnung, Kündigung rc.) abgeben und vor Gericht oder außergerichtlich Vergleiche über den Streitgegenstand abschließen.

Der Vorstand als solcher kann nicht in Prozesse verwickelt werden, da er nicht parteifähig ist.

Eigentümlicherweise enthält das Gesetz keine Bestimmung darüber, wer die Kammer in Prozessen vertritt, die gegen den Schriftführer allein oder gegen diesen zusammen mit anderen Vorstandsmitgliedern geführt werden. Anm. 15.

Nur Hamm enthält hierüber Bestimmungen. Es weist in § 22 die Vertretung in Prozessen gegen den Schriftführer dem Vorsitzenden des AKV., im Prozesse gegen die Vorstandsmitglieder einem von der Kammer zu wählenden Mitgliede zu. Anm. 16.

Die Bestimmung ist nur teilweise für gültig zu halten. Soweit der Schriftführer Prozeßgegner ist, muß der stellvertretende Schriftführer, wenn er nicht seinerseits verhindert ist, nach § 57 Abs. 2 als zur Vertretung der Kammer berufen erachtet werden. Ist der stellvertretende Schriftführer verhindert oder ist er selbst allein oder mit anderen Vorstandsmitgliedern Prozeßgegner, und ist in allen diesen Fällen der Schriftführer verhindert oder auch Prozeßgegner, so muß allerdings die Kammer für ermächtigt gelten, einen besonderen Vertreter zu wählen. Es steht nichts im Wege, hiezu den Vorsitzenden des AKV. und zwar auch in der Geschäftsordnung auszuersehen, soweit er nicht selbst als Gegner in Betracht kommt. Anm. 17.

Wegen Berufung der Kammerversammlung zwecks Ernennung eines Vertreters im Prozeß gegen die Inhaber der vier Stellen des § 46 gilt das in Anm. 2 zu § 52 Gesagte. Soll der gesamte derzeitige Vorstand verklagt werden, so fehlt es an einer zur Berufung der Kammerversammlung legitimierten Person: eine dem § 29 BGB. entsprechende Bestimmung enthält die RAO. nicht; der Fall wird übrigens wohl nicht leicht praktisch werden. Sollte er es doch werden, so wird zwar bis zu den nächsten Erneuerungswahlen gewartet werden müssen, dann aber wohl leicht zur Wahl eines nicht als Gegner in Betracht kommenden Schriftführers zu gelangen sein. Anm. 18.

4. Über die Befugnisse und Pflichten des Schriftführers im ehrengerichtlichen Verfahren vgl. §§ 94 Abs. 4, 95, 96, 97 Abs. 2—4, ferner § 93 Anm. 32 und Exkurs zu § 91 Anm. 13. Anm. 19.

§ 58.

Die Mitglieder der Kammer haben auf die in Gemäßheit des § 49 Abs. 1 Nr. 1 bis 3 und Abs. 2 ergehenden Ladungen zu erscheinen, die verlangten Aufschlüsse zu ertheilen und den zu diesem Zwecke erlassenen Anordnungen Folge zu leisten.

Zur Erzwingung einer solchen Anordnung können Geldstrafen bis zum Gesammtbetrage von dreihundert Mark festgesetzt werden. Der Festsetzung einer Strafe muß deren schriftliche Androhung vorangehen.

Gegen die Anordnungen oder Straffestsetzungen eines beauftragten Mitgliedes des Vorstandes findet Beschwerde an den Vorstand statt.

I. Inhalt. Der Paragraph gibt die Mittel an die Hand, um die Erfüllung der in Ziff. 1—3 geregelten Funktionen des Vorstandes durch ihn oder die nach § 49 Abs. 2 beauftragten Mitglieder des Vorstandes zu gewährleisten. Er regelt ferner den Instanzenzug gegen die Maßnahmen der beauftragten Vorstandsmitglieder. Anm. 1.

II. Die Mitglieder der Kammer haben in den in § 49 Ziff. 1—3 geregelten Angelegenheiten gewisse besondere Pflichten zu erfüllen. Das Gesetz erwähnt die Ziff. 1 ohne Einschränkung, und doch kommt diese Ziffer insoweit nicht in Betracht, als die Handhabung der ehrengerichtlichen Strafgewalt daselbst erwähnt ist. Für sie gilt Abschnitt IV. Nach ihm aber kann von einem Erscheinungs- Anm. 2.

zwange für den Beschuldigten keine Rede sein (§§ 72, 83), für andere Kammermitglieder existiert er nur, soweit die Zeugen- und Sachverständigenpflicht reicht und zwar (vgl. § 66) nach Maßgabe der StPO. Gleiches gilt bezüglich der Erteilung verlangter Aufschlüsse und der Folgeleistung gegenüber den zu solchem Zwecke erlassenen besonderen Anordnungen, wobei weiter noch die Bestimmungen über Beschlagnahme und Durchsuchung in Betracht kommen können.

Anm. 3. Zu den Maßnahmen der Aufsicht werden auch diejenigen Vorschriften zu rechnen sein, die dafür sorgen sollen, daß der Vorstand über den Kreis der Kammermitglieder auf dem laufenden bleibt (Anmeldung zur Mitgliederliste).

Anm. 4. In anderen als den in § 49 Ziff. 1—3 genannten Angelegenheiten sind die Vorschriften des § 58 nicht anwendbar. Auch die Geschäftsordnung ist außerstande, den Geltungsbereich des § 58 zu erweitern (Reuling 43). Insbesondere kann das Erscheinen der Mitglieder oder Stellvertreter des Ehrengerichts und des zum Gerichtsschreiber des Ehrengerichts bestimmten Rechtsanwalts nicht auf dem Wege des § 58 erzwungen werden.

Es kann aber ferner auch nicht bezüglich anderer Geschäfte als der in § 49 Ziff. 2 und 3 genannten dem Vorsitzenden die Strafgewalt des § 58 durch die Geschäftsordnung eingeräumt werden; denn auf andere Geschäfte findet § 49 Abs. 2 keine Anwendung. Das gilt auch für den in § 57 geregelten Geschäftskreis des Vorsitzenden. Celle § 14 Abs. 1, Naumburg § 10 Abs. 2 und der von Posen am 1. 3. 84 beschlossene Nachtrag zur Geschäftsordnuug verstoßen hiegegen und sind daher unverbindlich. Dies trifft auch für Augsburg § 19 zu, nach dem, „wenn die Beantwortung einer Beschwerde oder eine sonstige vom Vorstand verlangte Aufschlußerteilung innerhalb der von dem Referenten zunächst vorgesetzten Frist unterbleibt", der Referent des AKV. berechtigt sein soll, „selbständig unter Vorsetzung einer angemessenen Nachfrist für den Fall weiterer Säumnis eine Ordnungsstrafe schriftlich anzudrohen und nach Ablauf der Frist festzusetzen".

Anm. 5. **III. Die Kammermitglieder sind nach § 58 verpflichtet, auf die ergehenden Ladungen zu erscheinen, die verlangten Aufschlüsse zu erteilen und den zu diesem Zwecke erlassenen Anordnungen Folge zu leisten.**

Anm. 6. 1. Einer Zustellung bedarf die Ladung nicht, ebensowenig einer besonderen Form. Immerhin muß aus ihr hervorgehen, daß es sich um eine in den fraglichen Ziffern erwähnte Angelegenheit handelt. Eine Angabe, worüber der Rechtsanwalt Auskunft geben soll, braucht die Ladung nicht zu enthalten, auch die Androhung von Strafen ist nicht erforderlich; dieser Androhung bedarf es erst, wenn die Festsetzung einer Strafe erfolgen soll.

Anm. 7. 2. Die Pflicht zur Auskunftserteilung fällt da fort, wo dem Mitgliede die Begehung strafbarer Handlungen zugemutet wird. Die Auskunftspflicht nach § 58 geht jedenfalls nicht weiter, als die allgemeine Zeugenpflicht. Sie greift also nicht ein, soweit die Verschwiegenheitspflicht reicht (vgl. EGH. **6** 226 und oben § 28 Anm. 25).

Anm. 8. Die verlangten Aufschlüsse sind nicht etwa nur zu erteilen, wenn dieserhalb eine Ladung des Mitglieds erfolgt, die Aufschlüsse können auch schriftlich erfordert werden. Eine besondere Form für das Verlangen ist nicht vorgeschrieben. Wenn z. B. Karlsruhe in § 1 die Anmeldepflicht zur Mitgliederliste statuiert und vermerkt: „Zuwiderhandlungen werden nach § 58 der RAO. behandelt", so genügt die im gedachten § 1 vorgesehene Übersendung eines Exemplars der Geschäftsordnung zur Erfüllung der Voraussetzungen des § 58 Abs. 1.

Anm. 9. Die verlangten Aufschlüsse sind vollständig und wahrheitsgemäß zu geben. Bewußt wahrheitswidrige oder zur Irreführung bestimmte Angaben oder gar

Fälschung vorzulegender Handakten 2c. sind ehrengerichtlich strafbar. Vgl. EGH. **4** 70 (26. 6. 89), 187/8 (4. 6. 89), 190 (1. 5. 89); **5** 176/7 (18. 11. 91); **6** 200 (8. 11. 93); **7** 115/6 (17. 9. 94), 123 (27. 6. 94); **8** 227/9 (19. 3. 96); **10** 158 (7. 11. 00); **12** 68 (13. 12. 05).

IV. Die erwähnten Pflichten liegen den Mitgliedern nicht nur gegenüber dem Vorstande, sondern auch gegenüber den Vorstandskommissaren ob. Anm. 10.

V. 1. Zur Realisierung der den Mitgliedern obliegenden Pflichten dienen Zwangsstrafen. Allerdings läßt die Fassung des Gesetzes es zweifelhaft, ob durch Zwangsstrafen auch der Ladung Nachdruck verliehen werden kann. Abs. 2 läßt die Zwangsstrafen nur zu „zur Erzwingung einer solchen Anordnung", d. h. einer Anordnung des Abs. 1, und Abs. 1 spricht von der Pflicht der Mitglieder, „auf die . . . Ladungen zu erscheinen, die verlangten Aufschlüsse zu erteilen und den zu diesem Zwecke erlassenen Anordnungen Folge zu leisten". Nun wäre es möglich, die Worte „zu diesem Zwecke" nur auf die Erteilung der verlangten Aufschlüsse zu beziehen, allein doch wohl mit Unrecht. Es ist zu bedenken, daß die Ladung eben auch eine zur Gewinnung der erforderlichen Aufschlüsse geeignete Maßnahme selbst dann ist, wenn der RA. sich darauf beschränkt, auf die ihm gemachten Vorhaltungen und gestellten Fragen die Auskunft abzulehnen: denn auch hieraus kann unter Umständen Gewichtiges gegen das Mitglied gefolgert werden. Auch läßt sich ohne Zwang die Ladung als eine Anordnung bezeichnen. So spricht denn auch der RTKommB. 36 davon, daß § 53 „von der Pflicht der Anwälte handelt, bei einer vorher anzudrohenden Geldstrafe auf Vorladungen des Vorstandes zu erscheinen". Anm. 11.

2. Als Zwangsstrafen sind Geldstrafen zugelassen, an deren Stelle auch im Falle der Unbeitreiblichkeit keine Freiheitsstrafen treten. Anm. 12.

Ein gesetzliches Strafminimum besteht nicht, das Strafmaximum beträgt 300 Mk. Anm. 13.

3. Zur Erzwingung einer und derselben Anordnung können mehrere Strafen, jedoch insgesamt nicht über das Strafmaximum hinaus, verhängt werden (Mot. 75; Meyer § 58 Anm. 1; Berger § 58 Anm. 2). Diese Grenze gilt dagegen nicht, soweit es sich um Erzwingung verschiedener selbständiger Anordnungen handelt, mögen sie gleichzeitig oder nacheinander erfolgen. Anm. 14.

4. Der Festsetzung der Strafe muß eine schriftliche Androhung vorangehen. Sie kann mit der Anordnung, insbesondere mit der Ladung, verbunden werden oder ihr nachfolgen. Die Befolgung der Anordnung hat keine Bedeutung für die bereits festgesetzten Strafen: sie bleiben bestehen. Anm. 15.

5. Die Festsetzung erfolgt durch Beschluß des Vorstandes oder des beauftragten Vorstandsmitgliedes. Der Beschluß ist dem Mitgliede bekannt zu machen und zwar zweckmäßigerweise durch Zustellung. Anm. 16.

Der Beschluß ist vollstreckbar. Wegen der Vollstreckung siehe § 97 Abs. 1, 2 und 4. Anm. 17.

6. Gegen die Anordnungen und Straffestsetzungen des Vorstandes gibt es nur die Anrufung des OLG. bzw. des RG. nach § 59 Abs. 2 (Meyer § 58 Anm. 2; Turnau und Berger § 58 Anm. 3), gegen die gleichen Maßnahmen eines beauftragten Vorstandsmitglieds die form- und fristlose (Berger, Meyer, Turnau a. a. O.; Sydow-Jacobsohn § 58 Anm. 3) Beschwerde an den Vorstand, dessen Entscheidung dann wieder nur gemäß § 59 Abs. 2 angreifbar ist. Anm. 18.

7. Festsetzung und Beitreibung von Zwangsstrafen aus § 58 steht der ehrengerichtlichen Bestrafung wegen Nichtbefolgung der Anordnungen nicht entgegen, wie aus dem Charakter der Geldstrafen als Zwangsstrafen ohne weiteres erhellt. Ebenso: EGH. **5** 212 (2. 12. 91); Mot. 75; Meyer § 58 Anm. 4; Berger § 58 Anm. 2; Sydow-Jacobsohn § 58 Anm. 2. Anm. 19.

§ 59.

Die Aufsicht über den Geschäftsbetrieb des Vorstandes steht dem Präsidenten des Oberlandesgerichts zu. Derselbe entscheidet über Beschwerden, welche den Geschäftsbetrieb des Vorstandes betreffen. Für die Aufsicht und die Beschwerden sind die landesgesetzlichen Vorschriften maßgebend, welche die Aufsicht und die Beschwerden über den Geschäftsbetrieb der Gerichte regeln.

Gesetzwidrige Beschlüsse oder Wahlen der Kammer oder des Vorstandes können von dem Oberlandesgericht aufgehoben werden.

Anm. 1. **I. Inhalt.** Der Paragraph regelt die Aufsicht über die Tätigkeit der AK. und des AKV. Die AK. untersteht einer solchen Aufsicht naturgemäß nur hinsichtlich ihrer Beschlußfassungen („Beschlüsse oder Wahlen"), da sie anders überhaupt nicht tätig werden kann. Bei dem AKV. kommt außerdem auch der Geschäftsbetrieb im allgemeinen in Betracht. Hienach sind auch die Aufsichtsorgane verschieden. Bei Beschlüssen oder Wahlen der Kammer oder des Vorstandes ist das OLG. bzw. das RG. Aufsichtsinstanz, bei der allgemeinen Geschäftsführung des AKV. ist es der Präsident des OLG. bzw. RG.

Anm. 2. **II. Die Aufsichtsbefugnisse des Präsidenten des OLG. bzw. RG.** Der Präsident des OLG., bezüglich der AK. bei dem RG. der Präsident des RG., führt die Aufsicht über den Geschäftsbetrieb des AKV. und entscheidet über Beschwerden, die diesen Geschäftsbetrieb betreffen.

Anm. 3. 1. Seine Aufgabe ist lediglich, darüber zu wachen, daß „der Vorstand in **formeller** Beziehung die ihm obliegenden Geschäfte betreibt, insbesondere nicht durch Lässigkeit in der Erledigung derselben seine Pflichten verletzt" (Mot. 76). Ebenso: EGH. **6** 8/9 (11. 1. 93); v. Wilmowski JW. **81** 126; Meyer, Berger und Sydow-Jacobsohn § 59 Anm. 1. Der Präsident kann also im Wege der Geschäftsrevision prüfen, ob der Vorstand die für die formelle Geschäftsführung von dem Gesetz oder von der Kammer insbesondere durch die Geschäftsordnung (in zulässiger Weise) getroffenen Anordnungen einhält oder, soweit solche Anordnungen fehlen, die Geschäfte formell ordnungsmäßig erledigt (PrJMVf. 11. 3. 84 bei Müller JV. **1** 163). Er kann auf vorgefundene Mängel in der formellen Erledigung der Geschäfte hinweisen und auf Abstellung der Mängel durch seine Revisionsbescheide hinwirken. Auf die materiellen Entschließungen des Vorstandes kann er dagegen einen Einfluß nicht ausüben (Mot., EGH., Berger, Meyer, Sydow-Jacobsohn a. a. O.; PrJMVf. 1. 5. 80 in GruchotsBeitr. **24** 772).

Anm. 4. 2. Für die einschlägige Tätigkeit des Präsidenten sind „die landesgesetzlichen Vorschriften maßgebend, welche die Aufsicht und die Beschwerden über den Geschäftsbetrieb der Gerichte regeln".

Anm. 5. a) Für den Präsidenten des RG. sind die reichsgesetzlichen Vorschriften maßgebend, welche die Aufsicht und die Beschwerden über den Geschäftsbetrieb des Reichsgerichts regeln. Als solche Vorschrift kommt lediglich § 4 Abs. 1 der auf Grund des § 141 GVG. erlassenen Geschäftsordnung für das RG. in Betracht. Hienach liegt dem Präsidenten „die Leitung und Beaufsichtigung des ganzen Geschäftsganges ob".

Anm. 6. b) Für den Präsidenten eines mehreren Bundesstaaten gemeinschaftlichen OLG. sind die Bestimmungen maßgebend, die der Gerichtsgemeinschaftsvertrag, der ja die Wirkungen eines Landesgesetzes hat, für die Aufsicht über den Geschäftsbetrieb der Gerichte und die bezüglichen Beschwerden gelten läßt. Fehlt es an einer solchen vertraglichen Norm, so muß das am Sitze des OLG. gültige Landesrecht zur Anwendung gebracht werden; der AKV. wird eben doch wie eine gerichtliche Behörde des Oberlandesgerichtsbezirks behandelt, und seinen Sitz teilt er mit dem OLG.

3. Die Aufsicht des Präsidenten erstreckt sich wie auf den Geschäftsbetrieb des Gesamtvorstandes, so auch auf denjenigen der Stellen des § 46 und der Vorstandskommissare des § 49 Abs. 2. Daß die Aufsicht auch die ehrengerichtliche Tätigkeit des Vorstandes betrifft, darüber vgl. § 67 Anm. 8. Anm. 7.

III. Aufsichtsrecht des OLG. bzw. RG. Anm. 8.

A. Während der Präsident gerade das Nichtfassen von Beschlüssen, die Nichtvornahme von Wahlen zum Anlaß seines Einschreitens von Aufsichts wegen machen kann, ist das Eingreifen des OLG. bzw. des RG. nur gegenüber vorliegenden Beschlüssen oder Wahlen statthaft.

B. Nicht alle, sondern nur „gesetzwidrige" Beschlüsse oder Wahlen der Kammer oder des Vorstandes unterliegen der Beurteilung des OLG. bzw. RG. nach § 59 Abs. 2. Was versteht nun § 59 unter gesetzwidrigen Beschlüssen oder Wahlen? Anm. 9.

1. Hält man sich lediglich an das Wort „gesetzwidrig", so muß es genügen, daß die Beschlüsse oder Wahlen wider das Gesetz verstoßen, d. h. daß sie irgendeine Rechtsnorm verletzen. So SeuffA. **37** 348 (OLG. Hamm 8. 4. 82). Dann wäre dem OLG. über AK. und AKV. ein von der Beschwerde Beteiligter unabhängiges, an eine Frist nicht gebundenes und zur materiellen Prüfung berechtigendes Aufhebungsrecht gegeben, das die Selbständigkeit der AK. als eines Selbstverwaltungskörpers auf ein Minimum reduzieren würde. Ein Grund zu einem so weitgehenden Aufsichtsrechte wäre nicht abzusehen. Anm. 10.

2. Im Gegensatze zu der von dem OLG. Hamm vertretenen Auffassung betonen die Mot. 76, daß „weder die Kammer noch der Vorstand in materieller Beziehung einer Kritik der Behörden des Staates unterliegen, sofern die gefaßten Beschlüsse sich innerhalb des den Organen der Rechtsanwaltschaft durch das Gesetz zugewiesenen Bereichs bewegen und dem Gesetze nicht widerstreiten". Nur bei Überschreitung dieser Grenzen habe das OLG. nach Abs. 2 einzugreifen. Die Motive weisen also dem OLG. lediglich die Entscheidung der Frage zu, ob die Beschlüsse oder Wahlen formell gesetzwidrig sind. Anm. 11.

Daß dies auch der Standpunkt des Gesetzes ist, ergibt sich Anm. 12.

a) aus der Zusammengehörigkeit von Abs. 1 und 2. Es wäre überaus merkwürdig, wenn über den allgemeinen Geschäftsbetrieb — was unbestritten der Fall ist — nur eine formelle Aufsicht bestehen, dagegen den Beschlüssen und Wahlen gegenüber ein materielles Nachprüfungsrecht der Aufsichtsbehörde bestehen sollte.

b) Bestände es, so wäre es auffallend, daß es trotzdem dem OLG. versagt wäre, selbst an Stelle der AK. oder des Vorstandes zu entscheiden. Letzteres ist aber zweifellos unzulässig.

c) Endlich wäre dann, wie schon erwähnt, Abs. 2 ein ganz unbegreiflich schwerer Eingriff in das Selbstverwaltungsrecht der AK.

Den hier vertretenen Standpunkt teilen: EGH. **6** 8 (11. 1. 93); JW. **83** 81/2 (OLG. Jena 5. 1. 83), **94** 610 (OLG. Dresden 18. 9. 93); AKJahrB. **85** 6 (OLG. München 18. 4. 84); PrJMBl. **87** 96 = JW. **87** 64 (KG. 13. 12. 86); BadAnn. **57** 246/7 (OLG. Karlsruhe 11. 7. 91), wo aber (248) doch in materielle Prüfung eingetreten wird; OLG. **8** 162 (KG. 25. 1. 04); BayZfR. **2** 65 (OLG. München 6. 10. 05); PrJMVf. 9. 6. 82 bei Müller JW.

1 163/4; v. Wilmowski JW. **81** 126, **83** 82/3; Wreschner KGBl. **04** 1/5; Meyer § 59 Anm. 1 und 2; Berger § 59 Anm. 2; Sydow-Jacobsohn § 59 Anm. 4.

Anm. 13. 3. Beschlüsse oder Wahlen der Kammer oder des Vorstandes sind also dann gesetzwidrig im Sinne des Abs. 2,

a) wenn sie einen Inhalt haben, den ein Beschluß oder eine Wahl der Kammer oder des Vorstandes **nie** haben kann.

Solche Fälle liegen z. B. vor, wenn die Kammer den Vorsitzenden des Vorstandes oder wenn der Vorstand den Gerichtsschreiber des Ehrengerichts wählt, wenn die Kammer einem Kammermitgliede wegen Nichterfüllung seiner Pflichten die Mißbilligung ausspricht oder der Vorstand aus gleichem Anlaß eine ehrengerichtliche Strafe im Wege des Aufsichtsrechts verhängt, wenn die AK. zwecks Beisteuerung zur Errichtung eines Denkmals für einen nationalen Dichter Mitgliederbeiträge zu erheben beschließt.

Anm. 14. b) Gesetzwidrig ist aber ein Beschluß oder eine Wahl auch dann, wenn sie auf eine Art und Weise zustande gekommen sind, auf die sie **nie** zustande kommen durften. Das ist z. B. der Fall, wenn ein Beschluß der Kammer nicht in einer Versammlung, sondern mittels schriftlicher Abstimmung gefaßt ist, wenn der Vorstand, ohne beschlußfähig zu sein, eine Wahl vorgenommen hat, ferner wenn Beschlüsse des Vorstandes mittels schriftlicher Abstimmung trotz des Widerspruchs von Mitgliedern gegen diese Art der Beschlußfassung zustande gekommen sind oder wenn die Kammer, ohne berufen zu sein, sich versammelt und Beschlüsse faßt.

Anm. 15. C. Die gesetzwidrigen Beschlüsse oder Wahlen sind an sich wirkungslos. Um aber auch den Anschein, als seien sie gültig, zu beseitigen, kann sie das OLG. bzw. RG., dessen Beschluß also lediglich deklaratorisch wirkt, aufheben, es kann aber nicht etwas anderes an die Stelle des Aufgehobenen setzen (Mot. 76; OLG. Jena, OLG. Hamm, Sydow-Jacobsohn a. a. O.; v. Wilmowski JW. **83** 82/3; Berger § 59 Anm. 4; Meyer § 59 Anm. 2).

Anm. 16. D. Das OLG. bzw. RG. kann, ohne hiezu von einem Beteiligten angerufen zu sein, nach Abs. 2 vorgehen (Berger § 59 Anm. 3; OLG. Jena a. a. O.; OLG. 8 161 — KG. 25. 1. 04). Es steht aber den Beteiligten frei, eine Entscheidung des OLG. bzw. RG. zu extrahieren (OLG. Karlsruhe a. a. O.).

Anm. 17. E. 1. Das Gesetz weist die Entscheidung „dem Oberlandesgericht" zu. An seine Stelle tritt für die AK. bei dem RG. nach § 98 das Reichsgericht. Darüber, ob das Plenum oder ein Senat und welche Art von Senaten die Entscheidung zu fällen hat, schweigt das Gesetz. Die Motive 76 überlassen dies „der Anordnung der Landesjustizverwaltung" (ebenso Meyer § 59 Anm. 2; Berger § 59 Anm. 5; Sydow-Jacobsohn § 59 Anm. 3).

Anm. 18. 2. Dies wird man auch für richtig halten dürfen: denn das Gesetz verlangt, daß das OLG. entscheide, ohne zu sagen, ob in einem der Senate und in was für einem oder ob in der Gesamtheit der Senate zu entscheiden ist, und es handelt sich um eine Angelegenheit der Justizverwaltung. Wie aber, wenn die gedachte Anordnung fehlt? Hier wird die nächstliegende Lösung sein, daß das Präsidium, welches ja auch ein (allerdings ziemlich frei gestelltes) Justizverwaltungsorgan ist, im Wege der Geschäftsverteilung bestimmt, ob ein Zivil- oder Strafsenat und welcher sich den Entscheidungen zu unterziehen hat. Es kann aber auch ein ohne besondere Anordnung vom Plenum gefaßter Beschluß nicht für unwirksam erachtet werden.

Anm. 19. 3. Über die Besetzung, in der tatsächlich die Entscheidungen nach Abs. 2 abgegeben werden, ist folgendes zu bemerken:

a) Für das Reichsgericht fehlen einschlagende Bestimmungen, auch die Geschäftsverteilung gedenkt der Beschlüsse nach § 59 Abs. 2 nicht. Ein Beschluß auf Grund dieses Paragraphen scheint noch nicht vorgekommen zu sein.

b) Für Preußen besteht keine einschlägige Vorschrift (Turnau § 59 Anm. 1). Von den veröffentlichten Entscheidungen ist die in SeuffA. **37** 347/50 abgedruckte eine Plenarentscheidung, während die Entscheidungen des KG. PrJMBl. **87** 95/6 (= JW. **87** 63/4) und OLG. **8** 160/2 vom 1. Zivilsenate erlassen sind. Die Entscheidung des OLG. Marienwerder JW. **82** 169 läßt nicht ersehen, in welcher Besetzung das OLG. entschieden hat.

c) In Bayern besteht eine nicht veröffentlichte Entschließung des Staatsministeriums der Justiz vom 29. Oktober 1880, welche die Entscheidungen einem Senate zuweist (vgl. SeuffA. **59** 372). Welche Art von Senaten zu entscheiden hat, wird danach wohl das Präsidium zu bestimmen haben. Die BayZfR. **2** 65 abgedruckte Entscheidung des OLG. München rührt vom 1. Zivilsenate her. Aus der SeuffA. **59** 372 veröffentlichten Entscheidung des OLG. ist nicht zu ersehen, was für ein Senat bei dem OLG. erkannt hatte.

d) In Württemberg fehlt eine Vorschrift. Die Beschlüsse werden vom Plenum erlassen.

e) In Sachsen entschied früher ein Zivilsenat (vgl. JW. **94** 610, **05** 97), nach der jetzigen Geschäftsverteilung des OLG. Dresden entscheidet der Strafsenat.

f) In Baden sind die Entscheidungen gemäß Justizministerialerlaß vom 23. April 1880 durch das Plenum zu treffen (vgl. BadAnn. **57** 244).

g) In Hessen bestehen einschlägige Vorschriften nicht. Eine Entscheidung nach § 59 Abs. 2 scheint bisher noch nicht ergangen zu sein.

h) Bei dem OLG. Rostock werden gemäß der Verordnung vom 1. Mai 1880 (Schwerin: RegBl. 65; Strelitz: OffizAnz. 115; Ratzeburg: OffizAnz. 71) die Entscheidungen aus § 59 Abs. 2 durch das Plenum erlassen.

i) Das OLG. Jena hat die JW. **83** 81/2 abgedruckte Entscheidung durch den Strafsenat ergehen lassen.

k) Das OLG. Oldenburg hat, wie es scheint, erst einmal Gelegenheit gehabt, einen Beschluß aus § 59 Abs. 2 zu fassen. Es hat ihn — besondere Bestimmungen bestehen nicht — in der Besetzung mit fünf Richtern ohne Angabe eines Senats abgegeben.

l) In Braunschweig ist gleichfalls erst ein einschlägiger Beschluß ergangen und zwar vom Plenum. Besondere Bestimmungen fehlen ebenso, wie

m) für OLG. Hamburg. Bei ihm hat die anscheinend einzige bezügliche Entscheidung der 1. Zivilsenat gefällt.

n) In Elsaß-Lothringen hat das Präsidium des OLG. die Entscheidungen aus § 59 Abs. 2 dem 1. Zivilsenate zugewiesen.

F. Gegen die Entscheidung des OLG. findet weder eine Beschwerde an die LJV. noch an das RG. oder ObLG. statt. Vgl. SeuffA **59** 372/3 (ObLG. München 11. 5. 03, Angabe des Senats fehlt); PrJMVf 9. 6. 82 in JW. **82** 185. Anm. 20.

§ 60.

Die Verhandlungen und Erlasse der Kammer und des Vorstandes, sowie die an dieselben gerichteten Erlasse und Eingaben sind, soweit dieselben nicht eine Beurkundung von Rechtsgeschäften enthalten, frei von Gebühren und Stempeln.

I. Inhalt. Der Paragraph schafft für die Tätigkeit der Kammer und des Vorstandes in weitem Umfange Gebühren- und Stempelfreiheit. Anm. 1.

Anm. 2. **II. Der Paragraph betrifft** 1. die Verhandlungen und Erlasse der Kammer und des Vorstandes. Hierunter sind die Tätigkeiten der Inhaber der Stellen des § 46 und die Geschäfte der Vermittlungskommissare mit zu verstehen. Für die ehrengerichtliche Tätigkeit gilt nicht § 60, sondern § 94 Abs. 1.

Anm. 3. 2. Weiter betroffen sind die an die gedachten Stellen gerichteten Erlasse und Eingaben, also auch die Beschwerden des § 58 Abs. 3, die Aufsichtsverfügungen nach § 59 Abs. 1 und die Beschlüsse nach § 59 Abs. 2. Letzteres gilt auch dann, wenn der Beschluß auf Anrufen seitens eines Einzelnen erfolgt.

Anm. 4. **III. Alle erwähnten Akte bleiben frei von Gebühren und Stempeln, es sei denn, daß sie eine Beurkundung von Rechtsgeschäften enthalten.** Dies ist z. B. der Fall, wenn der Vorstand ein ihm gemachtes Angebot zum Vertragsschluß in einer Versammlung annimmt.

Anm. 5. 1. Nur die gedachten Akte sind gebühren- und stempelfrei, nicht z. B. auch Vollmachten, auf Grund deren für einen Beteiligten eine Entscheidung nach § 59 Abs. 2 angerufen wird.

Anm. 6. 2. Eine Auslagenfreiheit ist reichsgesetzlich nicht gewährleistet. Können nun auch AK. und AKV. — vom ehrengerichtlichen Verfahren abgesehen — mangels einschlägiger Bestimmungen des Reichsrechts, das einer Ergänzung durch Landesrecht unzugänglich ist, für ihre Tätigkeiten Auslagen nicht erheben, so steht doch reichsrechtlich nichts im Wege, daß für die Akte des § 59 Auslagen in Ansatz kommen. Ob dies der Fall ist, bestimmt sich nach Landesrecht. Das PrGKG. § 145 erklärt allgemein Entscheidungen der Aufsichtsbehörden über Erinnerungen und Beschwerden in Sachen der Justizverwaltung für kostenfrei.

§ 61.

Der Vorsitzende hat jährlich der Landesjustizverwaltung und dem Oberlandesgericht einen schriftlichen Bericht über die Thätigkeit der Kammer und des Vorstandes zu erstatten.

Anm. 1. **I. Inhalt.** Der Paragraph schreibt einen Jahresbericht an LJV. und OLG. über die Tätigkeit der Kammer und des Vorstandes vor.

Anm. 2. **II. Die Vorschrift des § 61 ermöglicht dem OLG. bzw. RG. zu prüfen, ob ein Anlaß zum Eingreifen nach § 59 Abs. 2 gegeben ist, und der LJV. bzw. dem RK. zu erwägen, ob der Präsident des OLG. bzw. des RG. zum Einschreiten von Aufsichts wegen nach § 59 Abs. 1 zu veranlassen ist.***)

Anm. 3. **III. Einen der Kammer zu erstattenden Jahresbericht** sieht das Gesetz nicht vor. Die Geschäftsordnungen ordnen verschiedentlich die Erstattung eines solchen durch den Vorstand oder durch den Vorsitzenden an.

---

*) Über die Zeit der Erstattung des Berichts vgl. für ElsLoth. JMVf. 1. 7. 80 (Sammlung von Gesetzen ꝛc. betr. die JV. in ElsLoth. 5 222). Über die Stelle, bei der der Bericht einzureichen ist, siehe Sachsen-Weimar-Eisenach MinV. 3. 10. 79 (RegBl. 519) § 21, Sachsen-Altenburg V. 17. 11. 79 (GS. 255) § 19.

Vierter Abschnitt.

Ehrengerichtliches Verfahren.

Vorbemerkung.

1. Entstehungsgeschichte. Der vierte Abschnitt des Gesetzes weicht in verschiedenen wichtigen Punkten von dem zugrunde liegenden Entwurfe ab. Anm. 1.

a) Der Entwurf unterschied das nicht förmliche und das förmliche ehrengerichtliche Verfahren. Anm. 2. In jenem konnten nach § 62 Warnungen, sowie Geldstrafen bis zum Betrage von 150 Mk. von dem Vorsitzenden des AKV. nach Anhörung des RA. und der StA. durch schriftlichen, begründeten Bescheid verhängt werden, falls nicht die StA. erklärte, die Klage im förmlichen Verfahren erheben zu wollen. In diesem war die Klageerhebung nur durch Antrag auf Eröffnung der Voruntersuchung zulässig. Gegen die im nicht förmlichen Verfahren erfolgte Verhängung der Strafen stand dem RA. binnen der Frist von einer Woche seit der Bekanntmachung der Antrag auf Entscheidung im förmlichen ehrengerichtlichen Verfahren offen (§ 62 Abs. 3). In diesem Falle konnte das EG. nach § 74 beschließen, daß ohne Voruntersuchung das Hauptverfahren zu eröffnen sei. Die RTKomm. beseitigte das nicht förmliche ehrengerichtliche Verfahren und die Notwendigkeit der Voruntersuchung, an die in dem Gesetze noch die Fassung des § 77 deutlich erinnert (vgl. § 77 Anm. 2). Bedauerlich ist, daß man mit dem nicht förmlichen Verfahren auch die Bestimmung des § 62 Abs. 3 des Entwurfs beseitigte, ohne den gesunden zugrunde liegenden Gedanken durch Gewährung einer wirksamen Anfechtung der in Ausübung der Aufsichtsgewalt des § 49 Ziffer 1 RAO. ergehenden Beschlüsse des AKV. zu verwerten.*)

b) Der Entwurf kannte keine Anfechtung des die Zulassung versagenden Bescheides. Anm. 3. Die RTKomm. gestattete dem die Zulassung Begehrenden solche Anfechtung in gewissem Umfange und wies die Entscheidung dem ehrengerichtlichen Verfahren zu. So kam es zur Einschaltung des § 93 des Gesetzes. Das ehrengerichtliche Verfahren des § 93, das im Gegensatze zum ehrengerichtlichen Strafverfahren von uns als ehrengerichtliches Zulassungsverfahren bezeichnet wird, ist kein Disziplinarverfahren, es entlehnt von diesem nur die Form. Will man deshalb dem Verständnisse des IV. Abschnitts nicht unnötige Schwierigkeiten bereiten, so ist es durchaus geboten, die Grundsätze des ehrengerichtlichen Verfahrens getrennt von dem Falle des § 93 zu entwickeln und bei diesem Paragraphen zu sehen, inwieweit hier die Anwendung jener Grundsätze möglich ist.

---

*) Der Mannheimer Anwaltstag (1907) sah in seiner Tagesordnung die Beratung der Frage vor, ob die Wiedereinführung des nicht förmlichen ehrengerichtlichen Verfahrens sich empfiehlt. Der Vorschlag war, wie folgt, formuliert: „Wegen leichter Verfehlungen eines Rechtsanwalts kann der Vorstand ohne Einleitung des in § 67 ff. der RAO. vorgeschriebenen Verfahrens eine Warnung, eine Mißbilligung oder eine Geldstrafe bis 100 Mk. aussprechen. Der Rechtsanwalt, gegen den vom Vorstande eine solche Strafe ausgesprochen wird, hat das Recht, innerhalb einer Notfrist von einer Woche seit der Zustellung des Beschlusses des Vorstandes, bei diesem Anträge auf Entscheidung durch das Ehrengericht zu stellen."

Zu einer Beratung ist es nicht gekommen.

Anm. 4. c) Die Berufung verwies § 87 des Entwurfs an den 1. Strafsenat des RG. Dagegen verdankt der EGH. seinen Namen und die geltende Art seiner Besetzung den Beschlüssen der RTKomm.

Anm. 5. 2. Rechtliche Natur des ehrengerichtlichen Verfahrens.

a) Das ehrengerichtliche Verfahren verläuft in Formen, die denen des Strafprozesses entnommen sind, es ist aber kein Strafprozeß, und deshalb findet auch die Vorschrift in § 17 des Reichspreßgesetzes auf das ehrengerichtliche Verfahren keine Anwendung. Ebenso RGSt. **3** 42 (StS. III. 3. 11. 80).

Anm. 6. b) Auch das ehrengerichtliche Verfahren bezweckt, wie das Strafverfahren, die Verhängung eines Übels über denjenigen, der gefehlt hat. Nur handelt es sich hier um eine Disziplinar-, eine ehrengerichtliche Strafe, während dort eine Kriminalstrafe in Frage steht. Die grundlegenden Unterschiede beider Arten von Strafen sind zu bekannt, als daß sie einer nochmaligen Hervorhebung bedürftig erschienen.

Anm. 7. c) Im Strafprozeß macht der Staat sein Recht auf Strafe geltend. Wer aber ist im ehrengerichtlichen Verfahren gegen Rechtsanwälte der Träger des Rechts auf ehrengerichtliche Bestrafung? Die Frage ist nicht schwierig zu beantworten, wenn man die ganze Struktur des Verfahrens betrachtet. Die Eröffnung des ehrengerichtlichen Verfahrens setzt die Klageerhebung voraus. Sie ist ausschließlich einer staatlichen Behörde, der StA., und zwar unter Geltung des Legalitätsprinzips zugewiesen. Für die Voruntersuchung stellt der Staat seine Richter zur Verfügung, die Beschwerde geht an ein staatliches Gericht, das OLG. oder RG., die Berufung an eine Behörde, die in der Mehrheit mit Richtern des RG. besetzt ist. Nach all dem kann nur der Staat als Inhaber des gedachten Rechts angesehen werden. Freilich sind die Ehrengerichte keine staatlichen Behörden *), aber sie sind, wie die Anwaltskammervorstände, von denen sie nur eine besondere Erscheinungsform darstellen (vgl. § 67 Anm. 3), Organe von Selbstverwaltungskörpern und üben die diesen delegierten staatlichen Rechte aus. Vgl. RGRspr. **10** 169 (StS. III. 20. 2. 88). Das wird wichtig für die Frage nach einem gnadenweisen Erlaß ehrengerichtlich erkannter Strafen (vgl. hierüber § 62 Anm. 16).

§ 62.

Ein Rechtsanwalt, welcher die ihm obliegenden Pflichten (§ 28) verletzt, hat die ehrengerichtliche Bestrafung verwirkt.

Anm. 1. **I. Inhalt.** Der Paragraph bestimmt den Begriff der ehrengerichtlich strafbaren Handlung.

Anm. 2. **II. Entstehungsgeschichte.** Der § 62 weicht von § 57 des Entwurfs durch das dort noch fehlende Zitat „§ 28" ab. Allein eine sachliche Änderung liegt hierin nicht. Einerseits verweisen die Motive 77 auf § 24 des Entwurfs, der mit § 28 des Gesetzes genau übereinstimmt, anderseits bemerkt der KommB. 37, daß durch das Zitat die Berücksichtigung der in der RAO. speziell geregelten Pflichten nicht ausgeschlossen sei, da sie doch eben nur ein Ausfluß des § 24 des Entwurfes seien.

Anm. 3. **III.** Der § 62 bestimmt den **Begriff der ehrengerichtlich strafbaren Handlung.** 1. Die Handlung muß Pflichten d. h. durch das Gesetz dem Rechtsanwalt auferlegte Verpflichtungen hintansetzen.

---

*) Vgl. aber wegen der Eingangsformel der Urteile und Eröffnungsbeschlüsse der Ehrengerichte in Bayern („Im Namen Seiner Majestät des Königs von Bayern") BayV. 24. 7. 79 (GVBl. 707) §§ 1, 2.

2. Diese Hintansetzung muß eine Verletzung der Pflichten darstellen.

3. Die Pflichten des Rechtsanwalts betreffen nach § 28 Anm. 4.

a) die Ausübung seiner Berufstätigkeit,

b) sein Verhalten im allgemeinen.

Wegen des Näheren siehe die Erläuterungen zu § 28.

4. Nicht jede Verletzung der Pflichten nach § 28 hat die ehrengerichtliche Bestrafung zur Folge. Es muß sich um schwerere Pflichtverletzungen handeln, während für leichtere Pflichtverletzungen, die dem Rechtsanwalt einen Makel nicht anhängen, nach dem Willen des Gesetzes das Einschreiten des AKV. im Wege der Ausübung des Aufsichtsrechts nach § 49 Ziff. 1 der gegebene Weg ist. Dem entspricht im Ergebnis die konstante Praxis des EGH. Vgl. EGH. **6** 7 (11. 1. 93); **10** 212 (18. 4. 00); **11** 11 (17. 6. 03) u. a. m., ferner Meyer § 62 Anm. 5; Berger § 62 Anm. 3; Sydow-Jacobsohn § 62 Anm. 1. Anm. 5.

IV. Auch die ehrengerichtlich strafbare Handlung erfordert eine Schuld des Straffälligen. Vgl. EGH. **1** 154 (29. 12. 84); **3** 280 (11. 5. 86). Anm. 6.

1. Wie die kriminelle Straftat, so verlangt auch die ehrengerichtlich strafbare Handlung, daß eine zurechnungsfähige Person die in Frage kommende Handlung oder Unterlassung begangen hat. Anm. 7.

a) Ist die Zurechnungsfähigkeit zur Zeit der fraglichen Handlung oder Unterlassung nicht vorhanden gewesen, so enthält dieselbe keine ehrengerichtlich strafbare Handlung. Vgl. EGH. **6** 44 (7. 12. 93); **7** 21/2 (13. 12. 94), 43 (6. 2. 95); **8** 16 (12. 5. 97); **9** 7/8 (28. 9. 98), 76 (20. 3. 99), 243/5 (16. 3 98); **10** 65/7 (22. 12. 00); **11** 181 (21. 4. 02), 239/240 (11. 6. 03), 246 (3. 3. 02); **12** 63 (26. 10. 04). Anm. 8.

b) Dadurch ist aber nicht ausgeschlossen, daß der Grund, auf dem der Mangel der Zurechnungsfähigkeit beruht, einen ehrengerichtlich strafbaren Sachverhalt darstellt. Vgl. EGH. **11** 181/4 (21. 4. 02): durch fortgesetzten übermäßigen Genuß geistiger Getränke herbeigeführte Energielosigkeit und dadurch veranlaßte Verfehlungen. Anm. 9.

2. Während das kriminelle Strafrecht vielfach nur die vorsätzliche Handlung trifft, genügt zur ehrengerichtlichen Strafbarkeit stets auch Fahrlässigkeit. Vgl. EGH. **4** 136 (23. 10. 88); **6** 31 (7. 6. 93), 53 (1. 3. 93); **7** 46 (29. 5. 95), 150 (29. 5. 95); **9** 16 (12. 4. 99). Anm. 10.

3. Deshalb ist auch der Irrtum des Rechtsanwalts über das Gegebensein einer ehrengerichtlich strafbaren Handlung d. h. ein Irrtum über den Pflichtenkreis oder darüber, ob das fragliche Tun oder Unterlassen eine Pflichtverletzung involviere, keineswegs ohne weiteres Schuldausschließungsgrund, nämlich dann nicht, wenn der Irrtum selbst auf einer wider § 28 verstoßenden Handlung oder Unterlassung beruht. Ebenso: EGH. **2** 63 (23. 2. 85); **3** 264 (14. 10. 86); **4** 162 (8. 5. 88), 177 (6. 11. 88), 235 (12. 10. 88); **5** 84 (1. 7. 91 — Datum erhellt aus **5** 224), 125 (12. 3. 90); **12** 106 (11. 6. 04), 114/5 (12. 4. 05); Meyer § 62 Anm. 5; Berger § 62 Anm. 3; Sydow-Jacobsohn § 62 Anm. 1. Anm. 11.

V. Die Verfolgung einer ehrengerichtlich strafbaren Handlung erfolgt stets von Amts wegen. Die Stellung eines **Strafantrags** seitens des Verletzten ist ebenso entbehrlich für die Einleitung des ehrengerichtlichen Verfahrens, wie die Zurücknahme des gestellten Antrags für den Fortgang des Verfahrens bedeutungslos ist. Vgl. EGH. **6** 22/3 (15. 2. 93), 137 (15. 2. 93); **12** 5 (11. 2. 05); Berger Vorbem. zu Abschn. IV. Anm. 12.

Anm. 13. VI. Die Grundsätze des kriminellen Strafrechts über **Versuch und Vollendung**, sowie über **Täterschaft und Teilnahme** finden auf die ehrengerichtlich strafbare Handlung keine Anwendung. Ersteres erhellt daraus, daß nur die wirkliche Verletzung der Pflichten des Rechtsanwalts die ehrengerichtliche Bestrafung begründet, letzteres daraus, daß diese Verletzung genügt ohne Rücksicht darauf, was sie für einen weiteren Erfolg hat.

Anm. 14. VII. **Allgemeine Gründe des Ausschlusses der Pflichtwidrigkeit von Handlungen oder Unterlassungen gibt es für ehrengerichtlich strafbare Handlungen nicht.** Weder Notwehr — EGH. **11** 7 (3. 3. 02), vgl. **4** 251 (8. 6. 88) — noch Notstand vermögen ohne weiteres den Rechtsanwalt zu schützen. Ebensowenig vermag dies schon an sich das Vorliegen der Voraussetzungen des § 193 StGB. Ebenso: EGH. **5** 96 (29. 12. 90); **6** 154/5 (16. 3. 92); **8** 7 (10. 11. 97); **9** 231 (8. 3. 99); **10** 20 (24. 6. 01), 86/7 (4. 7. 00); Meyer § 62 Anm. 4; Berger § 62 Anm. 2; Sydow-Jacobsohn § 62 Anm. 1.

Anm. 15. VIII. **Strafaufhebungsgründe.** 1. Verjährung. Es gibt für ehrengerichtlich strafbare Handlungen weder eine Strafverfolgungs- noch eine Strafvollstreckungsverjährung. Ebenso: EGH. **4** 112/5 (6. 7. 88); **10** 83 (4. 7. 00); Motive 89; Meyer § 62 Anm. 4; Berger Vorbem. zu Abschn. IV; Sydow-Jacobsohn § 77 Anm. 1. Auch § 77 RAO. enthält keine Verjährungsbestimmung (vgl. Anm. 5 zu diesem Paragraphen). Ein in der RTKomm. gestellter Antrag Eysoldt auf Einführung einer fünfjährigen Verjährung der Verfolgung ehrengerichtlich strafbarer Handlungen wurde nach längerer Debatte abgelehnt (Siegeth Anhang 112/4, KommB. 38).

Anm. 16. 2. Begnadigung.

a) Die RAO. enthält über die Begnadigung ehrengerichtlich bestrafter Rechtsanwälte keine Bestimmungen. Daß aber das Reichsrecht auch die Disziplinarstrafen als dem Gnadenrecht unterworfen betrachtet, zeigt mit Deutlichkeit § 118 RBG. Also folgt aus dem Schweigen der RAO. ebensowenig etwas für die Unmöglichkeit der Begnadigung im ehrengerichtlichen Verfahren bestrafter Rechtsanwälte, wie aus der Nichtregelung des Gnadenrechts in der StPO. (von §§ 484, 485 Abs. 1 StPO. abgesehen) etwas gegen sein Fortbestehen sich ergibt. Darüber, daß Träger des Rechts auf ehrengerichtliche Strafe der Staat ist, vgl. Anm. 7 in der Vorbem. zu Abschn. IV. Auf dieses Recht kann, wenn nicht einschlägige Verbotsgesetze entgegenstehen, der Staat ebenso verzichten, wie auf andere ihm zustehende Rechte.

Anm. 17. b) Hinsichtlich der bei dem RG. zugelassenen Rechtsanwälte könnte als Inhaber der Gnadengewalt nur eine Reichsinstanz in Betracht kommen. Keiner solchen Instanz, insbesondere auch nicht dem Kaiser, ist indessen ein derartiges Recht verliehen. Für die bei dem RG. zugelassenen Rechtsanwälte fehlt es danach an der Möglichkeit, die gegen sie erkannten ehrengerichtlichen Strafen im Gnadenwege zu erlassen oder zu mildern.

Anm. 18. c) Bei den übrigen Rechtsanwälten ist für die Frage, ob eine Begnadigung möglich, das Recht desjenigen Gerichts maßgebend, bei welchem der Bestrafte zugelassen ist oder zugelassen war, als er bestraft wurde. Ist dieses Gericht ein gemeinschaftliches, so ist die Begnadigung nur statthaft, wenn sie nach den Rechten aller beteiligten Bundesstaaten zulässig ist.

Anm. 19. d) Ist der Rechtsanwalt gemäß § 12 RAO. bei nicht gemeinschaftlichen Landgerichten verschiedener Bundesstaaten zugelassen, so ist derjenige Bundesstaat zur Begnadigung nach Maßgabe seines Rechts befugt, bei dessen LG. der Rechtsanwalt unwiderruflich zugelassen ist oder war (vgl. § 41 Anm. 3).

Anm. 20. e) Das maßgebende Recht bestimmt auch, ob lediglich völliger Straferlaß oder auch Strafmilderung statthaft ist. Immer aber ist der Inhaber der Gnadengewalt an die Strafmittel des § 63 RAO. gebunden. Er darf also z. B. nicht die Ausschließung aus der Rechtsanwaltschaft in Suspension umwandeln oder durch eine Geldstrafe von 10000 Mk. ersetzen, auch keine Freiheitsstrafe verhängen. Vgl. Binding, HB. des Strafrechts **1** 878; Pieper, RBG. § 118 Anm. 2.

f) Die Begnadigung ist auch bei denjenigen ehrengerichtlichen Strafen möglich, bei denen eine besondere Vollstreckung nicht stattfindet, wie dies ja auch für die gleichartigen kriminellen Strafen gilt. Anm. 21.

g) Ist nach dem maßgebenden Landesrechte eine Abolition zulässig, so steht ihrer Wirkung für das ehrengerichtliche Verfahren ein Hindernis nicht entgegen. Anm. 22.

h) Die Frage der Wirkung der Begnadigung wird von Bedeutung, wenn gegen den Rechtsanwalt auf Ausschluß von der Rechtsanwaltschaft erkannt war. Eine Begnadigung beseitigt den Versagungsgrund des § 5 Ziff. 2. Dieser Bestimmung ist durchaus die des § 5 Ziff. 1 gleichgeordnet: wie diese den durch Strafurteil eingetretenen Verlust der Fähigkeit, Rechtsanwalt zu werden, behandelt, so betrifft jene den gleichen Verlust auf Grund ehrengerichtlichen Urteils. Aber dieses Urteil kommt nicht wegen seines formellen Bestandes, sondern wegen seiner eben erwähnten Wirkungen in Betracht. Mit der Begnadigung sind diese Wirkungen erloschen, und damit ist auch der Versagungsgrund der Ziff. 2 beseitigt. A. M.: AKV. Hamburg in AKJahrB. **06** 2, **07** 2/3 im Gegensatze zur Hamburger Senatskommission für die Justizverwaltung. Über die Wirkung der Begnadigung im Hinblick auf den Versagungsgrund der Ziff. 5 des § 5 vgl. § 5 Anm. 41. Anm. 23.

§ 63.

Die ehrengerichtlichen Strafen sind:

1. Warnung;
2. Verweis;
3. Geldstrafe bis zu dreitausend Mark;
4. Ausschließung von der Rechtsanwaltschaft.

Geldstrafe kann mit Verweis verbunden werden.

I. Inhalt. Der Paragraph regelt das System der ehrengerichtlichen Strafen. Anm. 1.

II. Die zulässigen ehrengerichtlichen Strafen sind ausschließlich die in § 63 genannten (EGH. **6** 9 — 11. 1. 93). Anm. 2.

1. Es kann also nicht auf Suspension (Dienstsperre) erkannt werden. Schon die Mot. 78/9 erörterten die Frage, ob diese Maßregel sich als Strafe empfehle, und kamen zu einem verneinenden Ergebnis, da der suspendierte Rechtsanwalt bei dem Publikum nicht mehr das gleiche Vertrauen wie früher finden, dadurch weniger gewissenhaft werden und also leicht wieder der ehrengerichtlichen Bestrafung verfallen werde. In der RTKomm. wurden Anträge auf Einschaltung der Anm. 3.

„Entziehung der Befugnis zur Ausübung der Rechtsanwaltschaft bis zur „Dauer von zwei Jahren"

oder der

„zeitigen Entziehung der Befugnis zur Ausübung der Rechtsanwaltschaft „auf die Dauer von einem Monate bis zu einem Jahre"

gestellt. Beide Anträge wurden nach kurzer Debatte abgelehnt (Siegeth Anhang 56).

Die Frage ist aber seitdem nicht zur Ruhe gekommen. Im Jahre 1887 beschäftigte sich mit ihr der X. Anwaltstag, bei der Abstimmung ergab sich Stimmengleichheit (JW. **87** 398). v. Wilmowski, der schon auf dem genannten Anwalts- Anm. 4.

tage für die Einführung der Suspension als Strafe eingetreten war, empfahl auch später (JW. **92** 295, BuschsZ. **20** 211/2) die zeitlich beschränkte Dienstsperre als ehrengerichtliches Strafmittel. Nach ihm hat dann Stern DJZ. **6** 370/2 und JW. **01** 642/3 die räumlich beschränkte Dienstsperre, die der Strafversetzung des Beamten vergleichbar sei, in Vorschlag gebracht. Der XV. Anwaltstag (1901) hat aber wiederum trotz der Gutachten von Lesse (JW. **01** 625/6) und Stern sich gegen die Einführung irgendeiner Art von Suspension ausgesprochen (DJZ. **6** 429).

Anm. 5. Es wird sich in der Tat nicht leugnen lassen, daß zwischen der schwersten Strafe, der Ausschließung von der Rechtsanwaltschaft, und der nächst schweren, Verweis nebst Geldstrafe von 3000 Mk., eine nicht überbrückte Kluft vorhanden ist. Gleichwohl läßt sich die Dienstsperre nicht als Strafe empfehlen. Wie man sie auch gestaltet, so gefährdet sie einmal das Publikum, das von ihr möglicherweise keine Kenntnis hat, sich deshalb nach wie vor an den suspendierten RA. wendet und so zu Schaden kommt; sie gefährdet aber auch in bedenklichster Weise das Fortkommen des Suspendierten, der doch der Rechtsanwaltschaft noch erhalten werden soll, dem aber für die Zeit der Suspendierung die Gewinnung der Subsistenzmittel fast unmöglich gemacht ist, sodaß er leicht unlauteren Machenschaften verfällt.

Anm. 6. 2. Freiheitsstrafen kennt die RAO. als ehrengerichtliche Strafen nicht, auch nicht etwa als subsidiäre für den Fall der Unbeitreiblichkeit von Geldstrafen (Mot. 78; Meyer § 63 Anm. 4; Berger § 63 Anm. 4).

Anm. 7. 3. Mißbilligung ist keine vom Gesetze zugelassene Strafe. Über Aufrechterhaltung oder Aufhebung einer vom AKV. ausgesprochenen Mißbilligung kann im ehrengerichtlichen Verfahren nicht erkannt werden. Vgl. EGH. **6** 7/10 (11. 1. 93); Meyer § 63 Anm. 3; Berger § 63 Anm. 5; Sydow-Jacobsohn § 63 Anm. 1, 3.

Anm. 8. **III.** Was die **Skala der zugelassenen ehrengerichtlichen Strafmittel** anlangt, so ergibt sich ohne weiteres, daß die Warnung die leichteste Strafe ist. Vgl. EGH. **1** 40 (28. 9. 85), 133 (29. 6. 83), 156 (25. 5. 83); **3** 143 (14. 6. 87); **4** 32 (9. 3. 88); Meyer § 63 Anm. 1. Unzweifelhaft ferner ist die Ausschließung von der Rechtsanwaltschaft die schwerste Strafe — vgl. EGH. **2** 84 (21. 12. 85); **3** 154 (22. 11. 87); **4** 60 (10. 4. 89); **5** 100 (1. 7. 91); **6** 90 (30. 11. 92); **12** 65 (26. 10. 04); Meyer § 63 Anm. 1; Berger § 63 Anm. 2 —, und auf diese schwerste Strafe folgt als zweitschwerste Strafe der mit Geldstrafe von 3000 Mk. verbundene Verweis (EGH. **3** 187 — 16. 12. 87 — Berger § 63 Anm. 2).

Anm. 9. Ebenso ist klar, daß Verweis eine strengere Strafe ist als Warnung. Vgl. EGH. **1** 105 (29. 12. 84), 136 (2. 7. 84); **2** 91 (7. 5. 85); **4** 209 (22. 1. 89). Es ergibt das schon die Bezeichnung dieser beiden Strafmittel.

Selbstverständlich ist, daß Verweis, verbunden mit Geldstrafe, eine strengere Strafe als Verweis allein darstellt.

Anm. 10. Wie aber verhält sich die Geldstrafe zu Warnung und Verweis? § 63 gibt hier insofern Aufschluß, als jede Geldstrafe eine schwerere Strafe ist als die Warnung. Vgl. EGH. **3** 177 (28. 10. 87), 283 und 285 (2. 7. 86); **4** 235 (12. 10. 88), 243 (23. 10. 89); **5** 95, 98 (29. 12. 90); Berger § 63 Anm. 2; Sydow-Jacobsohn § 63 Anm. 2. Es folgt das daraus, daß die Geldstrafe bereits einen Eingriff in die Rechtsgüterwelt des Betroffenen darstellt, die Warnung dagegen nur eine Art Denkzettel ist, welche den Anwalt von künftigen Pflichtverletzungen abhalten soll.

Anm. 11. Für das Verhältnis von Verweis zu Geldstrafe kommt in Betracht, daß die RAO. in den §§ 6 Nr. 3, 15 Nr. 1, 43 Nr. 3 Verurteilung zu Verweis und Verurteilung zu Geldstrafe von mehr als 150 Mk. in den Wirkungen gleichstellt.

Daraus ergibt sich, daß Geldstrafe bis einschließlich 150 Mk. eine mildere Strafe als Verweis ist. Ebenso: EGH. **3** 293 (29. 11. 86); **4** 235 (12. 10. 88), 243 (23. 10. 89); **5** 161 (5. 12. 90); **9** 232 (8. 3. 99); F—l in JW. **84** 191; Meyer § 63 Anm. 1; Berger und Sydow-Jacobsohn § 63 Anm. 2; vgl. auch Mot. 78. Irrig EGH. **1** 22 (26. 10. 83), wo Verweis „die niedrigste gesetzliche Strafe" genannt wird. EGH. **1** 32 (16. 11. 83) ersetzt auf Berufung des Angeklagten die in 1. Instanz erkannte Geldstrafe durch Verweis, was unrichtig ist, wenn die Geldstrafe, deren Höhe nicht angegeben wird, 150 Mk. nicht überstieg. Ebenso F—l in JW. **84** 191.

Im übrigen wird man der Reihenfolge der 4 Ziffern des § 63 Abs. 1 dahin eine Bedeutung beizulegen haben, daß, soweit nicht aus anderen Bestimmungen das Gegenteil folgt (wie bei dem Verhältnis von Verweis zu Geldstrafe bis 150 Mk.), die Strafmittel vom leichtesten zum schwersten ansteigend aufgeführt sind. Daraus ergibt sich, daß auf Warnung Geldstrafe bis einschließlich 150 Mk., auf diese der Verweis und dann die höheren Geldstrafen folgen. Mithin entspricht der Verweis der auf 150 Mk. unmittelbar folgenden höheren Geldstrafe. Anm. 12.

Bezüglich des Wertverhältnisses zwischen einer alleinstehenden und einer mit Verweis verbundenen Geldstrafe erhellt aus dem Gesagten folgendes: Eine Geldstrafe von 310 Mk. ist schwerer als Verweis + 150 Mk. Geldstrafe, eine Geldstrafe von 300 Mk. ist leichter als Verweis + 150 Mk. Geldstrafe. Beide Größen sind also dann gleichwertig, wenn die alleinstehende Geldstrafe die mit Verweis verbundene um die nächste auf 150 Mk. folgende Geldstrafengröße übersteigt. Zutreffend daher EGH. **3** 293 (29. 11. 86): Ersetzung von Verweis + 50 Mk. Geldstrafe auf Berufung des Angeklagten durch 100 Mk. Geldstrafe. Anm. 13.

IV. Für die **Wahl der Strafe im speziellen Falle** läßt die RAO. völlig freie Hand. Doch werden sich aus der Natur der einzelnen Strafmittel immerhin einige bedeutsame Gesichtspunkte gewinnen lassen, ohne daß eben etwas Allgemeingültiges sich aufstellen ließe. Anm. 14.

1. Die Warnung wird sich in Fällen empfehlen, in denen die Verhängung der ersten ehrengerichtlichen Strafe in Frage steht, ferner wenn Jugend oder Reizung als Milderungsgründe in Betracht kommen oder es sich wenigstens nur um eine oder wenige Verfehlungen nicht besonders schwerer Art handelt. Vgl. EGH. **1** 40 (28. 9. 83), 155 (25. 5. 83); **3** 119 (4. 10. 87), 143 (14. 6. 87), 177 (28. 10. 87), 288 (11. 5. 86); **4** 32 (9. 3. 88). Anm. 15.

2. Der Verweis, bei dem die RAO. keine verschiedenen Arten der Verhängung kennt (Motive 78), und der keine infamierenden Folgen hat — EGH. **1** 105 (29. 12. 84) —, wird Anwendung finden können, wenn zwar eine Warnung als zu geringe Strafe erscheint, immerhin aber unehrenhafte oder sonst niedrige Motive bei dem Angeklagten nicht obgewaltet haben, zumal auch bei Verfehlungen aus Leidenschaft. Vgl. EGH. **1** 136 (2. 7. 84), 147 (25. 5. 83); **3** 282/3 (11. 5. 86). Anm. 16.

3. Die Strafe, die den größten Spielraum gewährt, ist die Geldstrafe. Ein absolutes Minimum, wie § 27 StGB., kennt die RAO. nicht. Die niedrigste in den Entscheidungen des EGH. erwähnte, allein erkannte Geldstrafe beträgt 30 Mk. (EGH. **12** 5), während neben Verweis noch einer geringeren, nämlich einer Geldstrafe von 20 Mk., gedacht wird (EGH. **1** 181). Anm. 17.

So wenig die Verhängung einer Geldstrafe davon abhängig ist, daß der Angeklagte die fragliche Verfehlung aus Gewinnsucht begangen hat — Meyer § 63 Anm. 2; EGH. **5** 66 (4. 11. 90) (speziell Geldstrafen neben Verweis betreffend) —, so sehr wird die Geldstrafe gerade dann am Platze sein, wenn pekuniäre Anm. 18.

Interessen den Angeklagten zu Pflichtwidrigkeiten verleitet haben. Vgl. EGH. **2** 67 (23. 2. 85); **3** 293 (29. 11. 86); **4** 22 (25. 9. 89); **5** 156 (5. 12. 90), 167/8 (9. 3. 91); **8** 134 (24. 11. 97); **10** 75 (13. 3. 01).

Anm. 19. Bei Bemessung der Höhe der Geldstrafe wird allerdings die Vermögenslage des Angeklagten zu berücksichtigen sein. Allein damit ist nicht etwa gesagt, daß von Erkennung einer Geldstrafe abzusehen und zu einem anderen Strafmittel zu greifen ist, wenn es zweifelhaft erscheint, ob die Geldstrafe beitreiblich sein wird — EGH. **1** 222 (7. 10. 84); **3** 191 (17. 5. 87); **4** 206 (11. 12. 89); **11** 191 (14. 1. 03); Meyer § 63 Anm. 2; Berger § 63 Anm. 4 —: denn es ist zu berücksichtigen, daß der von der Geldstrafe Betroffene doch „fortgesetzt dem Drucke der ihm drohenden Zwangsvollstreckung ausgesetzt bleibt" (EGH. **11** 191). Kann es durchaus angemessen sein, einem Rechtsanwalt mit geringem Einkommen nur eine mäßige Geldstrafe aufzuerlegen, weil eben sie schon ein schweres Übel für ihn darstellt — EGH. **11** 175 (3. 10. 03) —, so kann es sehr wohl im gegegebenen Falle angezeigt erscheinen, auf eine den Rechtsanwalt hart treffende Geldstrafe zu erkennen, um den Besserungszweck nicht zu gefährden. Vgl. EGH. **1** 100 (3. 2. 81); **7** 133/4 (20. 3. 95); **12** 65 (26. 10. 04).

Anm. 20. 4. Die Verbindung von Verweis und Geldstrafe stellt regelmäßig die zweitschwerste Strafart dar (vgl. jedoch Anm. 13). Sie wird alsdann anzuwenden sein, wenn Verweis oder Geldstrafe allein nicht genügend und die Ausschließung von der Rechtsanwaltschaft zu hart erscheint. Vgl. EGH. **1** 109 (30. 11. 83), 110/1 (24. 10. 84); **10** 209 (18. 11. 01). Es werden also namentlich die Fälle in Betracht kommen, in denen die Hoffnung auf Besserung noch nicht ausgeschlossen ist — EGH. **3** 154 (22. 11. 87); **4** 60 (10. 4. 89), 144 (23. 10. 88); **5** 168 (9. 3. 91); **12** 65 (26. 10. 04) — oder bei denen es sich empfiehlt, durch die Wahl des Strafmittels auf die äußerste dem Angeklagten bei künftigen Verfehlungen drohende Eventualität der Ausschließung hinzuweisen. Vgl. EGH. **4** 78 (29. 11. 89); **6** 90 (30. 11. 92); **11** 175 (3. 10. 03).

Anm. 21. 5. Die Ausschließung von der Rechtsanwaltschaft als die schwerste der ehrengerichtlichen Strafen „pflegt nur dann verhängt zu werden, wenn entweder objektiv die begangene Verfehlung eine derartige ist, daß ganz abgesehen von der sonstigen Integrität des betreffenden Anwaltes ein weiteres Verbleiben im Anwaltstande unmöglich erscheint, oder wenn bei einer objektiv minder schweren Verfehlung das Vorleben des Anwaltes und sein Charakter nicht mehr die nötige Garantie bietet, um ihn in dem Anwaltsberufe ferner belassen zu können" (EGH. **12** 35 — 1. 6. 04). Dieser Ausführung entspricht die konstante Praxis des EGH.

Anm. 22. **V. Einzelstrafen oder einheitliche Strafe?** § 63 RAO. enthält alle Bestimmungen, welche die RAO. über die zu verhängenden ehrengerichtlichen Strafgrößen gibt. Es fehlen durchaus Normen, die den §§ 73—79 StGB. entsprächen. Wie ist nun die Strafe bei mehreren selbständigen Verfehlungen zu finden?

Anm. 23. 1. Der Standpunkt des Gesetzes erhellt deutlich aus § 63 Abs. 2. Diese Bestimmung läßt die Häufung zweier der vier Strafgrößen, nämlich des Verweises mit der Geldstrafe, zu. Wäre eine Häufung allgemein zulässig, so wäre Abs. 2 nicht recht erklärlich. Seine Existenz beweist, und die Motive 79 bestätigen es, daß nur Verweis und Geldstrafe miteinander kumulierbar sind. Vgl. Meyer § 63 Anm. 2; Berger § 63 Anm. 3; Sydow-Jacobsohn § 63 Anm. 1. Ebenso: EGH. **4** 91 (4. 6. 89): nicht mehrere Geldstrafen, Warnungen oder Verweise; **5** 75 (29. 9. 90), **6** 81 (26. 9. 92): nicht Summierung mehrerer Geldstrafen; **5** 121 (4. 11. 91): nicht Summierung von Geldstrafe und Verweis + Geldstrafe; **5** 173/4 (4. 11. 91): nicht Summierung von Verweis und Verweis + Geldstrafe.

2. Das System der Kumulation ist also nicht das der RAO. Aber auch das System der Gesamtstrafe im Sinne des § 74 StGB. ist der RAO. unbekannt (EGH. **5** 86 — 1. 7. 91 — Datum erhellt aus **5** 224): sonst hätten Bestimmungen darüber, wie die einzelnen Strafen miteinander zu verschmelzen seien, nicht fehlen können. Anm. 24

3. Das System der RAO. ist vielmehr das der einheitlichen Strafe für alle gleichzeitig zur Aburteilung gelangenden Verfehlungen. Vgl. EGH. **4** 81 (9. 3. 88), 91 (4. 6. 89), 299 (8. 6. 88); **5** 75 (29. 9. 90); **6** 81 (26. 9. 92); **8** 7 (10. 11. 97); **10** 73 (18. 11. 01); **12** 54 (12. 11. 04); Meyer § 63 Anm. 2; Berger § 63 Anm. 3; Sydow-Jacobsohn § 62 Anm. 2, § 63 Anm. 1. Anm. 25.

Daraus ergeben sich wichtige Folgerungen:

a) Bei Auswahl der speziellen Strafe sind alle einzelnen Verfehlungen mit zu berücksichtigen (EGH. **7** 41 — 6. 2. 95). Anm. 26.

b) Das Hinzukommen oder Fortfallen einzelner Verfehlungen in der Berufungsinstanz bewirkt nicht notwendig Erhöhung oder Ermäßigung der Strafe. Vgl. EGH. **3** 40/1 (29. 11. 86); **6** 212 (16. 3. 93), 75 (31. 5. 93); **10** 64 (22. 12. 00); **11** 145 (21. 10. 03), 155 (16. 12. 03). Anm. 27.

c) Die Verbindung mehrerer ehrengerichtlicher Strafverfahren gegen denselben Angeklagten gebietet, selbst wenn diese Verbindung erst in der Berufungsinstanz erfolgt, die Festsetzung einer einheitlichen Strafe, nötigenfalls unter entsprechender Abänderung der ergangenen ehrengerichtlichen Urteile. Ebenso: EGH. **5** 173/4 (4. 11. 91); **8** 6/7 (10. 11. 97), 70 (24. 11. 97); **12** 54 (12. 11. 04), 63 (26. 10. 04); Meyer § 63 Anm. 2; Berger § 63 Anm. 3; Sydow-Jacobsohn § 62 Anm. 2, § 63 Anm. 1. Anm. 28.

d) Sind dagegen zwei selbständige ehrengerichtliche Urteile ergangen, und ist eines derselben rechtskräftig geworden, so ist die Zurückführung der mehreren erkannten Strafen auf eine einheitliche Strafe ausgeschlossen. Ebenso: EGH. **12** 66 (18. 1. 05); **3** 25 (1. 11. 86); Berger § 63 Anm. 3. Anm. 29.

e) Verweis + Geldstrafe wird wie eine Strafe behandelt. Anm. 30.

VI. § 199 StGB. gilt nicht, auch nicht entsprechend, im ehrengerichtlichen Verfahren. Vgl. EGH. **3** 289 (11. 5. 86); **4** 18 (1. 5. 89); **11** 24 (27. 5. 03) (wo § 193 offenbar Druckfehler statt des richtigen § 199 ist); **12** 42 (13. 1. 04); Meyer § 63 Anm. 2; Berger § 62 Anm. 2; Sydow-Jacobsohn § 63 Anm. 4. Anm. 31.

VII. Wegen der **Vollstreckung der Strafen** vgl. die Anmerkungen zu §§ 96, 97. Anm. 32.

§ 64.

Wegen Handlungen, welche ein Rechtsanwalt vor seiner Zulassung begangen hat, ist ein ehrengerichtliches Verfahren nur dann zulässig, wenn jene Handlungen die Ausschließung von der Rechtsanwaltschaft begründen.

1. Inhalt. Der Paragraph bestimmt, inwieweit wegen der von dem Rechtsanwalt vor seiner Zulassung begangenen Handlungen ein ehrengerichtliches Strafverfahren zulässig ist. Anm. 1.

2. Verhältnis des § 64 zu § 62 und zu § 5 Ziff. 5. Anm. 2.

a) Nach § 62 hat ein Rechtsanwalt, der die ihm obliegenden Pflichten verletzt, die ehrengerichtliche Bestrafung verwirkt. Da nun diese Pflichten erst durch die Eigenschaft als Rechtsanwalt entstehen, kann nach § 62 eine Bestrafung wegen Handlungen, die vor der Zulassung liegen — die Übergangsfragen und die Frage erneuter Zulassung beiseite gelassen — nicht eintreten: denn Pflichten, die einem noch nicht obliegen, kann man auch nicht verletzen. Vgl. Meyer § 64 Anm. 3. Deshalb wäre es allein richtig gewesen, auch hier, wie nach § 21 Ziff. 3 RAO., die Zurücknahme der Zulassung vorzuschreiben, falls ein Rechtsanwalt, der sich eines die Ausschließung bedingenden Verhaltens schuldig gemacht hat, dennoch zugelassen wurde, weil jenes Verhalten unbekannt geblieben war. Die Mot. 79 begründen die Abstandnahme hievon damit, daß man dem Betroffenen das rechtliche Gehör und die Anrufung der höheren Instanz nicht habe versagen wollen. Deshalb das ehrengerichtliche Strafverfahren zuzulassen, war vom Standpunkte der Motive aus richtig, da der Entwurf noch nicht das ehrengerichtliche Zulassungsverfahren kannte. Nachdem die RTKomm. dieses eingeführt, hätte sie den § 64 durch eine Ergänzung des § 21 Ziff. 3 ersetzen und eine Bestimmung treffen sollen, wonach § 16 Abs. 2—4 entsprechend anwendbar sei, wenn die Zurücknahme der Zulassung erfolge, weil sich nachträglich das Vorliegen der Voraussetzungen des § 5 Ziff. 5 ergeben habe.

Anm. 3. b) § 64 ist nun aber einmal Gesetz geworden. Er wird in den Motiven a. a. O. als eine unentbehrliche Ergänzung des § 5 Ziff. 5 bezeichnet und soll eben für den Fall dieser Ziffer in gleicher Weise die Beseitigung früherer Irrtümer ermöglichen, wie der § 21 Ziff. 3 im Falle des § 5 Ziff. 1 und 2. Vgl. EGH. **1** 57 (21. 12. 81); Meyer § 64 Anm. 1; Berger Anm. zu § 64; Sydow-Jacobsohn § 21 Anm. 2. Aber immerhin ist § 64 dem ehrengerichtlichen Strafverfahren und nicht dem ehrengerichtlichen Zulassungsverfahren angegliedert.

Anm. 4. 3. Voraussetzungen des § 64. Aus dem Gesagten ergibt sich folgendes:

a) Die vor der Zulassung begangenen Handlungen sind nur dann als selbständige Verfehlungen verfolgbar, wenn sie selbst die Ausschließung von der Rechtsanwaltschaft begründen. Genügen sie allein nicht zur Erkennung dieser schwersten Strafe, so scheiden sie für das ehrengerichtliche Verfahren als selbständige Pflichtwidrigkeiten aus. Durchaus zulässig ist es aber, wegen des durch sie gekennzeichneten Vorlebens des RA. und der dadurch gerechtfertigten Schlüsse auf seinen Charakter ꝛc. spätere Verfehlungen strenger aufzufassen.

Anm. 5. b) Das Wohlverhalten des Rechtsanwalts nach der Handlung darf ebensowenig außer Betracht bleiben, wie im Falle des § 5 Ziff. 5. Vgl. § 5 Anm. 40.

Anm. 6. c) § 64 spricht von den Handlungen, „welche ein Rechtsanwalt vor seiner Zulassung begangen hat". Ist unter dieser Zulassung die letzte oder auch jede frühere verstanden? Der hervorgehobene Zusammenhang mit §§ 5 Ziff. 5, 21 Ziff. 3 zeigt deutlich, daß nur die letzte Zulassung gemeint sein kann (Berolzheimer JW. **03** 232; unentschieden AKV. Breslau in AKJahrB. **86** 3): nur diese ist ja noch in Kraft, nur bei ihr kann sich also die Notwendigkeit ergeben, einen bei Gelegenheit der Zulassung begangenen Fehler wieder gut zu machen. Wenn also ein Rechtsanwalt eine ehrengerichtlich strafbare, jedoch nicht zur Ausschließung führende Handlung begangen und vor Einleitung eines ehrengerichtlichen Strafverfahrens die Zulassung aufgegeben hat, so kann nach erneuter Zulassung eine Bestrafung wegen jener Handlung nicht erfolgen.

Anm. 7. d) Wegen der Übergangsfrage, ob § 64 für die vor dem 1. 10. 79 begangenen Handlungen der damals bereits als Rechtsanwälte fungierenden Personen gilt, vgl. § 107 Anm. 2.

Anm. 8. 4. Das lediglich aus § 64 eingeleitete Verfahren kann zu keiner anderen Verurteilung als zur Ausschließung führen.

Anm. 9. a) Deshalb muß schon die Anklage und der Eröffnungsbeschluß die Verfehlung als eine solche charakterisieren, die § 64 genügt (Meyer § 64 Anm. 3).

Anm. 10. b) Ergibt sich, daß zwar eine ehrengerichtlich strafbare Handlung, aber nicht eine solche vorliegt, welche die Ausschließung begründet, so ist der Angeklagte freizusprechen (Meyer a. a. O.): denn § 64 macht nicht alle, sondern nur diejenigen Handlungen strafbar, welche die Ausschließung rechtfertigen würden.

§ 65.

Ist gegen einen Rechtsanwalt wegen einer strafbaren Handlung die öffentliche Klage erhoben, so ist während der Dauer des Strafverfahrens wegen der nämlichen Thatsachen das ehrengerichtliche Verfahren nicht zu eröffnen und, wenn die Eröffnung stattgefunden hat, auszusetzen.

Ist im Strafverfahren auf Freisprechung erkannt, so findet wegen derjenigen Thatsachen, welche in diesem zur Erörterung gekommen sind, ein ehrengerichtliches Verfahren nur insofern statt, als dieselben an sich und unabhängig von dem Thatbestand einer im Strafgesetze vorgesehenen Handlung die ehrengerichtliche Bestrafung begründen.

Ist im Strafverfahren eine Verurtheilung ergangen, welche die Unfähigkeit zur Ausübung der Rechtsanwaltschaft nicht zur Folge hat, so beschließt das Ehrengericht, ob außerdem das ehrengerichtliche Verfahren zu eröffnen oder fortzusetzen sei.

Kann im Strafverfahren eine Hauptverhandlung nicht stattfinden, weil der Angeklagte abwesend ist, so findet die Vorschrift des Absatzes 1 keine Anwendung.

I. Inhalt. Der Paragraph regelt das Verhältnis des ehrengerichtlichen Strafverfahrens zu dem dieselben Tatsachen betreffenden kriminellen Strafverfahren. Anm. 1.

II. Verhältnis des kriminellen und des ehrengerichtlichen Strafverfahrens zueinander. Anm. 2.

A. Welches Verfahren hat zeitlich den Vorrang? 1. Der Entwurf gab diesen Vorrang stets dem kriminellen Strafverfahren, die RTKomm. änderte dies. Unbedingt hat das kriminelle Strafverfahren jetzt nur noch dann den Vorrang, wenn es ein Offizialverfahren ist. Ist es ein Privatklageverfahren, so steht es in der Hand des EG., ob es den Ausgang dieses Verfahrens abwarten will oder nicht (Turnau § 65 Anm. 3; Meyer § 65 Anm. 6; Berger § 65 Anm. 1). Das Abwarten wird sich wohl auch hier meistens empfehlen.

2. Die StA. ist durch § 65 Abs. 1 nicht gehindert, Anklage im ehrengerichtlichen Verfahren zu erheben, und sie kann hiezu unter Umständen zwecks Wahrung der Frist des § 77 RAO. genötigt sein. Anm. 3.

3. Das Abwarten des kriminellen Strafverfahrens geschieht dadurch, daß, Anm. 4.

a) wenn über die Eröffnung des ehrengerichtlichen Verfahrens, d. h. über die Anklage der StA. noch nicht Beschluß gefaßt ist, diese Beschlußfassung bis zur Beendigung des kriminellen Strafverfahrens unterbleibt. Das gilt selbst dann, wenn das EG. die Eröffnung der Voruntersuchung oder des Hauptverfahrens ablehnen will: das kriminelle Strafverfahren kann ja auch das Belastungsmaterial vermehren.

b) Hat die Eröffnung des ehrengerichtlichen Verfahrens bereits stattgefunden, so wird dem kriminellen Strafverfahren durch Aussetzung des ehrengerichtlichen Strafverfahrens der Vorrang eingeräumt. Den Aussetzungsbeschluß faßt das EG. nicht nur, wenn das Hauptverfahren eröffnet ist, sondern auch, wenn die ehrengerichtliche Voruntersuchung, deren Eröffnung ja auch durch das EG. erfolgt (vgl. § 69 Anm. 22), sich im Gange befindet. Anm. 5.

4. § 65 Abs. 1 gilt nicht nur, wenn zur Zeit der Erhebung der Anklage im ehrengerichtlichen Verfahren das kriminelle Strafverfahren bereits im Gange war, sondern auch, wenn dieses erst später in Gang kam. Ja selbst wenn das Anm. 6.

ehrengerichtliche Strafverfahren bereits in der Berufungsinstanz schwebt, ist dasselbe (durch Beschluß des EGH.) auszusetzen, wenn Anklage im kriminellen Strafverfahren erhoben wird.

Anm. 7. 5. Nur die Anklageerhebung ist nach § 65 von Bedeutung, in welcher Form sie erfolgt, ist gleichgültig. Auch die summarischen Verfahrensarten genügen. Immer aber muß die Anklage gegen den Rechtsanwalt erhoben sein, gegen den sich das ehrengerichtliche Verfahren richten soll. Der Antrag auf Einleitung des objektiven Verfahrens genügt so wenig, wie die Anklage gegen eine andere Person als den betreffenden Rechtsanwalt.

Anm. 8. 6. Das ehrengerichtliche Verfahren tritt „während der Dauer des Strafverfahrens" zurück. Das Strafverfahren dauert bis zur rechtskräftigen Erledigung, die Strafvollstreckung braucht nicht abgewartet zu werden, ebensowenig die Beschlußfassung über Wiederaufnahmeanträge. Ist dagegen vor rechtskräftiger Beendigung des ehrengerichtlichen Verfahrens im kriminellen Strafverfahren die Wiederaufnahme des Verfahrens angeordnet, so ist damit wieder der Zustand der Dauer des Strafverfahrens gegeben und § 65 Abs. 1 anwendbar.

Anm. 9. 7. All dies gilt nicht, wenn und solange das kriminelle Strafverfahren nur deshalb nicht zur Hauptverhandlung gedeihen kann, weil der Angeklagte im Sinne des § 318 StPO. abwesend ist, während die ehrengerichtliche Hauptverhandlung nach § 83 RAO. — siehe Anm. 3 ff. daselbst — stattfinden kann. In diesem Falle ist also das ehrengerichtliche Verfahren in seinem Fortgange nicht gehemmt.

Anm. 10. B. Endet das kriminelle Strafverfahren, ohne daß es zu einer Hauptverhandlung kommt, kommt es also zwar zur Anklageerhebung, nicht aber zur Eröffnung des Hauptverfahrens, so ist das EG. in seiner Beurteilung ganz unabhängig von den Ergebnissen des kriminellen Strafverfahrens. Vgl. EGH. **4** 78/9 (10. 7. 89); Meyer § 65 Anm. 2; Berger § 65 Anm. 2; Sydow-Jacobsohn § 65 Anm. 3.

Anm. 11. C. Dasselbe gilt, wenn es zwar zu einem Urteil im kriminellen Strafverfahren kommt, dieses aber nicht auf Freisprechung oder Verurteilung, sondern lediglich auf Einstellung des Verfahrens lautet z. B. mangels Strafantrags oder wegen Durchgreifens des Grundsatzes ne bis in idem.

Anm. 12. D. Wirkung der Freisprechung im kriminellen Strafverfahren.

Nach Abs. 2 findet, wenn im kriminellen Strafverfahren auf Freisprechung erkannt ist, wegen derjenigen Tatsachen, welche in diesem zur Erörterung gekommen sind, ein ehrengerichtliches Verfahren nur insofern statt, als sie an sich und unabhängig von dem Tatbestand einer im Strafverfahren vorgesehenen Handlung die ehrengerichtliche Bestrafung begründen.

Anm. 13. 1. Gegenüber der Fassung des § 65 Abs. 2 ist ein Zweifel darüber nicht möglich, daß auf Freisprechung — natürlich rechtskräftig — erkannt sein muß, soll § 65 Abs. 2 eingreifen. Es ist unrichtig, wenn EGH. **9** 77/8 (25. 10. 99) als freisprechend ein Urteil behandelt hat, in dem die StK. wohl eine vorsätzliche Körperverletzung für gegeben, aber nicht für bewiesen hielt, daß sie mittels eines gefährlichen Werkzeugs begangen war und deshalb mangels Strafantrags das Verfahren einstellte. Der EGH. meint, die StK. habe eben doch die Schuldfrage bezüglich des Vergehens aus § 223 a StGB. verneint. Allein es gibt keine Freisprechung von Qualifikationen der zur Anklage verstellten Tat, und daß eine solche Freisprechung der StK. ferngelegen hat, zeigt gerade der Umstand, daß sie auf Einstellung erkannte. Wollte man den Standpunkt des EGH. adoptieren, so hätte die StK. wegen derselben Tat sowohl freigesprochen als auch eingestellt, was trotz des reichsgerichtlichen Urteils RGSt. 7 357/8 (StS. III. 18. 12. 82) ein Unding ist. Den Standpunkt dieser Entscheidung reprobiert übrigens das RG. jetzt selbst RGSt. **29** 176 (StS. II. 13. 11. 96), wo von einem „anerkannten Prozeßgrundsatze" bezüglich der diesseitigen Auffassung gesprochen wird. Vgl. auch Löwe-Hellweg, StPO.[12] Anm. 7a und b zu § 259.

2. Unter den Tatsachen, welche in dem kriminellen Strafverfahren zur Er- Anm. 14.
örterung gekommen sind, ist derjenige historische Vorgang zu verstehen, der dort Gegenstand der Aburteilung war. Bezüglich seiner steht für das EG. fest, daß er eine kriminelle Straftat nicht darstellt.

a) Das EG. ist nicht etwa nur an die Annahme des Strafrichters, daß diese Anm. 15.
oder jene Paragraphen nicht einschlägig seien, gebunden. Der Strafrichter hatte ja nach § 263 StPO. die Tat nach allen möglichen strafrechtlichen Gesichtspunkten zu prüfen; sprach er frei, so verneinte er damit, daß die Tat überhaupt irgendeinem Strafgesetze unterfalle.

b) Das EG. ist ferner nicht nur daran gebunden, daß das Ergebnis der Ver- Anm. 16.
handlung im kriminellen Strafverfahren zum Beweise einer kriminellen Straftat nicht genügt, es ist ihm auch versagt, zu einer gegenteiligen Annahme durch Feststellung von Tatsachen zu gelangen, die im Zusammenhalt mit dem Ergebnisse des kriminellen Strafverfahrens zur Annahme einer kriminellen Straftat führen: für das EG. steht rechtskräftig fest, daß der Angeklagte einer Straftat nicht schuldig ist. Deshalb ist

c) wegen des historischen Vorgangs, welcher Gegenstand des kriminellen Straf- Anm. 17.
verfahrens (Offizial- oder Privatklageverfahrens) war, ein ehrengerichtliches Strafverfahren nur insoweit statthaft, als jener Vorgang an sich und abgesehen von seiner etwaigen, eben rechtskräftig verneinten kriminellen Strafbarkeit die ehrengerichtliche Strafbarkeit begründet. Bei dieser Prüfung ist das EG. nur insofern durch das freisprechende Urteil des Strafrichters eingeengt, als es nicht Tatsachen als festgestellt ansehen darf, die jenen Tatbestand zu dem einer kriminellen Straftat stempeln würden, sonst aber ist es in der Tatfrage völlig frei. Vgl. EGH. **2** 88/9 (7. 5. 85); **4** 122 (6. 7. 88); **6** 55 (1. 3. 93); **9** 42 (8. 11. 99), 48/9 (23. 11. 98); **10** 69 (18. 11. 01).

Beispiele für die Anwendung des § 65 Abs. 2: Anm. 18.

Freisprechung von der Anklage der Beihilfe zu einem verschleierten wucherischen Geschäfte und ehrengerichtliche Verurteilung wegen tatsächlicher Hilfe zu einem moralisch verwerflichen Geschäfte, bezüglich dessen der Rechtsanwalt nicht pflichtgemäß geprüft hat, ob es sich nicht um ein verwerfliches Geschäft handelt. EGH. **2** 88/91 (7. 5. 85).

Freisprechung von der Anklage der Unterschlagung eingenommener Gelder und ehrengerichtliche Verurteilung wegen der Verwendung der für die Mandanten erhaltenen Gelder in eigenem Nutzen und der durch ein solches auf Unordnung und Leichtsinn zurückzuführendes Verhalten erfolgten Gefährdung der Rechte des Mandanten. EGH. **4** 121/9 (6. 7. 88). Ähnlich EGH. **5** 200/203 (16.12.91).

Freisprechung von der Anklage eines Vergehens nach § 356 StGB. und ehrengerichtliche Verurteilung wegen eines durch große Gedankenlosigkeit verursachten Verstoßes gegen § 31 Ziff. 2 RAO. EGH. **6** 56/7 (1. 3. 93).

Freisprechung wegen Betrugs und ehrengerichtliche Verurteilung wegen Gebrauchs illoyaler Mittel zur Wahrung der Rechte des Auftraggebers. EGH. **10** 69/71 (18. 11. 01).

E. Wirkung verurteilender Erkenntnisse des kriminellen Anm. 19.
Strafverfahrens.

1. Wie das freisprechende, ist auch das verurteilende Erkenntnis des kriminellen Strafverfahrens nur von Bedeutung, wenn es die Rechtskraft beschritten hat.

2. Erkennt der Strafrichter auf Zuchthaus, auf Verlust der bürgerlichen Ehren- Anm. 20
rechte oder auf Unfähigkeit zur Bekleidung öffentlicher Ämter, so tritt nach den §§ 31—33, 35, 36 StGB. mit der Rechtskraft des Urteils die Unfähigkeit zur

Ausübung der Rechtsanwaltschaft von selbst ein. Damit ist also über den Rechtsanwalt bereits dasjenige Übel verhängt, das nach der RAO. die schwerste ehrengerichtliche Strafe ist. Das ehrengerichtliche Verfahren ist deshalb in diesem Falle als gegenstandslos einzustellen (Turnau § 65 Anm. 4; Meyer § 65 Anm. 2).

Anm. 21. 3. In allen anderen Fällen „beschließt das Ehrengericht, ob außerdem das ehrengerichtliche Verfahren zu eröffnen oder fortzusetzen sei".

Anm. 22. Im Entwurfe folgten in Abs. 3 nach dem Worte „Ehrengericht" noch die Worte „nach Anhörung der Staatsanwaltschaft". In der Sitzung der RTKomm. vom 12. März 1878 kam es zu einer lebhaften Debatte darüber, ob im ehrengerichtlichen Verfahren die Mitwirkung einer StA. überhaupt statthaben solle. Die Abstimmung ergab die Bejahung der letztgedachten Frage (Siegeth Anhang 56/65). In der nächsten Sitzung der RTKomm. vom 14. März 1878 war man darüber einig, daß das Abstimmungsergebnis des 12. März nicht zur Aufrechterhaltung der oben gedachten Worte zwinge, „da aus der allgemeinen Zulassung der Staatsanwaltschaft beim ehrengerichtlichen Verfahren noch nicht mit Notwendigkeit folge, daß in dem hier vorliegenden Falle dieselbe beibehalten werden solle" (Siegeth Anhang 66). Darauf strich die RTKomm. jene Worte, und so entstand die jetzige Fassung des Abs. 3 (Siegeth a. a. O.).

Anm. 23. Daß man danach beabsichtigt hat, durch die erwähnte Streichung die Anhörung der StA. entbehrlich zu machen, ist klar. Erreicht ist die Absicht aber nicht; (ähnlich, doch nicht so weitgehend, Meyer § 65 Anm. 4, der meint, der Strich sei „nicht von erheblicher Bedeutung"). Zu einem Beschluß auf Eröffnung oder Nichteröffnung des ehrengerichtlichen Verfahrens kann das EG. ohne Anklageerhebung, also ohne Antrag der StA., gar nicht kommen. Zudem gilt für den Beschluß nach § 65 Abs. 3 RAO. gemäß § 66 RAO. die allgemeine Vorschrift des § 33 StPO., welche die vorgängige Erklärung der StA. sogar bei jedem außerhalb der Hauptverhandlung zu fassenden Beschlusse erfordert. Die Entstehungsgeschichte des Abs. 3 ist ein gutes Beispiel für die Erkenntnis des Satzes, daß Streichungen in Gesetzesentwürfen durchaus nicht notwendig den Erfolg haben, den gestrichenen Passus nicht in Geltung erwachsen zu lassen.

Anm. 24. a) Das Eigentümliche des nach Abs. 3 eintretenden Verfahrens ist das freie Ermessen (EGH. **4** 129 — 6. 7. 88; BreslauAK. **88** 21 — OLG. Breslau 29. 12. 87), das dem EG. betreffs der Eröffnung oder Fortsetzung des ehrengerichtlichen Verfahrens zusteht. § 65 Abs. 3 ist keine Ausnahme vom Legalitätsprinzipe, denn die Ausübung des Ermessens steht nur dem EG., nicht der StA. zu. Abs. 3 ist eine Ausnahme namentlich von den Bestimmungen über Eröffnung der Voruntersuchung bzw. des Hauptverfahrens, (aber nicht nur hievon, siehe den Text im Verfolg). Nach § 65 Abs. 3 kann das EG. mit Rücksicht auf den konkreten Fall, obwohl die Tat, wegen deren auf Strafe erkannt ist, auch eine ehrengerichtlich strafbare Verfehlung darstellt, davon absehen, sie zur ehrengerichtlichen Abhandlung zu bringen. Der EGH. meint **11** 120 (13. 10. 02), § 65 Abs. 3 beziehe sich nur auf die Eröffnung des Hauptverfahrens. Das ist nicht richtig. Das Gesetz spricht von der Entscheidung darüber, ob das ehrengerichtliche Verfahren „zu eröffnen oder fortzusetzen sei". Eröffnet wird das ehrengerichtliche Verfahren bei Anklageerhebung mittels Antrags auf Voruntersuchung durch den Beschluß auf Eröffnung der Voruntersuchung, bei unmittelbarer Anklageerhebung durch den im Eröffnungsverfahren gefaßten Beschluß. Unter Umständen ist es also erst der Eröffnungsbeschluß, der das ehrengerichtliche Verfahren eröffnet. Danach muß auch noch nach diesem Zeitpunkte ein Beschluß gemäß Abs. 3 möglich sein, nämlich der Beschluß darüber, ob das Verfahren fortzusetzen sei. Ist das aber richtig, dann kann das Ermessen des Abs. 3 auch noch in der Hauptverhandlung ausgeübt werden und ebenso ist nicht einzusehen, weshalb es durch den

Erlaß des Urteils 1. Instanz für den EGH. präkludiert sein sollte, der eben doch — falls man etwa das Wort „Ehrengericht" pressen will — bei zulässiger Berufung ganz an die Stelle des EG. tritt.

Es mag zur Stützung der vorstehenden Auslegung auf Bestimmungen wie § 37 StGB. und § 42 Abs. 2 MStGB. verwiesen werden, die beide zeigen, wie ganz anders der Gesetzgeber sich auszudrücken pflegt, wenn er zwar die Einleitung eines Strafverfahrens nicht obligatorisch machen, nach Einleitung aber ein Ermessen, wie vorher, nicht mehr walten lassen will. Anm. 25.

b) Von welchen Gesichtspunkten das EG. sich bei Ausübung des Ermessens leiten lassen soll, sagt das Gesetz nicht. Angedeutet ist es aber in dem Worte „außerdem": es kommt eben darauf an, ob das EG. annimmt, daß im gegebenen Falle dem Angeschuldigten so erhebliche Milderungsgründe zur Seite stehen, daß die Aufrechterhaltung der Disziplin keine ehrengerichtliche Bestrafung neben der Kriminalstrafe erfordert. Der Fall wird nur selten vorkommen, ein Beispiel siehe BreslauAK. **88** 17/22, während EGH. **3** 73/5 (28. 10. 87) nicht einschlägt, da hier trotz der vom Strafrichter festgestellten Beleidigung keine ehrengerichtlich strafbare Verfehlung angenommen wurde. Anm. 26.

c) Hält das EG. neben der kriminellen Bestrafung auch noch ein ehrengerichtliches Strafverfahren für erforderlich, so fragt es sich, wie EG. und EGH. sich zu dem Urteil des Strafrichters zu stellen haben. Der Standpunkt des EGH. hat in dieser Beziehung gewechselt. Auch in der ursprünglichen Praxis sah der EGH. das Urteil des Strafrichters als für das EG. maßgebend an, aber eine Abweichung von den strafrichterlichen Feststellungen ließ er doch verschiedentlich dann zu, wenn gegen ihre Richtigkeit besondere Umstände geltend gemacht wurden. Vgl. EGH. **6** 26 (6. 7. 93), 33/4 (25. 5. 92); **7** 13 (7. 11. 94), 21 (13. 12. 94); **8** 16 (12. 5. 97); **9** 85 (22. 6. 98). Die neuere Praxis des EGH. erklärt dagegen das Strafurteil für unbedingt bindend auch im Bereiche des ehrengerichtlichen Verfahrens. Vgl. EGH. **9** 40/44 (8. 11. 99); **11** 36/7 (20. 10. 02), 207/8 (9. 6. 02); **12** 37/8 (7. 12. 04), 46/7 (25. 11. 05). Dem ist beizutreten (ebenso Berger § 65 Anm. 3 und Sydow-Jacobsohn § 65 Anm. 5). Man muß eben doch berücksichtigen, daß die RAO. dem kriminellen Strafverfahren den Vortritt vor dem ehrengerichtlichen Verfahren läßt, woraus an sich schon auf eine Abhängigkeit dieses von jenem zu schließen ist. Im Falle des Abs. 2 ferner ist das EG. an die Verneinung jedweden deliktischen Tatbestandes gebunden, und im Falle des Abs. 3 sollte es in der Lage sein, die Feststellung der speziellen Straftat umzustoßen? Das ist umso weniger anzunehmen, als bezüglich des § 78 Abs. 2 RBG., des Vorbilds von § 65 Abs. 3 RAO., bereits vor der Zeit des Erlasses der RAO., nämlich schon im Jahre 1874, von dem Kaiserlichen Disziplinarhofe für Reichsbeamte die Gebundenheit der Disziplinarkammer an den Schuldspruch des Strafrichters statuiert wurde (vgl. Pieper, RBG. § 78 Anm. 3). Anm. 27.

III. Über das **Verhältnis des ehrengerichtlichen Strafverfahrens zum ehrengerichtlichen Zulassungsverfahren** s. § 93 Anm. 8, § 5 Anm. 41. Anm. 28.

IV. **Verhältnis des ehrengerichtlichen Strafverfahrens zu anderen Disziplinarverfahren.** 1. Jeder, der mehreren Disziplinargewalten untersteht, kann von jeder derselben wegen ein und desselben Vorgangs besonders diszipliniert werden (EGH. **1** 207 — 18. 11. 80). Das ehrengerichtliche Strafverfahren gegen einen Rechtsanwalt wird durch ein wegen des gleichen Vorfalls gegen den Betreffenden in seiner Eigenschaft als Notar eingeleitetes Disziplinarverfahren nicht ausgeschlossen. Ebenso: EGH. **1** 206/7 (18. 11. 80); **9** 196/7 (19. 4. 99); Berger § 62 Anm. 1; Sydow-Jacobsohn § 62 Anm. 1. Neben beiden Verfahren kann sogar noch ein ehrengerichtliches Verfahren gegen dieselbe Person in ihrer Eigenschaft als Reserveoffizier sich abwickeln. Vgl. EGH. 8 64 (24. 2. 97); Berger und Anm. 29.

Sydow-Jacobsohn a. a. O. Das Gesetz zwingt hier kein Verfahren, hinter dem anderen zurückzutreten.

Anm. 30. 2. Ebensowenig sind an sich die Feststellungen in dem einen Verfahren für das andere bindend. Vgl. EGH. **11** 36/9 (20. 10. 02), 40/2 (27. 10. 02), 48 (24. 11. 02); **12** 52/3 (14. 12. 04) im Gegensatze zu der früheren Praxis des EGH. (z. B. **4** 135 — 23. 10. 88; **6** 18 — 16. 3. 92; **8** 86 — 10. 2. 97). Wohl aber kann das in dem einen Verfahren ergangene Erkenntnis zum Urkundenbeweis in dem anderen Verfahren verwendet werden, der Gegenbeweis gegen die Feststellungen jenes Erkenntnisses ist aber nicht abzuschneiden (vgl. EGH. **11** und **12** a. a. O.).

Anm. 31. **V. Ordnungsstrafverfahren nach GVG. oder nach Landesrecht und ehrengerichtliches Strafverfahren.** 1. Beide Verfahren schließen einander nicht aus. Vgl. EGH. **6** 113 (13. 1. 92); **11** 227 (17. 12. 02); Meyer § 62 Anm. 8; Berger und Sydow-Jacobsohn § 62 Anm. 1. Es kann aber sehr wohl im einzelnen Falle zwar die Möglichkeit bestehen, auf Ordnungsstrafen zu erkennen und doch von dieser Möglichkeit kein Gebrauch gemacht werden, z. B. weil die nach § 180 GVG. statthafte Strafe von 100 Mk. zu gering oder weil es bei der schlechten Vermögenslage des Rechtsanwalts nicht angemessen erscheint, gegen ihn eine Geldstrafe als Ordnungsstrafe festzusetzen. Aber auch andere einschlägige Gründe sind denkbar, vgl. z. B. EGH. **6** 113/4 (13. 1. 92).

Anm. 32. 2. Nicht jede Ordnungswidrigkeit, die gerichtsseitig mit Ordnungsstrafe belegt werden könnte, stellt ohne weiteres auch eine ehrengerichtlich strafbare Handlung dar.

Anm. 33. 3. Beide Verfahren sind in jeder Weise voneinander unabhängig.

Anm. 34. 4. Wegen des zu 1 Bemerkten erscheint eine kurze Betrachtung über den Umfang des gerichtlichen Ordnungsstrafrechts gegen Rechtsanwälte angezeigt.

Anm. 35. a) §§ 180, 182 GVG., die durch §§ 1, 8 FGG. auf die durch Reichsgesetz den Gerichten übertragenen Angelegenheiten der freiwilligen Gerichtsbarkeit ausgedehnt sind, betreffen, wie jetzt wohl unstreitig ist, nur Verstöße, die in einer Verhandlung vorkommen. Ebenso: KGJ. **14** 484/6 (23. 4. 94); **8** 256/7 (OLG. Celle 28. 7. 88); BuschsZ. **12** 240/1 (RG. 14. 12. 85). A. M. früher das KG. in KGJ. **2** 302/5 (6. 12. 80). Ungebührlichkeiten in Schriftsätzen unterfallen diesen Bestimmungen nicht, und sonstige ihre Ahndung mittels Ordnungsstrafen ermöglichende reichsrechtliche Normen fehlen.

Anm. 36. b) Außerhalb des Geltungsbereichs des GVG. gilt hinsichtlich des Einschreitens gegen Ungebührlichkeiten in schriftlichen Eingaben das frühere Landesrecht fort und kann neues Landesrecht geschaffen werden.

Anm. 37. c) Für den dem FGG. unterfallenden Teil der Angelegenheiten der freiwilligen Gerichtsbarkeit kann auf Grund des § 200 Abs. 1 FGG. eine landesgesetzliche Erstreckung der §§ 180, 182 GVG. auf Verstöße in Schriftsätzen erfolgen. Das ist z. B. in § 6 der MecklStrV. zur Ausführung des FGG. 9. 4. 99 (Becher, Ausführungsgesetze z. BGB. **1** Abt. XII 96; s. dazu Witt DJZ. 8 472) und in § 2 des HambFGG. 29. 12. 99 (Becher **1** Abt. VII 65; s. dazu AKJahrB. **00** 9) geschehen.

Anm. 38. d) Wie aber steht es für den Geltungsbereich des GVG. mit dem einschlägigen Landesrechte? Hier ist zu bedenken, daß der 14. Titel des GVG. lediglich deshalb in das GVG. gekommen ist, weil er dem Zivil- und Strafprozesse gemeinsame Materien regelt. Er gehört in Wahrheit sowohl zur ZPO. als auch zur StPO. Deshalb ist für den Bereich der Geltung des GVG. ein Ordnungsstrafrecht der Gerichte bezüglich der nicht den §§ 180, 182 GVG. unterfallenden Ordnungswidrigkeiten, soweit es etwa nach Landesrecht bestand — vgl. hierüber z. B. Heuer DJZ. 8 365/6 (gemeines Recht und hannöversches Partikularrecht);

FrankfRundsch. **80** 239 (OLG. Frankfurt a. M. 3. 7. 80): Rüge wegen des Ausdrucks „faule Einreden" —, als beseitigt anzusehen, denn es handelt sich um eine Materie des Reichsprozeßrechts. Ebenso: Staub DJZ. **8** 191; Porzig DJZ. **9** 208/9; AKJahrB. **93** 9 (AKB. Hamburg); DJZ. **9** 112 (OLG. Jena 3. 3. 03); BadAnn. **56** 354/6 (OLG. Karlsruhe 18. 11. 80). A. M.: Heuer DJZ. **8** 365/6, sowie nach seiner Mitteilung die Praxis der hannöverschen Gerichte und des OLG. Hamburg (u. a. Beschluß 6. 12. 91 Bs. C I 7/91); die gedachte Praxis des OLG. Hamburg bestätigt Wendler DJZ. **9** 112/4. Ein Bedürfnis zu einer reichsrechtlichen Ausdehnung des § 179 GVG., wie sie Heuer und Wendler a. a. O. befürworten, dürfte kaum vorliegen. Es wird genügen, daß der AKB. kraft § 49 Ziffer 1 RAO. einschreiten kann. Solches Einschreiten läßt sich ja, worauf Staub a. a. O. mit Recht hinweist, in Anregung bringen.

VI. Über das **Verhältnis des ehrengerichtlichen Strafverfahrens** Anm. 39.

1. **zu einer auf Grund des § 49 Ziffer 1 RAO. ausgesprochenen Mißbilligung** siehe § 49 Anm. 9,

2. **zur Verhängung von Zwangsstrafen aus § 58 Abs. 3 RAO.** siehe § 58 Anm. 19.

§ 66.

Insoweit nicht aus den nachfolgenden Bestimmungen Abweichungen sich ergeben, finden auf das ehrengerichtliche Verfahren die Vorschriften der Strafprozeßordnung über das Verfahren in den zur Zuständigkeit der Landgerichte gehörigen Strafsachen und die Vorschriften der §§ 156 Nr. II, 177, 186 bis 200 des Gerichtsverfassungsgesetzes*) entsprechende Anwendung.

---

*) Diese Paragraphen lauten:

§ 156.

Der Gerichtsvollzieher ist von der Ausübung seines Amts kraft Gesetzes ausgeschlossen:

I. in bürgerlichen Rechtsstreitigkeiten:

3. wenn eine Person Partei ist, mit welcher er in gerader Linie verwandt, verschwägert oder durch Adoption verbunden, in der Seitenlinie bis zum dritten Grade verwandt oder bis zum zweiten Grade verschwägert ist, auch wenn die Ehe, durch welche die Schwägerschaft begründet ist, nicht mehr besteht;

II. in Strafsachen:

1. wenn er selbst durch die strafbare Handlung verletzt ist;
2. wenn er der Ehemann der Beschuldigten oder Verletzten ist oder gewesen ist;
3. wenn er mit dem Beschuldigten oder Verletzten in dem vorstehend unter Nr. I 3 bezeichneten Verwandtschafts- oder Schwägerschaftsverhältnisse steht.

§ 177.

Die Aufrechthaltung der Ordnung in der Sitzung liegt dem Vorsitzenden ob.

§ 186.

Die Gerichtssprache ist die deutsche.

§ 187.

Wird unter Betheiligung von Personen verhandelt, welche der deutschen Sprache nicht mächtig sind, so ist ein Dolmetscher zuzuziehen. Die Führung eines Nebenprotokolls in der fremden Sprache findet nicht statt; jedoch sollen Aussagen und Erklärungen in fremder Sprache, wenn und soweit der Richter dies mit Rücksicht auf die Wichtigkeit der Sache für erforderlich erachtet, auch in der fremden Sprache in das Protokoll oder in eine Anlage niedergeschrieben werden. In den dazu geeigneten Fällen soll dem Protokolle eine durch den Dolmetscher zu beglaubigende Uebersetzung beigefügt werden.

Die Zuziehung eines Dolmetschers kann unterbleiben, wenn die betheiligten Personen sämmtlich der fremden Sprache mächtig sind.

§ 188.

Zur Verhandlung mit tauben oder stummen Personen ist, sofern nicht eine schriftliche Verständigung erfolgt, eine Person als Dolmetscher zuzuziehen, mit deren Hülfe die Verständigung in anderer Weise erfolgen kann.

Anm. 1. **I. Inhalt.** Der Paragraph erklärt auf das ehrengerichtliche Verfahren die das Verfahren in landgerichtlichen Strafsachen betreffenden Bestimmungen der StPO. und gewisse Bestimmungen des GVG. für entsprechend anwendbar.

---

§ 189.

Ob einer Partei, welche taub ist, bei der mündlichen Verhandlung der Vortrag zu gestatten sei, bleibt dem Ermessen des Gerichts überlassen.

Dasselbe gilt in Anwaltsprozessen von einer Partei, die der deutschen Sprache nicht mächtig ist.

§ 190.

Personen, welche der deutschen Sprache nicht mächtig sind, leisten Eide in der ihnen geläufigen Sprache.

§ 191.

Der Dolmetscher hat einen Eid dahin zu leisten:

daß er treu und gewissenhaft übertragen werde.

Ist der Dolmetscher für Uebertragungen der betreffenden Art im allgemeinen beeidigt, so genügt die Berufung auf den geleisteten Eid.

§ 192.

Der Dienst des Dolmetschers kann von dem Gerichtsschreiber wahrgenommen werden. Einer besonderen Beeidigung bedarf es nicht.

§ 193.

Auf den Dolmetscher finden die Bestimmungen über Ausschließung und Ablehnung der Sachverständigen entsprechende Anwendung. Die Entscheidung erfolgt durch das Gericht oder den Richter, von welchem der Dolmetscher zugezogen ist.

§ 194.

Bei Entscheidungen dürfen Richter nur in der gesetzlich bestimmten Anzahl mitwirken.

Bei Verhandlungen von längerer Dauer kann der Vorsitzende die Zuziehung von Ergänzungsrichtern anordnen, welche der Verhandlung beizuwohnen und im Falle der Verhinderung eines Richters für denselben einzutreten haben.

Die vorstehenden Bestimmungen finden auch auf Schöffen und Geschworene Anwendung.

§ 195.

Bei der Berathung und Abstimmung dürfen außer den zur Entscheidung berufenen Richtern nur die bei demselben Gerichte zu ihrer juristischen Ausbildung beschäftigten Personen zugegen sein, soweit der Vorsitzende deren Anwesenheit gestattet.

§ 196.

Der Vorsitzende leitet die Berathung, stellt die Fragen und sammelt die Stimmen.

Meinungsverschiedenheiten über den Gegenstand, die Fassung und die Reihenfolge der Fragen oder über das Ergebniß der Abstimmung entscheidet das Gericht.

§ 197.

Kein Richter, Schöffe oder Geschworener darf die Abstimmung über eine Frage verweigern, weil er bei der Abstimmung über eine vorhergegangene Frage in der Minderheit geblieben ist.

§ 198.

Die Entscheidungen erfolgen, soweit das Gesetz nicht ein Anderes bestimmt, nach der absoluten Mehrheit der Stimmen.

Bilden sich in Beziehung auf Summen, über welche zu entscheiden ist, mehr als zwei Meinungen, deren keine die Mehrheit für sich hat, so werden die für die größte Summe abgegebenen Stimmen den für die zunächst geringere abgegebenen so lange hinzugerechnet, bis sich eine Mehrheit ergibt.

Bilden sich in einer Strafsache, von der Schuldfrage abgesehen, mehr als zwei Meinungen, deren keine die Mehrheit für sich hat, so werden die dem Beschuldigten nachtheiligsten Stimmen den zunächst minder nachtheiligen so lange hinzugerechnet, bis sich eine Mehrheit ergibt.

§ 199.

Die Reihenfolge bei der Abstimmung richtet sich nach dem Dienstalter, bei den Schöffengerichten und den Kammern für Handelssachen nach dem Lebensalter; der Jüngste stimmt zuerst, der Vorsitzende zuletzt. Wenn ein Berichterstatter ernannt ist, so giebt dieser seine Stimme zuerst ab.

Bei der Abstimmung der Geschworenen richtet sich die Reihenfolge nach der Ausloosung. Der Obmann stimmt zuletzt.

§ 200.

Schöffen und Geschworene sind verpflichtet, über den Hergang bei der Berathung und Abstimmung Stillschweigen zu beobachten.

II. Für das ehrengerichtliche Verfahren erklärt § 66 bestimmte Vorschriften für entsprechend anwendbar. Dabei wird unter dem ehrengerichtlichen Verfahren das ganze durch Abschnitt IV geregelte Verfahren verstanden, nicht nur das Verfahren vor dem EG., sondern auch die Führung der Voruntersuchung durch den ehrengerichtlichen Untersuchungsrichter, die Tätigkeit des OLG. und RG. als Beschwerdegerichts und des EGH. als Berufungsgerichts. Vgl. RGSt. **10** 428 (StS. II. 13. 6. 84). Anm. 2.

III. Die Anwendung soll nur erfolgen, 1. soweit nicht aus den nachfolgenden Paragraphen sich Abweichungen ergeben. Ob dies der Fall ist, muß bei den einzelnen Paragraphen geprüft werden. Anm. 3.

2. Die Anwendung soll nur eine entsprechende sein, d. h. die für anwendbar erklärten Paragraphen sind nur unter Berücksichtigung der Natur des ehrengerichtlichen Verfahrens zur Anwendung zu bringen.

IV. In dieser Weise anzuwenden sind die Vorschriften der StPO. über das Verfahren in den zur Zuständigkeit der Landgerichte gehörigen Strafsachen. Anm. 4.

A. Die Besprechung des größten Teils der einschlägigen Bestimmungen wird bei denjenigen Paragraphen der RAO. erfolgen, die auf die betreffende Materie Bezug haben. Nur einiges, was sich keinem Paragraphen der RAO. sachgemäß angliedern läßt, muß hier seinen Platz finden, nämlich die Bestimmungen über gerichtliche Entscheidungen und ihre Bekanntmachung, sowie über die Verteidigung. Anm. 5.

B. Gerichtliche Entscheidungen und ihre Bekanntmachung. Anm. 6.

1. Für den Erlaß der Entscheidungen und den Umfang des Begründungszwangs gelten die §§ 33, 34 StPO., für die Bekanntmachung der § 35 StPO.

2. Die Bewirkung der Zustellungen ist auch hier, soweit nicht § 36 StPO. Ausnahmen zuläßt, Sache der StA. (Turnau § 95 Anm. 1). Vgl. EGH. **3** 17 (27. 9. 87), wo die Ermittlungen nach der Adresse eines Angeklagten, an den die Zustellung der Ladung zur Hauptverhandlung nicht zu bewirken war, vom ORA. angestellt wurden. Die Zustellung an die Staatsanwaltschaft erfolgt gemäß § 41 StPO. durch Vorlage der Urschrift der Entscheidung. Ebenso: EGH. **4** 144 (23. 10. 88); Meyer § 94 Anm. 8; Berger § 79 Anm. 2; Sydow-Jacobsohn § 79 Anm. 2. Im übrigen gelten für die Zustellungen die §§ 37—40 StPO., § 40 StPO. ist jedoch für die Ladung des Angeklagten zur Hauptverhandlung unanwendbar (vgl. § 83). Anm. 7.

3. Für die Vollstreckung der Beschlüsse des ehrengerichtlichen Untersuchungsrichters und der Amtsrichter gilt § 36 Abs. 2 StPO. Im übrigen ist auch hier grundsätzlich die StA. diejenige Behörde, die nach § 36 Abs. 1 StPO. das Erforderliche zu veranlassen hat. Anm. 8.

a) Für die Strafvollstreckung gilt das soeben Gesagte nicht. Hier gelten besondere Grundsätze (vgl. § 96 Anm. 2 ff.). Anm. 9.

b) Ebenso ist die Beitreibung von Kosten, in die im Laufe des ehrengerichtlichen Verfahrens z. B. säumige Zeugen verurteilt werden, besonders geregelt (vgl. § 97 Anm. 11). Anm. 10.

c) Wegen Sitzungspolizeimaßregeln vgl. Anm. 20, 21. Anm. 11.

d) Dagegen wird der aufgestellte Grundsatz z. B. anzuwenden sein, wenn das EG. gemäß § 200 StPO. oder in der Hauptverhandlung eine Beschlagnahme anordnet. Anm. 12.

C. Verteidigung. 1. Die Verteidigung ist nur dann notwendig, wenn der Angeklagte taub oder stumm ist (§ 140 Abs. 2 Nr. 1 StPO.). Der Fall wird, wenn überhaupt, nur vorkommen, falls eines dieser Gebrechen sich nach der Zulassung des Rechtsanwalts eingestellt hat. Es fehlt ja in diesem Falle an der Möglichkeit einer Zurücknahme der Zulassung, vielmehr muß unter Umständen Anm. 13.

gerade deshalb gegen den infolge Gebrechlichkeit an pflichtgemäßer Ausübung seines Berufs gehinderten und gleichwohl ihn pflichtwidrig weiterführenden Rechtsanwalt ehrengerichtlich eingeschritten werden, um zu seiner Ausschließung zu gelangen.

Anm. 14. 2. Für den Wahlverteidiger gelten die §§ 138, 139 StPO.

Anm. 15. 3. Bestellung des Verteidigers.

a) In dem zu 1 genannten Falle würde nach der StPO. der Verteidiger zu bestellen sein, „sobald die im § 199 StPO. vorgeschriebene Aufforderung stattgefunden hat" (§ 140 Abs. 3 StPO.). Eine solche Aufforderung erfolgt im ehrengerichtlichen Verfahren nicht, und die Anklageschrift wird dem Angeschuldigten erst mit der Ladung zur Hauptverhandlung zugestellt. Da dem Angeschuldigten ferner auch ein Recht auf Stellung von Anträgen vor der Beschlußfassung über die Eröffnung des Hauptverfahrens nicht zusteht, so wird die Bestellung des Verteidigers erst zu erfolgen haben, wenn die Eröffnung des Hauptverfahrens beschlossen ist.

Anm. 16. b) In den Fällen der nicht notwendigen Verteidigung kann seitens des EG. oder des EGH. die Bestellung eines Verteidigers gemäß § 141 StPO. erfolgen. Vgl. EGH. **5** 52 (1. 7. 91); **9** 105 (12. 4. 99), 105/6 (20. 9. 99); **10** 106 (27. 6. 00).

Anm. 17. c) Was die Auswahl des zu bestellenden Verteidigers anlangt, so kommt die zweite Alternative in Abs. 2 des § 144 StPO. weder für das EG. noch für den EGH. in Betracht: bei beiden werden Rechtskundige der genannten Art nicht beschäftigt. Die erste Alternative ist für das EG. gleichfalls ohne Bedeutung, weil es über solche Justizbeamte nicht verfügt, und der EGH. wird schwerlich einen solchen Beamten (des RG.) zu bestellen Veranlassung nehmen. Bezüglich des EGH. kommt noch die Frage in Betracht, ob ein beim RG. zugelassener Rechtsanwalt bestellt werden kann. Hiefür ist gemäß § 100 Abs. 2 RAO. das Verhältnis maßgebend, in dem nach der RAO. der EGH. zum RG. steht (vgl. hierzu § 90 Anm. 3 ff., § 100 Anm. 6).

Anm. 18. 4. Dem zum Verteidiger bestellten Rechtsanwalte werden die ihm nach der RAGebO. zustehenden Gebühren und Auslagen für die Verteidigung aus der Kasse derjenigen AK. bezahlt, die gemäß § 94 Abs. 3 RAO. an die Stelle der nach § 150 StPO. zahlungspflichtigen Staatskasse tritt.

Anm. 19. V. Von den **Bestimmungen des GVG.** erklärt § 66 für entsprechend anwendbar

A. die Normen über die Fälle, in denen der Gerichtsvollzieher kraft Gesetzes von der Ausübung seines Amtes ausgeschlossen ist (§ 156 Nr. II GVG.). Besonderes ist hiezu nicht zu bemerken.

Anm. 20. B. Ferner ist § 177 GVG. anwendbar, nach welchem die Aufrechthaltung der Ordnung in der Sitzung dem Vorsitzenden obliegt. Dagegen gelten die die Sitzungspolizei regelnden §§ 178—185 GVG. für das ehrengerichtliche Verfahren nicht; sie sind bewußtermaßen nicht für anwendbar erklärt worden, weil man sie im ehrengerichtlichen Verfahren für entbehrlich gehalten hat (Siegeth Anhang 66), ein Standpunkt, der allerdings recht anfechtbar erscheint. Die Bestimmungen über die Sitzungspolizei gelten nicht nur nicht für EG. und EGH., auch dem ehrengerichtlichen Untersuchungsrichter stehen die fraglichen Machtmittel nicht zur Verfügung. Ebenso: RGSt. **10** 430 (StS. II. 13. 6. 84). A. M.: Turnau § 66 Anm. 3e; Meyer § 66 Anm. 2 Nr. 2.

Anm. 21. Der Vorsitzende soll also die Ordnung aufrechterhalten, aber er hat keinerlei Mittel dazu in der Hand, weder er noch das EG. oder der EGH. können einen Angeklagten, Zeugen oder Sachverständigen, weil sie den getroffenen Anordnungen nicht gehorchen, auch nur aus dem Sitzungszimmer zwangsweise entfernen lassen (soweit nicht etwa dem EG. oder dem EGH. ein Hausrecht zusteht), geschweige denn sonst gegen sie einschreiten. Der ehrengerichtliche Untersuchungsrichter steht bei Amtshandlungen an Ort und Stelle infolge des anwendbaren § 162 StPO. (vgl. RGSt. a. a. O.) etwas besser.

C. Anwendbar sind weiter die Bestimmungen des GVG. über die Gerichtssprache, über die Besonderes nicht zu sagen ist, und Anm. 22.

D. die Normen über Beratung und Abstimmung. Anm. 23.

1. § 55 Abs. 2 RAO. findet also hier keine Anwendung. Ebenso Reuling 45, während EGH. **10** 23 (22. 12. 00) in bedenklicher Weise zur gegenteiligen Ansicht neigt. Die Bestimmung des § 19 der Geschäftsordnung Hamm, wonach über Eröffnung oder Ablehnung der Eröffnung der Voruntersuchung, über Eröffnung des Hauptverfahrens ohne Voruntersuchung und über einen Antrag auf Ergänzung der Voruntersuchung „ohne Sitzung des Ehrengerichts mittels schriftlicher Abstimmung Beschluß gefaßt werden" kann, verstößt wider das Reichsrecht und ist deshalb ungültig. Ebenso Reuling a. a. O. Dagegen ist z. B. nach § 8 Abs. 3 des PrÄrztEGG. für „die das Verfahren leitenden Beschlüsse des Ehrengerichts" schriftliche Abstimmung zugelassen, sofern nicht ein Mitglied mündliche Beratung verlangt.

2. Bei der Beratung und Abstimmung des EG. und EGH. dürfen, da die in § 195 GVG. zugelassene Ausnahme für die genannten Gerichte nicht in Frage kommt, nur die zur Entscheidung berufenen Mitglieder des EG. oder des EGH. zugegen sein. Insbesondere darf auch der als Gerichtsschreiber des EG. zugezogene Rechtsanwalt der Beratung und Abstimmung nicht beiwohnen. Vgl. EGH. **7** 44 (6. 2. 95). Anm. 24.

3. Die Reihenfolge bei der Abstimmung richtet sich, da für die Rechtsanwälte nichts dem Dienstalter Entsprechendes besteht, ausschließlich nach dem Lebensalter (Meyer § 66 Anm. 2 Nr. 4). Das gilt auch für den EGH., womit dessen Geschäftsordnung übereinstimmt (EGH. **1** 3). Der Jüngste stimmt zuerst, der Vorsitzende zuletzt, der Berichterstatter stimmt vor dem jüngsten Mitgliede. Anm. 25.

4. Die Verschwiegenheitspflicht, wie sie § 200 GVG. den Schöffen und Geschworenen auferlegt, gilt nicht minder für die Mitglieder des EG. und des EGH. Ebenso: EGH. **7** 45 (29. 5. 95); **9** 5 (26. 4. 99); **12** 28 (1. 6. 04); Meyer a. a. O.; Berger § 66 Anm. 1; Sydow-Jacobsohn § 66 Anm. 3. Anm. 26.

E. Wegen Anwendbarkeit sonstiger Bestimmungen des GVG. siehe Anm. 30 zu dem vorstehenden Paragraphen, ferner § 67 Anm. 13, 14, 23; § 82 Anm. 4; § 86 und Anm. 14, 15 zu diesem Paragraphen; § 90 und Anm. 16—20 zu diesem Paragraphen; § 92 und Anm. 4 zu diesem Paragraphen. Anm. 27.

VI. Wegen **Einsichtnahme der ehrengerichtlichen Akten** 1. durch den Angeklagten und den Verteidiger gelten die Grundsätze der StPO. (vgl. auch § 75 Anm. 3). Anm. 28.

2. Die Einsichtnahme auch am ehrengerichtlichen Verfahren nicht beteiligten Personen oder Behörden zu gestatten, ist an sich nicht verboten (v. Wilmowski JW. **92** 293), es besteht aber auch kein Recht auf solche Einsichtnahme. Ob sie zu gestatten ist, darüber hat das EG. bezüglich seiner Akten, solange sie sich nicht in der Berufungs- oder Beschwerdeinstanz befinden (vgl. SeuffBl. **48** 461 — OLG. München 26. 4. 82; Berger § 69 Anm. 4), wenn sie aber dort sind, der EGH. oder das OLG. bzw. RG. zu entscheiden. Hinsichtlich der Akten des EGH. steht diesem die Entscheidung zu; eine Überlassung seiner Akten an ein OLG. hat der EGH. **5** 222 (16. 12. 91) abgelehnt, Gründe sind nicht angegeben. Die Entscheidung des EG. unterliegt der Beschwerde nach § 89 RAO. (OLG. München a. a. O.). Anm. 29.

Anm. 30. Das vorstehend unter 2 Ausgeführte gilt unbedingt, soweit die Geschäftsordnung des betreffenden EG. keine Bestimmungen enthält. Es fragt sich aber, ob die Geschäftsordnung einschlägige Bestimmungen treffen kann, wie sie insbesondere die Geschäftsordnung für den AKV. Breslau (§ 7) im Sinne absoluten Verbots solcher Einsichtsgestattung getroffen hat. Die Frage ist zu bejahen. Die StPO. enthält keine einschlägige Regelung, und auch § 169 GVG., der übrigens gar nicht für das ehrengerichtliche Verfahren gilt, stellt lediglich die Behörden der verschiedenen Bundesstaaten einander gleich, ohne zu bestimmen, wann einem Ersuchen um Übersendung von Akten zu entsprechen ist. Natürlich kann die Geschäftsordnung durch das fragliche Verbot gesetzliche Bestimmungen, wie z. B. die des § 96 StPO., nicht außer Kraft setzen.

Anm. 31. **VII.** Über die **Räumlichkeit, in der das EG. seine Sitzungen, insbesondere auch die Hauptverhandlungen abhält,** kann die Geschäftsordnung Bestimmung treffen. Sonst hat der AKV., falls die AK. geeignete Räume nicht selbst zur Verfügung hat, sich wegen Überlassung solcher mit der LJV. in das Benehmen zu setzen. Vgl. Meyer § 52 Anm. 2.

Daß der EGH. im Gebäude des RG. tagt, folgt aus seinem Verhältnisse zum RG. (vgl. hierüber § 90 Anm. 3 ff.).

Anm. 32. **VIII.** Daß die Mitglieder des EG. und der als Gerichtsschreiber des EG. zugezogene Rechtsanwalt in der Hauptverhandlung in der **Amtstracht** zu erscheinen haben, kann die Geschäftsordnung bestimmen, wie es diejenige für den AKV. Braunschweig in § 6 tut. Ist eine derartige Bestimmung getroffen, so wird angemessenerweise auch der staatsanwaltschaftliche Beamte die Amtstracht anzulegen haben, mag diese auch nach Landesrecht an sich nur für öffentliche Sitzungen bestimmt sein, während ja § 82 RAO. die Öffentlichkeit der ehrengerichtlichen Hauptverhandlung unbedingt verbietet. Aber auch ohne eine Bestimmung der Geschäftsordnung können das Ehrengericht, der zum Gerichtsschreiber bestimmte Rechtsanwalt und der Staatsanwalt in Amtstracht erscheinen, wenn dieses für angemessen erachtet wird.

Die Geschäftsordnung für den EGH. enthält, nach den EGH. 1 3 sich findenden Mitteilungen zu urteilen, keine Bestimmung über das Tragen der Amtstracht.

§ 67.

Der Vorstand entscheidet im ehrengerichtlichen Verfahren als Ehrengericht in der Besetzung von fünf Mitgliedern. Dasselbe besteht aus dem Vorsitzenden, dem stellvertretenden Vorsitzenden und drei anderen Mitgliedern des Vorstandes. Der Vorstand wählt die letzteren und bestimmt die Reihenfolge, in welcher die übrigen Mitglieder als Stellvertreter zu berufen sind.

Anm. 1. **I. Inhalt.** Der Paragraph regelt die sachliche Zuständigkeit für das ehrengerichtliche Verfahren und die Zusammensetzung des Ehrengerichts.

Anm. 2. **II. Sachliche Zuständigkeit für das ehrengerichtliche Verfahren.** Als erstinstanzliches Gericht im ehrengerichtlichen Verfahren ist allein und ausschließlich das EG. zuständig. Neben ihm gibt es und zwar auch für die Berufstätigkeit des Rechtsanwalts, die nicht den §§ 26, 27 RAO. unterfällt, keine andere ehrengerichtliche Behörde erster Instanz. Ebenso: JW. 81 127 ff. (EG. Dresden 19. 2. 81); Berger Vorbem. zu Abschn. II. A. M.: JW. 81 53/5 (OLG. Dresden 16. 9. 80).

III. Das Ehrengericht ist keine selbständige Institution neben dem Vorstande der Anwaltskammer (EGH. **2** 29/30 — 9. 12. 85; Anonymus in BayAB. **80** 338; Reuling 27; Berger § 67 Anm. 2), der Vorstand entscheidet als Ehrengericht. Daraus ergeben sich nachstehende Folgerungen: Anm. 3.

1. Das Ehrengericht hat seinen Sitz am Orte des OLG. Es kann aber innerhalb des Oberlandesgerichtsbezirks an jedem anderen Orte nicht nur Beschlüsse fassen, sondern auch die Hauptverhandlung abhalten: auch den ordentlichen Strafgerichten ist es ja nach der StPO. unverwehrt, die Hauptverhandlung außerhalb des Gerichtssitzes stattfinden zu lassen (vgl. RGSt. **11** 352 ff. — StS. III. 20. 11. 84; **22** 398/9 — StS. IV. 23. 2. 92). Anm. 4.

2. Wer Mitglied des Vorstandes der Anwaltskammer ist, ist damit zugleich zum Eintritt in das EG. berufen und zwar entweder als regelmäßiges Mitglied oder als Stellvertreter. Es ist ebenso unzulässig, jemanden unter Beschränkung seiner Tätigkeit auf die Mitwirkung im EG. in den Vorstand zu wählen, wie es unstatthaft ist, die Wahl mit der Maßgabe vorzunehmen, daß der Gewählte von der ehrengerichtlichen Tätigkeit ausgeschlossen sein soll. Vgl. EGH. **11** 52 (9. 6. 02); Sydow-Jacobsohn § 67 Anm. 1. Anm. 5.

3. Wer aufhört, Mitglied des AKV. zu sein, scheidet damit ohne weiteres auch aus der Mitwirkung im EG. aus. Dagegen ist es zulässig, daß mit Zustimmung des Vorstandes die drei gewählten ordentlichen Mitglieder des EG. aus dieser Stellung, nicht aber auch zugleich aus dem Vorstande selbst ausscheiden, wie Gleiches auch hinsichtlich der Stellen des § 46 gilt (Reuling 33). Anm. 6.

4. Die Mitglieder des EG. erhalten für diese ihre Tätigkeit außer Erstattung der baren Auslagen keinerlei Vergütung. Was unter baren Auslagen zu verstehen ist, darüber vgl. § 51 Anm. 6 ff. Anm. 7.

5. Auch über den Geschäftsbetrieb des EG. steht dem Präsidenten des OLG. bzw. des RG. nach § 59 Abs. 1 Satz 1 die Aufsicht zu. Ebenso gehen an ihn die Beschwerden über den Geschäftsbetrieb des EG. (§ 59 Abs. 1 Satz 2). Dagegen ist die Anwendung des § 59 Abs. 2 durch die §§ 89, 90 ausgeschlossen. Anm. 8.

6. Die Geschäftsordnung (für den AKV.) kann, soweit das Gesetz hiezu überhaupt Raum läßt, auch für das EG. Bestimmungen treffen (Reuling 27). Anm. 9.

7. Der Geschäftsbericht des Vorsitzenden nach § 61 hat sich auch mit der ehrengerichtlichen Tätigkeit zu befassen (Reuling 35). Anm. 10.

IV. Besetzung des Ehrengerichts. 1. Das Ehrengericht entscheidet stets in der Besetzung mit fünf Mitgliedern. Daß mindestens so viel mitwirken müssen, folgt schon aus § 55 Abs. 1 in Verbindung mit § 42 Abs. 1. Aber es dürfen nur fünf Mitglieder mitwirken, mag auch der Vorstand nach der Geschäftsordnung mehr als neun Mitglieder zählen. Die Besetzung mit fünf Mitgliedern ist ferner nicht nur für die Hauptverhandlung, wie bei den Strafkammern, geboten, sondern ebenso für die Beschlüsse außerhalb der Hauptverhandlung (Mot. 85; Turnau Anm. zu § 78; Meyer § 67 Anm. 1). Also muß, wenn erst in der Hauptverhandlung ein Mitglied des EG. abgelehnt wird, zur Bescheidung über das Ablehnungsgesuch ein Stellvertreter eintreten, während bei der StK. nach RGSt. **13** 304 (StS. IV. 22. 1. 86) solche Notwendigkeit nicht gegeben, vielmehr über das Gesuch von drei Richtern zu befinden ist. Anm. 11.

2. Kann das EG. bei Verhinderung des Vorsitzenden und des stellvertretenden Vorsitzenden tagen? Anm. 12.

Das EG. „besteht", wie das Gesetz sagt, aus dem Vorsitzenden, dem stellvertretenden Vorsitzenden und drei anderen Mitgliedern des Vorstandes. Das heißt nicht, die Mitwirkung des Vorsitzenden und des stellvertretenden Vorsitzenden des AKV. ist zum Tagen des EG. unentbehrlich (EGH. **2** 28/31 — 9. 12. 85; **9** 21

— 4. 5. 98; May JW. **80** 177; Meyer § 67 Anm. 3; Berger § 67 Anm. 2; Sydow-Jacobsohn § 67 Anm. 1): denn der Satz 3 des § 67 beruft die übrigen Mitglieder des Vorstandes „als Stellvertreter" ohne Beschränkung in der Person der zu Vertretenden, also auch zu Vertretern der nicht besonders zu Ehrengerichtsmitgliedern gewählten Mitglieder des Vorstandes. Wenn daher § 67 davon spricht, daß das EG. aus dem Vorsitzenden, dem stellvertretenden Vorsitzenden und drei anderen Mitgliedern des Vorstandes besteht, so ist damit gemeint, daß dies die ordentliche Besetzung ist. So bedeutet ja auch die Anordnung des § 61 Satz 2 GVG.: „Den Vorsitz in den Kammern führen der Präsident und die Direktoren", wie § 65 Abs. 1 GVG. zeigt, keineswegs, daß sie allein vorsitzen können, sondern daß sie die ordentlichen Vorsitzenden sind.

Anm. 13. 3. Führung des Vorsitzes.

Ist der Vorsitzende des AKV. an der Teilnahme nicht verhindert, so führt er den Vorsitz. Ist er verhindert, so tritt der stellvertretende Vorsitzende ein. All dies unterliegt keinem Zweifel. Wer aber hat den Vorsitz zu übernehmen, wenn beide verhindert sind? Das Gesetz schweigt, auch die Materialien ergeben nichts. § 65 Abs. 1 GVG. ist nicht für entsprechend anwendbar erklärt. Auch ist nicht etwa der AKV. in der Lage, für solche Fälle zu bestimmen, wer als Vorsitzender zu fungieren habe: § 46 kennt nur die Wahl eines stellvertretenden Vorsitzenden, und § 67 Satz 3 läßt durch den Vorstand wohl die Reihenfolge des Eintritts der Stellvertreter, nicht aber auch die Funktionen, in die sie eintreten, bestimmen. Die Frage ist also aus allgemeinen Gesichtspunkten zu beantworten.

Anm. 14. Eines der Mitglieder muß als Vorsitzender fungieren. Einen Unterschied zwischen den ordentlichen Mitgliedern und den Stellvertretern zu machen — wie Reuling 45 Anm. will, indem er zuerst die ordentlichen Mitglieder und dann erst die Stellvertreter zum Vorsitz beruft — läßt sich hier nicht rechtfertigen: denn es kann sein, daß das EG. nur mit Stellvertretern besetzt ist, und es fehlt die Möglichkeit, entsprechend § 66 GVG. einen Vorsitzenden ad hoc zu ernennen. Sind aber alle Mitglieder gleich zu behandeln, dann kann über die Person des Vorsitzenden nur das Lebensalter entscheiden. Ebenso Reuling a. a. O. So tritt ja auch nach § 4 der Geschäftsordnung für die Disziplinarbehörden vom 18. April 1880 (RZBl. 203) bei den Disziplinarkammern an Stelle des verhinderten Präsidenten das älteste (richterliche) Mitglied, und auch bei der Abstimmung ist nach § 199 GVG., der in § 66 RAO. für entsprechend anwendbar erklärt ist, das Alter der einzelnen Mitglieder für die Reihenfolge bei der Abstimmung maßgebend (vgl. § 66 Anm. 25).

Anm. 15. 4. Dauer der Funktion als Mitglied des Ehrengerichts.

Der Vorsitzende und der stellvertretende Vorsitzende sind, solange sie diese Funktion ausüben, Mitglieder des EG. Auf welche Zeit die 3 andern ordentlichen Mitglieder gewählt werden, bestimmt die Geschäftsordnung (Mot. 41; Meyer § 67 Anm. 2; Berger § 67 Anm. 1; Sydow-Jacobsohn § 67 Anm. 2. — Einen Antrag auf gesetzliche Festlegung der Wahlperiode lehnte die RTKomm. ab, vgl. Siegeth Anhang 67). Die Geschäfsordnungen sehen teilweise eine einjährige, teilweise eine zweijährige Wahlperiode vor, und letztere gilt wegen der alle zwei Jahre erfolgenden teilweisen Erneuerung des Vorstandes auch da, wo eine Bestimmung in der Geschäftsordnung fehlt (Reuling 29/30). Die Wahl — über ihren Hergang siehe § 54 Anm. 28 ff., 49, 50 — verpflichtet zur Annahme. Über notwendig werdende Ersatzwahlen siehe § 46 Anm. 9.

Besondere Erfordernisse für die ordentlichen Ehrengerichtsmitglieder kennt nur die Geschäftsordnung Hamburg § 10.

Die ebenda sich findende Bestimmung, daß die drei gewählten Ehrengerichtsmitglieder auch nach Ablauf ihrer Wahlperiode, falls sie nicht aus dem Vorstand selbst ausscheiden, verpflichtet sind, die bereits anhängigen Sachen noch zu erledigen, führt dazu, daß das EG. teilweise mit Vorstandsmitgliedern besetzt ist, die nur als Stellvertreter in Betracht kommen können und die eintreten, obwohl gar kein ordentliches Mitglied verhindert ist. Das widerspricht aber § 67. Vgl. auch Reuling 30, der die gedachte Bestimmung für nicht unbedenklich hält.

5. Stellvertretende Mitglieder des Ehrengerichts. Anm. 16.

a) Hinsichtlich der Stellvertreter bestimmt der Vorstand durch Beschluß, in welcher Reihenfolge sie einzutreten haben. Die in einigen Geschäftsordnungen getroffenen Bestimmungen über die Reihenfolge des Eintretens sind an sich nicht rechtsverbindlich, weil in die Kompetenz des Vorstandes eingreifend (Reuling 45, a. M. Meyer § 67 Anm. 2), sie können aber vom Vorstande bei seinen Beschlüssen befolgt werden: dann gelten diese Normen, nicht weil sie in der Geschäftsordnung sich finden, sondern weil der Vorstand sie beschlossen hat.

b) Welches Mitglied ersetzt werden soll, kommt für das Eintreten nicht in Anm. 17. Betracht: es ist unzulässig, jedem einzelnen ordentlichen Mitgliede des EG. einen speziellen Vertreter derart zu bestellen, daß derselbe nur bei Verhinderung dieses Mitglieds einzutreten hätte.

c) Die Stellvertreter sind in der angeordneten Reihenfolge insbesondere auch Anm. 18. heranzuziehen, wenn der Vorsitzende die Zuziehung von Ergänzungsrichtern für langdauernde ehrengerichtliche Verhandlungen verfügt (vgl. § 194 Abs. 2 GVG. in Verbindung mit § 66 RAO.). Für Zulässigkeit der Zuziehung von Ergänzungsrichtern auch Meyer § 67 Anm. 1; Turnau Anm. zu § 67; Berger § 67 Anm. 1; Sydow-Jacobsohn § 67 Anm. 2.

V. Geschäfte des Ehrengerichts. Das EG. ist zuständig für diejenige Tätig- Anm. 19. keit, die nach der StPO. in landgerichtlichen Strafsachen „dem Gericht", also der StK. obliegt. Jedoch fällt weg

1. die Tätigkeit als Beschwerdegericht; solches ist auch gegenüber dem ehren- Anm. 20. gerichtlichen Untersuchungsrichter das OLG. bzw. RG.;

2. die Tätigkeit als gemeinsames oberes Gericht, da es den Ehrengerichten Anm. 21. unterstellte untere Instanzen nicht gibt.

Eine den Fällen zu 1 ähnliche Funktion übt das EG. nach § 74 aus, doch handelt es sich formell auch hier, ebenso wie in dem als Vorbild benützten § 195 Abs. 2 StPO., um eine Entscheidung in 1. Instanz.

Darüber, ob bei Ablehnung des ehrengerichtlichen Untersuchungsrichters das Anm. 22. EG. zu entscheiden hat, vgl. § 71 Anm. 8.

VI. Bezirk des Ehrengerichts. Bezirk des Ehrengerichts ist der Bezirk des Anm. 23. OLG., Bezirk des EG. der AK. bei dem RG. und des EGH. das Deutsche Reich. Da an sich ein Tätigwerden einer Behörde außerhalb ihres Bezirks nicht als zulässig zu erachten, und § 167 GVG. nicht für anwendbar erklärt ist, so ist eine Vornahme von Amtshandlungen außerhalb des Bezirks z. B. Augenscheinseinnahme in der Hauptverhandlung weder bei Gefahr im Verzuge noch mit Zustimmung des betreffenden Amtsgerichts statthaft.

Dagegen sind die §§ 161, 162 GVG., obwohl eine besondere Erstreckung ihrer Anwendbarkeit nicht erfolgt ist, doch, und zwar weil diese Paragraphen untrennbar mit den Bestimmungen über Ladungen, Zustellungen und Vollstreckungen zusammenhängen, als auch im ehrengerichtlichen Verfahren geltend anzusehen. (Die RTKomm. lehnte einen den jetzigen § 86 betreffenden Antrag, auch § 161 GVG. für anwendbar zu erklären, ab. Siegeth Anhang 69.)

Anm. 24. **VII. Eine Gerichtsschreiberei hat das Ehrengericht nicht,** wie denn auch § 154 GVG. in § 66 RAO. nicht für anwendbar erklärt ist. In welcher Weise die dem Gerichtsschreiber nach der StPO. obliegenden Geschäfte erledigt werden, darüber vgl. § 81 und Anm. 13 ff. zu diesem Paragraphen.

Anm. 25. **VIII.** Wegen **Ausschließung und Ablehnung der Mitglieder des Ehrengerichts** s. die Anmerkungen zu § 80.

§ 68.

Zuständig ist das Ehrengericht der Kammer, welcher der Angeschuldigte zur Zeit der Erhebung der Klage angehört.

Anm. 1. **I. Inhalt.** Der Paragraph regelt die örtliche Zuständigkeit des EG.

Anm. 2. **II. Gerichtsstand der Kammermitgliedschaft.** 1. An Stelle der Gerichtsstände der §§ 7—11, 13 StPO. (Sydow-Jacobsohn § 68 Anm. 1) tritt gemäß § 68 RAO. ein einziger, nämlich der Gerichtsstand der Kammermitgliedschaft zur Zeit der Erhebung der Klage.

Anm. 3. 2. Eine Konkurrenz mehrerer Ehrengerichte ist ausgeschlossen. Sie wäre nur möglich, wenn eine Simultanzulassung nach § 12 RAO. unter Umständen eine mehrfache Kammermitgliedschaft bewirken würde. Darüber, daß dies niemals der Fall ist, vgl. § 41 Anm. 3.

Anm. 4. 3. Fehlen eines Gerichtsstands wegen Fehlens der Kammermitgliedschaft zur Zeit der Erhebung der Klage.

a) Ist zu der Zeit, zu welcher die StA. die Klage im ehrengerichtlichen Verfahren erheben will, der Beschuldigte nicht mehr RA., mithin auch nicht mehr Mitglied einer AK., so fehlt es an einem Gerichtsstande für die Klage, und deren Erhebung ist deshalb unmöglich.

Anm. 5. b) Von den Gründen des Ausscheidens aus der Rechtsanwaltschaft interessiert hier nur die freiwillige Aufgabe der Zulassung. Bei dieser tritt die Unfähigkeit zur Ausübung der Rechtsanwaltschaft mit der Löschung in der Anwaltsliste ein (RGZ. **19** 401/4 — ZS. I. 19. 3. 87. A. M. Scheele HammAK. **1** 3/4), und diese Löschung muß gerichtsseitig auf die Anzeige des RA., er gebe die Zulassung auf, erfolgen. Will der Ausgeschiedene wieder Rechtsanwalt werden, so muß er erneute Zulassung nachsuchen, die ihm aber wegen noch nicht abgeurteilter Verfehlungen aus der Zeit seiner früheren Zulassung nur versagt werden kann, wenn die Verfehlungen die Ausschließung von der Rechtsanwaltschaft bedingen würden. Nun hat man § 64 dahin auszulegen (vgl. § 64 Anm. 6), daß unter der dort gedachten Zulassung diejenige zu verstehen ist, auf Grund deren der RA. zur Zeit der Einleitung des ehrengerichtlichen Verfahrens tätig ist. Danach kann der RA. der ehrengerichtlichen Bestrafung solcher Verfehlungen, für die auf eine geringere Strafe als auf Ausschließung von der Rechtsanwaltschaft zu erkennen wäre, sich allerdings dadurch entziehen, daß er vor Erhebung der staatsanwaltschaftlichen Klage infolge freiwilliger Aufgabe der Zulassung seine Löschung in der Anwaltsliste herbeiführt: denn dann fehlt es an einem Gerichtsstande für Erhebung der Klage. Ebenso: Berolzheimer JW. **03** 232/3. A. M. Löwenstein JW. **94** 77/80, der nur mit Analogien des kriminellen Strafrechts und Strafprozesses operiert und in keiner Weise darlegt, welcher gesetzliche Gerichtsstand denn im gegebenen Falle begründet ist.

Anm. 6. c) Für eine entsprechende Anwendung des § 8 Abs. 2 StPO. dahin, daß der Gerichtsstand bei dem EG. derjenigen AK. begründet ist, welcher der Beschuldigte zuletzt angehört hat, fehlt es dem § 68 RAO. gegenüber an Unterlagen. Auch läßt sich nicht sagen, die Aufgabe der Zulassung sei wirkungslos, weil nicht ernstlich gemeint, wenn sie nur erfolge, um nach erreichter Sicherheit gegen ehrengerichtliche Verfolgung alsbald erneute Zulassung nachzusuchen. Die Aufgabe der Zulassung ist in dem hier fraglichen Falle vielmehr ganz besonders ernstlich gemeint, sie bezweckt ja gerade die Löschung in der Anwaltsliste mit ihren hervorgehobenen Folgen.

Daß auch der EGH. den Standpunkt des Textes teilt, ergeben mit Sicherheit die Entscheidungen EGH. **2** 7 (29. 1. 86) und **7** 7 (7. 11. 94), wo geprüft wird, ob zur Zeit der Klageerhebung der Angeklagte noch Kammermitglied war. Vgl. auch EGH. **4** 8 (22. 1. 89); **5** 10 (4. 11. 90); **10** 80/1 (13. 3. 01), wo überall betont wird, daß die Klage bereits vor Löschung des Rechtsanwalts erhoben war.

d) Das Ergebnis ist bedauerlich, es ist aber eine notwendige Folge des Standpunkts des Gesetzes, das es ausschließlich auf den Zeitpunkt der Klageerhebung abstellt, ohne daneben den Zeitpunkt, in dem die Verfehlungen begangen sind, irgendwie zu berücksichtigen. Anm. 7.

III. Bestimmung eines anderen Ehrengerichts durch den Ehrengerichtshof. Anm. 8.
1. Ist das an sich zuständige EG. im einzelnen Falle an der Ausübung der ehrengerichtlichen Tätigkeit rechtlich oder tatsächlich verhindert, so hat gemäß § 15 StPO. der EGH. die Untersuchung und Entscheidung einem anderen EG. zu übertragen (Meyer § 67 Anm. 3; Berger § 67 Anm. 2). Hiezu liegt aber erst dann ein Anlaß vor, wenn das nach § 68 RAO. berufene EG. nicht mehr fünf unverhinderte Mitglieder zur Verfügung hat (Meyer und Berger a. a. O.).

2. Sollte, was kaum denkbar ist, der Fall vorkommen, daß von der Verhandlung vor dem nach § 68 RAO. zuständigen EG. eine Gefährdung der öffentlichen Sicherheit zu besorgen wäre, so hätte auch dann der EGH. nach § 15 StPO., wie vorerwähnt, einzugreifen. Anm. 9.

IV. Unveränderlichkeit des Gerichtsstandes der Kammermitgliedschaft. Anm. 10.
Das nach § 68 RAO. zuständig gewordene EG. — über die Erhebung der Klage vgl. § 69 Anm. 2, 22 — bleibt zuständig, auch wenn der Rechtsanwalt aufhört, Mitglied dieser AK. zu sein und Mitglied einer anderen AK. wird (Mot. 86; Meyer § 68 Anm. 2); eine Abgabe der Sache an ein anderes EG. ist solchenfalls nicht vorgesehen, also unstatthaft. Ebenso bedeutungslos für die Zuständigkeit ist es aber auch, wenn der Angeschuldigte aufhört, Rechtsanwalt, also überhaupt Mitglied einer AK. zu sein. Ebenso EGH. **2** 6/7 (29. 1. 86); **4** 8/9 (22. 1. 89); **7** 7 (7. 11. 94).

V. Der Umstand, daß der Angeschuldigte nicht mehr Rechtsanwalt ist, hat ferner nicht nur keinen Einfluß auf die Zuständigkeit des EG., auch für den Fortgang des Verfahrens bleibt er ohne Bedeutung. Vgl. EGH. **3** 16/7 (27. 9. 87); **4** 8 (22. 1. 89), 291 (8. 6. 88); **5** 10 (4. 11. 90); **6** 16 (1. 3. 93), 17/8 (16. 3. 92); **9** 46 (23. 11. 98); **10** 20 (24. 6. 01), 69 (18. 11. 01), 80/1 (13. 3. 01); **12** 8 (23. 6. 05); Mot. und Meyer a. a. O.; Berger Anm. zu § 68; Sydow-Jacobsohn § 68 Anm. 2. A. M. Scheele HammAK. **1** 3/4, der sogar schon nach Aufgabe der Zulassung ohne Rücksicht auf Löschung in der Anwaltsliste die Fortsetzung eines ehrengerichtlichen Verfahrens nicht mehr zuläßt. Anm. 11

Allerdings ist dem Beamten gegenüber „die Disziplinarstrafe von selbst ausgeschlossen durch die Endigung der Dienstpflicht" (O. Mayer, Deutsches VerwR. **2** 246), und damit stimmt § 100 RBG. überein: aber es wäre verfehlt, hieraus einen Schluß auf das ehrengerichtliche Verfahren gegen Rechtsanwälte zu ziehen. Der freiwillig ausgeschiedene Beamte hat kein Recht auf Wiederaufnahme in den Dienst, dem in der Anwaltsliste gelöschten Rechtsanwalt kann nur unter bestimmten Voraussetzungen die Wiederzulassung versagt werden, und für diese Versagung sind gerade ehrengerichtliche Urteile von erheblichem, gesetzlich näher normiertem Einfluß (§§ 5 Ziff. 2, 6 Ziff. 3 RAO.). Vgl. EGH. **2** 6/7 (29. 1. 86); **4** 8 (22. 1. 89); Mot., Meyer und Sydow-Jacobsohn a. a. O.

Anm. 12. **VI. Verbindung mehrerer Verfahren.** Es können sowohl mehrere gegen denselben Rechtsanwalt getrennt anhängige ehrengerichtliche Verfahren — EGH. **5** 173 (4. 11. 91); **8** 70 (24. 11. 97); **12** 54 (12. 11. 04) — als auch ehrengerichtliche Verfahren gegen verschiedene Rechtsanwälte — EGH. **6** 166/7 (4. 5. 92) — miteinander verbunden werden und zwar sowohl in erster wie in zweiter Instanz. Richten sich die mehreren Verfahren gegen denselben Rechtsanwalt, so sollte die Verbindung, so lange sie noch möglich ist, im Hinblick auf das von der RAO. adoptierte System der einheitlichen Strafe stets erfolgen (EGH. 8 6 — 10. 11. 97).

§ 69.

Der Antrag auf Eröffnung der Voruntersuchung kann von dem Ehrengerichte sowohl aus rechtlichen, als aus thatsächlichen Gründen abgelehnt werden.

Gegen den ablehnenden Beschluß steht der Staatsanwaltschaft die sofortige Beschwerde zu.

Gegen den die Voruntersuchung eröffnenden Beschluß steht dem Angeschuldigten die Beschwerde nur wegen Unzuständigkeit des Ehrengerichts zu.

Anm. 1. **I. Inhalt.** Der Paragraph behandelt den Antrag auf Eröffnung der Voruntersuchung und die Rechtsmittel gegen den über den Antrag ergangenen Beschluß.

Anm. 2. **II.** Wie nach § 151 StPO. die Eröffnung einer gerichtlichen Untersuchung, so ist auch die **Einleitung des ehrengerichtlichen Verfahrens durch die Erhebung einer Klage bedingt** (EGH. **6** 10 — 11. 1. 93; Meyer § 66 Anm. 1). Für ihre Erhebung bestehen, wie nach § 168 StPO., zwei Formen: der Antrag auf Eröffnung der Voruntersuchung und die Einreichung einer Anklageschrift. Die Voruntersuchung ist stets zulässig und (arg. § 70 RAO.) nie notwendig (EGH. 8 7 — 10. 11. 97).

Anm. 3. **III. Für das ehrengerichtliche Verfahren gilt das Anklagemonopol der Staatsanwaltschaft,** und zwar ist es hier völlig undurchbrochen.

Anm. 4. 1. Es gibt weder eine Privatklage noch eine Nebenklage*).

Anm. 5. 2. Der Vorstand der Anwaltskammer ist außerstande, von sich aus, ohne daß die Staatsanwaltschaft Klage erhoben hätte, das ehrengerichtliche Verfahren einzuleiten. Vgl. EGH. **7** 5 (20. 3. 95): Eröffnung der Voruntersuchung ohne Antrag des Oberstaatsanwalts, geheilt durch nachträgliche Klageerhebung.

Aus dem Gesagten folgt ohne weiteres, daß Bescheide, in denen der AKV. die Einleitung des ehrengerichtlichen Verfahrens ablehnt, nicht etwa einer Anfechtung nach Maßgabe der §§ 170 ff. StPO. unterliegen: denn sie lehnen nicht die Erhebung der Klage ab, zu deren Erhebung der Vorstand gar nicht berufen ist, sondern enthalten nur den Ausspruch, der Vorstand sehe keinen Anlaß, die StA. wegen Erhebung der Klage anzugehen. Eine Anfechtung solcher Bescheide ist also nur gemäß § 59 Abs. 2 RAO. möglich. Eine prozessuale Beschwerde an das OLG. bzw. RG. ist unzulässig, sie steht übrigens bei Ablehnung der Er-

*) Bernau, Denkwürdiges aus dem Anwaltstande 24 (Minden i. W. 1906) befürwortet die widerrufliche Zulassung des Verletzten als Nebenklägers. Ein Bedürfnis hiefür dürfte schwerlich anzuerkennen sein.

öffnung der Voruntersuchung nach § 69 Abs. 2 RAO. nur der StA. zu. Vgl. Neubauer JW. **92** 233/5; Berger Anm. zu § 89.

All dies unter 2 Gesagte gilt auch, wenn ein Kammermitglied gegen sich Anm. 6.
selbst bei dem AKV. die Einleitung des ehrengerichtlichen Verfahrens beantragt, von den Entschließungen des AKV. und deren Anfechtung. Vgl. EGH. **6** 10 (11. 1. 93), s. dagegen § 3 Abs. 4 PrÄrztEGG.

3. Bei ihrer Entschließung über Erhebung oder Nichterhebung Anm. 7.
der Klage im ehrengerichtlichen Verfahren ist kraft Reichsrechts die Staatsanwaltschaft unabhängig von den Anträgen des Vorstandes der Anwaltskammer. Sehr zweckmäßigerweise ist aber in einzelnen Bundesstaaten durch allgemeine Anordnungen der LJV., die ihre verbindliche Kraft dem § 147 GVG. entnehmen, bestimmt worden, daß die direkt bei der StA. eingehenden Anzeigen stets dem AKV. zur Kenntnis zu bringen und nicht ohne seine Mitwirkung für erledigt zu erklären sind, sowie daß auf Verlangen des Vorstandes die Klage zu erheben ist, falls nicht Bedenken im Wege stehen. Vgl. PrJMVf. 8. 2. 88 in JW. **88** 109 und Vf. des oldenburgischen Staatsministeriums (Departement der Justiz) 1. 3. 88 in OldZ. **15** 308/9.

IV. Um prüfen zu können, ob die Klage zu erheben ist, hat die StA. gemäß Anm. 8.
§ 158 StPO. den Sachverhalt zu erforschen (HansOLG. 686 — 19. 2. 95). Das **Ermittlungsverfahren** bietet gegenüber demjenigen des Strafprozesses keine Besonderheiten, nur ist auch hier bereits § 72 RAO. zu beachten: denn, was in der Voruntersuchung unstatthaft ist, ist es natürlich erst recht im Ermittlungsverfahren.

V. Entschließt sich die Staatsanwaltschaft, die Klage nicht zu erheben, so Anm. 9.
liegt es ihr ob, denjenigen, der die Klageerhebung bei ihr in Antrag gebracht, gemäß § 169 StPO. zu bescheiden.

1. Gegen diesen Bescheid, der von der StA. bei dem OLG. (§ 92) Anm. 10.
oder, wenn es sich um einen bei dem RG. zugelassenen Rechtsanwalt handelt, von dem ORA. (§ 98) erteilt wird, steht zweifellos die Beschwerde an den Justizminister bzw. den Reichskanzler (Reichs-Justizamt) offen.

2. Aber es fragt sich, ob auch der Weg der §§ 170 ff. StPO. Anm. 11.
gangbar ist.

a) Dagegen spricht nicht, daß ein vorgesetzter Beamter der StA. hier stets fehlt: denn in diesem Falle, der auch im Strafprozeß bei den Strafsachen zutrifft, die in 1. Instanz vor das Reichsgericht oder (vgl. dazu RGSt. **24** 221 — StS. I. 29. 6. 93) vor Konsul oder Konsulargericht gehören, ist eben die Anrufung des OLG. oder RG. für den Antragsteller, der zugleich Verletzter ist, alsbald zulässig. Ebenso: May JW. **80** 177; Turnau § 69 Anm. 2; Meyer § 69 Anm. 4; GoltdArch. **40** 90 (OLG. Stettin 31. 5. 92); AKJahrB. **86** 12 (OLG. Jena — Datum fehlt: Beschluß auf Einleitung des ehrengerichtlichen Verfahrens, erlassen nach §§ 170 ff. StPO.). A. M.: Dalcke GoltdArch. **40** 89/92; Delius GoltdArch. **43** 178; PosMSchr. **01** 109/110 (OLG. Königsberg 1. 7. 01). Zweifelnd: Neubauer JW. **92** 235.

b) Unrichtig ist es ferner, auf die in Anm. 7 beregten Landesverwaltungs- Anm. 12.
anordnungen zu rekurrieren, wie dies OLG. Königsberg a. a. O. tut. Reichsrechtlich unterliegt es der von dem Willen des AKV. unabhängigen Entschließung der StA., ob sie Klage erheben will oder nicht, und Reichsrecht geht vor Landesrecht. So wenig der Weg der §§ 170 ff. StPO. dadurch verschlossen wird, daß die LJV. im einzelnen Falle die StA. anweist, eine Anklage nicht zu erheben, so wenig ist eine allgemeine Anweisung derselben Stelle über Berücksichtigung von Wünschen bestimmter Personen oder Behörden geeignet, die reichsgesetzlichen

Garantien der §§ 170 ff. StPO. zu beseitigen. Daß es, auch von jenen Anordnungen abgesehen, zweckmäßig ist, Anzeigen gegen Rechtsanwälte nicht ohne Mitwirkung des AKV. zu erledigen, ist richtig, aber daraus folgt nicht, wie Dalcke a. a. O. meint, eine Einschränkung des Anklagemonopols.

Anm. 13. c) Es kann sich also nur fragen, ob etwa von einem „Verletzten" im ehrengerichtlichen Verfahren nicht die Rede sein kann, oder ob wegen der Natur dieses Verfahrens oder mangels Geltung des Legalitätsprinzips die Anwendung der §§ 170 ff. StPO. ausgeschlossen ist.

Anm. 14. d) Der Begriff des Verletzten spielt nicht nur in §§ 170 ff. StPO. eine Rolle, er wird auch bei der Ausschließung von Richtern in § 22 Ziff. 1—4 StPO. und bei der Ausschließung von Gerichtsvollziehern in § 156 Nr. II GVG. von Bedeutung. Den letztgenannten Paragraph erklärt § 66 RAO. ausdrücklich für entsprechend anwendbar, und bezüglich des § 22 StPO. hat bisher für das ehrengerichtliche Verfahren Wissenschaft und Praxis die Anwendbarkeit auch der den Begriff des Verletzten enthaltenden Bestimmungen angenommen und zwar mit Recht: denn ist im Sinne des § 22 der StPO. als Verletzter der durch die Straftat unmittelbar Betroffene anzusehen, so ist dieser Begriff durchaus der entsprechenden Anwendung zugänglich. Verletzter im ehrengerichtlichen Verfahren ist derjenige, der durch die den Gegenstand des Verfahrens bildenden Verfehlungen direkt betroffen ist, z. B. der Vorsitzende des AKV., dem gegenüber durch das inkriminierte Verhalten die schuldige Achtung verletzt ist. Übrigens soll mit den vorstehenden Ausführungen nicht die Frage entschieden werden, ob jemand nur dann Verletzter im Sinne der §§ 170 ff. StPO. ist, wenn er als solcher auch im Sinne des § 22 Ziff. 1—4 StPO. in Betracht kommt. Wesentlich für uns ist nur, daß, wer Verletzter im Sinne dieser Bestimmungen ist, sicherlich als Verletzter auch nach jenen Vorschriften behandelt werden muß.

Anm. 15. e) Die Natur des ehrengerichtlichen Verfahrens widerspricht einer Anwendung der §§ 170 ff. StPO. auch nicht. Der Verletzte will ja keinen Einfluß auf die Art gewinnen, in der von der ehrengerichtlichen Strafgewalt Gebrauch gemacht wird, er will nur die ihn betreffende Verfehlung der Entscheidung des Inhabers dieser Strafgewalt in den geordneten Formen unterbreitet sehen. Weshalb sollen ihm hierzu nicht dieselben Handhaben gegeben sein, wie dem Verletzten im Strafprozesse?

Anm. 16. f) Endlich gilt auch für das ehrengerichtliche Verfahren das Legalitätsprinzip des § 152 Abs. 2 StPO. und zwar ohne jede Ausnahme.

Anm. 17. Eine solche liegt nicht darin, daß dem § 62 RAO. (vgl. Anm. 5 zu diesem Paragraphen) nur schwerere Pflichtverletzungen unterfallen: denn nur wegen des dem § 62 zu unterstellenden Verhaltens kann eine Klage im ehrengerichtlichen Verfahren erhoben werden.

Anm. 18. Wenn ferner nach § 65 Abs. 3 RAO. in dem dort bezeichneten Falle das EG. zu beschließen hat, ob das Verfahren zu eröffnen oder fortzusetzen sei, so ist dadurch lediglich dem Ehrengericht das Recht gegeben, nach Befinden von einem ehrengerichtlichen Verfahren abzusehen. Die Staatsanwaltschaft ist von der Pflicht zur Klageerhebung um so weniger befreit, als ohne solche Klage das EG. gar nicht in die Lage kommt, sein Ermessen auszuüben.

Anm. 19. g) Nach all dem wird sich die Anwendbarkeit der §§ 170 ff. StPO. auf das ehrengerichtliche Verfahren nicht wohl leugnen lassen. Ebenso May, Turnau, Meyer, OLG. Stettin und Jena a. a. O., ferner Berger Anm. zu § 89, der ebenso, wie Neubauer a. a. O., vorgängige Beschwerde an den Justizminister verlangt. Gegen die Anwendbarkeit der §§ 170 ff. StPO. Dalcke, Delius und OLG. Königsberg a. a. O.

h) Trotz der Anwendbarkeit der §§ 170 ff. StPO. ist aber ein Anschluß als Nebenkläger nach § 435 Abs. 2 StPO. unstatthaft. In einem Verfahren, das keine Privatklage kennt, kann auch niemand „die Rechte des Privatklägers" erlangen, die doch nach erfolgtem Anschlusse der Nebenkläger gemäß § 437 Abs. 1 StPO. haben soll. Anm. 20.

VI. Erhebt die StA. die **Klage durch Einreichung einer Anklageschrift**, so ergeben sich deren Erfordernisse aus § 76 RAO. Wird dagegen die **Klage durch den Antrag auf Eröffnung der Voruntersuchung erhoben**, so muß § 177 StPO. entsprechend angewandt werden. Er verlangt für den Strafprozeß Bezeichnung des Beschuldigten und der ihm zur Last gelegten Tat. Wie § 76 RAO. „die dem Angeschuldigten zur Last gelegte Tat" für das ehrengerichtliche Verfahren in „die dem Angeschuldigten zur Last gelegte Pflichtverletzung" umdeutet, so ist Gleiches bei Anwendung des § 177 StPO. nötig. Anm. 21.

VII. Die Klage wird, mag sie durch Einreichung einer Klageschrift oder durch Antrag auf Eröffnung der Voruntersuchung erhoben werden, **stets bei dem Ehrengerichte erhoben**. Das steht für den ersten Fall — über das weitere Verfahren s. § 76 Anm. 7 ff. — im Einklange mit den Bestimmungen der StPO., im zweiten Falle bedeutet es eine Abweichung von deren Normen. Nach der StPO. wird der Antrag auf Eröffnung der Voruntersuchung bei dem Untersuchungsrichter gestellt, und dieser ist es auch, der die Voruntersuchung eröffnet. Das EG. hat keinen ständigen Untersuchungsrichter, nur mit der Führung der Voruntersuchung wird nach § 71 ein Richter betraut. Das EG. hat selbst über den Antrag auf Eröffnung der Voruntersuchung zu befinden, sei es im Sinne der Eröffnung, sei es — in diesem Falle entscheidet ja auch nach § 178 StPO. das Gericht — im Sinne der Ablehnung der Eröffnung. Alle Beschlüsse sind der StA. und dem Angeschuldigten zuzustellen, bezüglich des Beschlusses auf Eröffnung der Voruntersuchung ist dies eine durch § 69 Abs. 3 RAO. in Verbindung mit § 353 Abs. 2 StPO. notwendig gewordene Abweichung von § 190 Abs. 1 Satz 2 StPO. Anm. 22.

VIII. Im Gegensatze zu § 178 StPO. kann nach § 69 Abs. 1 RAO. der Antrag auf Eröffnung der Voruntersuchung sowohl aus rechtlichen als aus tatsächlichen Gründen abgelehnt werden. Anm. 23.

1. Aus rechtlichen Gründen kann z. B. wegen Ablaufs der Frist des § 77 RAO. oder gemäß § 65 Abs. 2 RAO. oder nach § 64 RAO. Ablehnung des Antrags erfolgen. Anm. 24.

2. Bei der Ablehnung aus tatsächlichen Gründen ist zu beachten, daß die Voruntersuchung ja gerade einen etwa noch nicht genügend aufgeklärten Sachverhalt zur Aufklärung zu bringen bestimmt ist. Es kann also der Antrag auf Eröffnung der Voruntersuchung nicht deshalb abgelehnt werden, weil die bisherigen Ermittlungen eine genügende Belastung des Angeschuldigten noch nicht ergeben haben (HansOLG. 685/7 — 6. 12. 81). Das EG. muß sich vielmehr bereits von der Nichtschuld des Angeschuldigten überzeugt halten (HansOLG. a. a. O.), eine Überzeugung, die es u. U. sehr wohl bereits auf Grund der ihm mit in Vorlage gebrachten staatsanwaltschaftlichen Ermittlungsakten gewinnen kann. Anm. 25.

3. Vorherige Anhörung des Angeschuldigten. Wie nach § 178 Abs. 2 StPO. im Strafprozeß das Gericht vor Ablehnung des Antrags auf Eröffnung der Voruntersuchung den Angeschuldigten hören kann, so steht auch nichts im Wege, daß das EG. vor Befinden über den Antrag auf Eröffnung der Voruntersuchung dem Angeschuldigten Gelegenheit zur Äußerung gibt. Ebenso Anonymus in BayAV. **20** 339. Vgl. EGH. **6** 154. Anm. 26.

Anm. 27. 4. **Mit der in § 69 RAO. behandelten Ablehnung des Antrags auf Eröffnung der Voruntersuchung ist nur diejenige Ablehnung gemeint, durch die überhaupt die Einleitung des ehrengerichtlichen Verfahrens versagt wird.** Der Antrag kann aber auch deshalb abgelehnt werden, weil die Voruntersuchung überflüssig, der Angeschuldigte nämlich bereits im Gegensatze zu der Auffassung der StA. der ehrengerichtlich zu ahndenden Verfehlung hinreichend verdächtig zu erachten ist. Über diesen Fall vgl. § 70.

Anm. 28. 5. **Lehnt das EG. gemäß § 69 RAO. den Antrag auf Eröffnung der Voruntersuchung ab, so steht hiegegen der Staatsanwaltschaft die sofortige Beschwerde zu** und zwar gleichgültig, ob die Ablehnung aus tatsächlichen oder aus rechtlichen Gründen erfolgt. Der Angeklagte hat gegen den Ablehnungsbeschluß kein Rechtsmittel, er ist durch ihn nicht beschwert, sollte es ihm selbst lieber sein, die gegen ihn erhobenen Vorwürfe ausführlich in einer Voruntersuchung widerlegen zu können.

Anm. 29. 6. **Rechtsmittel und Rechtsbehelfe des Angeschuldigten.**

a) **Im Strafprozeß** steht dem Angeschuldigten gegen die Verfügung des Untersuchungsrichters, durch welche die Voruntersuchung eröffnet wird, ein Rechtsmittel nicht zu. Der Angeschuldigte kann aber nach § 179 StPO. wegen Unzuständigkeit des Gerichts oder wegen Unzulässigkeit der Strafverfolgung oder der Voruntersuchung, oder weil die in dem Antrage bezeichnete Tat unter kein Strafgesetz fällt, Einwand gegen die Eröffnungsverfügung erheben: es sei denn, daß die Voruntersuchung infolge gerichtlichen Beschlusses eröffnet, und der Angeschuldigte vorher gehört worden ist. Über den Einwand entscheidet das Gericht. Gegen dessen Beschluß steht nach § 180 StPO. dem Angeschuldigten nur wegen Verwerfung des Einwands der Unzuständigkeit die sofortige Beschwerde zu. Das gleiche Rechtsmittel hat der Angeschuldigte, wenn er vor Eröffnung der Voruntersuchung gehört war und geltend gemacht hatte, das Gericht sei unzuständig, dieses aber jene Bemängelung als unzutreffend ausdrücklich oder stillschweigend zurückgewiesen hatte.

Anm. 30. b) **Sofortige Beschwerde nach der RAO.** Der Entwurf der RAO. (§ 66 Abs. 2) wollte dem Angeschuldigten gegen den die Voruntersuchung eröffnenden Beschluß „kein Rechtsmittel" geben, wobei die Mot. 87 unter Rechtsmittel den Einwand des § 179 StPO. mit einbegriffen. Die RTKomm. änderte den Entwurf ab (KommB. 41), und so entstand § 69 Abs. 3 RAO. Danach unterliegt der Beschluß über Eröffnung der Voruntersuchung der Anfechtung durch den Angeschuldigten*) im Beschwerdewege. Welche Art Beschwerde, ob einfache oder sofortige, in Betracht kommt, sagt das Gesetz in der wenig glücklich gefaßten Bestimmung nicht; es setzt als bekannt voraus, welche Beschwerde gemeint ist, denn es legt in § 69 Abs. 3 nur Wert auf Normierung des Grundes, auf den „die Beschwerde" des Angeschuldigten gestützt werden kann. Schon bei Einsicht des § 180 StPO. kann es kaum zweifelhaft sein, daß „die Beschwerde" die sofortige Beschwerde ist (Meyer § 69 Anm. 6; Berger § 69 Anm. 3; Sydow-Jacobsohn § 69 Anm. 4). Weshalb sollte zudem der StA. gegen den ihren Antrag ablehnenden Beschluß des EG. die sofortige, dem Angeschuldigten gegen den ihm zum Nachteile gereichenden Beschluß die einfache Beschwerde zustehen?

---

*) Die StA. kann diesen Beschluß nach der StPO. nicht aufechten, die RAO. gibt in § 69 Abs. 3 gegen einen solchen Beschluß wohl dem Angeschuldigten ein Rechtsmittel, erwähnt dagegen in Abs. 2 ein Rechtsmittel der StA. nur im Falle eines ablehnenden Beschlusses. Man muß also wohl annehmen, daß, wie der Angeschuldigte nicht den ablehnenden, so die StA. nicht den stattgebenden Beschluß anfechten kann. Der Grundsatz des § 338 StPO. ist ja auch im Strafprozeß von Ausnahmen durchbrochen, vgl. z. B. §§ 209, 270 Abs. 3 StPO.

Soweit also der Angeschuldigte beschwerdeberechtigt ist, hat er die sofortige Beschwerde. Sie kann nur auf Unzuständigkeit des EG. gestützt werden.

c) Gibt es daneben noch den Einwand der StPO.? Die Frage ist zu verneinen. Ebenso SächsOLG. **15** 314/5 (25. 2. 94); Turnau § 69 Anm. 3. A. M. Meyer § 69 Anm. 5; DJZ. **11** 771/2 (OLG. Jena 30. 4. 06). Berger erwähnt § 69 Anm. 3 die Frage, ohne sich für eine Ansicht zu entscheiden. Anm. 31.

Nach der StPO. ruft mit dem Einwande der Angeschuldigte, der die Eröffnungsverfügung im Rechtsmittelwege nicht anfechten kann, gegen diese Verfügung die Entscheidung des Gerichts an. Die RAO. gestattet dagegen dem Angeschuldigten die beschwerdeweise Anfechtung des Beschlusses, der die Voruntersuchung eröffnet, danach liegt aber ein Bedürfnis für Gewährung des Einwands nicht mehr vor. Allerdings kann nach § 69 Abs. 3 RAO. der Angeschuldigte mit der sofortigen Beschwerde nur die Unzuständigkeit des EG. rügen, mit dem Einwande könnte er nach §§ 178, 179 StPO. z. B. auch Unzulässigkeit der ehrengerichtlichen Verfolgung geltend machen. Allein wenn nicht das Gesetz gegenüber dem die Voruntersuchung eröffnenden Beschlusse überhaupt andere Bemängelungen des Angeschuldigten als die Rüge mangelnder Zuständigkeit des EG. hätte ausschließen wollen, so hätte es den Beschwerdeweg nicht in der aus § 69 Abs. 3 RAO. ersichtlichen Weise eingeengt. Unterwarf man einmal den Beschluß, der die Voruntersuchung eröffnete, dem Beschwerdeangriffe des Angeschuldigten, so fehlte ja doch jeder Anlaß, diesen teils auf Anrufen der 1. Instanz, nämlich des EG., zu verweisen, teils zum Ergreifen des Rechtsmittels zu ermächtigen. § 69 Abs. 3 RAO. ist also der einzige Weg, der dem Angeschuldigten zum Vorgehen gegen die Eröffnung der Voruntersuchung gegeben ist.

d) Wegen Eröffnung der Voruntersuchung im Falle der Klageerhebung durch Einreichung einer Anklageschrift vgl. § 76 Anm. 10. Anm. 32.

§ 70.

Das Ehrengericht kann beschließen, daß ohne Voruntersuchung das Hauptverfahren zu eröffnen sei.

Beschwerde findet nicht statt.

1. Inhalt. Der Paragraph behandelt den Fall, daß das EG. durch Eröffnung des Hauptverfahrens indirekt den Antrag auf Eröffnung der Voruntersuchung ablehnt. Anm. 1.

2. Ablehnung des Antrags auf Eröffnung der Voruntersuchung durch Eröffnung des Hauptverfahrens. Gibt die RAO., abweichend von der StPO., dem EG. das Recht, die Sachlage bereits völlig zugunsten des Angeschuldigten für geklärt zu erachten, so ist es nur folgerichtig, daß das EG. auch aus dem entgegengesetzten Grunde die Voruntersuchung für überflüssig halten darf. Das ist der Fall, wenn es den Zweck der Voruntersuchung, das Material zur Prüfung der Frage zu beschaffen, ob das Hauptverfahren zu eröffnen oder der Angeschuldigte außer Verfolgung zu setzen sei (§ 188 Abs. 1 StPO.), bereits für erreicht, den Angeschuldigten nämlich der ihm zur Last gelegten Pflichtverletzung für hinreichend verdächtig hält. Auch hier weicht die RAO. von der StPO. ab. Anm. 2.

3. Keine Beschwerde. Eine Beschwerde gegen die entgegen dem staatsanwaltschaftlichen Antrage auf Eröffnung der Voruntersuchung geschehene Eröffnung des Hauptverfahrens steht weder der StA. noch dem Angeklagten zu. Anm. 3.

4. Im Falle des § 70 hat die Staatsanwaltschaft nachträglich eine Anklageschrift, die den Erfordernissen des § 76 genügt, einzureichen Anm. 4.

(Meyer § 76 Anm. 1), da andernfalls der Vorschrift des § 79 nicht genügt werden kann: die Sachlage ist dann eben hinsichtlich der Anklageschrift entsprechend gelagert, wie nach § 206 Abs. 1 StPO., der ja — vgl. EGH. **6** 75/6 (16. 3. 92) — auch für das ehrengerichtliche Verfahren gilt.

§ 71.

Mit der Führung der Voruntersuchung wird ein Richter durch den Präsidenten des Oberlandesgerichts beauftragt.

Anm. 1. **I. Inhalt.** Der Paragraph regelt die Ernennung des die Voruntersuchung führenden Beamten.

Anm. 2. **II. Ernennung des ehrengerichtlichen Untersuchungsrichters.** Nach Eröffnung der Voruntersuchung bedarf es, da ein Untersuchungsrichter für das ehrengerichtliche Verfahren ein für alle Mal nicht bestellt ist, der Ernennung des zur Führung dieser Voruntersuchung berufenen Beamten.

Anm. 3. 1. Wer ernennt? Die Ernennung geschieht durch den Präsidenten des OLG., für das EG. der AK. bei dem RG. durch den Präsidenten des RG.

Anm. 4. 2. Wer kann ernannt werden?

a) Der Reichsgerichtspräsident hat die Wahl unter allen deutschen Richtern, der Oberlandesgerichtspräsident unter allen Richtern seines Bezirks. Der Oberlandesgerichtspräsident kann nicht den Richter eines anderen Oberlandesgerichtsbezirks, der Präsident des OLG. München kann nicht ein Mitglied des Obersten Landesgerichts beauftragen: denn beauftragen kann nur der Dienstvorgesetzte den Dienstuntergebenen. Der Reichsgerichtspräsident ist allerdings Vorgesetzter nur bezüglich der Richter des Reichsgerichts, aber hinsichtlich seiner muß die Analogie des § 184 Abs. 2 StPO. zu der getroffenen Auslegung führen.

Anm. 5. b) Beauftragt werden können nicht nur Untersuchungsrichter, sondern auch alle anderen Richter der erwähnten Bezirke unter Berücksichtigung des in Anm. 4 Gesagten. Vgl. Turnau Anm. zu § 71; Meyer § 71 Anm. 1.

Anm. 6. 3. Der Ernannte ist verpflichtet, sich dem Auftrage zu unterziehen.

Anm. 7. **III. Verhältnis des ehrengerichtlichen Untersuchungsrichters zu den ehrengerichtlichen Behörden.**

1. Durch die Ernennung tritt für die Dauer der Führung der Voruntersuchung der Ernannte in den Organismus der ehrengerichtlichen Behörden ein. Sein Verhältnis zum EG. ist ähnlich, wie das Verhältnis des vom Reichsgerichtspräsidenten nach § 184 Abs. 2 StPO. ernannten Untersuchungsrichters zum 1. Strafsenat des RG., nur daß dieser zugleich Beschwerdegericht für den Untersuchungsrichter ist, was das EG. nicht ist. Danach ist auch die Frage zu entscheiden, wer über die Ablehnung des ehrengerichtlichen Untersuchungsrichters zu befinden hat.

Anm. 8. 2. Nach § 27 Abs. 2 StPO. entscheidet bei Ablehnung des Untersuchungsrichters das Landgericht. Dies haben EG. Breslau (BreslauAK. **89** 47/8 — 4. 6. 89) und OLG. Breslau (BreslauAK. **89** 48 — 14. 6. 89) dahin ausgelegt, es sei unter dem Landgericht nicht das für die anhängige Strafsache zuständige, sondern das LG. zu verstehen, bei dem der Untersuchungsrichter angestellt ist, und haben deshalb die Entscheidung über die Ablehnung eines zum ehrengerichtlichen Untersuchungsrichter bestellten Mitglieds eines LG. dem betreffenden LG. zugewiesen. Allein in seiner Eigenschaft als ehrengerichtlicher Untersuchungsrichter gehört der Richter nicht dem Gericht an, bei dem er angestellt ist, er steht vielmehr nur zu den Ehrengerichtsbehörden in Beziehungen. Es muß daher gemäß § 66 RAO. bezüglich des ehrengerichtlichen Untersuchungsrichters an Stelle des LG. des § 27 Abs. 2 StPO. das EG. treten, ebenso wie nach richtiger Ansicht (vgl. Löwe-Hellweg, StPO.[12] § 27 Anm. 5) bei Ablehnung des gemäß § 184 Abs. 2 StPO. ernannten Untersuchungsrichters der 1. Strafsenat des RG. zu entscheiden hat. Es gilt ganz entsprechend, was das RG. bezüglich der Ablehnung des zum Vorsitzenden des Schwurgerichts ernannten Oberlandesgerichtsrates sagt (RGSt. **19** 336 — StS. III. 20. 6. 89): „Das Ablehnungsgesuch richtet sich nicht gegen den fraglichen Richter, insofern er Mitglied des Oberlandesgerichtes oder des Landgerichtes ist und hier diesem oder jenem Senate, dieser oder jener Kammer angehört, sondern einzig und allein gegen sein schwurgerichtliches Richteramt."

IV. **Dem ehrengerichtlichen Untersuchungsrichter sind die Amtsrichter nach Maßgabe des § 183 Satz 2 und 3 StPO. rechtshilfepflichtig** (Meyer § 71 Anm. 2; Berger § 71 Anm. 1). Sie sind keine ehrengerichtlichen Organe, bei ihrer Ablehnung entscheidet nach § 27 Abs. 2 StPO. das ihnen vorgesetzte LG., wenn es nach Satz 2 dieses Abs. überhaupt einer Entscheidung bedarf. Anm. 9.

V. **Gerichtsschreiber des ehrengerichtlichen Untersuchungsrichters.** Mangels eines besonderen, ihm für die ehrengerichtliche Voruntersuchung gesetzlich beigeordneten Gerichtsschreibers hat als solchen der ehrengerichtliche Untersuchungsrichter einen Gerichtsschreiber des Gerichts zuzuziehen, dem er selber angehört. Im Falle des § 184 Abs. 2 StPO. wird ja ebenso verfahren. Anm. 10.

§ 72.

Die Verhaftung und vorläufige Festnahme sowie die Vorführung des Angeschuldigten ist unzulässig.

1. Inhalt. Der Paragraph handelt von der vorläufigen Festnahme, Verhaftung und Vorführung des Angeschuldigten. Anm. 1.

2. Vorläufige Festnahme, Verhaftung und Vorführung des Angeschuldigten sind unzulässig, und zwar sowohl in der Voruntersuchung als auch im Hauptverfahren (Meyer § 72 Anm. 1). Anm. 2.

a) Dabei macht es keinen Unterschied, ans welchen Gründen eine der Maßregeln angewendet werden soll, sie sind stets unstatthaft. Anm. 3.

b) Deshalb erfolgt auch die Ladung des Angeschuldigten zur Vernehmung durch den ehrengerichtlichen Untersuchungsrichter ohne Androhung der Vorführung. Anm. 4.

c) Nicht minder modifiziert muß aber auch die Vorschrift des § 190 StPO. zur Anwendung kommen. Wenn dort die Vernehmung des Angeschuldigten in der Voruntersuchung unbedingt vorgeschrieben ist, so hat der Untersuchungsrichter im Strafprozesse, sofern der Angeschuldigte sich im Gebiete des Deutschen Reichs aufhält, auch Machtmittel in der Hand, um das Erscheinen des Angeschuldigten zu erzwingen. Solche Mittel fehlen dem ehrengerichtlichen Untersuchungsrichter. Hat er den Angeschuldigten zur Vernehmung geladen, und ist dieser trotz förmlicher Zustellung der Ladung nicht erschienen, so ist dem § 190 StPO. für das ehrengerichtliche Verfahren genügt: der Angeschuldigte zeigt dann durch sein Ausbleiben, daß er sich nicht vernehmen lassen will, und ein Zwang gegen ihn ist nicht statthaft. Anm. 5.

d) In der Strafvollstreckung kennt die StPO. Vorführung und Verhaftung nur zwecks Vollstreckung einer Freiheitsstrafe, und dem Strafensystem des § 63 RAO. sind Freiheitsstrafen unbekannt. Dagegen hindert § 72 RAO. nicht, daß Anm. 6.

gegen einen RA., der, wegen Unbeitreiblichkeit einer Geldstrafe zur Leistung des Offenbarungseides geladen, im Eidesleistungstermine nicht erscheint oder die Eidesleistung ohne Grund verweigert, zur Erzwingung derselben gemäß §§ 97 Abs. 2 RAO., 901 ZPO. die Haft angeordnet wird: denn mit der Verhaftung des § 72 RAO. ist nur die nach der StPO. zulässige gemeint. Vgl. auch EGH. **11** 186/7 (14. 1. 03), wo es sich um Vorführung eines RA. zur Leistung des Offenbarungseides auf Betreiben des Schriftführers des AKV. handelt, ohne daß ersichtlich ist, auf Grund welchen Schuldtitels vorgegangen wurde.

Anm. 7. 3. Keine Steckbriefe.

Mit der Unzulässigkeit, einen Haftbefehl zu erlassen, entfällt auch die Möglichkeit, daß im ehrengerichtlichen Verfahren Steckbriefe ergehen (vgl. § 131 StPO.).

Anm. 8. 4. Nicht minder ist aber auch eine Vermögensbeschlagnahme nach § 332 StPO. unzulässig: denn sie setzt Verdachtsgründe voraus, „welche die Erlassung eines Haftbefehls rechtfertigen würden". Vgl. auch KommB. 40, wo nur der Anwendbarkeit der §§ 320—326 StPO. gedacht wird (siehe hierüber § 83 Anm. 19).

Anm. 9. 5. Der § 72 erwähnt nur vorläufige Festnahme, Verhaftung und Vorführung. Es muß aber auch eine Anordnung nach § 81 StPO., der Angeschuldigte solle in eine Irrenanstalt gebracht und dort beobachtet werden, für unzulässig erachtet werden: denn sie ist eine strafprozessuale Maßregel, die eine mindestens so einschneidende Beschränkung der persönlichen Freiheit des Angeschuldigten enthält, als die in § 72 RAO. erwähnten Maßnahmen. Verzichtet im übrigen die RAO. zwecks Feststellung des Sachverhalts auf jeden gegen die Person des Angeschuldigten gerichteten Zwang, so kann nicht angenommen werden, daß sie hier solchen zulasse. Unbenommen ist es natürlich dem EG., dem Angeklagten anheimzugeben, sich freiwillig in eine Irrenanstalt zur Beobachtung zu verfügen. Vgl. den interessanten Fall EGH. **8** 99/102 (12. 5. 97).

Anm. 10. 6. Nur für den Angeschuldigten gilt § 72 RAO., gegen andere Personen sind Freiheitsbeschränkungen statthaft, wie sie die StPO. ja gegen Zeugen zuläßt. Der ehrengerichtliche Untersuchungsrichter und der von ihm um Vernehmung ersuchte Amtsrichter veranlassen Vorführung eines ausgebliebenen Zeugen, Vollzug der Zwangshaft und Vollstreckung einer gegen den Zeugen erkannten subsidiären Freiheitsstrafe selbst, wie sie auch selbst auf Ordnungsstrafen gegen Zeugen und Sachverständige erkennen. Wegen EG. und EGH. siehe § 87.

Anm. 11. 7. Nur den Zwang gegen die Person des Angeschuldigten schließt § 72 aus, keineswegs den Sachzwang.

Anm. 12. a) Beschlagnahme und Durchsuchung sind auch im ehrengerichtlichen Verfahren zulässig. Ebenso RGSt. **10** 425/430 (StS. II. 13. 6. 84); Meyer § 72 Anm. 2; Berger Anm. zu § 72; Sydow-Jacobsohn § 72 Anm. 1. Vgl. auch EGH. **6** 179, wo einer Haussuchung im ehrengerichtlichen Verfahren gedacht wird.

Anm. 13. b) Die Anwendung der Bestimmungen über Beschlagnahme, die immer nur Gegenstände betrifft, die als Beweismittel für die ehrengerichtliche Untersuchung von Bedeutung sein können, bietet keine Schwierigkeiten.

Anm. 14. c) Bei den Bestimmungen über die Durchsuchung sind in den §§ 102, 103 StPO. an Stelle der Worte „strafbaren Handlung" die Worte „ehrengerichtlich strafbaren Handlung" zu lesen, auch kann natürlich von einem Begünstiger oder Hehler im ehrengerichtlichen Verfahren keine Rede sein. Eine Durchsuchung „behufs Ergreifung des Beschuldigten" ist nach § 72 RAO. unzulässig, eine Durchsuchung zur Nachtzeit im Regelfalle des § 104 Abs. 1 StPO. nur bei Gefahr im Verzug statthaft.

§ 73.

Die Beeidigung von Zeugen und Sachverständigen kann in der Voruntersuchung erfolgen, auch wenn die Voraussetzungen des § 65 Abs. 2 und des § 222 der Strafprozeßordnung nicht vorliegen.

1. Inhalt. Der Paragraph behandelt die Beeidigung von Zeugen und Sachverständigen in der ehrengerichtlichen Voruntersuchung. Anm. 1.

2. Die Vernehmung der Zeugen in der ehrengerichtlichen Voruntersuchung richtet sich nach den Bestimmungen der StPO. Auch für das Aussage- und Eidesweigerungsrecht, sowie für die Straf- und Zwangsmittel bei Verletzung der Zeugenpflicht sind jene Normen maßgebend. Anm. 2.

a) Nur bezüglich der Beeidigung der Zeugen in der ehrengerichtlichen Voruntersuchung weicht die RAO. von der StPO. ab. Während solche Beeidigung in der Voruntersuchung nach der StPO. nur unter bestimmten, im Vernehmungsprotokolle anzugebenden Gründen statthaft ist, läßt die RAO. sie in der ehrengerichtlichen Voruntersuchung allgemein zu. Es hängt diese Bestimmung damit zusammen, daß § 88 RAO. über die Grenzen des § 250 StPO. hinaus eine Verlesung der außerhalb der Hauptverhandlung erfolgten Aussagen zuläßt, deren Benutzung ja aber, soweit die Beeidigung nicht ausnahmsweise unstatthaft oder nur zulässig und nicht geboten ist, die geschehene Beeidigung voraussetzt. Vgl. Mot. 89; Meyer § 73 Anm. 1. Anm. 3.

b) Da in der ehrengerichtlichen Voruntersuchung die Beeidigung der Zeugen stets statthaft ist, bedarf es auch nicht, wie nach § 65 Abs. 4 StPO., der Angabe des Grundes der Beeidigung im Protokoll. Anm. 4.

3. Was bezüglich der Zeugen gesagt ist, gilt ebenso von den Sachverständigen. Anm. 5.

4. Wegen der Gebühren der Zeugen und Sachverständigen siehe § 94 Anm. 31ff. Anm. 6.

5. Für das Ermittelungsverfahren gilt § 65 Abs. 3 und 4 StPO., nicht § 73 RAO. Anm. 7.

6. Die Vorschriften über die Parteienöffentlichkeit (§ 191 StPO.) finden auch im ehrengerichtlichen Verfahren Anwendung. Vgl. EGH. **12** 90 (18. 12. 05); Mot. 89; Meyer § 73 Anm. 2. Anm. 8.

§ 74.

Beantragt die Staatsanwaltschaft eine Ergänzung der Voruntersuchung, so hat der Untersuchungsrichter, wenn er dem Antrage nicht stattgeben will, die Entscheidung des Ehrengerichts einzuholen.

1. Inhalt. Der Paragraph regelt die Behandlung von Anträgen der StA. auf Ergänzung der Voruntersuchung. Anm. 1.

2. Schluß der Voruntersuchung. Erachtet der ehrengerichtliche Untersuchungsrichter den auch hier sich nach § 188 StPO. bemessenden Zweck der Voruntersuchung für erreicht, so schließt er die Voruntersuchung, setzt den Angeschuldigten hievon in Kenntnis und übersendet die Akten der StA. zur Stellung ihrer Anträge (§ 195 StPO.). Anm. 2.

3. Wünscht die Staatsanwaltschaft eine Ergänzung der Voruntersuchung, so stellt sie einen diesbezüglichen Antrag unter Wiederbeifügung der Akten direkt bei dem ehrengerichtlichen Untersuchungsrichter. Anm. 3.

Anm. 4. a) Gibt dieser dem Antrage statt, so verläuft das weitere Verfahren nach den auch sonst für die ehrengerichtliche Voruntersuchung maßgebenden Bestimmungen.

Anm. 5. b) Ablehnen darf dagegen der ehrengerichtliche Untersuchungsrichter den Antrag auf Ergänzung der Voruntersuchung nicht selbst, er hat vielmehr, wenn er der Ansicht ist, der Antrag sei abzulehnen, „die Entscheidung des Ehrengerichts einzuholen", also unter Begründung seiner gedachten Ansicht die Akten zur Entscheidung dem EG. vorzulegen.

Anm. 6. 4. Beschwerden gegen den Beschluß des Ehrengerichts.

a) Wenn nach § 195 Abs. 2 StPO. die StK. beschließt, daß dem Antrage auf Ergänzung der Voruntersuchung stattzugeben sei, so steht dagegen dem Angeschuldigten keine Beschwerde zu. Wohl aber hat die StA. bei Ablehnung des Ergänzungsantrags nach § 346 StPO. das Rechtsmittel der einfachen Beschwerde.

Anm. 7. b) Nach § 69 Abs. 3 RAO. hat der Angeschuldigte, wenn auch nur in beschränktem Umfange, gegen den die Voruntersuchung eröffnenden Beschluß des EG. die sofortige Beschwerde, und es fragt sich, ob ihm danach auch gegen einen dem Ergänzungsantrage der StA. entsprechenden Beschluß des EG. ein Rechtsmittel zusteht. Die Frage ist zu verneinen. Keinesfalls könnte der Angeschuldigte in weiterem Umfange als nach § 69 Abs. 3 RAO. beschwerdeberechtigt sein. Die RAO. kennt ein Erlöschen der einmal begründeten Zuständigkeit des EG. nicht, und nur die Unzuständigkeit des EG. kann der Angeschuldigte nach § 69 Abs. 3 im Beschwerdewege geltend machen. Da weiter der nach § 74 ergehende Beschluß nicht die Eröffnung einer neuen, sondern nur die Ergänzung der bisher geführten Voruntersuchung betrifft, so würde die Gewährung des Beschwerderechts an den Angeschuldigten nichts anderes bedeuten als die Verlängerung der Frist für die sofortige Beschwerde des § 69. Diesen Vorteil erhielte der Angeschuldigte dadurch, daß der ehrengerichtliche Untersuchungsrichter, wie der Beschluß des EG. feststellt, zu Unrecht einem Antrage der StA. nicht stattgegeben hat. Das ist natürlich undenkbar.

Anm. 8. c) Der StA. steht auch im ehrengerichtlichen Verfahren gegen den ihren Antrag auf Ergänzung der Voruntersuchung ablehnenden Beschluß die einfache Beschwerde gemäß § 346 StPO. zu. Es ist eben auch hier zu beachten, daß das EG. nicht die Eröffnung der Voruntersuchung ablehnt, die Eröffnung vielmehr bereits früher erfolgt war.

§ 75.

Nach geschlossener Voruntersuchung sind dem Angeschuldigten auf seinen Antrag die Ergebnisse des bisherigen Verfahrens mitzutheilen.

Anm. 1. 1. Inhalt. Der Paragraph gibt dem Angeschuldigten das Recht, nach Schluß der Voruntersuchung deren Ergebnisse mitgeteilt zu erhalten.

Anm. 2. 2. Entstehungsgeschichte. § 75, der im Entwurfe der RAO. fehlte, verdankt seine Entstehung der RTKomm. Ihrem Berichte 41 zufolge wurde die Einschaltung des Paragraphen (damals 70a) beschlossen, „um ein dem § 199 der Strafprozeßordnung und dem § 97 des Reichsbeamtengesetzes entsprechendes Verfahren herbeizuführen." Allein schon hinter § 97 RBG. bleibt § 75 RAO. zurück: denn während dort dem Angeschuldigten nach geschlossener Voruntersuchung „der Inhalt der erhobenen Beweismittel" stets ohne besonderen Antrag mitzuteilen ist, erfolgt die Mitteilung hier nur auf besonderen Antrag des Angeschuldigten. Nun bekommt allerdings der Angeschuldigte vom Schluß der Voruntersuchung

suchung Kenntnis, aber wenn er nicht für rechtzeitige Stellung des Antrags sorgt, kann es ihm passieren, daß er die Mitteilung nicht vor Eröffnung des Hauptverfahrens erhält und somit die Verweisung der Sache zur Hauptverhandlung nicht mehr abwenden kann. Es besteht nämlich weiter auch kein dem § 199 StPO. entsprechendes Verfahren, vielmehr erfolgt die Entscheidung über die Eröffnung des Hauptverfahrens ohne Anhörung des Angeschuldigten (vgl. § 76 Anm. 7).

3. Bedeutung des § 75. Anm. 3.

Immerhin ist das durch § 75 gewährte Recht nicht bedeutungslos. Hat freilich der Angeschuldigte bereits während der Voruntersuchung einen Verteidiger, so bedarf er des Rechts, das ihm § 75 gewährt, nicht: das Recht der Verteidigers, nach § 147 StPO. die Akten einzusehen, ist dann viel besser geeignet, dem Schutze der Interessen des Angeschuldigten zu dienen. Hat aber der Angeschuldigte noch keinen Verteidiger, so bietet § 75 einen wertvollen Ersatz für die dem Angeschuldigten — vgl. EGH. **11** 154 (16. 11. 03) — versagte Akteneinsicht. Durch die ihm gewordene Mitteilung der Ergebnisse wird der Angeschuldigte in die Lage gebracht, der StA. und dem EG. das zu seiner Entlastung noch erforderliche Material in Vorlage zu bringen und ihrer Offizialprüfung zu unterbreiten (vgl. § 76 Anm. 9).

4. Voraussetzungen des Rechts aus § 75. Anm. 4.

a) Die Mitteilung erfolgt nur auf Antrag des Angeschuldigten. Daß dieser Antrag aber erst nach Schluß der Voruntersuchung gestellt werden kann, erhellt nicht. Es steht nichts im Wege, daß der Angeschuldigte bereits während der Voruntersuchung, etwa bei seiner verantwortlichen Vernehmung oder in besonderer Eingabe, beantragt, ihm nach Schluß der Voruntersuchung die in § 75 vorgesehene Mitteilung zu machen. In solchem Falle wird zweckmäßig der ehrengerichtliche Untersuchungsrichter bei Abgabe der Akten an die StA. auf den gestellten Antrag besonders hinweisen.

b) Erst „nach geschlossener Voruntersuchung" ist dem Angeschuldigten die fragliche Mitteilung zu machen. Geschlossen in diesem Sinn ist die Voruntersuchung erst, wenn sie zu einem endgültigen Schluß gekommen ist, also wenn ein Antrag auf Ergänzung der Voruntersuchung nicht gestellt oder der gestellte abgelehnt wird oder zur Erledigung gebracht ist. Anm. 5.

5. Auf die Mitteilung hat der Angeschuldigte ein Recht, sie kann ihm weder versagt werden, weil sein Verteidiger die Akten einsehen kann, noch weil das Hauptverfahren bereits eröffnet ist. Nur wenn die Anklageschrift ihm bereits zugestellt und diese — was keineswegs der Fall sein muß (vgl. § 76 Anm. 6) — so ausführlich gehalten ist, daß sie alle wesentlichen Ergebnisse des Verfahrens wiedergibt, kann der Angeschuldigte eine weitere Mitteilung nicht verlangen: denn die dem § 75 entsprechende Mitteilung ist ihm dann eben bereits geworden. Anm. 6.

6. Wer die Mitteilung zu bewirken hat, sagt das Gesetz nicht. Da aber die Akten nach Schluß der Voruntersuchung der StA. übersandt werden, so kann, bis diese ihre Anträge bei dem EG. gestellt hat, auch nur sie für berufen erachtet werden, die Mitteilung zu machen. Ist dagegen durch Stellung der staatsanwaltschaftlichen Anträge das Verfahren bei dem EG. anhängig geworden, so wird man dieses zu der Mitteilung für zuständig zu halten haben. Im Gegensatz zu dem Gesagten hält Turnau Anm. zu § 75 den ehrengerichtlichen Untersuchungsrichter für den zur Bewirkung der Mitteilung Berufenen. Anm. 7.

7. Gegen Ablehnung der Mitteilung seitens der StA. findet Aufsichtsbeschwerde an den Justizminister oder Reichskanzler, gegen einen ablehnenden Beschluß des EG. Beschwerde statt, soweit diese nicht nach § 347 StPO., weil der Beschluß nach Eröffnung des Hauptverfahrens ergangen, ausgeschlossen ist. Anm. 8.

§ 76.

Die Anklageschrift hat die dem Angeschuldigten zur Last gelegte Pflichtverletzung durch Angabe der sie begründenden Thatsachen zu bezeichnen und, soweit in der Hauptverhandlung Beweise erhoben werden sollen, die Beweismittel anzugeben.

Anm. 1. **I. Inhalt.** Der Paragraph behandelt die an den Inhalt der Anklageschrift zu stellenden Anforderungen.

Anm. 2. **II. Wann ist eine Anklageschrift einzureichen?** Beantragt nach geschlossener Voruntersuchung die Staatsanwaltschaft die Eröffnung des Hauptverfahrens, so hat sie eine Anklageschrift einzureichen. Gleiche Pflicht liegt ihr ob, wenn sie ohne vorgängige Voruntersuchung alsbald das Hauptverfahren eröffnet sehen will. In beiden Fällen sind mit der Anklageschrift die bisher erwachsenen Akten einzureichen. Vgl. ferner § 70 Anm. 4.

Anm. 3. **III. Inhalt der Anklageschrift.** Für alle Fälle, in denen seitens der StA. im ehrengerichtlicheu Verfahren eine Anklageschrift einzureichen ist, bestimmt § 76 ihren notwendigen Inhalt.

Anm. 4. 1. Die Anklageschrift hat danach

a) den Angeschuldigten zu benennen,

b) die ihm zur Last gelegte Pflichtverletzung durch Angabe der sie begründenden Tatsachen zu kennzeichnen,

c) die Beweismittel, deren Erhebung in der Hauptverhandlung die StA. wünscht, namhaft zu machen.

d) Daß die Anklageschrift ebenso, wie die Anklageschrift im Strafprozesse — RGSt. **37** 408 (StS. IV. 18. 2. 05) — von der StA. zu unterschreiben ist, ist nicht zu bezweifeln.

Anm. 5. 2. Vergleicht man diese Erfordernisse mit denen des § 198 Abs. 1 StPO., so ergibt sich folgendes: Die Requisite a und d sind gemeinsam. Zu b ist nach der StPO. „die dem Angeschuldigten zur Last gelegte Tat unter Hervorhebung ihrer gesetzlichen Merkmale und des anzuwendenden Strafgesetzes" zu bezeichnen. Da im ehrengerichtlichen Verfahren stets gegen §§ 28, 62 RAO. verstoßende Handlungen in Betracht kommen, bedurfte es füglich nicht der Anführung dieser immer und allein anzuwendenden Paragraphen*). Berücksichtigt man dies, so ist das Erfordernis zu b nach der RAO. nichts als eine entsprechende Anwendung des oben wiedergegebenen Requisits nach der StPO. (vgl. Mot. 89). In beiden Fällen muß die Tat soweit, aber auch nur soweit konkretisiert sein, daß nach der StPO. die kriminelle, nach der RAO. die disziplinäre Strafbarkeit erhellt: eine Geschichtserzählung ist damit nicht gefordert.

Zu Punkt c verlangt die StPO., daß „die Beweismittel" angegeben werden. Der Unterschied gegenüber der RAO. ist nur ein scheinbarer, denn auch die StPO. verlangt unstreitig nicht, daß Beweismittel angegeben werden, deren Erhebung in der Hauptverhandlung die StA. gar nicht verlangt.

Wenn endlich § 198 Abs. 1 StPO. noch die Bezeichnung des Gerichts vorschreibt, vor welchem die Hauptverhandlung stattfinden soll, so hätte ein gleiches Erfordernis im ehrengerichtlichen Verfahren keinen Sinn: das Hauptverfahren kann eben, wenn überhaupt, nur vor dem EG. eröffnet werden, bei welchem die Anklageschrift eingereicht ist.

Anm. 6. 3. Es ergibt sich also, daß die Anforderungen an die Anklageschrift im ehrengerichtlichen Verfahren durchaus den nach § 198 Abs. 1 StPO. zu stellenden ent-

---

*) Über die im Falle des § 64 RAO. eintretende Ausnahme vgl. § 64 Anm. 9.

sprechen. Die Anklageschrift im ehrengerichtlichen Verfahren steht darnach hinter der Anklageschrift in Strafkammersachen insofern zurück, als sie nicht, wie diese, auch „die wesentlichen Ergebnisse der stattgehabten Ermittelungen" aufnehmen muß. Es wird aber solche Aufnahme nicht nur zur Klarstellung der unter Anklage gestellten Pflichtverletzung häufig wünschenswert (vgl. Meyer § 76 Anm. 4), sie wird überhaupt allgemein empfehlenswert sein, um dem Angeschuldigten alsbald zu gewähren, was ihm nach § 75 ja doch nicht versagt werden kann.

IV. Verfahren auf die Anklageschrift. 1. Über die Anklageschrift faßt das EG. Beschluß, ohne daß eine Anhörung des Angeschuldigten, wie sie § 199 StPO. vorsieht, voranginge (Berger § 70 Anm. 2; Meyer § 79 Anm. 1). Der Angeschuldigte erhält die Anklageschrift nach § 79 erst gleichzeitig mit der Ladung zur Hauptverhandlung, also bei Nichteröffnung des Hauptverfahrens gar nicht mitgeteilt. Anm. 7.

Aus dem Fehlen eines Verfahrens nach § 199 StPO. ergibt sich übrigens auch, daß eine Eröffnung der Voruntersuchung auf Grund eines Antrags des Angeschuldigten dem ehrengerichtlichen Verfahren im Gegensatze zu § 176 Abs. 2 Nr. 2 StPO. unbekannt ist (Meyer § 69 Anm. 7).

2. Zweckmäßigkeit der Bestimmungen der RAO.? Anm. 8.

Die Nichtanwendung des § 199 StPO. wird in den Motiven 89 damit begründet, „daß durch die vorausgegangene Voruntersuchung — sie war nach dem Entwurf im förmlichen ehrengerichtlichen Verfahren obligatorisch —, sowie zufolge der Zulässigkeit der Berufung gegen das Urteil dem Beschuldigten die Garantien der Verteidigung ausreichend gewährt sind". Das dürfte, wenn man selbst davon absieht, daß die Voruntersuchung jetzt nur noch zulässig, nicht mehr notwendig ist, doch erheblichen Zweifeln unterliegen. Die Motive unterschätzen ganz offenbar die schwerwiegende Bedeutung, die der Umstand für einen Rechtsanwalt haben kann, daß es überhaupt zu einer ehrengerichtlichen Hauptverhandlung gegen ihn kommt. Wie häufig im Strafprozeß die Eröffnung des Hauptverfahrens eine schwere Schädigung des Angeklagten bedeutet, die durch eine Freisprechung nicht immer ganz zu beseitigen ist, so gilt Gleiches in vielen Fällen von der Wirkung der Eröffnung des ehrengerichtlichen Hauptverfahrens.

3. Erklärungen des Angeschuldigten. Anm. 9.

Der Angeschuldigte ist also nicht in der Lage, Anträge zu stellen und Einwendungen zu erheben mit der Wirkung, daß das EG., wie nach § 199 StPO. das Gericht, verpflichtet wäre, über sie zu befinden (vgl. Meyer Anm. zu § 75). Es ist ihm aber durchaus unverwehrt, nachdem er durch die von seinem Verteidiger genommene Akteneinsicht oder durch eine nach § 75 erfolgte Mitteilung über das vorliegende Material aufgeklärt ist, all das in Eingaben zu den Akten zu geben, was er Wesentliches für sich in das Feld zu führen hat. Die Prüfung solchen Vorbringens muß als ein nobile officium des EG. erachtet werden, wenn auch der Angeschuldigte weder auf solche Prüfung noch gar auf Bescheidung Anspruch hat.

V. Beschluß des Ehrengerichts. Der Beschluß des EG. kann, wie nach der StPO., verschiedenen Inhalt haben. Anm. 10.

1. Er kann, wenn eine Voruntersuchung stattgefunden hat, eine Ergänzung der Voruntersuchung anordnen (Mot. 89) oder, wenn direkt Anklage erhoben ist, die Voruntersuchung eröffnen oder einzelne Beweiserhebungen anordnen (Meyer und Berger § 78 Anm. 4; Sydow-Jacobsohn § 70 Anm. 1). Für den letztgedachten Fall kommt die auch für § 86 wichtige Frage in Betracht, ob mit einzelnen Beweiserhebungen das EG. eines seiner Mitglieder beauftragen kann, ob es also auch Beweiserhebungen durch einen beauftragten Richter gibt. Ist die Frage für § 86 zu verneinen, so ist sie es

natürlich auch für das Eröffnungsstadium. Ist sie dort zu bejahen, so wird gleiche Bejahung wohl auch hier nicht zu umgehen sein. Es ist also auf § 86 Anm. 8 ff. zu verweisen.

Anm. 11. 2. Die Eröffnung des Hauptverfahrens ist zu beschließen, wenn nach den Ergebnissen der Voruntersuchung oder des Ermittlungsverfahrens der Angeschuldigte einer ehrengerichtlich strafbaren Pflichtverletzung hinreichend verdächtig ist. Wegen des Inhalts des Eröffnungsbeschlusses s. § 78.

Anm. 12. 3. Für den Beschluß auf Nichteröffnung des Hauptverfahrens gilt § 202 StPO. Vgl. ferner § 77 RAO.

Anm. 13. 4. Auch vorläufige Einstellung des Verfahrens kann im ehrengerichtlichen Verfahren vorkommen, u. z. sowohl wenn der Angeschuldigte in Geisteskrankheit verfallen — vgl. EGH. 4 7 (9. 1. 89); Meyer § 83 Anm. 1; Berger Anm. zu § 75; Sydow-Jacobsohn § 75 Anm. 1 —, als auch wenn er im Sinne des § 318 StPO. abwesend ist, und diese Abwesenheit dem weiteren Verfahren entgegensteht. Dies ist nicht der Fall, wenn der Angeschuldigte im In- oder Auslande anders als lediglich öffentlich geladen werden kann (s. § 83 Anm. 6, 7, 22). Eine vorläufige Einstellung nach § 208 StPO. ist nicht ausgeschlossen, wird aber praktisch schwerlich vorkommen.

Anm. 14. 5. Vgl. auch § 65 Abs. 1 und § 65 Anm. 4.

Anm. 15. **VI. Für die Anfechtung der verschiedenen Beschlüsse** gelten die Bestimmungen der StPO., nur der Beschluß auf Eröffnung der Voruntersuchung unterliegt auch hier im Rahmen des § 69 Abs. 3 RAO. der sofortigen Beschwerde des Angeschuldigten.

§ 77.

Ist der Angeschuldigte außer Verfolgung gesetzt, so kann die Klage nur während eines Zeitraums von fünf Jahren, vom Tage des Beschlusses ab, und nur auf Grund neuer Thatsachen oder Beweismittel wieder aufgenommen werden.

Anm. 1. 1. Inhalt. Der Paragraph behandelt die Wirkung der Außerverfolgungsetzung des Angeschuldigten.

Anm. 2. 2. Welche Beschlüsse betrifft § 77?

a) Während die StPO. in § 210 die Wirkung der rechtskräftigen Ablehnung der Eröffnung des Hauptverfahrens behandelt, spricht die RAO. in § 77 nur von dem Fall, daß der Angeschuldigte außer Verfolgung gesetzt ist, und darauf lautet der Beschluß des EG. ja ausweislich § 202 Abs. 2 StPO. nur, wenn eine Voruntersuchung stattgefunden hat. § 77 RAO. stimmt genau mit § 72 des Entwurfes überein. Allein während nach § 65 des Entwurfes für das förmliche ehrengerichtliche Verfahren die Voruntersuchung notwendig, die Klageerhebung nur durch Antrag auf Eröffnung der Voruntersuchung möglich war, hat sich das im Gesetze selbst geändert. Daß aber der Beschluß auf Nichteröffnung des Hauptverfahrens bei Klageerhebung durch Einreichung einer Anklageschrift in seinen Wirkungen sich nach § 210 StPO., der Beschluß auf Außerverfolgungsetzung nach durchgeführter Voruntersuchung sich dagegen inbezug auf seine Folgen nach § 77 RAO. beurteilen sollte, kann nicht als Wille des Gesetzes erachtet werden (a. M. anscheinend Meyer § 77 Anm. 3). Vielmehr ist im Sinne des § 77 RAO. jede Nichteröffnung des Hauptverfahrens als Außerverfolgungsetzung zu behandeln.

Anm. 3. b) Dagegen unterfällt die Ablehnung der Eröffnung der Voruntersuchung dem § 77 RAO. nicht.

3. Wirkung der Nichteröffnung des Hauptverfahrens. Anm. 4.

a) § 77 spricht nur davon, daß der Angeschuldigte außer Verfolgung gesetzt ist, und die Motive 89 meinen, damit dem § 210 StPO. zu entsprechen. Hier aber wird zutreffend weiter verlangt, daß der ablehnende Beschluß nicht mehr anfechtbar sei. Nur in diesem Sinne ist indessen auch § 77 zu verstehen: denn sonst wäre ja eine sofortige Beschwerde der StA. gegen den ablehnenden Beschluß entgegen § 209 Abs. 2 StPO. nur unter Geltendmachung neuer Tatsachen oder Beweismittel zulässig.

b) Wie nach § 210 StPO. kann auch im Falle des § 77 RAO. die Klage nur auf Grund neuer Tatsachen oder Beweismittel wiederaufgenommen werden, und der Begriff der neuen Tatsachen oder Beweismittel ist in der RAO. der gleiche, wie in der StPO. Die RAO. begnügt sich aber damit nicht, sie läßt, § 99 RVG. folgend, die Wiederaufnahme der Klage „nur während eines Zeitraums von fünf Jahren, vom Tage des Beschlusses ab", zu. Schon die Motive 89 sprechen hier von einer Verjährung der Strafverfolgung, und diese Ausdrucksweise hat auch anderweit Anklang gefunden (Meyer § 77 Anm. 3; Berger Vorbem. zum IV. Abschnitt und § 77 Anm. 2; Sydow-Jacobsohn § 77 Anm. 1). Sie wird aber besser vermieden, denn sie verleitet nicht nur zu dem Gedanken, als gäbe es in dem ehrengerichtlichen Verfahren eine Verjährung, auf welche die Bestimmungen des StGB. entsprechend anzuwenden seien, was nicht zutrifft (vgl. § 62 Anm. 15); sie veranlaßt auch weiter die Frage, ob es denn nicht eine Unterbrechung dieser Verjährung und vielleicht im Falle des § 77 auch eine Strafvollstreckungsverjährung gibt. In Wahrheit ist die Frist des § 77 keine Verjährungs-, sondern eine Präklusivfrist, und damit erledigen sich alle einschlägigen Fragen. EGH. 4 114 (6. 7. 88) nennt § 77 „eine an die Verjährung anknüpfende Vorschrift". Anm. 5.

c) Die gedachte Präklusivfrist läuft „vom Tage des Beschlusses" an. Hierunter wird unter Berücksichtigung des in Anm. 4 Gesagten nicht der Tag, an dem der Beschluß gefaßt wurde, sondern der Tag des Eintritts der Rechtskraft zu verstehen sein. Anm. 6.

4. Wiederaufnahme der Klage. Es gilt nichts Besonderes gegenüber dem im Falle des § 210 StPO. einzuschlagenden Verfahren. Anm. 7.

§ 78.

In dem Beschlusse, durch welchen das Hauptverfahren eröffnet wird, ist die dem Angeklagten zur Last gelegte Pflichtverletzung durch Angabe der sie begründenden Thatsachen zu bezeichnen.

I. Inhalt. Der Paragraph bestimmt die an den Inhalt des Eröffnungsbeschlusses zu stellenden Anforderungen. Anm. 1.

II. Inhalt des Eröffnungsbeschlusses. 1. Der von § 78 geforderte Inhalt des Eröffnungsbeschlusses entspricht ebenso den Bestimmungen des § 205 StPO., wie sich gleiche Übereinstimmung zwischen § 76 RAO. und § 198 Abs. 1 StPO. ergab. Auch hier fehlt in § 78 gegenüber der StPO. das Verlangen der Angabe des anzuwendenden Strafgesetzes und der Bezeichnung des Gerichts, vor welchem die Hauptverhandlung stattfinden soll. Ersteres erklärt sich ebenso, wie bei der Anklageschrift im ehrengerichtlichen Verfahren; letzteres brauchte das Gesetz für den von ihm als Regel unterstellten Fall, daß das EG. selbst eröffnet, nicht als Erfordernis hervorzuheben. Immerhin ist es zweckmäßig,*) im Eröffnungsbeschlusse Anm. 2.

*) Im Falle des § 64 nach Maßgabe von Anm. 9 daselbst notwendig.

die §§ 28, 62, 63 RAO. anzuführen und anzugeben, daß das Hauptverfahren vor dem EG. der AK. zu X. eröffnet werde. Sollte die letztgedachte Angabe aber fehlen, so würde doch selbst bei Eröffnung durch das OLG. nur dasjenige EG. als für die Hauptverhandlung bestimmt gelten, das mit dem OLG. den Sitz teilt, und gegen dessen Entscheidung die Beschwerdeinstanz angerufen wurde.

Anm. 3. Daß der Eröffnungsbeschluß im ehrengerichtlichen Verfahren keine Anordnung, wie der Eröffnungsbeschluß des Strafprozesses nach § 205 Abs. 2 StPO., enthalten kann, ergibt § 72 RAO.

Anm. 4. 2. Wesentlich ist also nur die Angabe der dem Angeklagten zur Last gelegten Pflichtverletzung und die Hervorhebung der dieselbe begründenden Tatsachen. Fehlen diese Tatsachen ganz und gar, so liegt ein Eröffnungsbeschluß nicht vor, und es geht nicht an, wie dies EGH. **4** 5 (14. 2. 89) getan, in einem solchen Falle auf die Anklageschrift zurückzugreifen. Das ist nicht mehr eine Erläuterung des Eröffnungsbeschlusses durch die Anklageschrift, sondern eine Ersetzung jenes durch diese, ein Verfahren, das, wie nach der StPO., so auch nach der RAO. unzulässig ist. Dagegen ist eine Auslegung des Eröffnungsbeschlusses durchaus zulässig, und hiebei darf unbedenklich auch die Anklageschrift herangezogen werden. Vgl. EGH. **3** 30 (8. 7. 87); **4** 5 (14. 2. 89), 147 (9. 3. 88); **5** 92 (15. 4. 91); **10** 9 (28. 3. 00); **11** 6/7 (3. 3. 02); Meyer § 78 Anm. 2; Berger § 78 Anm. 2; Sydow-Jacobsohn § 78 Anm. 3.

Anm. 5. 3. Werden dem Angeklagten mehrere Pflichtverletzungen zur Last gelegt, so sind sie derart im Eröffnungsbeschlusse aufzuführen, daß erkennbar wird, welche einzelnen als selbständige Verfehlungen in Betracht kommenden Vorgänge dem Angeklagten vorgeworfen werden.

Anm. 6. **III. Der Eröffnungsbeschluß begrenzt das ehrengerichtliche Verfahren.**

1. Nur die durch die angegebenen Tatsachen umgrenzten Vorfälle sind Gegenstand des ehrengerichtlichen Verfahrens. Vgl. EGH. **1** 8/9 (22. 2. 84); **4** 5 (14. 2. 89); **6** 73/4 (31. 5. 93), 241 (26. 9. 92); **9** 6 (26. 4. 99); **11** 7 (3. 3. 02), 26 (27. 5. 03); **12** 16 (17. 2. 04); Meyer § 78 Anm. 3; Berger § 78 Anm. 3; Sydow-Jacobsohn § 78 Anm. 4. Siehe auch § 84, der die in der Hauptverhandlung erfolgende Berichterstattung auf diejenigen Verfahrensergebnisse beschränkt, die „sich auf die in dem Beschlusse über die Eröffnung des Hauptverfahrens enthaltenen Tatsachen beziehen".

Anm. 7. 2. Der Eröffnungsbeschluß des ehrengerichtlichen Verfahrens begrenzt dieses in der gleichen Weise, wie der Eröffnungsbeschluß im Strafverfahren diese Funktion nach § 263 StPO. erfüllt, aber auch nicht weiter.

Anm. 8. a) Also sind Abweichungen von den im Eröffnungsbeschlusse erwähnten Tatsachen dann statthaft, wenn dadurch der historische Vorgang, in dem die Pflichtverletzung erblickt wurde, in seiner Identität nicht berührt wird.

Anm. 9. b) Nicht minder frei steht es auch dem EG. und EGH., die Pflichtverletzung in dem vom Eröffnungsbeschlusse umschriebenen Vorgange in einer anderen Richtung zu finden, als dies der Eröffnungsbeschluß getan hat. Vgl. EGH. **8** 75 (19. 3. 96): fahrlässiges statt vorsätzliches Verhalten; **12** 12 (5. 10. 04): Geltendmachung eines übermäßigen Honorars und Ausnützung einer Zwangslage zur Erhöhung eines Honorars statt unlauteren Werbens um Praxis, wobei auch die Verhandlungen über das fragliche Honorar in Betracht kamen.

Anm. 10. c) Ferner kann der Eröffnungsbeschluß mehrere selbständige Handlungen annehmen, das Urteil dagegen feststellen, daß die sämtlichen in Betracht kommenden Tatsachen insgesamt nur *eine* Verfehlung darstellen, und ebenso kann der umgekehrte Fall eintreten.

Anm. 11. d) Eine Abweichung vom Eröffnungsbeschlusse in der vom § 264 StPO. vorgesehenen Art kann im ehrengerichtlichen Verfahren nicht vorkommen, da stets nur auf Grund der §§ 28, 62, 63 RAO. ehrengerichtliche Strafe verhängt werden kann (EGH. 5 21 — 11. 7. 90). Wegen § 64 RAO. s. Anm. 8 ff. zu diesem Paragraphen.

e) Weshalb dagegen die Anwendung des § 265 StPO. unstatthaft sein sollte, ist nicht einzusehen (vgl. auch Mot. 92). Die einschlägige Bemerkung EGH. 5 21 (11. 7. 90), in der „§ 263" offenbar ein Druckfehler statt des richtigen Zitats „§ 265" ist, läßt jede Begründung der abweichenden Auffassung vermissen. Aus den abgedruckten Gründen ist übrigens nicht zu ersehen, ob der nach § 265 StPO. erforderliche Antrag der StA. gestellt war. Anm. 12.

§ 79.

Die Mittheilung der Anklageschrift erfolgt mit der Ladung zur Hauptverhandlung.

1. Inhalt. Der Paragraph regelt den Zeitpunkt, zu dem die Anklageschrift, für deren Mitteilung an den Angeschuldigten § 199 StPO. nicht zur Anwendung kommt, dem Angeklagten bekannt zu machen ist. Anm. 1.

2. Nach Eröffnung des Hauptverfahrens bestimmt, wenn — was ja die Regel ist — der Abhaltung der Hauptverhandlung Hindernisse nicht im Wege stehen, der Vorsitzende des EG. den Termin zur Hauptverhandlung. Anm. 2.

3. Nach § 220 StPO. kann der Vorsitzende des Gerichts auch von Amts wegen die Ladung von Zeugen und Sachverständigen sowie die Herbeischaffung anderer Beweismittel anordnen. Diese Bestimmung gilt auch im ehrengerichtlichen Verfahren (Meyer § 85 Anm. 1). Man könnte sie auf den ersten Blick durch § 86 Abs. 1 für ausgeschlossen halten, aber der Ton liegt dort nicht darauf, daß das Ehrengericht die Vernehmung anordnen kann, sondern auf dem freien Ermessen des EG. bei der Wahl zwischen der Vernehmung in der Hauptverhandlung und der kommissarischen Vernehmung. Anm. 3.

4. Die Akten gehen mit der Verfügung des Ehrengerichtsvorsitzenden an die StA., und diese bewirkt die Ladungen zur Hauptverhandlung sowie die Herbeischaffung etwaiger Beweisgegenstände (§ 213 StPO.). Anm. 4.

a) Die Ladungen sind formell zuzustellen. Für das Verfahren bei der Zustellung kommen gemäß § 37 StPO. die Bestimmungen der ZPO. zur Anwendung. Übersendung durch Einschreibebrief genügt nicht. Vgl. EGH. 1 17 (29. 6. 83); Meyer § 79 Anm. 2; Berger § 79 Anm. 2; Sydow-Jacobsohn § 79 Anm. 2. Anm. 5.

b) Die Ladung der Zeugen und Sachverständigen bietet nichts vom Strafprozesse Abweichendes. Anm. 6.

c) Die Ladung des Angeklagten erfolgt schriftlich, ohne daß eine Warnung, wie nach § 215 Abs. 1 StPO., zulässig oder ein Hinweis entsprechend § 231 Abs. 2 StPO. nötig wäre. Ersteres ergibt sich aus § 72 RAO., letzteres aus der in § 83 RAO. allgemein zugelassenen Verhandlung ohne Anwesenheit des Angeklagten. Soll der Ladung die in § 83 Abs. 2 RAO. gedachte Verwarnung beigefügt werden, so bedarf es eines Beschlusses des EG. Eine öffentliche Ladung des Angeklagten ist nach § 83 Abs. 1 RAO. unzulässig. Anm. 7.

Befindet sich der Angeklagte nicht auf freiem Fuße, so sind die Bestimmungen der §§ 35 Abs. 3, 215 Abs. 2 Satz 2 StPO. zu wahren.

5. Mit der Ladung zur Hauptverhandlung ist dem Angeklagten die Anklageschrift zuzustellen. Da nun die Praxis im Strafverfahren gemäß der Bestimmung des § 214 StPO. fast ausnahmslos den Eröffnungsbeschluß erst mit der Ladung zur Hauptverhandlung zustellen läßt, so wird auch wohl im ehrengerichtlichen Verfahren der Angeklagte den Eröffnungsbeschluß in Anm. 8.

der Regel erst mit der Ladung erhalten. Dann hat die Anklageschrift — wenn sie lediglich die gesetzlichen Erfordernisse enthält — für den Angeklagten, abgesehen davon, daß sie ihm etwa zeigt, in welchen Beziehungen StA. und EG. die Sachlage verschieden auffassen, eigentlich nur dadurch einen Wert, daß die Anklageschrift darüber Aufschluß gibt, welche Beweise die StA. erhoben sehen will.

Anm. 9. 6. Wie im Strafprozeß ist auch im ehrengerichtlichen Verfahren die Ladungsfrist des § 216 StPO. gegenüber dem Angeklagten zu wahren.

Anm. 10. 7. Wegen der Beweisanträge des Angeklagten vor der Hauptverhandlung und seines Rechts auf unmittelbare Ladung von Zeugen und Sachverständigen gelten die §§ 218, 219 StPO. Die Hinterlegung der für unmittelbar geladene Personen bestimmten Entschädigung an Reisekosten und Versäumnis erfolgt bei dem Schriftführer des AKV. (§ 94 Abs. 4 RAO.).

Anm. 11. 8. Kommissarische Vernehmungen.

a) Kommissarische Vernehmungen des Angeklagten gibt es nur im ehrengerichtlichen Zulassungsverfahren nach § 93 Abs. 2, nicht auch im ehrengerichtlichen Strafverfahren. Vgl. hiezu noch § 83 Anm. 21, § 93 Anm. 16, § 86 Anm. 7.

Anm. 12. b) Wegen kommissarischer Vernehmung von Zeugen und Sachverständigen sowie wegen kommissarischer Augenscheinseinnahme s. § 86 und die Anmerkungen zu diesem Paragraphen.

§ 80.

Die Mitglieder des Vorstandes, welche bei der Entscheidung über die Eröffnung des Hauptverfahrens mitgewirkt haben, sind von der Theilnahme an dem Hauptverfahren nicht ausgeschlossen.

Anm. 1. **I. Inhalt.** Der Paragraph beseitigt für das ehrengerichtliche Verfahren einen der gesetzlichen Ausschließungsgründe der Gerichtspersonen, nämlich den des § 23 Abs. 3 StPO. Es empfiehlt sich deshalb, mit seiner Erläuterung die Behandlung der Ausschließung und Ablehnung der zur richterlichen Mitwirkung im ehrengerichtlichen Verfahren berufenen Personen zu verbinden.

Anm. 2. **II. Ausschließung von der richterlichen Mitwirkung im ehrengerichtlichen Verfahren.** 1. Von der Mitwirkung als Richter im ehrengerichtlichen Verfahren sind alle Personen ausgeschlossen, bei denen einer der Fälle des § 22 StPO. gegeben ist. Dabei ist an die Stelle der strafbaren Handlung in § 22 Ziff. 1 StPO. die den Gegenstand des ehrengerichtlichen Verfahrens bildende Pflichtverletzung zu setzen. Der Fall der gedachten Ziffer liegt vor, wenn das ehrengerichtliche Verfahren Handlungen betrifft, die sich persönlich gegen einzelne im EG. mitwirkende Mitglieder des AKV. richten: EGH. **5** 173/4 (4. 11. 91); **9** 27 (20. 9. 99); Meyer § 67 Anm. 4. Keineswegs sind aber Verfehlungen gegen AKV. oder EG. ohne weiteres geeignet, ein Mitglied desselben als verletzt d. h. unmittelbar betroffen erscheinen zu lassen. Ebenso: EGH. **6** 67/8 (2. 11. 92), 70 (7. 12. 93); **9** 10/11 (14. 6. 99); Berger § 67 Anm. 3; Sydow-Jacobsohn § 67 Anm. 1.

Anm. 3. 2. Von der Mitwirkung in der Rechtsmittelinstanz sind die Personen ausgeschlossen, die bei der angefochtenen Entscheidung mitgewirkt haben (§ 23 Abs. 1 StPO.). Vgl. Meyer § 80 Anm. 2. Es darf also ein Ehrengerichtsmitglied, das an dem Beschluß über Ablehnung der Eröffnung der Voruntersuchung oder des Hauptverfahrens teilgenommen hat und unterdessen Oberlandesgerichtsrat geworden ist, nicht bei der Beschwerdeentscheidung des OLG. mitwirken. Ebenso kann ein Rechtsanwalt, der Mitglied des erstinstanzlichen EG. war und dann unter Aufgabe seiner bisherigen Zulassung Rechtsanwalt am RG. und Mitglied des EGH. wurde, nicht bei Verhandlung der Berufung in der fraglichen Sache mitwirken. Es sind also schon danach die Mitglieder des EG. der AK. bei dem RG. außerstande, im EGH. insoweit mitzuwirken, als sie im gedachten EG. mitgewirkt hatten. Darüber hinausgehend erklärt aber § 102 Abs. 2 RAO. die Eigenschaft als Mitglied des EGH. mit derjenigen als Mitglied des EG. der AK. bei dem RG. allgemein für unvereinbar. Darüber, was in dieser Bestimmung unter Mitglied zu verstehen ist, vgl. § 102 Anm. 6 ff.

3. Wie nach § 23 Abs. 2 StPO. der Untersuchungsrichter von der Teilnahme an der Hauptverhandlung und an den außerhalb der Hauptverhandlung erfolgenden Entscheidungen der StK. ausgeschlossen ist, so gilt Entsprechendes für den ehrengerichtlichen Untersuchungsrichter. Selbst wenn er unterdessen Rechtsanwalt geworden, kann er in der betreffenden Sache nicht Mitglied des EG. sein (Meyer § 80 Anm. 2) und ebensowenig, mag er Rechtsanwalt beim RG. oder Reichsgerichtsrat geworden sein, im EGH. mitwirken. Dagegen kann er in der Beschwerdeinstanz mitwirken, sofern nur die Beschwerde sich nicht gegen seine eigene Entscheidung richtet. Anm. 4.

Ob der ehrengerichtliche Untersuchungsrichter die Voruntersuchung führt bzw. geführt hat, ist ebenso zu entscheiden, wie die gleiche Frage bei Anwendung des § 23 Abs. 2 StPO. auf den Untersuchungsrichter des Strafprozesses.

4. Nach § 23 Abs. 3 StPO. dürfen an dem Hauptverfahren vor der StK. mehr als zwei von denjenigen Richtern, welche bei der Entscheidung über die Eröffnung des Hauptverfahrens mitgewirkt haben und namentlich der Richter nicht teilnehmen, welcher Bericht über den Antrag der StA. erstattet hatte. Diese Bestimmung, in der man seinerzeit eine besondere Garantie für den Angeklagten sah, und die sich längst als völlig wertlos herausgestellt hat, beseitigt § 80 für das ehrengerichtliche Verfahren und zwar im gesamten Umfange der Bestimmung, also auch hinsichtlich des Berichterstatters. Vgl. EGH. **9** 22 (4. 5. 98); Meyer § 80 Anm. 1; Berger Anm. zu § 80; Sydow-Jacobsohn § 80 Anm. 1. Anm. 5.

III. Ablehnung der zur richterlichen Mitwirkung im ehrengerichtlichen Verfahren berufenen Personen. 1. Ablehnungsgründe. Die zahlreichen Entscheidungen des EGH., die sich mit der Frage beschäftigen, ob eine geltend gemachte Tatsache die Besorgnis der Befangenheit rechtfertigt, hier zu verzeichnen, erscheint nicht angezeigt. Sie verneinen, von dem Zutreffen des § 22 Ziff. 1 StPO. abgesehen, durchgängig das Vorliegen eines Ablehnungsgrundes. Folgendes mag hervorgehoben werden: Anm. 6.

Wenn § 80 den Ausschließungsgrund des § 23 Abs. 3 StPO. beseitigt, so ist auch die Teilnahme am Eröffnungsbeschlusse oder die Berichterstattung bei Fassung desselben nicht ohne weiteres ein Ablehnungsgrund. Ebenso: EGH. **6** 65/6 (13. 1. 92), 68/9 (2. 11. 92), vgl. auch **11** 56 (24. 11. 02). Zutreffend hat der EGH. Gleiches bezüglich der Mitwirkung bei Ablehnung von Beweisanträgen angenommen: EGH. **7** 66 (7. 11. 94), 67/8 (13. 11. 95). Auf gleiche Stufe ist aber auch die Teilnahme an Beschlüssen zu stellen, durch welche die Anregung zur Erhebung der in Frage stehenden ehrengerichtlichen Anklage gegeben wurde: EGH. **1** 14/6 (2. 5. 84) (Ablehnung durch Oberstaatsanwalt); Berger Anm. zu § 80. Anm. 7.

Dagegen wird es sich nur von Fall zu Fall entscheiden lassen, ob, falls eine Verfehlung gegen AKV. oder EG. den Gegenstand des ehrengerichtlichen Verfahrens bildet, eine Person durch ihre Zugehörigkeit zum AKV. oder EG. die Besorgnis der Befangenheit erweckt, während EGH. **4** 13 (8. 12. 88); **6** 68 (2. 11. 92), 70 (7. 12. 93) diese Zugehörigkeit überhaupt nicht als Ablehnungsgrund gelten läßt. Anm. 8.

Daß weder die vorgängige Tätigkeit als Mitglied des AKV. noch die Mitwirkung in einem früheren ehrengerichtlichen oder in einem kriminellen Straf- Anm. 9.

verfahren schon deshalb, weil diese Tätigkeiten oder Verfahren sich auch gegen den jetzigen Angeklagten richteten, einen Grund abgeben, die Besorgnis der Befangenheit zu rechtfertigen, darf als unzweifelhaft gelten. Vgl. EGH. **1** 14 (2. 5. 84); **4** 12 (8. 12. 88), 15 (10. 4. 89); **7** 68 (7. 11. 94) (Ablehnung eines Mitglieds des EGH.); **8** 90 (31. 3. 97).

Anm. 10. 2. **Die abgelehnten Personen sind zu benennen**, sonst ist das Ablehnungsgesuch unsubstantiiert: EGH. **7** 67 (13. 11. 95); **10** 27 (22. 12. 00).

Anm. 11. 3. **Über Ablehnungsgesuche entscheidet** nach § 27 StPO.

a) das Gericht, dem der Abgelehnte angehört, also bei Ehrengerichtsmitgliedern das EG., bei Mitgliedern des EGH. der EGH., natürlich immer unter Ersetzung des oder der Abgelehnten durch Stellvertreter.

Anm. 12. b) Wird durch Ausscheiden des oder der Abgelehnten das EG. beschlußunfähig, so entscheidet der EGH. Dabei ist aber zu beachten, daß Beschlußunfähigkeit des EG. erst gegeben ist, wenn nicht mehr fünf unverhinderte Mitglieder des AKV. zur Verfügung stehen (Meyer § 67 Anm. 3; Berger § 67 Anm. 2), und dies ist nicht schon deshalb der Fall, weil außer vier paraten Mitgliedern nur noch ein vorübergehend tatsächlich z. B. durch Krankheit behindertes Mitglied in Betracht kommt — EGH. **11** 51 (9. 6. 02) —, es sei denn, daß es sich um unaufschiebliche Maßnahmen handelt. Der EGH. läßt die Beantwortung der Frage insoweit dahingestellt sein.

Anm. 13. c) Tritt infolge der Ablehnung eine Beschlußunfähigkeit des EGH. ein, so fehlt es an der Möglichkeit, eine Entscheidung über das Ablehnungsgesuch zu treffen. Das hat bei Berücksichtigung des § 29 StPO. zur Folge, daß einstweilen auch in der Sache selbst der EGH. nicht tätig sein kann. Da nach § 90 Abs. 3 RAO. die Zusammensetzung des EGH. für jedes Geschäftsjahr erneut erfolgt, so läßt sich hiedurch einem etwaigen Übelstande abhelfen.

Anm. 14. d) Erfolgt die Ablehnung nicht, um die Personen, deren Befangenheit man besorgt, dem Gerichte fern zu halten, sondern nur zum Zwecke der Verschleppung, so liegt kein Ablehnungsgesuch im Sinne des Gesetzes, sondern nur die trügerische Vorspiegelung eines solchen vor. Ein derartiges Schein-Ablehnungsgesuch kann das EG. und der EGH. ohne Ausscheiden des oder der Abgelehnten, und ohne daß der EGH. statt des EG. einzutreten brauchte, ablehnen. Diesen Standpunkt hat der EGH. ständig, und zwar bevor noch das RG. Gleiches für Zivil- und Strafprozeß anerkannte, eingenommen, und er ist durchaus zu teilen. Vgl. EGH. **8** 18/9 (15. 1. 96), 91 (15. 4. 96); **10** 23/8 (22. 12. 00).

Anm. 15. e) Wegen Ablehnung des ehrengerichtlichen Untersuchungsrichters und des ersuchten Amtsrichters siehe § 71 Anm. 7 und 8, wegen Ablehnung des Gerichtsschreibers siehe § 81 Anm. 8.

Anm. 16. 4. Die Entscheidung über Ablehnungsgesuche erfolgt durch Beschluß. Das ergibt sich ohne weiteres aus § 28 StPO., und es bedürfte eigentlich keiner besonderen einschlägigen Bemerkung, wenn es nicht in der Praxis vorgekommen wäre, daß ein EG. die Entscheidung in das von dem abgelehnten Richter mitunterschriebene Urteil hineinverquickt hätte (vgl. EGH. **11** 14).

Anm. 17. **IV. Eine Selbstablehnung von Mitgliedern des EG. oder EGH. gibt es nicht**, vielmehr hat das betreffende Mitglied geeignetenfalls gemäß § 30 StPO. Anzeige zu machen und das EG. oder der EGH. hat dann zu entscheiden, ob das Mitglied sich der Mitwirkung zu enthalten habe oder nicht: EGH. **11** 52/4 (9. 6. 02).

§ 81.

In der Hauptverhandlung ist als Gerichtsschreiber ein dem Vorstande nicht angehörender, am Sitze der Kammer wohnhafter Rechtsanwalt von dem Vorsitzenden zuzuziehen.

I. Inhalt. Es ist schon in Anm. 24 zu § 67 hervorgehoben worden, daß das EG. keine Gerichtsschreiberei besitzt. Für die Hauptverhandlung ist aber nach § 225 StPO. ein Gerichtsschreiber unentbehrlich. Deshalb regelt § 81, durch wen dessen Funktionen in der Hauptverhandlung erfüllt werden. Anm. 1.

II. Der Gerichtsschreiber in der Hauptverhandlung vor dem Ehrengericht. Anm. 2.
1. Zweckmäßigkeit der Bestimmung des § 81. Die Motive 85 begründen die Bestimmung des § 81 damit, daß sie dem Charakter der zur Entscheidung berufenen Organe entspreche. Das mag in gewisser Weise zutreffen, aber dieser Gesichtspunkt wird in anderen Beziehungen von der RAO. durchaus nicht für ausschlaggebend erachtet. Sonst hätte man z. B. den ehrengerichtlichen Untersuchungsrichter nicht aus dem Kreise der Richter entnehmen sollen im Gegensatz zu § 85 RVG., der solche Beschränkung nicht kennt. Betrachtet man aber die Bestimmung des § 81 vom Standpunkte der Zweckmäßigkeit, so erweckt sie schwere Bedenken. Zwar hat jeder RA. während seines Vorbereitungsdienstes genügend Gelegenheit erhalten, sich im Protokollführen auszubilden. Erfahrungsgemäß verliert sich aber die Vertrautheit mit den einschlägigen Bestimmungen durch den Mangel an Übung. Diese wäre leicht wiederzugewinnen, wenn ein RA. etwa für die Dauer des Geschäftsjahres zum Gerichtsschreiber des EG. bestimmt würde. Nun ist es zwar nach § 81 nicht unzulässig, daß für alle Sitzungen in ein und demselben Geschäftsjahre stets derselbe RA. als Gerichtsschreiber zugezogen wird. Da dies aber eine ziemliche Belästigung für den betreffenden RA. bedeuten würde, wird die Praxis schwerlich von solcher Möglichkeit Gebrauch machen. So kommt es denn, daß anscheinend nicht selten Anwälte als Gerichtsschreiber des EG. fungieren, welche offenbar der Protokollführung entwöhnt sind: anders lassen sich nämlich doch die zahlreichen Protokollverstöße, deren in den Entscheidungen des EGH. Erwähnung geschieht, kaum erklären. Daß z. B. ein ehrengerichtliches Hauptverhandlungsprotokoll nicht den Ort der Verhandlung (EGH. **6** 58) oder den Tag der Sitzung (EGH. **4** 24) angibt, daß es den Namen des StA. und des Gerichtsschreibers verschweigt (a. a. O.), daß es die Urteilsformel nicht enthält (EGH. **4** 23; **6** 58/9), daß es den Gang der Beratung und Abstimmung verzeichnet (EGH. **7** 44), sind so krasse Verstöße gegen die Normen über das Sitzungsprotokoll, wie sie bei einem gerichtlichen Protokoll kaum vorkommen dürften. Die Bestimmung des § 81 kann danach schwerlich als eine solche bezeichnet werden, die sich in der Praxis bewährt hat. Fungiert beim EGH. (vgl. § 90 Anm. 7) ein Gerichtsschreiber des RG. als Protokollführer, so dürfte sich eine Änderung des § 81 dahin empfehlen, daß das EG. einen Gerichtsschreiber des OLG. zuzuziehen hat.

2. Ernennung des Gerichtsschreibers. Anm. 3.

a) Die Auswahl des als Gerichtsschreiber bestimmten Rechtsanwalts erfolgt durch den Vorsitzenden und zwar durch Verfügung, deren Bekanntmachung an StA. und Angeklagten es nicht bedarf, da es sich um eine innere geschäftliche Angelegenheit des EG. handelt. Der Ausgewählte wird entweder durch Vorlage der Verfügungsurschrift oder durch sonstige Nachricht von seiner Berufung in Kenntnis gesetzt.

b) § 81 will offenbar eine Berufung als Gerichtsschreiber für jede einzelne Sache getroffen sehen. Damit ist natürlich durchaus vereinbar, daß wenigstens für alle in ein und derselben Sitzung anstehenden Hauptverhandlungstermine derselbe Rechtsanwalt als Gerichtsschreiber zugezogen wird. Anm. 4.

c) Der als Gerichtsschreiber bestimmte Rechtsanwalt darf zur Zeit der Hauptverhandlung nicht dem AKV. angehören und muß am Sitze der Kammer wohnhaft sein. Sonstige Beschränkungen bei der Auswahl erwähnt § 81 nicht. Es muß aber noch ein drittes, vom Gesetz offenbar als selbstverständlich betrachtetes Anm. 5.

Erfordernis gegeben, der Rechtsanwalt muß nämlich Mitglied der AK. sein, deren EG. ihn in der Hauptverhandlung als Gerichtsschreiber verwenden will: denn nur den Mitgliedern der AK. gegenüber hat der Kammervorstand eine autoritative Stellung, die es erklärt, daß der Vorsitzende zu der Zuziehung eines Mitglieds als Gerichtsschreiber ermächtigt ist. Für die Anwaltskammern bei den Oberlandesgerichten hat das Gesagte nur dann Bedeutung, wenn der Rechtsanwalt an mehreren Orten wohnt, nämlich an einem Orte innerhalb und an einem außerhalb des Bezirks der AK., welcher er angehört. Höchst wichtig ist dagegen der hervorgehobene Satz für die AK. bei dem RG.: hier kann nur ein bei dem RG. zugelassener, nicht etwa jeder in Leipzig wohnhafte Rechtsanwalt als Gerichtsschreiber fungieren.

Anm. 6. d) Auch Rechtsanwälte, gegen die ein Strafverfahren oder ein ehrengerichtliches Verfahren schwebt, können als Gerichtsschreiber zugezogen werden, ebenso ehrengerichtlich oder kriminell bestrafte Rechtsanwälte.

Anm. 7. e) Der Berufene ist verpflichtet, als Gerichtsschreiber in der Hauptverhandlung zu fungieren (Mot. 85/6; Anonymus in BayAB. **80** 339; Meyer § 81 Anm. 1; Berger § 81 Anm. 1; Sydow-Jacobsohn § 81 Anm. 1; Geschäftsordnung Rostock § 22 Abs. 1). Bei unbegründeter Weigerung kann der AKV. nach § 49 Ziff. 1 RAO. vorgehen (Meyer § 81 Anm. 1) oder unter Umständen auch wegen Einleitung des ehrengerichtlichen Verfahrens die StA. um Anklageerhebung ersuchen.

Wie zur Ernennung ist der Vorsitzende auch zur Zurücknahme der Ernennung berufen. Zu solcher kann es insbesondere auf Vorstellungen des Ernannten hin kommen. Vgl. Geschäftsordnung Rostock § 22 Abs. 2.

Anm. 8. 3. Hinsichtlich der Ausschließung und Ablehnung des nach § 81 ernannten Gerichtsschreibens gelten nach § 31 Abs. 1 StPO. die für die Ausschließung und Ablehnung der Ehrengerichtsmitglieder maßgebenden Bestimmungen. Insbesondere ist also ein Rechtsanwalt, der zur Zeit der Fassung des Eröffnungsbeschlusses dem AKV. angehörte und bei der Beschlußfassung mitwirkte, nicht als Gerichtsschreiber ausgeschlossen. Die Entscheidung über Ausschließung oder Ablehnung des als Gerichtsschreiber Berufenen erfolgt nach § 31 Abs. 2 StPO. durch das EG.

Anm. 9. 4. Nur in der Hauptverhandlung wird der nach § 81 Berufene als Gerichtsschreiber zugezogen, seine Aufgabe ist es also, das Sitzungsprotokoll herzustellen. Für dieses gelten die Bestimmungen der §§ 271—274 StPO. Zu ihnen ist folgendes zu bemerken:

Anm. 10. a) Nach § 272 Nr. 3 StPO. enthält das Protokoll „die Bezeichnung der strafbaren Handlung nach der Anklage" d. h. die kurze Bezeichnung des im Eröffnungsbeschlusse erwähnten Delikts, nicht etwa eine Angabe der das Vorliegen der Straftat ergebenden Tatsachen. Also genügt es im ehrengerichtlichen Verfahren anzugeben, daß es sich um ein ehrengerichtliches Verfahren auf Grund der §§ 28, 62 RAO. handelt.

Anm. 11. b) Einer dem § 272 Nr. 5 StPO. entsprechenden Angabe bedarf es nicht, da die Hauptverhandlung nach § 82 RAO. stets nicht öffentlich ist.

Anm. 12. c) Daß das Protokoll nach § 273 Abs. 1 StPO. ergeben muß, welche Beweise erhoben, ob die Zeugen beeidigt und welche Schriftstücke verlesen sind, ist zweifellos. Vgl. EGH. **1** 25 (25. 11. 84); **3** 41 (22. 10. 86); **8** 29 (20. 10. 97); **12** 16 (17. 2. 04), 18 (11. 5. 04); Meyer § 81 Anm. 2; Berger § 81 Anm. 2; Sydow-Jacobsohn § 81 Anm. 1. Es fragt sich aber, ob auch die wesentlichen Ergebnisse der Vernehmungen in das Protokoll aufzunehmen sind. § 273 Abs. 2 StPO. schreibt dies nur für die Hauptverhandlung vor dem Schöffengerichte vor, und nach § 66 RAO. finden auf das ehrengerichtliche Verfahren die Vorschriften der StPO. über das Verfahren in den zur Zuständigkeit der Landgerichte gehörigen Strafsachen entsprechende Anwendung. Allein diese Anwendung findet nach § 66 nur insoweit statt, als sich nicht aus den diesem Paragraphen nachfolgenden Bestimmungen Abweichungen ergeben, und das ist hier der Fall.

Die Bestimmung des § 273 Abs. 2 StPO. hängt — vgl. RGSt. **1** 200 (StS. II. 10. 2. 80) — eng mit der Gewährung der Berufung gegen die Urteile des Schöffengerichts zusammen, und § 366 StPO. ergibt deutlich, daß das Gesetz von der Möglichkeit ausgeht, alle in erster Instanz erfolgten Vernehmungen in der Berufungsinstanz durch Verlesung des Protokolls zu ersetzen. Wenn deshalb § 90 RAO. gegen die Urteile des EG. die Berufung an den EGH. gibt, so muß es als Wille des Gesetzes angesehen werden, daß § 273 Abs. 2 StPO. auch für die Hauptverhandlung vor dem EG. zur Anwendung zu kommen hat. Vgl. EGH. **1** 33/4 (3. 2. 81); **2** 32 (23. 2. 85); **4** 32/3 (6. 11. 88); **8** 31/2 (4. 11. 96); Meyer, Berger, Sydow-Jacobsohn a. a. O.

III. Wer nimmt die außerhalb der Hauptverhandlung durch die StPO. dem Gerichtsschreiber zugewiesenen Tätigkeiten wahr? Anm. 13.

1. Einzelne derartige Funktionen weist die RAO. in den §§ 94 Abs. 4, 95, 96 Satz 2, 97 Abs. 2 (vgl. §§ 219 Abs. 2, 275 Abs. 4, 483 Abs. 1 StPO.) dem Schriftführer des Vorstandes zu.

2. Die Bestimmung des § 341 StPO., die gerade einen anderen als den Gerichtsschreiber des zuständigen Gerichts zur protokollarischen Entgegennahme von Erklärungen beruft, gilt auch im ehrengerichtlichen Verfahren. Daß ehrengerichtliche Verfahren gegen inhaftierte Rechtsanwälte vorkommen, zeigen z. B. die Fälle EGH. **7** 137, **8** 14. Anm. 14.

3. Soweit dagegen sonst die StPO. Erklärungen „zu Protokoll des Gerichtsschreibers" zuläßt oder wahlweise mit anderen Formen verlangt, ist damit, wie als heutzutage unstreitig angesehen werden darf, nur der Gerichtsschreiber desjenigen Gerichts gemeint, das für die Entscheidung über den betreffenden Antrag ꝛc. zuständig ist. Da dem EG. außerhalb der Hauptverhandlung ein Gerichtsschreiber fehlt, so können die einschlägigen Erklärungen zu Protokoll des Gerichtsschreibers nicht abgegeben werden. Daraus ergibt sich die eigentümliche Folge, daß ein Wiederaufnahmegesuch zu Protokoll des Gerichtsschreibers (nämlich des RG.) angebracht werden kann, wenn es sich gegen ein Urteil des EGH. richtet, daß es sich dagegen nicht zu Protokoll des Gerichtsschreibers erheben läßt, wenn es gilt, ein nicht in die Berufungsinstanz gelangtes ehrengerichtliches Verfahren zur Wiederaufnahme zu bringen. Daß dies höchst unbillig ist, liegt auf der Hand. Anm. 15.

4. Wegen des in der Voruntersuchung zuzuziehenden Gerichtsschreibers vgl. § 71 Anm. 10. Anm. 16.

§ 82.

Die Hauptverhandlung ist nicht öffentlich. Die Mitglieder der Kammer sind als Zuhörer zuzulassen, andere Personen nur auf Antrag des Angeklagten nach dem Ermessen des Vorsitzenden.

1. Inhalt. Im Gegensatze zu § 103 RVG. schließt § 82 die Öffentlichkeit der ehrengerichtlichen Hauptverhandlung stets aus und regelt, wer in dieser nicht öffentlichen Verhandlung außer den zur Mitwirkung berufenen Personen zugelassen werden kann*). Anm. 1.

*) Bernau, Denkwürdiges aus dem Anwaltstande 18 ff., tritt mit beachtenswerten Gründen dafür ein, im ehrengerichtlichen Verfahren gegen Rechtsanwälte die Öffentlichkeit der Hauptverhandlung nach Maßgabe des § 103 RVG. zu gewähren. Ebenso Lindt BuschsZ. 37 116.

Anm. 2. 2. *Die Hauptverhandlung ist nicht öffentlich* d. h. die Öffentlichkeit muß bei ihr dauernd ausgeschlossen bleiben. Daraus folgt allerdings für die Mitglieder des EG. die Pflicht zur Verschwiegenheit — EGH. **7** 45 (29. 5. 95) —, wie gleiche Pflicht nicht nur dem Vertreter der StA., sondern auch dem als Gerichtsschreiber zugezogenen Rechtsanwalt und zwar allen als Folge ihrer Tätigkeit obliegt, die sie leisten, um der AK., einer juristischen Person des öffentlichen Rechts, die Erfüllung ihrer publizistischen Aufgaben zu ermöglichen. Dagegen besteht weder für den Angeklagten — EGH. **6** 156 (16. 3. 92) — noch für die Zeugen und Sachverständigen kraft Gesetzes ein Schweigegebot, und es kann ihnen auch nicht vom EG. auferlegt werden: denn die einzige einschlägige gesetzliche Bestimmung, nämlich § 175 Abs. 2 GVG., erweist sich, da im ehrengerichtlichen Verfahren die Öffentlichkeit stets kraft Gesetzes ausgeschlossen ist, als unanwendbar. Auch § 184 Abs. 2 StGB. und Art. III des Reichsgesetzes 5. 4. 88 kommen aus gleichem Grunde nicht zur Anwendung. Dagegen kann nach § 32 Abs. 2 PrÄrztEGG. der Vorsitzende des Ehrengerichts „die Anwesenden" zur Verschwiegenheit verpflichten.

Anm. 3. 3. Wie nach GVG. die gerichtsseitige Ausschließung der Öffentlichkeit, so hindert auch nach § 82 RAO. der gesetzliche Ausschluß der Öffentlichkeit nicht die *Zulassung Unbeteiligter*.

Anm. 4. a) *Ein Recht auf Zulassung haben die Mitglieder der Kammer*. Dieses Recht findet aber seine Grenze in denjenigen gesetzlichen Bestimmungen, die auch die Anwesenheit des StA. und des Gerichtsschreibers ausschließen. Auch ein Kammermitglied kann deshalb nicht bei der Beratung und Abstimmung des EG. zugelassen werden.

Wenn nach § 176 Abs. 3 GVG. die Ausschließung der Öffentlichkeit der Anwesenheit der die Dienstaufsicht führenden Beamten der Justizverwaltung bei den Verhandlungen vor dem erkennenden Gerichte nicht entgegensteht, so hat nicht etwa wegen § 59 Abs. 1 RAO. der Präsident des OLG. oder RG. einen Anspruch darauf, der Hauptverhandlung vor dem EG. beizuwohnen: denn § 82 RAO. tritt als abschließende Regelung an die Stelle der §§ 170—176 GVG., die denn auch in § 66 RAO. nicht für anwendbar erklärt sind.

Anm. 5. b) *Wer nicht Mitglied der Kammer ist,* **kann** *als Zuhörer zugelassen werden*. Diese Zulassung ist aber nur statthaft auf Antrag des Angeklagten. Bei dessen Widerspruch darf dem Verlangen auf Zulassung nicht entsprochen werden. Stellt der Angeklagte den Antrag auf Zulassung des Zuhörers, so entscheidet über diese der Vorsitzende und zwar nach freiem Ermessen. Eben deshalb ist es (vgl. RGRspr. **8** 287 — StS. II. 16. 4. 86) ausgeschlossen, gegen die Entscheidung des Vorsitzenden nach § 237 Abs. 2 StPO. den Beschluß des EG. anzurufen.

Anm. 6 Im Ermessen des Vorsitzenden steht es nicht nur, ob er den Betreffenden überhaupt zulassen, sondern auch ob er die Zulassung für die Dauer der ganzen Verhandlung aufrechterhalten will. Ebenso wird man dem Angeklagten gestatten müssen, seinen Antrag auf Zulassung zurückzunehmen, womit dann die erfolgte Zulassung ohne weiteres hinfällig wird.

Anm. 7. c) Auch den Zugelassenen liegt an sich *keine Schweigepflicht* ob. Gleichwohl kann die Art der Verbreitung von Mitteilungen über die Verhandlung das Kammermitglied sehr wohl ehrengerichtlich strafbar machen. Vgl. EGH. **7** 154 (13. 11. 95).

Anm. 8. 4. *Die Bestimmung des § 82 gilt auch für den EGH.* (Meyer Anm. zu § 82). Ein Recht auf Zulassung haben hier, wie auch die Geschäftsordnung des EGH. anerkennt (EGH. **1** 3), nur die Mitglieder derjenigen AK., deren EG. in erster Instanz erkannt hat.

5. Der Ausschluß der Öffentlichkeit bei der Hauptverhandlung vor dem Ehrengerichte und dem EGH. steht der Veröffentlichung der Entscheidungen nicht entgegen, wie sie bezüglich der Entscheidungen des EGH. durch das Schriftführeramt des Deutschen Anwaltsvereins und bezüglich einzelner Entscheidungen der Ehrengerichte in den von Anwaltskammern herausgegebenen Zeitschriften ererfolgt. Vgl. WürttJ. 4 326/7 (AKV. Stuttgart 28. 6. 91). Anm. 9.

§ 83.

Die Hauptverhandlung kann auch ohne Anwesenheit des Angeklagten stattfinden, sofern er zu derselben geladen ist, auch wenn er im Sinne des § 318 der Strafprozeßordnung als abwesend gilt. Eine öffentliche Ladung ist unzulässig.

Das Ehrengericht kann das persönliche Erscheinen des Angeklagten unter der Verwarnung anordnen, daß bei seinem Ausbleiben ein Vertreter nicht werde zugelassen werden.

1. Inhalt. Der Paragraph, dessen Abs. 1 im Entwurfe nur lautete: „Die Hauptverhandlung kann auch ohne Anwesenheit des Angeklagten stattfinden" — der Rest des Abs. 1 wurde von der RTKomm. eingefügt (KommB. 40, 41) — regelt die Frage, wann die Anwesenheit des Angeklagten in der Hauptverhandlung entbehrlich und welches Präjudiz dem Angeklagten für den Fall seines Ausbleibens zu stellen ist. Anm. 1.

2. Während die StPO. im allgemeinen das Erscheinen des Angeklagten in der Hauptverhandlung für notwendig hält und nur ausnahmsweise hievon als entbehrlich absieht, verlangt die RAO. zur Durchführung der Hauptverhandlung niemals das Erscheinen des Angeklagten. Der Angeklagte muß aber die Möglichkeit haben, sich zu verteidigen und deshalb muß dafür gesorgt sein, daß er in geeigneter Weise von dem anberaumten Verhandlungstermine Kenntnis erhält und darüber nicht im Zweifel bleibt, welche besonderen ungünstigen Folgen sich an sein Ausbleiben knüpfen werden. Anm. 2.

3. Deshalb läßt § 83 eine Hauptverhandlung gegen einen Angeklagten Anm. 3.

a) sowohl mangels Anwesenheit oder dauernder Anwesenheit als auch

b) selbst dann zu, wenn der Angeklagte im Sinne des § 318 StPO. abwesend, d. h. wenn sein Aufenthalt unbekannt ist oder wenn er sich im Auslande aufhält. Eine Gestellung des Angeklagten vor das EG. oder den EGH. d. h. die zwangsweise Herbeiführung der Anwesenheit des Angeklagten ist ja nach § 72 RAO. stets unausführbar. Vgl. Berger § 83 Anm. 3; Meyer § 83 Anm. 1.

4. Als Voraussetzung zum Schutze des Angeklagten in dem zu 2 erörterten Sinne verlangt § 83, daß der Angeklagte zu der Hauptverhandlung geladen ist. Anm. 4.

a) Diese Voraussetzung muß nicht nur für eine, etwa für die erste, sondern für jede Hauptverhandlung in erster oder zweiter Instanz gewahrt sein, soll in ihr ohne Anwesenheit des Angeklagten verhandelt werden können: EGH. 3 15/16 (17. 1. 87). Anm. 5.

b) Eine öffentliche Ladung ist nach ausdrücklicher Bestimmung des § 83 unzulässig, also ungenügend, die Voraussetzungen der Verhandlung ohne Anwesenheit des Angeklagten zu schaffen. Der öffentlichen Ladung nach §§ 320, 321 StPO. steht eine nach § 40 StPO. zugestellte Ladung völlig gleich: EGH. 3 16 (17. 1. 87). Anm. 6.

Anm. 7. c) Gegen einen im Auslande lebenden Rechtsanwalt wird also verhandelt werden können, wenn ihm die Ladung gemäß §§ 199—202 ZPO. zugestellt ist, gegen einen Rechtsanwalt, dessen Aufenthalt unbekannt ist, wenn er im Inlande noch eine Wohnung oder ein Geschäftslokal hat, und die Zustellung der Ladung daher nach §§ 181—183 ZPO. möglich ist (Meyer § 83 Anm. 1; Berger § 83 Anm. 3; Sydow-Jacobsohn § 83 Anm. 4).

Anm. 8. d) Ebensowenig, wie im Strafprozeß bei Unterbrechung der Hauptverhandlung zu ihrer Fortsetzung, die spätestens am vierten Tage erfolgen muß, eine besondere Ladung erforderlich ist, bedarf es solcher zur Ermöglichung des Verhandelns ohne Anwesenheit des Angeklagten für den gedachten Fall im ehrengerichtlichen Verfahren (EGH. **3** 33 — 29. 11. 86; Meyer § 83 Anm. 1; Berger § 83 Anm. 2; Sydow-Jacobsohn § 83 Anm. 2).

Anm. 9. 5. Sind die Voraussetzungen des § 83 Abs. 1 gegeben, so **kann** die Hauptverhandlung ohne Anwesenheit des Angeklagten stattfinden.

Anm. 10. a) Ob von dieser Befugnis Gebrauch zu machen, steht im Ermessen des EG. bzw. EGH. Auch wenn das Nichterscheinen des Angeklagten genügend entschuldigt ist, kann ohne seine Anwesenheit verhandelt werden. Vgl. EGH. **3** 32 (29. 11. 86); **9** 29 (23. 11. 98); Meyer § 83 Anm. 1; Berger § 83 Anm. 2; Sydow-Jacobsohn § 83 Anm. 2. Die Verhandlung ohne Anwesenheit des Angeklagten ist zulässig, ohne daß solche Verhandlung durch besonderen Beschluß angeordnet werden müßte: EGH. **1** 28 (16. 11. 83).

Anm. 11. b) Es steht aber auch nichts im Wege, bei hinreichenden Entschuldigungsgründen für das Nichterscheinen des Angeklagten die Verhandlung zu vertagen. Inwieweit solche Gründe einer Glaubhaftmachung bedürfen, ist wiederum Ermessenssache. Vgl. EGH. **3** 32/3 (29. 11. 86); **5** 31/2 (24. 11. 90); **7** 45 (29. 5. 95); **10** 73 (13. 3. 01), 76 (13. 3. 01), 80 (13. 3. 01). Für die Frage, ob eine Vertagung zu bewilligen ist, wird auch von Bedeutung sein, ob der Angeklagte nicht für Bestellung eines Verteidigers hätte sorgen oder seine Verteidigung durch schriftliche Eingabe hätte zu den Akten bringen können und ob überhaupt nach dem ganzen Verhalten des Angeklagten anzunehmen ist, er werde in einem späteren Termine selbst erscheinen. Vgl. EGH. **6** 77 (15. 6. 92); **7** 47/8 (20. 3. 95), 62/3 (6. 6. 94), 137 (27. 11. 95); **8** 14/5 (12. 5. 97); **10** 80 (13. 3. 01); **11** 13/4 (9. 6. 02).

Anm. 12. c) Die Verhandlung ohne Anwesenheit des Angeklagten ist nicht durch einen diesbezüglichen Hinweis in der Ladung bedingt. Allerdings erfordert § 231 Abs. 2 StPO. solchen Hinweis, aber nach der StPO. ist eben die Verhandlung ohne Anwesenheit des Angeklagten nur in engen Grenzen zulässig und deshalb der besondere Hinweis geboten, nach der RAO. ist die Anwesenheit des Angeklagten, wenn er überhaupt geladen ist, stets entbehrlich, für eine besondere, bereits im Gesetz enthaltene Belehrung ist also kein Raum.

Anm. 13. 6. Der Angeklagte kann sich infolge der Entbehrlichkeit seiner Anwesenheit gemäß § 233 StPO. in der Hauptverhandlung durch einen mit schriftlicher Vollmacht versehenen Verteidiger vertreten lassen. Ebenso: Meyer § 83 Anm. 2; Berger § 83 Anm. 1. A. M.: Sydow-Jacobsohn § 83 Anm. 1, da er den § 83 RAO. auch § 233 StPO. ersetzen läßt. An das gedachte Recht des Angeklagten knüpft das einzige Mittel an, das dem EG. — nicht dem EGH. (s. § 91 Anm. 13) — zur Verfügung steht, um den Angeklagten zum persönlichen Erscheinen zu veranlassen.

Anm. 14. a) Das EG. kann das persönliche Erscheinen des Angeklagten unter der Verwarnung anordnen, daß bei seinem Ausbleiben ein Vertreter nicht werde zugelassen werden.

b) Diese Zurückweisung eines als Vertreter auftretenden Verteidigers ist nur statthaft, wenn ein bezüglicher Beschluß dem Angeklagten vorher bekannt gemacht ist. Anm. 15.

c) Die Anordnung kann bereits vor der Hauptverhandlung erlassen werden. Zuständig zu ihrem Erlasse ist nur das EG., nicht dessen Vorsitzender. Anm. 16.

d) Ob von der Befugnis des § 83 Abs. 2 Gebrauch zu machen, steht im Ermessen des EG. Vgl. EGH. **1** 28 (16. 11. 83); Meyer § 83 Anm. 5; Berger § 83 Anm. 5. Anm. 17.

e) Das Recht des erschienenen Angeklagten, sich eines Verteidigers zu bedienen, kann nicht beschränkt werden (Meyer § 83 Anm. 3). Anm. 18.

7. Entsprechend den Verhandlungen der RTKomm. (Siegeth Anhang 117) hält der KommB. 40 gegenüber einem im Sinne der StPO. abwesenden Rechtsanwalt, gegen den eine Hauptverhandlung möglich ist, die Anwendung der §§ 325, 326 StPO. für statthaft (ebenso Berger § 83 Anm. 4; Sydow-Jacobsohn § 83 Anm. 3). Das ist nicht richtig. Die RAO. kennt nicht, wie die StPO., ein besonderes Verfahren gegen „Abwesende". Die „Abwesenheit" des Angeklagten ist an sich für das Verfahren vor dem EG. bedeutungslos. Nur nach Maßgabe des § 65 Abs. 4 RAO. ist die „Abwesenheit" von Einfluß, nämlich dahin, daß sie ein sonst unstatthaftes ehrengerichtliches Verfahren zulässig macht. Auf die Gestaltung des Verfahrens hat aber auch hier die „Abwesenheit" des Angeklagten keinerlei Wirkung. Deshalb ist es auch nicht richtig, § 322 Satz 2 StPO. zur Anwendung zu bringen, wie dies Berger und Sydow-Jacobsohn a. a. O. sowie Meyer § 83 Anm. 4 tun. Anm. 19.

8. Nach § 234 StPO. kann der Angeklagte, ohne dessen Anwesenheit die Hauptverhandlung stattgefunden, gegen das Urteil Wiedereinsetzung in den vorigen Stand unter den gleichen Voraussetzungen wie gegen die Versäumung einer Frist nachsuchen, es sei denn, daß er von der Verpflichtung zum Erscheinen in der Hauptverhandlung entbunden war oder in ihr sich hatte vertreten lassen. Während der EGH. ein einschlägiges Wiedereinsetzungsgesuch in dem Beschluß vom 21. 1. 96 (EGH. **8** 95/6) einer materiellen Prüfung unterzogen hatte, hat er später — EGH. **11** 66/7 (6. 10. 03) — die Anwendbarkeit des § 234 StPO. im ehrengerichtlichen Verfahren verneint (ebenso Sydow-Jacobsohn § 83 Anm. 5). Gerechtfertigt wird dies vom EGH. damit, aus § 234 Abs. 2 StPO. und den Motiven hiezu ergebe sich, daß ein Grund für die Zulassung der Wiedereinsetzung nur in den Fällen gegeben sei, in welchen infolge Versäumung der Hauptverhandlung der Angeklagte mit seiner Verteidigung ausgeschlossen werde. Davon könne im ehrengerichtlichen Verfahren, in dem der Angeklagte nicht in der Hauptverhandlung zu erscheinen brauche und sich auch schriftlich verteidigen könne, keine Rede sein. Das ist nicht für richtig zu halten. Auch im Strafprozeß braucht in den Fällen des § 231 StPO. der Angeklagte in der Hauptverhandlung nicht zu erscheinen. Seine schriftlichen Verteidigungseingaben werden in gleicher Weise Berücksichtigung finden können, wie im ehrengerichtlichen Verfahren: denn in diesem kommen betreffs des Verlesbarkeit von Urkunden — und zu solchen gehören die Eingaben des Angeklagten, vgl. RGSt. **18** 23 (StS. I. 30. 4. 88) — die einschlägigen Bestimmungen der StPO. unverändert zur Anwendung. Anm. 20.

§ 234 Abs. 1 StPO. gilt also auch im ehrengerichtlichen Verfahren. Bezüglich seiner Anwendung liegen die Verhältnisse ebenso, wie im objektiven Verfahren des Strafprozesses (vgl. über die dort bestehenden Ansichten M. Friedländer, Objektives Verfahren 38/9, wo auch die Literatur zitiert ist). Da eine Verpflichtung zum Erscheinen in der ehrengerichtlichen Hauptverhandlung nicht besteht, also auch eine Entbindung von solcher Pflicht nicht möglich ist, beschränkt sich Abs. 2 des § 234 Anm. 21.

StPO. im ehrengerichtlichen Strafverfahren auf den Fall, daß der Angeklagte sich hat vertreten lassen (vgl. auch § 93 Anm. 17 wegen der Anwendbarkeit des § 234 StPO. im ehrengerichtlichen Zulassungsverfahren).

Anm. 22. 9. Ist nach § 83 eine Verhandlung gegen einen abwesenden Angeklagten nicht möglich, so bleibt nur die vorläufige Einstellung des Verfahrens übrig, die auch noch in der Berufungsinstanz zulässig ist. Vgl. EGH. **3** 15/6 (17. 1. 87), 16/7 (27. 9. 87); **4** 291/2 (4. 10. 87); **11** 59/60 (17. 6. 03); Meyer § 83 Anm. 1; Berger § 83 Anm. 3; Sydow-Jacobsohn § 83 Anm. 4.

§ 84.

In der Hauptverhandlung hält nach Verlesung des Beschlusses über die Eröffnung des Hauptverfahrens ein Berichterstatter in Abwesenheit der Zeugen einen Vortrag über die Ergebnisse des bisherigen Verfahrens, soweit dieselben sich auf die in dem Beschlusse über die Eröffnung des Hauptverfahrens enthaltenen Thatsachen beziehen.

Anm. 1. 1. Inhalt. Der § 84 ändert den Gang, den die Hauptverhandlung im Strafprozeß nimmt, für das ehrengerichtliche Verfahren insofern ab, als zwischen die Verlesung des Eröffnungsbeschlusses und die Vernehmung des Angeklagten zur Sache bzw. (bei Nichtanwesenheit des Angeklagten) die Beweisaufnahme eine Berichterstattung über die Ergebnisse des bisherigen Verfahrens sich einschiebt.

Anm. 2. 2. Die Hauptverhandlung beginnt nach § 242 Abs. 1 StPO. mit dem Aufrufe der Zeugen und Sachverständigen. Daran schließt sich bei Anwesenheit des Angeklagten dessen Vernehmung über seine persönlichen Verhältnisse und die Verlesung des Eröffnungsbeschlusses (§ 242 Abs. 2 StPO.).

Anm. 3. 3. Hierauf folgt die von § 84 vorgeschriebene Berichterstattung über die Ergebnisse des bisherigen Verfahrens.

a) Die Berichterstattung ersetzt nicht die Beweisaufnahme. Das ist für § 365 StPO., dessen die Motive 90 gedenken, nach Abs. 2 des genannten Paragraphen unzweifelhaft. Daß es aber nicht minder für die RAO. gilt, zeigen die §§ 85 ff., die sich mit der Beweisaufnahme vor dem EG. befassen. Derselben Ansicht ist der EGH. in konstanter Rechtsprechung. Vgl. EGH. **1** 25 (25. 11. 84); **2** 18 (18. 11. 85); **3** 41 (22. 10. 86), 47 (13. 4. 86); **8** 21 (10. 11. 97), 31 (4. 11. 96); Berger Anm. zu § 84; Sydow-Jacobsohn § 84 Anm. 1. Hienach wird sich eine nicht zu umfangreich gehaltene Berichterstattung empfehlen.

Anm. 4. b) Die Berichterstattung erfolgt durch ein Mitglied des EG. (Meyer § 84 Anm. 3), dessen Bestimmung Sache des Vorsitzenden ist. Dieser Funktion des Vorsitzenden gedenken die Geschäftsordnungen Frankfurt a. M. § 10 und Darmstadt § 36.

§ 85.

Das Ehrengericht bestimmt den Umfang der Beweisaufnahme, ohne hierbei durch Anträge, Verzichte oder frühere Beschlüsse gebunden zu sein.

Anm. 1. 1. Inhalt. Der Paragraph überläßt dem Ehrengericht die Bestimmung des Umfangs der Beweisaufnahme.

Anm. 2. 2. An die Berichterstattung gemäß § 84 schließt sich die Vernehmung des Angeklagten zur Sache und die Beweisaufnahme.

Für die Beweisaufnahme gelten die Bestimmungen der StPO. Von diesen enthalten jedoch die §§ 85, 86, 88 wichtige und einschneidende Abweichungen in einzelnen grundlegenden Punkten. Anm. 3.

3. Das Ehrengericht bestimmt den Umfang der Beweisaufnahme. Anm. 4.

a) Nach § 244 Abs. 1 StPO. ist mangels Verzichts der StA. und des Angeklagten die Beweisaufnahme auf die sämtlichen vorgeladenen Zeugen und Sachverständigen sowie auf die anderen herbeigeschafften Beweismittel zu erstrecken. Da diese Bestimmung für das Verfahren in landgerichtlichen Strafsachen erster Instanz durch keinerlei Ausnahmen durchbrochen ist, würde sie gemäß § 66 RAO. an sich auch im Verfahren vor dem EG. zur Anwendung kommen. § 85 schließt diese Anwendbarkeit aber für die Verhandlung vor dem EG. aus; das EG. ist in Bemessung des Umfangs der Beweisaufnahme frei, wie dies nach § 244 Abs. 2 StPO. auch das Schöffengericht ist. Anm. 5.

b) Das EG. bestimmt den Umfang der Beweisaufnahme, kann also von einer solchen, wenn die in der Hauptverhandlung abgegebenen Erklärungen des Angeklagten zur Urteilsfindung genügen, auch völlig absehen: EGH. **12** 24 (11. 6. 04). Anm. 6.

c) So wenig das EG. durch Beweisanträge gebunden ist, so gelten doch die Bestimmungen der §§ 243 Abs. 2, 245 auch für das EG. Es ist unstatthaft, einen Beweisantrag, der nicht bloß eventuell gestellt ist, erst in den Gründen des Urteils abzulehnen: EGH. **9** 38 (8. 11. 99); **11** 5/6 (3. 3. 02). Anm. 7.

d) § 85 gilt nur für das EG., während für den EGH. (vgl. § 91 Anm. 15) der § 244 Abs. 1 StPO. maßgebend ist. Anm. 8.

4. Das freie Ermessen des EG. bezüglich des Umfangs der Beweisaufnahme unterliegt Beschränkungen in zwei Punkten: Anm. 9.

a) Die eine Beschränkung ergibt sich aus § 88, sie betrifft die Frage, ob ein spezielles Beweismittel in der Hauptverhandlung überhaupt zur Verwendung kommen soll.

b) Die andere Beschränkung enthält § 86 Abs. 3, bei ihr handelt es sich darum, ob Zeugen- bzw. Sachverständigenvernehmung erfolgen oder Urkundenbeweis erhoben werden soll.

Im einzelnen siehe die Anmerkungen zu §§ 86, 88.

§ 86.

Das Ehrengericht kann nach freiem Ermessen die Vernehmung von Zeugen oder Sachverständigen durch einen ersuchten Richter oder in der Hauptverhandlung anordnen.

Auf das Ersuchen finden die §§ 158 bis 160, 166 des Gerichtsverfassungsgesetzes*) entsprechende Anwendung.

Die Vernehmung muß auf Antrag der Staatsanwaltschaft oder des Angeschuldigten in der Hauptverhandlung erfolgen, sofern nicht voraussichtlich der Zeuge oder Sachverständige am Erscheinen in der Hauptverhandlung verhindert oder sein Erscheinen wegen großer Entfernung besonders erschwert sein wird.

---

*) Die betreffenden Paragraphen des Gerichtsverfassungsgesetzes lauten:

§ 158. Das Ersuchen um Rechtshülfe ist an das Amtsgericht zu richten, in dessen Bezirke die Amtshandlung vorgenommen werden soll.

§ 159. Das Ersuchen darf nicht abgelehnt werden.

Anm. 1 1. Inhalt. Der Paragraph regelt die kommissarische Vernehmung von Zeugen und Sachverständigen im ehrengerichtlichen Verfahren und die Voraussetzungen, unter denen solche Vernehmung genügt.

Anm. 2. 2. Die StPO. geht in § 249 von der Unmittelbarkeit der Beweisführung als Regel aus. Diese Regel gilt an sich auch für das ehrengerichtliche Verfahren. Während aber die Ausnahmen, welche die StPO. zuläßt, nicht sehr umfangreich sind, ist die Durchbrechung der Regel in der RAO. so stark, daß die Regel eigentlich zur Ausnahme wird. Abgesehen von den Fällen, daß ein Zeuge oder Sachverständiger verstorben oder in Geisteskrankheit verfallen oder daß sein Aufenthalt nicht zu ermitteln gewesen (§ 250 Abs. 1 StPO.), ist statt der Vernehmung des Zeugen oder Sachverständigen die Verlesung des Protokolls über seine Vernehmung nach der StPO. nur zulässig, wenn die Voraussetzungen des § 222 StPO. vorliegen (§ 250 Abs. 2 StPO.). Dagegen ist nach § 86 RAO. auch darüber das freie Ermessen des EG. maßgebend, ob die Zeugen oder Sachverständigen in der Hauptverhandlung oder kommissarisch zu vernehmen sind. Liegt nicht einer der in Abs. 3 Halbsatz 2 im Anschluß an § 222 StPO. geregelten Fälle vor, so zessiert dieses Ermessen, sobald StA. oder Angeklagter die Vernehmung in der Hauptverhandlung verlangen.

Anm. 3. 3. Das freie Ermessen des Ehrengerichts über die Wahl zwischen Vernehmung in der Hauptverhandlung und kommissarischer Vernehmung ist unbedingt gegeben,

a) wenn der Zeuge oder Sachverständige am Erscheinen in der Hauptverhandlung verhindert ist. Die Motive 91 nehmen hiezu auf § 222 StPO. Bezug, indessen ist die Abweichung des § 86 Abs. 3 RAO. von § 222 Abs. 1 StPO. doch nicht unerheblich. Die StPO. verlangt „für eine längere oder ungewisse Zeit" bestehende Hindernisse, die RAO. nur die Verhinderung überhaupt. § 222 StPO. schlägt nicht ein, wenn das Hindernis nur gerade den speziellen Hauptverhandlungstermin betrifft, § 86 Abs. 3 RAO. ist dagegen auch in solchem Falle anwendbar.

Anm. 4. Das Ermessen des EG. betreffs des beregten Punktes ist ferner bedingungslos frei,

b) wenn das Erscheinen des Zeugen oder Sachverständigen in der Hauptverhandlung wegen großer Entfernung besonders erschwert sein wird. Hier besteht völlige Übereinstimmung mit der Vorschrift des § 222 Abs. 2 StPO.

Anm. 5. 4. In den nicht unter 3 erwähnten Fällen ist das dort gedachte freie Ermessen des Ehrengerichts nur so lange vorhanden, als nicht Staatsanwalt oder Angeklagter die Vernehmung in der Hauptverhandlung beantragen.

Das Ersuchen eines nicht im Instanzenzuge vorgesetzten Gerichts ist jedoch abzulehnen, wenn dem ersuchten Gerichte die örtliche Zuständigkeit mangelt, oder die vorzunehmende Handlung nach dem Rechte des ersuchten Gerichts verboten ist.

§ 160. Wird das Ersuchen abgelehnt, oder wird der Vorschrift des § 159 Abs. 2 zuwider dem Ersuchen stattgegeben, so entscheidet das Oberlandesgericht, zu dessen Bezirke das ersuchte Gericht gehört. Eine Anfechtung dieser Entscheidung findet nur statt, wenn dieselbe die Rechtshülfe für unzulässig erklärt, und das ersuchende und das ersuchte Gericht den Bezirken verschiedener Oberlandesgerichte angehören. Ueber die Beschwerde entscheidet das Reichsgericht.

Die Entscheidungen erfolgen auf Antrag der Betheiligten oder des ersuchenden Gerichts ohne vorgängige mündliche Verhandlung.

§ 166. Für die Höhe der den geladenen Zeugen und Sachverständigen gebührenden Beträge sind die Bestimmungen maßgebend, welche bei dem Gerichte gelten, vor welches die Ladung erfolgt.

Sind die Beträge nach dem Rechte des Aufenthaltsorts der geladenen Personen höher, so können die höheren Beträge gefordert werden.

Bei weiterer Entfernung des Aufenthaltsorts der geladenen Personen ist denselben auf Antrag ein Vorschuß zu bewilligen.

a) Wird ein solcher Antrag gestellt, dann darf der Zeuge oder Sachverständige nicht kommissarisch vernommen werden. Will das EG. den Betreffenden vernommen wissen, so muß es ihn in der Hauptverhandlung vernehmen. Unbenommen aber bleibt es dem EG. auch nach Stellung des fraglichen Antrags, eine Vernehmung des Zeugen oder Sachverständigen überhaupt nicht herbeizuführen. § 86 Abs. 3 sichert der StA. und dem Angeklagten nicht die Vernehmung der fraglichen Personen als ein Parteienrecht, wie dies § 244 Abs. 1 StPO. tut, sondern hindert nur eine Durchbrechung der Unmittelbarkeit der Beweisführung.

b) Da der Antrag des § 86 Abs. 3 solange gestellt werden kann, als das Protokoll über die kommissarische Vernehmung noch nicht verlesen ist, so präjudiziert ein Beschluß des EG. auf kommissarische Vernehmung von Zeugen und Sachverständigen den Rechten aus dem gedachten Absatze nicht. Hat aber einmal eine kommissarische Vernehmung stattgefunden, so gibt § 88 den Parteien ein Mittel an die Hand, die Verwertung der Aussage dem EG. aufzuzwingen. Freilich versagt er, wenn etwa die StA. die Verlesung des Vernehmungsprotokolls beantragt, der Angeklagte dagegen die Vernehmung in der Hauptverhandlung verlangt. Dann kann dem ersten Antrage nicht entsprochen werden, und damit hat das EG. wieder freie Hand, den zweiten Antrag wegen Entbehrlichkeit des Zeugen oder Sachverständigen gemäß § 85 abzulehnen. Anm. 6.

5. Eine kommissarische Vernehmung des Angeklagten kennt die StPO. nur im Falle des § 232. Dieser Paragraph findet (vgl. § 83 Anm. 21) im ehrengerichtlichen Verfahren keine Anwendung, und damit entfällt für das ehrengerichtliche Strafverfahren auch die Möglichkeit einer kommissarischen Vernehmung des Angeklagten. Im ehrengerichtlichen Zulassungsverfahren läßt dagegen § 93 Abs. 2 eine derartige Vernehmung zu. Anm. 7.

6. Kommissarische Vernehmung durch einen beauftragten Richter? Anm. 8.

§ 86 erwähnt als Form der kommissarischen Vernehmung nur die Vernehmung durch einen ersuchten Richter, während die StPO. wahlweise die Vernehmung durch einen ersuchten oder durch einen beauftragten Richter zuläßt. Die Mot. 91 erwähnen dies ausdrücklich, indem sie hervorheben, daß die Vernehmung eines Zeugen oder Sachverständigen in der Hauptverhandlung erfolgen muß, „sofern nicht Umstände vorliegen, welche auch nach § 222 der StPO. das Gericht berechtigen würden, die Vernehmung durch einen beauftragten oder ersuchten Richter anzuordnen". Es fragt sich danach, ob die RAO. eine Vernehmung durch einen beauftragten Richter hat ausschließen wollen oder ob § 86 der berichtigenden Auslegung dahin bedarf, daß, soweit eine Vernehmung durch einen ersuchten Richter statthaft ist, die Vernehmung auch durch einen beauftragten Richter, also durch ein Mitglied des EG., erfolgen kann.

Die Beantwortung der Frage ist recht zweifelhaft, sie dürfte aber doch wohl in letzterem und nicht in ersterem Sinne zu lauten haben. Anm. 9.

Der AKV. — und das EG. ist ja nur eine besondere Erscheinungsform desselben — kann nach § 49 Abs. 2 RAO. die in Abs. 1 Ziff. 2 und 3 ebenda bezeichneten Geschäfte einzelnen seiner Mitglieder übertragen, und diesen „beauftragten" Mitgliedern (§ 58 Abs. 2) steht gegenüber den Kammermitgliedern dasselbe Recht zu Zwangsstrafen zu, wie dem AKV. selbst (§ 58 Abs. 2 und 3). Ein Mitglied des EG. als beauftragter Richter wäre danach also sicher nichts mit den sonstigen Bestimmungen der RAO. Unvereinbares.

Will man eine kommissarische Vernehmung im ehrengerichtlichen Verfahren nur durch einen ersuchten Richter bewirken lassen, so muß man sich auch der Konsequenzen bewußt sein. Dann ist das EG. auf ein Ersuchen auch verwiesen, wenn ein am Sitze des EG. wohnhafter Zeuge oder Sachverständiger wegeunfähig Anm. 10.

ist, und nicht das EG. mit StA., Gerichtsschreiber und Angeklagtem sich in die Wohnung des Betreffenden begeben will. Allerdings ist auch in solchen Fällen ein Ersuchen um Rechtshilfe nach den in § 86 Abs. 2 erwähnten Bestimmungen des GVG. nicht unzulässig. Anerkanntermaßen sind aber Ersuchen um Rechtshilfe an das Amtsgericht am Sitze des ersuchenden Gerichts ungehörig, und es wird ihnen im Aufsichtswege entgegengetreten. Hier aber wäre das EG. geradezu auf ein derartiges Ersuchen verwiesen.

Anm. 11. Noch ein weiterer Punkt kommt in Betracht. § 86 gedenkt nur der kommissarischen Vernehmung von Zeugen und Sachverständigen, nicht der kommissarischen Augenscheinseinnahme. § 224 StPO. behandelt diese und läßt auch sie entweder durch einen beauftragten oder durch einen ersuchten Richter bewirken. Daß eine kommissarische Augenscheinseinnahme dem EG. versagt sein sollte, ist schwerlich anzunehmen, § 86 RAO. ist also keine abschließende Regelung der kommissarischen Vernehmungen. Dann aber steht seiner berichtigenden Auslegung im obigen Sinne auch nichts entgegen.

Anm. 12. Zur Protokollführung ist dem beauftragten Richter in Anwendung des § 81 RAO. vom Vorsitzenden ein Rechtsanwalt als Gerichtsschreiber beizuordnen.

Anm. 13. 7. Bei den kommissarischen Beweisaufnahmen sind die Staatsanwaltschaft, der Angeklagte und der Verteidiger gemäß § 223 StPO. von den Beweisterminen zu benachrichtigen (Meyer und Berger § 86 Anm. 3).

Anm. 14. 8. Erfolgt die kommissarische Beweisanfnahme durch einen ersuchten Richter, so wird das Ersuchen — von einem gleich zu erwähnenden Punkte abgesehen — vollkommen ebenso behandelt, wie ein Rechtshilfeersuchen eines ordentlichen Gerichts. Es richtet sich also an das in § 158 GVG. bezeichnete Amtsgericht und kann nur aus den Gründen des § 159 Abs. 2 GVG. abgelehnt werden. Eine Abweichung findet allerdings statt: der § 165 GVG., der sich über die Kosten der Rechtshilfe verhält, ist in § 86 Abs. 2 nicht angezogen und deshalb nicht anwendbar — GoltdArch. **38** 235 (OLG. Darmstadt 28. 1. 90) —, auch für diese Kosten gilt vielmehr § 94 Abs. 3 RAO., die AK. hat also die gesamten Rechtshilfekosten zu erstatten.

Mit Recht weist übrigens Turnau § 86 Anm. 1 darauf hin, daß nur das EG., nicht auch sein Vorsitzender, ersuchen kann.

Anm. 15. Für die die Zulässigkeit der Rechtshilfe betreffenden, gegen die einschlägigen Entscheidungen des ersuchten Richters gerichteten Beschwerden und weiteren Beschwerden gilt § 160 GVG. Im Sinne des § 160 Abs. 1 Satz 2 GVG. gehören die Ehrengerichte der bei den Oberlandesgerichten bestehenden Anwaltskammern dem Bezirk des betreffenden OLG. an, das ja für sie Beschwerdeinstanz ist (§ 89). Dagegen kann die AK. bei dem RG., gegen deren Entscheidungen die Beschwerde an das RG. geht (§ 98), nicht als zu einem Oberlandesgerichtsbezirk gehörig angesehen werden.

Anm. 16. 9. Die Anordnungen nach § 86 kann das EG. auch außerhalb der Hauptverhandlung treffen (Mot. 91; Meyer, Berger, Sydow-Jacobsohn § 86 Anm. 2).

Anm. 17. 10. Wegen der Verlesung des Protokolls über die kommissarische Vernehmung s. § 88.

Anm. 18. 11. § 86 gilt auch für den EGH. (§ 91). Daß der EGH. nicht als dem Bezirke eines OLG. angehörig gelten kann, ergibt sich ohne weiteres aus seinem Verhältnisse zum RG. (vgl. darüber § 90 Anm. 3 ff.).

§ 87.

Die Verhängung von Zwangsmaßregeln, sowie die Festsetzung von Strafen gegen Zeugen und Sachverständige, welche in der Hauptverhandlung ausbleiben oder ihre Aussage oder deren Beeidigung verweigern, erfolgt auf Ersuchen durch das Amtsgericht, in dessen Bezirke dieselben ihren Wohnsitz und in Ermangelung eines solchen ihren Aufenthalt haben.

1. Inhalt. Die RAO. hat zwar die Zeugen- und Sachverständigenpflicht im ehrengerichtlichen Verfahren anerkannt, es aber für bedenklich gehalten, die Realisierung dieser Pflicht durch Zwangsmaßregeln oder Strafen dem EG. und EGH. anzuvertrauen (Mot. 91). Deshalb regelt § 87, welcher Behörde an Stelle der ehrengerichtlichen Organe diese Tätigkeit obliegt. Anm. 1.

2. Die Verurteilung in die durch das Ausbleiben, die Aussage- oder die Eidesweigerung entstandenen Kosten erfolgt durch EG. oder EGH. (Sydow-Jacobsohn § 87 Anm. 1, Meyer § 87 Anm. 2). Anm. 2.

3. a) Dagegen steht dem EG. und dem EGH. die Anordnung der Vorführung, die Verhängung der Zwangshaft und die Erkennung der Strafen nach §§ 50, 69, 77 StPO. nicht zu, und Gleiches gilt natürlich auch von dem beauftragten Richter. Anm. 3.

b) Für diese Maßregeln ist das Amtsgericht zuständig, in erster Linie das Amtsgericht, in dessen Bezirk der Zeuge oder Sachverständige seinen Wohnsitz hat, in zweiter Linie, nämlich beim Mangel eines Wohnsitzes der betreffenden Person, das Amtsgericht, in dessen Bezirk sie ihren Aufenthalt hat. Anm. 4.

c) Das Gesetz spricht von einem Ersuchen an dieses Amtsgericht. Dieses Ersuchen ist kein Ersuchen um Rechtshilfe im Sinne der §§ 158, 159 GVG.: es fehlt dem EG. und EGH. die abstrakte Zuständigkeit zu den in Frage kommenden Maßregeln, EG. und EGH. sind gar nicht in der Lage, die Maßregeln selbst vorzunehmen, vielmehr genötigt, um ihre Vornahme das Amtsgericht anzugehen. Daher erklärt sich denn auch, daß im Gegensatze zu § 86 der § 87 die Bestimmungen des GVG. über Rechtshilfe nicht für anwendbar erklärt. (Vgl. A. Friedländer, Die Rechtshilfe im Verkehr mit den ordentlichen Gerichten, Berlin 1906, §§ 157, 158 GVG. Anm. 4 I; §§ 86, 87, 91 RAO. Anm. 2). Anm. 5.

4. Das Amtsgericht hat selbständig zu prüfen, ob die Voraussetzungen für die in Betracht kommenden Maßnahmen gegeben sind. Meyer § 87 Anm. 3. In den Fällen der §§ 50 Abs. 4, 69 Abs. 5, 77 Abs. 2 StPO. hat das Amtsgericht und nicht etwa das EG. oder der EGH. direkt sich an das Militärgericht oder die Militärbehörde zu wenden. Anm. 6.

5. Gegen die Entscheidungen des Amtsgerichts steht dem EG. und EGH. lediglich Beschwerde im Aufsichtswege zu. Anm. 7.

6. Der ehrengerichtliche Untersuchungsrichter legt dem ungehorsamen Zeugen und Sachverständigen nicht nur die ihm zur Last fallenden Kosten auf, er verhängt auch die in § 87 erwähnten Maßnahmen selbst, wie Gleiches von einem seitens dieses Untersuchungsrichters oder gemäß § 86 ersuchten Amtsrichters gilt (Mot. 91; Berger Anm. zu § 87; Meyer § 87 Anm. 4; Sydow-Jacobsohn § 87 Anm. 1). Anm. 8.

§ 88.

Die Aussage eines außerhalb der Hauptverhandlung vernommenen Zeugen oder Sachverständigen, dessen Vernehmung nicht in der Hauptverhandlung erfolgen muß, ist, sofern es die Staatsanwaltschaft oder der Angeklagte beantragt oder das Ehrengericht es für erforderlich erachtet, zu verlesen.

Anm. 1. 1. Inhalt. Der Paragraph regelt die Frage, wann das Protokoll über die Aussage eines außerhalb der Hauptverhandlung vernommenen Zeugen oder Sachverständigen zu verlesen ist und damit indirekt die Frage, wann solche Verlesung zulässig ist.

Anm. 2. 2. § 88 steht in direkter Beziehung zu § 86: Soweit nach § 86 die Vernehmung eines Zeugen oder Sachverständigen — falls diese Beweismittel überhaupt benützt werden sollen — in der Hauptverhandlung erfolgen muß, ist die Verlesung von Protokollen über frühere Vernehmungen dieser Personen unzulässig. Im übrigen ist sie an sich zulässig, jedoch nur unter Berücksichtigung

Anm. 3. 3. der folgenden Voraussetzungen der Verlesbarkeit.

a) Es muß sich um Protokolle handeln, die in dem fraglichen ehrengerichtlichen Verfahren, im Ermittlungsverfahren, in der Voruntersuchung oder nach Eröffnung des Hauptverfahrens, aufgenommen sind. Auf Protokolle aus anderen Sachen findet § 88 keine Anwendung. Vgl. EGH. **1** 41 (29. 12. 84); **5** 7 (29. 12. 90); **6** 62 (7. 12. 93); **7** 28 (7. 2. 94), 34 (13. 11. 95); **8** 32 (4. 11. 96), 59 (4. 11. 96), 63 (24. 2. 97), 65 (20. 10. 97); **9** 46 (23. 11. 98); **10** 78 (13. 3. 01); Sydow-Jacobsohn § 88 Anm. 2; Berger § 86 Anm. 4, § 88 Anm. 2; Meyer § 88 Anm. 3.

Anm. 4. b) Nur Protokolle über Vernehmung von Zeugen oder Sachverständigen betrifft § 88, nicht Protokolle über Vernehmung von Angeklagten. Für sie gilt § 253 StPO. (Sydow-Jacobsohn § 88 Anm. 3).

Anm. 5. c) Die Verlesung des Protokolls soll die Vernehmung ersetzen, also muß die Beeidigung, sofern sie gesetzlich geboten ist, auch erfolgt sein. Ebenso: EGH. **1** 26 (25. 11. 84); **3** 18 (16. 11. 86), 50 (25. 3. 87); **4** 24 (23. 10. 89), 27 (9. 3. 88), 54 (10. 4. 89); **5** 58 (1. 7. 91); **7** 19, 23 (13. 12. 94), 26 (7. 2. 94), 33 (23. 5. 94), 39 (23. 5. 94); **8** 46 (4. 11. 96), 48 (10. 3. 97), 67 (27. 3. 96); **9** 56 (6. 7. 98), 58/9 (14. 6. 99); **10** 78 (13. 3. 01); **12** 19 (11. 5. 04); Meyer § 88 Anm. 4; Berger § 86 Anm. 4, § 88 Anm. 2.

Anm. 6. d) Dagegen ist die Einhaltung der Vorschriften in §§ 191, 223 StPO. keine Voraussetzung der Verlesbarkeit (EGH. **5** 49/50 — 20. 10. 90). Ist die nochmalige Vernehmung des Zeugen oder Sachverständigen möglich, so läßt sich die Verlesung ja durch einen Antrag gemäß § 86 Abs. 3 RAO. verhindern, andernfalls ist schon nach § 250 StPO. die Verlesung statthaft.

Anm. 7. 4. Nur die Verlesung des Protokolls gestattet die Verwertung seines Inhalts, ein, wie man meinen sollte, gegenüber § 248 StPO. selbstverständlicher Satz. Er bedarf aber bei den aus den Entscheidungen des EGH. ersichtlichen, zahlreichen einschlägigen Verstößen der Ehrengerichte wenigstens einer kurzen Erwähnung.

Anm. 8. 5. Die zulässige Verlesung muß erfolgen, wenn

a) die StA. sie beantragt oder

b) der Angeklagte sie verlangt.

Es kann aber auch

c) das EG. die Verlesung ohne solchen Antrag vornehmen. Bevor es zur Verlesung kommt, muß den Prozeßbeteiligten Gelegenheit zur Äußerung gegeben werden, damit sie in der Lage sind, die Verlesung als unzulässig zu bekämpfen oder durch einen Antrag nach § 86 Abs. 3 zu verhindern.

Anm. 9. 6. Soweit § 88 nicht eingreift, gelten die Bestimmungen der StPO. über den Urkundenbeweis auch für das ehrengerichtliche Verfahren.

Exkurs zu § 88.

Das Urteil des Ehrengerichts.

I. Gegenstand der Urteilsfindung ist gemäß § 263 StPO. die in der Anklage d. h. dem Eröffnungsbeschlusse bezeichnete Tat, wie sich dieselbe nach dem Ergebnisse der Verhandlung darstellt. Anm. 1.

1. Die Tat oder die Taten sind die im Eröffnungsbeschlusse durch Angabe der sie konkretisierenden Tatsachen erwähnten, als Pflichtverletzungen aufgefaßten Vorgänge. Also nicht die im Eröffnungsbeschlusse erwähnten Tatsachen, sondern die durch sie umschriebenen Vorfälle, und die Vorfälle nicht als solche, sondern sofern sie als Pflichtverletzungen erscheinen, bilden den Gegenstand der Urteilsfindung. Anm. 2.

2. Daraus ergibt sich, daß die Kategorien der natürlichen und der juristischen Handlungseinheit, wie sie der Strafrichter täglich zur Anwendung zu bringen hat, ganz ebenso auch für das ehrengerichtliche Verfahren von Bedeutung sind. Vgl. EGH. **6** 168 (4. 5. 92); **7** 41, 43 (6. 2. 95); **10** 129 (15. 4. 01). Oder prägnanter ausgedrückt: nicht ein pflichtwidriges Gesamtverhalten, sondern spezielle Pflichtverletzungen sind es, die das Urteil des Ehrengerichts festzustellen oder deren Vorliegen es zu verneinen hat (Wittelshöfer KGBl. **98** 63). Anm. 3.

3. Hier ist nun gleich vor einem Irrtum zu warnen. Durch die Bestimmungen des StGB. ist man an die Vorstellung gewöhnt, jeder selbständigen Straftat entspreche eine besondere Strafe. Also, meint man, wo nur *eine* (nicht als Gesamtstrafe gebildete) Strafe ausgesprochen wird, könne auch nur *ein* Delikt vorliegen. Da nun die RAO. (vgl. § 63 Anm. 25) nur eine einheitliche, nicht eine Gesamtstrafe kennt, könne ihr auch nur ein einheitliches pflichtwidriges Verhalten entsprechen. Anm. 4.

Allein es ist durchaus falsch anzunehmen, daß unbedingt jedem Delikte eine besondere Strafe entsprechen müsse. Logisch notwendig ist lediglich, daß auf die Straftat eine Strafe folgt, keineswegs aber sind die Systeme der einfachen Strafenhäufung oder der Bildung einer Gesamtstrafe die einzig denkbaren Wege hiezu. Vielmehr wird der angestrebte Zweck auch dadurch erreicht, daß der Richter, welcher in der Wahl der ihm zur Verfügung gestellten Strafgrößen völlig unbeschränkt ist, diejenige Strafe ausspricht, die im Hinblick auf sämtliche Straftaten notwendig erscheint. Daß dieses System unserem modernen Strafrecht fremd ist, ist bei der starken Einengung des richterlichen Ermessens durch die für jedes Delikt geschaffenen besonderen gesetzlichen Strafrahmen naturgemäß, für das Disziplinarstrafrecht ist es aber auch jetzt noch als das geeignetste System beibehalten. Anm. 5.

Der Ehrengerichtshof ist in seinen Entscheidungen von dem gedachten Irrtum nicht freigeblieben. Zwar stimmt es durchaus mit der vorstehend vertretenen Ansicht überein, wenn er vielfach den mehreren selbständigen Verfehlungen *für die Strafzumessung* das pflichtwidrige Gesamtverhalten des Angeklagten gegenübergestellt. Vgl. EGH. **4** 91 (4. 6. 89); **5** 121 (4. 11. 91); **6** 81 (26. 9. 92); **8** 6/7 (10. 11. 97), 46 (10. 2. 97), 74 (24. 11. 97), 273 (8. 12. 97); **10** 73 (18. 11. 01). Dagegen ist es schon recht bedenklich, wenn es EGH. 7 124 (17. 9. 94) trotz Vorliegens mehrfacher selbständiger Verfehlungen heißt, es sei „für das *eine* Vergehen der Verletzung der Berufspflicht die Strafe festzusetzen" oder wenn man EGH. 8 83 (7. 7. 97) liest: „das Wesentliche dieses Tenors ist ausschließlich die erkannte Strafe". Zweifellos unrichtig aber ist es, wenn EGH. **9** 88 (31. 5. 99) ausspricht, daß „im ehrengerichtlichen Verfahren nicht jede einzelne Handlung des Angeschuldigten als eine besondere Straftat erscheint, als Gegenstand der Entscheidung vielmehr die Würdigung des Gesamtverhaltens des Angeschuldigten anzusehen ist". Hieran ist nur soviel richtig, daß nicht jede Anm. 6.

Handlung eine selbständige Verfehlung darstellen muß, und daß auch das — nicht inkriminierte — Gesamtverhalten zur Auslegung und Beurteilung der inkriminierten Tatbestände von Bedeutung sein kann; alles übrige basiert auf dem zurückgewiesenen Irrtum.

Anm. 7. Handelte es sich bei diesem Irrtum nur um eine theoretische Unrichtigkeit, so wäre darüber leichter hinwegzukommen. Allein die praktischen Folgen sind überaus bedeutsam.

Anm. 8. a) Die zurückgewiesene Ansicht müßte dahin führen, die Möglichkeit wirksamer d. h. für die Berufungsinstanz mangels einschlägiger Anfechtung bindender Teilfreisprechungen zu leugnen. Daß der Ehrengerichtshof sich hiezu nicht hat entschließen können, vgl. EGH. **10** 129 (15. 4. 01), ist ein bedeutsames Argument gegen die Richtigkeit seiner Ansicht.

Anm. 9. b) Bei Zugrundelegung der diesseits nicht geteilten Auffassung kann angesichts des § 403 StPO. ein Wiederaufnahmeantrag im ehrengerichtlichen Verfahren dann nicht Erfolg haben, wenn er nur eine der mehreren selbständigen Verfehlungen, diese eine aber vollständig, also mit dem Erfolge der Freisprechung bezüglich ihrer, beseitigen will. Diese Folgerung hat der Ehrengerichtshof leider in konstanter Rechtsprechung gezogen — EGH. **5** 55/6 (4. 11. 91); **8** 99 (19. 5. 97); **11** 73/4 (14. 1. 03); gegen sie im Sinne des Textes Wittelshöfer KGBl. **98** 61/3 —, bis er endlich im Beschlusse vom 2. November 1904 (EGH. **12** 80) seine frühere Ansicht aufgegeben hat. Sie führte denn auch zu ganz unbegreiflichen Ergebnissen. Stellt z. B. das rechtskräftige ehrengerichtliche Urteil mehrere selbständige Verfehlungen fest und erkennt ihrethalben auf Ausschließung von der Rechtsanwaltschaft, so mag der Verurteilte immerhin alle schwerwiegenden Verfehlungen eliminieren können; bleibt außer ihnen auch nur noch eine, wenn auch noch so leichte übrig, so ist dem Angeklagten die Wiederaufnahme versagt. Dagegen stände sie ihm frei, wenn die leichte Verfehlung erst später bekannt und Gegenstand eines selbständigen ehrengerichtlichen Verfahrens geworden und dieses mit dem anderen Verfahren nicht mehr zu verbinden gewesen wäre.

Anm. 10. **II. Die Urteilsfindung setzt sich im ehrengerichtlichen Verfahren ebenso, wie im Strafprozeß, aus Beantwortung zweier Fragen, der Schuld- und der Straffrage, zusammen, vorausgesetzt, daß es überhaupt zu einem Urteil in der Sache selbst kommt.**

Anm. 11. 1. Auch im ehrengerichtlichen Verfahren kann es bei dem Mangel von Prozeßvoraussetzungen zur Einstellung des Verfahrens kommen, z. B. weil der Angeklagte vor Klageerhebung aufgehört hat, Mitglied einer Anwaltskammer zu sein, weil die Frist des § 77 RAO. nicht gewahrt oder der Grundsatz ne bis in idem maßgebend ist. Diese Einstellung kann auch lediglich einzelne Verfehlungen betreffen, z. B. solche, bezüglich deren sich ergibt, daß auf sie der Eröffnungsbeschluß keinen Bezug habe.

Anm. 12. 2. Ergeht ein Urteil in der Sache selbst, so muß es auf Freisprechung oder Verurteilung lauten.

Anm. 13. 3. § 85 des Entwurfs wollte die Entscheidung über die Schuldfrage nach der absoluten Mehrheit der Stimmen getroffen sehen, da in ehrengerichtlichen Untersuchungen Schuld- und Straffrage so innig miteinander zusammenhingen, daß ihre Beantwortung unter Anwendung verschiedener Grundsätze über die erforderliche Mehrheit nicht begründet erscheine (Mot. 92). Mit Recht hat die RTKomm. bereits in erster Lesung jene Bestimmung gestrichen (Siegeth Anhang 69) und diesen Beschluß in 2. Lesung aufrecht erhalten (ebenda 118/9). Dabei wurde mit Recht geltend gemacht, daß gerade bei dem Mangel gesetzlich fixierter Tatbestände der Pflichtverletzungen der dem Angeklagten im Strafprozeß durch § 262 StPO. gewährte Schutz im ehrengerichtlichen Verfahren doppelt angezeigt erscheine. Der Reichstag ist dem Beschlusse seiner Kommission beigetreten. Auch für das ehrengerichtliche Verfahren bedarf deshalb die Bejahung der Schuldfrage gemäß § 262 Abs. 1 — Abs. 2 und 3 sind unanwendbar — einer Mehrheit von zwei Dritteilen der Stimmen, also beim Ehrengericht der Bejahung mit 4 Stimmen gegen 1, beim Ehrengerichtshof mit 5 Stimmen gegen 2, während die Straffrage in allen Fällen nach § 198 Abs. 1 GVG. mit einfacher Stimmenmehrheit entschieden wird.

III. Die schriftliche Abfassung des Urteils. 1. Tenor. Das ehrengerichtliche Urteil erkennt über den auf Grund bestimmter Pflichtverletzungen erhobenen staatlichen Anspruch auf ehrengerichtliche Bestrafung. Sowenig ein Strafrichter im entscheidenden Teil des Strafurteils lediglich die Strafe verhängen und nicht auch das Delikt, wegen dessen sie erkannt ist, benennen wird, so wenig ist es im ehrengerichtlichen Verfahren angemessen, im Tenor lediglich die ehrengerichtliche Strafe zu erkennen. Vielmehr ist es durchaus angezeigt, wenigstens anzugeben, daß der Angeklagte wegen Verletzung der Berufspflicht — EGH. **3** 18 (16. 11. 86), **4** 241/2 (4. 6. 89) — bestraft wird, und in wie vielen selbständigen Fällen er sich solcher Pflichtverletzung schuldig gemacht hat. Ebenso ist es zu empfehlen, wenn die Schuldfrage nur bezüglich einzelner selbständiger Verfehlungen bejaht, im übrigen aber verneint wird, dieses durch teilweise Freisprechung im Tenor zum Ausdrucke zu bringen. Am zweckmäßigsten wäre es, im Tenor die einzelnen Verfehlungen, wegen deren verurteilt oder freigesprochen wird, einigermaßen konkret zu bezeichnen. Die Praxis wird dem freilich kaum entsprechen, und es ist nicht zu übersehen, daß der Tenor nicht das Urteil, sondern nur ein Teil des Urteils ist: weswegen verurteilt, weswegen freigesprochen wird, ergibt das Zusammenhalten von Tenor und Gründen. Anm. 14.

Daß das Urteil auch über die Kostenfrage zu entscheiden hat, zeigt § 496 StPO.; in welcher Weise diese Entscheidung zu treffen ist, darüber vgl. § 94 Anm. 12 ff. Anm. 15.

2. Urteilsgründe. Die Anwendung des § 266 StPO. ergibt folgendes: Anm. 16.
Wird der Angeklagte verurteilt, so müssen die Urteilsgründe die für erwiesen erachteten Tatsachen angeben, in welchen die Pflichtverletzung gefunden worden. Wird der Beweis aus anderen Tatsachen gefolgert, so sollen auch diese Tatsachen angegeben werden. Anzuziehen sind in den Gründen die §§ 28, 62, 63 und nötigenfalls 64 RAO., auch sollen die Umstände angeführt werden, welche für die Zumessung der Strafe bestimmend gewesen sind.

Wird der Angeklagte freigesprochen, so müssen die Urteilsgründe ergeben, ob er für nicht überführt oder ob und aus welchen Gründen die für erwiesen angenommenen Pflichtverletzungen als nicht ehrengerichtlich strafbar erachtet worden sind. Anm. 17.

IV. Ne bis in idem. Berücksichtigt man das oben über den Gegenstand der Urteilsfindung Gesagte, so bietet die Anwendung des auch im ehrengerichtlichen Verfahren gültigen Grundsatzes vom Verbrauch der Strafklage durch das rechtskräftige über den Anspruch auf ehrengerichtliche Bestrafung erkennende Urteil oder den Beschluß auf Nichteröffnung des Hauptverfahrens keine besonderen Schwierigkeiten. Anm. 18.

1. Zu handeln ist hier nur von der konsumierenden Kraft der ehrengerichtlichen Entscheidungen — der Kürze halber wird immer nur des Urteils gedacht werden —, während über die Frage der Wirkung außerhalb des ehrengerichtlichen Verfahrens ergangener Entscheidungen auf die Zulässigkeit und den Gang des ehrengerichtlichen Verfahrens auf die Anmerkungen zu § 65 zu verweisen ist. Anm. 19.

2. Auszuscheiden ist ferner die Erörterung, welche Wirkung die im ehrengerichtlichen Strafverfahren ergangenen rechtskräftigen Urteile für das ehrengerichtliche Zulassungsverfahren haben. Hierüber vgl. § 93 Anm. 8. Anm. 20.

Anm. 21. 3. Es bleibt also vorliegend die Geltung des Satzes ne bis in idem nur insoweit zu prüfen, als es sich um das Verhältnis mehrerer ehrengerichtlicher Strafverfahren zueinander handelt.

Anm. 22. Wie im Strafprozesse der Verbrauch der Strafklage in demselben Umfange eintritt, in dem der Strafrichter vom Eröffnungsbeschlusse abzuweichen berechtigt ist, so bemißt sich auch die konsumierende Kraft des ehrengerichtlichen Urteils nach der Bindung des Ehrengerichts durch den Eröffnungsbeschluß. Soweit die Kognition des Ehrengerichts reichte, soweit reicht auch die Geltung des Satzes ne bis in idem.

Anm. 23. Hatte z. B. die frühere Verurteilung des Angeklagten zum Gegenstand „lediglich die Geschäftspraxis des Angeschuldigten, behufs Vergrößerung seiner Einnahmen Klagsachen, welche an sich ihrem Objekt nach zur landgerichtlichen Zuständigkeit gehörten, durch Teilung des Objekts zur Kognition der Amtsgerichte zu bringen", während die neue Anklage gegen den Rechtsanwalt „die durch Nichtvermeidung der Verjährung des von ihm zu vertretenden Anspruchs begangene Pflichtverletzung" zum Gegenstande hat, so ist keine Identität der in beiden Verfahren in Betracht kommenden Vorgänge gegeben: EGH. **3** 23/4 (1. 11. 86); daran ändert nichts, daß die letztgedachte Pflichtverletzung in einer Prozeßsache begangen wurde, in der der Angeklagte seine gedachte Geschäftspraxis auch zur Anwendung brachte: EGH. a. a. O.

Anm. 24. Oder wenn der Angeklagte wegen verweigerter Herausgabe eines vom Gegner zuviel erhobenen Geldbetrages rechtskräftig ehrengerichtlich bestraft ist und auch fernerhin die Rückzahlung verweigert, so ist, wenn hierin die dem neuen Verfahren zugrunde liegende Pflichtverletzung erblickt wird, es zwar richtig, daß sie „mit dem der ersten Verurteilung zugrunde liegenden Tatbestande in manchen Beziehungen gleichartig ist", Identität liegt aber nicht vor: EGH. **11** 128/9 (26. 3. 03).

Anm. 25. Wenn dagegen der Angeklagte „wegen seines auf Vereinbarung beruhenden, durch wiederholte Handlungen betätigten Gesamtverhaltens betreffs seiner Beziehungen zum X", also wegen einer fortgesetzten Handlung verurteilt ist, so sind alle einschlägigen vor dem Erlaß des rechtskräftig gewordenen Urteils liegenden Pflichtwidrigkeiten der Heranziehung als selbständig ehrengerichtlich strafbare Handlungen entzogen. EGH. **4** 105/108 (28. 9. 88).

§ 89.

Für die Verhandlung und Entscheidung über das Rechtsmittel der Beschwerde ist das Oberlandesgericht zuständig.

Anm. 1. 1. Inhalt. Der Paragraph weist die Verhandlung und Entscheidung der Beschwerde dem Oberlandesgerichte zu.

Anm. 2. 2. Gegen welche Entscheidungen die Beschwerde stattfindet, bemißt sich, soweit die Rechtsanwaltsordnung keine Bestimmungen enthält, nach der StPO.

Anm. 3. a) Die Beschwerde ist also gemäß § 347 StPO. mit Ausnahme der in Satz 2 daselbst erwähnten Fälle bei allen Entscheidungen des Ehrengerichts oder seines Vorsitzenden ausgeschlossen, die nach Eröffnung des Hauptverfahrens, aber vor der Urteilsfällung ergehen.

Anm. 4. b) Die Entscheidungen des Ehrengerichtshofes und seines Vorsitzenden unterliegen einer Beschwerde nicht (Meyer § 89 Anm. 5; Berger § 89 Anm. 1). Daß Beschwerdeinstanz für den beim Reichsgerichte gebildeten Ehrengerichtshof nicht ein Oberlandesgericht sein kann, liegt auf der Hand, und das Reichsgericht ist gemäß § 98 Beschwerdegericht, soweit das Ehrengericht der Anwaltskammer bei dem Reichsgerichte in Frage kommt, wonach es schon ausgeschlossen ist, ihm Beschwerden auch gegen den Ehrengerichtshof zuzuweisen. Der letztere muß eben, von seinem Verhältnisse zum Reichsgerichte ganz abgesehen, dem Reichsgerichte gleichbehandelt werden, dessen Beschlüsse und Verfügungen ja § 346 Abs. 3 StPO. der Beschwerde entzieht.

c) Eine weitere Beschwerde ist — von dem Falle des § 160 GVG. abgesehen —, soweit § 89 RAO. gilt, gemäß § 346 Abs. 3 StPO. ausgeschlossen. Vgl. EGH. **11** 68/9 (6. 10. 02); Sydow-Jacobsohn § 89 Anm. 2; Meyer § 89 Anm. 3. Anm. 5.

3. Beschwerdegericht ist das Oberlandesgericht oder gemäß § 98 das Reichsgericht. Anm. 6.

a) Ihm steht die Entscheidung nicht nur gegenüber Beschlüssen und Verfügungen des Ehrengerichts, seines Vorsitzenden und eines beauftragten Richters des Ehrengerichts, sondern auch dann zu, wenn die Beschwerde sich gegen Anordnungen des ehrengerichtlichen Untersuchungsrichters richtet. Ebenso DJZ. **11** 772 (OLG. Jena 30. 4. 06); Berger, Meyer, Sydow-Jacobsohn § 89 Anm. 1. Anm. 7.

b) Dagegen ist § 89 nicht auf Beschwerden gegen den ersuchten Richter zu beziehen. Soweit dieselben nicht dem § 160 GVG. unterfallen, ist die dem ersuchten Amtsgericht vorgesetzte landgerichtliche Strafkammer Beschwerdeinstanz, wie sie dies auch nach der jetzt überwiegenden Ansicht im Strafverfahren ist. Der ersuchte Richter nimmt im ehrengerichtlichen Strafverfahren der ersuchenden Behörde gegenüber eine ebenso völlig selbständige Stellung ein, wie bei Ersuchen, die im Strafprozeß an ihn gerichtet werden; es ist deshalb nicht anzunehmen, daß § 89 hier eingreifen wollte. Ebenso Berger § 89 Anm. 1; Meyer § 89 Anm. 2; Sydow-Jacobsohn § 89 Anm. 1. Anm. 8.

c) Was für ein Senat über die Beschwerde zu entscheiden hat, sagt das Gesetz nicht. Da aber nach § 66 auf das ehrengerichtliche Verfahren die Vorschriften der StPO. entsprechende Anwendung finden, kann auch nur ein Strafsenat als zuständig erachtet werden. Gleichwohl wird EGH. **6** 241 ein „vom ersten Civilsenat des Oberlandesgerichts zu N.“ erlassener Beschluß über die Eröffnung des Hauptverfahrens erwähnt. Auch die im ehrengerichtlichen Verfahren ergangenen Beschwerdebeschlüsse des Oberlandesgerichts Dresden SächsOLG. **6** 152/4 (14. 5. 84) und **15** 314/6 (25. 2. 94) scheinen, nach der Bezifferung des Senats zu urteilen, von einem Zivilsenat herzurühren. Dagegen weist die mecklenburgische Verordnung vom 1. Mai 1880 (Schwerin: RegBl. 65; Strelitz: OffizAnz. 115; Ratzeburg: OffizAnz. 71) die Beschwerdeentscheidungen ausdrücklich dem Strafsenate zu. Anm. 9.

d) § 9 EGGVG. ist nicht für anwendbar zu halten: § 66 RAO. erklärt zwar die Bestimmungen der StPO. für entsprechend anwendbar, dadurch wird aber das ehrengerichtliche Verfahren noch nicht zu einer Strafsache im Sinne jener Bestimmung. Anm. 10.

4. Wegen des Verfahrens in der Beschwerdeinstanz s. § 91. Anm. 11.

§ 90.

Gegen die Urtheile des Ehrengerichts ist die Berufung an den Ehrengerichtshof zulässig.

Der Ehrengerichtshof besteht aus dem Präsidenten des Reichsgerichts als Vorsitzenden, drei Mitgliedern des Reichsgerichts und drei Mitgliedern der Anwaltskammer bei dem Reichsgerichte.

Die Mitglieder des Reichsgerichts werden nach den Vorschriften der §§ 62, 63, 133 des Gerichtsverfassungsgesetzes*) bestimmt. Die Mitglieder der Anwaltskammer werden vor Beginn des Geschäftsjahres auf die Dauer desselben von der Anwaltskammer gewählt.

In gleicher Weise werden drei Stellvertreter der Mitglieder des Reichsgerichts und zwei Stellvertreter der Mitglieder der Anwaltskammer bestimmt.

Auf die Vertretung des Präsidenten findet die Vorschrift des § 65 Abs. 2 des Gerichtsverfassungsgesetzes entsprechende Anwendung.**)

Anm. 1. **I. Inhalt.** Der Paragraph unterwirft die Urteile des Ehrengerichts der Berufung und regelt die Besetzung des Ehrengerichtshofes, dem die Entscheidung über die Berufung obliegt.

Anm. 2. **II. Zulässigkeit der Berufung.** Der Berufung unterliegen alle Urteile des Ehrengerichts. Aber wie nach der Strafprozeßordnung muß auch nach der Rechtsanwaltsordnung der Beschwerdeführer durch das Urteil beschwert sein. Dazu genügt es nicht, daß, obwohl sonst durchaus zu seinen Gunsten erkannt ist, die Urteilsgründe Feststellungen enthalten, an deren Abänderung er ein Interesse hat. Ebenso EGH. **11** 58/9 (2. 12. 03); Sydow-Jacobsohn § 91 Anm. 3. Dagegen ist, wie im Strafprozeß, so auch im ehrengerichtlichen Verfahren eine Berufung lediglich wegen des Kostenpunktes durchaus statthaft. Vgl. EGH. **4** 92/3 (25. 9. 89); Sydow-Jacobsohn § 90 Anm. 1; Meyer § 94 Anm. 5; Berger § 90 Anm. 1.

Anm. 3. **III. Ehrengerichtshof.** 1. Ehrengerichtshof und Reichsgericht. Es ist schon in den Vorbemerkungen zum IV. Abschnitt hervorgehoben worden, daß der Entwurf der Rechtsanwaltsordnung die Berufung an den I. Straffenat des Reichsgerichts verwies. Demgegenüber hatte der Frankfurter Anwaltstag (Siegel 442, 444) als Berufungsgericht ein Oberehrengericht vorgeschlagen, bestehend aus dem Präsidenten und den drei ältesten Mitgliedern des Reichsgerichts sowie den drei ältesten Mitgliedern der Anwaltskammer bei dem Reichsgerichte. Dem entsprach der zur 1. Lesung in der RTKomm. gestellte und in ihr angenommene Antrag v. Forcade (Siegeth Anhang 77). Regierungsseitig war dem Antrage nicht entgegengetreten, wohl aber bemerkt worden, die Stellung der Regierungen zu dem Antrage „hänge wesentlich davon ab, wie die Rechtsanwaltschaft am Reichsgerichte werde gestellt werden" (Siegeth Anhang 81). In 2. Lesung einigte sich

---

*) Diese Paragraphen lauten:

§ 62. Vor Beginn des Geschäftsjahres werden auf die Dauer desselben die Geschäfte unter die Kammern derselben Art vertheilt und die ständigen Mitglieder der einzelnen Kammern sowie für den Fall ihrer Verhinderung die regelmäßigen Vertreter bestimmt. Jeder Richter kann zum Mitgliede mehrerer Kammern bestimmt werden.

Die getroffene Anordnung kann im Laufe des Geschäftsjahres nur geändert werden, wenn dies wegen eingetretener Ueberlastung einer Kammer oder in Folge Wechsels oder dauernder Verhinderung einzelner Mitglieder des Gerichts erforderlich wird.

§ 63. Die im vorstehenden Paragraphen bezeichneten Anordnungen erfolgen durch das Präsidium.

Das Präsidium wird durch den Präsidenten als Vorsitzenden, die Direktoren und das dem Dienstalter nach, bei gleichem Dienstalter das der Geburt nach älteste Mitglied gebildet. Das Präsidium entscheidet nach Stimmenmehrheit; im Falle der Stimmengleichheit giebt die Stimme des Präsidenten den Ausschlag.

§ 133. Die Bestimmungen der §§ 61—68 finden mit der Maßgabe Anwendung, daß zu dem Präsidium die vier ältesten Mitglieder des Gerichts zuzuziehen sind.

**) § 65 Abs. 2 GVG. lautet:

Der Präsident wird in seinen übrigen durch dieses Gesetz bestimmten Geschäften durch denjenigen Direktor vertreten, welcher dem Dienstalter nach und bei gleichem Dienstalter der Geburt nach der älteste ist.

die RTKomm. über bestimmte Sätze, die dann von der Redaktionskommission so gefaßt wurden, wie sie demnächst in Abs. 2—5 des § 90 Gesetz geworden sind (Siegeth Anhang 120).

Es ist ratsam, um ein richtiges Bild von dem Verhältnis des Ehrengerichtshofs zum Reichsgerichte zu gewinnen, mit der Zusammensetzung des Ehrengerichtshofs die des Disziplinarhofes für Reichsbeamte zu vergleichen. Der Disziplinarhof besteht nach § 91 RBG. aus elf Mitgliedern, von denen wenigstens vier zu den Bevollmächtigten zum Bundesrate, der Präsident und wenigstens fünf zu den Mitgliedern des Reichsgerichts (ursprünglich: des Reichsoberhandelsgerichts) gehören müssen. Nach § 93 RBG. werden die Mitglieder des Disziplinarhofs für die Dauer der zur Zeit ihrer Ernennung von ihnen bekleideten Reichs- oder Staatsämter vom Bundesrate gewählt, vom Kaiser ernannt und für die Erfüllung der Obliegenheiten ihres Amtes verpflichtet. Also nicht einmal der Präsident des Disziplinarhofs ist dies kraft seines richterlichen Hauptamtes, und ebenso müssen die anderen richterlichen Mitglieder nicht nur vom Kaiser ernannt, sie müssen auch auf ihr Amt als Mitglieder des Disziplinarhofs noch besonders verpflichtet werden. Danach ist der Disziplinarhof zwar eine Behörde, die mehr als die Hälfte ihrer Mitglieder dem Reichsgerichte entnimmt, ohne aber darum dem Reichsgerichte als solchem angegliedert zu sein. Damit stimmen auch die Vorschriften in § 23 Nr. 7 der Geschäftsordnung für die Disziplinarbehörden vom 18. April 1880 (RZBl. 203) überein. Anm. 4.

Ganz anders ist die Bildung des Ehrengerichtshofs geregelt. Der Reichsgerichtspräsident ist kraft dieses seines Amtes Vorsitzender, sein nach § 65 Abs. 2 GVG. berufener Vertreter ohne weiteres stellvertretender Vorsitzender. Die Reichsgerichtsräte weist dem Ehrengerichtshof das Organ zu, das beim Reichsgericht auch die Verteilung der Räte an die einzelnen Senate besorgt, nämlich das Präsidium des Reichsgerichts. Weder die Reichsgerichtsräte noch die von der Anwaltskammer bei dem Reichsgerichte als Mitglieder des Ehrengerichtshofs gewählten Mitglieder dieser Anwaltskammer werden mit Rücksicht auf ihre Tätigkeit im Ehrengerichtshof besonders in Pflicht genommen. Hienach ist es ganz zutreffend, wenn die Geschäftsordnung des Ehrengerichtshofs diesen als „Zubehör des Reichsgerichts" bezeichnet (**EGH. 1** 3), womit die Führung eines besonderen Siegels (EGH. a. a. O.) natürlich durchaus vereinbar ist. Anm. 5.

Die gedachte Auffassung wird für die Anwendung des § 100 Abs. 2 RAO. von Bedeutung. Anm. 6.

Aus ihr ergibt sich auch, daß — § 81 RAO. gilt für den Ehrengerichtshof ausweislich § 91 nicht — der Ehrengerichtshof eine Gerichtsschreiberei, nämlich diejenige des Reichsgerichts, besitzt (Sydow-Jacobsohn § 91 Anm. 2, Meyer § 90 Anm. 7, Berger § 91 Anm. 3). Anm. 7.

2. Zusammensetzung des Ehrengerichtshofes. Anm. 8.

a) Der Ehrengerichtshof besteht nach § 90 Abs. 2 aus dem Präsidenten des Reichsgerichts als Vorsitzenden, drei Mitgliedern dieses Gerichts und drei Mitgliedern der Anwaltskammer bei demselben. Damit ist nicht nur die regelmäßige Besetzung des Ehrengerichtshofs normiert, vielmehr soll damit weiter gesagt sein, daß außer dem Vorsitzenden jeweils drei Mitglieder des Reichsgerichts und drei Mitglieder der Anwaltskammer bei dem Reichsgericht mitwirken müssen.

b) Vor Beginn des Geschäftsjahres und auf die Dauer desselben werden die Mitglieder des Reichsgerichts vom Präsidium bestimmt und die Mitglieder der Anwaltskammer von dieser gewählt. Die Mitglieder, die die Anwaltskammer wählt, dürfen nach § 102 Abs. 2 nicht Mitglieder des Ehrengerichts der Anwaltskammer bei dem Reichsgerichte sein. Ehrengerichtsmitglieder müssen, um in den Ehrengerichtshof eintreten zu können, zunächst aus dem Ehrengericht als Mitglieder Anm. 9.

ausscheiden. Die Wahlperiode ist nach § 4 der Geschäftsordnung der Anwaltskammer bei dem Reichsgerichte eine zweijährige. Darüber, wie die Wahl erfolgt, vgl. § 54 Anm. 27 ff.

Anm. 10. c) In der zu b erwähnten Weise werden drei Stellvertreter der Mitglieder des Reichsgerichts und zwei Stellvertreter der Mitglieder der Anwaltskammer bestimmt. Weshalb für die Mitglieder des Reichsgerichts drei und für die Mitglieder der Anwaltskammer nur zwei Stellvertreter bestellt werden, ist nicht verständlich, auch die Materialien lassen den Grund der verschiedenen Behandlung nicht ersehen.

Anm. 11. d) Zur Annahme der Wahl sind die gewählten anwaltschaftlichen Mitglieder und Stellvertreter verpflichtet. Allerdings trifft § 45, wie Meyer § 90 Anm. 5 mit Recht bemerkt, nicht zu. Nimmt man aber eine solche Pflicht nicht an, so hängt es ganz von dem guten Willen der Mitglieder der Anwaltskammer bei dem Reichsgerichte ab, ob der Ehrengerichtshof seines Amtes walten kann oder nicht. Wird die Annahmepflicht statuiert, so wird unbedenklich auch § 45 zur entsprechenden Anwendung zu bringen sein und zwar derart, daß nach Abs. 1 Ziff. 2 maßgebend ist, ob der Betreffende 4 Jahre lang Mitglied des Ehrengerichtshofs gewesen ist, und es nach Abs. 2 an Stelle der Zustimmung des Vorstandes derjenigen des Ehrengerichtshofs bedarf.

Anm. 12. e) In welcher Reihenfolge die Stellvertreter heranzuziehen sind, bestimmt bei den Mitgliedern des Reichsgerichts dessen Präsidium, bei den Mitgliedern der Anwaltskammer diese (EGH. **1** 3; Meyer § 90 Anm. 5).

Anm. 13. f) Für ein Mitglied des Reichsgerichts kann nur ein Mitglied des Reichsgerichts, für ein Mitglied der Anwaltskammer nur ein Mitglied der Anwaltskammer als Stellvertreter herangezogen werden.

Anm. 14. g) Wenn hienach, was vorkommen kann, eine Besetzung des Ehrengerichtshofs unter Berücksichtigung des in Anm. 8 Gesagten nicht mehr möglich ist, so kann, da § 66 GVG. nicht für anwendbar erklärt ist, in einem solchen Falle der Ehrengerichtshof nicht seines Amtes walten.

Anm. 15. 3. Vorsitz im Ehrengerichtshof.

a) Der ordentliche Vorsitzende des Ehrengerichtshofs ist der Präsident des Reichsgerichts.

Anm. 16. b) Auf die Vertretung des Präsidenten findet nach § 90 Abs. 5 RAO. die Vorschrift des § 65 Abs. 2 des GVG. entsprechende Anwendung, zur Vertretung ist also der dem Dienstalter nach und bei gleichem Dienstalter der Geburt nach älteste Senatspräsident des Reichsgerichts berufen, und zwar wirkt dieser nur im Falle der Vertretung des Präsidenten im Ehrengerichtshof mit. Mit anderen Worten, der Vorsitzende des Ehrengerichtshofs hat einen nicht den ordentlichen Mitgliedern des Ehrengerichtshofs entnommenen generellen Stellvertreter, wie ihn das GVG. nicht kennt, wie er aber nach der gemeinen Meinung, die sich an die Entscheidung des Reichsgerichts RGSt. **9** 388 (StS. II. 8. 1. 84) anschließt, bei den detachierten Strafkammern bestellt werden kann.

Anm. 17. c) Der generelle Stellvertreter ist nicht notwendig während des ganzen Geschäftsjahres dieselbe Person, vielmehr ist bei jedem konkreten Vertretungsfall zu prüfen, wer zu der Zeit, zu welcher die Vertretung erforderlich wird, der älteste Senatspräsident ist. Durch Tod oder Ausscheiden des bisher ältesten Senatspräsidenten sind in dieser Beziehung schon mehrfach während des Geschäftsjahres Änderungen in der Person des generellen Stellvertreters vorgekommen. Vgl. EGH. **8** 4; **11** 4; **12** 4.

Anm. 18. d) Wer ist denn nun aber der generelle Stellvertreter? Es mag erstaunlich erscheinen, daß dies angesichts des für entsprechend anwendbar erklärten § 65 Abs. 2 GVG. überhaupt zweifelhaft sein kann, und doch ist die Frage keineswegs müßig. Zwar das ist fraglos, daß, wenn der dem Dienstalter nach oder bei gleichem Dienstalter der Geburt nach älteste Senatspräsident verfügbar ist, dieser zur Vertretung des Reichsgerichtspräsidenten im Vorsitz berufen ist. Wie aber, wenn er nicht verfügbar ist z. B. wegen Krankheit? Geht dann der Vorsitz auf eines der Mitglieder des EGH. über oder will § 90 Abs. 5 RAO. den Vorsitz, so lange ein nach dem GVG. für die Geschäfte des Präsidenten als solchen berufener Vertreter vorhanden ist, diesem übertragen? Es ist hiebei zu beachten, daß, soweit § 65 Abs. 2 GVG. außerhalb des § 90 Abs. 5 RAO. zur Anwendung kommt, eine Auslegung dahin unabweisbar ist, daß § 65 Abs. 2 GVG. den ältesten verfügbaren Direktor oder Senatspräsidenten im Auge hat: andernfalls ist u. U. zeitweilig die Ausübung der dem Präsidenten als solchem zustehenden Tätigkeit unmöglich (vgl. A. Friedländer ArchCivPrax. **99** 303).

Nun ist aber freilich § 65 Abs. 2 GVG. nur für entsprechend anwendbar Anm. 19. erklärt, es ist also durchaus nicht nötig, die sonst gebotene Auslegung des gedachten Absatzes auch bei seiner Anwendung gemäß § 90 Abs. 5 RAO. eintreten zu lassen, zumal sonst eine Reihe sukzessiv berufener genereller Stellvertreter des Vorsitzenden geschaffen wird. Gleichwohl ist die in Anm. 18 hervorgehobene Auslegung des § 65 Abs. 2 GVG. auch bei seiner Anwendung auf Grund des § 90 Abs. 5 RAO. zu verwerten. § 90 Abs. 5 ist nämlich von der Redaktionskommission so, wie geschehen, gefaßt worden, nachdem die RTKomm. beschlossen hatte,

„daß im Falle einer Behinderung des Präsidenten der gesetzliche Vertreter „desselben den Vorsitz im Ehrengerichtshofe zu führen hat"

(Siegeth Anhang 120).

Danach ist § 90 Abs. 5 dahin auszulegen, daß derjenige Senatspräsident einzutreten hat, dem die Vertretung des Präsidenten bei den sonstigen Präsidialgeschäften obliegt.

e) Ist ein Senatspräsident als Vorsitzender nicht verfügbar — was während Anm. 20. der Gerichtsferien vorkommen kann, wenn der einzige anwesende Senatspräsident z. B. erkrankt ist —, so geht der Vorsitz auf eines der Mitglieder des EGH. über. Wie sich im EGH. die Reihenfolge bei der Abstimmung und der Sitz der Mitglieder bei den Verhandlungen lediglich nach dem Lebensalter und ohne Vorrang der richterlichen vor den anwaltschaftlichen Mitgliedern bestimmt (EGH. **1** 3), so muß Gleiches auch für den Eintritt in die Funktionen des Vorsitzenden gelten. Dagegen ist es fraglich, ob nicht bei dem EGH. im Gegensatz zu den Ehrengerichten lediglich ein ordentliches Mitglied den Vorsitz führen kann. Hiefür scheint die Angliederung des EGH. an das Reichsgericht und der Umstand zu sprechen, daß der EGH. nie lediglich mit Stellvertretern besetzt sein kann. Dagegen spricht, daß auch bei dem EGH. mangels Anwendbarkeit des § 66 GVG. die Möglichkeit, einen Vorsitzenden ad hoc zu bestellen, nicht besteht. Bei Ausschluß der Stellvertreter vom Vorsitz könnte also der EGH. nicht funktionieren, wenn neben den 5 Stellvertretern noch 2 ordentliche Mitglieder verfügbar, aber z. B. infolge starker Heiserkeit zwar nicht am Mitwirken überhaupt, wohl aber an der Führung des Vorsitzes verhindert sind (vgl. RGSt. **10** 319 — StS. II. 22. 4. 84). Man wird sich deshalb wohl auch bei dem EGH. für Gleichstellung der Stellvertreter mit den ordentlichen Mitgliedern zu entscheiden haben, da die hiegegen beizubringenden Gründe jedenfalls nicht zwingend sind.

4. Neuerdings hat Stranz DJZ. **12** 114 die Forderung aufgestellt, der Anm. 21. EGH. solle durch ein nur mit Rechtsanwälten besetztes Gericht ersetzt werden. Zur Begründung verweist er darauf, die Rechtsanwälte hätten durch die Rechtsprechung der Ehrengerichte ihre Befähigung zum Fungieren als Ehrenrichter gezeigt, und durch die bisherige Judikatur des EGH. seien alle wesentlichen Grundsätze des ehrengerichtlichen Verfahrens bereits festgelegt.

So verlockend der Vorschlag ist, den EGH. gleich den Ehrengerichten als reines Standesgericht zu organisieren, so erscheint doch eine Abänderung des geltenden Rechts zurzeit teils nicht geboten teils nicht durchführbar.

Den Wert der Mitwirkung hervorragender Berufsrichter bei Entscheidungen, die für ein ganzes Land prinzipielle Bedeutung, ja fast die Bedeutung der Rechtsbildung haben (vgl. hierüber mit Bezug auf die Entscheidungen des EGH. Lehmann ZStW. **22** 263), darf man nicht unterschätzen. Es ist auch nicht richtig, daß die wesentlichen Grundsätze des ehrengerichtlichen Verfahrens für alle Zeiten festgelegt sind. Es wird genügen, auf die Änderungen in der Auffassung der Bindung der ehrengerichtlichen Instanzen an die Feststellungen der kriminellen Strafurteile und der Disziplinarurteile oder bezüglich der Zulässigkeit der Wiederaufnahme des Verfahrens zu verweisen, um keinen Zweifel darüber zu lassen, daß auch hinsichtlich der Gestaltung des ehrengerichtlichen Verfahrens in der Judikatur eine ständige Weiterentwicklung wahrzunehmen ist. Zudem hat sich die Rechtsprechung des EGH. in seiner jetzigen Zusammensetzung durchaus bewährt, und ernstlicher Tadel gegen diese Rechtsprechung ist nicht erhoben worden.

Die von Stranz vorgeschlagene Reform würde auch praktisch kaum durchführbar sein, solange die Bestimmung des § 99 RAO. besteht und so gehandhabt wird, daß tatsächlich für die Reichsgerichtsanwälte das Prinzip des numerus clausus gilt (vgl. Vorbemerkung zum 5. Abschnitt). Für die Besetzung des EGH. könnte ja, wollte man nicht die Kosten übermäßig steigern und die ganze Institution zu einer unerträglich schwerfälligen machen, nur eine Heranziehung der beim Reichsgericht zugelassenen Anwälte in Betracht kommen. Hier ergäbe sich nun, da es durchaus zweifelhaft ist, ob im Gefolge der Strafprozeßreform etwa auch eine Herabminderung der Präsenzziffern der Ehrengerichte und des EGH. stattfinden wird, folgendes:

Zugelassen sind zurzeit beim Reichsgericht 26 Anwälte.

Davon werden gebraucht für das Ehrengericht	5
Es wären nötig für den Ehrengerichtshof	
als Mitglieder	7
als Stellvertreter	6
als Gerichtsschreiber für Ehrengericht und Ehrengerichtshof mindestens 1, wahrscheinlich	2
Das ergibt ein Gesamtbedürfnis von	20

Anwälten, wobei zu berücksichtigen wäre, daß eine Mitwirkung der Mitglieder und Stellvertreter des EGH. im AKB. (über die derzeitige Rechtslage s. § 102 Anm. 9) schwerlich mehr in Betracht kommen könnte. Es wären also fast alle Reichsgerichtsanwälte neben ihrer bekanntlich an sich starken beruflichen Inanspruchnahme auch noch für ehrengerichtliche Zwecke tätig. Nun zeigt die Sammlung der Entscheidungen des EGH., wie sorgfältig und ausführlich sie begründet werden, und daß die Erledigung mancher Sachen geraume Zeit in Anspruch nimmt so hat z. B. die Verhandlung, die mit dem Urteil vom 22. 12. 1900 (EGH. **10** 22/68) schloß, fünf Tage gedauert (ebenda 23 und 65). Nach alledem wäre eine Besetzung des EGH. nur mit reichsgerichtlichen Rechtsanwälten eine übermäßige Belastung dieser Anwälte.

§ 91.

Auf das Verfahren in der Beschwerdeinstanz und in der Berufungsinstanz finden die Vorschriften der Strafprozeßordnung und der §§ 82, 83 Abs. 1, §§ 84, 86 bis 88 dieses Gesetzes entsprechende Anwendung.

I. Inhalt. Der Paragraph regelt das Verfahren in der Beschwerde- und in der Berufungsinstanz. Anm. 1.

II. Verfahren in der Beschwerdeinstanz. 1. Nach der Fassung des § 91 sollte man annehmen, die in ihm angeführten Paragraphen der RAO. fänden auch auf das Verfahren in der Beschwerdeinstanz Anwendung. Das ist indessen nicht der Fall: denn sie setzen alle eine Hauptverhandlung voraus, können also nur für die Berufungsinstanz in Betracht kommen (Meyer § 91 Anm. 1; Turnau § 91 Anm. 1). Anm. 2.

2. Für die Beschwerdeinstanz kommen danach lediglich die Vorschriften der StPO. zur Anwendung. Ein etwaiger beauftragter Richter des Beschwerdegerichts kann also selbst Zwangsmaßregeln gegen Zeugen und Strafen gegen Zeugen und Sachverständige verhängen. Anm. 3.

III. Verfahren in der Berufungsinstanz. 1. Einlegung der Berufung. Anm. 4.

a) Nach § 355 Abs. 1 StPO. muß die Berufung „bei dem Gerichte erster Instanz", also hier bei dem Ehrengerichte eingelegt werden. Da nun aber das EG. nur eine besondere Erscheinungsform des AKV. ist, so kann die Berufungsanmeldung auch an diesen gerichtet werden. Vgl. EGH. 8 94 (15. 4. 96); Berger § 91 Anm. 2.

b) Die Berufungseinlegung kann nur im Falle des § 341 StPO. zu Protokoll des Gerichtsschreibers erfolgen. Anm. 5.

c) Die Berufungsschrift ist mit Eingangsvermerk zu versehen, um urkundlich festzustellen, wann die Berufung eingelegt ist. Vgl. EGH. **7** 53 (25. 4. 94), 62 (6. 6. 94); **8** 94 (15. 4. 96); Berger § 91 Anm. 2. Fehlt es an solchem Vermerke, so muß anderweit festgestellt werden, wann die Berufungsschrift bei dem Ehrengericht bzw. dem AKV. eingegangen ist — EGH. **7** 53 (25. 4. 94), 62 (6. 6. 94) —: denn erst zu dieser Zeit ist — mit einziger Ausnahme des Falles des § 341 StPO. — die Berufung erhoben. Anm. 6.

d) Eine Anschlußberufung gibt es, wie nach der StPO., so auch nach der RAO. nicht: EGH. **3** 88 (16. 12. 87); Berger a. a. O. Anm. 7.

2. Für das Verfahren auf Anmeldung der Berufung bis zur Hauptverhandlung gelten durchaus die Bestimmungen der StPO. Anm. 8.

a) Fälle, in denen Wiedereinsetzung gegen den Ablauf der Berufungsfrist gewährt ist, siehe EGH. 11 65/6 (6. 10. 02); **12** 84/5 (29. 6. 04), 85/6 (13. 1. 04); Fälle, in denen sie versagt wurde, siehe EGH. **1** 52/5 (25. 1. 82); **3** 84/7 (17. 1. 87). Anm. 9.

b) Wegen eines Falles der Anwendung des § 363 StPO. (Berufung nur gegen die Gründe des Urteils gerichtet) siehe EGH. 11 58/9 (2. 12. 03). Anm. 10.

3. Verzicht auf Berufung und Zurücknahme der Berufung. Auch hier gelten lediglich §§ 344, 345 StPO. In EGH. 9 242 (16. 3. 98) **wird in der nach Erlaß des ehrengerichtlichen Urteils vom Oberstaatsanwalt abgegebenen schriftlichen Erklärung, er beabsichtige gegen das Urteil Berufung nicht einzulegen, ein Verzicht auf Berufung nicht erblickt, was doch recht bedenklich erscheint. Der Ansicht des EGH. sind Berger** § 91 Anm. 2 und Sydow-Jacobsohn § 91 Anm. 3. Anm. 11.

4. **Hauptverhandlung vor dem EGH.** Anm. 12.

a) Für die Hauptverhandlung gelten in erster Linie die Bestimmungen der §§ 82, 83 Abs. 1, 84, 86—88 RAO., erst in zweiter Linie kommen die Vorschriften der StPO. zur Anwendung (Sydow-Jacobsohn § 91 Anm. 1; Meyer § 91 Anm. 6 und 7).

b) Von den für das Ehrengericht maßgebenden Bestimmungen ist unanwendbar § 83 Abs. 2 RAO.: **die Zurückweisung eines Vertreters des ausgebliebenen Angeklagten zwecks Erzwingung des persönlichen Erscheinens des Angeklagten kann** Anm. 13.

nicht angedroht, also auch nicht ausgeführt werden. Berger § 91 Anm. 3; Meyer § 91 Anm. 6.

Anm. 14. Dagegen kann, wie vor dem EG., so auch vor dem EGH. die Hauptverhandlung stets auch ohne Anwesenheit des Angeklagten stattfinden, sofern er nur zu derselben — nicht lediglich öffentlich — geladen ist. Das gilt nicht nur, wenn die Staatsanwaltschaft Berufung eingelegt, sondern auch, wenn der Angeklagte Berufung erhoben hat. Eine Anwendung des § 370 StPO. ist ausgeschlossen, da ja nicht einmal die viel mildere Maßregel des § 83 Abs. 2 RAO. statthaft ist. Dem entspricht die konstante Praxis des EGH., vgl. EGH. **6** 77 (15. 6. 92); **7** 38/9 (23. 5. 94), 45 (29. 5. 95), 47/8 (20. 3. 95), 62/3 (6. 6. 94); **8** 14/5 (12. 5. 97); **10** 73 (13. 3. 01), 76 (13. 3. 01), 80 (13. 3. 01).

Anm. 15. c) Unanwendbar ist § 85 RAO. An seiner Stelle gilt § 244 StPO., der EGH. bestimmt also nicht nach freiem Ermessen den Umfang der Beweisaufnahme. Vgl. Meyer § 91 Anm. 6; Berger § 91 Anm. 3; Sydow-Jacobsohn § 91 Anm 2.

Anm. 16. d) Von § 366 StPO. gilt nur der erste Satz. Im übrigen wird die Anwendung des Paragraphen durch § 88 RAO. ausgeschlossen.

Anm. 17. 5. Der Prüfung des EGH. unterliegt das Urteil des EG. nur, insoweit es angefochten ist (§ 368 StPO.).

Anm. 18. a) Ist eine Beschränkung der Berufung nicht erfolgt, so gilt das ganze Urteil als angefochten (§ 359 StPO.). Vgl. EGH. **7** 137 (27. 11. 95); **5** 45 (5. 5. 90); **9** 91 (21./22. 12. 98) — hier lag doch wohl in Wahrheit Beschränkung der Berufung des Oberstaatsanwalts auf das Strafmaß vor; Berger § 91 Anm. 4; Meyer § 91 Anm. 2.

Anm. 19. b) Die Berufung kann auf die Anfechtung der Verurteilung oder Freisprechung wegen einzelner selbständiger Verfehlungen beschränkt werden: dann unterliegt das Urteil des EG. der Prüfung der Berufungsinstanz nicht bezüglich anderer selbständiger Verfehlungen. Ebenso: EGH. **10** 129 (15. 4. 01); **12** 55 (23. 6. 05), vgl. auch EGH. **6** 168 (4. 5. 92); Berger § 91 Anm. 4; Sydow-Jacobsohn § 91 Anm. 3. Dabei ist aber der EGH. bezüglich der Frage, ob eine selbständige Verfehlung vorliegt oder ob das, was das EG. als mehrere selbständige Verfehlungen aufgefaßt hat, in Wahrheit nur eine Verfehlung darstellt, zur freien Beurteilung berufen: EGH. **7** 41 (6. 2. 95).

Anm. 20. c) Die Berufung kann ferner auf die Straffrage beschränkt werden. In diesem Falle ist die Nachprüfung der Schuldfrage dem EGH. versagt. Vgl. EGH. **6** 39/40 (31. 5. 93), 233 (7. 12. 93); **8** 71 (24. 11. 97); **10** 89 (13. 6. 00), 90/1 (24. 6. 01); Berger § 91 Anm. 4; Sydow-Jacobsohn § 91 Anm. 3. Das gilt auch, wenn die StA. lediglich zwecks Straferhöhung Berufung erhebt. Allerdings kann in solchem Fall nach der für das ehrengerichtliche Verfahren maßgebenden Bestimmung des § 343 StPO. das Urteil des EG. auch zugunsten des Angeklagten abgeändert werden, immer aber nur im Rahmen der Berufung, also hier nur bezüglich des Strafmaßes. Vgl. JW. **94** 225 (RG. StS. II. 6. 3. 94); RMG. **8** 115/129 (Pl. 24. 1. 05); **10** 165/7 (Sen. II. 25. 7. 06); Löwe-Hellweg StPO.[12] § 343 Anm. 3. Es ist daher nicht zu billigen, wenn in den Entscheidungen EGH. **1** 46/7 (30. 11. 83) und **10** 93 (4. 11. 01) auf die von der StA. lediglich behufs Strafschärfung erhobenen Berufung die Schuldfrage nachgeprüft worden ist. Dem EGH. treten Meyer § 91 Anm. 2, Berger § 91 Anm. 4 und Sydow-Jacobsohn § 91 Anm. 5 bei.

Anm. 21. d) Daß die Berufung auf den Kostenpunkt beschränkt werden kann, ist schon in Anm. 2 zu § 90 bemerkt worden.

Anm. 22. 6. Das Urteil des EGH.

a) Für das Urteil des EGH. gilt das über das Urteil des EG. Gesagte. Vgl. Exkurs zu § 88.

b) Von der nach § 369 Abs. 2 StPO. gegebenen Befugnis zur Zurückverweisung an das EG. macht der EGH. zweckmäßigerweise meist nur dann Gebrauch, wenn es sich nicht lediglich um vereinzelte Verfahrensmängel, sondern um ein gänzlich oder im wesentlichen prozeßordnungswidriges Verfahren des EG. handelt. Vgl. EGH. **1** 27 (25. 11. 84); **7** 33/4 (23. 5. 94); **8** 65/6 (20. 10. 97); **10** 78 (13. 3. 01): Feststellungen des EG. ganz oder hauptsächlich auf nicht verlesbaren Aussagen fußend; **11** 39/40 (20. 10. 02), 42/3 (27. 10. 02); **12** 53 (14. 12. 04): Urteil des EG. lediglich auf dem von diesem für schlechthin bindend erachteten Disziplinarerkenntnis beruhend. Anm. 23.

IV. Das Rechtsmittel der Revision ist der RAO. unbekannt. Vgl. EGH. **5** 199 (16. 12. 91); **11** 72 (6. 10. 02), 75 (19. 12. 03); Berger § 90 Anm. 1; Meyer § 90 Anm. 1. Ein Rechtsmittel gegen die Urteile des EGH. gibt es nicht, sie sind ohne weiteres rechtskräftig: EGH. **5** 199 (16. 12. 91); Sydow-Jacobsohn § 90 Anm. 2; Meyer § 90 Anm. 1. Anm. 24.

Exkurs zu § 91.*)

Die Wiederaufnahme des Verfahrens.

I. Wiederaufnahmegründe. Anm. 1.

A. Wiederaufnahme zugunsten des Angeklagten. 1. Zu den Fällen des § 399 Nr. 1—3 StPO. ist Besonderes nicht zu sagen.

2. Nach § 399 Nr. 4 StPO. ist ein Wiederaufnahmegrund gegeben, wenn ein zivilgerichtliches Urteil, auf welches das Strafurteil gegründet wurde, durch ein anderes rechtskräftig gewordenes Urteil aufgehoben ist. Wenn hienach im Strafprozeß die rechtskräftige Aufhebung eines Zivilurteils, an das der Strafrichter sich, ohne hiezu verpflichtet zu sein, gemäß § 261 StPO. gebunden hat, einen Wiederaufnahmegrund abgibt, dann muß eine entsprechende Anwendung dieser Bestimmung dahin führen, im Falle des § 65 RAO. bei nachträglicher rechtskräftiger Aufhebung des das EG. kraft Gesetzes bindenden Strafurteils gleichfalls die Wiederaufnahme zuzulassen. Hier lediglich auf § 399 Nr. 5 StPO. zu verweisen, wäre wegen des Satzes 2 dieser Ziffer doch recht unbillig. Anm. 2.

3. § 399 Nr. 5 StPO. Anm. 3.

a) Mit Recht hat der EGH. in konstanter Praxis angenommen, daß der zweite Satz dieser Ziffer auch für das ehrengerichtliche Verfahren gilt. Vgl. EGH. **4** 94/5 (17. 2. 88), 97 (13. 3. 89); **5** 193 (2. 12. 91), 199 (16. 12. 91); **6** 91 (11. 1. 93); **9** 103 (8. 3. 99); **10** 98 (13. 3. 01), 103 (23. 5. 00); **11** 69 (3. 10. 03), 72/3 (6. 10. 02), 74 (19. 12. 03); **12** 79 (30. 4. 04), 81 (2. 11. 04). Ebenso: Berger § 91 Anm. 6; Meyer § 96 Anm. 1 (Sydow-Jacobsohn schweigt über die Frage, in der vorausgegangenen von Mosler bearbeiteten Auflage war in Anm. 2 zu § 90 die Ansicht des EGH. adoptiert). Der Schlußsatz des § 399 Nr. 5 ist eben lediglich das Korrelat zu der Gewährung der Berufung gegen das erstinstanzielle Urteil und ist deshalb, wie im Strafprozeß bezüglich der Urteile in schöffengerichtlichen Strafsachen, so im ehrengerichtlichen Verfahren allgemein anzuwenden.

b) Im Gegensatze zu der früheren konstanten Rechtsprechung des EGH., daß für die ehrengerichtliche Bestrafung eines Rechtsanwalts nicht mehrere Strafgesetze, Anm. 4.

*) Syring JW. 07 658 hält es für zweifelhaft, ob die Bestimmungen der StPO. über die Wiederaufnahme des Verfahrens im ehrengerichtlichen Verfahren anwendbar sind. Im Hinblick auf § 66 RAO. ist die Anwendbarkeit anzunehmen, womit die ständige Praxis des EGH. übereinstimmt. Ebenso Meyer § 96 Anm. 1; Berger § 91 Anm. 6; Sydow-Jacobsohn § 63 Anm. 5.

ein schwereres und ein milderes, sondern nur eines, nämlich § 63 RAO., besteht — vgl. EGH. **4** 94/5 (17. 2. 88), 97 (13. 3. 89); **5** 53/4 (12. 3. 90), 56 (4. 11. 91); **6** 92 (11. 1. 93); **8** 98 (19. 5. 97); **11** 73 (14. 1. 03) —, meint EGH. **12** 80/81 (2. 11. 04), daß „angesichts des Inhalts der §§ 28, 62, 63, 64 der Rechtsanwaltsordnung die Annahme gerechtfertigt erscheint, daß die Rechtsanwaltsordnung ein schwereres Strafgesetz neben einem milderen im Sinne des § 399 Ziff. 5 StPO. mindestens insoweit enthält, als sie die Strafe der Ausschließung aus der Rechtsanwaltschaft für Verfehlungen . . . androht". Das ist nicht für richtig zu halten. Die Grundlage der Deduktion des EGH. ist offenbar der § 64 RAO. Der EGH. teilt die ehrengerichtlich strafbaren Verfehlungen in solche, die die Ausschließung von der Rechtsanwaltschaft begründen und auch vor der Zulassung des Rechtsanwalts begangen sein können, und in solche, die nicht die schwerste ehrengerichtliche Strafe erheischen und nach der Zulassung des Rechtsanwalts begangen sein müssen. Die RAO. gibt aber in keiner Weise besondere Merkmale dafür an, welche ehrengerichtlich strafbare Verfehlungen die Ausschließung begründen; sie läßt den ehrengerichtlichen Instanzen auch hier, wie sonst bei der Strafzumessung, freiesten Spielraum. Von besonders vorgesehenen straferhöhenden oder strafvermindernden Umständen ist in der RAO. nirgends die Rede, und nur solchenfalls könnte ein milderes Strafgesetz im Gegensatze zu einem strengeren in Frage kommen. Ebenso Syring JW. **07** 659, der zugleich mitteilt, daß der EGH. zu seiner früheren Ansicht zurückgekehrt ist. Das Ergebnis ist bedauerlich, und eine Abänderung wäre gewiß wünschenswert, aber über die lex lata ist nicht hinweg zu kommen. Vgl. auch die beachtenswerten Abänderungsvorschläge von Syring a. a. O.

Anm. 5. 4. Daß der Wiederaufnahmeantrag sich gegen jede selbständige, gegen den Angeklagten festgestellte Verfehlung richten kann, ist schon in Anm. 9 des Exkurses zu § 88 hervorgehoben worden.

Anm. 6. B. Wiederaufnahme zuungunsten des Angeklagten.

Auch hier ist der in Anm. 5 geschehene Hinweis zu beachten.

Anm. 7. C. Die Bestimmung des § 403 StPO. ist nach dem in Anm. 4 Gesagten für das ehrengerichtliche Strafverfahren von besonderer Bedeutung: sie schließt hier jede Wiederaufnahme zugunsten des Angeklagten aus, wenn dieser bezüglich keiner selbständigen Verfehlung die Freisprechung erzielen kann.

Anm. 8. II. Für **Form und Inhalt des Wiederaufnahmeantrags** gilt § 406 StPO. Von dem Fall des § 341 StPO. abgesehen, kann der Angeklagte den Antrag, wenn dieser bei dem EG. anzubringen ist, nur mittels einer von dem Verteidiger oder einem Rechtsanwalt unterzeichneten Schrift stellen (§ 81 Anm. 14 und 15). Ist der Angeklagte selbst noch Rechtsanwalt, so genügt seine Unterschrift. Vgl. RGRspr. **4** 695 (FS. 29. 8. 82) (§ 385 Abs. 2 StPO. betr.); EGH. **7** 70 (29. 5. 95), 70/71 (13. 11. 95); **8** 96 (13. 5. 96). Richtet sich der Wiederaufnahmeantrag an den EGH., so kann er auch zu Protokoll der Gerichtsschreiberei des Reichsgerichts angebracht werden. Wegen solcher Fälle vgl. EGH. **5** 54; **6** 91; **10** 100; **11** 70, 71, 74.

Anm. 9. III. **Über den Wiederaufnahmeantrag entscheidet**

a) das EG., wenn ein Urteil des EGH. nicht ergangen ist,

b) sonst der EGH. (vgl. EGH. **8** 96 — 13. 5. 96 —, 97 — 15. 1. 96).

Anm. 10. IV. Wird der Wiederaufnahmeantrag vom EG. zugelassen, so kann dieses mit der **Aufnahme der erforderlichen Beweise** in Anwendung des § 409 StPO. eines seiner Mitglieder beauftragen, dem vom Vorsitzenden ein Rechtsanwalt als Gerichtsschreiber beizuordnen sein wird. Auch der EGH. kann die Beweisaufnahme durch ein beauftragtes Mitglied und zwar sowohl durch ein richterliches wie ein anwaltschaftliches bewirken lassen, das einen Gerichtsschreiber des Reichsgerichts zuzuziehen hat.

V. Die Anwendung der **sonstigen Bestimmungen über das Wiederaufnahmeverfahren** dürfte keinen Schwierigkeiten begegnen. Anm. 11.

VI. Das Gesetz, betreffend die **Entschädigung der im Wiederaufnahmeverfahren freigesprochenen Personen,** vom 20. Mai 1898 findet keine Anwendung. Es ist kein Teil der StPO., daher auch nicht nach § 66 RAO. für das ehrengerichtliche Verfahren gültig. Anm. 12.

VII. **Hatte das frühere Urteil auf Ausschließung erkannt, und wird dieses Urteil im wiederaufgenommenen Verfahren aufgehoben oder abgeändert** (siehe **EGH. 12** 83; das frühere Urteil findet sich **EGH. 9** 90/100), der Angeklagte also entweder ganz freigesprochen oder nur mit einer geringeren Strafe belegt, so ist dies von dem Schriftführer des Vorstandes in gleicher Weise, wie seinerzeit die eingetretene Ausschließung (vgl. § 96 RAO.), den Gerichten, bei denen der frühere Rechtsanwalt zugelassen war, und der LJV. anzuzeigen. Über das weitere Verfahren vgl. § 24 Anm. 5. Anm. 13.

§ 92.

Die Verrichtungen der Staatsanwaltschaft werden von der Staatsanwaltschaft bei dem Oberlandesgerichte, in der Berufungsinstanz von der Staatsanwaltschaft bei dem Reichsgerichte wahrgenommen.

1. Inhalt. Der Paragraph trifft Bestimmung darüber, von wem die Geschäfte der StA. wahrgenommen werden. Anm. 1.

2. Zur Wahrnehmung der Verrichtungen der Staatsanwaltschaft sind berufen: Anm. 2.

a) hinsichtlich des **EGH.**, sowie (Berger Anm. zu § 92, Sydow-Jacobsohn § 92 **Anm. 1**) gemäß § 98 RAO. hinsichtlich des EG. der AK. bei dem Reichsgerichte die StA. bei dem RG.,

b) im übrigen die Staatsanwaltschaft bei dem OLG., dessen Sitz die AK. teilt.

Es wirkt also dieselbe StA. bezüglich des EG. der AK. beim RG. in allen Instanzen, bei den anderen Ehrengerichten in der ersten Instanz und in der Beschwerdeinstanz mit. Gleiches kommt ja aber auch im Strafprozeß dann vor, wenn die landgerichtliche StA. allgemein z. B. die vor die Schöffengerichte gehörigen Vergehenssachen zur Vertretung an sich zieht, was sie nach § 146 GVG. zu tun berechtigt ist. Anm. 3.

3. Der 10. Titel des GVG., der die Organisation der StA. behandelt, gilt auch für das ehrengerichtliche Verfahren. Anm. 4.

Der erste Beamte der StA. bei dem OLG. kann deshalb mit Wahrnehmung der dieser StA. obliegenden Geschäfte einen StA. seines Bezirks gemäß § 146 Abs. 1 GVG. betrauen. **EGH. 6** 82 (30. 11. 92); Berger § 91 Anm. 2. Der ORA. kann sich dagegen keinen StA. eines Bundesstaates substituieren.

§ 93.

Im Falle des § 16 Abs. 2 wird ohne Beschluß über die Eröffnung des Hauptverfahrens zur Hauptverhandlung geschritten.

Das Ehrengericht kann nach Maßgabe des § 86 auch die Vernehmung des Antragstellers vor der Hauptverhandlung anordnen.

Dem Antragsteller sind auf Verlangen die ihm zur Last gelegten Thatsachen sowie die Beweismittel vor der Hauptverhandlung schriftlich anzugeben.

Das Verfahren ist einzustellen, wenn der Antrag auf Entscheidung im ehrengerichtlichen Verfahren zurückgenommen wird; die Kosten trägt in diesem Falle der Antragsteller.

Anm. 1. **I. Inhalt.** Der von der RTKomm. eingefügte Paragraph regelt das ehrengerichtliche Zulassungsverfahren.

Anm. 2. **II. Bedeutung des § 93.** § 93 dient der Ausführung des § 16 RAO. Dort sind die Fälle geregelt, in denen nach Versagung der Zulassung „auf Verlangen des Antragstellers über den Grund der Versagung im ehrengerichtlichen Verfahren zu entscheiden" ist. Für dieses ehrengerichtliche Zulassungsverfahren sind also, wie die gedachte Fassung deutlich ergibt, an sich die Bestimmungen des ehrengerichtlichen Strafverfahrens maßgebend. Wichtige Abänderungen derselben enthält § 93, andere Bestimmungen werden sich als unanwendbar ergeben. Immer aber ist das gedachte Prinzip festzuhalten.

Anm. 3. **III. Gegenstand des ehrengerichtlichen Zulassungsverfahrens.** 1. Schon in Anm. 3 der Vorbemerkung zum IV. Abschnitte ist hervorgehoben worden, daß das ehrengerichtliche Zulassungsverfahren kein Disziplinarverfahren ist, sondern nur dessen Form entlehnt. Ebenso: Meyer § 93 Anm. 2; EGH. **2** 22 (9. 12. 85), 33/4 (23. 2. 85); **3** 76 (8. 7. 87); **5** 5 (29. 12. 90), 194 (2. 12. 91); **10** 203 (27. 6. 00). Entschieden wird in ihm über den Grund der Versagung der Zulassung. Darüber, was hierunter zu verstehen ist, vgl. § 16 Anm. 12 bis 17, über die Zulässigkeit des Verfahrens vgl. § 16 Anm. 3 ff.

Anm. 4. 2. Der Grund der Versagung ist es, der das ehrengerichtliche Zulassungsverfahren umgrenzt, eine Funktion, die im ehrengerichtlichen Strafverfahren dem Eröffnungsbeschlusse zukommt (Meyer § 93 Anm. 2). Während aber im ehrengerichtlichen Strafverfahren § 265 StPO. eine Ausdehnung der Anklage gestattet, ist eine Anwendung dieses Paragraphen im ehrengerichtlichen Zulassungsverfahren schlechthin ausgeschlossen: nur über den im ablehnenden Bescheide der LJV. sich findenden Versagungsgrund hat das Ehrengericht zu entscheiden. Vgl. EGH. **1** 62 (23. 12. 80), 68 (30. 11. 83), 87 und 90 (29. 12. 84); **2** 32 (23. 2. 85), 43 (23. 6. 85); **3** 95 (6. 10. 86); **5** 6 (29. 12. 90); **10** 109 (15. 4. 01), 197/8 (28. 3. 00).

Anm. 5. **IV. Verhältnis des ehrengerichtlichen Zulassungsverfahrens zu anderen denselben Sachverhalt betreffenden Verfahren.** 1. Verhältnis zu einem kriminellen Strafverfahren. Auch hier hat das kriminelle Offizialverfahren unbedingt den Vorrang, und das verurteilende wie das freisprechende Erkenntnis des Strafrichters bindet das Ehrengericht im ehrengerichtlichen Zulassungsverfahren ebenso, wie im ehrengerichtlichen Strafverfahren. Vgl. § 65 Anm. 2 ff.

Anm. 6. Daß das Urteil im kriminellen Strafverfahren nicht der Verwendung des dort verwerteten Tatbestandes im ehrengerichtlichen Zulassungsverfahren im Wege steht, daß es in diesem Verfahren also nicht den Einwand ne bis in idem begründet, erhellt aus dem über den Gegenstand des ehrengerichtlichen Zulassungsverfahrens Gesagten. Vgl. EGH. **3** 76 (8. 7. 87).

Anm. 7. 2. Verhältnis zu einem Disziplinarverfahren. Auch das Disziplinarerkenntnis steht der Berücksichtigung des dort abgeurteilten Vorgangs im ehrengerichtlichen Zulassungsverfahren nicht entgegen. Vgl. EGH. **2** 22 (9. 12. 85), 33 (23. 2. 85); **5** 5 (29. 12. 90). Was von der mangelnden Bindung an die Feststellungen des Disziplinarrichters für das ehrengerichtliche Strafverfahren gilt, findet ebenso auf das ehrengerichtliche Zulassungsverfahren Anwendung. Vgl. § 65 Anm. 30.

3. Verhältnis zu einem ehrengerichtlichen Strafverfahren. An sich gilt hier das in Anm. 7 Gesagte. Nur eine Ausnahme ist zu machen: Wenn der Antragsteller früher Rechtsanwalt war und als solcher ehrengerichtlich mit einer geringeren Strafe als mit Ausschließung bestraft worden ist, so darf lediglich auf den Tatbestand hin, wegen dessen die ehrengerichtliche Verurteilung erging, nicht die Versagung der Zulassung aus § 5 Nr. 5 RAO. erfolgen. Hierüber vgl. § 5 Anm. 41. Anm. 8.

V. Gerichtsstand. Die Anwendung des § 68 ist ausgeschlossen, da § 5 nur die Zulassung des noch nicht Rechtsanwalt Gewordenen betrifft, der Antragsteller also nicht Mitglied einer AK. sein kann; das ehrengerichtliche Zulassungsverfahren betreibt er ja gerade, um erst ein solches Mitglied zu werden. Anm. 9.

Das zuständige Ehrengericht ergibt sich aber deutlich aus § 16 Abs. 4. Wenn dort vorgeschrieben ist, daß die LJV. den rechtzeitig gestellten Antrag auf Entscheidung im ehrengerichtlichen Verfahren „dem Vorstande der Anwaltskammer" zu übersenden hat, so kann damit nur der AKV. gemeint sein, der das die LJV. bindende Gutachten abgegeben hat. Ist ihm der gedachte Antrag zu übersenden, so ist es klar, daß das Ehrengericht der fraglichen Anwaltskammer zur Entscheidung über den Grund der Zulassungsversagung berufen sein soll. Ebenso Anonymus in BayAB. **80** 341. Anm. 10.

Eine Konkurrenz von Gerichtsständen ist auch hier ausgeschlossen, die Simultanzulassung aus § 12 RAO. steht übrigens auch nur dem bereits zugelassenen Rechtsanwalt offen. Anm. 11.

VI. Einleitung des ehrengerichtlichen Zulassungsverfahrens. 1. Das ehrengerichtliche Zulassungsverfahren kennt weder die Erhebung einer Klage noch die Eröffnung einer Voruntersuchung noch die Eröffnung des Hauptverfahrens (Berger Anm. zu § 93; Sydow-Jacobsohn § 93 Anm. 1; Meyer § 93 Anm. 2 u. 3). Mit Eingang des von der LJV. übersandten Antrags auf Entscheidung im ehrengerichtlichen Verfahren bei dem Anwaltskammervorstand ist das ehrengerichtliche Zulassungsverfahren anhängig geworden, und zwar befindet es sich sofort im Stadium des Hauptverfahrens. Anm. 12.

2. Es ist also alsbald Termin zur Hauptverhandlung anzuberaumen. Allerdings ist dem Ehrengericht die Nachprüfung der Zulässigkeit des Antrags, also die Nachprüfung, ob der Fall des § 16 Abs. 2 RAO. gegeben und ob die Frist des Abs. 3 ebenda gewahrt ist, nicht entzogen (vgl. § 16 Anm. 9): aber diese Prüfung darf erst in der Hauptverhandlung erfolgen. Mit der Übersendung des Antrags an den Anwaltskammervorstand hat die LJV. die Erfüllung der Voraussetzungen der Absätze 2 und 3 des § 16 zunächst bejaht, und damit ist das ehrengerichtliche Zulassungsverfahren in dasselbe Verfahrensstadium versetzt, das im ehrengerichtlichen Strafverfahren der Eröffnungsbeschluß einleitet; es muß also, soweit nicht Abs. 4 eingreift, Hauptverhandlung stattfinden. Anm. 13.

VII. In den Zeitraum zwischen der Einleitung des ehrengerichtlichen Zulassungsverfahrens und der Hauptverhandlung können sich noch **kommissarische Vernehmungen** einschieben. Daß sie alsbald zulässig sind, ergibt sich aus dem in Anm. 12 und 13 Gesagten, ebenso daß die verlangte Beeidigung eines Zeugen nicht mangels Gegebenseins der Voraussetzungen des § 65 StPO. abgelehnt werden kann, da dieser Paragraph sogar für die ehrengerichtliche Voruntersuchung durch § 73 RAO. außer Anwendung gesetzt ist: SeuffBl. **46** 109/111 = OLGMünchenSt. **1** 127 (OLG. München 18. 5. 80). Anm. 14.

1. Für die kommissarischen Vernehmungen gilt das in den Anmerkungen zu Anm. 15.

§ 86 Gesagte. Auch hier kann die Vernehmung sowohl durch einen ersuchten wie durch einen beauftragten Richter erfolgen.

Anm. 16. 2. Das ehrengerichtliche Strafverfahren kennt keine kommissarische Vernehmung des Angeklagten, im ehrengerichtlichen Zulassungsverfahren ist nach § 93 Abs. 2 die kommissarische Vernehmung des Antragstellers, der hier die Stellung des Angeklagten einnimmt, statthaft. Daß auf das über diese Vernehmung aufgenommene Protokoll der § 88 RAO. entsprechend anwendbar ist, kann keinem Zweifel unterliegen. Es ist also nicht nur nach Maßgabe des § 253 StPO. verlesbar, vielmehr auch dann zu verlesen, wenn beim Ausbleiben des Antragstellers in der Hauptverhandlung die Staatsanwaltschaft die Verlesung beantragt oder das Ehrengericht bzw. der Ehrengerichtshof sie für erforderlich erachtet.

Anm. 17. Die kommissarische Vernehmung des Antragstellers nach § 93 Abs. 2 RAO. weicht von der kommissarischen Vernehmung des Angeklagten nach § 232 StPO. ab. Diese kann nur auf Antrag des Angeklagten, jene von Amts wegen angeordnet werden. Die Anordnung unterliegt nach der Rechtsanwaltsordnung dem freien Ermessen des Ehrengerichts, die Strafprozeßordnung beschränkt die Zulässigkeit der kommissarischen Vernehmung auf ein enges Gebiet. Wenn aber die kommissarische Vernehmung des Antragstellers erfolgt ist, und bei seinem Ausbleiben in der Hauptverhandlung das Protokoll über diese Vernehmung zur Verlesung kommt, dann befindet sich der Antragsteller in derselben Lage, wie ein gemäß § 232 StPO. von der Verpflichtung zum Erscheinen in der Hauptverhandlung entbundener Angeklagter. Deshalb ist in solchem Falle auch die Wiedereinsetzung des Antragstellers gegen die ohne seine Anwesenheit durchgeführte Hauptverhandlung unter entsprechender Anwendung des § 234 Abs. 2 StPO. für ausgeschlossen zu erachten. Durch die kommissarische Vernehmung allein wird dagegen die Wiedereinsetzung noch nicht ausgeschlossen: denn anders als nach § 232 Abs. 3 StPO. ist die Verlesung des Vernehmungsprotokolls in der Hauptverhandlung nicht geboten, sondern lediglich statthaft, und ohne Verlesung kann das Ehrengericht seinen Inhalt nicht berücksichtigen. Nur wenn diese Verlesung erfolgt, liegt also ein dem § 234 Abs. 2 StPO. entsprechender Fall vor.

Anm. 18. **VIII.** 1. **Der Antragsteller** nimmt, wie schon bemerkt wurde, im ehrengerichtlichen Zulassungsverfahren die Stellung ein, die im ehrengerichtlichen Strafverfahren der Angeklagte hat. Was dort vom Angeklagten, gilt hier vom Antragsteller (Meyer § 93 Anm. 3; Berger Anm. zu § 93).

Anm. 19. 2. Der Antragsteller hat aber natürlich diejenigen Rechte des Angeklagten nicht, die durch den Wegfall der Anklageschrift und die Unzulässigkeit einer Voruntersuchung hinfällig werden. Es ist ihm also mit der Ladung zur Hauptverhandlung nicht, wie nach § 79 im ehrengerichtlichen Strafverfahren, eine Anklageschrift mitzuteilen (Meyer § 93 Anm. 3). In der RTKomm. (Siegeth Anhang 122) wurde aber mit Recht bemerkt, der Antragsteller sei „tatsächlich der durch das abfällige Gutachten Angegriffene, der sich materiell gegen die wider ihn erhobene Anschuldigung zu verteidigen habe". Ihm muß daher auch die Möglichkeit gegeben werden, in wirksamer Weise das gegen ihn Geltendgemachte zu entkräften. Das kann er nur, wenn er weiß, auf welche Tatsachen und Beweismittel die Versagung der Zulassung sich gründet. Die dem Bescheide der LJV. gegebene Begründung genügt hiezu nicht, das ihm zugrunde liegende Gutachten des Anwaltskammervorstandes wird dem Antragsteller nicht mitgeteilt und ihm die Einsicht der Zulassungsakten zu gewähren, würde durchaus unangemessen sein, vgl. EGH. **11** 214 (21. 4. 02). Deshalb bestimmt § 93 Abs. 3, daß dem Antragsteller auf Verlangen die ihm zur Last gelegten Tatsachen sowie die Beweismittel vor der Hauptverhandlung schriftlich anzugeben seien.

3. Diese Bestimmung ist aus einem in der RTKomm. gestellten und angenommenen Antrage entstanden, der salva redactione dahin ging: „Der Antragsteller kann in dem Antrage auf Einleitung des ehrengerichtlichen Verfahrens verlangen, daß ihm vor der Hauptverhandlung durch die Staatsanwaltschaft eine Anklageschrift zugestellt werde" (Siegeth Anhang 122/3). Aus dieser Entstehungsgeschichte ist aber nicht zu folgern, daß nun auch die in dem jetzigen Abs. 3 des § 93 vorgesehene schriftliche Mitteilung von der Staatsanwaltschaft auszugehen habe. Daß die in dem erwähnten Antrage vorgesehene Anklageschrift von der StA. zu verfassen war, ist klar. Eine Anklageschrift kennt aber Abs. 3 des § 93 nicht; die in ihm gedachte schriftliche Angabe entspricht durchaus der Mitteilung nach § 75 RAO., auch ist ja die Grundlage des Bescheides der LJV. das Gutachten des AKV., und welche Beweismittel in Frage kommen, geht aus den ehrengerichtlichen Akten hervor, sobald einmal Termin zur Hauptverhandlung anberaumt ist. Die Angabe nach Abs. 3 liegt also dem EG. ob. Anm. 20.

IX. **Ausschließung und Ablehnung der Gerichtspersonen.** Ein Verletzter kann in den Fällen des § 5 Nr. 4 und 6 nicht wohl vorkommen. Dagegen ist ein solcher im Falle des § 5 Nr. 5 ebenso denkbar, wie im ehrengerichtlichen Strafverfahren. Vgl. EGH. **12** 25/6 (21. 10. 05). Anm. 21.

X. 1. Während gemäß § 154 StPO. eine Zurücknahme der Anklage im ehrengerichtlichen Strafverfahren „nach Eröffnung der Untersuchung" unzulässig ist, **kann der Antragsteller den Antrag auf Entscheidung im ehrengerichtlichen Zulassungsverfahren zurücknehmen.** Er ist hiezu nicht nur vor dem erstinstanzlichen Termine zur Hauptverhandlung befugt, auch in diesem kann er die Zurücknahme erklären, ja er kann dies noch nach Erlaß des Urteils des EG. (Meyer § 93 Anm. 5) sowie in der Berufungsinstanz tun. Ebenso Meyer a. a. O.; EGH. **6** 15 (11. 1. 93); **11** 63 (6. 10. 02). Erst die Rechtskraft des Urteils des EG. oder die Verkündung des Urteils des EGH. benimmt ihm das Recht der Zurücknahme seines Antrages. Anm. 22.

2. Im Falle der Zurücknahme des Antrags auf ehrengerichtliche Entscheidung ist das ehrengerichtliche Zulassungsverfahren einzustellen. Die Einstellung geschieht außerhalb der Hauptverhandlung durch Beschluß. Vgl. EGH. **6** 15 (11. 1. 93). Erfolgt die Einstellung in der Hauptverhandlung, so soll nach Sydow-Jacobsohn § 93 Anm. 2 und nach Berger Anm. zu § 93 die Einstellung durch Urteil ausgesprochen werden. Beide nehmen auf § 259 StPO. Bezug, Sydow-Jacobsohn außerdem noch auf EGH. **11** 63. Diese Entscheidung spricht nicht für, sondern gegen Sydow-Jacobsohn. Allerdings ist sie offenbar in der Hauptverhandlung erlassen; denn sie datiert vom 6. Oktober 1902, auf welchen Tag nach der mitgeteilten Prozeßgeschichte Termin zur Hauptverhandlung anberaumt war. Aber die Entscheidung bezeichnet sich ausdrücklich als Beschluß (S. 61), der EGH. ist also gerade entgegengesetzter Meinung als Sydow-Jacobsohn. Auch die Bezugnahme auf § 259 ist nicht beweiskräftig. Auch die StPO. kennt Fälle, in denen nicht nur die einzelne Hauptverhandlung, sondern das ganze Hauptverfahren durch einen Beschluß abgeschlossen wird, und man wird mit Löwe-Hellweg, StPO.[12] § 259 Anm. 3 annehmen können, daß dies für alle Fälle gilt, in denen das Hauptverfahren ohne Hauptverhandlung zum Abschluß gebracht werden kann. Eine Ausnahme hievon enthält § 259 Abs. 2 StPO., dessen analoge Anwendung ja vorliegend versagt. Will man eine Analogie ziehen, so ist wohl eher die Heranziehung der Fälle statthaft, in denen im Strafprozesse die Anklage zurückgenommen werden kann, insbesondere also der § 431 StPO. In diesen Fällen wird aber richtiger Ansicht nach das Verfahren auch in der Hauptverhandlung durch Beschluß eingestellt. Dies wird mit dem EGH. auch für das ehrengerichtliche Zulassungsverfahren anzunehmen sein. Die Kosten des Verfahrens — was Anm. 23.

hierunter fällt, darüber vgl. § 94 — trägt im Falle der Einstellung der Antragsteller.

Anm. 24. 3. Der Zurücknahme des Antrags auf ehrengerichtliche Entscheidung gleich zu behandeln ist die Zurücknahme des Gesuchs um Zulassung zur Rechtsanwaltschaft. Denn das ehrengerichtliche Zulassungsverfahren findet nur statt, um dem Antragsteller die Möglichkeit zu geben, durch Beseitigung des von der LJV. angeführten Grundes der Versagung die nachgesuchte Zulassung zu erlangen. Mit der Zurücknahme des Zulassungsgesuchs wird dem ehrengerichtlichen Zulassungsverfahren der Boden entzogen. EGH. **11** 60/1 (6. 10. 02); Sydow-Jacobsohn § 93 Anm. 3.

Anm. 25. **XI. Hauptverhandlung.** 1. Für die Hauptverhandlung gilt das über die Hauptverhandlung im ehrengerichtlichen Strafverfahren Gesagte. Nur tritt insofern eine Abweichung ein, als ein Eröffnungsbeschluß, weil ein solcher dem ehrengerichtlichen Zulassungsverfahren unbekannt ist, eben auch nicht verlesen werden kann.

An die Stelle der Verlesung des Eröffnungsbeschlusses muß die Verlesung der Urkunde treten, welcher im ehrengerichtlichen Zulassungsverfahren die Umgrenzung dieses Verfahrens zu entnehmen ist. Das ist der Bescheid der LJV., der die Zulassung versagt. Wenn EGH. **2** 21 (9. 12. 85) das diesem Bescheide zugrunde liegende Gutachten des AKV. verlesen wissen will, des Bescheides selbst dagegen nicht gedenkt, so ist das nicht ganz korrekt. Da aber freilich die LJV. an das Gutachten gebunden, materiell also in der Tat das Gutachten nachzuprüfen ist — EGH. **9** 107 (6. 7. 98) —, auch nicht selten das Gutachten zum Verständnis des Bescheides unentbehrlich ist, handelt es sich um keinen erheblichen Unterschied. Es wird sogar häufig auch die Verlesung des Gutachtens notwendig sein.

Daß auch hinsichtlich des Umfangs der in § 84 vorgesehenen Berichterstattung dieselbe Ersetzung des Eröffnungsbeschlusses, wie eben erörtert, stattfindet, bedarf keiner besonderen Darlegung.

Anm. 26. 2. Auch im ehrengerichtlichen Zulassungsverfahren kann der Fall eintreten, daß mangels der Möglichkeit, einen abwesenden Antragsteller zur Hauptverhandlung zu laden, das Verfahren vorläufig einzustellen ist. Vgl. EGH. **11** 59/60 (17. 6. 03).

Anm. 27. 3. Wegen des Tenors des ehrengerichtlichen Urteils s. § 16 Anm. 10, wegen der Wirkung der Urteile s. Anm. 19—21 ebenda.

Anm. 28. **XII.** 1. Über das **Verfahren in der Beschwerdeinstanz** ist Besonderes nicht zu sagen.

Anm. 29. 2. Auch wegen der **Berufung** ist auf die Bemerkungen zum ehrengerichtlichen Strafverfahren zu verweisen. Nur wegen der Beschränkung der Berufung bedarf es eines Hinweises. Die Berufung kann auch hier auf den Kostenpunkt beschränkt werden. Dagegen ist es unzulässig, die Berufung nur gegen einen Teil der einen und denselben Versagungsgrund stützenden, einen einheitlichen Tatbestand bildenden Feststellungen zu richten, ohne den Erfolg anzustreben, daß der Versagungsgrund selbst beseitigt werde. Denn solchenfalls würde es sich nur um Anfechtung der Gründe des Urteils, nicht um Anfechtung der Entscheidung selbst handeln. Dagegen ist es für statthaft zu halten, daß der Antragsteller, gegen den das EG. selbständige Versagungsgründe aus mehreren der Ziffern 4—6 des § 5 festgestellt hat, nur gegen *einen* dieser Gründe sich mit der Berufung wendet: allerdings kann der Erfolg des Antragstellers dann wohl in Streichung *eines* Versagungsgrundes, nicht aber in Beseitigung der Zulassungsversagung überhaupt bestehen.

Dennoch hat der Antragsteller unter Umständen ein sehr erhebliches materielles Interesse an einer derartigen Abänderung des Urteils. Man muß nämlich bedenken, daß es für ihn durchaus nicht gleichgültig ist, *aus welchem Grunde* ihm die Zulassung versagt wurde. Erfolgte z. B. die Versagung sowohl wegen einer unvereinbaren Nebenbeschäftigung (§ 5 Ziff. 4) als auch wegen eines körperlichen Gebrechens (§ 5 Ziff. 6), und erklärte das EG. beide Gründe für gerechtfertigt, so kann der Antragsteller, auch wenn er den ersterwähnten Grund selbst als richtig anerkennen muß, doch ein großes Interesse daran haben, wegen des zweiten Versagungsgrundes Berufung einzulegen. Denn den ersten Grund kann er einfach durch Aufgabe der Nebenbeschäftigung beseitigen, und hiedurch verliert auch nach Annahme des EGH. die Rechtskraftwirkung des Urteils insoweit ihre Bedeutung (vgl. § 16 Anm. 20). Dagegen hängt es nicht von seinem Willen ab, daß sein körperlicher Zustand sich ändert: hier hätte er also das größte Interesse daran, das Urteil nicht in Rechtskraft erwachsen zu sehen. Tritt man vollends unserer Meinung über die Rechtskraftwirkungen eines nach § 5 Ziff. 5 ergehenden Urteils bei (vgl. § 16 Anm. 20), so gewinnt die Frage noch größere praktische Bedeutung: denn daß die Wettmachung der den Tatbestand des § 5 Ziff. 5 erfüllenden Verfehlungen durch späteres Wohlverhalten viel schwerer ist als die Beseitigung z. B. der Voraussetzungen des § 5 Ziff. 6, bedarf keiner besonderen Begründung.

Dem vorstehend Ausgeführten widerspricht nicht die Entscheidung des EGH. **12** 97/8 (7. 12. 04), welche es billigt, wenn das EG., falls es einen der mehreren Versagungsgründe für gerechtfertigt erachtet, sich der Entscheidung über die anderen enthält: der die Zulassung versagende Bescheid der LJV. äußert ja keine Rechtskraftwirkungen, ein rechtlich anzuerkennendes Interesse an Beseitigung eines von mehreren Versagungsgründen hat der Antragsteller erst, wenn das EG. den Versagungsgrund für gerechtfertigt erklärt hat, weshalb auch (vgl. § 16 Anm. 7) nicht einer von mehreren Versagungsgründen allein zum Gegenstand des ehrengerichtlichen Zulassungsverfahrens gemacht werden kann.

XIII. 1. Auch die **Wiederaufnahme des Verfahrens** ist im ehrengerichtlichen Zulassungsverfahren statthaft, vgl. EGH. **7** 69 (7. 2. 94). Anm. 30.

2. Auch hier ist das in Anm. 29 Gesagte zu beachten. Anm. 31.

XIV. Eine **Vollstreckung** kommt hinsichtlich des im ehrengerichtlichen Zulassungsverfahrens ergangenen Urteils nicht in Frage. Nach Eintritt der Rechtskraft des Urteils wird von demselben unter Beifügung einer mit der Bescheinigung der Vollstreckbarkeit versehenen beglaubigten Abschrift der Urteilsformel durch den Schriftführer des AKV. der LJV. Mitteilung zu machen sein. Anm. 32.

§ 94.

Für das Verfahren werden weder Gebühren noch Stempel, sondern nur baare Auslagen in Ansatz gebracht.

Der Betrag der Kosten ist von dem Vorsitzenden festzustellen. Die Festsetzung ist vollstreckbar.

Kosten, welche weder dem Angeschuldigten noch einem Dritten auferlegt werden oder von dem Verpflichteten nicht eingezogen werden können, fallen der Kammer zur Last. Dieselbe haftet den Zeugen und Sachverständigen für die ihnen zukommende Entschädigung in gleichem Umfange, wie in Strafsachen die Staatskasse. Bei weiterer Entfernung des Aufenthaltsorts der geladenen Personen ist denselben auf Antrag ein Vorschuß zu bewilligen.

Die Hinterlegung der gesetzlichen Entschädigung für Personen, welche von dem Angeklagten unmittelbar geladen sind, erfolgt bei dem Schriftführer des Vorstandes.

Anm. 1. I. **Inhalt.** Der Paragraph regelt die Behandlung des Kostenpunktes im ehrengerichtlichen Verfahren. *)

Anm. 2. II. **§ 94 gilt sowohl für das ehrengerichtliche Strafverfahren wie für das ehrengerichtliche Zulassungsverfahren.** Wo in ihm von dem Angeschuldigten oder Angeklagten die Rede ist, ist für das ehrengerichtliche Zulassungsverfahren statt dessen der Antragsteller zu setzen.

Anm. 3. III. Gemäß § 496 StPO. hat jedes Urteil und jede eine ehrengerichtliche Untersuchung einstellende Entscheidung (Ablehnung der Eröffnung der Voruntersuchung, Ablehnung der Eröffnung des Hauptverfahrens, Außerverfolgungsetzung des Angeschuldigten, Einstellung des ehrengerichtlichen Zulassungsverfahrens) **darüber Bestimmung zu treffen, von wem die Kosten des Verfahrens zu tragen sind** (Meyer § 94 Anm. 3). Ebenso ist bei erfolglos eingelegter Beschwerde, bei Zurücknahme von Rechtsmitteln (s. hiezu Anm. 24) oder bei Verwerfung des aus § 170 StPO. gestellten Antrags über die Tragung der einschlägigen Kosten zu befinden. Es ist ferner der Verurteilung von Zeugen und Sachverständigen in die durch ihren Ungehorsam entstandenen Kosten zu gedenken und auf die §§ 501, 504 StPO. einstweilen nur zu verweisen. Immer handelt es sich nur um die Entscheidung darüber, wer die betreffenden Kosten zu tragen hat, nicht um die Bezifferung ihrer Höhe. Diese Festsetzung erfolgt gesondert (vgl. darüber Anm. 26 – 29).

Anm. 4. IV. **Als Kosten kommen für das Verfahren weder Gebühren noch Stempel, sondern lediglich bare Auslagen in Ansatz.**

Anm. 5. 1. Es gilt dies für das Verfahren vor dem Ehrengerichte wie vor dem EGH., auch für die ehrengerichtliche Voruntersuchung. Es gilt nicht minder für die Tätigkeit des Oberlandesgerichts oder Reichsgerichts als Beschwerdeinstanz und für die von den Amtsgerichten auf Ersuchen vorzunehmenden Handlungen, endlich auch für das Verfahren nach § 170 StPO.

Anm. 6. 2. Für das Verfahren kommen keine Stempel in Ansatz. Keineswegs sind aber damit Urkunden, die einem Stempel unterliegen, von diesem deshalb befreit, weil von ihnen im ehrengerichtlichen Verfahren Gebrauch gemacht wird. Das ist für Vollmachten zu beachten. Vgl. Heinitz, Preuß. Stempelsteuergef.[2] Anm. IV 4 zur Tarifstelle 73.

Anm. 7. 3. Die baren Auslagen kommen „für das Verfahren" in Ansatz. Die anzusetzenden baren Auslagen müssen also solche sein, die nicht durch das Funktionieren des Ehrengerichts an sich, sondern durch dieses spezielle Verfahren entstanden sind. So wenig hiezu die Kosten der Beschaffung eines Raumes für die Sitzungen, die Aufwendungen für die erforderlichen Schreibmaterialien 2c. gehören, so wenig fallen unter die speziellen durch ein bestimmtes Verfahren entstandenen Auslagen die Kosten der Konstituierung des Ehrengerichts, also insbesondere die Reisekosten der außerhalb des Oberlandesgerichtssitzes wohnhaften Mitglieder des AKV. Vgl. Mot. 93; Sydow-Jacobsohn § 94 Anm. 1; Meyer § 94 Anm. 2; Berger § 94 Anm. 1; AKJahrB. 92 11 (AKV. Nürnberg). Auch im Strafprozeß gehören ja die Kosten, die durch die Reisen der landgerichtlichen Mitglieder einer detachierten Strafkammer zu deren Sitzungen oder durch die Einberufung nicht am Landgerichtssitze wohnhafter Amtsrichter zu den Sitzungen der Strafkammer entstehen, nicht zu den Kosten des Verfahrens.

Anm. 8. 4. *Die baren Auslagen sind nicht auf die in § 79 GKG. aufgeführten Arten von Auslagen beschränkt*, wenn auch schwerlich andere als die dort gedachten Auslagen in Frage kommen werden.

---

*) Wegen Behandlung der im ehrengerichtlichen Verfahren bei den Gerichtsbehörden entstandenen Kosten vgl. Elsaß-Lothringen MinVf. 29. 4. 04 (Sammlung von Ges. 2c. betr. die JV. in ElsLoth. 28 456 ff.).

5. Während die §§ 80a und b GKG. Fälle kennen, in denen gewisse Auslagen, nämlich Schreibgebühren, nicht erhoben werden, enthält die RAO. keine gleichartige Bestimmung. Wenn EGH. **4** 144 (23. 10. 88) auf Grund des § 6 GKG. einen im ehrengerichtlichen Strafverfahren verurteilten Angeklagten von den Auslagen einer Zustellung des Urteils an die Staatsanwaltschaft, die statt durch Vorlage der Urschrift durch Zustellung einer Ausfertigung bewirkt war, befreit hat, so ist das de lege lata nicht zu billigen. Das GKG. gilt nach seinem § 1 nur für die vor die ordentlichen Gerichte gehörigen Rechtssachen, auf welche die StPO. Anwendung findet. Auch betrifft § 6 GKG. nur die Niederschlagung von Gebühren oder die Gewährung von Gebührenfreiheit: werden überhaupt keine Gebühren erhoben, so können sie weder niedergeschlagen werden, noch hätte gerichtliche Bewilligung von Gebührenfreiheit einen Sinn; § 80 a Nr. 1 GKG. verlangt aber das Vorliegen eines Falles des § 6 GKG. Meyer tritt in Anm. 8 zu § 94 der zitierten Entscheidung dahin bei, daß die durch Verstoß gegen § 41 StPO. entstandenen Kosten nicht dem Angeklagten auferlegt werden könnten. Aber dieser Verstoß allein kommt nach der StPO. nicht in Betracht — RGSt. **1** 337/8 (StS. III. 24. 3. 80); RGRspr. **7** 710/2 (StS. II. 1. 12. 85); Gleiches muß also auch im ehrengerichtlichen Verfahren gelten. Anm. 9.

Wenn die Geschäftsordnung Rostock § 22 Abs. 3 bestimmt: „Wird durch die Schuld eines Mitgliedes des Ehrengerichts oder des zugezogenen Gerichtsschreibers eine Aussetzung der Hauptverhandlung notwendig, so sind regelmäßig demselben die hierdurch verursachten Kosten aufzuerlegen“, so fehlt es, wie Reuling 45 mit Recht bemerkt, für eine solche dem § 102 ZPO. entsprechende Bestimmung an der gesetzlichen Grundlage. Daß ein zivilrechtlicher Regreßanspruch bestehen kann, ist nicht zu bestreiten, er ist aber mit Klage im Zivilprozeß zu verfolgen.

6. Für die Bemessung der Schreibgebühren gilt § 80 GKG. an sich nicht. Der dort normierte Satz entspricht aber wohl ziemlich den wirklichen in Betracht kommenden Auslagen und wird deshalb auch im ehrengerichtlichen Verfahren zur Anwendung zu bringen sein. Anm. 10.

7. Legt eine Entscheidung einem Beteiligten „Kosten“ auf, so sind hierunter gemäß § 94 Abs. 1 RAO. nur bare Auslagen zu verstehen, vgl. EGH. **11** 108 (17. 6. 03). Anm. 11.

V. Kostenschuldner. 1. Die baren Auslagen mit Einschluß der durch die Vorbereitung der Klage und die Strafvollstreckung entstandenen hat der Angeklagte, der im ehrengerichtlichen Strafverfahren zur Strafe verurteilt wird, oder der Antragsteller im ehrengerichtlichen Zulassungsverfahren, wenn der Versagungsgrund für gerechtfertigt erklärt wird, gemäß § 497 StPO. zu tragen. (Meyer § 93 Anm. 5). Ihr Nachlaß haftet jedoch, wenn sie vor Eintritt der Rechtskraft des Urteils sterben, nicht für die gedachten Auslagen. Anm. 12.

2. Umfaßt ein ehrengerichtliches Strafverfahren mehrere selbständige Verfehlungen, und wird der Angeklagte nur in Ansehung eines Teils derselben verurteilt, so ist er, wenn durch die Verhandlung der übrigen Verfehlungen besondere Auslagen entstanden sind, von deren Tragung zu entbinden (§ 498 Abs. 1 StPO.). Vgl. EGH. **8** 143/4 (24. 11. 97); **10** 68 (22. 12. 00); Berger § 94 Anm. 3; Sydow-Jacobsohn § 94 Anm. 2. Anm. 13.

Entsprechend zu behandeln ist im ehrengerichtlichen Zulassungsverfahren der Fall, daß die Versagung zwar für begründet erachtet wird, aber nicht auf alle von der LJV. angeführten Gründe hin, und daß durch die Verhandlung über diese besondere Auslagen entstanden sind. Anm. 14.

3. Mitangeklagte, die im ehrengerichtlichen Strafverfahren in bezug auf Anm. 15.

dieselbe Verfehlung zu Strafe verurteilt werden, haften gemäß § 498 Abs. 2 StPO. für die Auslagen als Gesamtschuldner. Vgl. EGH. **4** 213 (22. 1. 89), 251 (8. 6. 88); Meyer § 94 Anm. 3; Berger § 94 Anm. 2; Sydow-Jacobsohn § 94 Anm. 2.

Anm. 16. 4. a) Wird im ehrengerichtlichen Strafverfahren der Angeklagte freigesprochen oder der Angeschuldigte außer Verfolgung gesetzt, das Verfahren eingestellt oder der Antrag auf Eröffnung der Voruntersuchung oder des Hauptverfahrens abgelehnt oder wird im ehrengerichtlichen Zulassungsverfahren der Grund der Zulassungsversagung für nicht gerechtfertigt erklärt, so fallen die Auslagen nicht der im kriminellen Strafverfahren in Betracht kommenden Staatskasse, sondern der Anwaltskammer zur Last, deren Ehrengericht in erster Instanz tätig wird oder geworden ist. Der Angeschuldigte bzw. Angeklagte im ehrengerichtlichen Strafverfahren oder der Antragsteller im ehrengerichtlichen Zulassungsverfahren hat in diesen Fällen nur die durch eine schuldbare Versäumnis verursachten Auslagen zu tragen.

Anm. 17. b) Die in Anm. 13 und 14 erwähnten Auslagen, von deren Tragung der Angeklagte oder der Antragsteller entbunden werden, fallen der in Anm. 16 erwähnten Anwaltskammer zur Last, die überhaupt alle Auslagen zu tragen hat, die „weder dem Angeschuldigten noch einem Dritten auferlegt werden" (§ 94 Abs. 3 RAO.).

Der Kreis dieser Auslagen bedarf der näheren Umgrenzung. Das Gesetz spricht von dem Angeschuldigten, es setzt also unter Berücksichtigung des § 155 StPO. voraus, daß, soweit das ehrengerichtliche Strafverfahren in Betracht kommt, die Klage erhoben ist. Daraus folgt, daß für die durch ein vorbereitendes Verfahren entstandenen Kosten, wenn die StA. dasselbe durch Einstellung gemäß § 169 StPO. zum Abschluß bringt, die Anwaltskammer nicht haftet (PrJMVf. 11. 2. 84 bei Müller, JV. **1** 165; v. Wilmowski JW. **83** 83/4; Fuchs GS. **34** 193 ff.; Sydow-Jacobsohn § 94 Anm. 4; Berger § 94 Anm. 5). Erhebt die StA. Anklage, und lehnt das Ehrengericht rechtskräftig den Antrag auf Eröffnung der Voruntersuchung oder bei unmittelbarer Anklageerhebung den Antrag auf Eröffnung des Hauptverfahrens ab, so ergibt sich damit, daß die Anklage nicht hätte erhoben werden sollen: dann muß dasselbe gelten, wie im Falle des § 169 StPO.; denn durch Klagen, die sich ohne weiteres als unbegründet erweisen, kann unmöglich die StA. die Anwaltskammer mit Kosten belasten (Fuchs a. a. O.).

Anm. 18. Im ehrengerichtlichen Zulassungsverfahren gibt es kein vorbereitendes Verfahren, die in Anm. 17 besprochenen Fälle, in denen die Haftung der Anwaltskammer zessiert, kommen also in diesem Verfahren nicht in Betracht.

Anm. 19. c) Mit den in Anm. 17 erwähnten Ausnahmen haftet die Anwaltskammer auch für die einem anderen Kostenschuldner auferlegten Auslagen, falls diese von dem Verpflichteten nicht eingezogen werden können, sie ist also insoweit Zweitschuldnerin.

Anm. 20. d) In den in Anm. 16 behandelten Fällen können im ehrengerichtlichen Strafverfahren die dem Angeschuldigten oder Angeklagten, im ehrengerichtlichen Zulassungsverfahren die dem Antragsteller erwachsenen notwendigen Auslagen gemäß § 499 Abs. 2 StPO. der in Anm. 16 genannten Anwaltskammer auferlegt werden. Vgl. EGH. **12** 87 (17. 2. 04), 88 (19. 3. 04); **4** 92/3 (25. 9. 89); **8** 101 (12. 5. 97). Die Anordnung muß aber bereits in der Entscheidung getroffen werden, die überhaupt über die Kosten befindet — EGH. **12** 87 (17. 2. 04); Sydow-Jacobsohn § 94 Anm. 4 —, wie ja Gleiches im Strafprozeß gilt.

Anm. 21. 5. Ist ein ehrengerichtliches Strafverfahren durch eine wider besseres Wissen gemachte oder auf grober Fahrlässigkeit beruhende

Anzeige veranlaßt worden, so kann das Ehrengericht dem Anzeigenden, nachdem er gehört worden, gemäß § 501 StPO. die Auslagen, für die die Anwaltskammer haftet, und die dem Beschuldigten erwachsen sind, zur Last legen. Dasselbe gilt, wenn das vorbereitende Verfahren nicht zur Klageerhebung führt, außer von den gedachten Auslagen des Beschuldigten von den der Staatskasse erwachsenen Kosten (Meyer § 94 Anm. 4; Turnau § 94 Anm. 3). Zuständig ist solchenfalls das Ehrengericht, das im Falle der Klageerhebung für die Eröffnung des Hauptverfahrens zuständig gewesen wäre.

Im ehrengerichtlichen Zulassungsverfahren kann der § 501 StPO. nicht zur Anwendung kommen, denn dieses wird ohne Anzeige und darauf beruhende Klageerhebung lediglich auf den Wunsch des Antragstellers eingeleitet. Anm. 22.

6. Im ehrengerichtlichen Strafverfahren kann, da das Verfahren nach §§ 170 ff. StPO. anwendbar ist, auch § 504 StPO. zur Anwendung kommen (Meyer § 94 Anm. 3 und 4; Turnau § 94 Anm. 3). Für das ehrengerichtliche Zulassungsverfahren, das keine Klageerhebung kennt, und in dem deshalb auch die §§ 170 ff. StPO. nicht Platz greifen, ist § 504 StPO. ohne Bedeutung. Anm. 23.

7. Für die Rechtsmittelinstanz gelten die Bestimmungen des § 505 StPO. Auch hier tritt an Stelle der Staatskasse die Anwaltskammer des Ehrengerichts, das in erster Instanz tätig war. Dem Beschuldigten wird auch hier der Antragsteller im ehrengerichtlichen Zulassungsverfahren gleich behandelt. Anm. 24.

Während im Strafprozeß bei Zurücknahme eines Rechtsmittels des Angeklagten eine Entscheidung über die Kosten der Rechtsmittelinstanz überflüssig ist, ist sie im ehrengerichtlichen Verfahren deshalb von Bedeutung, weil die Belastung des Angeklagten mit diesen Kosten die Anwaltskammer aus der Stellung des zunächst Haftbaren in die des Zweitschuldners zurückdrängt. Der Ehrengerichtshof legt denn auch regelmäßig bei Zurücknahme der Berufung deren Kosten dem Beschwerdeführer durch besonderen Beschluß auf. Vgl. EGH. **9** 101 (25. 10. 99); **10** 111 (7. 11. 00); **11** 63 (27. 10. 02), 64 (25. 11. 03), 64 (20. 10. 02).

8. Für die Kosten der Wiederaufnahme des Verfahrens gilt das in Anm. 24 Gesagte, wegen der Kosten der Wiedereinsetzung in den vorigen Stand s. § 505 Abs. 3 StPO. Anm. 25.

VI. Kostenfestsetzung. 1. Urteil und Beschluß, die die Pflicht zur Tragung der Auslagen normieren, beziffern nicht ihren Betrag. Dessen Feststellung erfolgt besonders und zwar nach § 94 Abs. 2 „von dem Vorsitzenden" durch „Verfügung" (vgl. § 97 Abs. 3 RAO.). Anm. 26.

2. Diese besondere Verfügung, die vollstreckbar ist — über die Vollstreckung s. § 97 Anm. 11/12 —, ergeht sowohl betreffs der für das durchgeführte ehrengerichtliche Verfahren zu erhebenden wie für die von den ungehorsamen Zeugen und Sachverständigen zu zahlenden Auslagen. Gleiches gilt aber auch — vgl. EGH. **8** 101/2 (12. 5. 97) — hinsichtlich der von der Anwaltskammer zu erstattenden notwendigen Auslagen eines Angeschuldigten (Angeklagten) im ehrengerichtlichen Strafverfahren oder eines Antragstellers im ehrengerichtlichen Zulassungsverfahren. Die Verfügung des Vorsitzenden ist also bald die Aufstellung der Gerichtskostenrechnung, bald der Kostenfestsetzungsbeschluß des Strafprozeßrechts. Soweit der ehrengerichtliche Untersuchungsrichter oder der Amtsrichter Zeugen und Sachverständige zu Kosten verurteilt, ist deren Festsetzung nicht Sache des Vorsitzenden (Mot. 93; Meyer § 94 Anm. 6). Anm. 27.

3. Wer ist nun der in Abs. 2 genannte Vorsitzende? Ist es der Vorsitzende des Kollegiums, das über die Kostenpflicht an sich erkannt hat, also z. B. des Ehrengerichtshofs, oder ist es stets der Vorsitzende des Ehrengerichts? Die unerfreuliche Streitfrage über die zur Kostenfestsetzung im Strafprozesse berufene Instanz kehrt hier wieder. Auch hier wird man aus dem gleichen Grunde wie Anm. 28.

dort dem einheitlichen, einem selbständigen Instanzenzug unterworfenen Verfahren den Vorzug zu geben, also stets den Vorsitzenden des Ehrengerichts für zuständig zu halten haben.

Anm. 29. 4. § 94 Abs. 2 weist direkt dem Vorsitzenden nur die Feststellung des Betrages zu. Damit ist aber nicht nur die Bezifferung, sondern auch die Prüfung der Frage gemeint, ob überhaupt Raum für eine Feststellung ist, ob also z. B. die Erstattung der notwendigen Auslagen des Angeschuldigten oder Antragstellers der Anwaltskammer auferlegt ist: denn die Bezifferung setzt die Bejahung des Vorliegens ihrer Unterlage voraus, und weshalb bei Bejahung der Vorsitzende und bei Verneinung das Kollegium zuständig sein soll, ist nicht abzusehen. Die Entscheidung EGH. **12** 86/7 (17. 2. 04) durfte also nicht, wie geschehen, vom Ehrengerichtshof, sondern, wenn man nicht mit der hier vertretenen Ansicht den Vorsitzenden des Ehrengerichts für zuständig hält, nur vom Vorsitzenden des Ehrengerichtshofs ergehen.

Anm. 30. 5. Gegen die Verfügung des Vorsitzenden des Ehrengerichts findet gemäß § 89 RAO. die einfache Beschwerde an das Oberlandesgericht statt (Mot. 93; Meyer § 94 Anm. 7).

Anm. 31. **VII. Entschädigung der Zeugen und Sachverständigen.** 1. Die Anwaltskammer haftet „den Zeugen und Sachverständigen für die ihnen zukommende Entschädigung in gleichem Umfange, wie in Strafsachen die Staatskasse" (§ 94 Abs. 3 RAO.). Damit ist zweierlei gesagt:

Anm. 32. a) Die in der Gebührenordnung für Zeugen und Sachverständige normierten Sätze gelten auch für das ehrengerichtliche Verfahren, ebenso gilt § 16 ZGebO.

Anm. 33. b) Auch § 17 ZGebO., nach dem die einem Zeugen oder Sachverständigen zu gewährenden Beträge durch das Gericht oder den Richter, vor welchem die Verhandlung stattfindet, festzusetzen sind, so daß auf den festgesetzten Betrag die Haftung der Staatskasse, also hier der Anwaltskammer, beschränkt wird, muß Anwendung finden.

Anm. 34. 2. § 94 Abs. 3 Satz 2 RAO. *hat nur für das Ehrengericht Bedeutung.*

Anm. 35. a) Der Ehrengerichtshof zahlt die Zeugen- und Sachverständigengebühren aus der Reichskasse aus. Ihre Festsetzung ist Sache des Ehrengerichtshofs.

Anm. 36. b) In der ehrengerichtlichen Voruntersuchung werden dieselben aus der Kasse desjenigen Staats bestritten, dem der ehrengerichtliche Untersuchungsrichter angehört (Mot. 93; Sydow-Jacobsohn § 71 Anm. 2; Berger § 71 Anm. 2; Meyer § 94 Anm. 8); diesem Untersuchungsrichter fällt auch die Festsetzung anheim.

Anm. 37. c) Bei Vernehmungen in der Beschwerdeinstanz gilt entsprechend, wenn das Oberlandesgericht Beschwerdeinstanz ist, das zu b Gesagte, wenn die Beschwerde an das Reichsgericht geht, das zu a Bemerkte.

Anm. 38. d) Bei Vernehmungen durch einen ersuchten Richter gilt das zu b Gesagte (Meyer a. a. O.).

Anm. 39. 3. *Die nach Anm. 35—38 gezahlten Zeugen- und Sachverständigengebühren hat*, wenn ein Kostenschuldner fehlt oder die Beträge von ihm nicht beizutreiben sind, *die betreffende Anwaltskammer zu erstatten* (Mot. 93; Sydow-Jacobsohn § 71 Anm. 2; Meyer § 94 Anm. 8; Berger § 71 Anm. 2).

Anm. 40. 4. *Die Bewilligung eines Vorschusses auf die Zeugen- und Sachverständigengebühren* ist nach Abs. 3 möglich. Zuständig zur Bewilligung ist das Ehrengericht oder der Ehrengerichtshof bzw. der ehrengerichtliche Untersuchungsrichter oder der Amtsrichter, je nachdem vor die eine oder andere dieser Stellen der Zeuge oder Sachverständige geladen ist. Die Vorschrift des

Abs. 3 stimmt wörtlich mit § 166 Abs. 3 GVG. überein und gilt, wie dieser, nicht für den Angeschuldigten (oder Antragsteller).

5. *Die Hinterlegung der gesetzlichen Entschädigung für die* Anm. 41.
unmittelbar vom Angeklagten (Antragsteller) geladenen Zeugen oder Sachverständigen (§ 219 Abs. 2 StPO.) erfolgt nach § 94 Abs. 4 RAO. bei dem Schriftführer des Anwaltskammervorstands. Das gilt indessen nur für das Verfahren vor dem Ehrengerichte, für das die Bestimmung bei dem Mangel einer Gerichtsschreiberei nötig war. Im Verfahren vor dem Ehrengerichtshof ist die Hinterlegung bei der Gerichtsschreiberei des Reichsgerichts zu bewirken.

§ 95.

Ausfertigungen und Auszüge der Urtheile des Ehrengerichts sind von dem Schriftführer des Vorstandes zu ertheilen.

1. *Inhalt.* Der Paragraph behandelt die Erteilung von Ausfertigungen und Anm. 1.
Auszügen der Urteile des Ehrengerichts.

2. Nach § 275 Abs. 4 StPO. sind die Ausfertigungen und Auszüge der Anm. 2.
Urteile von dem Gerichtsschreiber zu unterschreiben und mit dem Gerichtssiegel zu versehen. Bei dem Fehlen eines Gerichtsschreibers des Ehrengerichts außerhalb der Hauptverhandlung war eine Bestimmung darüber nötig, *wer an Stelle des in § 275 Abs. 4 StPO. genannten Gerichtsschreibers tritt.* Diesem Zwecke dient § 95 RAO.

3. § 275 Abs. 4 StPO. gilt danach auch für die Ausfertigungen und Aus- Anm. 3.
züge der Urteile des Ehrengerichts, nur tritt an Stelle des Gerichtsschreibers der Schriftführer des Anwaltskammervorstandes. *Die Ausfertigungen und Auszüge der Urteile des Ehrengerichts sind also mit einem Siegel zu versehen.* Dieses Siegel kann, da zur Erteilung der fraglichen Ausfertigungen und Auszüge der Schriftführer des Anwaltskammervorstandes berufen ist, nur das Siegel eben des Anwaltskammervorstandes sein (Sydow-Jacobsohn § 95 Anm. 1). So ergibt sich aus § 95, daß der Anwaltskammervorstand ein Siegel zu führen hat, wie auch die Mot. 94 ausdrücklich hervorheben. Die Siegelführung entspricht völlig der Natur der Anwaltskammern als juristischer Personen des öffentlichen Rechts. Des Siegels des Anwaltskammervorstandes gedenken die Geschäftsordnungen Hamm § 17, Marienwerder § 27, Naumburg § 12, Rostock § 20 Abs. 2, Jena § 23 und die Geschäftsordnung für die Anwaltskammer bei dem Reichsgericht § 13 Abs. 1. Vgl. auch oben § 57 Anm. 5.

4. *Ausfertigungen und Auszüge der Urteile des Ehren-* Anm. 4.
gerichtshofs erteilt der Gerichtsschreiber des Reichsgerichts (Meyer § 95 Anm. 2; Berger Anm. zu § 95; Sydow-Jacobsohn § 95 Anm. 1) unter dem Siegel des Ehrengerichtshofs (vgl. § 90 Anm. 5 und 7). Die Erkenntnisse des Ehrengerichtshofes werden nach der Geschäftsordnung des Ehrengerichtshofes im Namen des Reiches ausgefertigt (EGH. 1 3).

§ 96.

Die Ausschließung von der Rechtsanwaltschaft tritt mit der Rechtskraft des Urtheils ein. Dieselbe wird von dem Schriftführer des Vorstandes unter Mittheilung einer mit der Bescheinigung der Vollstreckbarkeit versehenen beglaubigten Abschrift der Urtheilsformel den Gerichten, bei welchen der Rechtsanwalt zugelassen war, und der Landesjustizverwaltung angezeigt.

Anm. 1. 1. Inhalt. Der Paragraph trifft Bestimmung über den Zeitpunkt des Inkrafttretens der im ehrengerichtlichen Strafverfahren erkannten Ausschließung von der Rechtsanwaltschaft und über die in solchen Fällen erforderlichen Mitteilungen.

Anm. 2. 2. Vollstreckung der ehrengerichtlichen Strafen. Die Rechtsanwaltsordnung gedenkt in §§ 96, 97 nur zweier von den vier in § 63 normierten Strafarten, der Ausschließung von der Rechtsanwaltschaft und der Geldstrafen.

Anm. 3. a) Die Ausschließung von der Rechtsanwaltschaft tritt gemäß § 96 mit der Rechtskraft des sie verhängenden Urteils von selbst ein, nicht erst mit der demnächst zu bewirkenden Löschung in der Anwaltsliste (EGH. 7 71 — 13. 11. 95).

Anm. 4. b) Die Geldstrafen werden gemäß § 97 RAO. vollstreckt.

Anm. 5. c) Bezüglich Warnung und Verweis fehlt es an einer Vorschrift im Gesetz. Die Motive 94 bemerken: „Besteht die Strafe in Warnung oder Verweis, so bedarf es einer besonderen Vollstreckung nicht". Es wäre nun gewiß zweckmäßiger gewesen, dies, wie bezüglich der Ausschließung in § 96, so auch bezüglich Warnung und Verweis in der Rechtsanwaltsordnung direkt hervorzuheben. Daß aber der Standpunkt der Motive auch der des Gesetzes ist, ergibt sich aus folgendem. Das Gesetz behandelt hinsichtlich des Erfordernisses und der Art der Vollstreckung die schwerste Strafart und diejenige Strafart, die schwerer als Warnung und teils leichter, teils schwerer als Verweis ist. Soweit die Rechtsanwaltsordnung eine besondere Vollstreckung verlangt, weist sie solche dem Schriftführer des Anwaltskammervorstandes zu. Wäre bei Warnung und Verweis eine besondere Vollstreckung erforderlich, so müßte sie, da eine analoge Anwendung von § 97 Abs. 4 RAO. wohl nicht ohne weiteres in Frage kommen könnte, gemäß § 483 StPO. der Staatsanwaltschaft zugewiesen werden. Daß es aber Absicht des Gesetzes gewesen sein sollte, die Vollstreckung teils in die Hände der Staatsanwaltschaft, teils in die Hände eines Mitgliedes des Anwaltskammervorstandes zu legen, ist doch recht unwahrscheinlich. Die ehrengerichtlichen Strafen der Warnung und des Verweises werden also als mit Rechtskraft des sie verhängenden Urteils erteilt angesehen. Ebenso: EGH. 3 25 (1. 11. 86); Kayser, Reichsjustizgesetze[6] § 97 Anm. 7 (die früheren Auflagen erklärten die Beantwortung der Frage für zweifelhaft); PrJMVf. 30. 8. 82 bei Müller, JV. 1 165; Berger § 97 Anm. 3; Sydow-Jacobsohn § 97 Anm. 1; Meyer § 97 Anm. 1.

Anm. 6. 3. Ist die im ehrengerichtlichen Strafverfahren erkannte Ausschließung von der Rechtsanwaltschaft eingetreten (siehe Anm. 3), so wird sie den Gerichten, bei welchen der Rechtsanwalt zugelassen war, und der LJV.*) angezeigt.

Anm. 7. a) Die Anzeige erfolgt durch den Schriftführer des Anwaltskammervorstandes ohne Rücksicht darauf, ob das Ehrengericht oder der Ehrengerichtshof auf Ausschließung erkannt hat.

Anm. 8. b) Der Anzeige ist eine beglaubigte Abschrift der die Ausschließung verhängenden Urteilsformel, versehen mit der Bescheinigung der Vollstreckbarkeit, beizufügen. Beglaubigung und Bescheinigung, zu denen nach § 483 Abs. 1 StPO. der Gerichtsschreiber berufen ist, liegen hier dem Schriftführer des Anwaltskammervorstandes ob (Meyer § 97 Anm. 2; Mot. 94).

---

*) Über die Anzeige an die LJV. vgl. Sachsen-Weimar MinV. 3. 10. 79 (RegBl. 519) § 21, Sachsen-Meiningen V. 6. 1. 80 (Samml. 257) § 19, Sachsen-Altenburg V. 17. 11. 79 (GS. 255) § 19, Schwarzburg-Rudolstadt MinV. 27. 1. 80 (GS. 13) § 19, Coburg-Gotha V. 2. 2. 80 (Coburg: GS. 7, Gotha: GS. 5) § 19.

§ 97.

Geldstrafen (§§ 58, 63) fließen zur Kasse der Kammer.

Die Vollstreckung der eine Geldstrafe aussprechenden Entscheidung erfolgt auf Grund einer von dem Schriftführer des Vorstandes ertheilten, mit der Bescheinigung der Vollstreckbarkeit versehenen beglaubigten Abschrift der Entscheidungsformel nach den Vorschriften über die Vollstreckung der Urtheile in bürgerlichen Rechtsstreitigkeiten.

Dasselbe gilt von der Vollstreckung der die Kosten festsetzenden Verfügung.

Die Vollstreckung wird von dem Schriftführer des Vorstandes betrieben.

I. Inhalt. Der Paragraph regelt die Beitreibung von Geldstrafen und Kosten. Anm. 1.

II. Eintritt der Vollstreckbarkeit. Wie nach § 481 StPO. Strafurteile, so Anm. 2. sind auch Urteile, die im ehrengerichtlichen Strafverfahren ergehen, nicht vollstreckbar, bevor sie rechtskräftig geworden sind.

III. Entscheidungen in der Vollstreckungsinstanz. Wenn über die Auslegung Anm. 3. eines zur Vollstreckung zu bringenden ehrengerichtlichen Urteils oder über die Berechnung der erkannten Geldstrafe Zweifel entstehen oder wenn Einwendungen gegen die Zulässigkeit der Vollstreckung erhoben werden, so entscheidet gemäß §§ 490, 494 StPO. das Ehrengericht ohne mündliche Verhandlung, nachdem Staatsanwalt und Angeklagter Gelegenheit zur Stellung und Begründung von Anträgen erhalten haben. Der Fall wird nicht leicht eintreten, man müßte gerade an die Möglichkeit denken, daß ein nicht in Anwesenheit des Angeklagten verkündetes Urteil, das ihm in formwidriger Weise oder überhaupt nicht zugestellt, also nicht in Rechtskraft erwachsen ist, vollstreckt wird.

IV. Vollstreckung der Geldstrafen. 1. Die Geldstrafen, die der ehrengerichtliche Untersuchungsrichter gegen Zeugen und Sachverständige festsetzt, bringt er zur Vollstreckung. Die Strafen fließen zur Staatskasse (Meyer § 97 Anm. 6; Berger § 97 Anm. 1). Anm. 4.

2. Ebenso wird die Vollstreckung der gleichartigen Strafen, die ein Amtsrichter festgesetzt hat, mag er vom ehrengerichtlichen Untersuchungsrichter oder vom Ehrengericht bzw. Ehrengerichtshof um Rechtshilfe ersucht, oder mag er nach § 87 RAO. tätig geworden sein, von dem Amtsrichter veranlaßt. Auch diese Strafen fließen zur Staatskasse (Berger und Meyer a. a. O.; Sydow-Jacobsohn § 97 Anm. 1). Anm. 5.

3. Es bleiben die Geldstrafen übrig, auf die in den Urteilen des ehrengerichtlichen Strafverfahrens erkannt ist. Ihnen stellt das Gesetz die Zwangsstrafen des § 58 RAO. gleich. Diese beiden Gruppen von Geldstrafen werden von dem Schriftführer des Anwaltskammervorstandes beigetrieben und fließen zur Kasse der Anwaltskammer. Anm. 6.

a) Die gedachte Vollstreckung erfolgt auf Grund einer von dem Schriftführer erteilten, mit der Bescheinigung der Vollstreckbarkeit versehenen beglaubigten Abschrift der Entscheidungsformel. Anm. 7.

b) Die Vollstreckung richtet sich nach den Vorschriften über die Vollstreckung der Urteile in bürgerlichen Rechtsstreitigkeiten. Daß mit dieser Verweisung nur die zivilprozessualen Vorschriften über die Art und Weise der Ausführung der Vollstreckung für anwendbar erklärt sind — die bekannte Streitfrage bezüglich der Auslegung des § 495 StPO. —, ist hier bei der in dem gleichen Paragraphen erfolgten Hervorhebung, die Vollstreckung erfolge auf Grund der (in Anm. 7 bezeichneten) beglaubigten Abschrift der Urteilsformel, nicht zu bezweifeln. Die gleiche Ansicht ist übrigens im Strafprozeß jetzt auch herrschend. Anm. 8.

Anm. 9. c) Daß die vom Ehrengerichte oder Ehrengerichtshof erkannten Geldstrafen in die Kasse der Anwaltskammer fließen, ist ein Korrelat dazu, daß die Anwaltskammer auch für die Kosten des ehrengerichtlichen Verfahrens an die Stelle der Staatskasse tritt (Meyer § 97 Anm. 5; Mot. 94).

Anm. 10. d) Über die Zulässigkeit des Offenbarungseidsverfahrens zwecks Beitreibung von Geldstrafen vgl. EGH. 4 14/5 (10. 4. 89) und § 72 Anm. 6.

Anm. 11. **V. Beitreibung der Kosten.** 1. Der Vollstreckung der in Anm. 6 erwähnten Geldstrafen gleich behandelt das Gesetz die Vollstreckung „der die Kosten festsetzenden Verfügung". Daß damit nicht nur die Verfügung des Vorsitzenden des Ehrengerichts nach § 94 Abs. 2, sondern auch die auf Beschwerde von der zweiten Instanz erlassene Festsetzungsentscheidung gemeint ist, wie die Motive 94 bemerken, kann keinem Zweifel unterliegen (ebenso Meyer § 97 Anm. 7). Als Kosten, die nach § 94 Abs. 2 festgesetzt werden, kommen auch die einem zur Hauptverhandlung geladenen Zeugen und Sachverständigen infolge Ungehorsams zur Last fallenden Auslagen in Betracht. Dagegen ist wie die Festsetzung der Auslagen, die einen vor den ehrengerichtlichen Untersuchungsrichter geladenen Zeugen oder Sachverständigen wegen Ungehorsams treffen, so auch ihre Beitreibung Sache des ehrengerichtlichen Untersuchungsrichters, und Gleiches gilt für den Amtsrichter hinsichtlich der durch ihn einem Zeugen oder Sachverständigen auferlegten Auslagen. Die Motive wollen mit der Bemerkung auf Seite 94 offenbar nur die Vollstreckung in derselben Art behandelt wissen, wie den Vollzug der auf Geldstrafe erkennenden Entscheidung. Nicht etwa soll nach Meinung der Motive (wie Meyer § 97 Anm. 7 annimmt) der Schriftführer des Anwaltskammervorstandes als Vollstreckungsorgan an die Stelle des ehrengerichtlichen Untersuchungsrichters oder des Amtsrichters treten.

Anm. 12. 2. Dem § 94 Abs. 2 unterfällt auch die Festsetzung der von der Anwaltskammer dem Angeschuldigten oder Antragsteller zu erstattenden notwendigen Auslagen. Daß die Vollstreckung einer diesbezüglichen Festsetzungsverfügung nach Maßgabe des § 97 Abs. 3 erfolgt, ist sicher. Ebenso sicher ist es aber, daß diese Vollstreckung unmöglich nach § 97 Abs. 4 von dem Schriftführer des Anwaltskammervorstandes betrieben werden kann, ihre Beitreibung vielmehr dem Erstattungsberechtigten überlassen bleibt.

Fünfter Abschnitt.

Rechtsanwaltschaft bei dem Reichsgerichte.

Vorbemerkung.*)

Anm. 1. 1. Die Rechtsanwaltschaft beim Reichsgerichte nimmt in mehrfacher Beziehung eine Sonderstellung ein. Sie unterscheidet sich vor allem dadurch von der sonstigen Anwaltschaft, daß beim Reichsgerichte das Prinzip der freien Advokatur durchbrochen ist; die Zulassung hängt von dem freien Ermessen des Reichsgerichtspräsidiums ab. Die Reichsgerichtsanwälte haben ferner bei dem höchsten deutschen Gerichte das Privileg der alleinigen Vertretung in Zivilsachen und zwar nicht nur als Prozeßbevollmächtigte, sondern auch als Spezialsubstituten derselben, soweit Anwaltszwang herrscht. Sie dürfen dagegen bei anderen Gerichten als beim Reichsgerichte nur in sehr beschränktem Umfange tätig werden.

Anm. 2. 2. Bei den Beratungen und Beschlüssen der Justizkommission wurde auch bezüglich der Anwaltschaft beim Reichsgerichte an dem Prinzip der freien Advokatur festgehalten. Man hielt es jedoch für notwendig, höhere Anforderungen an die Vorbildung der Reichsgerichtsanwälte zu stellen. (Vgl. erste Beratung der Justizkommission S. 404 ff.; Siegel 67 ff.; Tit. IX a GVG. § a Abs. 2 — Siegel 81, 117; Bericht der Justizkommission Siegel 135).

Anm. 3. Der Regierungsentwurf enthielt dann zum erstenmal die Bestimmung, daß die Zulassung zur Rechtsanwaltschaft beim Reichsgerichte (durch den Reichskanzler) *nach freiem Ermessen* erfolge. Der Zweck dieser Ausnahmebestimmung sollte nach den Motiven derselbe sein, wie ihn die Justizkommission bei Aufstellung höherer Anforderungen bezüglich der Vorbildung der Reichsgerichtsanwälte verfolgte, nämlich für den höchsten Gerichtshof eine Advokatur zu schaffen, welche in wissenschaftlicher und praktischer Beziehung sich als Elite des ganzen Standes darstellen sollte (Siegel 288/9).

Dieser Gedanke wurde denn auch bei den Beratungen des Reichstags — sowohl im Plenum als auch in der Kommission — als Grundlage festgehalten, während sich die Diskussion größtenteils auf die Frage bezog, ob die Zulassungsentscheidung dem Reichskanzler oder dem Präsidium des Reichsgerichts anvertraut werden sollte. (Siegel 445—447, 538—555). Man entschied sich schließlich für letzteres.

Anm. 4. Noch in dem Schlußwort des Abgeordneten Dr. Wolffson (Siegel 552) kam der erwähnte Grundgedanke prägnant zum Ausdruck. Dort heißt es u. a.: „Wenn wir . . . eine Garantie dafür haben wollen, und nur dafür, daß derjenige, der am Reichsgericht zugelassen werden will, wirklich den höheren Anforderungen entspricht, wenn wir die Form eines Examens, wie wir es bei der Rechtsanwaltschaft in früheren Stadien zugelassen haben, hier nicht einführen wollen, so *wollen wir für dieses höhere Erfordernis nichts weiter haben*

---

*) Vgl. Stranz, Die Rechtsanwaltschaft beim Reichsgerichte (Berlin 1905); Hallensleben in JW. 05 421; Schall ebenda 309.

als eine Art Surrogat für das Examen, aber immer doch ein Zeugnis der größeren Befähigung; und dieses Zeugnis ist niemand mehr imstande auszustellen, als das Präsidium des Reichsgerichts . . ." Weiter führte der Berichterstatter aus, die Mitglieder des Präsidiums hätten „dadurch, daß fast alle bedeutenden Prozesse schließlich an das Reichsgericht kommen, die beste und alleinige Gelegenheit, eine Übersicht über die ganze Anwaltschaft in Deutschland zu haben". Endlich: „Ganz richtig, glaube ich, hat Herr Kollege Frankenburger das ausgeführt, daß wir im wesentlichen auch hier auf dem Boden der freien Advokatur stehen, daß wir jedem Befähigten die Möglichkeit der Zulassung gewähren wollen, daß wir nur eine Garantie für diese Befähigung suchen."

Nach dem erwähnten Schlußbericht des Abg. Dr. Wolffson erfolgte die Annahme des § 95, welcher dem § 99 des Gesetzes genau entspricht (Siegel 554, 612).

Anm. 5. Es unterliegt hienach keinem Zweifel, in welchem Sinne damals die gesetzgebenden Faktoren das „freie Ermessen" des Reichsgerichtspräsidiums aufgefaßt wissen wollten. Jeder Anwalt, welcher nach dem Urteil des Präsidiums die erforderliche höhere Befähigung für das Reichsgericht besitzt, sollte bei diesem zugelassen werden.

Man hätte freilich schon damals unschwer voraussehen können, daß diese Wirkung nicht eintreten werde und daß „freies Ermessen" regelmäßig nicht für alle Zeiten gerade so geübt wird, wie es sich früher einmal die gesetzgebenden Faktoren vorgestellt haben. Die Annahme, daß das Reichsgerichtspräsidium gewissermaßen als ideale Prüfungskommission für die Anwaltschaft im ganzen Reiche fungieren werde, mußte sich als Utopie erweisen. Wie sollte diese Behörde ein maßgebendes Urteil über die Fähigkeiten des Einzelnen fällen? Die Annahme des Abg. Dr. Wolffson, daß die Mitglieder des Präsidiums sich aus den Prozeßakten eine große Personalkenntnis erwerben würden, ist wohl in praxi nie ernstlich verteidigt worden.

Anm. 6. In Wirklichkeit ist keine Rede davon, daß alle höher Befähigten, welche sich um Zulassung beim Reichsgerichte bewerben, dieselbe erhalten. Vielmehr tritt die Frage der Befähigung — und zwar einfach deshalb, weil sie nicht mit Erfolg geprüft werden kann — stark in den Hintergrund. Wäre dies nicht der Fall, so würde es wohl undenkbar sein, daß die Zahl der Reichsgerichtsanwälte durchschnittlich bis jetzt nur 20—25 betragen hätte (vgl. Stranz a. a. O. 7/8). Der tatsächliche Zustand ist also der von den gesetzgebenden Faktoren nicht gewollte, im Reichstag ausdrücklich*) reprobierte und auch vom Gesetz (§ 13) nicht zugelassene numerus clausus.

Anm. 7. 3. Daß der tatsächlich bestehende Zustand des numerus clausus kein wünschenswerter sei, wurde schon in der Allgemeinen Einleitung Anm. 11 betont. Was für alle Gerichte gilt, muß für das Reichsgericht in erhöhtem Maße gelten, schon deshalb, weil hier zu der geschlossenen Zahl noch der Ausschluß fremder Anwälte von der Vertretung in der mündlichen Verhandlung hinzukommt. Mit Recht sagte der Abg. Dr. Völk, einer der besten damaligen Kenner der einschlägigen Verhältnisse, in der Justizkommission (Siegel 70), er halte es für keinen Vorteil, wenn nur ein bestimmter Kreis beim Reichsgerichte niedergelassener Anwälte vor letzterem zu tun habe; die Folge sei, daß Rechtsgrundsätze, die vom höchsten Gerichte einmal ausgesprochen seien, selten noch angefochten werden, es vielmehr gewöhnlich werde, solche Fragen nicht nochmals ex fundamento zu plädieren: dies führe leicht zu einem blinden Präjudizienkultus. Durch eine energische neue Auffassung sei es schon oft auswärtigen Anwälten gelungen, die bei einem höchsten Gericht jahrelang eingebürgerte Praxis umzuwerfen.

---

*) Vgl. die durchweg regierungsfreundliche Rede des Abg. v. Schmid (Siegel 544).

Man wird nicht sagen können, daß diese Ausführungen durch die Tatsachen entkräftet worden seien.

Vgl. im übrigen über die tatsächlichen Zustände: Stranz a. a. O. bes. 24 ff.

4. Stranz schlägt die Einführung der freien Advokatur auch für das Reichsgericht vor. Sollten erhöhte Anforderungen für die Zulassung zum Reichsgerichte zu stellen sein, so dürfte dies nur durch bestimmte, gesetzliche, für alle Bewerber gleichmäßige Merkmale geschehen (a. a. O. 26). Dem ist beizupflichten. Anm. 8.

Vielleicht wird sich in nicht allzulanger Zeit für die Gesetzgebung Gelegenheit bieten, nach dieser Richtung reformatorisch einzugreifen; nämlich dann, wenn neuerdings eine „Entlastung des Reichsgerichts" notwendig werden sollte. Die Abschaffung der obligatorischen mündlichen Verhandlung für die Revisionsinstanz*) — u. E. die beste und gerechteste Methode der Entlastung — würde praktisch auch zu einer Auflösung der Rechtsanwaltschaft beim Reichsgerichte, wie sie heute besteht, führen, wenn gleichzeitig, entsprechend dem heutigen Rechtszustande in Bayern, allen deutschen Rechtsanwälten die Befugnis zur Einlegung der Revision gegeben würde. Diese Reform wäre zugleich eine Verbilligung der Rechtspflege.

§ 98.

Auf die Rechtsanwaltschaft bei dem Reichsgerichte finden, insoweit nicht in den nachfolgenden Paragraphen abweichende Bestimmungen enthalten sind, die Vorschriften der ersten vier Abschnitte dieses Gesetzes mit der Maßgabe Anwendung, daß an die Stelle der Landesjustizverwaltung der Reichskanzler und an die Stelle des Oberlandesgerichts das Reichsgericht tritt.

1. Inhalt des Paragraphen. Der vorliegende Paragraph bestimmt zunächst, daß die Vorschriften der ersten vier Abschnitte auf die Rechtsanwaltschaft beim Reichsgerichte Anwendung finden, soweit sich nicht aus den §§ 99—102 ein Anderes ergibt. Dies ist an sich selbstverständlich. Anm. 1.

2. An die Stelle der LJV. tritt — vorbehaltlich der Ausnahmebestimmung in § 99 — der Reichskanzler. Dies ist von Bedeutung für die Anwendung der §§ 18 Abs. 2, 47, 49 Ziff. 4, 50, 61, 96 RAO. Auch § 16 Abs. 3 u. 4 kommt in Betracht (s. § 16 Anm. 4). Der Antrag auf ehrengerichtliches Zulassungsverfahren ist also beim Reichskanzler, nicht beim Präsidium des Reichsgerichts anzubringen. Wegen § 25 vgl. Anm. 10 zu § 99. Anm. 2.

3. An die Stelle des OLG. tritt das Reichsgericht. Dies ist von Bedeutung für die Anwendung der §§ 41 Abs. 2, 47, 59, 61, 71, 89 RAO. Daraus ergibt sich auch, daß die Verrichtungen der Staatsanwaltschaft nicht nur, wie § 92 RAO. ausdrücklich hervorhebt, in der ehrengerichtlichen Berufungsinstanz, sondern auch im erstinstanziellen ehrengerichtlichen Verfahren gegen Reichsgerichtsanwälte, von der Staatsanwaltschaft beim Reichsgerichte wahrgenommen werden. Anm. 3.

*) Vgl. § 509 der österreichischen ZPO. v. 1. 8. 95:
„Das Revisionsgericht entscheidet über die Revision in nichtöffentlicher Sitzung ohne vorhergehende mündliche Verhandlung".
„Es kann jedoch, wenn dies im einzelnen Falle dem Revisionsgerichte behufs Entscheidung über die eingelegte Revision erforderlich erscheint, auch eine mündliche Verhandlung vor dem Revisionsgerichte auf Antrag oder von Amts wegen angeordnet werden . . ."
Auch in der Weise könnte die Reform erfolgen, daß auf Antrag einer Partei mündliche Verhandlung stattfinden müßte.

§ 99.

Die Zulassung zur Rechtsanwaltschaft und die Zurücknahme der Zulassung bei dem Reichsgericht erfolgt durch das Präsidium des Reichsgerichts. Dasselbe entscheidet über den Antrag auf Zulassung nach freiem Ermessen, jedoch vorbehaltlich der Vorschriften der §§ 1, 5.

Anm. 1. 1. Inhalt des Paragraphen. Der vorliegende Paragraph enthält die in der Vorbemerkung besprochene Ausnahme von dem Prinzip der freien Advokatur und die für die Reichsgerichtsanwälte geltenden Sonderbestimmungen über Zulassung zur Rechtsanwaltschaft und Zurücknahme derselben.

Anm. 2. 2. Die Zulassung und die Zurücknahme derselben erfolgen durch das Präsidium des Reichsgerichts. Das Präsidium besteht aus dem Reichsgerichtspräsidenten, sämtlichen Senatspräsidenten und den vier dienstältesten Reichsgerichsräten; bei gleichem Dienstalter kommt es auf das Lebensalter an (§ 133 mit § 63 Abs. 2 GVG.). Das Präsidium entscheidet nach Stimmenmehrheit; bei Stimmengleichheit gibt die Stimme des Präsidenten den Ausschlag.

Anm. 3 3. Der Antrag auf Zulassung ist an das Präsidium zu richten.

Anm. 4. Vor der Entscheidung über die Zulassung ist auch hier der Vorstand der Anwaltskammer zu hören (arg.: § 111 RAO.); vor der Entscheidung über die Zurücknahme außerdem der Anwalt selbst.

Anm. 5. 4. Das Präsidium entscheidet über den Zulassungsantrag nach freiem Ermessen; d. h. niemand hat ein Recht auf Zulassung zur Rechtsanwaltschaft beim Reichsgerichte. Wohl aber hat das Präsidium die Pflicht, die Zulassung zu versagen, wenn der Bewerber die Fähigkeit zur Rechtsanwaltschaft überhaupt nicht besitzt (§ 1 RAO.), oder wenn einer der obligatorischen Versagungsgründe des § 5 vorliegt.

Anm. 9. Auch an das Gutachten des AKV. ist das Präsidium in den Fällen des § 5 Ziff. 4—6 gebunden, wenn das Gutachten sich gegen die Zulassung ausspricht. Das ehrengerichtliche Zulassungsverfahren kann auch hier eingeleitet werden, jedoch nur, wenn lediglich obligatorische Versagungsgründe des § 5 Ziff. 4—6 RAO. in dem Bescheid des Präsidiums angegeben wurden. Vgl. § 16 Anm. 4.

Anm. 7. Für die Zurücknahme der Zulassung gelten die allgemeinen Bestimmungen der §§ 21, 22 RAO.

Anm. 8. Wird die Zulassung versagt oder die Zurücknahme ausgesprochen, so ist auch hier die Angabe der Gründe geboten (§§ 16 Abs. 1, 23 Abs. 2 RAO.).

Anm. 9. 5. Eine direkte Anwendung des § 7 RAO. ist ausgeschlossen, weil es sich nicht um „einen nach § 4 berechtigten Antragsteller" handelt. Die Versagung der Zulassung kann also sofort beschlossen werden, auch wenn die öffentliche Klage wegen eines der im § 7 bezeichneten Delikte erhoben ist. Gelangt aber das Präsidium nicht aus anderen Gründen zu einer Versagung, so hat in sinngemäßer Anwendung des § 7 die Aussetzung auch hier zu erfolgen.

Anm. 10. 6. Die Zuständigkeit des Präsidiums besteht nach dem Wortlaut des Gesetzes nur für die Entscheidung über Zulassung zur Rechtsanwaltschaft beim Reichsgerichte und Zurücknahme derselben. Die vereinigten Zivilsenate haben jedoch am 9. Juli 1883 (JW. **83** 209) entschieden, daß auch für die Bestellung eines Generalsubstituten nach § 25 Abs. 2 RAO. nicht der Reichskanzler, sondern ausschließlich das Präsidium zuständig sei.

Der Gesetzgeber habe beabsichtigt, die Entscheidung über die Zulassung und über die Bestellung des Generalsubstituten derselben Behörde zu übertragen. Es mag sein, daß dies die Absicht war; allein diese Absicht ist zweifellos nicht zur

Ausführung gekommen, und die Meinung des Reichsgerichts ist — wenn sie auch de lege ferenda sicherlich das Richtige trifft — mit der Bestimmung des § 98 unvereinbar. Ebenso wie das Reichsgericht: Meyer § 101 Anm. 2; Berger § 99 Anm. 3; Sydow-Jacobsohn § 99 Anm. 1.

§ 100.

Die Zulassung zur Rechtsanwaltschaft bei dem Reichsgericht ist mit der Zulassung bei einem anderen Gericht unvereinbar.

Die bei dem Reichsgerichte zugelassenen Rechtsanwälte dürfen bei einem anderen Gerichte nicht auftreten.

I. Inhalt des Paragraphen. Der vorliegende Paragraph verbietet die Simultanzulassung für Reichsgerichtsanwälte und beschränkt die Tätigkeit der letzteren im wesentlichen auf das Gericht ihrer Zulassung. Anm. 1.

II. Die Bestimmung des ersten Absatzes — Verbot der Simultanzulassung — wurde von der Reichstagskommission dem § 96 des Entwurfs „behufs Vervollständigung seines Inhalts" hinzugefügt (Siegel 447). Sie bedarf keiner Erläuterung. Anm. 2.

III. Die Bestimmung des Abs. 2. 1. Die Vorschrift des zweiten Absatzes findet sich inhaltlich bereits in Tit. IX a GVG. nach der ersten Beratung der Justizkommission (§ 9 Abs. 4 — Siegel 83) und dann wörtlich — als § 96 — im Regierungsentwurf (Siegel 208). Die Motive 96/97 bemerken hiezu, die Bestimmung solle das Prinzip des § 22 (jetzt § 26) dahin beschränken, daß die Reichsgerichtsanwälte „in Zivilprozessen, Strafprozessen und in Konkursen bei einem anderen Gerichte, als dem Reichsgerichte, nicht auftreten dürfen". Hiefür spreche vor allem die Erwägung, daß ein ersprießliches Zusammenwirken des Gerichtshofes mit der Rechtsanwaltschaft nur dann möglich sei, wenn die Rechtsanwälte des Reichsgerichts ihre Tätigkeit auf das Reichsgericht beschränken. Anm. 3.

Hiegegen wurden bei den folgenden Beratungen keine Einwendungen vorgebracht (Siegel 447, 557) und die Bestimmung wurde unverändert zum Gesetz erhoben.

2. Die beim Reichsgerichte zugelassenen, d. h. natürlich die gemäß § 20 in die Liste des Reichsgerichts eingetragenen Anwälte dürfen *bei einem anderen Gerichte* nicht auftreten. Anm. 4.

Was ist unter einem anderen Gerichte zu verstehen? Meint das Gesetz nur die ordentlichen Gerichte oder auch Sondergerichte, Verwaltungsgerichte ꝛc.?

Bei Entscheidung dieser Frage ist vor allem davon auszugehen, daß die prozessualen Befugnisse der Anwälte durch die RAO. nur für diejenigen Sachen geregelt werden sollten, auf welche die ZPO., die StPO. oder KO. Anwendung finden. (Vgl. Mot. 50, 51). Wie die oben Anm. 3 zitierte Stelle der Motive beweist, sollte denn auch die Bestimmung des § 100 Abs. 2 lediglich eine Beschränkung des § 26 enthalten und sich daher nur auf das Auftreten in Zivilprozessen, Strafprozessen und Konkursen beziehen.

Dazu kommt nun, daß § 100 Abs. 2 nicht lediglich ein Verbot an die Reichsgerichtsanwälte, dessen Übertretung eine Pflichtverletzung bedeutet, sondern vor allem eine prozessuale Vorschrift darstellen soll, durch welche den Reichsgerichtsanwälten die *Fähigkeit*, gewisse Handlungen mit Rechtswirksamkeit vorzunehmen, entzogen werden soll. Das Gericht, bei welchem der Rechtsanwalt nicht auftreten darf, *muß* ihn zurückweisen, seine Vertretungshandlungen sind ungültig. Daß aber die RAO. nicht prozessuale Vorschriften für jede Art von Gerichten und ohne Rücksicht auf das zur Anwendung kommende Verfahren, also z. B. für alle Verwaltungsgerichte ohne Unterschied, geben wollte, bedarf nach der allgemeinen Begrenzung, welche sich das Gesetz in prozessualer Beziehung selbst gezogen hat, kaum einer näheren Begründung. Dagegen beschränkt sich die Wirksamkeit der RAO. in prozessualer Beziehung nicht auf die ordentlichen Gerichte (arg. e contrario: § 1 RAGebO.).

Die Bestimmung des § 100 Abs. 2 bezieht sich daher nur auf solche bei irgendeinem Gericht (auch Sondergericht oder Verwaltungsgericht) anhängige Sachen, auf welche die ZPO., StPO. oder KO. Anwendung finden. Übereinstimmend: RGZ. **47** 395 (ZS. I. 14. 11. 00); Meyer § 100 Anm. 3.

Anm. 5. Mithin sind in prozessualer Hinsicht die Rechtshandlungen der Reichsgerichtsanwälte z. B. nicht unwirksam: gegenüber den Behörden der freiwilligen Gerichtsbarkeit, den Schiedsgerichten für Arbeiterversicherung, dem Reichsversicherungsamte, dem Patentamte (vgl. RGZ. **47** 395), dem Bundesamte für Heimatwesen, in einem Verfahren, welches lediglich bei der Staatsanwaltschaft stattfindet rc.

Über das Berufungsverfahren in Patentsachen vgl. § 26 Anm. 13.

Anm. 6. Unzulässig ist das Auftreten der Reichsgerichtsanwälte z. B. im ehrengerichtlichen Verfahren gegen Rechtsanwälte; denn auf dieses findet — und zwar speziell auch hinsichtlich der Vertretung und Verteidigung — die StPO. Anwendung. Dasselbe müßte bezüglich des Verfahrens vor dem Ehrengerichtshof gelten, sofern dieser überhaupt ein „anderes Gericht" als das Reichsgericht wäre. Dies ist aber nicht der Fall (vgl. oben § 90 Anm. 3—5). Die Reichsgerichtsanwälte können daher vor dem Ehrengerichtshof auftreten.

Anm. 7. Fraglich ist, ob der gemäß § 184 Abs. 2 StPO. durch den Reichsgerichtspräsidenten bestellte Untersuchungsrichter gegenüber dem Reichsgerichte als „anderes Gericht" zu betrachten sei. Die Frage wird von Bennecke-Beling, Strafprozeßrecht 143 und v. Kries, Lehrb. des StPR. 237 verneint, weil es sich „um einen Teil des reichsgerichtlichen Verfahrens" handle. Allein das Verfahren spielt sich doch nicht vor dem Reichsgerichte ab, so wenig wie das Verfahren vor dem ersuchten Richter als ein Verfahren vor dem ersuchenden Gerichte betrachtet werden kann. Der nach § 184 Abs. 2 StPO. bestellte Untersuchungsrichter ist daher nicht dasselbe Gericht wie das Reichsgericht.

Anm. 8. 3. Bei einem Gerichte „auftreten" bedeutet nichts anderes als dem Gerichte gegenüber als Anwalt, d. h. als Beistand, Verteidiger, Vertreter oder durch Ausführung der Parteirechte tätig werden. Dazu gehört also vor allem auch das Einreichen von Schriftsätzen. Ebenso die herrschende Meinung. Ausführliche Begründung und Literatur siehe bei A. Friedländer in GS. **60** 419. Die Frage ist anscheinend übersehen in RGSt. **9** 279 (StS. III. 11. 10. 83); vgl. dagegen die für unsere Meinung sprechende Plenarentscheidung vom 3. 1. 87 in RGZ. **17** 392 ff.

Anm. 9. Nicht unwirksam sind die Rechtshandlungen, welche ein Reichsgerichtsanwalt in eigener Sache als Partei, als Vormund, als Testamentsvollstrecker rc. gegenüber einem anderen Gerichte vornimmt (vgl. hiezu auch § 31 GewGG.).

Anm. 10. 4. Die Rechtshandlungen der Reichsgerichtsanwälte bei einem anderen Gerichte sind prozessual unwirksam. Man hat den § 100 Abs. 2 teilweise in dem Sinne ausgelegt, daß die betreffenden Handlungen zwar nicht als die eines Anwalts gelten, daß dieselben aber, wenn sie nicht dem Anwaltszwang unterliegen, auch von Reichsgerichtsanwälten gültig vorgenommen werden können. Danach könnte also der Reichsgerichtsanwalt mit Genehmigung des Gerichts auch bei der Strafkammer des Landgerichts als Verteidiger fungieren (§ 138 Abs. 2 StPO.), Revisionsbegründungen bei derselben einreichen, in Amtsgerichtsprozessen auftreten 2c. Dies widerspricht jedoch dem Wortlaut und auch der Absicht des Gesetzes. Denn die Tendenz, die berufliche Tätigkeit der Reichsgerichtsanwälte tunlichst auf das Reichsgericht selbst zu beschränken, kam bei den Vorberatungen wiederholt unzweideutig zum Ausdruck (vgl. Siegel 135, 556). Eine restriktive Auslegung des Gesetzes ist daher nicht angängig. Die Stellung der Reichsgerichtsanwälte gegenüber „anderen Gerichten" ist daher eine entsprechende wie die Stellung aller Rechtsanwälte gegenüber den Gewerbe- und Kaufmannsgerichten. Uns. M.: die meisten, vgl. z. B. Stenglein StPO. § 138 Anm. 1; Bennecke-Beling Strafprozeßrecht 143. A. M.: Löwe StPO.[12] § 138 Anm. 2b; A. Friedländer in GS. **60** 419. Weitere Zitate bei Löwe a. a. O.

5. Beim Reichsgerichte dürfen die Reichsgerichtsanwälte — in Ermangelung einer gegenteiligen Bestimmung — auch dann auftreten, wenn dieses Gericht nur kraft Landesrechts zuständig ist. Anm. 11.

Auch soweit das Reichsgericht als Berufungsgericht in Konsulargerichtssachen fungiert, können die Reichsgerichsanwälte bei demselben auftreten. Vgl. ferner § 26 Anm. 13 und § 100 Anm. 6.

§ 101.

Eine Uebertragung der dem Prozeßbevollmächtigten zustehenden Vertretung auf einen bei dem Reichsgerichte nicht zugelassenen Rechtsanwalt findet nicht statt.

1. Inhalt des Paragraphen. Während § 100 die Beschränkungen enthält, welche das Gesetz den Reichsgerichtsanwälten bezüglich ihrer Tätigkeit auferlegt, schränkt der vorliegende Paragraph die Befugnisse der anderen Anwälte hinsichtlich ihrer Tätigkeit beim Reichsgerichte ein. Anm. 1.

2. § 101 bezieht sich nur auf den ordentlichen Zivilprozeß, wie schon aus dem Worte „Prozeßbevollmächtigten" hervorgeht. Bezüglich des Berufungsverfahrens in konsularischen Zivilprozessen vgl. § 45 KonsGG. und Vorwerk KonsGG. § 45 Anm. 2. Bezüglich des Berufungsverfahrens in Patentsachen vgl. § 26 Anm. 13. Anm. 2.

In Strafsachen kann daher jeder deutsche Rechtsanwalt auch beim Reichsgerichte als Verteidiger und Beistand fungieren. Anm. 3.

3. Nur die Übertragung der Vertretung an einen nicht beim Reichsgerichte zugelassenen Rechtsanwalt ist ausgeschlossen; dagegen kann jeder deutsche Rechtsanwalt die Ausführung der Parteirechte in der mündlichen Verhandlung auch beim Reichsgerichte übernehmen, selbstverständlich nur in Anwesenheit eines Reichsgerichtsanwalts.

4. Nur die — direkte oder indirekte — Übertragung der Vertretung seitens des Prozeßbevollmächtigten auf einen nicht beim Reichsgerichte zugelassenen Rechtsanwalt ist unstatthaft. Findet dagegen vor einem beauftragten Richter eine Beweisaufnahme statt — was auch beim Reichsgerichte möglich ist — so kann jeder Rechtsanwalt als Beistand und selbst als unmittelbarer Vertreter der Partei auftreten. Anm. 4.

Daraus folgt aber zugleich, daß, soweit kein Anwaltszwang herrscht, die an sich zulässige Vertretung auch seitens des Prozeßbevollmächtigten einem nicht beim Reichsgerichte zugelassenen Rechtsanwalt übertragen werden kann. Denn es wäre unbegreiflich, wenn mit direkter Vollmacht der Partei jeder Rechtsanwalt, ja sogar jede andere Person, mit Vertretungsvollmacht des Prozeßbevollmächtigten aber nur ein Reichsgerichtsanwalt auftreten könnte. Das gleiche Resultat ergibt sich auch aus der Anm. 5.

Entstehungsgeschichte des § 101, welcher eine Ausnahme von § 27 Abs. 2 darstellen und sich offenbar nur auf die dort erwähnten Fälle beziehen sollte. Der Bericht der RTKomm., welche die Bestimmung in der geltenden Fassung geschaffen hat, sagt denn auch, „hier handle es sich nur um die Verhandlungen in Zivilsachen, in denen Anwaltszwang herrscht" (KommB. 47, vgl. auch Motive 97).

Anm. 6. 5. Die Bestimmung des § 101 bezieht sich nur auf die Spezialvertretung, nicht aber auf die Generalsubstitution.

Als Generalsubstitut eines Reichsgerichtsanwalts kann vielmehr jeder Rechtsanwalt und jeder Rechtskundige bestellt werden, welcher mindestens 2 Jahre im Vorbereitungsdienste beschäftigt worden ist. Ebenso (mit eingehender Begründung): RGVerZS. 9. 7. 83 in JW. **83** 209; ferner Meyer § 101 Anm 2; Berger § 101 Anm. 1.

§ 102.

Die Anwaltskammer bei dem Reichsgerichte wird durch die bei demselben zugelassenen Rechtsanwälte gebildet.

Die Mitglieder des Ehrengerichtshofs können nicht Mitglieder des Ehrengerichts sein.

Anm. 1. **I. Inhalt.** Der Paragraph behandelt die Besonderheiten, die hinsichtlich der AK. bei dem RG. gelten.

Anm. 2. **II. Entstehungsgeschichte.** Der Entwurf sah als § 98 nur den ersten Absatz des jetzigen § 102 vor. Der Abs. 2 des § 102 verdankt seine Entstehung den Beschlußfassungen der RTKomm., durch die an die Stelle des RG. als Berufungsgerichts der EGH. gesetzt wurde. Es lagen, soweit hier in Betracht kommend, zwei Anträge vor, ein Antrag Zinn und ein Antrag Wolffson. Der Antrag Zinn schlug folgenden Zusatz vor: „Der Vorstand derselben*) besteht aus mindestens zwölf Mitgliedern.

Der Vorstand wählt für jedes Geschäftsjahr des Reichsgerichts aus seiner Mitte drei Mitglieder des Ober-Ehrengerichts und drei Stellvertreter desselben.

Niemand kann gleichzeitig Mitglied des Ehrengerichts (§ 63)**) und des Ober-Ehrengerichts sein. Wird der Vorsitzende des Vorstandes oder dessen Stellvertreter zum Mitgliede des Ober-Ehrengerichts gewählt, so sind an ihrer Stelle andere Mitglieder des Ehrengerichts zu wählen."

Der Antrag Wolffson verlangte folgenden Zusatz zu § 88 des Entwurfs (= § 91 des Gesetzes):

„Ein Mitglied des Vorstandes der Anwaltskammer, welches bei der angefochtenen Entscheidung mitgewirkt hat, ist von der Mitwirkung bei der Entscheidung des Ober-Ehrengerichts ausgeschlossen."

Die RTKomm. sah durch ihre von der Redaktionskommission in dem § 90 des Gesetzes zusammengefaßten Beschlüsse den Antrag Zinn als erledigt an, was hinsichtlich seines Absatzes 3 keineswegs zutraf. Der Antrag Wolffson, dessen Urheber bemerkte, „daß nach den früheren Beschlüssen dieser Antrag redaktionell zu ändern sei", wurde „vorbehältlich der redaktionellen Änderung" angenommen (Siegeth Anhang 120/1). Die Redaktionskommission faßte ihn so, wie Abs. 2 des § 102 jetzt lautet, und die RTKomm. genehmigte diese Fassung (Siegeth Anhang 152/3). Der KommB. 48 bemerkt dazu: „Durch diesen Zusatz soll vermieden werden, daß im ehrengerichtlichen Verfahren gegen Anwälte beim Reichsgerichte dieselben Personen den Gerichten beider Instanzen angehören."

Anm. 3. **III.** 1. **Die AK. bei dem RG. weicht insofern von der Bestimmung des § 41 ab,** als sie nicht die in einem Oberlandesgerichtsbezirke zugelassenen Anwälte,

*) nämlich der AK. bei dem RG.
**) = § 67 des Gesetzes.

sondern nur die bei dem RG. zugelassenen zu ihren Mitgliedern zählt. Im übrigen gilt, was für die anderen Anwaltskammern gilt, auch für sie, freilich unter Berücksichtigung des § 98. Bei den einzelnen Bestimmungen sind die hieraus sich ergebenden Folgerungen gezogen worden und es ist darauf zu verweisen.

2. Nur eine Besonderheit ist hier zu behandeln, die **Unvereinbarkeit der Eigenschaft als Mitglied des EGH. mit derjenigen als Mitglied des EG. der reichsgerichtlichen AK.** Anm. 4.

a) Die mitgeteilte Entstehungsgeschichte des Abs. 2 zeigt, daß die Redaktionskommission den Antrag Wolffson keineswegs bloß redaktionell geändert hat. So, wie der Antrag lautete, wiederholte er, und zwar nach dem Prinzipe der Anwendbarkeit der StPO. (§ 66 RAO.) überflüssigerweise, lediglich den Inhalt des § 23 Abs. 1 StPO. Die Redaktionskommission machte in Wahrheit aus dem Antrag Wolffson das, was Abs. 3 Satz 1 des Antrags Zinn bestimmte. Es wird deshalb auch angängig sein, diesen mit zur Erläuterung des Gesetzes heranzuziehen. Anm. 5.

Der Antrag Zinn sprach in Abs. 2 davon, daß der Vorstand „drei Mitglieder des Ober-Ehrengerichts und drei Stellvertreter desselben" zu wählen habe. Wenn er dann in Absatz 3 von der Unmöglichkeit, gleichzeitig „Mitglied des Ehrengerichts und des Ober-Ehrengerichts" zu sein, handelte, so deutete bezüglich des Ober-Ehrengerichts das Wort „Mitglied" auf den Abs. 2 zurück, bezog sich also nicht auf die Stellvertreter. Hinsichtlich des Ehrengerichts ergab sich gleiche Auslegung sowohl durch die Bezugnahme auf § 63 des Entw. (= § 67 des Ges.) als auch durch Abs. 3 Satz 2 des Antrags, in dem doch wieder nur von Mitgliedern des EG., nicht auch von Stellvertretern die Rede ist. Anm. 6.

b) Auch dem Gesetz gegenüber wird man keine andere Stellung einzunehmen haben. Wären in § 102 Abs. 2 unter den Mitgliedern des EG. nicht nur die fünf Vorstandsmitglieder verstanden, die normaler Weise das EG. bilden, so würde die Bestimmung bedeuten, daß die Mitglieder des Vorstandes der AK. bei dem RG. nicht Mitglieder des EGH. sein können (vgl. § 67 Anm. 5). Dann würde aber Abs. 2 doch wohl einfach dahin gefaßt worden sein: Anm. 7.

> Die Mitglieder des EGH. können nicht Mitglieder des Vorstandes der AK. sein.

Allerdings ist ja das EG. kein besonderes Gebilde neben dem AKV., aber es ist doch eine besondere Erscheinungsform desselben, es wäre also bei der gedachten Auffassung wohl der AKV. und nicht das EG. erwähnt worden. Die Stelle des KommB. ferner, deren gedacht wurde, nötigt keineswegs zu dem Schluß, daß die Mitglieder der einen Behörde bei der anderen auch nicht als Stellvertreter sollten fungieren können.

Was den EGH. angeht, so wird zwar bei der normalen Besetzung, wie sie § 90 Abs. 2 und 3 regelt, nicht von ordentlichen Mitgliedern oder Mitgliedern im engeren Sinne gesprochen, Abs. 4, der von der Bestimmung der Stellvertreter spricht, ergibt aber doch ohne weiteres, daß die vorangehenden Absätze nur von ordentlichen Mitgliedern im Gegensatze zu Stellvertretern handeln. Anm. 8.

Nimmt man zu all dem, daß es wohl verständlich ist, von dem regelmäßigen Mitwirken in der 2. Instanz die ordentlichen Mitglieder der 1. Instanz auszuschließen, daß für einen Ausschluß auch der Stellvertretung dagegen über den Rahmen des § 23 Abs. 1 StPO. hinaus ein Bedürfnis wohl nicht besteht, so wird man § 102 Abs. 2 dahin aufzufassen haben, daß er nur die ordentlichen Mitglieder des EGH. und EG. betrifft. Es können also die stellvertretenden anwaltschaftlichen Mitglieder des EGH. ordentliche Mitglieder des EG. sein und die ordentlichen und stellvertretenden anwaltschaftlichen Mitglieder des EGH. als Stellvertreter im EG. fungieren. A. M. anscheinend Meyer Anm. zu § 102, der unter den Mitgliedern des EGH. wohl die stellvertretenden mitbegreift. Anm. 9.

Sechster Abschnitt.

Schluß- und Uebergangsbestimmungen.

Vorbemerkung.

Der sechste Abschnitt regelt das Inkrafttreten der RAO. (§ 103), enthält die besonderen für das Oberste Landesgericht geltenden Vorschriften (§§ 104, 105) und die Übergangsbestimmungen (§§ 106—116). Letztere sind insoweit nicht kommentiert, als ihnen heute praktische Bedeutung nicht mehr zukommt. Im gleichen Umfange ist auch der landesrechtlichen Ausführungsbestimmungen keine Erwähnung geschehen.

§ 103.

Dieses Gesetz tritt, vorbehaltlich der Bestimmungen der §§ 112, 113, im ganzen Umfange des Reichs gleichzeitig mit dem Gerichtsverfassungsgesetz in Kraft.

Anm. 1 **I. Inhalt.** § 103 regelt den Zeitpunkt des Inkrafttretens der RAO.

Anm. 2. **II. Zeitpunkt des Inkrafttretens der RAO.** Die RAO. ist gleichzeitig mit mit dem GVG. am 1. Oktober 1879 in Kraft getreten. In Helgoland gilt sie seit 1. April 1891.

Anm. 3 **III. Wirkung des Inkrafttretens der RAO.** 1. Nach Art. 2 RV. gehen die Reichsgesetze den Landesgesetzen vor. Deshalb sind mit dem Inkrafttreten der RAO. „alle landesgesetzlichen Bestimmungen über Materien, welche durch jene geregelt werden", erloschen (Mot. 97).

Anm. 4. 2. Solche Materien sind

a) die Institution der Rechtsanwaltschaft. Es gibt seit dem Inkrafttreten der RAO. nur noch Rechtsanwälte im Sinne der RAO., nicht mehr Anwälte, Advokaten, Advokatanwälte, Prokuratoren auf Grund des Landesrechts. Die Personen, die diese Eigenschaft inne hatten, haben sie mit dem 1. Oktober 1879 verloren (Mot. 97; Meyer § 103 Anm. 1) und neu kann sie nicht mehr erworben werden. Eben zum Ersatze für den gedachten Verlust gibt § 107 „den zur Zeit des Inkrafttretens dieses Gesetzes vorhandenen Rechtsanwälten (Anwälten, Advokaten, Advokatanwälten, Prokuratoren)" das nur an rechtzeitige Antragstellung geknüpfte, sonst aber völlig unbedingte Recht auf Zulassung zur Rechtsanwaltschaft bei einem Landesgerichte, in dessen Bezirk sie bisher ihren Wohnsitz hatten.

Anm. 5. Verlangte das bisherige, sei es durch die Reichsjustizgesetze unberührt gebliebene, sei es nach ihren Übergangsbestimmungen für anhängige Prozesse fortgeltende Recht, daß gewisse Handlungen von einem an einem bestimmten Gerichte zugelassenen oder angestellten Rechtsanwalte im Sinne des früheren Rechts vorgenommen werden, so ist für solche Handlungen jetzt die Mitwirkung eines Rechtsanwaltes erforderlich, der nach Maßgabe der RAO. bei dem betreffenden Gerichte zugelassen ist: RheinARV. **13** 40 (OLG. Cöln; Datum fehlt).

Kannte das frühere Recht die Zulassung bei einem bestimmten Gerichte nicht, und genügte ihm die Eigenschaft als Rechtsanwalt in dem betreffenden Staat rc., so ist bei Anwendbarkeit des früheren Rechts die auf ein Gericht beschränkte Zulassung nach Maßgabe der RAO. kein Hindernis, bei einem anderen Gericht aufzutreten: FrankfRundsch. **80** 18/9 (OLG. Frankfurt a. M. 20. 12. 79). Vgl. Meyer § 103 Anm. 1. Anm. 6.

Das Landesrecht hat die Regelung der Frage in der Hand, inwieweit die Rechtsanwälte in Sachen, auf welche die Bestimmungen der Reichsjustizgesetze nicht Anwendung finden, aufzutreten befugt sind, und es bleibt nicht nur das bisherige Landesrecht bestehen, sondern es kann auch neues Landesrecht geschaffen werden. Vgl. RGRspr. **1** 407/411 (StS. III. 21. 2. 80); Meyer §§ 26, 27 Anm. 1; Berger Vorbem. zum 2. Abschn.; Sydow-Jacobsohn Vorbem. zum 6. Abschn.*) Anm. 7.

b) Die Zulassung zur Rechtsanwaltschaft in ihren Voraussetzungen und Wirkungen und die Zurücknahme der Zulassung ist von der RAO. abschließend geregelt. Ein Eingreifen ist dem Landesrecht, nachdem die Fälle des § 107 Abs. 4 Satz 2 und des § 110 bedeutungslos geworden sind, nur noch nach Maßgabe des § 109, des § 114 in Verbindung mit Art. X EGZPNov. und des § 116 Abs. 2 sowie gemäß § 5 Ziffer 4 (gesetzliche Unvereinbarkeit eines Amts oder einer Beschäftigung mit Beruf oder Würde der Rechtsanwaltschaft) möglich. Vgl. Meyer § 103 Anm. 2; KommB. 52. Anm. 8.

c) Jeder Eingriff ist dem Landesrecht hinsichtlich der Organisation und der Funktionen der Anwaltskammern und hinsichtlich des ehrengerichtlichen Verfahrens versagt. Das Landesrecht kann z. B. nicht den AKV. verpflichten, das Kammervermögen mündelsicher anzulegen, es kann auch nicht die Kompetenz des EG. erweitern. Dagegen kann es sehr wohl bestimmen, ob die AK. überhaupt und in welcher Weise sie zur Steuer heranzuziehen ist. Bezüglich des Konkurses über das Vermögen der Anwaltskammern vgl. § 41 Anm. 21. Anm. 9.

d) Die Standespflichten des RA. sind der Regelung durch das Landesrecht entzogen, dasselbe kann also nicht etwa den Rechtsanwälten gewisse Beschäftigungen verbieten. Wohl aber kann es Personen, die einen bestimmten Beruf ausüben, soweit nicht anderes Reichsrecht entgegensteht, die Zugehörigkeit zu der Rechtsanwaltschaft verbieten. Dieses Verbot richtet sich dann aber an die Person nicht in ihrer Eigenschaft als RA., sondern kraft ihrer Zugehörigkeit zu dem anderweitigen Berufe rc. Daß das Landesrecht in seinem Machtbereiche die Rechtsanwälte auch zu prozessualen Pflichten heranziehen kann, ist nichts als eine notwendige Folge des in Anm. 5—7 Gesagten. Anm. 10.

e) Das Verhältnis des RA. zu seinem „Auftraggeber" regelte die RAO. nur in einzelnen Punkten. Insoweit war also für das Landesrecht Raum. Seit dem Inkrafttreten des BGB. ist auch dieses Gebiet landesrechtlicher Regelung — von den Taxvorschriften abgesehen — entzogen. Vgl. den Exkurs vor § 30 und ferner § 32 Anm. 1. Anm. 11.

f) Über den Vorbereitungsdienst bei den Rechtsanwälten enthält § 40 eine einzelne Bestimmung. Von ihr abgesehen, hat das Landesrecht im Rahmen des GVG. hier freie Hand (KommB. 33; Meyer Anm. zu § 40). Anm. 12.

---

*) Einschlägige Bestimmungen enthalten Preußen JMVf. 28. 6. 79 (JMBl. 153), Sachsen V. 31. 7. 79 (GVBl. 302) § 13, Sachsen-Weimar MinV. 3. 10. 79 (RegBl. 519) § 19, Sachsen-Meiningen V. 6. 1. 80 (Samml. 257) § 17, Anhalt V. 13. 8. 79 (GS. 683) § 5, Sachsen-Altenburg V. 17. 11. 79 (GS. 255) § 18, Schwarzburg-Rudolstadt MinV. 27. 1. 80 (GS. 13) § 17, Coburg-Gotha V. 2. 2. 80 (Coburg: GS. 7, Gotha: GS. 5) § 17, Reuß ä. L. V. 27. 9. 79. (GS. 268) §§ 1, 2.

§ 104.

Der am Orte eines obersten Landesgerichts wohnhafte Rechtsanwalt kann bei diesem Gerichte zugelassen werden, wenn nach dem Gutachten des letzteren die Zulassung zur ordnungsmäßigen Erledigung der Anwaltsprozesse erforderlich ist.

Anm. 1. **I. Inhalt.** Der erst von der RTKomm. eingeschobene Paragraph trägt dafür Sorge, daß für die beim obersten Landesgerichte anhängigen Zivilprozeßsachen eine genügende Anzahl von Rechtsanwälten zur Verfügung steht.

Anm. 2. **II. Die Zulassung zur Rechtsanwaltschaft bei dem obersten Landesgerichte** richtet sich nach § 4 und nicht nach § 99. Über die formelle Behandlung des Zulassungsantrags vgl. Bayern Bek. 7. 7. 79 (GVBl. 685) §§ 2 Abs. 2, 3 Abs. 4.

Anm. 3. **III. Die Bestimmung des § 100 Abs. 1 gilt nicht für das oberste Landesgericht, im Gegenteil sieht § 104 einen besonderen Fall der Simultanzulassung und zwar lediglich der endgültigen vor.** Über das Verfahren betreffs des Antrags auf Simultanzulassung vgl. Bayern Bek. 7. 7. 79 (GVBl. 685) § 6.

Anm. 4. 1. Jeder am Orte des obersten Landesgerichts wohnhafte Rechtsanwalt, auch wenn er nur bei einem Amtsgerichte zugelassen ist, kann gleichzeitig bei dem obersten Landesgerichte zugelassen werden.

Anm. 5. 2. Diese Zulassung ist dadurch bedingt, daß sie nach dem Gutachten des obersten Landgerichts zur ordnungsmäßigen Erledigung der Anwaltsprozesse erforderlich ist. In welcher Besetzung das oberste Landesgericht das Gutachten abzugeben hat, sagt das Gesetz nicht. Die Frage wird ebenso, wie bei § 9, zu entscheiden sein. Vgl. dortselbst Anm. 8, ferner Meyer § 104 Anm. 3.

Anm. 6. 3. Ein Recht auf die Simultanzulassung besteht nicht, ihre Gewährung steht im Belieben der LJV.

Anm. 7. 4. Die Bestimmungen der §§ 100 Abs. 2, 101 gelten nicht für die bei dem obersten Landesgerichte zugelassenen Rechtsanwälte. Vgl. Meyer §§ 104, 105 Anm. 1.

§ 105.

Die bei einem obersten Landesgerichte zugelassenen Rechtsanwälte sind Mitglieder der Anwaltskammer, in deren Bezirke das Gericht seinen Sitz hat.

In Abweichung von dem Grundsatze des § 41 weist § 105 die (ausschließlich) bei dem obersten Landesgerichte zugelassenen Rechtsanwälte der AK., in deren Bezirk das oberste Landesgericht seinen Sitz hat, als Mitglieder zu. Davon, für diese Rechtsanwälte eine besondere AK. entsprechend § 102 Abs. 1 zu bilden, hat das Gesetz abgesehen, da möglicherweise die zur Bildung einer AK. erforderliche Anzahl von Mitgliedern nicht vorhanden sein werde (Mot. 98; Meyer § 105 Anm. 5).

§ 106.

Die erste Versammlung der Anwaltskammern findet zur Wahl der Mitglieder des Vorstandes binnen drei Monaten nach dem Inkrafttreten dieses Gesetzes statt.

Die Versammlung wird von dem Präsidenten des Oberlandesgerichts, bei dem Reichsgerichte von dem Präsidenten des letzteren berufen. Den

Vorsitz in derselben führt der Präsident oder ein von ihm beauftragtes Mitglied des Gerichts.

Der Vorsitzende ernennt für die Versammlung aus deren Mitte einen Schriftführer.

I. **Inhalt.** Der Paragraph regelt die erste Wahl der Anwaltskammervorstände nach Inkrafttreten der RAO. In dieser Beziehung hat der Paragraph keine praktische Bedeutung mehr. Sobald aber, wie dies jüngst in Düsseldorf geschehen, mit Begründung eines neuen OLG. eine neue AK. in das Leben tritt, liegen die Verhältnisse für die erste Wahl des AKV. ebenso, wie sie bei Inkrafttreten der RAO. lagen. Deshalb ist in solchem Falle § 106 anzuwenden (Kaufmann JW. **05** 705). Nur im Hinblick hierauf erfolgt die Kommentierung des Paragraphen. Anm. 1.

II. **Die baldige Wahl des AKV.** ist wegen der Bestimmungen in den §§ 3, 5 Ziff. 4—6 von Bedeutung (Meyer[1] Anm. zu § 111). Das Gesetz setzt deshalb eine Frist von 3 Monaten zur Bewirkung dieser Wahl. Die Frist rechnet bei Neuerrichtung einer AK. von dem Tage, an dem ihre Existenz beginnt; es handelt sich naturgemäß nur um eine Ordnungsvorschrift: eine nach Ablauf der Frist erfolgende Wahl ist keineswegs ungültig. Anm. 2.

III. Da ein Vorsitzender des AKV. mangels Wahl dieses Vorstandes selbst noch nicht vorhanden, § 52 Abs. 1 also unanwendbar ist, **weist § 106 Abs. 2 die Berufung der Versammlung dem Präsidenten des OLG. zu.** Anm. 3.

IV. **Die Berufung der Versammlung erfolgt an den Sitz des OLG.** Daß sie in den Räumen des OLG. abgehalten wird, ist, da der Präsident oder ein anderes Mitglied des OLG. den Vorsitz in der Versammlung führt, als sachgemäß zu bezeichnen. Anm. 4.

V. **Für die Form der Berufung** gilt § 53 (Meyer[1] § 106 Anm. 1). Die Berufung ist also, da eine Geschäftsordnung ja noch nicht vorhanden sein kann, nur mittels schriftlicher Einladung der Mitglieder statthaft (§ 53 Abs. 3 findet Anwendung). Bei der Einladung ist die Tagesordnung, die allein in der Wahl der Mitglieder des Vorstandes besteht, bekanntzugeben. Anm. 5.

VI. Den **Vorsitz in der Versammlung** führt der Präsident des OLG. oder ein von ihm beauftragtes Mitglied des OLG. Das beauftragte Mitglied hat sich der Ausführung des Auftrags zu unterziehen. Anm. 6.

VII. Nach Eröffnung der Versammlung ernennt der Vorsitzende einen der in der Versammlung anwesenden, der neuen AK. angehörigen Rechtsanwälte zum **Schriftführer** für diese Versammlung. Der zum Schriftführer Ernannte hat der Ernennung Folge zu leisten, das in § 56 gedachte Protokoll aufzunehmen und es ebenso, wie der Vorsitzende, zu unterzeichnen (Meyer[1] § 106 Anm. 1). Anm. 7.

VIII. **Die Wahl des Vorstandes erfolgt nach Maßgabe des § 54.** (Meyer[1] § 106 Anm. 2). Anm. 8.

Bezüglich der Form der Wahl, der Stichwahl ꝛc. ist so zu verfahren, wie nach Konstituierung des Vorstandes bei denjenigen Anwaltskammern vorzugehen ist, die einschlägige Bestimmungen in ihrer Geschäftsordnung nicht getroffen haben (vgl. hierüber § 54 Anm. 28—41). Meyer[1] Anm. 2 zu § 106 läßt die AK., bevor sie zur Wahl schreitet, Bestimmungen über die fraglichen Punkte für diese erste Wahl treffen, also gewissermaßen eine Geschäftsordnung für den einzelnen Fall erlassen. Daß dies nicht richtig ist, geht schon daraus hervor, daß auch später die AK. keineswegs genötigt ist, eine Regelung durch die Geschäftsordnung vorzunehmen.

§ 107.

Den zur Zeit des Inkrafttretens dieses Gesetzes vorhandenen Rechtsanwälten (Anwälten, Advokaten, Advokatanwälten, Prokuratoren) kann die Zulassung bei einem Landesgerichte, in dessen Bezirke sie bisher ihren Wohnsitz hatten, nicht versagt werden, wenn sie dieselbe vor dem Inkrafttreten dieses Gesetzes oder binnen drei Monaten nach demselben beantragen.

Dieselben sind, sofern sie die Zulassung bei dem Landgericht ihres Wohnsitzes beantragen, befugt, ihren bisherigen Wohnsitz beizubehalten.

Eine nochmalige Beeidigung dieser Rechtsanwälte findet nicht statt.

Den zur Zeit des Inkrafttretens dieses Gesetzes vorhandenen Rechtsanwälten, welche bei den an ihrem Wohnsitze befindlichen mehreren Kollegialgerichten die Anwaltschaft auszuüben berechtigt sind, kann die gleichzeitige Zulassung bei den an demselben Orte an die Stelle der bisherigen tretenden Kollegialgerichten nicht versagt werden, wenn sie dieselbe vor dem Inkrafttreten dieses Gesetzes beantragen. Durch landesherrliche Verordnung kann in diesem Falle für einzelne Orte die gleichzeitige Zulassung bei mehreren Kollegialgerichten ausgeschlossen werden.

Anm. 1. Der Paragraph gab den zur Zeit des Inkrafttretens der RAO. vorhandenen Rechtsanwälten des früheren Rechts einen unbedingten, aber befristeten Anspruch auf Zulassung zur Rechtsanwaltschaft des neuen Rechts. Die Frist ist längst abgelaufen, und die Zulassung der in § 107 genannten Personen zur Rechtsanwaltschaft untersteht jetzt, soweit nicht § 108 eingreift, lediglich den allgemeinen Bestimmungen der RAO. (Meyer[1] § 107 Anm. 6). Der § 107 ist daher seinem wesentlichen Inhalte nach heute ohne praktische Bedeutung. Nur in einer Beziehung kann er allenfalls noch in Betracht kommen, nämlich bezüglich der Frage:

Anm. 2. Findet auf die in Gemäßheit des § 107 zugelassenen Rechtsanwälte der § 64 Anwendung?

Die Frage ist mit EGH. **1** 57 (21. 12. 81), 210/1 (28. 4. 81), Meyer § 64 Anm. 2 zu verneinen. § 64 hat im wesentlichen den Zweck, den bei der Prüfung des Zulassungsantrags unbekannt gebliebenen, die Versagung der Zulassung rechtfertigenden Tatsachen nachträglich Berücksichtigung zu verschaffen. Hievon kann keine Rede sein, soweit eine materielle Prüfung, wie im Falle des § 107 bei Einhaltung der dort vorgesehenen Frist, ausgeschlossen ist.

§ 108.

Diejenigen, welche zur Zeit des Inkrafttretens dieses Gesetzes die Fähigkeit zur Rechtsanwaltschaft erlangt haben, können zur Rechtsanwaltschaft zugelassen werden, auch wenn sie die Fähigkeit zum Richteramte nicht erlangt haben.

Dieselben haben nach Maßgabe des § 4 ein Recht auf Zulassung bei den Gerichten des Bundesstaats, in welchem sie die Fähigkeit zur Rechtsanwaltschaft erlangt haben.

Die Zulassung eines solchen zum Richteramte nicht befähigten Antragstellers kann auch dann versagt werden, wenn dieselbe nicht vor dem Inkrafttreten dieses Gesetzes oder binnen drei Monaten nach demselben oder, falls der Antragsteller zu dieser Zeit ein Amt bekleidet, mit welchem die Rechtsanwaltschaft nicht vereinbar ist, nicht vor Ablauf von drei Monaten nach dem Ausscheiden aus diesem Amte beantragt wird.

I. Inhalt. Nach früherem Recht war teilweise die Fähigkeit zur Rechtsanwaltschaft an geringere Voraussetzungen geknüpft, als die Fähigkeit zum Richteramte. Deshalb wahrt § 108 denjenigen, die zur Zeit des Inkrafttretens der RAO. die Fähigkeit zur Rechtsanwaltschaft nach Maßgabe des früheren Rechts erlangt hatten, „ihre wohlerworbenen Rechte" (KommB. 49). Anm. 1.

II. Diejenigen, die zur Zeit des Inkrafttretens der RAO. nach Landesrecht die Fähigkeit zur Rechtsanwaltschaft erlangt hatten, haben damit die Fähigkeit zur Rechtsanwaltschaft der RAO. erlangt, selbst wenn sie die Fähigkeit zum Richteramte nicht erlangt hatten. Anm. 2.

1. Diese Personen können bei jedem deutschen Gericht, auch bei dem Reichsgericht, als Rechtsanwälte zugelassen werden (Meyer § 108 Anm. 2). Anm. 3.

2. Sie haben ein Recht auf Zulassung bei den Gerichten des Bundesstaats, in welchem sie die Fähigkeit zur Rechtsanwaltschaft erlangt haben. Anm. 4.

a) Dieses Recht besteht nur „nach Maßgabe des § 4", also nicht in weiterem Umfange, als ein nach § 1 Berechtigter Anspruch auf Zulassung hat. Anm. 5.

b) Das Recht unterliegt einem besonderen reichsgesetzlichen fakultativen Versagungsgrunde. Die Zulassung kann nämlich auch versagt werden, wenn der Antrag auf Zulassung nicht rechtzeitig gestellt wird. Soweit die Frist durch Antrag vor Inkrafttreten der RAO. oder binnen 3 Monaten nach diesem Inkrafttreten zu wahren war, ist jetzt eine Einhaltung der Frist nicht mehr möglich. Bekleidete aber der Antragsteller zu diesen Zeiten ein Amt, mit welchem die Rechtsanwaltschaft nicht vereinbar ist, so erhält ein vor Ablauf von drei Monaten nach dem Ausscheiden aus dem gedachten Amte gestellter Zulassungsantrag das Recht auf Zulassung. Dieser Fall kann auch heute noch praktisch werden, sei es daß der Betreffende schon vor Inkrafttreten der RAO. und seitdem ununterbrochen bis jetzt ein mit der Rechtsanwaltschaft nicht vereinbares Amt bekleidete, sei es daß solche Bekleidung zwar Unterbrechungen erfuhr, keine von ihnen aber 3 Monate lang dauerte. Anm. 6.

c) Wegen landesgesetzlicher Beschränkung des Zulassungsrechts für diejenigen, die die Fähigkeit zur Rechtsanwaltschaft, aber nicht auch die Fähigkeit zum Richteramt erlangt haben, vgl. § 109. Anm. 7.

III. § 108 gilt für alle, welche nach früherem Recht die Fähigkeit zur Rechtsanwaltschaft erlangt haben, mögen sie zur Zeit des Inkrafttretens der RAO. noch nicht Rechtsanwälte gewesen sein oder bereits als solche fungiert haben, was insbesondere wegen der von § 107 aufgestellten Fristen von Bedeutung ist (Meyer § 108 Anm. 5). Anm. 8.

§ 109.

Die Landesgesetze können für solche Kategorien von Rechtsanwälten und zur Rechtsanwaltschaft Befähigten (§§ 107, 108), für welche die Fähigkeit zum Richteramte nicht erforderlich war, bestimmen, daß deren Zulassung zu versagen oder nur unter Beschränkungen zu ertheilen sei.

Für diejenigen Personen, die vor Inkrafttreten der RAO. die Fähigkeit zur Rechtsanwaltschaft und nicht zugleich auch die Fähigkeit zum Richteramt erlangt haben (§ 108), kann die Landesgesetzgebung das Recht auf Zulassung beschränken oder ganz beseitigen. Der übrige Inhalt des Paragraphen hat keine praktische Bedeutung mehr.

§ 110.

Durch landesherrliche Verordnung kann die Landesjustizverwaltung auf einen Zeitraum von drei Jahren nach dem Inkrafttreten dieses Gesetzes ermächtigt werden, die Zulassung zur Rechtsanwaltschaft denjenigen zu versagen, welche im Justizdienste sich befinden, sowie denjenigen, welche aus demselben ausgeschieden sind, ohne in einen anderen Zweig des Reichs- oder Staatsdienstes oder in ein besoldetes Gemeindeamt übergegangen oder zur Rechtsanwaltschaft zugelassen worden zu sein.

Auf Grund einer solchen Ermächtigung kann jedoch die Zulassung denjenigen nicht versagt werden, welche dieselbe binnen einem Jahre nach erlangter Fähigkeit zur Rechtsanwaltschaft beantragen und nicht bereits im Justizdienste angestellt worden sind. Für diejenigen, welche die Fähigkeit zur Rechtsanwaltschaft bei dem Inkrafttreten dieses Gesetzes bereits erlangt hatten, läuft diese Frist noch mindestens drei Monate nach diesem Zeitpunkte.

§ 111.

Bis zur Wahl des Vorstandes der Anwaltskammer ist die Anhörung desselben nach den Vorschriften der §§ 3, 99 nicht erforderlich.

Anm. 1. **I. Inhalt.** Der Paragraph entbindet bis zur Wahl des AKV. von der sonst notwendigen Anhörung desselben vor Befinden über den Zulassungsantrag. Die Bestimmung, die insofern interessant ist, als sie ausdrücklich auch für die Zulassung bei dem Reichsgerichte die gutachtliche Äußerung des AKV. verlangt, hatte nur die Übergangszeit vom Inkrafttreten der RAO. bis zur ersten Wahl der Anwaltskammervorstände im Auge. Sie ist aber auch bei Neuerrichtung eines Oberlandesgerichts anzuwenden (PrJMVf. 3. 5. 06 — PrJMBl. 138) und nur im Hinblick hierauf zu kommentieren.

Anm. 2. **II. Bis zur Wahl des AKV. ist seine gutachtliche Anhörung vor Entscheidung der LJV. über den Zulassungsantrag nicht erforderlich** d. h. die LJV. kann alsbald, ohne eine weitere Äußerung einholen zu müssen, über die Zulassung befinden (Meyer[1] Anm. zu § 111).

Anm. 3. **III. Die LJV. kann allerdings auch vor Wahl des AKV.**, wie dies die PrJMVf. 3. 5. 06, betreffend die Zulassung zur Rechtsanwaltschaft bei dem OLG. in Düsseldorf (PrJMBl. 138), vorschrieb, **gemäß § 49 Ziff. 4 das Gutachten eines Kammervorstandes einholen, bevor sie ihre Entscheidung trifft.** Ein solches Gutachten unterfällt aber nicht dem § 3 Abs. 2, denn nicht „der Vorstand der AK.", d. h. derjenigen Anwaltskammer, in deren Bezirk der Antragsteller zugelassen sein will, sondern „der Vorstand einer Anwaltskammer" hat es erstattet. Infolgedessen kann ein solches Gutachten auch nicht einen Versagungsgrund nach § 5 Ziff. 4—6 schaffen.

Anm. 4. Dafür, daß bis zur Wahl des AKV. die LJV. die Zulassung nach § 5 Ziff. 4 bis 6 ohne Gutachten soweit versagen könnte und müßte, als dies sonst auf Grund solchen Gutachtens der Fall ist, fehlt jeder Anhalt (Meyer[1] Anm. zu § 111). Deshalb ist es, wenn die Voraussetzungen der gedachten Ziffern vorzuliegen scheinen, angezeigt, die Entscheidung über die Zulassung bis zur Wahl des AKV. auszusetzen, wie dies z. B. die PrJMVf. 28. 6. 79 (PrJMBl. 151) in Abschnitt II 3 Abs. 2 vorsah*).

*) Ebenso u. a. auch Bayern Bek. 7. 7. 79 (GVBl. 685) § 3 Abs. 2.

§ 112.

Auf Anordnung der Landesjustizverwaltung können schon vor dem Inkrafttreten des Gerichtsverfassungsgesetzes die Rechtsanwaltslisten (§ 20) angelegt und Eintragungen der in Gemäßheit des § 107 erfolgenden Zulassungen bewirkt werden.

Die Landesjustizverwaltung bestimmt die Gerichte, welche bis zu dem bezeichneten Zeitpunkte die Listen zu führen haben.

§ 113.

Ueber den Antrag auf Zulassung zur Rechtsanwaltschaft bei dem Reichsgericht entscheidet vor dem Inkrafttreten des Gerichtsverfassungsgesetzes an Stelle des Präsidiums des Reichsgerichts das Plenum des Reichs-Oberhandelsgerichts.

Das letztere hat bis zu dem bezeichneten Zeitpunkte die Rechtsanwaltsliste zu führen.

§ 114.

Mit Zustimmung des Bundesraths kann die Landesjustizverwaltung, wenn in dem Bezirk eines nur einem Bundesstaate angehörigen Oberlandesgerichts das System des französischen Rechts und an dem Sitze einzelner Landgerichte ein anderes System des bürgerlichen Rechts besteht, oder wenn das umgekehrte Verhältniß obwaltet, die bei diesen Landgerichten zugelassenen Rechtsanwälte in den daselbst verhandelten Prozessen bis zur Einführung eines gemeinschaftlichen bürgerlichen Gesetzbuchs zur Vertretung der Parteien auch bei dem Oberlandesgerichte zulassen*).

Hiezu gehört Artikel X des Einführungsgesetzes zu dem Gesetze, betreffend Aenderungen der Civilprozeßordnung, vom 17. Mai 1898 (RGBl. 332): Für die zur Zeit des Inkrafttretens des Bürgerlichen Gesetzbuchs gemäß § 114 der Rechtsanwaltsordnung bei einem Oberlandesgerichte zugelassenen Rechtsanwälte kann diese Zulassung mit Zustimmung des Bundesraths von der Landesjustizverwaltung über den bezeichneten Zeitpunkt hinaus erstreckt werden**).

I. Inhalt. § 114, dessen Voraussetzungen nur für Hessen zutreffen, will dafür sorgen, daß für das OLG. Darmstadt, an dessen Sitz das französische Recht nicht gilt, während es im Bezirke des Landgerichts Mainz Geltung hat, doch eine genügende Anzahl dieses Rechts kundiger Rechtsanwälte zur Verfügung steht. Der Paragraph ist, nachdem ein ähnlicher Antrag in der RTKomm. abgelehnt war (Siegeth Anhang 75/6), vom RT. in 2. Lesung eingeschaltet worden (Siegeth 592/5). Art. X EGZPNov. verdankt seine Entstehung einem Beschlusse der mit der Vorberatung des gedachten EG. betrauten Kommission des Reichstags. Zu seiner Begründung bemerkte der Antragsteller, „daß auch nach dem Inkrafttreten des Bürgerlichen Gesetzbuchs das Bedürfnis für eine derartige ausnahmsweise Zulassung [wie sie § 114 gestattet] noch eine Zeitlang fortbestehen werde" (Materialien zur Zivilprozeßordnung — Berlin bei Heymann 1898 — S. 806). Anm. 1.

---

*) Vgl. dazu Hessen Bek. 20. 6. 79 (RegBl. 490).
**) Vgl. dazu Hessen Bek. 15. 12. 99 (RegBl. 1197).

Anm. 2. II. **Das Eigentümliche der Simultanzulassung nach § 114 liegt darin, daß dieselbe gegenständlich beschränkt erfolgt.** Die bei dem Landgerichte Mainz zugelassenen Rechtsanwälte werden zwar bei dem Oberlandesgerichte Darmstadt, aber nur für die Prozesse zugelassen, die in 1. Instanz vor dem Landgerichte Mainz verhandelt worden sind.

Anm. 3. III. Immerhin handelt es sich um eine übrigens nicht widerrufliche (vgl. § 9 Anm. 4) Zulassung bei dem Oberlandesgericht, die Bestimmungen der **§§ 19, 21 Abs. 3 finden also Anwendung** (Meyer § 114 Anm. 2).

Anm. 4. IV. **Eine Neuzulassung auf Grund des § 114 ist nicht mehr statthaft,** Art. X EGZPNov. gestattet lediglich für die am 1. 1. 1900 bereits nach Maßgabe des § 114 zugelassenen Rechtsanwälte eine Erstreckung der Simultanzulassung über den 1. 1. 1900 hinaus. Die an die Zustimmung des Bundesrats gebundene, an eine Zeitgrenze nicht geknüpfte Erstreckung erfolgt durch die LJV.

§ 115.

Auf die gegen einen Rechtsanwalt (§ 107) zur Zeit des Inkrafttretens dieses Gesetzes anhängigen Disziplinarsachen finden die Bestimmungen der §§ 8, 9, 10, 12 des Einführungsgesetzes zur Strafprozeßordnung entsprechende Anwendung.

An die Stelle des nach den bisherigen Gesetzen zuständigen obersten Landesgerichts tritt der Ehrengerichtshof nach Maßgabe des § 90.

Anm. 1. I. **Inhalt.** Der Paragraph enthält die Übergangsbestimmungen für die zur Zeit des Inkrafttretens der Rechtsanwaltsordnung gegen einen Rechtsanwalt anhängigen Disziplinarsachen.

Anm. 2. II. Daß jetzt noch **Disziplinarsachen gegen Rechtsanwälte aus der Zeit vor 1. 10. 79** anhängig sein sollten, ist wohl ausgeschlossen.

Anm. 3. III. Dagegen kann der Fall vorkommen, **daß ein auf Grund des früheren Rechts gegen einen Rechtsanwalt ergangenes Disziplinarerkenntnis mit dem Antrag auf Wiederaufnahme des Verfahrens angegriffen wird.** Für die Behandlung dieses Antrags und für das weitere Verfahren gilt nach § 10 EGStPO. die RAO. und die StPO. Kommt es zur Wiederaufnahme des Verfahrens, so ist zu beachten, daß der Grundsatz des § 2 Abs. 2 StGB. entsprechend anzuwenden ist: EGH. **1** 56 (21. 12. 81), 135 (2. 7. 84), 211 (28. 4. 81).

§ 116.

Eine nach den bisherigen Gesetzen erkannte zeitige Entziehung der Befugniß zur Ausübung der Rechtsanwaltschaft (Suspension, Dienstsperre) ist im Sinne der § 6 Nr. 3, § 15 Nr. 1, § 43 Nr. 3 für eine härtere Strafe als Verweis zu erachten.

Der Landesgesetzgebung bleibt überlassen, zu bestimmen, in welchem Verhältniß andere bisher zulässige Strafen zu den im § 63 bezeichneten stehen.

Anm. 1. 1. In den §§ 6 Ziff. 3, 15 Ziff. 1, 43 Ziff. 3 werden gewisse Folgen daran geknüpft, daß im ehrengerichtlichen Verfahren auf Verweis oder auf Geldstrafe von mehr als 150 Mk. erkannt ist. Ist ein solches Erkenntnis nicht auf Grund der Rechtsanwaltsordnung, sondern nach Maßgabe des früheren Rechts ergangen, so kann es möglicherweise auf andere als die im § 63 zugelassenen Strafen erkannt haben, die Bestimmung des Verhältnisses derartiger Strafen zu den Strafmitteln der Rechtsanwaltsordnung ist also von Bedeutung. Das Gesetz bestimmt, daß die „zeitige Entziehung der Befugnis zur Ausübung der Rechtsanwaltschaft (Suspension, Dienstsperre)" im Sinne der gedachten Bestimmungen eine härtere Strafe als Verweis ist. Im übrigen ist es Sache der Landesgesetzgebung, das Verhältnis der Strafmittel des alten und neuen Rechtes zueinander zu regeln.

2. In den drei in Betracht kommenden Paragraphen sind die Wirkungen der Verurteilung derart zeitlich beschränkt, daß die betreffenden Fristen selbst dann abgelaufen sein werden, wenn (vgl. EGStPO. § 8) das Urteil erst nach 1. 10. 79 gefällt sein sollte, § 116 darf also heute wohl als praktisch bedeutungslos bezeichnet werden. Wenn es nämlich selbst zulässig sein sollte, in einem nach 1. 10. 79 wiederaufgenommenen Verfahren alten Rechts auf ehrengerichtliche Strafen zu erkennen, die der Rechtsanwaltsordnung unbekannt sind, so wird dies doch tatsächlich als ausgeschlossen gelten dürfen. Anm. 2.

Urkundlich unter Unserer Höchsteigenhändigen Unterschrift und beigedrucktem Kaiserlichen Insiegel.

Gegeben Neues Palais bei Potsdam den 1. Juli 1878.

Im Allerhöchsten Auftrage Seiner Majestät des Kaisers:

(L. S.) Friedrich Wilhelm, Kronprinz.

Fürst v. Bismarck.

Sachregister.

Die im Sachregister angewandte Zitierweise ergibt sich aus den folgenden Beispielen:

§ 83 [19] = Anmerkung 19 zu § 83 RAO.
§ 66 * = Fußnote zum Gesetzestext des § 66 RAO.
Allg. Einl. [9*] = Fußnote zur Anmerkung 9 der Allgemeinen Einleitung.
Vorb. III = Vorbemerkung zum III. Abschnitt.
Exk. = Exkurs.

A.

B.

H.

J, I (i).

K.

L.

P.

T.

U.

V.

W.

Nachtrag

zum

Kommentar zur Rechtsanwaltsordnung

von

Dr. A. und Dr. M. Friedländer.

(Erläuterung der Novelle vom 22. Mai 1910.)

1910.

Berlin und München.

J. Schweitzer Verlag (Arthur Sellier).

Preis Mk. —.40

═ Die Blätter sind so gedruckt, daß die Ergänzungen bei den betreffenden Paragraphen des Kommentars eingelegt oder eingeklebt werden können. ═

Durch die Novelle zur RAO. vom 22. Mai 1910 wurde folgende Bestimmung neu eingefügt:

„§ 32a.

Der Anspruch der Partei auf Schadenersatz aus dem zwischen ihr und dem Rechtsanwalte bestehenden Vertragsverhältnisse verjährt in fünf Jahren."

1. Die Bestimmung kommt einem wiederholt in der Literatur, vor allem in dem Blochschen Referate auf dem 18. Deutschen Anwaltstage (JW. **07** 647 ff.), geäußerten Wunsche entgegen. Sie soll die Unbilligkeiten beseitigen, welche sich in der Praxis aus der Geltung einer dreißigjährigen Verjährungsfrist für Entschädigungsansprüche gegen Anwälte ergeben haben (vgl. Kommentar Exkurs vor § 30 Anm. 64). Anm. 1.

2. Die fünfjährige Verjährungsfrist bezieht sich nur auf Schadensersatzansprüche der Partei aus dem zwischen ihr und dem Anwalt bestehenden Vertragsverhältnisse: Anm. 2.

a) Das Vertragsverhältnis, welches gemeint ist, muß ein Anwaltsvertrag, d. h. ein Vertrag sein, welcher sich auf Leistung anwaltschaftlicher Arbeit richtet. Schließt ein Anwalt z. B. als Konkursverwalter irgend einen anderen Vertrag ab, so fällt derselbe nicht unter § 32a. Beachtlich ist die Terminologie des Gesetzes. Dasselbe spricht nicht mehr von „Auftrag" und „Auftraggeber", sondern von „Vertragsverhältnis" und „Partei".

Ob der Anwaltsvertrag im übrigen nach Dienst- oder Werkvertragsrecht oder nach den Normen vom Auftrag zu beurteilen ist, begründet für die Anwendung des § 32a keinen Unterschied. Die neue Bestimmung bedeutet daher unter Umständen eine Verlängerung der bisherigen Verjährungsfrist (vgl. Exkurs vor § 30 Anm. 132). Anm. 3.

b) Nur Ansprüche aus dem Anwaltsvertrage unterliegen der kurzen Verjährung. Deliktsansprüche verjähren nach § 852 BGB. in drei Jahren; diese Frist kann aber wegen der speziellen Normen dieses Paragraphen über den Beginn der Verjährung tatsächlich später ablaufen als die fünfjährige Frist des § 32a. Auch der Anspruch aus § 30 RAO. verjährt nicht in fünf Jahren (vgl. § 30 Anm. 5). Anm. 4.

c) Nur Schadensersatzansprüche unterliegen der kurzen Verjährung. Darunter fallen also nicht bloße Bereicherungsansprüche, Ansprüche auf Rückzahlung deponierter Beträge 2c. Hinsichtlich der Rückforderung von Vorschüssen vgl. § 196 Ziff. 16 BGB. Anm. 5.

Der fünfjährigen Verjährung unterliegen aber alle Schadensersatzansprüche aus dem Anwaltsvertrage, nicht nur die Ansprüche aus fehlerhafter Sachbehandlung, wenn man auch diese bei Schaffung des Gesetzes zunächst im Auge hatte.

Anm. 6. d) Über den **Beginn** der fünfjährigen Verjährungsfrist enthält das Gesetz leider keine Spezialbestimmung. Die Verjährung beginnt daher mit „der Entstehung des Anspruchs" (§ 198 BGB.). Hiezu gehört aber nicht nur, daß die schadenstiftende Handlung oder Unterlassung begangen, sondern auch daß der Schaden entstanden ist; er braucht freilich der Partei noch nicht bekannt zu sein.

Ob hiermit nicht die neue Bestimmung wesentlich an praktischer Bedeutung verlieren wird, muß die Zukunft zeigen. Es wäre richtiger gewesen, einen festen, von dem Eintritt des Schadens unabhängigen Zeitpunkt zu bestimmen (vgl. Hellwig in JW. **10** 308).

Anm. 7. Die Verjährung läuft von dem Tage der Entstehung des Anspruchs, nicht gemäß § 201 BGB. vom Schlusse des betreffenden Jahres ab.

Es ist für ihren Lauf gleichgültig, ob das Vertragsverhältnis bereits beendet ist oder nicht.

Anm. 8. e) Im übrigen gelten die Bestimmungen der §§ 194 ff. BGB. über die Verjährung, besonders hinsichtlich ihrer Hemmung und Unterbrechung.

Anm. 9. 3. Die Bestimmung des § 32a ist am 1. Juni 1910 in Kraft getreten.

Für die Übergangszeit muß Art. 169 EGBGB. analoge Anwendung finden. Soweit also Verjährungsfristen im Lauf sind, wird regelmäßig die fünfjährige Frist mit dem 1. Juni 1910 beginnen, es sei denn, daß die bisherige dreißigjährige Verjährung vor dem 1. Juni 1915 abläuft. Ist aber eine sechsmonatliche Verjährungsfrist nach Werkvertragsrecht am 1. Juni 1910 im Laufe, so tritt an ihre Stelle die Verjährungsfrist nach § 32a, deren Beginn sich nach den bisherigen Gesetzesbestimmungen richtet. Ist also das falsche Gutachten am 1. April 1910 abgeliefert worden, der Schaden aber erst am 15. Mai 1910 entstanden, so beginnt der Lauf der fünfjährigen Verjährung am 1. April.

Durch die Novelle zur RAO. vom 22. Mai 1910, in Kraft seit 1. Juni 1910, wurde folgende neue Vorschrift eingefügt:

„§ 41a.

Durch Anordnung der Landesjustizverwaltung können im Bezirk eines Oberlandesgerichts zwei Anwaltskammern errichtet werden, wenn die Zahl der im Bezirke zugelassenen Rechtsanwälte 1000 übersteigt. Die Landesjustizverwaltung bestimmt, welche Landgerichtsbezirke zu jeder Kammer gehören, und welcher der Kammern die beim Oberlandesgerichte zugelassenen Rechtsanwälte angehören, sowie den Sitz der zweiten Kammer."

I. Inhalt des Paragraphen. Der Paragraph will den Mißständen abhelfen, die eine allzu große Mitgliederzahl einer AK. mit sich bringt, indem sie „ein fruchtbringendes Zusammenarbeiten der einzelnen Mitglieder fast unmöglich macht" (KB. 37) und verhindert, daß neben den Interessen der zahlreichen, am Sitze der Kammer domizilierten Anwälte auch die Interessen der anderen Kammermitglieder genügend zur Geltung kommen. Alle diese Mißhelligkeiten sollen insbesondere bei der AK. Berlin zutage getreten sein. Der § 41a läßt deshalb die Möglichkeit zu, bei einem 1000 übersteigenden Mitgliederbestande eines Kammerbezirks für einen solchen Oberlandesgerichtsbezirk zwei Anwaltskammern zu schaffen. Anm. 1.

II. Entstehung der zweiten Anwaltskammer. Anm. 2.

a) Nur im Bezirke eines OLG. können zwei Anwaltskammern gebildet werden, nicht beim RG.

b) Das Gesetz spricht ungenau davon, daß durch Anordnung der LJV. im Bezirk eines OLG. zwei Anwaltskammern errichtet werden. Die Errichtung der ersten AK. tritt kraft Gesetzes ein (§ 41), nur ihren Mitgliederbestand regelt die Anordnung der LJV. Die zweite AK. verdankt dagegen Entstehung und Umgrenzung nur dem Eingreifen der LJV. Anm. 3.

c) Die Anordnung der LJV. kann von Amts wegen oder auf Anregung, etwa der AK., erfolgen. Zur Zeit des Ergehens der Anordnung muß die Zahl der im Oberlandesgerichtsbezirke zugelassenen Anwälte 1000 übersteigen.*) Dagegen ist es gleichgültig, ob nach Erlaß der Anordnung die Zahl der in den Bezirken der beiden Anwaltskammern zugelassenen Anwälte unter 1000 herabsinkt. Die gemäß § 12 widerruflich zugelassenen Anwälte zählen bei der Tausendzahl nicht mit. Anm. 4.

*) Das trifft zurzeit bei der AK. Berlin zu, möglicherweise auch bei der AK. Dresden, die nach AKJahrB. 10 1 am 1 Oktober 1908 bereits 972 Mitglieder hatte.

Anm. 5. d) Die Anordnung der LJV., die keiner Veröffentlichung in einer Gesetzsammlung oder in einem Ministerialblatt bedarf, muß außer der Bestimmung der Errichtung einer zweiten AK. in dem Bezirke des OLG. festsetzen, welche Landgerichtsbezirke zu jeder Kammer gehören, welcher der Kammern die beim OLG. zugelassenen Rechtsanwälte angehören, und wo die zweite AK. ihren Sitz hat.

Fehlt eine dieser Bestimmungen, so ist die Anordnung bis zur Nachholung des Fehlenden unwirksam. Gleiche Unwirksamkeit tritt ein, wenn die LJV. die Schranken des Gesetzes nicht einhält, also z. B. den Bezirk des OLG. nach Amtsgerichtsbezirken unter die zwei Anwaltskammern verteilt.

Anm. 6. e) Bei der Zuteilung der Landgerichtsbezirke an die zwei Anwaltskammern ist die LJV. in keinerlei Weise beschränkt. Sie kann von mehreren am gleichen Ort bestehenden Landgerichten das eine dieser, das andere jener AK. zuweisen, so wenig empfehlenswert das auch sein dürfte, auch kann bei der ersten AK. ein 1000 übersteigender Mitgliederbestand verbleiben. Ebenso frei ist die LJV. bei Bestimmung des Sitzes der zweiten AK. (KB. 37). Sie kann als solchen den Sitz des OLG. wählen, so unzweckmäßig dies auch wäre, sie kann als Sitz einen Ort bezeichnen, der überhaupt nicht Gerichtssitz ist, nur muß es ein Ort im Bezirk des OLG. sein, wenn auch außerhalb des Bezirkes der zu der zweiten AK. gehörigen Landgerichte.

Der Sitz der ersten AK. richtet sich stets nach § 41 und unterfällt nicht der Machtsphäre der LJV.

Anm. 7. f) Sollte einmal die Zahl der Mitglieder der AK. München 1000 übersteigen*) und bezüglich dieser AK. von der Befugnis des § 41 a Gebrauch gemacht werden, so müßte angenommen werden, daß auch die Zuweisung der bei dem obersten Landesgerichte zugelassenen Rechtsanwälte an eine der Anwaltskammern der LJV. obliege.

Anm. 8. g) Die LJV. bestimmt, „welche Landgerichtsbezirke zu jeder Kammer gehören". Die Mitgliedschaft in der einen oder anderen Kammer richtet sich danach, bei welchem LG. der RA. unwiderruflich zugelassen ist. Im Falle der Simultanzulassung kann der RA., wenn die Bezirke der mehreren Landgerichte, bei denen er zugelassen ist, verschiedenen Anwaltskammern zugeteilt sind, Mitglied mehrerer Anwaltskammern sein. Derselbe Fall kann eintreten, wenn ein RA. simultan bei LG. und OLG. zugelassen ist, und die beim OLG. zugelassenen Rechtsanwälte nicht derselben AK. zugeteilt sind, zu der nach der Anordnung der LJV. der Bezirk des betreffenden LG. gehört. Es ist zu hoffen, daß die Landesjustizverwaltungen bei ihren Anordnungen aus § 41 a darauf Bedacht nehmen, nicht in dieser Weise den Grundsatz der RAO., daß jeder RA. nur Mitglied e i n e r AK. ist (vgl. Anm. 3 zu § 41), zu durchbrechen.

Anm. 9. h) Die Anordnung aus § 41 a hat die gleichen Wirkungen wie die Errichtung eines neuen OLG. auf Kosten des Bezirks eines anderen OLG. Vgl. dazu Anm. 16 zu § 41, Anm. 1 ff. zu § 106,**) Anm. 1 ff.

*) Mitte September 1908 betrug der Personalbestand dieser AK. 509 Mitglieder (AKJahrB. **10** 2)

**) Die Berufung der ersten Kammerversammlung erfolgt hier an den von der LJV. bestimmten Sitz der zweiten AK. Vgl. Anm 11 zu § 52 zu § 111. Gehören zur Zeit des Erlasses der Anordnung aus § 41a dem Vorstande der ersten AK. Rechtsanwälte an, die durch jene Anordnung Mitglieder nur der zweiten AK. werden, so scheiden sie infolge des Verlustes der Wählbarkeit aus dem AKV. aus (§ 43 Abs. 2 und 4).

III. Untergang der zweiten Anwaltskammer. Anm. 10.

a) Die Anordnung aus § 41a verliert ihre Kraft, sobald der Bezirk der zweiten AK. völlig aus dem Bezirk des OLG. ausscheidet, dem sie bisher angehörte.

b) Zweifelhaft ist, ob die LJV. wie zum Erlaß der Anordnung aus § 41a, so auch zur Änderung und Aufhebung dieser Anordnung befugt ist. Die Frage dürfte zu bejahen sein. Steht der LJV. die Bestimmung des Sitzes der zweiten AK. zu, so ist nicht einzusehen, weshalb dieser Sitz, wenn seine ursprüngliche Bestimmung sich als unzweckmäßig erweist, nicht sollte geändert werden dürfen. Hat ferner die LJV. es in ihrer Hand, den Mitgliederbestand der mehreren Kammern zu bestimmen, und ist sie dabei nur insofern eingeschränkt, als sie die Landgerichtsverbände nicht zerreißen darf, so handelt es sich bei dieser Tätigkeit doch wieder nur um Zweckmäßigkeitsfragen. Weshalb sollte daher die einmal getroffene Entschließung unabänderlich sein? All dies muß auch von der Einrichtung der zweiten AK. überhaupt gelten. Ihre Wirkungen sind ja, wie gesagt, keine anderen als die der Errichtung eines neuen OLG., und diese überläßt das Reichsrecht den Einzelstaaten völlig frei. Anm. 11.

IV. Übergangsfragen. Anm. 12.

Wegen der Einwirkung der Entstehung der zweiten AK. auf die Auffichtstätigkeit des AKV. der ersten AK. ist auf Anm. 13 und 14 zu § 49 zu verweisen. Wegen der ehrengerichtlichen Zuständigkeit vgl. Anm. 10 zu § 68.

Durch die Novelle zur RAO. vom 22. Mai 1910, in Kraft seit 1. Juni 1910, erhielt der **§ 90** folgende Fassung:

„Gegen Urteile des Ehrengerichts ist die Berufung an den Ehrengerichtshof zulässig.

Der Ehrengerichtshof besteht aus dem Präsidenten, zwei Senatspräsidenten und sechs Mitgliedern des Reichsgerichts sowie aus sechs Mitgliedern der Anwaltskammer bei dem Reichsgerichte.

Bei dem Ehrengerichtshofe werden zwei Senate gebildet. Jeder Senat entscheidet in der Besetzung von sieben Mitgliedern mit Einschluß des Vorsitzenden. Den Vorsitz führt im ersten Senate der Präsident des Reichsgerichts oder in seiner Vertretung ein Senatspräsident, im zweiten Senat ein Senatspräsident. Von den Beisitzern müssen drei Mitglieder des Reichsgerichts und drei Mitglieder der Anwaltskammer bei dem Reichsgerichte sein.

Auf die Bestimmung der Senatspräsidenten finden die Vorschriften des § 61 des Gerichtsverfassungsgesetzes entsprechende Anwendung. Die Bestimmung der Mitglieder des Reichsgerichts sowie ihre Zuteilung an die beiden Senate und die Verteilung der Geschäfte unter die beiden Senate erfolgt nach den Vorschriften der §§ 62, 63, 133 des Gerichtsverfassungsgesetzes.

Die Mitglieder der Anwaltskammer werden von dieser und zwar drei für jeden der Senate vor Beginn des Geschäftsjahres für dessen Dauer gewählt.

Die beiden Senatspräsidenten und die Mitglieder der Senate vertreten sich wechselseitig. Der Vorsitzende des zweiten Senats kann auch von dem Präsidenten des Reichsgerichts vertreten werden." *)

I. Inhalt des Paragraphen. Anm. 1.

Um der Überlastung des EGH. abzuhelfen, bei dem es nach den Mitteilungen des Staatssekretärs des RJA. zurzeit „oft viele Monate dauert, bis es gelingt, unwürdige Elemente aus dem Anwaltsstand zu entfernen oder grundlos angeschuldigte Rechtsanwälte von dem auf ihnen lastenden Verdacht zu befreien" (StenB. 2296 C), sieht die Novelle eine Abänderung der Zusammensetzung des EGH. vor. Der Personalbestand des EGH. wird erhöht und der EGH. in zwei Senate geteilt. Mitglieder, die dem EGH. nur als Stellvertreter angehören, gibt es künftig nicht mehr.

*) Neben der nachfolgenden Kommentierung sind die Anmerkungen 2—7, 11, 13 und 20 des Kommentars zu § 90 a. F. zu berücksichtigen.

Anm. 2. **II. Ehrengerichtshof und Reichsgericht.**

Das Verhältnis des EGH. zum RG. bleibt unverändert. Die in Anm. 5 zu § 90 und in Anm. 6 zu § 100 vertretene Auffassung dieses Verhältnisses findet in den Bestimmungen der Novelle weitere Bestätigung: die Bestimmung der Senatspräsidenten, die dem EGH. angehören, erfolgt durch das aus dem Präsidenten und den Senatspräsidenten des RG. bestehende Kollegium, die Verteilung der Geschäfte durch das Präsidium des RG., das ja die gleiche Tätigkeit für das RG. zu entfalten hat.

Anm. 3. **III. Zusammensetzung des Ehrengerichtshofs.**

a) Der EGH. besteht aus dem Präsidenten, zwei Senatspräsidenten und sechs Mitgliedern des Reichsgerichts sowie aus sechs Mitgliedern der Anwaltskammer bei dem Reichsgerichte.

Anm. 4. b) Vor Beginn des Geschäftsjahrs und für dessen Dauer bestimmen der Präsident und die Senatspräsidenten des RG., welche zwei Senatspräsidenten dem EGH. angehören sollen, und welchem dieser beiden der Vorsitz im zweiten Senate des EGH. zufällt. Die Entscheidungen erfolgen gemäß § 61 GVG. nach Stimmenmehrheit. Im Falle der Stimmengleichheit gibt die Stimme des Präsidenten den Ausschlag.

Anm. 5. c) Ebenfalls vor Beginn des Geschäftsjahrs und für die Dauer des Geschäftsjahrs bestimmt das Präsidium des RG. sechs Reichsgerichtsräte als Mitglieder des EGH. und verteilt diese Mitglieder auf die beiden Senate des EGH.

Anm. 6. d) Die sechs anwaltschaftlichen Mitglieder des EGH. wählt die AK. bei dem RG. vor Beginn des Geschäftsjahrs und für seine Dauer*) u. z. „drei für jeden der Senate". Dem Gesetze dürfte es wohl am besten entsprechen, wenn die Wahl der Personen und ihre Zuteilung zu einem der zwei Senate ungetrennt erfolgt, etwa derart, daß drei Mitglieder des ersten und drei Mitglieder des zweiten Senats in je einem Wahlgange gewählt werden.

Anm. 7. e) Fällt einer der Senatspräsidenten oder eines der Mitglieder z. B. durch Tod, durch Pensionierung der richterlichen Mitglieder, durch Ausscheiden der anwaltschaftlichen Mitglieder aus der Rechtsanwaltschaft im Laufe des Geschäftsjahrs fort, so erfolgt für den Rest des Geschäftsjahrs die Bestimmung eines neuen Senatspräsidenten oder eines neuen Mitglieds auf die in Anm. 4—6 bezeichnete Art und Weise. Vgl. wegen eines solchen Falls betreffs eines anwaltschaftlichen Mitglieds nach bisherigem Recht EGH. **11** 4.

Anm. 8. f) Besondere Stellvertreter werden nicht mehr bestimmt oder gewählt.

Anm. 9. **IV. Die Senate des Ehrengerichtshofs.**

a) Bei dem EGH. werden zwei Senate gebildet, das Präsidium des RG. verteilt unter sie die Geschäfte

---

*) Versehentlich ist im Kommentar in Anm. 9 zu § 90 der § 4 der GeschO. für die AK bei dem RG. zitiert. Er betrifft nur die Wahlperiode der Mitglieder des EG

b) Jeder Senat entscheidet in der Besetzung von sieben Mitgliedern mit Einschluß des Vorsitzenden. Anm. 10.

c) Von den Beisitzern müssen drei Mitglieder des Reichsgerichts und drei Mitglieder der AK. bei dem RG. sein, es ist also jetzt ausdrücklich ausgesprochen, was schon der früheren Fassung zu entnehmen war (s. Komm. Anm. 8 zu § 90). Anm. 11.

d) Den Vorsitz führt im ersten Senat regelmäßig der Reichsgerichtspräsident. Bei seiner Verhinderung sitzt im ersten Senat „ein Senatspräsident" vor. Welcher der beiden dem EGH. angehörigen Senatspräsidenten der ordentliche Vertreter des Reichsgerichtspräsidenten ist, wird in der aus Anm. 4 ersichtlichen Weise bestimmt: die Worte „die Bestimmung der Senatspräsidenten" in § 90 Abs. 4 sind nämlich bei Zusammenhalt mit Abs. 3 auch auf die gedachte Festsetzung zu beziehen. Ist der hiernach in erster Linie als Vertreter berufene Senatspräsident seinerseits verhindert, so tritt als dessen Vertreter gemäß Abs. 6 der andere Senatspräsident ein. Anm. 12.

e) Im zweiten Senat führt regelmäßig ein Senatspräsident den Vorsitz. Über seine Bestimmung s. Anm. 4. Ist er verhindert, so tritt als sein Vertreter der andere Senatspräsident ein. Nach Abs. 6 Satz 2 kann aber der Vorsitzende des zweiten Senats auch von dem Präsidenten des RG. vertreten werden. Der Präsident des RG. kann im zweiten Senat bei Verhinderung seines Vorsitzenden den Vorsitz auch dann übernehmen, wenn der andere Senatspräsident verfügbar ist, praktische Bedeutung hat aber diese Möglichkeit wohl nicht. Die Vertretung des Vorsitzenden des zweiten Senats durch den Präsidenten des RG. ist zulässig, der Eintritt als Vertreter ist indessen keine Pflicht des Reichsgerichtspräsidenten: sonst würde das Gesetz diese Vertretung nicht als bloße Möglichkeit bezeichnen. Anm. 13.

f) Ist eine Vertretung des Vorsitzenden nach Maßgabe der Anm. 12 und 13 nicht möglich, wozu auch der Fall gehört, daß der Präsident des RG. sich nicht veranlaßt sieht, den Vorsitz im zweiten Senat zu übernehmen, so geht, wie nach bisherigem Recht (vgl. Kommentar Anm. 20 zu § 90), der Vorsitz auf das älteste Mitglied über. Die Annahme, daß die zur Vertretung herangezogenen Mitglieder des anderen Senats von der Führung des Vorsitzes ausgeschlossen sind, dürfte auch jetzt nicht zwingend sein. Anm. 14.

g) Nach Abs. 6 vertreten sich die Mitglieder der Senate wechselseitig. Es wird anzunehmen sein, daß die Reihenfolge des Eintritts als Vertreter, wie bisher (vgl. Kommentar Anm. 12 zu § 90), bei den Mitgliedern des RG. dessen Präsidium, bei den Mitgliedern der AK. die AK. bestimmt. Anm. 15.

V. Zum § 102. Anm. 16.

Da es lediglich stellvertretende Mitglieder des EGH. nicht mehr gibt, kann bei Auslegung des § 102 Abs. 2 künftig nur noch zweifelhaft sein, was „Mitglieder des Ehrengerichts" sind. Die Beantwortung der Frage bleibt dieselbe wie bisher (vgl. Anm. 4 ff. zu § 102).

Anm. 17. **VI. Uebergangsfragen.**

Vom 1. Juni 1910 ab kann der EGH. nur noch in der dem § 90 n. F. entsprechenden Besetzung tagen. Der bisherige generelle Stellvertreter des Reichsgerichtspräsidenten gehört nicht mehr kraft Gesetzes dem EGH. an, natürlich kann aber der zurzeit älteste Senatspräsident des RG. dem EGH. mit zugewiesen werden. Die bisherigen richterlichen und anwaltschaftlichen Stellvertreter sind ab 1. Juni 1910 nicht mehr zur Teilnahme an den Sitzungen des EGH. befugt. Eine Tätigkeit des EGH. nach dem 1. Juni 1910 ist solange unmöglich, als nicht die Verteilung der Geschäfte unter die zwei Senate erfolgt ist.

Die drei bisherigen ordentlichen richterlichen Mitglieder bleiben Mitglieder des EGH., dasselbe gilt von den drei bisherigen ordentlichen anwaltschaftlichen Mitgliedern. Die drei anderen richterlichen und anwaltschaftlichen Mitglieder werden für den Rest des Geschäftsjahrs vom Präsidium des RG. bestimmt bzw. von der AK. bei dem RG. gewählt.

Bezüglich aller Mitglieder, auch der im Amt verbleibenden bisherigen Mitglieder, erfolgt durch die gedachten Organe für den Rest des Geschäftsjahrs 1910 die Zuweisung an die einzelnen Senate.

Kolibri 360 GmbH
Ferdinand-Jühlke-Straße 7
99095 Erfurt, Deutschland
produktsicherheit@kolibri360.de